Inga Breckheimer

Die steuerbilanzielle Behandlung von Sicherungsbeziehungen

GABLER RESEARCH

Forschungsreihe
Rechnungslegung und Steuern

Herausgegeben von
Professor Dr. Norbert Herzig,
Universität zu Köln
Professor Dr. Christoph Watrin,
Universität Münster

Inga Breckheimer

Die steuerbilanzielle Behandlung von Sicherungsbeziehungen

Mit einem Geleitwort von Prof. Dr. Norbert Herzig

GABLER

RESEARCH

Bibliografische Information der Deutschen Nationalbibliothek
Die Deutsche Nationalbibliothek verzeichnet diese Publikation in der Deutschen Nationalbibliografie; detaillierte bibliografische Daten sind im Internet über <http://dnb.d-nb.de> abrufbar.

Dissertation Universität zu Köln, 2009

1. Auflage 2010

Lektorat: Ute Wrasmann | Anita Wilke

Gabler Verlag ist eine Marke von Springer Fachmedien.
Springer Fachmedien ist Teil der Fachverlagsgruppe Springer Science+Business Media.
www.gabler.de

Umschlaggestaltung: KünkelLopka Medienentwicklung, Heidelberg
Gedruckt auf säurefreiem und chlorfrei gebleichtem Papier

ISBN 978-3-8349-2305-9

Geleitwort

Unternehmen sichern ihre Geschäfte zunehmend gegen mögliche Risiken ab. Zur zweckadäquaten Absicherung werden zumeist Finanzinstrumente verwendet, insbesondere derivative Finanzinstrumente. Die wachsende Bedeutung von Absicherungen in der Praxis und die damit einhergehende vermehrte Anwendung dieser Instrumente wirft zwangsläufig die Frage auf, wie diese Sicherungsbeziehungen bilanziell abzubilden sind. Wie bei anderen aktuellen Entwicklungen in der Rechnungslegung wird auch für Sicherungsbeziehungen thematisiert, inwieweit an dem traditionellen Verständnis der Grundsätze ordnungsmäßiger Buchführung festgehalten werden kann oder ob und in welchem Ausmaß eine Fortentwicklung sachgerecht ist.

Frau Breckheimer befasst sich in ihrer Untersuchung, die von der Wirtschafts- und Sozialwissenschaftlichen Fakultät der Universität zu Köln als Dissertation angenommen wurde, mit der bilanziellen Behandlung von Finanzinstrumenten als Teil einer Sicherungsbeziehung. Hierbei wendet sie sich zunächst der autonomen Behandlung von Finanzinstrumenten und deren möglichen Einsatzgebieten zu, bevor sie auf den Einsatzzweck der Absicherung eingeht und die bilanzielle Behandlung im Kontext der Bewertungseinheit untersucht. Nachdem zunächst Problemfelder herausgearbeitet werden, welche sich generell bei der Behandlung von Finanzinstrumenten als Teil einer Sicherungsbeziehung ergeben können, wird der Themenbereich anschließend vor dem Hintergrund der aktuellen gesetzlichen Entwicklungen beleuchtet. Die Verfasserin analysiert den durch das Bilanzrechtmodernisierungsgesetz kodifizierten § 254 HGB, welcher die handelsbilanzielle Behandlung von Bewertungseinheiten regelt, wobei die Aspekte Praktikabilität, Wirkungen und Rechtsfolgen im Vordergrund stehen. Darüber hinaus wird auch die Verknüpfung von § 254 HGB mit § 5 Abs. 1a EStG untersucht. Durch diese einkommensteuerliche Regelung wird eine konkrete Maßgeblichkeit der handelsrechtlichen Vorgehensweise für die steuerliche Gewinnermittlung etabliert. Die Arbeit ist somit nicht nur auf die handelsbilanziellen Auswirkungen fokussiert, sondern geht auch auf die steuerbilanziellen und außerbilanziellen Wirkungen ein und hat damit einen umfassenden Charakter. Durch diese Vorgehensweise wurden bisher bestehende Forschungslücken geschlossen.

Zudem werden nicht nur die bilanziellen und außerbilanziellen Folgen während des Bestehens der Bewertungseinheit diskutiert, sondern auch die Wirkungen vor und nach Bildung der Bewertungseinheit analysiert. Darüber hinaus wird im Hinblick auf eine fundierte und kritische Untersuchung ein Vergleich mit der Behandlungen von Sicherungsbeziehungen nach IFRS angestellt.

Frau Breckheimer greift ein außerordentlich komplexes Thema auf, welches durch aktuelle Entwicklungen gekennzeichnet ist. Diese Arbeit stellt somit eine aktuelle und umfassende Analyse des Themengebietes der bilanziellen Behandlung von Sicherungsbeziehungen dar.

Die Dissertation von Frau Breckheimer zeichnet sich durch eine kritische und umfassende Auswertung der Literatur, der Gesetze und der Rechtsprechung, sowie durch eine intensive wissenschaftliche Auseinandersetzung mit der Problematik aus. Sie ist strukturell klar gefasste und enthält eine stets nachvollziehbare Gedankenführung. Die Untersuchung weist einen interessanten Forschungsbeitrag auf, der Wissenschaftlern und Praktikern gleichermaßen empfohlen werden kann.

Prof. Dr. Norbert Herzig

Vorwort

Die vorliegende Arbeit entstand während meiner Tätigkeit am Seminar für Allgemeine Betriebswirtschaftslehre und betriebswirtschaftliche Steuerlehre der Universität zu Köln. Sie wurde im Mai 2009 fertig gestellt und von der Wirtschafts- und Sozialwissenschaftlichen Fakultät der Universität zu Köln als Dissertation angenommen. Folglich stellen die Ausführungen das Ergebnis einer intensiven Auseinandersetzung mit der Gesetzgebung, der Rechtsprechung und der Literatur bis zu diesem Zeitpunkt dar.

Bei der Anfertigung meiner Dissertation habe ich die Unterstützung einer Reihe von Personen erhalten, ohne die diese Arbeit nicht in der vorliegenden Konstitution zustande gekommen wäre. Daher gebührt ihnen ein aufrichtiger und herzlicher Dank.

Zunächst danke ich meinem Doktorvater, Herrn WP/StB Prof. Dr. Norbert Herzig, für die Gelegenheit, an seinem Lehrstuhl tätig sein und promovieren zu dürfen. Besonders bedanke ich mich für das entgegengebrachte Vertrauen und die gewährten Freiräume, die er mir während der Erstellung der Arbeit eingeräumt hat. Dank gebührt zudem Herrn Prof. Dr. Christoph Kuhner für die Übernahme des Zweitgutachtens und die Möglichkeit, meine Analysen und Schlussfolgerungen in seinem Doktorandenseminar vorstellen zu dürfen, sowie Herrn Prof. Dr. Eckart Bomsdorf für die Leitung der Prüfungskommission.

Ein herzlicher Dank geht auch an meine Kollegen am Steuerseminar der Universität zu Köln, die mich während meiner Tätigkeit am Lehrstuhl begleitet haben. Durch ihre Kollegialität und Offenheit haben sie stets eine angenehme und freundschaftliche Arbeitsatmosphäre geschaffen.

Namentlich hervorheben möchte ich an dieser Stelle meinen Zimmerkollegen Herrn Dr. Manuel Teschke sowie Herrn Dr. Alexander Bohn und Herrn Dipl.-Kfm. Arne Götsch. Für die bereichernden Gespräche und Diskussionen (auch über das fachliche und universitäre Geschehen hinaus) möchte ich mich bedanken. Ich werde die gemeinsame Zeit am Lehrstuhl stets in guter Erinnerung behalten.

Ein weiterer Dank geht an die studentischen Hilfskräfte des Lehrstuhls für die Hilfe bei der Beschaffung der Literatur und an Herrn Stefan Leitner, der mir jederzeit bei meinen Formatfragen geholfen hat.

Ein ganz besonderer Dank gilt meinem Verlobten Herrn Dipl.-Kfm. Thomas Niehaus, der mir während des gesamten Projektes immer ausnahmslos zur Seite stand. Auch in den Phasen großer zeitlicher und nervlicher Belastung hat er mich durch seine lebensfrohe und verständnisvolle Art stets mit einem hohen Maß an Einfühlungsvermögen und Geduld unterstützt und nie an dem Gelingen der Arbeit gezweifelt. Für seine Hilfe bin ich ihm in Liebe dankbar.

Ein ganz herzlicher Dank gebührt meiner Familie, mithin meinen Eltern, Elfi und Jürgen Breckheimer, und meinem Bruder Carsten.

Ich widme diese Arbeit daher meinen Eltern, die mich auf meinem bisherigen Lebensweg in jeglicher Hinsicht unterstützt haben. Durch ihre liebevolle Art haben sie mir stets den nötigen Rückhalt gegeben und mir ihre gesamtes Vertrauen zukommen lassen. Ich danke ihnen von ganzem Herzen.

Inga Breckheimer

Inhaltsverzeichnis

Abbildungs- und Tabellenverzeichnis

Abkürzungsverzeichnis

A

a. A.	andere(r) Ansicht
a. F.	Alte Fassung
A/D/S	Adler/Düring/Schmaltz (Kommentar)
Abb.	Abbildung
Abs.	Absatz
Abt.	Abteilung
AktG	Aktiengesetz
AO	Abgabenordnung
AV	Anlagevermögen

B

bspw.	beispielsweise
BB	Betriebs-Berater (Zeitschrift)
BBK	Buchführung Bilanzierung Kostenrechnung (Zeitschrift)
BC	Bilanzbuchhalter und Controller (Zeitschrift)
Bd.	Band
BFA	Bankenfachausschuss
BFH	Bundesfinanzhof
BFH/NV	Sammlung amtlich nicht veröffentlichter Entscheidungen des Bundesfinanzhofs
BFuP	Betriebswirtschaftliche Forschung und Praxis (Zeitschrift)
BGBl.	Bundesgesetzblatt
BilMoG	Bilanzrechtsmodernisierungsgesetz
BilReG	Bilanzrechtsformgesetz
BMF	Bundesministerium der Finanzen
BMG	Bemessungsgrundlage
BMJ	Bundesministerium der Justiz
BR-Drs.	Bundesrat-Drucksache
BStBl.	Bundessteuerblatt
BuW	Betrieb und Wirtschaft (Zeitschrift)
BVerfG	Bundesverfassungsgericht
Bzw.	Beziehungsweise

C

CFaR	Cash Flow at Risk

D

d. h.	das heißt
DB	Der Betrieb (Zeitschrift)
DBW	Die Betriebswirtschaft (Zeitschrift)
Diss.	Dissertation
DK	Der Konzern (Zeitschrift)
Drs.	Drucksache
DRS	Deutscher Rechnungslegungs Standard
DRSC	Deutsche Rechnungslegungs Standard Comitee
DSR	Deutscher Standardisierungsrat
DStR	Deutsches Steuerrecht (Zeitschrift)
DStZ	Deutsche Steuer-Zeitschrift (Zeitschrift)
DSWR	Datenverarbeitung in Steuer, Wirtschaft und Recht (Zeitschrift)
DTB	Deutsche Termin Börse

E

E	Entwurf
EaR	Earnings at Risk
EFG	Entscheidungen der Finanzgerichte (Zeitschrift)
EStG	Einkommensteuergesetz
EStR	Einkommensteuerrichtlinien
EuGH	Europäischer Gerichtshof

F

FB	Finanz Betrieb (Zeitschrift)
FG	Finanzgericht
FN	Fußnote
FR	Finanzrundschau (Zeitschrift)
FRA	Forward Rate Agreements
FS	Festschrift

G

gem.	gemäß
GG	Grundgesetz
ggf.	gegebenenfalls
GmbHR	GmbH Rundschau (Zeitschrift)
GoB	Grundsätze ordnungsmäßiger Buchführung
grds.	grundsätzlich
GrS	Großer Senat
GS	Gedächtnisschrift

H

h. M.	herrschende Meinung
HdJ	Handbuch des Jahresabschlusses in Einzeldarstellungen
HdR	Handbuch der Rechnungslegung
HFA	Hauptfachausschuss
HGB	Handelsgesetzbuch
HGB-E	Handelsgesetzbuch Entwurf
HGB-BilMoG	Handelsgesetzbuch Bilanzrechtsmodernisierungsgesetz
Hrsg.	Herausgeber

I

i. d. F.	in der Fassung
i. d. R	in der Regel
i. e. S.	im engeren Sinn
i. V. m.	in Verbindung mit
i. w. S.	im weiteren Sinne
IAS	International Accounting Standards
IASB	International Accounting Standards Board
IDW	Institut der Wirtschaftsprüfer
IFRS	International Financial Reporting Standards
INF	Die Information über Steuer und Wirtschaft (Zeitschrift)
IStR	Internationales Steuerrecht (Zeitschrift)

J

JbFSt.	Jahrbuch der Fachanwälte für Steuerrecht

K

KÖSDI	Kölner Steuerdialog (Zeitschrift)
KonTraG	Gesetz zur Kontrolle und Transparenz im Unternehmensbereich
KoR	Zeitschrift für internationale und kapitalmarktorientierte Rechnungslegung (Zeitschrift)
KStG	Körperschaftsteuergesetz
KWG	Gesetz über das Kreditwesen

L

lit.	Buchstabe

M

m. E.	meines Erachtens
m. w. N.	mit weiteren Nachweisen

N

n. F.	neue(r) Fassung
n. V.	nicht veröffentlicht
Nr.	Nummer
NWB	Neue Wirtschafts-Briefe (Zeitschrift)

O

o. ä.	oder ähnlich(es)
OTC	Over the counter

P

PdR	Praxis des Rechnungswesens (Zeitschrift)
PiR	Praxis der internationalen Rechnungslegung (Zeitschrift)
PS	Prüfungsstandard

R

R	Richtlinie
RechKredV	Kreditinstituts-Rechnungslegungsverordnung
RH	Rechnungslegungshinweis
RIW	Recht der internationalen Wirtschaft (Zeitschrift)
Rn.	Randnummer
Rspr.	Rechtsprechung
Rz.	Randziffer

S

s.	siehe
sog.	so genannte
S.	Satz/Seite
StB	Der Steuerberater (Zeitschrift)
Stbg	Die Steuerberatung (Zeitschrift)
StBJb	Steuerberater-Jahrbuch
StBp	Die steuerliche Betriebsprüfung (Zeitschrift)
SteuStud	Steuer und Studium (Zeitschrift)
StuB	Steuer und Betrieb (Zeitschrift)
StuW	Steuer und Wirtschaft (Zeitschrift)

T

Tab.	Tabelle
Tz.	Textziffer

U

u. a.	unter anderem, und andere
Ubg	Die Unternehmensbesteuerung (Zeitschrift)
UV	Umlaufvermögen

V

v.	von, vom
VaR	Value at Risik
v. a.	vor allem
vgl.	vergleiche
v. H.	von Hundert
VW	Versicherungswirtschaft (Zeitschrift)

W

WISU	Zeitschrift für Studium und Weiterbildung (Zeitschrift)
WPg	Die Wirtschaftsprüfung (Zeitschrift)
WpHG	Wertpapierhandelsgesetz

Z

Z. B.	Zum Beispiel
ZBB	Zeitschrift für Bankrecht und Bankwirtschaft (Zeitschrift)
ZfB	Zeitschrift für Betriebswirtschaft (Zeitschrift)
ZfbF	Zeitschrift für betriebswirtschaftliche Forschung (Zeitschrift)
ZfgK	Zeitschrift für das gesamte Kreditwesen (Zeitschrift)
ZGR	Zeitschrift für Unternehmens- und Gesellschaftsrecht (Zeitschrift)
ZHR	Zeitschrift für das gesamte Handelsrecht und Wirtschaftsrecht (Zeitschrift)
ZIP	Zeitschrift für Wirtschaft und Insolvenzpraxis (Zeitschrift)

A. Grundlagen der Untersuchung

I. Einführung

1. Einleitung und Problemstellung

Die Nachfrage nach Instrumenten zur Risikoabsicherung ist aufgrund der weltweiten Zunahme von Zins-, Währungs- oder auch Rohstoffpreisschwankungen in den letzten Jahren stark gestiegen.[1]

Der erhöhte Bedarf an Absicherungsinstrumenten beruht auf der Tatsache, dass Unternehmen zumeist risikoavers sind bzw. einer gewissen Risikoneigung unterliegen. Daher werden immer neue Möglichkeiten entwickelt, mit denen die Unternehmen ihre Risiken minimieren oder teilweise sogar ausschließen können. Diese Materie der Risikoabsicherung, die vor wenigen Jahren noch als ein rein bankenspezifisches Thema betrachtet wurde, hat sich stark gewandelt. Insbesondere große Industrie-, Handels- und Dienstleistungsunternehmen verfügen über komplexe Risikomanagementsysteme, die mit denen der Banken vergleichbar sind. Zur Absicherung der Risiken verwenden die Unternehmen Finanzinstrumente, und vor allem derivative Finanzinstrumente, da diese aufgrund ihrer charakteristischen Merkmale besonders zur zweckadäquaten Absicherung geeignet sind.[2] Die Entwicklung der Risikomanagementsysteme und damit einhergehend die Möglichkeit, Risiken immer früher erkennen und sichern zu können, ist ein Grund dafür, weshalb der Einsatz von Finanzinstrumenten in den letzten Jahren einen ungebremsten Aufschwung erfahren hat, der auch weiterhin anhält.[3] Dieser rasanten Entwicklung auf der finanzwirtschaftlichen Ebene steht die handels- und steuerbilanzielle Handhabung gegenüber, welche diese wirtschaftlichen Entwicklungen nicht mehr sachgerecht widerspiegeln kann. Insbesondere bei der Bildung von Sicherungsbeziehungen kommt es unter Anwendung der GoB zu der Problematik, dass trotz der finanzwirtschaftlichen Absicherung faktisch nicht existente Verluste in der Bilanz ausgewiesen werden müssen.[4] Basierend auf dieser Gegebenheit wird seit Jahren eine kontroverse Diskussion darüber geführt, inwieweit sich das tatsächliche wirtschaftliche Bild auch in der Bilanz des Unternehmens niederschlagen muss bzw. auf Grundlage welcher Regelungen ein sachgerechter Ausweis möglich ist. Problematisch an der Übernahme von Sicherungsbeziehungen in die

---

1 Vgl. *Perridon/Steiner*, Finanzwirtschaft, 2007, S. 299; *Scharpf*, Bilanzierung, DB 2000, S. 629; *Gebhardt/Ruß*, Einsatz, in: FS Busse von Colbe, 1999, S. 25; *Kühn*, Betriebsvermögen, StBp 1998, S. 295; *Gebhardt*, Handelsunternehmen, RIW 1997, S. 390.

2 Vgl. *Hesse/Melcher*, Finanzinstrumente, in: FS Eisele, 2003, S. 371. Aus Untersuchungen geht hervor, dass bereits 1997 über 90 % der großen Industrie- und Handelsunternehmen Derivate zur Steuerung ihrer finanzwirtschaftlichen Risiken einsetzten; *Georgi*, Risikomanagement, ZfB 2007, S. 11; *Flick/Tromp*, Hedging, IStR 1995, S. 297.

3 Vgl. *Henne*, Finanzinstrumente, 2000, S. 1; *Krumnow*, Bankcontrolling, DBW 1995, S. 11.

4 Vgl. *Hesse/Melcher*, Finanzinstrumente, in: FS Eisele, 2003, S. 372.

Bilanz ist der Umstand, dass die Geschäfte innerhalb einer Sicherungsbeziehung nicht zivilrechtlich miteinander verbunden sind, sondern vielmehr in eine Beziehung zueinander gesetzt werden, die jederzeit wieder gelöst werden kann.

Insbesondere auf Grundlage der voranschreitenden Internationalisierung der Rechnungslegung und des damit einhergehenden Paradigmenwechsels geraten die bisher dominierenden Bilanzierungsvorschriften immer stärker ins Wanken. Dieser Umstand hat aufgrund des Maßgeblichkeitsgrundsatzes direkte Auswirkungen auf die steuerliche Gewinnermittlung. Daher muss betrachtet werden, inwiefern eine Regelung gefunden werden kann, die den grundlegenden steuerrechtlichen Prinzipien gerecht wird. Nachdem bisher die bilanzielle Behandlung von Sicherungsbeziehungen nur auf Grundlage von Verlautbarungen oder bankenspezifischen Regelungen durchgeführt wurde, hat der Gesetzgeber im Jahre 2006 eine Norm zur Klarstellung der steuerbilanziellen Behandlung von Sicherungsbeziehungen eingeführt, die aber keinen expliziten Regelungsinhalt enthält, sondern vielmehr eine Bezugsnorm zu einer handelsrechtlichen Vorschrift darstellt.[5] Diese Vorgehensweise stellte insofern ein Problem dar, als bisher in der Handelsbilanz eine Bezugsnorm nicht vorhanden war. Diesem Umstand wurde mit Einführung des § 254 HGB im Rahmen des BilMoG Rechnung getragen.

Die Frage, welche Auswirkung die handelsbilanzielle Behandlung von Sicherungsbeziehungen für die steuerbilanzielle Gewinnermittlung hat, muss daher einer näheren Prüfung unterzogen werden.

2. Untersuchungsziel

Obgleich auf eine Vielzahl von Literaturbeiträgen zur Behandlung von Sicherungsbeziehungen im finanzwirtschaftlichen, im handelsbilanziellen oder auch im internationalen Bereich zurückgegriffen werden kann, wird diese Thematik im steuerrechtlichen Bereich sehr stiefmütterlich behandelt.[6] Ziel dieser Arbeit ist es daher, diese Lücke zu schließen und damit einhergehend die steuerlichen Rechtsfolgen der aktuellen Regelungen zur Abbildung von Sicherungsbeziehungen zu analysieren und zu würdigen. Hierbei werden die finanzwirtschaftlichen, handelsbilanziellen, internationalen und steuerrechtlichen Sichtweisen miteinander verbunden, um Vergleiche, Schnittstellen und Auswirkungen aufzeigen zu können. Es wird bewusst eine sehr breit aufgestellte Vorgehensweise gewählt, welche sich nicht alleine auf derivative, sondern auch auf originäre Finanzinstrumente fokussiert und zudem eine bran-

---

5 Siehe hierzu Kapitel C II dieser Arbeit.

6 Wenn in Dissertationen die Auswirkung auf die Steuerbilanz betrachtet wurde, geschah dieses vor der Einführung des § 5 Abs. 4a EStG durch das Gesetz zur Fortsetzung der Unternehmenssteuerreform vom 29.10.1997, BGBl. I 1997, S. 2590 und vor der Änderung des § 6 EStG durch das Steuerentlastungsgesetz 1999/2000/2002 vom 01.03.1999, BGBl. I 1999, S. 404 sowie vor der Einführung des § 5 Abs. 1a EStG durch das Gesetz zur Eindämmung missbräuchlicher Steuergestaltungen, BGBl I 2006, S. 1095.

chenübergreifende Perspektive annimmt. Aufgrund der aktuellen Entwicklungen bei dieser Thematik wird keine von den Rechtsnormen abstrahierte Behandlung vorgenommen; vielmehr werden aufbauend auf den derzeitig geltenden Regelungen die Auswirkungen auf der bilanziellen und außerbilanziellen Ebene untersucht. Die Untersuchung fokussiert sich dabei insbesondere auf Fragen der Rechtsanwendung.

3. Untersuchungsaufbau

Zur Erfüllung der dargelegten Zielsetzung wird ein fünfteiliger Untersuchungsaufbau gewählt. **Kapitel A** der Arbeit dient der Einführung in die Thematik und der Erarbeitung der Grundlagen der Untersuchung, die für das weitere Verständnis der Arbeit und als Fundament der Analyse zwingend notwendig sind. In diesem Rahmen wird zunächst aus finanzwirtschaftlicher Perspektive eine Abgrenzung von verschiedenen Finanzinstrumenten vorgenommen. Da die erschöpfende Behandlung aller Finanzinstrumente den Rahmen dieser Arbeit sprengen würde, wird die Untersuchung anhand der Grundformen von Finanzinstrumenten betrachtet, aus denen sich andere Formen von Finanzinstrumenten herleiten lassen. Nach der finanzwirtschaftlichen Darstellung der Finanzinstrumente wird ihre bilanzielle Behandlung näher geprüft. Hierbei werden sowohl die Behandlung in der Handels- als auch in der Steuerbilanz untersucht und die Abweichungen zwischen den beiden Rechenwerken aufgezeigt. Diese Darlegung der bilanziellen Behandlung erfolgt alleine auf Grundlage der charakteristischen Merkmale der Finanzinstrumente und damit einhergehend unter Beachtung der GoB.
Zur Gewährleistung eines in sich konsistenten Untersuchungsaufbaus erfolgt in **Kapitel B** der Arbeit eine Betrachtung der Einsatzzwecke von Finanzinstrumenten im finanzwirtschaftlichen Bereich. Der Schwerpunkt wird hierbei aufgrund der behandelten Thematik auf den Absicherungszweck gelegt. Es wird untersucht, was als Risiko verstanden bzw. empfunden wird, in welchen Formen Risiken auftreten und wie sie voneinander abgegrenzt werden können. In diesem Rahmen werden die finanzwirtschaftliche Ebene und die bilanzielle Ebene wieder verknüpft, damit die verschiedenen Risikoauffassungen miteinander verglichen und voneinander abgegrenzt werden können. Aufbauend auf den gewonnenen Erkenntnissen wird untersucht, wie Unternehmen erwartete Risiken absichern. Hierzu wird zunächst eine nähere Betrachtung des Risikomanagements vorgenommen, um daran anschließend eine Systematisierung von Sicherungsbeziehungen durchführen zu können.
Kapitel C, welches den Hauptteil der Arbeit darstellt, wird in zwei Bereiche aufgeteilt. Der erste Teil analysiert auf einer konzeptionellen Ebene, wie sich Finanzinstrumente verhalten, die Teil einer Sicherungsbeziehung sind. Für diese Analyse werden die in Kapitel A und B gewonnenen Erkenntnisse als Fundament herangezogen. Die konzeptionelle Bearbeitung erfolgt anhand insgesamt fünf verschiedener Fallkonstellationen, die jeweils einer dreistufigen Untersuchung unterworfen werden. Zunächst werden die Sicherungsbeziehungen auf einer

finanzwirtschaftlichen Ebene betrachtet. Anschließend werden auf einer zweiten Ebene die handels- und die steuerbilanziellen Auswirkungen von Finanzinstrumenten, die Teil einer Sicherungsbeziehung sind, unter Beachtung der traditionellen GoB und damit einhergehend auf einer Einzelbewertungsebene untersucht. Diese Erkenntnisse sollen sowohl dem besseren Verständnis der Problematik von Sicherungsbeziehungen ohne explizite gesetzliche Regelung dienen als auch die für diese Thematik relevanten Unterschiede zwischen Handels- und Steuerbilanz herausstellen. Auf einer dritten Ebene wird aufgezeigt, wie nach Auffassung des Schrifttums und der Fachgremien u. a. durch Bezugnahme auf branchenspezifische Regelungen dem Problem des falschen Ausweises der tatsächlichen wirtschaftlichen Lage entgegengetreten werden soll. Die im Rahmen der Fallkonstellationen herausgearbeiteten Ergebnisse werden anschließend zusammengetragen.

Im zweiten Teil des Kapitels C wird, aufbauend auf den herausgearbeiteten Problemen, die bilanzielle Behandlung von Sicherungsbeziehungen in den aktuellen Kontext gestellt. Hierfür wird zunächst eine kurze historische Übersicht über die handels- und steuerbilanzielle Behandlung bis zur Reform der Handelsbilanz durch das Bilanzrechtsmodernisierungsgesetz gegeben. In diesem Kontext wird insbesondere auf die Entwicklung und Darstellung der steuerlichen Regelung (§ 5 Abs. 1a EStG) eingegangen. Anschließend wird die gesetzliche Normierung der handelsbilanziellen Regelung zur Behandlung von Bewertungseinheiten einer näheren Untersuchung unterzogen. Zum besseren Verständnis der Reichweite und der Auswirkungen der Regelung werden die Internationalen Rechnungslegungsstandards (IFRS) zu einem Vergleich herangezogen. Im Rahmen der Analyse der aktuellen Regelung wird in einem ersten Schritt die Reichweite der Regelung untersucht, bevor in einem zweiten Schritt die Untersuchung der bilanziellen Behandlung erfolgt. Bei der bilanziellen Betrachtung wird der Fokus auf die Rechtsfolgen während der „Laufzeit" der Bewertungseinheit gelegt. Hierbei werden, aufbauend auf der im Verlauf der Arbeit vorgenommenen Problemanalyse, die Auswirkungen auf die Handels- und Steuerbilanz analysiert. Anschließend wird begutachtet, welche Probleme bei Beendigung einer Bewertungseinheit entstehen können.

Da die ausschließlich steuerbilanzielle Betrachtung zu kurz greifen würde, werden in **Kapitel D** die Untersuchungsergebnisse der Arbeit auf ihre außerbilanziellen Rechtsfolgen geprüft. Auf der außerbilanziellen Ebene müssen für die behandelte Thematik § 8b KStG und § 15 Abs. 4 EStG einer näheren Analyse unterzogen werden.

Die Arbeit schließt in **Kapitel E** mit einer Zusammenfassung der zentralen Ergebnisse.

II. Abgrenzung von Finanzinstrumenten und deren bilanzielle Behandlung

Wegen der dynamischen Entwicklung und der Komplexität der Materie ist eine eindeutige Abgrenzung der Finanzinstrumente nur schwer umsetzbar. Hat man vor einigen Jahren unter einem Finanzinstrument noch eine genau umrissene Menge an Produkten verstanden, so bezeichnet der inflationär genutzte Begriff heute eine unüberschaubare Anzahl an verschiedenen Produkten mit unterschiedlichen Charakteristika.[7]

Durch den schnellen Wandel an den Finanzmärkten entsteht immer wieder eine Fülle neuer Finanzprodukte.[8] Neben den bekannten klassischen Anlage- und Finanzierungsinstrumentarien entwickeln die Märkte auch auf individuelle Bedürfnisse zugeschnittene Instrumente. Gerade hinsichtlich der Laufzeit, der Konditionen, der Währungen und der Inanspruchnahme erfolgte bei den innovativen Finanzierungsformen eine enorme Flexibilisierung. Durch verschiedene Variationen der Ausstattungsmerkmale ergeben sich z. B. Zinsswaps oder auch Währungsswaps, die mit spezifischen Risikostrukturen ausgestattet sind.

In einem ersten Schritt werden die Grundformen von Finanzinstrumenten dargestellt. Aufbauend auf diesen Grundformen werden im späteren Verlauf der Arbeit weitere Finanzinstrumente dazu genommen, die sich auf die Grundtypen zurückführen lassen.

1. Begriffliche und charakteristische Abgrenzung von Finanzinstrumenten

Bevor Überlegungen zu einer verbesserten oder angemessenen handels- und steuerbilanziellen Behandlung von Finanzinstrumenten – insbesondere im Rahmen von Sicherungsbeziehungen – angestellt werden können, muss zunächst betrachtet werden, was im Allgemeinen und insbesondere aus handels- und steuerrechtlicher Sicht unter Finanzinstrumenten verstanden wird und von welchen Komponenten deren Wertentwicklung abhängt.

Beim Terminus des Finanzinstruments handelt es sich, bezogen auf das deutsche Bilanzrecht, um einen unbestimmten Rechtsbegriff, der zwar vom Gesetzgeber wiederholt verwendet, aber nicht definiert wird.[9] Auch durch das Bilanzrechtsmodernisierungsgesetz, welches u. a. die Behandlung von Finanzinstrumenten des Handelsbestands und von Sicherungsbeziehungen kodifiziert hat, wurde keine Legaldefinition des Finanzinstrumentbegriffs vorgenommen.[10] Stattdessen wurde der Begriff auch dort nur verwendet und bewusst nicht definiert, um

---

7 Vgl. *Eller*, Instrumente, in: Eller u. a., Derivative Instrumente, 3. Auflage 2005, S. 4; *Eisele F./Neus*, Asset-Backed Securities, in: FS Eisele, 2003, S. 235; *Perlet/Baumgärtner*, Finanzinstrumente, in: FS Clemm, 1996, S. 287.

8 Vgl. *Funk*, synthetische Instrumente, IStR 1999, S. 485.

9 Der Begriff Finanzinstrument wird z.B. in § 340c HGB oder auch in §§ 285 S. 1 Nr. 18 und Nr. 19 HGB verwendet.

10 Vgl. *Gesetzesbeschluss* BilMoG vom 27.03.2009, Drs. 270/09; *Regierungsentwurf* BilMoG vom 23.05.2008, Drs. 344/08.

vorhandene Spielräume bei der Auslegung des Begriffs beizubehalten.[11] Durch den Verzicht auf eine Definition soll der Notwendigkeit ihrer ständigen Anpassung an die finanzwirtschaftlichen Veränderungen aus dem Weg gegangen werden, was aufgrund der dynamischen Entwicklung der Materie prinzipiell als sinnvoll erscheint. Positiv ist zudem zu bewerten, dass der Gesetzgeber keine eng ausgelegte Begriffsdefinition eingeführt hat, da eng gefasste Abgrenzungen tendenziell bilanzpolitische Gestaltungsmöglichkeiten begünstigen. Aus der Perspektive der Einheitlichkeit von verschiedenen Rechtsquellen ist es vorteilhaft, dass durch die Unterlassung auch keine zu bereits bestehenden Begriffsabgrenzungen abweichende Definition erfolgt ist.

Zur Auslegung und praktischen Umsetzung von Gesetzen ist eine Legaldefinition dennoch grundsätzlich wünschenswert. Hierzu existieren im Wesentlichen zwei Möglichkeiten: die eindeutige inhaltliche Definition oder die abschließende Aufzählung bzw. kasuistische Beschreibung. Die letztere Möglichkeit ist jedoch durchaus problematisch, da sie im vorliegenden Fall aufgrund der fast unüberschaubaren Artenvielfalt von Finanzinstrumenten und der Dynamik der Materie zum Scheitern verurteilt ist.[12] Dies scheint auch die Motivation der benannten Vorgehensweise des Gesetzgebers gewesen zu sein, nicht nur keine eindeutige inhaltliche Definition zu geben, sondern auch eine Definition im Sinne einer Aufzählung zu unterlassen.

Auch im Steuerrecht existiert keine Legaldefinition für das Finanzinstrument; dies ist als konsistent zu beurteilen, da eine Nichtdefinition im Handelsrecht gegenüber einer Definition im Steuerrecht zu Abgrenzungsproblemen führen würde.

In Ermangelung einer bilanzrechtlichen Legaldefinition des Begriffs des Finanzinstrumentes ist es daher konsequent, sich sowohl an Beschreibungen und Nennungen anderer Gesetze sowie den Veröffentlichungen des IDW und des Schrifttums als auch an der Gesetzesbegründung zum BilMoG zu orientieren. Es ist zu erkennen, dass zur Erzielung einer gleichmäßigen Handhabung oftmals mit Oberbegriffen wie z. B. den Begrifflichkeiten „Derivate" oder „Termingeschäfte" gearbeitet wird.

Anders als im Handels- und Steuerrecht existiert im Kreditwesengesetz in § 1 Abs. 11 S. 1 KWG eine „Legaldefinition im Sinne einer Aufzählung". Danach sind Wertpapiere,[13]

---

[11] Vgl. *Regierungsentwurf* BilMoG vom 23.05.2008, Drs. 344/08, Begründung, S. 116; *Referentenentwurf* BilMoG vom 08.11.2007, Drs. 344/08; *Böcking/Torabian*, Zeitwertbilanzierung, BB 2008, S. 265. Im Gesetzesentwurf hat sich der Gesetzgeber von der im Referentenentwurf angedachten Anlehnung an die Definition des Kreditwesengesetzes und der Anlehnung an die Internationalen Standards gelöst. Vielmehr wird zum Ausdruck gebracht, dass eine inhaltliche Ausfüllung des Begriffes „Finanzinstrumente" aufgrund der Vielfalt von Produkten und der ständigen Weiterentwicklung nicht möglich ist.

[12] Vgl. *Schmidt*, Rechnungslegung, 2005, S. 61f.

[13] Aktien, Zertifikate, die Aktien vertreten, Schuldverschreibungen, Genuss- und Optionsscheine, mit Aktien und Schuldverschreibungen vergleichbare Instrumente sowie Investmentanteile. Siehe zu der Definition von Wertpapieren auch § 7 Abs. 1 S. 1 RechKredV.

Geldmarktinstrumente,[14] Devisen oder Rechnungseinheiten sowie Derivate unter den Begriff des Finanzinstrumentes zu subsumieren.[15] Nach dieser Definition[16] wären handelsrechtlich v. a. Wertpapiere, Geldmarktinstrumente und Derivate unter den Begriff des Finanzinstruments zu fassen.[17] Im HGB wird der Begriff des Wertpapiers allerdings zusätzlich neben dem Begriff des Finanzinstrumentes erwähnt, also auf gleicher Ebene wie der des Finanzinstruments verwendet. Hierdurch weicht die Systematisierung von der im KWG ab. Aus diesem Grund ist es fraglich, ob die weit gefasste Legaldefinition des KWG für das Handels- und Steuerrecht übernommen werden kann.[18]

Wird daher anstatt auf das KWG wieder auf das Handelsrecht zurückgegriffen, ist die Verwendung des Begriffs des Finanzinstrumentes in § 285 Nr. 19 HGB a. F.[19] und § 289 Abs. 2 HGB zu sehen. Bezug nehmend auf diese Paragrafen hat das IDW einen Rechnungslegungshinweis veröffentlicht, in dem eine Begriffsabgrenzung in Form einer Aufzählung vorgenommen wird.[20] Das IDW unterscheidet dabei zwischen Finanzinstrumenten und derivativen Finanzinstrumenten.[21] Auch in der Regierungsbegründung zum BilMoG wird zum Ausdruck gebracht, dass unter den Begriff des Finanzinstrumentes grundsätzlich neben den originären auch die derivativen Finanzinstrumente zu subsumieren sind.[22] Zudem ist bei der Durchsicht der einschlägigen bilanzrechtlichen Fachliteratur festzustellen, dass diese ebenfalls keinen Versuch unternimmt, den Begriff des Finanzinstruments zu definieren. Sie fasst ihn aber ähnlich weit wie das IDW und die Begründung zum BilMoG und unterteilt grundsätzlich nach originären und derivativen Finanzinstrumenten.[23]

Neben der Differenzierung zwischen rein originären oder derivativen Finanzinstrumenten ist zu beachten, dass auch Mischformen wie z. B. strukturierte Produkte existieren. So setzen sich zahlreiche Finanzinstrumente aus originären Trägerkontrakten und eingebetteten Derivaten zusammen. Am Beispiel der Derivateinbettung, bei dem die durch die originären Finanzinstrumente determinierten Zahlungsströme bzw. Austauschmodalitäten verändert werden, ist

---

14 Forderungen, die nicht Wertpapiere sind und üblicherweise auf dem Geldmarkt gehandelt werden.

15 Vgl. *Scharpf/Luz*, Risikomanagement, 2000, S. 5; *Scharpf/Luz* geben hier einen Überblick über die vier Gattungen des § 1 Abs. 11 KWG.

16 Ohne die Begriffe, die im HGB neben dem Begriff des Finanzinstruments genannt werden.

17 Vgl. *Krumnow/Sprißler u. a.*, Kreditinstitute, 2. Auflage 2004, § 340c HGB Rn. 67ff.

18 Vgl. *Barckow*, Bilanzierung, 2004, S. 8.

19 Vgl. *Regierungsentwurf* BilMoG vom 23.05.2008, Drs. 344/08, § 285 Nr. 18 HGB.

20 Vgl. *IDW,* Anhangsangaben, RH HFA 1.005, WPg 2005, S. 531 – 534.

21 Vgl. *IDW,* Anhangsangaben, RH HFA 1.005, WPg 2005, S. 531f.

22 Vgl. *Regierungsentwurf* BilMoG vom 23.05.2008, Drs. 344/08, Begründung, S. 116. Fraglich ist, warum der Gesetzgeber hier den Terminus „grundsätzlich" anführt. Möglicherweise soll diese Begrifflichkeit implizieren, dass es auch Derivate ohne finanziellen Charakter gibt, die daher zu den Nicht-Finanzinstrumenten zählen. Wenn dies die Intention des Gesetzgebers gewesen ist, wäre es sinnvoller gewesen, auf die „derivativen Finanzinstrumente" zu verweisen.

23 Vgl. *Barckow*, Bilanzierung, 2004, S. 10; *Mauritz*, Konzepte, 1996, S. 8f. In der Finanzwirtschaft wird oft zwischen Kassa- und Termingeschäften unterschieden.

zu erkennen, dass die Behandlung von Finanzinstrumenten, die bereits bei den Grundform mitunter komplex ist, schnell an zusätzlicher Komplexität gewinnt.[24]

Im weiteren Verlauf der Arbeit wird daher zunächst zwischen originären und derivativen Finanzinstrumenten unterschieden, wobei die derivativen Finanzinstrumente ihrerseits noch einmal in unbedingte und bedingte Finanzinstrumente untergliedert werden. An gegebener Stelle wird die Betrachtung auf strukturierte Produkte ausgeweitet. Die folgende Analyse orientiert sich dabei an der finanzwirtschaftlichen Abgrenzung von Finanzinstrumenten und den ihnen immanenten Charakteristika.

1.1 Originäre Finanzinstrumente

Wie bereits festgestellt, wird der Begriff des originären Finanzinstruments im Bilanzrecht weder definiert noch verwendet. Die originären Finanzinstrumente können aber unter die bilanzrechtliche Terminologie gefasst werden, weil sie einzelne der in § 266 HGB aufgeführten Bilanzpositionen der Aktiv- und Passivseite darstellen.[25] Originäre Finanzinstrumente erstrecken sich somit nahezu über die gesamte Bilanz. Diese Aufteilung hat auch das IDW vorgenommen. Gemäß RH HFA 1.005 sind unter den Begriff des Finanzinstrumentes alle Vermögensgegenstände und Schulden zu fassen, die auf vertraglicher Basis zu Geldzahlungen oder zum Zu- bzw. Abgang von anderen Finanzinstrumenten führen.[26] In einer Aufzählung subsumiert das IDW folgende Bilanzposten unter die Finanzinstrumente:

- Die von § 1 Abs. 11 KWG bzw. § 2 Abs. 2b WpHG erfassten Instrumente.[27]
- Finanzanlagen (Anlagevermögen) nach § 266 Abs. 2 A III HGB
- Forderungen (Umlaufvermögen) § 266 Abs. 2 B II Nr. 1 bis 3 HGB
- Verbindlichkeiten § 266 Abs. 3 C Nr. 1 bis 2, 4 bis 8 HGB

Laut IDW fallen hingegen Eigenkapitalinstrumente wie Aktien, GmbH-Anteile oder ähnliche Gesellschaftsrechte beim Emittenten nicht unter den Begriff des Finanzinstrumentes.[28] Auffallend ist, dass das IDW in seinem Rechnungslegungshinweis zwar explizit Schulden

---

24 Vgl. *Ackermann*, Marktwertbilanzierung, 2000, S. 83; *Gebhardt/Naumann*, Absicherungszusammenhänge, DB 1999, S. 1463. Strukturierte Wertpapiere sind z.B. Asset Backed Securities (ASB); Collateralized Dept Obligations- (CDOs), Credit Linked Notes und Zertifikate. Es handelt sich hierbei begrifflich um Wertpapiere im bilanzrechtlichen Sinne. Vgl. *Häuselmann*, Finanzmarktkrise, BB 2008, S. 2617; Strukturierte Produkte sind darüber hinaus z. B. Zertifikate oder auch Aktienanleihen; *Hoyos/Gutike,* in: Beck'scher BilKomm, 6. Auflage 2006, § 266 HGB Rn. 80.

25 Z. B. Beteiligungen, Ausleihungen, Wertpapiere, Forderungen, Geldforderungen, Verbindlichkeiten; Vgl. *Barckow*, Bilanzierung, 2004, S. 10.

26 Vgl. *IDW*, Anhangsangaben, RH HFA 1.005, WPg 2005, S. 531 Rz. 4.

27 Im KWG und im WpHG werden in den gleichen Paragrafen auch die Derivate mit aufgeführt; daher dürften diese Paragrafen hier nicht vollumfänglich aufgeführt werden. Vgl. *Scharpf/Schaber*, BilMoG, KoR 2008, S. 534; *IDW*, Anhangsangaben, RH HFA 1.005, WPg 2005, S. 531 Rz. 4.

28 Vgl. *IDW*, Anhangsangaben, RH HFA 1.005, WPg 2005, S. 531; Zu eigenen Anteilen vgl. *Ernst/Seidler*, Referentenentwurf, BB 2007, S. 2560; § 272 Abs. 1a HGB-BilMoG; *Herzig/Mauritz*, Grundkonzeption, BB 1997, S. 9.

erwähnt, innerhalb seiner Aufzählung aber nur Verbindlichkeiten nennt. Fraglich ist daher, wie mit Rückstellungen zu verfahren ist.[29]

Entgegen der oben aufgeführten bilanzrechtlichen Darstellung nach § 266 HGB können originäre Finanzinstrumente gedanklich aber auch in eigenkapital-[30] und fremdkapitalbezogene[31] Titel eingeteilt werden.[32]

Unabhängig vom Bilanzrecht werden aus finanzwirtschaftlicher Perspektive originäre Finanzinstrumente als Kassageschäfte definiert, da sie auf Kassamärkten gehandelt und valutagerecht abgewickelt werden. Die Abschlüsse müssen dabei innerhalb von zwei Tagen erfüllt sein. Sie stehen damit im Gegensatz zu den Derivaten, die grundsätzlich als Termingeschäfte bezeichnet werden.[33]

1.2 Derivative Finanzinstrumente

Auch der Begriff des derivativen Finanzinstruments wird weder im Handels- noch im Steuerrecht explizit definiert oder durch eine Aufzählung konkretisiert, sondern lediglich verwendet.[34] Außerhalb des HGB sind nur in § 2 Abs. 2 WpHG[35] und § 1 Abs. 11 S. 4 KWG nahezu wortgleiche Legaldefinitionen zu finden. Eine ähnliche Definition hat das IDW auch für die Auslegung von § 285 HGB a. F. und § 289 HGB[36] übernommen. Demnach sind derivative Finanzinstrumente als Fest- oder Optionsgeschäft ausgestaltete Termingeschäfte, deren Wert von einer Basisvariablen abhängt. Verpflichtungen aus diesen Instrumenten sind durch Geldzahlungen oder Zugang oder Abgang von anderen Finanzinstrumenten zu erfüllen.

---

29 Zur Einbeziehung von Rückstellungen vgl. *Herzig/Mauritz*, Grundkonzeption, BB 1997, S. 9.

30 Zu den eigenkapitalbezogenen Titeln gehören z. B. Aktien, Stille Einlagen, Genussscheine, Venture Capital u. a.

31 Zu den fremdkapitalbezogenen Titeln gehören z. B. Forderungen, Verbindlichkeiten, Pfandbriefe, Schuldverschreibungen u. a.

32 Vgl. *Gemeinhardt/Bode*, Finanzinstrumente, StuB 2008, S. 170; *Schmidt*, Rechnungslegung, 2005, S. 63; *Mauritz*, Konzepte, 1996, S. 9. Für die vorliegende Arbeit ist diese Differenzierung zwischen eigenkapitalbezogenen und fremdkapitalbezogenen Instrumenten jedoch nicht maßgeblich und wird dementsprechend nicht weiter verfolgt.

33 Wobei die Stillhalterposition einer Option im Bilanzrecht nicht unbedingt zu den „Termingeschäften" gezählt wird. Siehe hierzu BFH vom 17.04.2007, IX R 40/06, BStBl II 2007, S. 608; Vorinstanz: FG Niedersachsen vom 08.08.2006, 13 K 463/02, EFG 2007, S. 126. Oder auch Kapitel D II dieser Arbeit.

34 Z. B. wird der Begriff des Derivats in § 285 S. 1 Nr. 19 HGB-BilMoG verwendet. Vgl. *Gemeinhardt/Bode*, Finanzinstrumente, StuB 2008, S. 170.

35 § 2 Abs.2 WpHG: Derivate im Sinne dieses Gesetzes sind als Fest- oder Optionsgeschäfte ausgestaltete Termingeschäfte, deren Preis unmittelbar oder mittelbar abhängt von: 1. dem Börsen- oder Marktpreis von Wertpapieren, 2. dem Börsen- oder Marktpreis von Geldmarktinstrumenten, 3. Zinssätzen oder anderen Erträgen, 4. dem Börsen- oder Marktpreis von Waren oder Edelmetallen oder 5. dem Preis von Devisen.

36 Wobei in § 289 HGB nur der Begriff des Finanzinstrumentes und nicht der des derivativen Finanzinstrumentes verwendet wird.

Ihrer Art nach werden Optionen, Futures, Forwards und Swaps zu den derivativen Finanzinstrumenten gezählt.[37]

Laut herrschender Auffassung der Literatur, gemäß der Regierungsbegründung zum BilMoG und nach IAS 39 zeichnen sich Derivate grundsätzlich durch drei charakteristische Eigenschaften aus, die als die wesentlichen Merkmale angesehen werden.[38]

Erstens ist ein Derivat[39] ein schwebendes Vertragsverhältnis, dessen Wert auf Änderungen des Wertes des Basisobjektes[40] reagiert. Es ist demnach ein Produkt, welches von einem ursprünglichen Objekt (Underlying) abgeleitet ist.[41] Somit ist auch seine Wertentwicklung (unmittelbar oder mittelbar) von den Entwicklungen am Kassamarkt abhängig.[42] Als Underlying kommen neben Aktien, Zinsen und Währungen u. a. auch Waren in Betracht.[43] Darüber hinaus können auch Derivate selbst als Basisinstrument dienen.[44]

Zweitens fallen bei Erwerb eines Derivates keine oder nur geringe Anschaffungskosten an.[45] Derivative Finanzinstrumente unterliegen einer Hebelwirkung. D. h., dass die relative Wertänderung eines Derivates höher ist als die relative Wertänderung des Basiswerts.[46] Dies trägt dazu bei, dass Derivate besonders zur Absicherung von Risiken geeignet sind, da das bestehende Risiko durch den Abschluss eines gegenläufigen Geschäftes verhältnismäßig

---

37 Vgl. *IDW*, Anhangsangaben, RH HFA 1.005, WPg 2005, S. 531f.

38 Begründung zu der Einführung des § 253 Abs. 1 S. 3 HGB, der im Rahmen des Gesetzesverfahrens wieder gestrichen worden ist. *Regierungsentwurf* BilMoG vom 23.05.2008, Drs. 344/08, Begründung, S. 116; *Referentenentwurf* BilMoG vom 08.11.2007, Drs. 344/08. Vgl. *Barckow*, Bilanzierung, 2004, S. 11. Nach IAS 39.9 gilt: Sein Wert verändert sich infolge einer Änderung eines bestimmten Zinssatzes, Preises eines Finanzinstrumentes, Rohstoffpreises, Wechselkurses, Preis- oder Zinsindexes, Bonitätsratings oder Kreditindexes oder einer ähnlichen Variablen, sofern im Fall einer nicht-finanziellen Variablen die Variable nicht spezifisch für eine Partei des Vertrags ist (auch „Basis" oder Underlying genannt). Es erfordert keine Anschaffungsauszahlung oder eine, die im Vergleich zu anderen Vertragsformen, von denen zu erwarten ist, dass sie in ähnlicher Weise auf Änderungen der Marktbedingungen reagieren, geringer ist. Es wird zu einem späteren Zeitpunkt beglichen.

39 Synonym zum Begriff des „Derivats" werden in dieser Arbeit die Begriffe des „derivativen Finanzinstruments" oder „Finanzderivats" verwendet. Grundsätzlich gehören zu den Derivaten auch Nicht-Finanzinstrumente; diese werden aber nicht explizit näher behandelt, weshalb die Begrifflichkeiten synonym verwendet werden können.

40 Z. B. Zinssätze, Wechselkurse, Rohstoffpreise, Preis oder Zinsindexe, Bonität, Kreditindexe oder andere Variablen.

41 Vgl. *Patek*, Finanzprodukte, 2001, S. 7.

42 Vgl. *Bieg*, Grundlagen Teil I, StB 2002, S. 429; *Bertsch/Kärcher*, Instrumente, in: Eller u. a., Instrumente, 2. Auflage 1999, S. 733.

43 Vgl. *Bieg*, Grundlagen Teil I, StB 2002, S. 429; *Widmayer*, Risikomanagement, 2002, S. 27.

44 Vgl. *Wagner*, Bilanzierung, StuB 2004, S. 1085. Inwieweit die Legaldefinition des WpHG und KWG ins Bilanzrecht zu übernehmen ist, wäre zu untersuchen. Dass Derivate selber Basiswerte sein können, wird auch im Wertpapierhandelsgesetzes in § 2 Abs.2 Nr.1 lit e WpHG und im Kreditwesengesetz in § 1 Abs. 11 KWG genannt.

45 Vgl. *Regierungsentwurf* BilMoG vom 23.05.2008, Drs. 344/08, Begründung, S. 116. Bei Derivaten liegt der Zeitpunkt der Konditionsfestlegung vor dem Zeitpunkt der Kapitalbereitstellung, daher benötigen sie einen geringeren Kapitaleinsatz als originäre Geschäfte.

46 Vgl. *Bieg*, Grundlagen Teil I, StB 2002, S. 429; *Bitterlin*, Jahresabschluss, 2003, S. 22.

günstig eliminiert bzw. reduziert werden kann.[47] Es darf jedoch nicht außer Acht gelassen werden, dass den Derivaten selbst auch Risiken innewohnen.[48]

Drittens handelt es sich bei derivativen Finanzinstrumenten um Termingeschäfte, bei denen der Zeitpunkt des Vertragsabschlusses und der Zeitpunkt der Vertragserfüllung zeitlich auseinander fallen.[49]

Aus finanzwirtschaftlicher Sicht lassen sich Derivate ferner nach dem Vertragsinhalt in unbedingte und bedingte Finanzinstrumente bzw. nach ihrem Risikoprofil in Instrumente mit symmetrischen und asymmetrischen Risiken unterteilen.[50]

Unter einem unbedingten Finanzinstrument[51] wird eine bindende Verpflichtung verstanden, eine bestimmte Leistung (Underlying) zu einer bestimmten Art und Menge an einem vereinbarten Zeitpunkt in der Zukunft zu einem vereinbarten Preis zu kaufen oder zu verkaufen.[52] Aufgrund der vertraglichen Verpflichtung beider Seiten liegt daher eine symmetrische Risikoverteilung vor.[53] Bei bedingten Finanzinstrumenten hat der Käufer hingegen das Recht, das Geschäft nicht durchzuführen.[54] Bedingte Finanzinstrumente weisen demnach ein

---

47 Vgl. *Bitterlin*, Jahresabschluss, 2003, S. 22; *Meyer*, Revision, 1993, S. 51.

48 Hierauf wird im weiteren Verlauf der Arbeit noch näher eingegangen.

49 Vgl. *Regierungsentwurf* BilMoG vom 23.05.2008, Drs. 344/08, Begründung, S. 116; *Löw/Scharpf/ Weigel*, Bilanzierung, WPg 2008, S. 1011. Im Gegensatz dazu fallen bei Kassageschäften der Vertragsabschluss und die -erfüllung (fast) zusammen. Vgl. *Schmidt*, Derivative, 3. Auflage 2006, S. 2; *Schmidt*, Rechnungslegung, 2005, S. 67; *Widmayer*, Risikomanagement, 2002, S. 27.

50 Vgl. *Kuhner*, in: Baetge/Kirsch/Thiele, § 246 HGB Rn. 806. Neben den bedingten und unbedingten Termingeschäften existieren noch die Kreditderivate. Diese sind mittelbar oder unmittelbar von der Bonität eines Vermögenswertes abhängig. Sie können sowohl bedingt als auch unbedingt sein und werden stets OTC gehandelt. Mit den Kreditderivaten lassen sich Ausfallrisiken losgelöst von den ihnen zu Grunde liegenden originären Positionen und auch getrennt von anderen Risikofaktoren handeln. Vgl. *Pfitzer/Scharpf/Schaber*, antizipative Hedges Teil 1, WPg 2007, S. 676; *Barckow*, Bilanzierung, 2004, S. 37; *Krumnow/Sprißler u. a.*, Kreditinstitute, 2. Auflage 2004, § 340e HGB Rn. 507ff; *Wagner*, Bilanzierung, StuB 2004, S. 1085; *Brütting/Weber/Heidenreich*, Kreditderivate Teil I, FB 2003, S. 754; *Prahl/Naumann*, Financial Instruments, in: HdJ Abt. II/10, Rn. 116. Kreditderivate sind z. B. Credit Default Swaps, Total (Rate of) Return Swaps und Credit Linked Notes.

51 Da es, wie bereits dargestellt, eine Fülle von Finanzprodukten gibt, die einer ständigen Weiterentwicklung unterliegen, können diese nur in groben Erscheinungsformen weiter untersucht werden. Da die Ausgestaltung des Finanzinstrumentes nicht das Primärproblem der vorliegenden Arbeit darstellt, wird im Weiteren nur noch auf einer abstrahierten Ebene zwischen unbedingten und bedingten Finanzinstrumenten differenziert. Unbedingte Finanzinstrumente sind u. a. Futures, Forwards und Swaps; für weitere Ausführungen siehe *Eller*, Instrumente, in: Eller, Derivativer Instrumente, 3. Auflage 2005, S. 10; *Bertsch/Krächer*, Instrumente, in: Eller u. a., Instrumente, 2. Auflage 1999, S. 745; *Clemm/Nonnenmacher*, Swapgeschäfte, in: FS Döllerer, 1988, S. 66. Teilweise werden die Swaps auch als eigenständige Gruppe neben den bedingten und unbedingten Finanzinstrumenten aufgeführt.

52 Vgl. *Scheffler*, Hedge Accounting, 1994, S. 40.

53 Daher wird auch von zweiseitig verpflichtenden Geschäften gesprochen, wobei es sich bei den bedingten um einseitig verpflichtende Geschäfte handelt. Vgl. *Reiner*, Finanzinstrumente, 2002, S. 3 und S. 256.

54 Zu den bedingten Finanzinstrumenten zählen u. a. Optionen, Optionsscheine und optionsähnliche Produkte, [Cap und Floor]. Für weitere Ausführungen siehe *Schwitters/Bogajewskaja*, in: Beck HdR, B 730 Rn. 2; *Prätzler*, Optionsprämien, DStR 2001, S. 928; *Schick*, Besteuerung, 1998, S. 5ff.

asymmetrisches Risikoprofil auf, da der Käufer je nach Wertentwicklung des Basiswertes die Möglichkeit hat, das Derivat in Anspruch zu nehmen oder verfallen zu lassen.[55]
Die Aufteilung der Finanzinstrumente in originäre und derivative Instrumente und die weitere Differenzierung der derivativen Finanzinstrumente in unbedingte und bedingte werden durch die nachstehende Abbildung verdeutlicht.

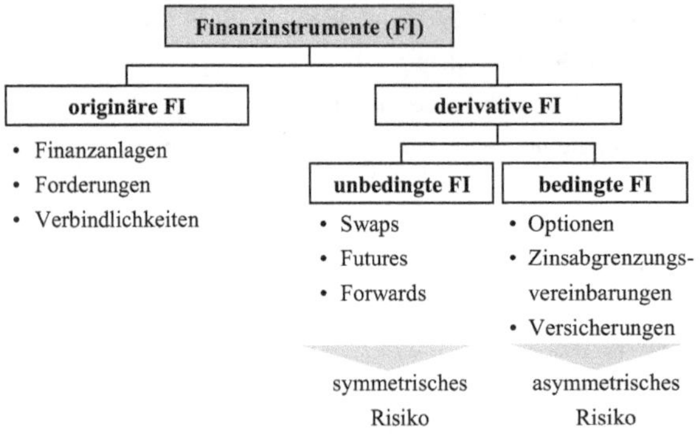

Abbildung 1: Systematisierung der Finanzinstrumente

Für das Zustandekommen von Geschäften mit derivativen Finanzinstrumenten werden mindestens zwei Parteien benötigt, die von gegensätzlichen Risikoerwartungen ausgehen. Zudem wird danach differenziert, wo die Instrumente gehandelt werden;[56] dies kann an einer Börse[57] oder aber direkt zwischen den Vertragspartner in Form einer sog. Over The Counter (OTC) Transaktion geschehen.[58]

1.2.1 Unbedingte Finanzinstrumente

Entsprechend der fehlenden Legaldefinition für Derivate existiert auch für die unbedingten Finanzinstrumente keine rechtliche Begriffsbestimmung. In der finanzwirtschaftlichen Praxis werden unbedingte Finanzinstrumente aufgrund ihres verpflichtenden Charakters als Fixge-

---

[55] Vgl. *Herzig/Briesemeister*, Optionsgeschäfte, DB 2002, S. 1574; *Stuirbrink/Brüggentisch,* in: Beck Vers-Komm., § 341b HGB Rn. 119; *Windmöller/Breker*, Optionsgeschäfte, WPg 1995, S. 392.

[56] Vgl. *Barckow*, Bilanzierung, 2004, S. 33. Die Frage nach dem Handelsort kann auch für die Bilanzierung bzw. Bewertung von Finanzinstrumenten von großer Bedeutung sein, da entweder die Möglichkeit existiert, dass eine adäquate Wertbestimmung des Finanzinstrumentes über einen Markt gegeben ist, oder dass der Wert über Modelle bestimmt werden muss, da das Instrument nicht ausreichend gehandelt wird.

[57] Bei börsennotierten Verträgen spricht man von „Kontrakten".

[58] Siehe zur Differenzierung zwischen dem Handel an der Börse oder Over The Counter *Barckow*, Bilanzierung, 2004, S. 36f; *Albrecht/Maurer*, Risikomanagement, 2. Auflage 2005, S. 13.

schäfte bzw. (Termin-)Festgeschäfte bezeichnet.[59] Unter den Begriff der unbedingten Finanzinstrumente werden u. a. Swaps,[60] Futures und Forwards gefasst, welche die Grundarten darstellen (Plain-Vanilla-Derivate).[61] Da sich im Wesentlichen alle weiteren Produkte aus den drei Grundarten ableiten lassen, werden diese im Folgenden kurz dargestellt.

1.2.1.1 Swaps

Eines der in Deutschland am häufigsten verwendeten Derivate ist der Swap.[62] Ein Swap (engl. (Aus-)Tausch) ist ein Tauschgeschäft,[63] unter dem in der Wirtschaft eine Vereinbarung zwischen zwei Akteuren verstanden wird, bei der diese die zukünftigen Zahlungsströme über einen bestimmten Zeitraum austauschen.[64] Swapgeschäfte sind von ihrem Charakter her Arbitragegeschäfte.[65] Eine Begründung für die Existenz von Swaps liegt darin, dass ein Kontraktpartner des Swapgeschäftes die komparativen Kostenvorteile (z. B. Bonitätseinschätzungen, unterschiedliche Marktzugangsmöglichkeiten oder Kapitalmarktdifferenzen) des anderen Kontraktpartners ausnutzt und beide ihre Kosten reduzieren können. Das von David Ricardo entwickelte Theorem der Ausnutzung komparativer Kostenvorteile wird somit bei Swaps auf den Finanzsektor übertragen.[66]

Die bedeutendsten Grundformen von Swaps, die sich an der zugrunde liegenden Intention der Kontraktpartner orientieren, sind Zinsswaps, Währungsswaps und die Kombination der beiden Grundvarianten, der Zins-Währungsswap.[67] Bei einem Zinsswap tauschen bspw. zwei Parteien für eine bestimmte Laufzeit Zinszahlungen in gleicher Währung aus, die aus Forde-

---

59 Vgl. *Schmidt*, Rechnungslegung, 2005, S. 67; *Oehler/Unser*, Risikomanagement, 2001, S. 18.

60 Teilweise werden die Swaps auch als eigenständige Gruppe neben den bedingten und unbedingten Finanzinstrumenten aufgeführt.

61 Plain-Vanilla sind solche Derivate ohne besondere Eigenschaften bzw. solche, die einfach als Standard-Derivate bezeichnet werden können. Vgl. *Bertsch/Kärcher*, Behandlung, in: Eller u. a., Derivativer Instrumente, 3. Auflage 2005, S. 570; *Widmayer*, Risikomanagement, 2002, S. 28. Unbedingte Derivate lassen sich statisch in herkömmliche Instrumente zerlegen und damit duplizieren.

62 Der Swap wird teilweise als eigene Gruppe gesehen, kann aber auch unter die unbedingten Geschäfte subsumiert werden. Vgl. *Düpmann*, Zinsinduzierte Wertänderungen, 2007, S. 20; *Eisele*, Rechnungswesen, 7. Auflage 2002, S. 194.

63 Vgl. *Dahm/Hamacher*, Termingeschäfte, DStR 2008, S. 1914; *Bieg/Krämer*, Fremdwährungsrisiken, in: Außenhandel, 2004, S. 917; *Widmayer*, Risikomanagement, 2002, S. 50.

64 Vgl. *Wagner*, Steuerbilanz, INF 2006, S. 542; *Hull*, Optionen, 6. Auflage 2006, S. 121; *Haisch*, Swapgeschäfte, DStZ 2004, S. 511; *Bieg*, Swaps Teil I, StB 2003, S. 210; *Widmayer*, Risikomanagement, 2002, S. 50; *Scheffler*, Hedge Accounting, 1994, S. 42. In der Regel müssen ein oder mehrere zukünftige Marktwerte in die Rechnung miteinbezogen werden.

65 Vgl. *Perridon/Steiner*, Finanzwirtschaft, 2007, S. 299.

66 Vgl. *Bieg*, Swaps Teil I, StB 2003, S. 209; *Wenger/Kaserer/Bayer*, Steuerbilanz, DStR 1995, S. 949; Die Theorie der komparativen Kostenvorteile wurde im Jahre 1817 von David Ricardo als Weiterentwicklung der Theorie der absoluten Kostenvorteile Adam Smiths entwickelt und ist ein Kernpunkt der Außenwirtschaftstheorie.

67 Vgl. *Haisch*, Swapgeschäfte, DStZ 2004, S. 511; *Eisele*, Rechnungswesen, 7. Auflage 2002, S. 195; *Maulshagen/Maulshagen*, Swapgeschäfte, BB 2000, S. 243; *Mauritz*, Konzepte, 1996, S. 193; *Grill/Perczynski*, Kreditwesen, 7. Auflage 1996, S. 288. Auch andere Preisrisikoarten wie bspw. Ölswaps usw. existieren neben den Grundformen.

rungen oder Verbindlichkeiten mit Dritten resultieren.[68] Die Basiskapitalbeträge selbst werden nicht ausgetauscht, sondern dienen lediglich als Berechnungsbasis für die Bestimmung der auszutauschenden Geldbeträge.[69] Mit Swaps können Unternehmen somit auf erwartete Zinssteigerungen bzw. -senkungen reagieren und sich dagegen absichern.[70]

Bei Währungsswaps vereinbaren die Parteien, für eine bestimmte Laufzeit Kapitalbeträge in unterschiedlichen Währungen und die daraus resultierenden Zinsbeträge auszutauschen.[71] Ein Währungsswap lässt sich in drei Transaktionen aufteilen. Zunächst die Anfangstransaktion[72], bei der die Swappartner Kapitalbeträge in unterschiedlicher Währung tauschen.[73] Der Wechselkurs bestimmt sich dabei in der Regel an den aktuellen Verhältnissen des Devisenkassamarktes. Die zweite Transaktion setzt sich aus mehreren Zahlungen zusammen, bei der die Swappartner während der Swaplaufzeit zu im Voraus festgelegten Zeitpunkten die Zinszahlungen auf die getauschten Kapitalbeträge tauschen. Als dritte und damit Schlusstransaktion werden schließlich am Ende der Swaplaufzeit die Kapitalbeträge zum ursprünglichen Kurs wieder zurückgetauscht.[74] Beim Zins-Währungsswap ist der Unterschied zum normalen Währungsswap lediglich darin begründet, dass zusätzlich ein Tausch von fest verzinslich in variabel verzinslich (bzw. umgekehrt) zwischen den Swappartnern stattfindet.[75]

Da es in der Realität kompliziert ist, einen passenden Kontraktpartner zu finden, schalten die Unternehmungen regelmäßig Finanzinstitute als Intermediäre ein.[76] Diese führen entweder zwei Unternehmen gegen eine Provision zusammen oder treten selber als zweiter Kontraktpartner ein.[77] Swaps sind demnach den sog. OTC- Transaktionen zuzurechnen.

---

68 Vgl. *Düpmann*, Zinsinduzierte Wertänderungen, 2007, S. 20; *Weigel/Kopatschek/Löw/Scharpf/Vietze*, Zinsswaps, WPg 2007, S. 1049; *Wagner*, Steuerbilanz, INF 2006, S. 542; *Eisele*, Rechnungswesen, 7. Auflage 2002, S. 196. In der Regel werden feste Zinszahlungen gegen variable Zinsen getauscht. Außerdem kann auch der Austausch variabler Zinszahlungen, die auf unterschiedlichen Referenzzinssätzen basieren (z.B. Libor und Euribor) Vertragsgrundlage sein (sog. Basis-Swap).

69 Vgl. *Maulshagen/Maulshagen*, Swapgeschäfte, BB 2000, S. 244; *Mauritz*, Konzepte, 1996, S. 187.

70 Vgl. *Düpmann*, Zinsinduzierte Wertänderungen, 2007, S. 20. Durch den Einsatz von Swaps kann ein Unternehmen, ohne zinsinduzierte Positionen veräußern zu müssen, flexibel auf Zinsänderungen reagieren. S. *Eisele*, Rechnungswesen, 7. Auflage 2002, S. 196.

71 Vgl. *Bieg/Krämer*, Fremdwährungsrisiken, in: Außenhandel, 2004, S. 918; *Haisch*, Swapgeschäfte, DStZ 2004, S. 511.

72 Diese Transaktion ist kein zwingender Bestandteil, sondern kann auch am Devisenkassamarkt besorgt werden.

73 Vgl. *Maulshagen/Maulshagen*, Swapgeschäfte, BB 2000, S. 248.

74 Vgl. *Haisch*, Swapgeschäfte, DStZ 2004, S. 511; *Bieg*, Swaps Teil II, StB 2003, S. 261; *Widmayer*, Risikomanagement, 2002, S. 53; *Maulshagen/Maulshagen*, Swapgeschäfte, BB 2000, S. 244; *Scharpf/Luz*, Risikomanagement, 2000, S. 457.

75 Vgl. *Widmayer*, Risikomanagement, 2002, S. 55, *Mauritz*, Konzepte, 1996, S. 191.

76 Vgl. *Happe*, Swapvereinbarungen, 1996, S. 23; *Knippschild*, Controlling, 1991, S. 140.

77 Vgl. *Bieg*, Swaps Teil I, StB 2003, S. 211.

1.2.1.2 Futures und Forwards

Futures und Forwards sind Verträge, bei denen sich ein Vertragspartner verpflichtet, eine bestimmte Menge eines Basiswerts zu einem festgelegten Basispreis zu einem vereinbarten zukünftigen Zeitpunkt zu liefern. Der andere Vertragspartner hingegen verpflichtet sich, den Basiswert zu dem festgelegten Preis und dem fixierten Zeitpunkt zu übernehmen.[78]
Futures sind, im Gegensatz zu Forwards, zum Börsenhandel zugelassen, weshalb es sich um eine standardisierte Form von Finanzinstrumenten handelt.[79] Die Terminbörse fungiert dabei als unabhängige Clearing-Stelle zwischen den Börsenteilnehmern und garantiert die Erfüllung des Vertrages.[80] Um das Adressenausfallrisiko der Vertragsparteien zu minimieren, fordert sie neben einer anfänglichen Sicherheitsleistung auch während der Laufzeit weitere Nachschusszahlungen (sog. Variation Margins), wenn sich aus dem Geschäft Verluste ergeben.[81]
In Abhängigkeit von ihrem Basiswert werden bei Futures zwei große Gruppen unterschieden. Zum einen die Commodity Futures (auch Warenfutures), die auf physischen Waren (Rohstoffen, Agrarprodukten usw.) basieren und zum anderen die Financial Futures, deren Basiswert ein originäres Finanzinstrument ist.[82] Bei beiden Formen kann die Erfüllung der Verträge sowohl durch die Lieferung des Underlyings als auch durch einen Barausgleich erfolgen.[83] Allerdings wird nur in den seltensten Fällen die tatsächliche Lieferung des Basiswerts vollzogen. Vielmehr findet eine Glattstellung[84] oder aber ein Barausgleich vor Fälligkeit statt.[85]

---

78 Vgl. *Hull*, Optionen, 6. Auflage 2006, S. 1 – 4; *Widmayer*, Risikomanagement, 2002, S. 55; *Bieg/Krämer*, Fremdwährungsrisiken, in: Außenhandel, 2004, S. 913; *Fleischer*, DTB, DB 1995, S. 1781.

79 Vgl. *Bieg*, Swaps Teil I, StB 2003, S. 210. Bei Futures handelt es sich um Börsentermingeschäfte ohne Ausübungswahlrecht, bei Börsentermingeschäften mit Ausübungswahlrecht handelt es sich hingegen um Optionen.

80 Vgl. *Widmayer*, Risikomanagement, 2002, S. 34; *Bublitz*, DTB-Geschäftsmöglichkeiten, Die Bank 1989, S. 314.

81 Vgl. *Mauritz*, Konzepte, 1996, S. 238.

82 Vgl. *Bieg*, Financial Futures Teil I, StB 2003, S. 92; *Eilenberger*, Rechnungslegung, BFuP 1995, S. 137.

83 Über die Abgrenzungsfrage, wann aus bilanzrechtlicher Sicht Warentermingeschäfte unter die derivativen Finanzinstrumente zu subsumieren sind, ist im Rahmen der Einführung des BilMoG eine Diskussion im Schrifttum entflammt. In der Gesetzesbegründung wird der Begriff des „Warenderivats" anders definiert als bisher in § 285 S. 2 HGB a. F.; da grundsätzlich nicht ersichtlich ist, dass der Gesetzgeber diesbezüglich eine Änderung gegenüber der bisherigen Bilanzierungspraxis vornehmen will, wird im Schrifttum davon ausgegangen, dass die bisherige Abgrenzung des § 285 S. 2 HGB ihre Gültigkeit behält. Vgl. *Regierungsentwurf* BilMoG vom 23.05.2008, Drs. 344/08, Begründung; *DSR*, Stellungnahme vom 10.11.2008, S. 4ff; *Scharpf/Schaber*, BilMoG, KoR 2008, S. 534f.; *Schmidt*, Finanzinstrumente, KoR 2008, S. 4; *Löw/Scharpf/Weigel*, Finanzinstrumente, WPg 2008, S. 1014; *Löw/Torabian*, Finanzinstrumente, ZfgK 2008, S. 610; *IDW*, Anhangsangaben, RH HFA 1.005, WPg 2005, S. 532.

84 Damit eine jederzeitige Glattstellung überhaupt möglich ist, legt die Terminbörse einige Standardisierungen fest. Bei Glattstellung werden die Forderungen und Verbindlichkeiten aus den geleisteten bzw. gutgeschriebenen Variation Margins aufgerechnet. In Höhe der verbleibenden Differenz entsteht ein Ausgleichsanspruch. Vgl. *Göttgens/Prahl*, Financial Futures, WPg 1993, S. 505.

85 Vgl. *Häuselmann/Wagner*, Aktienderivate, BB 2002, S. 2174; *Prahl/Naumann*, Financial Instruments, in: HdJ, Abt. II/10, Rn. 86; *Mauritz*, Konzepte, 1996, S. 237.

Einer der Hauptunterschiede zwischen Futures und Forwards liegt darin, dass letztere üblicherweise außerhalb der Börse gehandelt werden.[86] Somit handelt es sich bei Forwards um OTC-Geschäfte, die direkt zwischen den Vertragsparteien abgeschlossen werden. Damit einher geht die Tatsache, dass die Sicherheitsmechanismen der Terminbörse nicht existieren und Forwards entsprechend einem Adressenausfallrisiko unterliegen.[87] Anstelle der anfänglichen und zwischenzeitlichen Sicherheitszahlungen treten bei Forwards daher nur bei Fälligkeit Zahlungen auf.[88]

Forwards liegen in den meisten Fällen in einer der drei folgenden Ausprägungsformen vor: Devisentermingeschäft, Forward Rate Agreement[89] oder Wertpapiertermingeschäft.[90] Bei der Erfüllung der Geschäfte werden der vorab vereinbarte Devisenbetrag oder aber das Wertpapier zum vereinbarten Preis geliefert. Bei physisch nicht lieferbaren Basiswerten (z. B. Aktienindex oder wie im Falle von Forward Rate Agreements) wandelt sich die Verpflichtung auf Lieferung oder Abnahme in einen Barausgleich in Höhe der Differenz zwischen dem Kaufpreis und dem Wert des Basisobjekts bei Fälligkeit.[91] Ein Forward kann durch einen Aufhebungsvertrag vor Fälligkeit glattgestellt werden.[92]

1.2.2 Bedingte Finanzinstrumente

Wie bei den unbedingten Finanzinstrumenten fehlt im Handels- und Steuerrecht auch eine Legaldefinition für den Begriff des bedingten Finanzinstrumentes. In der Finanzwirtschaft werden unter bedingten Finanzinstrumenten insbesondere Optionen, die ihrerseits in OTC und börsengehandelte Optionen unterteilt werden, sowie Versicherungen[93] und Zinsabgrenzungsvereinbarungen (Caps und Floors)[94] subsumiert.[95] Im weiteren Verlauf werden stellvertretend

---

86 Mauritz merkt an, dass Terminbörsen zunehmend Geschäfte von den OTC-Märkten abziehen und sie ihrerseits börsengehandelt anbieten. Siehe *Mauritz*, Konzepte, 1996, S. 241 (FN. 23).

87 Das Adressenausfallrisiko liegt somit in der Tatsache begründet, dass aufgrund des Ausfalls des Vertragspartners ein positiver Marktwert nicht vereinnahmt werden kann. Vgl. *Widmayer*, Risikomanagement, 2002, S. 33; *Mauritz*, Konzepte, 1996, S. 243f. Die Abgrenzung von verschiedenen Risiken wird in Kapitel B 2 dieser Arbeit näher untersucht.

88 Vgl. *Prahl/Naumann*, Financial Instruments, in: HdJ, Abt. II/10, Rn. 71.

89 Eine spezielle Ausprägung von Forwards sind Forward Rate Agreements (FRA); sie dienen dazu, einen bestimmten Zinssatz, bezogen auf einen Kapitalbetrag, für eine zukünftige Laufzeit sicherzustellen. Der Kapitalbetrag wird hierbei nicht ausgetauscht. Dieser dient nur zur Berechnung einer Ausgleichzahlung. Die Abwicklung des FRA erfolgt durch eine einzige Ausgleichzahlung zu Beginn der Laufzeit. Vgl. *Düpmann*, Zinsinduzierte Wertänderungen, 2007, S. 21; *Bieg*, Forward Rate Agreements, StB 2003, S. 174; *Widmayer*, Risikomanagement, 2002, S. 33.

90 Siehe zu den näheren Ausführungen: *Prahl/Naumann*, Financial Instruments, in: HdJ, Abt. II/10, Rn. 71.

91 Vgl. *Krumnow/Sprißler u. a.*, Kreditinstitute, 2. Auflage 2004, § 340e HGB Rn. 426; *Prahl/Naumann*, Financial Instruments, in: HdJ, Abt. II/10, Rn. 79 und 81.

92 Vgl. *Prahl/Naumann*, Financial Instruments, in: HdJ, Abt. II/10, Rn. 82.

93 Vgl. *Oehler/Unser*, Risikomanagement, 2001, S. 18.

94 Mit Hilfe der beiden Grundformen Cap und Floor lässt sich eine Reihe von Mischformen konstruieren, so z.B. der Collar.

für die bedingten Finanzinstrumente nur Optionen betrachtet, da an diesen die für diese Arbeit wesentlichen Grundprobleme aufgezeigt werden können.

Optionen zeichnen sich finanzwirtschaftlich dadurch aus, dass der Optionskäufer (Long Position) gegen die Zahlung einer Optionsprämie das Recht erwirbt,[96] ein bestimmtes Geschäft innerhalb eines festgelegten Zeitraums (amerikanische Option) oder zu einem fixierten Zeitpunkt (europäische Option) zu vorher mit dem Stillhalter (Short Position) vereinbarten Bedingungen einzugehen.[97] Darüber hinaus existiert die Möglichkeit, vorab festzusetzen, dass bei Eintritt bestimmter, für den Optionsberechtigen positiver Bedingungen eine automatische Ausübung stattfindet.[98] Der Optionsberechtigte kann sowohl das Recht eingehen, einen bestimmten Gegenstand (Basiswert)[99] zu einem festgelegten Basispreis zu kaufen (Long Call) als auch zu verkaufen (Long Put). Das jeweilige Gegengeschäft des Stillhalters wird als Short Call oder Short Put bezeichnet.

	Käufer / Long	Stillhalter / Short
Call	**Long Call:** Recht auf Bezug des Basiswerts	**Short Call:** Pflicht zur Lieferung des Basiswerts
Put	**Long Put:** Recht auf Abgabe des Basiswerts	**Short Put:** Pflicht auf Erwerb des Basiswerts

Tabelle 1: Positionen bei Optionen

Als Basiswert von Optionen können sowohl Waren als auch originäre und derivative Finanzinstrumente fungieren.[100]

An der Deutschen Terminbörse (DTB) ist neben den oben genannten vier Grundgeschäften auch der Handel mit standardisierten Kombinationsgeschäften (Spreads, Strangles und

95 Vgl. *Schmidt*, Rechnungslegung, 2005, S. 78; *Barckow*, Bilanzierung, 2004, S. 37; *Eisele*, Rechnungswesen, 7. Auflage 2002, S. 200; *Oehler/Unser*, Risikomanagement, 2001, S. 17ff.

96 Vgl. *Düpmann*, Zinsinduzierte Wertänderungen, 2007, S. 23; *Bieg*, Optionen Teil I, StB 2003, S. 288; *Prätzler*, Optionsprämien, DStR 2001, S. 928.

97 Vgl. *Wagner*, Stillhalter, DK 2005, S. 147; *Bieg/Krämer*, Fremdwährungsrisiken, in: Außenhandel, 2004, S. 915; *Heuermann*, EUREX II, DB 2004, S. 1848; *Hoffmann*, Optionsprämie, StuB 2003, S. 543; *Rau*, Bilanzierung, BB 2002, S. 928; *Widmayer*, Risikomanagement, 2002, S. 39; *Fleischmann*, Optionsgeschäfte, StuB 2001, S. 895; *Prätzler*, Optionsprämien, DStR 2001, S. 928; *Patek*, Finanzprodukte, 2001, S. 16; *Häuselmann*, Aspekte, 1997, S. 47; *IDW*, Optionsgeschäfte, BFA 2/1995, WPg 1995, S. 421; *Eilenberger*, Rechnungslegung, BFuP 1995, S. 129; *Bär*, Risiko, 1994, S. 1; *Niemeyer*, Optionsgeschäfte, 1990, S. 13ff.

98 Die automatische Willenserklärung findet man häufig bei Optionsscheinen.

99 Der Basiswert wird auch als Underlying bezeichnet. Dieses können Kassainstrumente, aber auch andere Derivate sein.

100 Vgl. *Schmidt*, Rechnungslegung, 2005, S. 78; *IDW*, Optionsgeschäfte, BFA 2/1995, WPg 1995, S. 421; *Windmöller/Breker*, Optionsgeschäfte, WPg 1995, S. 390. Gegenstand von Optionen ist die Lieferung von z. B. Waren, Devisen, oder synthetischen Wertpapieren, (aber auch Verträge über Geldanlagen und -aufnahmen) oder auch Termingeschäften (z.B. Forwards oder Futures), Swaps oder auch Optionen. Aus diesem Grund wird auch von Waren-, Devisen-, Effekten- oder Aktienindexoptionen gesprochen. Es existiert auch eine Vielzahl von exotischen Optionen wie Lookback oder Bermuda-Optionen.

Straddles) möglich.[101] Hierbei handelt es sich um die gekoppelte Ausführung von mehreren Optionsgeschäften.[102] Die Beendigung von Optionsgeschäften jedweder Art kann durch Ausübung (Physische Lieferung oder Barausgleich), Verfall oder Glattstellung erfolgen.[103] In der Praxis werden Optionen meist mit der Zielsetzung abgeschlossen, nicht die Basiswerte an sich zu liefern oder zu kaufen, sondern durch Transaktionen einen Differenzgewinn zu generieren.[104]

Für den Verlauf der weiteren Analyse sind in Bezug auf Optionen das Verständnis der Preisbestandteile und deren Einflussfaktoren sowie die Beendigungsmöglichkeiten und die daraus resultierenden Konsequenzen von Bedeutung. Diese Themen werden daher im Folgenden einer detaillierteren Betrachtung zugeführt. Der Preis einer Option (auch Optionsprämie) drückt die vorherrschende Einschätzung der Marktteilnehmer über den aktuellen Wert der Option aus.[105] Die Höhe der zu zahlenden Prämie ist dabei abhängig vom vereinbarten Basispreis, dem aktuellen Marktpreis des Basiswertes, der Volatilität des Basiswertes, der Restlaufzeit der Option sowie dem allgemeinen Zinsniveau.[106] Bei DTB-Optionen und Optionsscheinen[107] kann i. d. R auf börsentäglich veröffentlichte Kurse zugegriffen werden. Aber auch bei nicht an der Börse gehandelten Optionen stehen oftmals veröffentlichte Marktpreise zur Verfügung. Kann der Wert hingegen nicht über einen aktiven Markt bestimmt werden, müssen die Werte anhand finanzmathematischer Modelle berechnet werden. Das im Schrifttum bekannteste Modell zur Ermittlung des Optionspreises ist das Black-Scholes-Modell.[108] Der Preis setzt sich demnach definitionsgemäß aus zwei Bestandteilen zusammen, dem inneren Wert und dem Zeitwert.[109]

---

101 Vgl. *Bieg*, Optionen Teil I, StB 2003, S. 292; *Häuselmann/Wiesenbart*, Terminbörse, DB 1990, S. 643. Bei dem Spread kann eine Absicherung vorliegen.

102 Vgl. *Kommission für Bilanzierungsfragen des Bundesverbandes deutscher Banken*, DTB-Aktienoptionen, Die Bank 1990, S. 211.

103 Vgl. *Häuselmann/Wiesenbart*, Terminbörse, DB 1990, S. 643. Ein Verkauf in Form einer Veräußerung an einen Dritten ist im DTB- System nicht vorgesehen.

104 Vgl. *Kommission für Bilanzierungsfragen des Bundesverbandes deutscher Banken*, DTB-Aktienoptionen, Die Bank 1990, S. 211.

105 Vgl. *Wolf/Beckenhaub*, Stillhalter, DB 2002, S. 1617; *Beckmann*, Jahresabschluss, 1992, S. 45.

106 Vgl. *Stuirbrink/Brüggentisch,* in: Beck Vers-Komm., § 341b HGB Rn. 120; *Wagner*, Stillhalter, DK 2005, S. 147; *Windmöller/Breker*, Optionsgeschäfte, WPg 1995, S. 392.

107 Optionsscheine können mit einer Schuldverschreibung (Anleihe) verbunden sein (Optionsanleihe). Anleihe und Optionsschein können aber auch voneinander getrennt und selbständig gehandelt werden. Optionsanleihen (strukturiertes Produkt) sind Inhaberschuldverschreibungen mit Zusatzrechten, genauer verzinsliche Wertpapiere, die neben dem Forderungsrecht (Zins- und Rückzahlungsanspruch) in einem Optionsschein auch ein Bezugsrecht auf Aktien verbriefen. Das Optionsrecht im Optionsschein kann nicht glattgestellt werden.

108 Vgl. *Pross*, Swaps, 1998, S. 24; Schmidt weist darauf hin, dass es im Wesentlichen vier Verfahren zur Bewertung der Option gibt, das Modell von Black-Scholes, das Binominalmodell von Cox/Ross/Rubinstein, die Methode der finiten Differenzen und die Monte-Carlo-Simulation. *Schmidt*, Rechnungslegung, 2005, S. 81.

109 Vgl. *Bieg*, Optionen Teil I, StB 2003, S. 289; *Schwitters/Bogajewskaja,* in: Beck HdR, B 730 Rn. 33; *Dreissig,* Optionen, BB 1989, S. 1512. Optionsprämie = innerer Wert + Zeitwert. Diese kann sich aber auch nur aus dem Zeitwert ergeben.

Der innere Wert entspricht dem Betrag, den der Anleger bei sofortiger Ausübung seines Optionsrechts erhalten würde. Dies ist die Differenz zwischen dem aktuellen Preis (Kassakurs bzw. Marktpreis) des Optionsgegenstands und dem (vereinbarten) Basispreis.[110] Da der Optionsinhaber nicht zur Ausübung der Option verpflichtet ist, wird er von seinem Recht aber nur dann Gebrauch machen, wenn die Situation für ihn vorteilhaft ist.[111] Entsprechend ist der innere Wert niemals negativ, sondern minimal Null.[112] Der Zeitwert drückt auf der anderen Seite die Chance aus, dass die Option am Ende ihrer Laufzeit einen höheren inneren Wert, also einen Wert größer Null aufweist.[113] Der Zeitwert hängt folglich von verschiedenen Einflussfaktoren ab, wobei insbesondere die Restlaufzeit der Option, aber auch die Volatilität des Basiswertes eine gewichtige Rolle spielen.[114] Rechnerisch stellt der Zeitwert die Differenz zwischen dem inneren Wert und dem tatsächlichen Optionspreis am Markt dar.[115]

In Bezug auf die Beendigung von Optionen gibt es die Möglichkeiten der Ausübung, des Verfalls, aber auch der Glattstellung.[116]

Im Fall der Ausübung ist der Stillhalter verpflichtet, den Vertrag physisch zu erfüllen, d. h., er muss das Basisobjekt liefern oder abnehmen. Andererseits kann die Ausübung auch durch Barausgleich stattfinden, d. h., der Stillhalter hat anstelle der physischen Lieferung die Differenz zwischen dem Basispreis und dem aktuellen Marktpreis des Basisobjekts zu zahlen. Während der Optionskäufer demzufolge ein theoretisch unbegrenztes Gewinnpotenzial hat,[117] geht der Stillhalter ein unbegrenztes Risiko ein,[118] was ein asymmetrisches Risikoprofil begründet.[119]

---

110 Der innere Wert ist bei einer Kaufoption nur dann gegeben, wenn der Kassakurs über dem Basispreis liegt. Eine Option, die einen inneren Wert aufweist, wird als in the money bezeichnet; entsprechen sich der Basiswert und der Ausübungskurs, ist die Option at the money, ansonsten ist die Option out of the money.

111 S. *Düpmann*, Zinsinduzierte Wertänderungen, 2007, S. 23; *Hull*, Optionen, 6. Auflage 2006, S. 22.

112 Vgl. *Hull*, Optionen, 6. Auflage 2006, S. 22f; *Widmayer*, Risikomanagement, 2002, S. 45.

113 Vgl. *Düpmann*, Zinsinduzierte Wertänderungen, 2007, S. 24; *Bieg*, Optionen Teil I, StB 2003, S. 290.

114 Vgl. *Düpmann*, Zinsinduzierte Wertänderungen, 2007, S. 29; *Rolfes*, Gesamtbanksteuerung, 1999, S. 103.

115 Vgl. *Wolf/Beckenhaub*, Stillhalter, DB 2002, S. 1617; *Schwitters/Bogajewskaja*, in: Beck HdR B 730 Rn. 33; *Schick*, Besteuerung, 1998, S. 16; *Treuberger/ Scharpf*, Jahresabschluss, DB 1991, S. 662.

116 Da im späteren Verlauf der Arbeit die bilanziellen und außerbilanziellen Rechtsfolgen, die bei Beendigung von Sicherungsbeziehungen entstehen, anhand von Optionen untersucht werden, wird im Folgenden auf die Beendigungsformen näher eingegangen.

117 Bei der Verkaufsoption besteht das Gewinnpotential nur aus dem Basispreis, gekürzt um die Optionsprämie; Vgl. *Häuselmann/Wagner*, Aktienderivate, BB 2002, S. 2170; *Herzig/Briesemeister*, Optionsgeschäfte, DB 2002, S. 1574; *Fleischer,* DTB, DB 1995, S. 1780f.

118 Vgl. *Prätzler,* Optionsprämien, DStR 2001, S. 928. Für die Verkaufsoption gilt, dass der Verlust den Basispreis abzüglich der Optionsprämie nicht übersteigen kann.

119 Vgl. *Stuirbrink/Brüggentisch,* in: Beck Vers-Komm., § 341b HGB Rn. 119; *Windmöller/Breker*, Optionsgeschäfte, WPg 1995, S. 392; *Herzig/Briesemeister*, Optionsgeschäfte, DB 2002, S. 1574.

In der Situation, in der die Ausübung der Option für den Optionskäufer nachteilig ist, kann das Geschäft beendet werden, indem der Optionskäufer die Option verfallen lässt. Alle Rechte und Pflichten des Geschäftes erlöschen.[120]

Die letzte Möglichkeit zur Beendigung des Optionsgeschäftes ist die Glattstellung. Die Glattstellung ist der Abschluss einer exakt gegenläufigen Option zur bereits gehaltenen Option, was wirtschaftlich wie ein Verkauf zu qualifizieren ist.[121] Mit der rechtlichen und der wirtschaftlichen Glattstellung existieren zwei unterschiedliche Varianten.[122] Wird das Geschäft als Closing-out-Geschäft gekennzeichnet, ist es zivilrechtlich als Aufhebung zu qualifizieren, mit der Folge, dass die Rechte und Pflichten erlöschen (rechtliche Glattstellung).[123] Bei der wirtschaftlichen Glattstellung wird ein Gegengeschäft mit inhaltsgleichen Konditionen abgeschlossen. Dadurch kommt es nicht zum Erlöschen der Rechte und Pflichten, sondern es werde zwei Optionen im Bestand gehalten.[124]

2. Bilanzielle Behandlung von Finanzinstrumenten nach dem Einzelbewertungsgrundsatz – Analyse und kritische Würdigung

In der Praxis hat der Einsatz von Finanzinstrumenten insbesondere in den letzten zwanzig Jahren einen erheblichen Aufschwung erlebt. Die Motivation, Finanzinstrumente einzusetzen, ist dabei höchst unterschiedlich und reicht von der Spekulationsabsicht bis zur Absicherung von Risiken. Trotz des immensen Einsatzes von Finanzinstrumenten hat der Gesetzgeber bis zur Einführung des BilMoG keine expliziten gesetzlichen Vorschriften für den Ansatz und die Bewertung von Finanzinstrumenten vorgenommen,[125] wie es grundsätzlich auch der Konzeption eines Code Laws entspricht. Es existieren lediglich ein paar branchenspezifische Regelungen für Kreditinstitute.[126]

In Ermangelung expliziter gesetzlicher Regelungen musste und muss die Bilanzierung, solange sie nicht unter den Anwendungsbereich des BilMoG fällt, grundsätzlich an den

---

120 Vgl. *Düpmann*, Zinsinduzierte Wertänderungen, 2007, S. 23. Der Stillhalter vereinnahmt in diesem Fall die Optionsprämie als Gewinn.

121 Vgl. *Häuselmann*, anteilsbezogene Derivate, Ubg 2008, S. 393.

122 Vgl. zur Glattstellung an der EUREX *Lochmann*, Vergütungsinstrumente, 2004, S. 66; BMF Schreiben vom 27.11.2001, IV C 3 – S 2256 – 265/01, BStBl I 2001, S. 987, Tz. 17, 22; BFH vom 24.06.2003, IX R 2/02, BStBl II 2003, S. 752.

123 Vgl. BMF-Schreiben vom 27.11.2001, IV C 3 – S 2256 – 265/01, BStBl I 2001, S. 987, Tz. 6; BFH vom 24.06.2003, IX R 2/02, BStBl II 2003, S. 752; *Bieg*, Optionen Teil II, StB 2003, S. 328.

124 Vgl. *Hull*, Optionen, 6. Auflage 2006, S. 240; Dies sind Geschäfte ohne Verrechnungsabrede. Durch das Saldierungsverbot (§ 246 Abs. 2 HGB) werden in der Bilanz zwei Geschäfte gehalten. Es kommt aber nicht zum Erlöschen der Rechte und Verpflichtungen des Grundgeschäftes. Bei einer börsengehandelten Option kann sowohl der Käufer als auch der Verkäufer die Option glattstellen.

125 Auf die Änderungen durch das BilMoG wird in Kapitel CII dieser Arbeit näher eingegangen.

126 S. §§ 340ff. HGB, zur Kommentierung dieser branchenspezifischen Regelungen siehe *Krumnow/Sprißler u. a.*, Kreditinstitute, 2. Auflage 2004.

„traditionellen" GoB ausgerichtet werden.[127] Zusätzlich sind die Rechtsprechung und auch die Verlautbarungen und Stellungnahmen von Fachgremien zu beachten.[128] Die Bilanzierung von Finanzinstrumenten erfolgt grundsätzlich nur nach der Art des zu betrachtenden Finanzinstrumentes und somit aufgrund der charakteristischen Eigenschaften des Produktes. Eine Berücksichtigung der Zwecksetzung des Finanzinstrumentes und damit einhergehend die Beachtung seines praktischen Einsatzzweckes konnte hingegen bislang grundsätzlich nicht erfolgen. Die Konsequenz war, dass bei Finanzinstrumenten, die zur Absicherung von Risiken eingesetzt wurden, aufgrund des Einzelbewertungsgrundsatzes und des Vorsichtsprinzips bilanziell ein falsches wirtschaftliches Bild vermittelt wurde. Dieser Umstand hat in den letzten Jahren dazu geführt, dass die Notwendigkeit der Bilanzierung von Finanzinstrumenten nach ihrer Zwecksetzung in verschiedenen Zusammenhängen intensiv diskutiert und eine solche Bilanzierung aufgrund der Stellungnahmen von Fachgremien trotz fehlender gesetzlicher Basis bereits von einigen Unternehmen durchgeführt wurde.[129]

Mit der Einführung des BilMoG hat sich die rechtliche Situation grundlegend geändert.[130] Nachdem die Bilanzierung nach der Zwecksetzung, explizit nach dem Absicherungszweck, bereits im Jahre 2006 im Steuerrecht kodifiziert wurde, wo die Norm aber aufgrund einer fehlenden handelsrechtlichen Regelung ins Leere lief,[131] hat sie im Rahmen der Normierung des BilMoG auch im Handelsrecht eine gesetzliche Basis bekommen. Der Bilanzierende hat nun die Möglichkeit, Finanzinstrumente auf die herkömmliche Weise nach der Art oder aber, wenn das Finanzinstrument zum Ausgleich von Risiken verwendet wird, nach der Zwecksetzung zu bilanzieren.[132]

Vor dem Hintergrund, dass beide Bilanzierungsarten möglich sind und insbesondere, um eine vergleichende Analyse und Beurteilung der bilanziellen Behandlung von Finanzinstrumenten nach ihrer Zwecksetzung besser beurteilen zu können, ist es notwendig, zunächst die bilan-

---

[127] Vgl. *Bertsch/Kärcher*, Behandlung, in: Eller u. a., Derivative Instrumente, 3. Auflage 2005, S. 552; *Barckow*, Bilanzierung, 2004, S. 65; *Prätzler*, Optionsprämien, DStR 2001, S. 928; *Glaum*, Bilanzierung, DB 1997, S. 1626; *Sprißler*, Derivategeschäft, in: FS Clemm, 1996, S. 371; *Mauritz*, Konzepte, 1996, S. 26. Für Finanzinstrumente sind die wichtigsten Bewertungsvorschriften der Einzelbewertungsgrundsatz, der Grundsatz der Vorsicht, der Bewertungsstetigkeit, der Richtigkeit und der Willkürfreiheit.

[128] Um nur ein paar wenige zu nennen: Vgl. *IDW*, strukturierte Finanzinstrumente, RS HFA 22, IDW Fachnachrichten 2008, S. 455ff; BFH vom 18.12.2002, IR 17/02, BStBl II 2004, S.126; *IDW*, Optionsgeschäfte, BFA 2/1995, WPg 1995, S. 421.

[129] Vgl. *IDW*, Handelsaktivitäten, WPg 2006, S. 44; *IDW*, strukturierte Produkte, BFA 1.003, WPg 2001, S. 916; *IDW*, Optionsgeschäfte, BFA 2/1995, WPg 1995, S. 421.

[130] S. *Gesetzesbeschluss* vom 27.03.2009, Drs. 270/09, S. 4.

[131] Vgl. *Herzig/Breckheimer*, Neuregelungen, DB 2006, S. 1451ff. Gesetz zur Eindämmung von steuerlichen Missbräuchen, BGBl I 2006, S. 1095.

[132] Im Rahmen der Einführung des BilMoG war vorgesehen gewesen, neben dem Absicherungszweck auch eine Behandlung nach dem Handelszweck zuzulassen; diese Vorschrift ist im Gesetzgebungsverfahren teilweise wieder gestrichen worden und gilt nur noch branchenspezifisch für den Handelsbestand von Kreditinstituten. Vgl. *Gesetzesbeschluss* vom 27.03.2009, Drs. 270/09, S. 4 und S. 22; *Regierungsentwurf* BilMoG vom 23.05.2008, Drs. 344/08, Begründung, S. 116; *Referentenentwurf* BilMoG vom 08.11.2007, Drs. 344/08.

zielle Behandlung von einzelnen Finanzinstrumenten der Art nach näher zu betrachten. Entsprechend wird im Folgenden zwischen originären und derivativen Finanzinstrumenten und bei letzteren zusätzlich zwischen unbedingten und bedingten Finanzinstrumenten unterschieden. Da diese verschiedenen Finanzinstrumente innerhalb der vorliegenden Arbeit jeweils aus der handels- und aus der steuerbilanziellen Perspektive analysiert werden, wird im nachstehenden Kapitel kurz auf die Verknüpfung der beiden Rechtsysteme sowie auf die jeweils wichtigsten Grundprinzipien eingegangen.

2.1 Handels- und steuerbilanzielle systematische Grundprinzipien

2.1.1 Verknüpfung von Handels- und Steuerbilanz

Zur Ermittlung des steuerlichen Gewinnes knüpft die „Steuerbilanz" über das Maßgeblichkeitsprinzip an die handelsrechtlichen Bilanzierungsprinzipien an.[133] Obwohl der Maßgeblichkeitsgrundsatz ausschließlich in § 5 Abs. 1 EStG kodifiziert ist,[134] stellt er einen Eckpfeiler des geltenden Bilanzrechts dar.[135] Die Verweise vom Handels- auf das Steuerrecht (und umgekehrt) haben dabei zu einer Symbiose der beiden Rechtsgebiete geführt.[136] Die Rechtfertigung des Maßgeblichkeitsprinzips basiert auf zwei verschiedenen Konzepten: zum einen auf der Vereinfachungsthese und zum anderen auf der Gleichstellungsthese („Teilhaberthese").[137] Erstere These folgt der pragmatischen Idee einer Einheitsbilanz.[138] Über den Maßgeblichkeitsgrundsatz bestimmen die handels- und steuerbilanziellen Vorschriften sich inhaltlich wechselseitig. Dadurch wird dem Bilanzierenden die Möglichkeit einer Einheitsbilanz eröffnet.[139] Diese enge Verzahnung von Handels- und Steuerbilanz resultiert aus einer

---

133 Vgl. *Dauber*, Gewinnermittlung, 2003, S. 84; *Reiner*, Finanzinstrumente, 2002, S. 395. Die Sinnhaftigkeit des Maßgeblichkeitsgrundsatzes wird durch die zunehmende Annäherung der Handelsbilanz an Internationale Standards immer stärker in Frage gestellt. *Fülbier*, Zwecke, StuW 2006, S. 229; *Buchholz/Weis*, Maßgeblichkeit (Teil I), DStR 2002, S. 512; *Fülbier/Gassen*, Maßgeblichkeit, DB 1999, S. 1511; *Schildbach*, Rechnungslegungsideale, BB 1995, S. 2637; Die meisten Staaten der Europäischen Union haben einen mehr oder weniger engen Zusammenhang zwischen der Handels- und der Steuerbilanz. Siehe hierzu *Herzig*, Rechnungslegung, IStR 2006, S. 557. Im Gegensatz zu dieser Vorgehensweise wird in den Ländern mit angloamerikanischer Rechnungslegungstradition eine Trennung zwischen den beiden Werken vorgenommen. Siehe hierzu *Woltering/Pott*, Maßgeblichkeitsprinzip, IWB 2007, Fach 11, S. 1267; *Eberhartinger*, Großbritannien, IStR 1997, S. 279.

134 Durch das Gesetz zur Eindämmung von steuerlichen Missbräuchen, BGBl I 2006, S. 1095, wurde in § 5 Abs. 1a EStG eine erweiterte konkrete Maßgeblichkeit normiert, die für die Behandlung des vorliegenden Themengebietes von erheblicher Bedeutung ist, aber erst in Kapitel C II 2.2.1 ausgiebig betrachtet wird.

135 Dies gilt auch mit Einführung des BilMoG. Vgl. *Regierungsentwurf* BilMoG vom 23.05.2008, Drs. 344/08, Gesetzestext, S. 40. *Schulze-Osterloh*, Handelsbilanz, StuW 1991, S. 284f.

136 Vgl. *Weber-Grellet*, in: Schmidt EStG, 27. Auflage 2008, § 5 EStG Rn. 26ff; *Herzig/Köster,* Verbindlichkeiten, in: HdJ, Abt. III/5, S. 28; *Groh,* Maßgeblichkeit, in: FS Börner, 1998, S. 183.

137 Vgl. *Jensen-Nissen/Lochmann*, Maßgeblichkeit, StuB 2006, S. 309.

138 Vgl. *Böcking/Gros*, Zukunft, DStR 2007, S. 2339; *Herzig/Köster,* Verbindlichkeiten, in: HdJ, Abt III/5, S. 28; *Herzig*, Maßgeblichkeit, in: Albach/Eymann u. a., Forschung, 1999, S. 783.

139 Vgl. *Jensen-Nissen*, Gewinnermittlung, 2007, S. 19.

gewissen Zweckkompatibilität.[140] Die Rechtfertigung der Maßgeblichkeit wird heute überwiegend mit dem Gedanken der Gleichstellungsthese begründet.[141] In Anlehnung an den Kapitalerhaltungsgrundsatz wird der Fiskus im Sinne eines „stillen Teilhabers" gleichgestellt zu den Anteilseignern gesehen.[142]

Mit dem Verweis in § 5 Abs. 1 EStG auf das Handelsrecht werden die anerkannten handelsrechtlichen Bilanzierungsprinzipien zu einem Bestandteil der steuerlichen Gewinnermittlung.[143] Durch den Maßgeblichkeitsgrundsatz übernimmt das Steuerrecht somit das System der ordnungsmäßigen Rechnungslegung, um eine Maßgröße für die Zwecksetzung des Steuerrechts, die gleichmäßige Besteuerung, zu gewinnen.[144] Obwohl von der Maßgeblichkeit der Handels- für die Steuerbilanz gesprochen wird, bezieht sich § 5 Abs. 1 EStG nicht auf jegliche Regelungen der Handelsbilanz, sondern expressis verbis nur auf die der handelsrechtlichen GoB.[145] Diese Unschärfe wird weiter dadurch verstärkt, dass in § 5 Abs. 1 S. 1 EStG nur vom „Ansatz" die Rede ist. Seit dem Jahre 1969 wird in § 6 Abs. 1 EStG jedoch terminologisch scharf zwischen dem „Ansatz" (dem Grunde nach) und der „Bewertung" (der Höhe nach) differenziert.[146] Es verwundert daher nicht, dass sowohl die Rechtsprechung als auch die Finanzverwaltung bei der Auslegung des Maßgeblichkeitsgrundsatzes immer wieder unterschiedliche Rechtsauffassungen eingenommen haben.[147] Im Rahmen des BilMoG ist die in § 5 Abs. 1 S. 2 EStG verankerte umgekehrte Maßgeblichkeit gestrichen worden.[148] Durch diese Streichung hat die Diskussion über das Zusammenspiel von Handels- und Steuerrecht

---

140 Eine qualitative Begründung fällt nicht ins Gewicht, da bei einer alleinigen Rechtfertigung der Maßgeblichkeit über die Einheitsbilanz auch die Maßgeblichkeit eines IFRS-Abschlusses legitimiert werden kann. Vgl. *Herzig/Lochmann*, steuerliche Gewinnermittlung, ZfB Special Issue 2006, S. 144; *Herzig*, Maßgeblichkeitsgrundsatz, in: HdR, Kapitel 3 Rn. 2; *Herzig/Bär*, Gewinnermittlung, DB 2003, S. 3; *Steck*, Maßgeblichkeitsprinzip, StuB 2002, S. 489; *Weber-Grellet*, Maßgeblichkeitsgrundsatz, BB 1999, S. 2659.

141 Vgl. *Jensen-Nissen*, Gewinnermittlung, 2007, S. 19; *Herzig*, Maßgeblichkeitsgrundsatz, in: HdR, Kapitel 3 Rn. 2.

142 Vgl. *Dauber*, Gewinnermittlung, 2003, S. 84. Sehen Probleme: *Küting/Kessler*, Leistungsfähigkeit, StuB 2000, S. 22; *Siegel*, Maßgeblichkeitsprinzip, StuB 1999, S. 195.

143 Vgl. *Heibel*, Besteuerung, 1981, S. 23.

144 Vgl. *Lang*, in: Tipke/Lang, Steuerrecht, 19. Auflage 2008, § 9 Rn. 307f.

145 Vgl. *Lang*, in: Tipke/Lang, Steuerrecht, 19. Auflage 2008, § 9 Rn. 307; *Alsheimer*, Rechtsnatur, 2000, S. 112; *Schick*, Besteuerung, 1998, S. 25; *Raupach*, Maßgeblichkeit, BFuP 1990, S. 517; *Beisse*, GoB, in: GS Knobbe-Keuk, 1997, S. 406. Weshalb auch von der materiellen Maßgeblichkeit gesprochen wird.

146 Vgl. Gesetz zur Änderung des Einkommensteuergesetzes vom 16.05.1969, BStBl I 1969, S. 320.

147 Vgl. *Herzig/Lochmann*, steuerliche Gewinnermittlung, ZfB-Special Issue 6/2006, S. 143; *Knobbe-Keuk*, Bilanzsteuerrecht, 9. Auflage 1993, S. 28; *Raupach*, Maßgeblichkeit, BFuP 1990, S. 525. Die Regelung der Maßgeblichkeit wurde im Jahre 1989 im Rahmen des Wohnungsbauförderungsgesetzes durch die Regelung der umgekehrten Maßgeblichkeit (§ 5 Abs. 1 S. 2 EStG) ergänzt. Insbesondere seit dieser Einführung war die h. M. der Ansicht, dass sich das Maßgeblichkeitsprinzip auch auf die Bewertungsfragen beziehen muss. Zudem wird die Auffassung vertreten, dass nach der materiellen Maßgeblichkeit die handelsrechtlichen GoB anzuwenden sind und im Rahmen der formellen Maßgeblichkeit die tatsächlichen Ansatz- und Bewertungsentscheidungen in der Handelsbilanz verbindlich sind.

148 Vgl. *Regierungsentwurf* BilMoG vom 23.05.2008, Drs. 344/08, Gesetzestext, S. 40; *Meurer*, Maßgeblichkeitsgrundsatz, FR 2009, S. 118; *Kirsch*, Umkehrmaßgeblichkeit, Stbg 2008, S. 185ff.

und die Reichweite des Maßgeblichkeitsgrundsatzes neuen Nährboden gefunden.[149] Es kommt zwingend zu stärkeren Abweichungen zwischen der Handels- und der Steuerbilanz, wodurch die Erstellung einer Einheitsbilanz noch stärker eingeschränkt wird.[150]

Der Maßgeblichkeitsgrundsatz gilt solange, wie ihm keine expliziten steuerlichen Sondervorschriften entgegenstehen.[151] Explizit kommt es zu einer Einschränkung des Maßgeblichkeitsgrundsatzes, wenn gemäß § 5 Abs. 6 EStG steuerliche Sondervorschriften über die Entnahmen und die Einlagen, über die Zulässigkeit der Bilanzänderung, über die Betriebsausgaben, über die Bewertung und über die Absetzung für Abnutzung oder Substanzverringerung vorliegen und daher zu befolgen sind.[152] Aufgrund der Kodifizierung von steuerlichen Sondervorschriften, die ihren Höhepunkt im Steuerentlastungsgesetz 1999/2000/2002[153] fand, ist in den letzten Jahren eine immer stärkere Divergenz zwischen Handels- und Steuerrecht festzustellen.[154] Im Rahmen der Reform des Bilanzrechtes durch das BilMoG wurde zwar ausdrücklich – bei Wahrung der Steuerneutralität – das Festhalten am Maßgeblichkeitsgrundsatz und damit auch an einer Einheitsbilanz angestrebt.[155] Gleichzeitig wurde aber eine stärkere Annäherung an die IFRS- Rechnungslegung vorgenommen.[156]

2.1.2 Grundsätze zur Bilanzierung von Finanzinstrumenten

Da die Bilanzierung von Finanzinstrumenten nach den Maßgaben der GoB zu erfolgen hat und diese Bilanzierung maßgeblich für die steuerliche Gewinnermittlung ist, werden im

---

149 Vgl. *Spengel*, Steuerbilanz, FR 2009, S. 102; *Herzig*, Modernisierung, DB 2008, S. 3.

150 Vgl. *Herzig/Briesemeister*, Problembereiche, Ubg 2009, S. 157.

151 Vgl. *Baetge/Kirsch/Thiele*, Bilanzen, 9. Auflage 2007, S. 160; *Herzig/Köster,* Verbindlichkeiten in: HdJ, Abt. III/5, S. 28; *Schick*, Besteuerung, 1998, S. 25; Die Sondervorschriften sind in den §§ 5, 6, 7 EStG normiert; BFH vom 12.03.1964, IV 456/61 U, BStBl III 1964, S. 525. Für die Bewertung der Wirtschaftsgüter besteht grundsätzlich keine Maßgeblichkeit, so BFH vom 12.06.1978, GrS 1/77, BStBl II 1978, S. 620.

152 Vgl. den Gesetzestext des § 5 Abs. 6 EStG; *Wiesch*, Bewertungsregeln, Steuer und Studium 2008, S. 132ff.

153 Ziel war eine Verbreiterung der steuerlichen Bemessungsgrundlage, um somit die Absenkung des Steuersatzes (der nominellen Steuersätze) kompensieren zu können. Steuerentlastungsgesetz 1999/2000/2002 vom 24.03.1999, BGBl. I 1999, S. 404.

154 Vgl. *Böcking/Gros*, Zukunft, DStR 2007, S. 2339; *Schön*, Maßgeblichkeit, 2005, S. 5; *Herzig/Köster,* Verbindlichkeiten, in: HdJ, S. 27; *Schneider*, Maßgeblichkeit, DB 1999, S. 105; *Weber-Grellet*, Maßgeblichkeitsgrundsatz, BB 1999, S. 2659; *Weber-Grellet*, Bestand, DStR 1998, S. 1343; Steuerentlastungsgesetz 1999/2000/2002 vom 24.03.1999, BGBl. I 1999, S. 404.

155 Vgl. *Meurer*, Maßgeblichkeitsgrundsatz, FR 2009, S. 117; *Kirsch*, Steuerliche Auswirkungen, DStZ 2008, S. 28; *Oestreicher*, Zukunft, WPg 2007, S. 573. Grundsätzlich wurde dabei von einem Postulat der Steuerneutralität ausgegangen; gleichzeitig wurde aber auch ein Prüfantrag an den BFH gestellt. „Die Informationsfunktion der Handelsbilanz tritt in den Vordergrund und das Realisationsprinzip als Gradmesser der steuerlichen Leistungsfähigkeit wird punktuell modifiziert. Daher wird zu analysieren sein, ob zur Bewahrung einer nach der individuellen Leistungsfähigkeit ausgerichteten Besteuerung und auch im Hinblick auf die Bestrebungen zur Schaffung einer einheitlichen konsolidierten KSt-BMG auf EU-Ebene eine eigenständige steuerliche Gewinnermittlung notwendig ist und erforderlichenfalls, wie sie zu konzipieren ist" Vgl. *Regierungsentwurf* BilMoG vom 23.05.2008, Drs. 344/08.

156 Auf die unterschiedlichen Zielsetzungen wird in Teil C I dieser Arbeit noch einmal näher eingegangen.

Folgenden kurz die für die behandelte Materie wichtigsten GoB dargestellt. Die GoB sind rechtsform- und branchenunabhängige Bilanzierungs- und Bewertungsvorschriften, die für alle Kaufleute gelten.[157] Der Begriff der GoB wird sowohl im Handels- als auch im Steuerrecht verwendet, ohne aber einer inhaltlichen Abgrenzung unterzogen zu werden.[158] Die zentralen Bezugsnormen in den beiden Rechtsgebieten sind im Handelsrecht § 243 Abs. 1 HGB, der verlangt, dass der Jahresabschluss nach „den GoB" aufzustellen ist, und im Steuerrecht § 5 Abs. 1 EStG, wonach in der Steuerbilanz grundsätzlich das Betriebsvermögen anzusetzen ist, das nach den „handelsrechtlichen GoB" auszuweisen ist.[159] Da eine weitere gesetzliche Konkretisierung nicht stattfindet, bleibt es infolgedessen weitgehend offen, welche Grundsätze zu den GoB zählen und welche Intention diesen im Einzelnen zugrunde liegt.[160] Die GoB setzten sich vielmehr aus einem Bündel von teils kodifizierten und teils unkodifizierten Rechnungslegungsnormen zusammen.[161] Die wichtigsten dieser Grundsätze sind in den §§ 238 – 256 HGB normiert.[162] Die GoB sind demnach ein Normbefehl (§ 238 Abs. 1 HGB) in Form eines unbestimmten Rechtsbegriffs.[163] Dieses entspricht dem Aufbau des Handelsrechts, welches auf Normen basiert. Daher ist es auch nicht Zweck der GoB, eine explizite Detailregelung zu schaffen.[164] Historisch gesehen war die Intention des Gesetzgebers, mit der Bezugnahme auf die GoB den Geflogenheiten sorgfältiger Kaufleute eine originäre Rechtsdeutung für die Bilanzierung zu geben.[165] Die Aufgabe der GoB besteht infolgedessen darin, jenseits gesetzlicher Vorgaben einen übergeordneten Rahmen für die

---

157 Vgl. *Weber-Grellet,* in: Schmidt EStG, 27. Auflage 2008, § 5 EStG Rn. 66; *Wagner*, Konkurrenz, INF 2003, S. 785.

158 Vgl. *Barckow*, Bilanzierung, 2004, S. 65; Als GoB werden zusammenfassend die allgemein anerkannten Regelungen bezeichnet, an die sich ein ordentlicher Kaufmann unter der Zwecksetzung des Jahresabschlusses halten muss. Der Begriff „Grundsätze ordnungsmäßiger Buchführung" erschien erstmals im Handelsgesetzbuch von 1897. Das Handelsgesetzbuch von 1897 verlangte, dass der Kaufmann in den Büchern seine Handelsgeschäfte und die Lage seines Vermögens nach den Grundsätzen ordnungsmäßiger Buchführung aufzeigen musste. Auch im Steuerrecht ist der Begriff der GoB seit vielen Jahrzehnten kodifiziert. Bereits das EStG in seiner Fassung von 1925 schrieb in § 13 EStG a. F. ausdrücklich eine Gewinnermittlung nach den „GoB" vor. Vgl. *Beisse*, GoB, in: GS Knobbe-Keuk, 1997, S. 386; *Krag*, Grundsätze, 1971, S. 5.

159 Vgl. *Federmann*, Bilanzierung, 11. Auflage 2000, S. 127; *Selcher*, Uneinheitlichkeit, DB 1995, S. 1573.

160 Vgl. *Lindner*, Besteuerung, 2004, S. 61; *Federmann*, Bilanzierung, 11. Auflage 2000, S. 127; *Leffson*, Buchführung, 7. Auflage 1987, S. 22.

161 Vgl. *Weber-Grellet,* in: Schmidt EStG, 27. Auflage 2008, § 5 EStG Rn. 66; *Lang,* in: Tipke/Lang, 19. Auflage 2008, § 9 Rn. 311; *Lindner*, Besteuerung, 2004, S. 61; *Barckow*, Bilanzierung, 2004, S. 65; *Wiedmann,* in: Wiedmann Bilanzrecht, 2. Auflage 2003, § 243 HGB Rn. 5; *Ballwieser*, Branchenunabhängigkeit, in: FS Budde, 1995, S. 44f.

162 Vgl. *Häuselmann*, Aspekte, 1997, S. 18; *Förschle,* in: Beck´scher BilKomm, 6. Auflage 2006, § 243 HGB Rn. 31ff.

163 Vgl. *Patek,* Finanzprodukte, 2001, S. 85; *Leffson*, Buchführung, 7. Auflage 1987, S. 22. Durch seine gesetzliche Normierung erhält er für alle zur Buchführung verpflichteten Kaufleute verbindlichen Charakter.

164 Vgl. *Lindner*, Besteuerung, 2004, S. 61; *Federmann*, Bilanzierung, 11. Auflage 2000, S. 127; *Leffson*, Buchführung, 7. Auflage 1987, S. 22.

165 Vgl. *Federmann*, Bilanzierung, 11. Auflage 2000, S. 128.

Rechnungslegung abzustecken und bereits bestehende Regelungen näher zu präzisieren.[166] Dadurch soll die Möglichkeit gegeben werden, auf sich widersprechende Einzelfallregelungen zu verzichten und ohne gesetzliche Änderungen auf neue Sachverhalte eingehen zu können.[167] Als Fundamentalprinzipien der GoB werden das Vorsichtsprinzip und das Objektivierungsprinzip angesehen.[168] Neben den Fundamentalprinzipien, an die sich der Kaufmann bei der Erstellung des Jahresabschlusses zu halten hat, gibt es weitere wichtige Prinzipien, welche auch mit dem Begriff Rahmenprinzipien umschrieben werden. Zu diesen Rahmenprinzipien zählt man unter anderem den Grundsatz der Bilanzklarheit und Übersichtlichkeit, den Grundsatz der Vergleichbarkeit, den Grundsatz der Wesentlichkeit, den Grundsatz der Richtigkeit und Willkürfreiheit und das Vollständigkeitsgebot.

Nach dem Vorsichtsprinzip, welches in § 252 Abs. 1 Nr. 4 HGB kodifiziert ist, hat der Bilanzierende den Wert seiner Vermögensgegenstände und Schulden vorsichtig zu ermitteln.[169] Das Vorsichtsprinzip zwingt den Kaufmann, handelsrechtlich den ungünstigeren von zwei Umständen zu berücksichtigen. Er muss sich im Zweifelsfall tendenziell ärmer als reicher rechnen.[170] Der Jahresabschlussadressat soll davon ausgehen können, dass die Bilanz allenfalls stille Reserven, aber keinesfalls stille Lasten enthält.[171] Konkretisierung findet das Vorsichtsprinzip durch das Realisations- und das Imparitätsprinzip, die sich aus dem Kapitalerhaltungsgrundsatz ergeben und durch die es zu einer Periodisierung der Gewinne und Verluste kommt.[172] Nach § 252 Abs. 1 Nr. 4 HGB findet die Erfassung von Gewinnen erst dann statt, wenn sie realisiert worden sind.[173] Ein Gewinn gilt am Bilanzstichtag als realisiert,

---

166 Vgl. *Barckow*, Bilanzierung, 2004, S. 65. Leffson spricht hier von einem Ordnungssystem. Zur weiteren Betrachtung s. *Leffson*, Buchführung, 7. Auflage 1987, S. 17ff.

167 Vgl. *Patek*, Finanzprodukte, 2001, S. 86.

168 Vgl. *Bieg/Kußmaul*, Rechnungswesen, 2. Auflage 1998, S. 38; *Leffson*, Buchführung, 7. Auflage 1987, S. 465. Bereits im Jahre 1920 wurde der § 33a EStG a. F. im Steuergesetz eingeführt; dieser erhielt die Verpflichtung zur Bewertung nach Anschaffungs- oder Herstellungskosten. Nichtrealisierte Gewinne sollten keinesfalls als Einkommen betrachtet werden, Verluste sollten andererseits jedoch auch dann, wenn sie noch nicht realisiert waren, Berücksichtigung finden. Damit ging das Steuerrecht mit der Einführung des Realisations- und Imparitätsprinzip dem Handelsrecht voran. Vgl. *Beisse*, GoB, in: GS Knobbe-Keuk, 1997, S. 393. Der Gläubigerschutz als oberstes Leitprinzip bedingt eine vorsichtige Bilanzierung. Diese sehr konservative Art der Bilanzierung ist Ausdruck einer bestimmten Wirtschaftsgesinnung. *Beisse*, Bilanzrechtssystem, in: FS Moxter, 1994, S. 14.

169 Vgl. *Löw*, Finanzinstrumente, Accounting 1/2008, S. 13; *Baetge/Kirsch/Thiele*, Bilanzen, 9. Auflage 2007, S. 238; *Winkeljohann/Geißler*, in: Beck´scher BilKomm, 6. Auflage 2006, § 252 HGB Rn. 29; *Löw*, Bewertung, WPg 2004, S. 1109; *Ordelheide*, Marktbewertung, BFuP 1998, S. 606; *Herzig*, GoB, in: FS Baetge, 1997 S. 47.

170 Vgl. *Mauritz*, Konzepte, 1996, S. 27; *Leffson*, Buchführung, 7. Auflage 1987, S. 465. Nicht hingegen bei Tatsachen oder sicheren Erwartungen. „Niemand wird sagen: vorsichtig gerechnet wäre dreimal drei nur acht."

171 Vgl. *Wiedmann*, in: Wiedmann Bilanzrecht, 2. Auflage 2003, § 243 HGB, Rn. 8f; *Beisse*, GoB, in: GS Knobbe-Keuk, 1997, S. 393.

172 Vgl. BFH vom 17.09.2003, I R 91, 92/02, BFH/NV 2004, S. 182; *Kübler*, Vorsichtsprinzip, in: FS Budde, 1995, S. 363; *Weber-Grellet*, in: Schmidt EStG, 27. Auflage 2008, § 5 EStG Rn. 77.

173 Vgl. *Patek*, Finanzprodukte, 2001, S. 88; *Groh*, Steuerentlastungsgesetz, DB 1999, S. 978.

wenn ein Umsatzakt am Markt stattgefunden hat.[174] Bei Verträgen muss der Verpflichtete seine Leistungen wirtschaftlich erfüllt haben, und sein Anspruch auf Gegenleistung darf keinen ungewöhnlichen Risiken mehr unterliegen.[175] Demnach dürfen bloße Wertsteigerungen von Vermögensgegenständen bis zum Realisationszeitpunkt nicht erfasst werden.[176] Die Wertobergrenze bilden nach dem Anschaffungskostenprinzip die Anschaffungs- und Herstellungskosten.[177] Das Realisationsprinzip bestimmt zudem die Festlegung des Zeitpunktes der Gewinnverwirklichung.[178] Nicht realisierte Erfolgsbeiträge dürfen nicht ausgewiesen werden. Und erst wenn ein Geschäftsvorfall durch einen Absatzvorgang bestätigt wurde, liegt ein ausschüttungsfähiger Gewinn vor.[179]

Als zweite Konkretisierung des Vorsichtsprinzips wird das Imparitätsprinzip herangezogen, welches wie das Realisationsprinzip in § 252 Abs. 1 Nr. 4 HGB kodifiziert ist. Es verlangt, dass alle vorhersehbaren Risiken und Verluste, die bis zum Bilanzstichtag entstanden sind, antizipiert werden müssen.[180] Imparität bedeutet eine Ungleichbehandlung in dem Sinne, dass Verluste, im Gegensatz zu Gewinnen, auch dann auszuweisen sind, wenn sie zwar verursacht, aber noch nicht realisiert worden sind.[181] Risiken und Chancen werden somit imparitätisch behandelt.[182] Für die Bilanzierung von Risiken und Verlusten ist demnach der Zeitpunkt der Entstehung ausschlaggebend.[183] Risiken sind dann als entstanden anzusehen, wenn sich die Gefahr eines Verlustes auf abgrenzbare und bereits eingeleitete Geschäfte bezieht. Im Interesse der Kapitalerhaltung werden die folgenden Perioden von vorhersehbaren Verlusten und Risiken freigehalten. Trotz Gültigkeit des Maßgeblichkeitsgrundsatzes ist das Imparitätsprinzip aber im Steuerrecht schwächer ausgeprägt und besitzt gegenüber dem Realisationsprinzip nur eine untergeordnete Rolle. Zudem hat das Imparitätsprinzip durch das Verbot der Bildung von Drohverlustrückstellungen in § 5 Abs. 4a EStG und der nur noch eingeschränk-

174 Vgl. *Scharpf/Luz*, Risikomanagement, 2000, S. 236; *Schlotter*, Teilwertabschreibung, 2005, S. 13.

175 Vgl. *Weber-Grellet*, in: Schmidt EStG, § 5 EStG Rn. 79; *Herzig/Briesemeister*, Optionsgeschäfte, DB 2002, S. 1573; BFH vom 12.05.1993, XI R 1/93, BStBl. II 1993, S. 786.

176 Vgl. *Weber-Grellet*, in: Schmidt EStG, 27. Auflage 2008, § 5 EStG Rn. 608; *Schlotter*, Teilwertabschreibung, 2005, S. 13.

177 Vgl. *Weber-Grellet*, in: Schmidt EStG, 27. Auflage 2008, § 6 EStG Rn. 77; *Ellrott/Brendt*, in: Beck'scher BilKomm, 6. Auflage 2006, § 255 HGB Rn. 1ff; *Barckow*, Bilanzierung, 2004. S. 84.

178 Vgl. *Scharpf/Luz*, Risikomanagement, 2000, S. 237.

179 Vgl. BFH vom 14.12.1988, I R 44/83, BStBl II 1989, S. 323; *Beisse*, Gläubigerschutz, in: FS Beusch, 1993, S. 84; *Winkeljohann/Geißler*, in: Beck'scher BilKomm, 6. Auflage 2006, § 252 HGB Rn. 43ff; *Leffson*, Buchführung, 7. Auflage 1987, S. 251.

180 Vgl. *Baetge/Kirsch/Thiele*, Bilanzen, 9. Auflage 2007, S. 123; *Wiedmann*, in: Wiedmann Bilanzrecht, 2. Auflage 2003, § 253 HGB Rn. 33.

181 Vgl. *Moxter*, Grundsätze, 2003, S. 33; *Patek*, Finanzprodukte, 2001, S. 88; *Schick*, Besteuerung, 1998, S. 33; *Bieg/Kußmaul*, Rechnungswesen, 2. Auflage 1998, S. 44.

182 Vgl. *Schreiber*, in: Blümich, § 5 EStG Rn. 255; *Baetge/Kirsch/Thiele*, Bilanzen, 9. Auflage 2007, S. 125; *Löw*, Bewertung, WPg 2004, S. 1109; *Hahne/Sievert*, Rückstellungen, DStR 2003, S. 1992.

183 Vgl. *Winkeljohann/Geißler*, in: Beck'scher BilKomm, 6. Auflage 2006, § 252 HGB Rn. 34.

ten Möglichkeit von Teilwertabschreibungen gemäß § 6 Abs. 1 Nr. 1 und Nr. 2 EStG steuerlich stark an Bedeutung verloren.[184]

Neben dem Vorsichtsprinzip ist das Objektivierungsprinzip von großer Bedeutung für die Rechnungslegung. Unter dieses Prinzip ist unter anderem der Einzelbewertungsgrundsatz zu subsumieren, der in § 252 Abs. 1 Nr. 3 HGB[185] kodifiziert ist und nach dem alle Vermögensgegenstände und Schulden am Abschlussstichtag „einzeln" zu bewerten sind.[186] Dieser Grundsatz ist unumstritten auf Bilanzpositionen und schwebende Geschäfte anzuwenden, auch wenn die schwebenden Geschäfte nicht ausdrücklich im Gesetz genannt werden.[187] Trotz des Maßgeblichkeitsprinzips ist der Einzelbewertungsgrundsatz in § 6 Abs. 1 S. 1 EStG noch einmal explizit für die Steuerbilanz normiert.[188] Eine Abweichung der steuerrechtlichen von der handelsrechtlichen Auslegung des Einzelbewertungsgrundsatzes gemäß § 252 Abs. 1 Nr. 3 HGB ist aber nicht zu erkennen.[189]

Die bilanzielle Behandlung von Finanzinstrumenten muss daher unter Beachtung des der GoB erfolgen.[190]

---

184 Vgl. *Weber-Grellet,* in: Schmidt EStG, 27. Auflage 2008, § 5 EStG Rn. 77; *Winkeljohann/Geißler,* in: Beck'scher BilKomm, 6. Auflage 2006, § 252 HGB Rn. 29; *A/D/S,* 6. Auflage 1995, § 252 HGB Rn. 92. Geändert durch Steuerentlastungsgesetz 1999/2000/2002 vom 24.03.1999, BGBl. I 1999, S. 404. Im Rahmen von Bewertungseinheiten hat es jedoch durch die Kodifizierung des § 5 Abs. 4a 2 Halbsatz EStG im Jahre 2006 wieder stärkere steuerliche Bedeutung erlangt. Beim Imparitätsprinzip wird die Teilwertabschreibung weiterhin eingeschränkt zugelassen, die Drohverlustrückstellung findet hingegen keine Anwendung mehr. Diese Ungleichbehandlung ist verfassungsrechtlich nicht begründet. Inwiefern dieses Vorgehen in Bezug auf das Imparitätsprinzip verfassungswidrig ist, wird im Rahmen der vorliegenden Arbeit nicht näher betrachtet. Vielmehr wird bei der Analyse der vorliegenden Thematik in dieser Arbeit an den derzeit geltenden Rechtstand angeknüpft.

185 Er beruht auf den Grundsätzen für die Erstellung des Inventars gem. § 240 Abs. 1 HGB; siehe *Menninger,* Futures, 1993, S. 120.

186 Vgl. *Crezelius,* in: Kirchhof EStG, 8. Auflage 2008, § 5 EStG Rn. 55; *Fischer,* in: Kirchhof EStG, 8. Auflage 2008, § 6 EStG Rn. 11; *Winkeljohann/Geißler,* in: Beck'scher BilKomm, 6. Auflage 2006, § 252 HGB Rn. 22; *Schwitters/Bogajewskaja,* in: Beck HdR, B 730 Rn. 14; *Scharpf/Luz,* Risikomanagement, 2000, S. 230; *Anstett/Husmann,* Bildung, BB 1998, S. 1524; *Kupsch,* Abgrenzung, StbJb 1994/95, S. 131.

187 Vgl. *Scharpf/Luz,* Risikomanagement, 2000, S. 231; *Anstett/Husmann,* Bildung, BB 1998, S. 1524; *Mauritz,* Konzepte, 1996, S. 27; *A/D/S,* 6. Auflage 1995, § 249 HGB Rn. 75; Das schwebende Geschäft findet durch die Drohverlustrückstellung Einzug in die Bilanz und ist daher unter den Begriff der Schuld zu subsumieren. BFH vom 19.7.1983, VIII R 160/79, BStBl. II 1984, S. 58.

188 Vgl. *Stobbe,* in: H/H/R, § 6 EStG Rn. 89; BFH vom 07.08.2000, GrS 2/99 BStBl. II 2000, S. 635; *Scharpf/Luz,* Risikomanagement, 2000, S. 231; *Mauritz,* Konzepte, 1996, S. 26; *Kupsch,* Abgrenzung, StbJb 1994/95, S. 132; *Häuselmann/Wiesenbart,* Terminbörse, DB 1990, S. 642.

189 BFH vom 27.03.1996, I R 3/95, BStBl. II 1996, S. 471; BFH vom 12.10.1995, I R 179/94, BStBl. I 1996, S. 402.

190 Im späteren Verlauf der Arbeit wird der Einzelbewertungsgrundsatz, da dieser eine wichtige Rolle bei der bilanziellen Behandlung nach der Zwecksetzung einnimmt, noch einer detaillierteren Betrachtung unterworfen.

2.2 Bilanzielle Behandlung von Finanzinstrumenten

2.2.1 Bilanzielle Behandlung von originären Finanzinstrumenten

Im Rahmen der rechtlichen Abgrenzung des Begriffes eines originären Finanzinstrumentes konnte bereits aufgezeigt werden, dass originäre Finanzinstrumente grundsätzlich in jeglicher Art von Bilanzposition auftreten können. Da es sich somit bei originären Finanzinstrumenten um aktivierungs- bzw. passivierungspflichtige Bilanzpositionen handelt, sind diese bilanziell wie alle anderen Vermögensgegenstände und Schulden zu erfassen.[191] Aus diesem Grund erfolgt eine Bilanzierung der originären Finanzinstrumente nach den allgemeinen handelsrechtlichen Ansatz- und Bewertungsvorschriften. Das in § 246 Abs.1 S.1 HGB kodifizierte Vollständigkeitsgebot fordert, soweit gesetzlich nichts anders bestimmt ist, eine vollständige Erfassung aller Vermögensgegenstände und Schulden, Rechnungsabgrenzungsposten, Aufwendungen und Erträge im Jahresabschluss.[192]

2.2.1.1 Aktivische originäre Finanzinstrumente

Die Bewertung von Vermögensgegenständen ist davon abhängig, ob sie im Anlage- oder Umlaufvermögen zum Ansatz kommen.[193] § 247 Abs. 2 HGB definiert das Anlagevermögen als Gegenstände, die bestimmt sind, dauernd dem Geschäftsbetrieb zu dienen. Der Begriff des Umlaufvermögens ist indessen nicht definiert, sondern als Komplementärbegriff zu verstehen.[194] Bei der Entscheidung, ob Vermögensgegenstände dem Anlage- oder Umlaufvermögen zugeordnet werden, kommt es somit auf ihre Zweck- und Zeitbestimmung an. In Bezug auf die Zeitbestimmung ist der Begriff des „dauernden Dienens“ von Bedeutung. Dieser darf nicht als absoluter Zeitbegriff im Sinne von „immer“ o. ä. verstanden werden, sondern ist lediglich eine Bezeichnung für einen längeren Zeitraum, dessen Umfang aber nicht eindeutig bestimmt ist.[195] In Bezug auf Finanzinstrumente ist eine objektive Zweck- und Zeitbestim-

---

191 Vgl. *Barckow*, Bilanzierung, 2004, S. 10. Sie können daher gemeinsam mit der bilanziellen Behandlung von anderen Vermögensgegenständen oder Schulden betrachtet werden. Diese ist von daher sinnvoll, da auch Nicht-Finanzinstrumente als Grund- und Sicherungsgeschäft eingesetzt werden können.

192 Vgl. *Pietsch*, Gewinnermittlung, 2006, S. 154; § 246 Abs. 1 S. 1 HGB ist durch das BilMoG nicht verändert worden. Siehe *Gesetzesbeschluss* vom 27.03.2009, Drucksache 270/09, S. 2.

193 Vgl. *Häuselmann*, Finanzmarktkrise, BB 2008, S. 2617. Nach HGB ist für die Folgebewertung, anders als nach IFRS, eine Zuordnung der Finanzinstrumente zum Anlage- oder Umlaufvermögen zwingend vorzunehmen. Nach IFRS wird hingegen eine Zuordnung zu vier verschiedenen Bewertungskategorien vorgenommen.

194 Vgl. *Häuselmann*, Finanzmarktkrise, BB 2008, S. 2617; *Gemeinhardt/Bode*, Finanzinstrumente, StuB 2008, S. 172; R 6.1 EStR; *Bieg*, Finanzanlagen, DB 1985, Beilage Nr. 24, S. 2.

195 Vgl. *Ellrott/Schmidt-Wendt*, in: Beck'scher BilKomm, 6. Auflage 2006, § 247 HGB Rn. 353; *Krumnow/Sprißler u. a.*, Kreditinstitute, 2. Auflage 2004, § 340c HGB Rn. 33; *A/D/S*, 6. Auflage 1995, § 247 HGB Rn. 107. Nach § 247 Abs. 2 HGB sind dem Anlagevermögen nur solche Gegenstände zuzu-

mung kaum durchführbar. Im Gegensatz zu vielen „normalen" Vermögensgegenständen, wie z. B. ein Grundstück, welches grundsätzlich intersubjektiv dem Anlagevermögen zugeordnet werden kann, ist bei Finanzinstrumenten eine von der Wesensart geprägte zweckbezogene Zuordnung meistens nicht gegeben. Auf der anderen Seite ist auch die Zeitbestimmung für Finanzinstrumente nicht objektiv möglich. Folglich ist die Entscheidung, ob Finanzinstrumente handelsbilanziell im Anlage- oder im Umlaufvermögen zum Ansatz kommen, mitunter subjektiv geprägt.[196] Da keine steuerrechtlichen Sondervorschriften bezüglich des Ansatzes von Finanzinstrumenten bestehen, ist die in der Handelsbilanz vorgenommene Abgrenzung zwischen Umlauf- und Anlagevermögen und damit die Ansatzentscheidung grundsätzlich gemäß § 5 EStG auch für die Steuerbilanz maßgeblich.[197]

Unabhängig von der Zuordnung zum Anlage- oder Umlaufvermögen sind Vermögensgegenstände nach § 253 HGB bei der Zugangsbewertung mit den Anschaffungs- oder Herstellungskosten anzusetzen.[198] Aus der Natur der Sache liegen bei einem Finanzinstrument stets Anschaffungskosten vor. Zudem unterliegen sie keinem (planmäßigen) Werteverzehr, weshalb eine planmäßige Abschreibung nicht vorgenommen werden darf. Die außerplanmäßige Abschreibung erfolgt, abhängig davon, ob das Finanzinstrument zum Anlage- oder Umlaufvermögen zugeordnet wurde, nach den unterschiedlichen Ausprägungen des Niederstwertprinzips.[199]

Auch in der Steuerbilanz sind die Anschaffungskosten (oder Herstellungskosten oder der an deren Stelle tretende Wert[200]) Ausgangspunkt für die Bewertung von Vermögensgegenständen (§ 6 Abs. 1 Nr. 1 S. 1 und Nr. 2 S. 1 EStG). Da es sich bei Finanzinstrumenten aber stets um nicht abnutzbare Wirtschaftsgüter handelt, ist ihre Abschreibung, unabhängig davon, ob sie dem Anlage- oder Umlaufvermögen zuzuordnen sind, nach § 6 Abs. 1 Nr. 2 EStG zu bestimmen.[201]

Um bestehende Abweichungen zwischen der handels- und steuerbilanziellen Folgebewertung und deren Konsequenzen in Bezug auf die Bewertung von Finanzinstrumenten zu analysieren,

---

ordnen, die bestimmt sind, dauernd dem Geschäftsbetrieb zu dienen. BFH vom 31.03.1977, V R 44/73, BStBl. II 1977, S. 685.

196 Vgl. *Hoyos/F. Huber,* in: Beck'scher BilKomm, 6. Auflage 2006, § 247 HGB Rn. 351; BFH vom 26.11.1974, VIII R 61-62/73, BStBl II 1975, S. 352. Zu neuen Entwicklungen bei der Umwidmung von Wertpapieren vom Umlaufvermögen ins Anlagevermögen, die als Reaktion auf die Finanzkrise entwickelt wurden, s. *IDW*, Wertpapiere, RH HFA 1.014, WPg Supplement 1/2009, S. 56ff; *Gilgenberg/Weiss*, Finanzmarktkrise, KoR 2009, S. 184.

197 Vgl. R 32 Abs. 1 EStR 2003; *Stobbe,* in: H/H/R, § 6 EStG Rn. 253 m. w. N.

198 Vgl. *Baetge/Kirsch/Thiele*, Bilanzen, 9. Auflage 2007, S. 194; *Hoyos/Schramm/M. Ring,* in: Beck'scher BilKomm, 6. Auflage 2006, § 253 HGB Rn. 1; *Wiedmann,* in: Wiedmann Bilanzrecht, 2. Auflage 2003, § 253 HGB Rn. 2.

199 Bei dem Niederstwertprinzip handelt es sich um Vorschriften zur Durchsetzung des Realisations- und des Imparitätsprinzips. *Bieg/Kußmaul*, Rechnungswesen, 2. Auflage 1998, S. 45.

200 Ist kein neuer Bewertungsmaßstab, sondern eine Klarstellung, wenn ein Wirtschaftsgut auf andere Art und Weise als über Anschaffungs- und Herstellungskosten in den Betrieb gelangt.

201 Vgl. *Glanegger,* in: Schmidt EStG, 27. Auflage 2008, § 6 EStG Rn. 305; *Herrmann,* in: Frotscher EStG, § 6 EStG Rz. 242.

wird im Folgenden zunächst kurz auf die handelsbilanzielle Folgebewertung im Anlage- sowie Umlaufvermögen eingegangen. Handelsbilanziell sind im Anlagevermögen gehaltene Vermögensgegenstände bisher nach dem gemilderten Niederstwertprinzip (§ 253 Abs. 2 S. 3 HGB a. F.) zu bewerten. D. h., das bei voraussichtlich vorübergehenden[202] Wertminderungen grundsätzlich auf den beizulegenden Wert abgeschrieben werden darf.[203] Bei einer voraussichtlich dauernden Wertminderung besteht hingegen kein Wahlrecht, sondern eine Pflicht zur Abschreibung. Diese Vorgehensweise hat sich durch die Einführung des BilMoG insofern geändert, als dass bei voraussichtlich nicht dauernder Wertminderung eine Unterscheidung zwischen Finanzanlagen und sonstigem Anlagevermögen vorgenommen werden muss.[204] Finanzanlagen unterscheiden sich vom sonstigen Anlagevermögen dadurch, dass sie rein monetärer Natur sind und dass mit dem zur Verfügung stehenden Kapital nicht in eigene Vermögensgegenstände, sondern in fremde Unternehmen investiert wird.[205] Sie dienen dem finanziellen Bereich des Unternehmens und umfassen insbesondere Beteiligungen an Kapital-[206] oder Personengesellschaften, Ausleihungen[207] sowie Wertpapiere[208] des Anlagevermögens.[209] Speziell die Beteiligungen nach § 271 HGB sind stets unter den Finanzanlagen auszuweisen.[210] Nach § 253 Abs. 3 S. 4 HGB n. F. besteht bei voraussichtlich nicht dauernder Wertminderung nur noch für Finanzanlagen ein Wahlrecht zur Abschreibung.[211] Das generelle Abschreibungswahlrecht ist durch das BilMoG aufgehoben worden.[212] Durch die Neuerung des BilMoG wird die Einschränkung des Wahlrechtes, welches bisher über § 279 Abs. 1 S. 2 HGB bereits für Kapitalgesellschaften und bestimmte Personengesellschaften bestand,

---

202 Oder auch vorübergehende Wertminderung nach BilMoG „nicht dauernde Wertminderung".

203 Vgl. *Jessen/Weller*, Bilanzrecht Teil II, DStR 2005, S. 532.

204 Vgl. *Gesetzesbeschluss* vom 27.03.2009, Drs. 270/09, S. 4.

205 Vgl. *Breithaupt,* in: Baetge/Kirsch/Thiele, § 247 HGB Rn. 124; *Hoyos/Gutike,* in: Beck'scher BilKomm, 6. Auflage 2006, § 266 HGB Rn. 69.

206 Die Methoden zur Ermittlung der Werte sind teilweise strittig, hier werden insbesondere Ertragswertverfahren herangezogen. Siehe hierzu auch IDW S 1. *IDW*, Unternehmensbewertung, IDW S 1, Band II.

207 Forderungen, die durch Kapitalausleihung begründet werden: Hypotheken., Grund- und Rentenforderungen; Darlehen oder stille Beteiligungen. Der beizulegende Zeitwert wird durch den voraussichtlichen Rückzahlungsbetrag bestimmt.

208 Grundsätzlich Börsenkurs, wenn dieser nicht vorliegt Wertermittlung wie bei Ausleihungen.

209 Zur Wertbestimmung siehe *Hoyos/Gutike,* in: Beck'scher BilKomm, 6. Auflage 2006, § 253 HGB Rn. 401.

210 Vgl. *Hoyos/Gutike,* in: Beck'scher BilKomm, 6. Auflage 2006, § 271 HGB Rn. 5; *Wiedmann*, in: Wiedmann Bilanzrecht, 2. Auflage 2003, § 271 HGB Rn. 1.

211 Vgl. *Gesetzesbeschluss* vom 27.03.2009, Drs. 270/09, S. 4; *Regierungsentwurf* BilMoG vom 23.05.2008, Drs. 344/08, Gesetzestext, S. 7.

212 Vgl. *Regierungsentwurf* BilMoG vom 23.05.2008, Drs. 344/08, Gesetzestext, S. 7; *Baetge/Kirsch/Thiele*, Bilanzen, 9. Auflage 2007, S. 245; *Bitz/Schneeloch/Wittstock*, Jahresabschluss, 4. Auflage 2003, S. 280; *Loitz/Winnacker*, Wertminderung, DB 2000, S. 2229; *Bieg/Kußmaul*, Rechnungswesen, 2. Auflage 1998, S. 46. Wenn bei Finanzinstrumenten, die zu den Finanzanlagen zu zählen sind, die Abschreibung nicht vorgenommen wurde, muss dies nach § 285 Nr. 18 HGB im Anhang angegeben werden. Vgl. *Regierungsentwurf* BilMoG vom 23.05.2008, Drs. 344/08, Gesetzestext, S. 14.

auf alle Unternehmen ausgeweitet.[213] Aufgrund der Tatsache, dass voraussichtlich nicht dauernde Wertminderungen in den meisten Fällen nur bei Finanzanlagen auftreten und Wertänderungen bei immateriellen Vermögensgegenständen und Sachanlagen meist von dauernder Natur sind, sind keine gravierenden Änderungen zu erwarten.[214] Zudem hat sich die Handhabung bei einer voraussichtlich dauernden Wertminderung durch die Reform des Bilanzrechts nicht geändert.[215] Die Vermögensgegenstände sind weiterhin auf den niedrigeren Wert abzuschreiben, der ihnen am Bilanzstichtag beizulegen ist.[216]

Vermögensgegenstände, die dem Umlaufvermögen zugeordnet sind, sind in der Folgebewertung nach dem „strengen Niederstwertprinzip" zu bewerten (§ 253 Abs. 4 HGB n. F.). Es muss stets der niedrigere Wert angesetzt werden, was zu einer Abschreibungspflicht führt.[217] Für Positionen des Umlaufvermögens sieht das Gesetz verschiedene Wertmaßstäbe vor, nach denen die außerplanmäßige Abschreibung bemessen werden kann. Die Vermögensgegenstände sind entweder auf den Wert abzuschreiben, der sich aus dem Börsen-[218] oder Marktpreis[219] am Abschlussstichtag ergibt, oder aber, wenn dieser Wert nicht zu ermitteln ist, auf den beizulegenden Wert.[220] Die Wertmaßstäbe sind hierbei nach der aufgeführten Reihenfolge anzuwenden.[221] Nach dem Gesetzeswortlaut des § 253 Abs. 4 S. 1 HGB n. F. gilt nicht direkt der Börsen- oder Marktpreis als Stichtagswert, sondern der Wert, der sich am Abschlussstichtag aus dem Börsen- oder Marktpreis ergibt. Als Stichtagswert gilt daher ein modifizierter Börsen- oder Marktpreis.[222] Die Ableitung des modifizierten Wertes aus dem Börsenkurs oder Marktpreis bedeutet, dass dem ermittelten fiktiven Anschaffungs- oder Veräußerungspreis die üblichen Anschaffungsnebenkosten hinzuzurechnen bzw. Minderungen zu kürzen sind.[223] Erst wenn weder aus dem Börsenkurs, noch aus dem Marktpreis ein Wert ermittelbar ist, ist

---

213 Vgl. *Ellrott/Gutike,* in: Beck'scher BilKomm, 6. Auflage 2006, § 279 HGB Rn. 4; *Regierungsentwurf* BilMoG vom 23.05.2008, Drs. 344/08, Begründung, S. 124.

214 Vgl. *Hoyos/Schramm/M. Ring,* in: Beck'scher BilKomm, 6. Auflage 2006, § 253 HGB Rn. 296.

215 Auf die Frage, wann eine „voraussichtlich dauernde Wertminderung" gegeben ist, wird bei der steuerlichen Behandlung in Kapitel A III 2.2.1.1.1.2. eingegangen

216 Vgl. *Regierungsentwurf* BilMoG vom 23.05.2008, Drs. 344/08, Gesetzestext, S. 7.

217 Vgl. *Baetge/Kirsche/Thiele*, Bilanzen, 9. Auflage 2007, S. 245; *Wiedmann,* in: Wiedmann Bilanzrecht, 2. Auflage 2003, § 253 HGB Rn. 91.

218 Als Börsenpreis gelten die an einer amtlich anerkannten Börse festgestellten Kurse. Vgl. *Oestreicher*, Steuerbilanz, 6. Auflage 2003, S. 115.

219 Daneben ist der Marktpreis der Preis, der für eine bestimmte Ware zu einem bestimmten Zeitpunkt durchschnittlich an einem Handelsplatz bezahlt wird.

220 Vgl. *Moxter*, Bilanzrechtsprechung, 6. Auflage 2007, S. 267; *Wiedmann,* in: Wiedmann Bilanzrecht, 2. Auflage 2003, § 253 HGB Rn. 95.

221 Vgl. *Ellrott/Ring,* in: Beck'scher BilKomm, 6. Auflage 2006, § 253 HGB Rn. 510; *A/D/S*, 6. Auflage 1995, § 253 HGB Rn. 428; *Karrenbauer/Döring/Buchholz,* in: HdR, § 253 HGB Rn. 163.

222 Vgl. *Karrenbauer/Döring/Buchholz,* in: HdR, § 253 HGB Rn. 177.

223 Vgl. *Oestreicher*, Steuerbilanz, 6. Auflage 2003, S. 115. (Voraussichtlicher Wiederbeschaffungspreis + Anschaffungsnebenkosten ./. Anschaffungspreisminderungen = am Abschlussstichtag beizulegender Wert.) Entsprechend entwickelt sich auch der Wert nach den Verhältnissen des Absatzmarktes. Wenn der „Zufallskurs" bei dauernder Wertminderung unter dem allgemeinen Kursniveau liegt, wird steuerlich vom Stichtagsprinzip abgewichen; dann kann der Wertansatz in der Steuerbilanz über dem in der HB liegen.

der beizulegende Wert anzusetzen (§ 253 Abs. 4 S. 2 HGB n. F.).[224] Da jedoch nicht geregelt ist, worin der beizulegende Wert besteht und wie dieser zu ermitteln ist, handelt es sich um einen unbestimmten Rechtsbegriff.[225] Er stellt keinen eigenständigen Wertmaßstab dar, sondern ist je nach Normzweck zu konkretisieren.[226] Die praktische Ermittlung des beizulegenden Werts gestaltet sich daher oftmals schwierig.[227] Aus der mangelnden Konkretisierung des Begriffes entstehen „Bewertungsspielräume".[228]
Für die Betrachtung von Finanzinstrumenten kann allerdings in vielen Fällen auf einen Börsen- oder Marktwert zurückgegriffen werden. Dies gilt insbesondere für die originären Finanzinstrumente des Umlaufvermögens. Anderenfalls kommen als niedrigerer beizulegender Wert der Ertragswert[229], der beschaffungsmarktorientierte Wiederbeschaffungswert oder der absatzmarktorientierte Einzelveräußerungspreis in Frage.[230]
Im Rahmen des BilMoG ist in § 253 Abs. 5 HGB zudem eine branchen- und rechtsformübergreifende Wertaufholungsregelung kodifiziert worden. Der niedrigere Wertansatz darf demnach nicht beibehalten werden, wenn die Gründe dafür nicht mehr vorliegen.[231]

2.2.1.1.1 Abweichungen der steuerbilanziellen Folgebewertung

Für die steuerbilanzielle Folgebewertung besteht gemäß § 5 Abs. 6 EStG i. V. m. § 6 Abs. 1 Nr. 2 EStG eine steuerliche Sondervorschrift mit folgendem Wortlaut: „Ist der Teilwert aufgrund einer voraussichtlich dauernden Wertminderung niedriger, so kann dieser angesetzt werden."[232] Da im Handelsrecht im Bereich des Umlaufvermögens das strenge Niederstwertprinzip gilt und Finanzanlagen des Anlagevermögens auch bei einer voraussichtlich nicht dauernden Wertminderung abgeschrieben werden dürfen, kommt es zu abweichen-

224 Vgl. *Ellrott/St. Ring,* in: Beck´scher BilKomm, 6. Auflage 2006, § 253 HGB Rn. 508; *Bieg*, Kreditinstitute, 1998, S. 412; *Karrenbauer/Döring/Buchholz,* in: HdR, § 253HGB Rn. 158; die Ermittlung des Wertes gestaltet sich oft als schwierig.

225 Vgl. *Böcking/Torabian*, Zeitwertbilanzierung, BB 2008, S. 265; *Pellens/Fülbier/Gassen,* Internationale, 6. Auflage 2006, S. 260; *Küting*, Abgrenzung, DB 2005, S. 1121; *Groh*, Bilanzrecht, DB 1985, S. 1851.

226 Vgl. *Baetge/Kirsch/Thiele*, Bilanzen, 9. Auflage 2007, S. 248; *Scheffler*, Finanzanlagen, in: HdR, B 213 Rn. 135; *Baetge/Brockmeyer*, Wertminderung, in: Handwörterbuch, 1986, S. 379.

227 Vgl. *Karrenbauer/Döring/Buchholz,* in: HdR, § 253 HGB Rn. 158.

228 Diese Bewertungsspielräume sind beim Anlagevermögen stärker ausgeprägt als beim Umlaufvermögen.

229 Der Anwendung des Ertragswertes (Gegenwartswert der Einzahlungsüberschüsse) als theoretisches Ideal steht jedoch die Schwierigkeit entgegen, Einzahlungsüberschüsse einem einzelnen Gegenstand zuordnen zu können. Die Zuordnung gestaltet sich wegen des Grundsatzes der Einzelbewertung schwierig, ist bei Finanzanlagen aber doch teilweise möglich. Vgl. *Baetge/Brockmeyer*, Wertminderung, in: Handwörterbuch, 1986, S. 380.

230 Vgl. *Baetge/Kirsch/Thiele*, Bilanzen, 9. Auflage 2007, S. 248; *Pellens/Fülbier/Gassen,* Internationale, 6. Auflage 2006, S. 260; *Watrin/Scholz*, originäre Finanzinstrumente, in: HdJ, Abt. II/8 Rn. 488.

231 Vgl. *Gesetzesbeschluss* vom 27.03.2009, Drs. 270/09, S. 4. Bisher bestand gem. § 280 HGB nur ein Wertaufholungsgebot für Kapitalgesellschaften. Siehe hierzu *Ballwieser,* in: Baetge/Kirsch/Thiele, § 280 HGB Rn. 28f; *Wiedmann,* in: Wiedmann Bilanzrecht, 2. Auflage 2003, § 280 HGB Rn. 5ff.

232 Vgl. § 6 Abs. 1 Nr.2 S. 2 EStG; *Kölpin*, Beispielsfälle, StuB 2006, S. 546; *Schneider*, Teilwertabschreibung, ZBB 2000, S. 124; *Cattelaens*, Steuerentlastungsgesetz, DB 1999, S. 1186.

den Bilanzansätzen in der Handels- und der Steuerbilanz.[233] Abweichungen bestehen somit derart, dass nur bei einer „voraussichtlich dauernden Wertminderung“ eine „Teilwertabschreibung“ vorgenommen werden „kann“. Teilweise wird auch vom „doppelten Teilwert“ gesprochen, da es erstens um die Bestimmung eines niedrigeren Wertes geht und zweitens um die Frage, ob dieser Wert einer nur vorübergehenden oder einer dauernden Wertminderung unterliegt.[234]

2.2.1.1.1.1 Teilwert

Dem Teilwert, welcher in § 10 BewG[235] und § 6 EStG gesetzlich kodifiziert ist und der vom Reichsfinanzhof aus dem „gemeinen Wert“ entwickelt wurde, kommt heute im Rahmen der steuerlichen Gewinnermittlung eine überragende Rolle zu.[236] Der Teilwert ist der „steuerliche Zeitwert“. Im Unterschied zum handelsrechtlichen Wert ist der Teilwert als der Betrag definiert, den ein Erwerber des gesamten Betriebs im Rahmen des Gesamtkaufpreises für ein einzelnes Wirtschaftsgut ansetzen würde, wenn von einer Unternehmensfortführung ausgegangen wird.[237] Hier liegt der Gedanke zugrunde, dass der gesamte Betrieb mehr wert ist, als die Summe seiner Teile, wobei die Teile nach ihrem Beitrag zum Gesamtwert bemessen werden. Der Teilwert stellt somit eine Verbindung zwischen der Gesamt- und der Einzelbewertung dar.[238] Da es sich hierbei um einen fingierten Erwerb handelt, ist die Ermittlung des Teilwerts zum Bilanzstichtag als maßgebendem Zeitpunkt eine Schätzung.[239] Dabei soll der Mehrwert bestimmt werden, den das Wirtschaftsgut aufgrund der Zugehörigkeit zum Betriebsvermögen gegenüber dem gemeinen Wert hat.[240] Die Untergrenze ist somit grundsätzlich der Einzelveräußerungspreis (gemeiner Wert).[241] Die Wiederbeschaffungskosten stellen die Obergrenze des Teilwertansatzes dar, da niemand bereit wäre, einen höheren Preis als den,

---

233 Im Handelsrecht liegt ein Gebot vor, im Steuerrecht aber ein Verbot. S. *Bitz/Schneeloch/Wittstock*, Jahresabschluss, 4. Auflage 2003, S. 410 und S. 420.

234 Vgl. *Hoffman,* Wertminderung, DB 2008, S. 261. Beide Fragestellungen werden in den folgenden Kapiteln näher untersucht.

235 I. d. F. der Bekanntmachung vom 1. Februar 1991 (BGBl. I S. 230), zuletzt geändert durch Artikel 21 des Gesetzes vom 20.12.2007 (BGBl. I S. 3150).

236 Vgl. *Glanegger,* in: Schmidt EStG, 27. Auflage 2008, § 6 EStG Rn. 215ff; *Maassen*, Teilwert, 1986, S. 1.

237 Vgl. *Hermann* in: Fortscher EStG, § 6 EStG Rz. 243; *Moxter*, Bilanzrechtsprechung, 6. Auflage 2007, S. 267; *Oestreicher*, Steuerbilanz, 6. Auflage 2003, S. 118. *Schick*, Besteuerung, 1998, S. 34.

238 Vgl. *Werndl,* in: Kirchhof/Söhn/Mellinghoff, § 6 EStG Rn. B 321; *Wöhe*, Bilanzpolitik, 9. Auflage 1997, S. 410 m. w. N. Bei der Bewertung des Teilwertes ist somit die Betriebsverbundenheit zu berücksichtigen. BFH vom 02.05.1993, II R 2/90, BStBl II 1993, S. 587.

239 Vgl. *Glanegger,* in: Schmidt EStG, 27. Auflage 2008, § 6 EStG Rn. 216.

240 Vgl. *Schlotter*, Teilwertabschreibung, 2005, S. 63; BFH vom 30.01.1980, I R 89/79, BStBl II 1980, S. 327.

241 Vgl. *Werndl,* in: Kirchhof/Söhn/Mellinghoff, § 6 EStG Rn. B 359. Soweit es sich um entbehrliche, einzeln veräußerbare Werte handelt, kann der Teilwert auch auf den Einzelveräußerungspreis abgesenkt werden. BFH vom 29.04.1994 IV R 14/98, BStBl II 1999, S. 681ff.

der zur Wiederbeschaffung aufzuwenden ist, zu zahlen.[242] Die Annahme eines niedrigeren Teilwertes kommt demnach in Betracht, wenn die Wiederbeschaffungskosten oder der Veräußerungspreis gesunken sind.[243] Der Teilwert eines Wirtschaftsguts ist demnach ein „aktueller kosten- und preisorientierter Sachwert".[244] Aus systematischer Sicht werden durch das Instrument der Teilwertabschreibung keine zukünftigen Verluste antizipiert, sondern nur tatsächlich eingetretene Wertminderungen berücksichtigt.[245]
Der Gesetzgeber hat es der Rechtsprechung überlassen, diese zwar gesetzlich definierte, jedoch sehr abstrakte Konzeption zu konkretisieren.[246] Diese hat im Laufe der Zeit Teilwertvermutungen entwickelt. Bei diesen handelt es sich um durch die Erfahrung abgesicherte Schätzwerte.[247]

2.2.1.1.1.2 Dauernde Wertminderung

Seit dem Steuerentlastungsgesetz 1999/2000/2002 darf eine Teilwertabschreibung nur noch aufgrund „voraussichtlich dauernder Wertminderung" vorgenommen werden.[248] Der Begriff der „voraussichtlich dauernden Wertminderung" ist ein unbestimmter Rechtsbegriff, der dem handelsrechtlichen Begriff in § 253 Abs. 2 S. 3 HGB entspricht. Das Eintreten einer solch dauernden Wertminderung wird aber im Handels- und Steuerrecht unterschiedlich ausgelegt. So geht man im Handelsrecht aufgrund des Vorsichtsprinzips von einer dauernden Wertminderung aus, wenn nichts anderes nachgewiesen ist.[249] Im Steuerrecht darf hingegen nur von

---

242 Z.B. *Fischer,* in: Kirchhof EStG, 8. Auflage 2008, § 6 EStG Rn. 83; *Glanegger,* in: Schmidt EStG, 27. Auflage 2008, § 6 EStG Rn. 226.

243 BFH vom 28.10.1976, IV R 76/72, BStBl II 1977, S. 73f; *Reiner*, Finanzinstrumente, 2002, S. 397.

244 *Fischer,* in: Kirchhof EStG, 8. Auflage 2008, § 6 EStG Rn. 83; *Herrmann,* in: Frotscher EStG, § 6 EStG Rz. 248; R 6.7 S. 1 EStR.

245 Vgl. *Schlotter*, Teilwertabschreibung, 2005, S. 364; *Hüttemann*, Gewinnermittlung, StbJb 2002/2003, S. 44; *Piltz*, Drohverlust, StbJb 1999/2000, S. 224; *Hommel/Berndt*, dauernde Wertminderung, FR 2000, S. 1306.

246 Vgl. *Moxter*, Bilanzrechtsprechung, 6. Auflage 2007, S. 267; BFH vom.04.12.1956, I 99/56, BStBl III 1957, S. 16.

247 BFH vom 25.08.1983, IV R 218/20, BStBl II 1984, S. 33; BFH vom 20.08.2003, I R 49/02, BStBl II 2003, S. 941. Der Teilwert wird grundsätzlich nach der Teilwertvermutung bestimmt. Beruft der Steuerpflichtige sich auf einen darunter liegenden Wert, dann muss er die Teilwertvermutung anhand von konkreten Tatsachen usw. belegen.

248 Steuerentlastungsgesetz 1999/2000/2002 vom 24.3.1999, BGBl. I 1999, S. 402. Bei voraussichtlich vorübergehenden Wertminderungen besteht steuerrechtlich ein Verbot der Teilwertabschreibung, handelsrechtlich kann es aber z.B. aufgrund des strengen Niederstwertprinzips zwingend zu einer außerplanmäßigen Abschreibung kommen. Der handels- und steuerrechtliche Wertansatz weichen dann voneinander ab. Zur weiteren Ausführung S. *Bitz/Schneeloch/Wittstock*, Jahresabschluss, 4. Auflage 2003, S. 420f.

249 Vgl. *Glanegger,* in: Schmidt EStG, 27. Auflage 2008, § 6 EStG Rn. 217; *Hoyos/Schramm/M. Ring,* in: Beck'scher BilKomm, 6. Auflage 2006, § 253 HGB Rn. 295; *Loitz/Winnacker*, Wertminderung, DB 2000, S. 2229.

einer dauernden Wertminderung ausgegangen werden, wenn diese nachgewiesen ist.[250] Da der Ansatz des niedrigeren Teilwertes eine Ausnahme von der Bewertung mit den Anschaffungs- und Herstellungskosten darstellt, obliegt dem Steuerpflichtigen die Beweislast über die voraussichtlich dauernde Wertminderung und deren jeweiliges Fortbestehen.[251] Anderenfalls ist eine Wertaufholung vorzunehmen (§ 6 Abs. 1 S. 4 EStG).[252]

Trotz der zentralen Funktion der voraussichtlich dauernden Wertminderung existieren für sie keine allgemein gültigen Kriterien. Aus diesem Grund sind verschiedene Kriterien festgelegt worden, nach denen beurteilt werden kann, wann eine voraussichtlich dauernde Wertminderung gegeben ist. Einigkeit besteht bisher darüber, dass eine dauernde Wertminderung dann vorliegt, wenn der Teilwert nachhaltig unter den maßgeblichen Buchwert gesunken ist, wobei es einer an der Eigenart des Wirtschaftsguts ausgerichteten Prognose bedarf.[253] Die Nachhaltigkeit kann dann bejaht werden, wenn am Bilanzstichtag objektive Anzeichen für ein langfristiges Anhalten der Wertminderung sprechen.[254]

Im Schreiben vom 25.02.2000[255] hat das BMF für verschiedene Kategorien von Wirtschaftsgütern Kriterien festgelegt, wann eine voraussichtlich dauernde Wertminderung gegeben ist.[256] Hierbei wurde eine sehr restriktive Sichtweise vertreten, so dass z. B. vorübergehende Wertschwankungen unbeachtlich und nur nachhaltige Kurseinbrüche[257] steuerlich zu berück-

---

250 BMF vom 25.2.2000, IV C 2 – S 2171b – 14/00, BStBl I 2000, S. 372 Rn. 2. Der Steuerpflichtige hat neben der Nachweispflicht für den niedrigeren Teilwert auch die Darstellungs- und Feststellungslast für eine dauernde Wertminderung zu tragen. Zudem ist steuerlich ausschlaggebend, ob die Wertminderung bis zum Zeitpunkt der Bilanzaufstellung anhält.

251 BMF vom 25.02.2000, IV C2 – S 2171b-14/00, BStBl I 2000, S. 372; *Herrmann* in: Frotscher EStG, § 6 EStG Rz. 242. Vgl. *Glanegger,* in: Schmidt EStG, 27. Auflage 2008, § 6 EStG Rn. 400 *Glanegger*, in: Schmidt EStG, 27. Auflage 2008, § 6 EStG Rn. 217.

252 BMF vom 25.02.2000, IV C2 – S 2171b-14/00, BStBl I 2000, S. 372, Tz. 34; *Herrmann,* in: Frotscher EStG, § 6 EStG Rz. 257; *Loitz/Winnacker*, Wertminderung, DB 2000, S. 2229. Bei der Wertaufholung im Steuerrecht ist es unerheblich, aus welchen Gründen es zu einem anderen Wert kommt. Während nach § 253 Abs.5 HGB-BilMoG eine Wertaufholung nur dann in Betracht kommt, wenn die Gründe für eine außerplanmäßige Abschreibung weggefallen sind; steuerlich ist zu jedem Bilanzstichtag der niedrigere Teilwert nachzuweisen.

253 Vgl. *IDW*, Auslegung, RS VFA 2, WPg 2002, S. 475; BMF vom 25.02.2000, IV C2 – S 2171b-14/00, BStBl I 2000, S. 372; *Cattelaens*, Steuerentlastungsgesetz, DB 1999, S. 1185; BFH vom 09.09.1986, VIII R 20/85, BFH NV 1987, S. 442. Auf diese Prognose kann aber laut BFH vom 14.03.2006 im Einzelfall verzichtet werden, da es sich bei der Steuermittlung um ein Massenverfahren handelt. *Künkele/Zwirner*, Finanzmarktkrise, StuB 2009, S. 188; *Schlotter*, dauernde Wertminderung, BB 2008, S. 547; BFH vom 14.03.2006, I R 22/05, BSTBl II 2006, S. 680; *Schlotter*, Wirtschaftsgüter, BB 2006, S. 1737.

254 S. BFH vom 26.09.2007, I R 58/06, WPg 2008, S. 217; BMF vom 25.02.2000, IV C2 – S 2171b-14/00, BStBl I 2000, S. 372, Rz. 3,4; *Fleischmann*, Teilwertabschreibung. INF 2000, S. 356; BFH vom 27.11.1974, I R 123/73, BStBl II 1975, S. 294.

255 S. BMF vom 25.02.2000, IV C 2- S 2171b – 14/00, BStBl I 2000, S. 327.

256 Vgl. *Patek*, Wertminderungen, FR 2008, S. 689; *Schlotter*, dauernde Wertminderung, BB 2008, S. 549.

257 Bei börsengehandelten Aktien des Anlagevermögens (Finanzanlagen) vertritt das BMF die Auffassung, dass eine dauernde Wertminderung nur dann gegeben ist, wenn bspw. eine drohende Insolvenz vorliegt; auf allgemeinen negativen Kursentwicklungen basierende Kursschwankungen seien hingegen nur vorübergehend. Dem liegt die Auffassung zugrunde, dass an die dauernde Wertminderung hohe Anforderungen zu stellen seien.

sichtigen seien.[258] Somit besteht bisher ein faktisches Abschreibungs- und Zuschreibungsverbot. Eine dauernde Wertminderung und damit einhergehend eine Teilwertabschreibung kann aber nicht nur dann vorliegen, wenn sie zweifelsfrei gegeben ist, da ansonsten das Existieren einer Wertaufholungsregelung keinen Sinn ergibt.[259]

Nachdem das BMF und die Rechtsprechung die Teilwertabschreibungen nur in engen Grenzen als zulässig angesehen haben, zeigt das BFH-Urteil I R 58/06 vom 26.09.2007 allerdings eine andere Richtung auf.[260] Der BFH vertrat die Auffassung, dass bei börsennotierten Aktien, die Anlagevermögen (Finanzanlage) darstellen, bereits von einer dauernden Wertminderung auszugehen sei, wenn der Börsenwert zum Bilanzstichtag unter den Anschaffungskurs gesunken und kein Anhaltspunkt für eine alsbaldige Wertaufholung absehbar ist.[261] Der (erste) Senat begründet diese Entscheidung mit dem Argument, dass ein Börsenkurs die Einschätzungen über die erwarteten Risiken und Erfolgsaussichten einer großen Anzahl von Marktteilnehmern zu seinem künftigen Verlauf reflektiert. Bei informationseffizienten Märkten ist davon auszugehen, dass der aktuelle Börsenwert die zukünftige Kursentwicklung mit einer höheren Wahrscheinlichkeit widerspiegelt als die historischen Anschaffungskosten.[262]

Dieser Auffassung steht nicht entgegen, dass der Kurs sich weiter verbessern oder verschlechtern kann. Der BFH stellt somit kein eigenes Messkriterium in den Vordergrund, sondern überlässt die Frage nach der voraussichtlich dauernden Wertminderung der Personengesamtheit der Marktteilnehmer, wodurch es zu einer Objektivierung des Wertes kommt.[263] Er ist der Meinung, dass vom Steuerpflichtigen keine besseren prognostischen Fähigkeiten verlangt

---

258 S. BMF Schreiben vom 25.02.2000, IV C2 – S 2171b-14/00, BStBl I 2000, S. 372.

259 Vgl. *Hoffmann*, Wertminderung, DB 2008, S. 262; *Schlotter*, dauernde Wertminderung, BB 2008, S. 549.

260 S. BFH Urteil vom 26.09.2007, IR 58/06, WPg 2008, S. 217.

261 Anzumerken ist, dass der Kurs im vorliegenden Fall zum Bilanzerstellungstag um fast 40% unter die Anschaffungskosten gefallen war; ob eine gewisse Erheblichkeitsschwelle vorliegen muss, wurde daher in dem Urteil nicht erläutert, und auch auf die Frage des Umgangs mit wertaufhellenden Faktoren wurde nicht eingegangen. Siehe hierzu auch *Schlotter*, dauernde Wertminderung, BB 2008, S. 548.

262 BFH vom 26.09.2007, I R 58/06, WPg 2008, S. 217; vgl. *Schön,* Teilwertabschreibung, in: FS Raupach, 2006, S. 313. Die Theorie der Kapitalmärkte basiert auf der Annahme, dass die am Kapitalmarkt beteiligten Personen (wie Käufer, Verkäufer, Finanzintermediäre usw.) die ihnen vorliegenden Informationen über ein „Wertpapier" in ihren Angeboten zusammenfassen und damit in den Kurswert mit einfließen lassen. Wenn ein Börsenkurs als Bewertungsgrundlage herangezogen wird, gibt es nach dem Bilanzstichtag keine werterhellenden Gründe, da der Börsenkurs am jeweiligen Bilanzstichtag stichtagsgenau betrachtet/eingesehen werden kann. *Hoffmann*, Wertminderung, DB 2008, S. 260.

263 Die Rechtsprechung des BFH vertritt seit vielen Jahren die Auffassung, dass als Teilwert für börsennotierte Wertpapiere im Grundsatz der am Bilanzstichtag gültige Börsenkurs herangezogen werden muss. Als erster Grund wird die „Objektivität" des Marktwertes herangezogen. BFH vom 06.12.1995, I R 51/95, BStBl II 1998, S. 781; BFH vom 08.09.1994, IV R 16/94, BStBl II 1995, 309; BFH vom 07.11.1990, I R 116/86, BStBl II 1991, S. 342ff; BFH vom 25.08.1983 IV R 218/80, BStBl II 1984, S. 33; BFH vom 28.09.1982 III R 29/77 BstBl II 1983, S. 166f; BFH vom 26.01.1956, I V 566/54 BFHE 62, S. 305ff; BFH vom 16.04. 1953 IV 119/52 S; BFHE 57, S. 496, (501). RFH 30.05.1933 VI A 1657/32, RStBl II 1933, S. 1013.

werden können als von der Börse selber.[264] Zudem stellt der BHF heraus, dass es sich bei § 6 EStG um eine steuerliche Regelung handelt, die losgelöst vom Handelsrecht auszulegen ist. Dies bedeutet zum einen, dass eine Auslegung darauf abzielen muss, den Zuwachs oder den Verlust wirtschaftlicher Leistungsfähigkeit periodengerecht zu erfassen. Zum anderen besagt es, dass es sich beim Besteuerungsverfahren um ein Massenverfahren handelt, weshalb die Werte anhand einfacher und leicht nachprüfbarer Kriterien festgestellt werden müssen. Daher können für die Wertbemessung keine Kriterien der Art angewendet werden, wie sie beispielsweise vom IDW aufgestellt worden sind.[265]

Laut Schrifttum wird die Auffassung vertreten, dass das BFH-Urteil auch auf Fremdwährungskurse[266] oder andere an der Börse gehandelte Kontrakte anzuwenden sei.[267] Bei einer generellen Übertragbarkeit ist aber zu bedenken, dass in dem vom BFH entschiedenen Fall ein Kursverlust von 40% eingetreten war. Aufgrund der negativen Effekte, die das Urteil auf das Steueraufkommen hat, war daher mit einem Nichtanwendungserlass zu rechnen.[268] Das Bundesministerium der Finanzen reagierte durch seinen Erlass vom 26. März 2009, indem es klarstellte, dass von einer voraussichtlichen Wertminderung nur auszugehen ist, wenn der Börsenkurs von börsennotierten Aktien zu dem jeweils aktuellen Bilanzstichtag um mehr als 40% unter die AK gesunken ist oder zu dem jeweils aktuellen Bilanzstichtag und dem vorangegangenen Bilanzstichtag um mehr als 25% unter die AK gesunken ist.[269]

2.2.1.1.2 Teilwertabschreibung als steuerliches Wahlrecht

Aufgrund der Änderungen durch das BilMoG ist, derzeit ungeklärt, ob es sich bei der Teilwertabschreibung gemäß § 6 Abs. 1 EStG entsprechend dem Wortlaut, der explizit „kann angesetzt werden“ lautet, um ein unabhängig vom Handelsrecht auszuübendes Wahlrecht

---

264 Vgl. *Hoffmann*, Wertminderung, DB 2008, S. 261; RFH vom. 30.05.1933, VI A 1657/32, RStBl II 1933, S. 1012f.

265 BFH vom 26.09.2007, I R 58/06, WPg 2008, S. 217; *IDW*, Auslegung, RS VFA 2, WPg 2002, S. 475. Die Höhe der Wertminderung zum Bilanzstichtag, die Dauer der eingetretenen Wertminderung, die Stärke zwischen dem Kursverlauf des betrachteten Wertpapiers und dem allgemeinen Kursverlauf. Aufgrund dieser Aussage müsste eine vorliegende dauernde Wertminderung in Handelsbilanz und Steuerbilanz unabhängig voneinander festgestellt werden.

266 Vgl. *Hoffmann*, Wertminderung, DB 2008, S. 262. Bisher wird auch bei Fremdwährungsgeschäften grundsätzlich zwischen üblichen Wechselkursschwankungen auf Devisenmärkten und nachhaltigen Kurseinbrüchen unterschieden. Überträgt man nun die Rechtsprechung auf diese Fälle, dann muss es auch hier gemäß dem amtlichen Wechselkurs zum Bilanzstichtag zu Abschreibungen kommen.

267 FG Sachsen-Anhalt vom 26.10.2005, 1 V 1146/05, EFG 2006; S. 98f. Zum höheren Teilwert bei Währungsverbindlichkeiten siehe FG Rheinland-Pfalz vom 12.12.2005, 5 K 1460/03, EFG 2007, S. 575ff; FG Bremen vom 12.10.2006, 1 K 181/05 (6), EFG 2007, S. 575.

268 Auffassung der Experten auf der Steuerfachtagung im Oktober 2008 in Köln, gleiche Auffassung auch *Schlotter*, dauernde Wertminderung, BB 2008, S. 546.

269 S. BMF vom 26.03.2009, IV C 6 – S 2171 –b/0, BStBl. I 2009 S. 514.

handelt.[270] Durch die im Handelsrecht kodifizierte Abschreibungspflicht (§ 253 HGB) bei Vorliegen einer dauernden Wertminderung wurde bisher, basierend auf der materiellen Maßgeblichkeit, auch steuerlich eine Pflicht zum niedrigeren Wertansatz gesehen.[271] Ein steuerrechtliches Wahlrecht zur Teilwertabschreibung lief bisher aufgrund des Maßgeblichkeitsgrundsatzes ins Leere, da handelsrechtlich kein korrespondierendes Wahlrecht besteht.[272] Nach § 5 Abs.1 S.1 2 HS EStG n. F. heißt es jetzt aber: für den Schluss des Wirtschaftsjahres ist das Betriebsvermögen anzusetzen, das nach den handelsrechtlichen GoB auszuweisen ist, es sei denn, im Rahmen des steuerlichen Wahlrechtes wird oder wurde ein anderer Ansatz gewählt. Daher ist die Ausübung von steuerlichen Wahlrechten nach Einführung des BilMoG, unabhängig von der Handelsbilanz, zulässig.[273] Dies muss grundsätzlich auch für die Teilwertabschreibung gelten. Diese separate steuerliche Betrachtung wird durch das oben erwähnte BFH-Urteil I R 58/06 vom 26.09.2007 verstärkt, indem der BFH in § 6 Abs. 1 EStG eine vom Handelsrecht losgelöste Regelung sah.[274]

Der Bundesrat hat auf diesen Umstand in seiner Stellungnahme vom 04.07.2008 bereits aufmerksam gemacht.[275] Von der Bundesregierung wurde dieses Problem aber nicht gesehen. Sie stellt vielmehr heraus, dass auch durch den Wegfall der umgekehrten Maßgeblichkeit die Teilwertabschreibung weiterhin an das Niederstwertprinzip gekoppelt ist und somit kein Wahlrecht besteht.[276] Wie gezeigt, greift diese Sicht zu kurz. Soll das Wahlrecht nicht gelten, sollte der Gesetzgeber das Wort „kann“ durch ein „sind“ ersetzen. Andernfalls kann von einem Wahlrecht zur Teilwertabschreibung ausgegangen werden.

2.2.1.2 Passivische originäre Finanzinstrumente

Originäre Finanzinstrumente können in der Bilanz auch in Form von Schulden zum Ansatz kommen, wobei für den Schuldenbegriff keine Legaldefinition existiert. Nach herrschender Auffassung ist die Begrifflichkeit jedoch sehr weit zu interpretieren. Schulden sind, neben dem Eigenkapital und den passivischen Rechnungsabgrenzungsposten, gemäß § 247

---

270 Vgl. *Herzig/Briesemeister*, Problembereiche, Ubg 2009, S. 162; *Regierungsentwurf* BilMoG vom 23.05.2008, Drs. 344/08, Gesetzestext, S. 12.

271 Vgl. *Wotschofsky/Thomas*, Bilanzierung, BBK 2002, Fach 12, S. 6600; *Bitz/Schneeloch/Wittstock*, Jahresabschluss, 4. Auflage 2003, S. 410, 420; *Hock*, Fremdwährungsgeschäfte, BC 2002, S. 146; *Herrmann,* in: Frotscher EStG, § 6 EStG Rz. 247. Teilweise wird auch weiterhin vom Schrifttum die Auffassung vertreten, dass es aufgrund der materiellen Maßgeblichkeit weiterhin bei einer Teilwertabschreibungspflicht bleibt. Vgl. *Günkel*, Bilanzrechtsmodernisierungsgesetz, Ubg 2008, S. 132.

272 Vgl. *Patek*, Wertminderungen, FR 2008, S. 696.

273 Vgl. *Herzig/Briesemeister*, Problembereiche, Ubg 2009, S. 163; *Herzig*, Steuerliche Konsequenzen, DB 2008, S. 1339f; *Theile/Hartmann*, BilMoG, DStR 2008, S. 2034.

274 BFH vom 26.09.2007, I R 58/06, WPg 2008, S. 217.

275 *Regierungsentwurf* BilMoG vom 23.05.2008, Drs. 344/08, Gesetzestext, S. 12. Der Bundesrat ist der Auffassung, dass ansonsten die Verluste zur Vermeidung einer Mindestbesteuerung in spätere Jahre verschoben werden könnten.

276 Vgl. *Regierungsentwurf* BilMoG vom 23.05.2008, Drs. 344/08, Gesetzestext, S. 7.

Abs. 1 HGB auf der Passivseite auszuweisen. Sie sind in Verbindlichkeiten und Rückstellungen zu unterteilen.[277] Ob eine Verbindlichkeit oder eine Rückstellung vorliegt, ist danach zu beurteilen, ob die Schulden dem Grunde und der Höhe nach feststehen. Sind die Schulden in jeder Hinsicht eindeutig, also dem Grunde nach sicher und in ihrer Höhe eindeutig quantifizierbar, so liegt eine passivierungspflichtige Verbindlichkeit vor. Sind die Verpflichtungen dagegen nicht in jeder Hinsicht fest, also nur wahrscheinlich oder nur in einer Bandbreite quantifizierbar, dann ist eine Rückstellung zu bilden.[278] Rückstellungen werden weitergehend in Verpflichtungen gegenüber Dritten (Verbindlichkeitsrückstellungen = Außenverpflichtungen) und in Verpflichtungen gegenüber sich selbst (Aufwandrückstellungen = Innenverpflichtungen) unterteilt.[279] Des Weiteren können Rückstellungen nach ihrer Art differenziert werden. Demnach existieren neben den ungewissen Verbindlichkeiten (Verbindlichkeitsrückstellungen) Drohverlustrückstellungen sowie Rückstellungen für Kulanzleistungen und Aufwandsrückstellungen.[280]

Verbindlichkeiten sind gemäß § 253 HGB n. F. zu ihrem Erfüllungsbetrag[281] Rückstellungen in Höhe des nach vernünftiger kaufmännischer Beurteilung notwendigen Erfüllungsbetrages anzusetzen.[282] Die Verwendung der Terminologie „Erfüllungsbetrag" soll klarstellenden Charakter haben, da bei der Verwendung des Begriffs „Rückzahlungsbetrag" die Gefahr bestünde, dass nur aus einem Geldzufluss entstandene Verbindlichkeiten erfasst werden.[283] Der Begriff des Rückzahlungsbetrages wurde daher schon früher von der h. M. im Sinne eines Erfüllungsbetrages verstanden. Entsprechend erfolgt eine sinngemäße Anwendung des Anschaffungskostenprinzips.[284] Da eine Anschaffung von Verbindlichkeiten nicht möglich ist, muss entsprechend der Betrag ermittelt werden, der zur „Ablösung" der Schuld erforderlich ist. Der Rückzahlungsbetrag bzw. Erfüllungsbetrag ist als der Betrag zu verstehen, der zur Erfüllung der Verbindlichkeit aufgebracht werden muss.[285] Bei Geldleistungsverpflichtungen ist dies der Rückzahlungsbetrag und bei Sachleistungen der im Erfüllungszeitpunkt voraussichtlich aufzuwendende Betrag.[286]

---

277 Vgl. *Baetge/Kirsch/Thiele*, Bilanzen, 9. Auflage 2007, S. 171; *Buchholz*, Jahresabschluss, 3. Auflage 2005, S. 37.

278 § 249 Abs.1 S.2 Nr.1 HGB-E.

279 Vgl. *Buchholz*, Jahresabschluss, 3. Auflage 2005, S. 53; *Wiedmann,* in: Wiedmann Bilanzrecht, 2. Auflage 2003, § 249 HGB Rn. 9ff.

280 Rückstellungen für Instandhaltung, Abraumbeseitigung oder für bestimmte Aufwendungen.

281 Vor Einführung des BilMoGs: „zu ihrem Rückzahlungsbetrag".

282 Vor Einführung des BilMoGs: „mit dem Betrag anzusetzen, der nach vernünftiger kaufmännischer Beurteilung notwendig ist." (§ 253 Abs.1 Satz 2 HS. 1 HGB). *Küting/Cassel/Metz*, Rückstellungen, DB 2008, S. 2317ff.

283 Vgl. *Bieker*, Paradigmenwechsel, PiR 2008, S. 365. Nur im Falle einer Darlehensverpflichtung kommt es aber zu einer reinen Rückzahlung. *A/D/S*, 6. Auflage 1995, § 253 HGB Rn. 72.

284 Vgl. *Herzig/Mauritz*, Grundkonzeption, BB 1997, S. 10; *Schön*, Rückstellungen, BB 1994, Beilage 9, S. 13; *Moxter*, Rückstellungen, BB 1989, S. 947 m. w. N.

285 Vgl. *Hoyos/M. Ring,* in: Beck´scher BilKomm, 6. Auflage 2006, § 253 HGB Rn. 51f.

286 *Regierungsentwurf* BilMoG vom 23.05.2008, Drs. 344/08, Gesetzestext, S. 114.

Im Rahmen des BilMoG haben sich neben der Änderung des Begriffs des „Erfüllungsbetrags" zwei grundsätzliche Veränderungen bei der Bewertung von Rückstellungen ergeben. Erstens stellt der Erfüllungsbetrag klar, dass zukünftige Preis- und Kostensteigerungen zu berücksichtigen sind.[287] Diese Betrachtung verstieß bisher gegen das Stichtagsprinzip.[288] Zweitens durften Rückstellungen bisher nur dann abgezinst werden, wenn die ihnen zugrunde liegenden Verbindlichkeiten einen Zinsanteil aufgewiesen haben.[289] Nach dem BilMoG werden Rückstellungen sowohl für Geld- als auch für Sachleistungen mit einer Restlaufzeit von mehr als einem Jahr unabhängig von einem Zinsanteil generell abgezinst.[290]

Für die steuerliche Behandlung von Verbindlichkeiten[291] und Rückstellungen existieren sowohl Sondervorschriften über den Ansatz als auch über die Bewertung. Die nach § 5 Abs.1 S.1 EStG zu passivierenden Verbindlichkeiten sind gem. § 6 Abs. 1 EStG zu den Anschaffungskosten[292] bzw. dem höheren Teilwert zu bewerten.[293] Die Verbindlichkeiten sind sinngemäß nach der Vorschrift des § 6 Abs. 1 Nr. 2 EStG anzusetzen. Somit muss auch bei den Verbindlichkeiten eine voraussichtlich dauernde Wertänderung vorliegen. Der Teilwert einer Verbindlichkeit ist demnach der Betrag, den ein Erwerber des Betriebes mehr zahlen würde, wenn die Verbindlichkeit nicht vorliegen würde oder der Käufer sie nicht übernehmen müsste.[294] Nach dem „Wertaufholungsgebot" sind sie auf die ursprünglichen Anschaffungskosten abzuwerten, wenn der Wert wieder gefallen ist.[295]

Ein deutliches Auseinanderklaffen zwischen der Handels- und der Steuerbilanz resultiert allerdings insbesondere aus den unterschiedlichen Abzinsungsvorschriften. Seit dem Steuerentlastungsgesetz 1999/2000/2002 besteht eine generelle Verpflichtung, Verbindlichkeiten mit einem Zinssatz von 5,5%[296] zu diskontieren.[297] Ausgenommen von der Abzinsung sind

---

287 Vgl. *Strahl*, Bilanzrecht, KÖSDI 2008, S. 107; *Küting/Cassel/Metz*, Rückstellungen, DB 2008, S. 2317; *Petersen/Zwirner/Künkele*, Rückstellungen, StuB 2008, S. 696. Es müssen ausreichend objektive Hinweise auf den Eintritt künftiger Preis- und Kostensteigerungen schließen lassen. *Regierungsentwurf* BilMoG vom 23.05.2008, Drs. 344/08, Begründung, S. 112.

288 Dies wurde von FG bisher unter Hinweis auf das Stichtagsprinzip abgelehnt, wird aber von der Praxis teilweise berücksichtigt.

289 Vgl. *Kiesel/Gröner,* in: H/H/R, § 6 EStG Rn. 1142; *Hoyos/M. Ring,* in: Beck´scher BilKomm, 6. Auflage 2006, § 253 HGB Rn. 63.

290 Vgl. *Beschlussempfehlung* vom 24.03.2009, Drucksache 16/12407, S. 11. Im Vergleich zum Regierungsentwurf wurde der Begriff „Laufzeit" durch den Begriff „Restlaufzeit" ersetzt. *Regierungsentwurf* BilMoG vom 23.05.2008, Drs. 344/08, Gesetzestext, S. 6; *Arbeitskreis Bilanzrecht der Hochschullehrer Rechtswissenschaft*, Einzelfragen, BB 2008, S. 209. Rückstellungen von einer Restlaufzeit von mehr als einem Jahr sind mit dem ihrer Restlaufzeit entsprechenden durchschnittlichen Marktzins der vergangenen sieben Geschäftsjahre abzuzinsen. Bundesrat gegen Verwendung des Marktzinses; *Bundesrat* BilMoG Drucksache 344/08, Stellungnahme BilMoG, S. 5.

291 Belastende Verpflichtungen des Unternehmens gegenüber Dritten, die nach Grund und Höhe feststehen.

292 Bedeutet Nennbetrag als Erfüllungs- und Rückzahlungsbetrag.

293 Vgl. *Herrmann,* in: Frotscher EStG, § 6 EStG Rz. 360; *Herzig,* Maßgeblichkeitsgrundsatz, in: HdR, Kap. 3 Rn. 32.

294 S. BFH vom 13.12.1972; I R 7-8/70, BStBl II 1973, S. 217.

295 Vgl. *Catteleans*, Steuerentlastungsgesetz, DB 1999, S. 1187.

296 Der Zinsfuß von 5,5 % unterliegt verfassungsrechtlichen Bedenken, siehe *Kiesel/Görner,* in: H/H/R, § 6 EStG Rn. 1141, *Hoffmann*, Abzinsung, GmbHR 2005, S. 972.

Verbindlichkeiten, deren Laufzeit am Bilanzstichtag weniger als 12 Monate beträgt, und Verbindlichkeiten, die verzinslich sind oder auf einer Anzahlung oder Vorausleistung beruhen.[298]

Abweichend vom Handelsrecht dürfen steuerbilanziell nach § 5 EStG bestimmte Rückstellungen nicht oder nur eingeschränkt gebildet werden; hierunter fallen u. a. die Drohverlustrückstellungen.[299]

Die Bewertung der Rückstellungen hat nach § 6 Nr. 3a EStG zu erfolgen. Die Abzinsungsvorschrift für Verbindlichkeiten gilt nach § 6 Nr. 3a lit. e EStG auch für Rückstellungen.[300] Die steuerliche Regelung des § 6 Abs. 1 Nr. 3a EStG bleibt durch das BilMoG unberührt. Der neue § 6 Abs. 1 Nr. 3a lit. f EStG regelt ausdrücklich, dass zukünftige Preis- und Kostensteigerungen, abweichend vom HGB, nicht zu berücksichtigen sind, sondern dass die Verhältnisse am Bewertungsstichtag maßgebend sind.[301] Damit kommt es zu einer weiteren Abweichung zwischen der Handels- und der Steuerbilanz.

2.2.2 Bilanzielle Behandlung von derivativen Finanzinstrumenten

Das zentrale Problem bei der Abbildung derivativer Finanzinstrumente[302] besteht darin, dass die anschaffungskostenorientierte Rechnungslegung derartige Geschäfte nur „unzureichend"

---

297 Vgl. *Werndl,* in: Kirchhof/Söhn/Mellinghoff, § 6 EStG Rn. D 3; *Herrmann,* in: Frotscher EStG, § 6 EStG Rz. 366; BMF vom 26.05.2005, IV B 2-S 2175-7/05; BStBl I 2005, S. 699, Tz. 20; *Herzig,* Maßgeblichkeitsgrundsatz, in: HdR, Kap. 3 Rn. 33. Ausgenommen sind Verbindlichkeiten mit einer Laufzeit von weniger als 12 Monaten, Verzinslichkeiten, die verzinslich bzw. niedrig verzinslich sind oder auf einer Anzahlung oder Vorleistung beruhen. (Es muss sich um lang laufende unverzinsliche Verbindlichkeiten handeln; sie sind somit nicht mehr mit ihrem Erfüllungswert, sondern mit dem Barwert in die Bilanz aufzunehmen.) Die Abzinsung erfolgt versicherungsmathematisch, oder die Finanzverwaltung lässt aus Vereinfachungsgründen die Anwendung der §§ 12 bis 14 BewG zur Berechnung zu. Vgl. *Kiesel/Görner,* in: H/H/R, § 6 EStG Rn. 1144; *Fischer,* in: Kirchhof EStG, 8. Auflage 2008, § 6 EStG Rn. 148.

298 Die Anzahlungen oder Vorauszahlungen wurden vom Abzinsungsgebot ausgenommen, weil die Kombination von Passivierung des abgezinsten Werts und Aktivierung der Anzahlung oder Vorausleistung mit den Anschaffungskosten zum Ausweis von unrealisierten Gewinnen geführt hätte.

299 Auf die Behandlung der Drohverlustrückstellungen wird näher unter A III 2.2.2.2. eingegangen.

300 Dem Abzinsungsgebot liegt der Gedanke zugrunde, dass unverzinsliche und niedrig verzinste ungewisse Geldleistungsverpflichtungen bei längerer Laufzeit wirtschaftlich weniger belastend sind als marktüblich verzinste Schulden. Ausgenommen von der Abzinsung sind Rückstellungen und Verbindlichkeiten, die verzinslich sind. Diese Ausnahme ist gerechtfertigt, da sichergestellt sein muss, dass der Vorteil auf Seiten des Schuldners verbleibt. Hiervon ist bei verzinslichen Verpflichtungen gerade nicht auszugehen, da der Nominalbetrag der Verpflichtung keinen Zinsanteil enthält, der in der Sphäre des Steuerpflichtigen leistungsfähigkeitserhöhend ankommt, da die Kapitalnutzung verzinslich und damit nicht unentgeltlich erfolgt. Folglich ist eine Abzinsung nur dann geboten, wenn eine Kapitalnutzung durch den Schuldner vorliegt und diese für ihn nicht entgeltlich ist. Nur bei kumulativer Erfüllung dieser Kriterien ist die Leistungsfähigkeit des Schuldners in Höhe des Zinsvorteils gesteigert. Eine Abzinsung von Rückstellungen, die keinen Zinsanteil enthalten, verstößt somit gegen das Leistungsfähigkeitsprinzip.

301 Vgl. *Strahl,* Bilanzrecht, KÖSDI 2008, S. 107. Dies entspricht der BFH-Rechtsprechung. BFH vom 03.12.1991, VIII R 88/87, BStBl 1993, S. 89 (92f).

302 Soweit es sich um zweiseitig verpflichtende Geschäfte handelt.

bzw. gar nicht bilanziell abbilden kann.[303] Die Systematik der Pagatorik kann nicht einfach auf derivative Finanzinstrumente angewendet werden, da die durch sie verursachten Zahlungen weder eine realwirtschaftliche Gegenseite haben, noch ein Spiegelbild des Anschaffungswertes des Derivates sind. Ein Charakteristikum von Derivaten ist zudem, dass der Vertragsabschluss und die -erfüllung, aufgrund ihrer Ausgestaltung als Termingeschäfte, zeitlich auseinander fallen. Da die Vertragserfüllung noch aussteht, werden sie als schwebende Geschäfte behandelt.[304] Als Konsequenz ergibt sich, dass aus der Bilanz teilweise nicht direkt ersichtlich ist, dass eine Derivatposition überhaupt existent ist.

2.2.2.1 Schwebende Geschäfte

Derivate sind nach allgemeiner Auffassung grundsätzlich als schwebende Geschäfte zu klassifizieren und erlangen infolgedessen zum Zeitpunkt des Vertragsabschlusses keine Bilanzwirksamkeit.[305] Der Begriff des „schwebenden Geschäftes" gelangte erst im Jahre 1965 über das Aktiengesetz in das deutsche Bilanzrecht. Allerdings existiert für den Begriff des schwebenden Geschäftes keine Legaldefinition.[306] Die bilanzielle Behandlung von schwebenden Geschäften ist nicht explizit gesetzlich geregelt.[307] Die Behandlung von schwebenden Geschäften ergibt sich vielmehr aus den GoB, nach denen das Realisationsprinzip vorschreibt, dass Gewinne erst dann realisiert sind, wenn der Vertragspartner seine Leistung erfüllt hat.[308] Die aus dem schwebenden Geschäft resultierenden Verpflichtungen werden durch die Ansprüche aus demselben Geschäft kompensiert und ergeben dadurch keine wirtschaftliche Belastung. Ein schwebendes Geschäft ist im bilanziellen Sinne ein zweiseitig verpflichtender Vertrag (Synallagma), der auf einen ausgeglichenen Leistungsaustausch i. S. d. § 320ff BGB gerichtet ist (Ausgeglichenheitsvermutung) und bei dem der zur Dienst- oder Sachleistung[309] Verpflichtete seine Leistung zum Bilanzierungszeitpunkt noch nicht oder nur in geringem

303 Vgl. *Patek*, Absicherung Teil 2, WPg 2007, S. 459; *Schmidt*, Rechnungslegung, 2005, S. 2.

304 Vgl. *Schmidt*, Rechnungslegung, 2005, S. 256; *Eisele*, Rechnungswesen, 7. Auflage 2002, S. 199; *Reiner*, Finanzinstrumente, 2002, S. 256. Siehe hierzu auch BHF vom 19.02.1997, XI R 1/96, BStBl II 1997, S. 399; BFH vom 04.07.1991, IV R 29/88, BStBl II 1992, S. 76f; BFH vom 05.03.1981, IV R 94/78, BStBl II 1981, S. 658; BFH vom 20.03.1980, IV R 89/79, BStBl II 1980, S. 297; *Scheffler*, Finanzanlagen, in: HdR, B233 Rn. 217.

305 Vgl. *Kuhner*, in: Baetge/Kirsch/Thiele, § 246 HGB Rn. 831; *Bieg*, Bilanzierung, in: FS Wöhe, 2004, S. 331; *Bertsch/Kärcher*, Instrumente, in: Eller u. a., Instrumente, 2. Auflage 1999, S. 740; *Herzig/Köster*, Verbindlichkeiten in: HdJ Abt. III/5, S. 97; *Burkhard*, Grundsätze, 1988, S. 63. Dies resultiert aus dem Realisationsprinzip; BFH vom 07.09.1954, I 50/54 U, BStBl. III 1954, S. 331; BFH vom 04.07.1991 IV R 29/88 BStBl. II 1992, S. 76f; BFH vom 19.02.1997, XI R 1/96 BSTBl. II 1997, S. 399.

306 Vgl. *Piltz*, Drohverlust, StbJb 1999/2000, S. 225. Der Ausdruck „schwebendes Geschäft" wird im deutschen Bilanzrecht nicht definiert, sondern in § 249 Abs.1 Satz.1 HGB lediglich verwendet.

307 Außer die Behandlung der Verlustüberhänge gem. § 249 Abs. 1 HGB.

308 Vgl. *Kempermann*, in: Kirchhof/Söhn/Mellinghoff, § 5 EStG Rn. B99; *Wiesbrock*, Verlustrückstellung, 1999, S. 35 und S. 81; *Kessler*, Rückstellungen, 1992, S. 132; *Baetge/Kirsch/Thiele*, Bilanzen, 9. Auflage 2007, S. 448.

309 Die Leistungsverpflichtung kann in einer Sach- oder Dienstleistungsverpflichtung bestehen.

Umfang erfüllt hat. Eine bedingte oder unbedingte Erfüllung in der Zukunft ist jedoch vorgesehen.[310] Der Schwebezustand beginnt demnach mit Abschluss des Vertrages und endet erst mit der Leistung oder Lieferung durch den Vertragspartner.[311] Das Ende des Schwebezustandes erfolgt durch Erfüllung der Hauptleistungspflicht, die den Vertragstyp charakterisiert und welche die essenzielle Leistungspflicht des Vertrags darstellt. Das Ende des Schwebezustandes wird nicht nach der zivilrechtlichen, sondern wirtschaftlichen Betrachtungsweise bestimmt.[312]

Ein schwebendes Geschäft kann auf einem einmaligen Leistungsaustausch[313] beruhen oder aber ein Dauerschuldverhältnis zum Gegenstand haben.[314] Dauerschuldverhältnisse sind insoweit schwebende Geschäfte, wie sie noch nicht abgewickelt sind.[315] Bei Dauerschuldverhältnissen wird daher nicht auf eine einmalige und vollständige Erfüllung des gesamten Vertrages abgestellt. Vielmehr vermindern sich die Ansprüche bzw. die Verpflichtungen lediglich in Höhe der erhaltenen bzw. erbrachten Teilleistungen.[316] Der Schwebezustand endet somit nicht mit Erfüllung der Teilleistungen, sondern der Gesamtanspruch bzw. die Verpflichtung mindert sich nur um die Teilleistungen. Bei den noch nicht erbrachten Restansprüchen handelt es sich weiterhin um ein schwebendes Geschäft.[317]

2.2.2.2 Drohverlustrückstellungen

Der Nichtansatz von schwebenden Geschäften wird durch die Drohverlustrückstellung durchbrochen. Bei Drohverlustrückstellungen handelt es sich nicht um eine Aufwandsrückstellung, sondern um eine Rückstellung aufgrund einer Außenverpflichtung.[318] Besteht in einem Außenverhältnis die Gefahr, dass die eigene Leistung die Gegenleistung übersteigt (Wertverschlechterungen), muss es in Höhe des Differenzbetrages zu einem Ausweis von

---

310 Vgl. *Baetge/Kirsch/Thiele*, Bilanzen, 9. Auflage 2007, S. 447; *Pietsch*, Gewinnermittlung, 2006, S. 154; *Mellwig/Sabel*, Grundsatz, DK 2005, S. 375; *Bieg*, Grundlagen Teil I, StB 2002, S. 431; *Herzig/Köster*, Verbindlichkeiten, in: HdJ Abt III/5, S. 97; *A/D/S*, 6. Auflage 1995, § 249 HGB Rn. 139, § 246 HGB Rn 183, *Happe*, Swapvereinbarungen, 1996, S. 56.

311 Vgl. *Hoyos/M. Ring*, in: Beck'scher BilKomm, 6. Auflage 2006, § 249 HGB Rn. 55; *Wiedmann*, in: Wiedmann Bilanzrecht, 2. Auflage 2003, § 249 HGB Rn. 52ff; *Oestreicher*, Zinsterminkontrakte, 1992, S. 200f.

312 Vgl. *Hoyos/M. Ring*, in: Beck'scher BilKomm, 6. Auflage 2006, § 249 HGB Rn. 55f; BHF vom 23.06.1997, GrS 2/93, BStBl II, S. 737.

313 Bei einmaligen schwebenden Absatzverträgen sind der Umsatzrealisationszeitpunkt und das Ende des Schwebezustandes fest miteinander verbunden. Vgl. *Kessler*, Rückstellungen, 1992, S. 137; *Seedorf*, Finanzinnovationen, 1988, S. 92.

314 Vgl. *Baetge/Kirsch/Thiele*, Bilanzen, 9. Auflage 2007, S. 448; *Hoyos/M. Ring*, in: Beck'scher BilKomm, 6. Auflage 2006, § 249 HGB Rn. 53; *Herzig*, Rückstellungen, ZfB 1988, S. 212.

315 Restwertbetrachtung; *IDW*, Drohverlustrückstellungen, RS HFA 4, WPg 2000, S. 716.

316 Vgl. *Wiedmann*, in: Wiedmann Bilanzrecht, 2. Auflage 2003, § 249 HGB Rn. 52ff; *Kessler*, Rückstellungen, 1992, S. 201.

317 Vgl. *Happe*, Swapvereinbarungen, 1996, S. 64.

318 Vgl. *Hüttemann*, Gewinnermittlung, StbJb 2002/2003, S. 44.

drohenden Verlusten kommen, da nach dem Imparitätsprinzip nicht realisierte Verluste im Gegensatz zu Gewinnen zu antizipieren sind.[319] Der Einhaltung des Imparitätsprinzips wird bei schwebenden Geschäften durch das Gebot zur Bildung von Rückstellungen für drohende Verluste aus schwebenden Geschäften nachgekommen (§ 249 Abs.1 HGB).[320] Eine Verlustantizipation kommt nur dann in Betracht, wenn der Verlust aufgrund von konkreten Tatsachen für den Bilanzierenden vorhersehbar ist. Trotz des Bilanzierungsverbotes sind schwebende Geschäfte aber mit allen relevanten Geschäftsdaten in einer Nebenbuchhaltung aufzuführen. Dies ist insbesondere notwendig, um der Pflicht zur Bildung von Drohverlustrückstellungen verlässlich nachzukommen.[321] Über § 285 S. 1 Nr. 18 HGB a. F.[322] besteht eine explizite Angabepflicht für derivative Finanzinstrumente im Anhang.[323] Durch die Einführung des BilMoG haben sich auch die Anhangsangaben dahingehend geändert, dass die Derivate nach ihrem Einsatzzweck differenziert aufgezeigt werden müssen.[324]
Für Verluste, die aus schwebenden Geschäften resultieren, dürfen gemäß § 5 Abs. 4a EStG steuerlich keine Rückstellungen gebildet werden.[325] Die steuerliche Nichtberücksichtigung von drohenden Verlusten wurde durch das Gesetz zur Fortsetzung der Unternehmenssteuerreform in § 5 Abs. 4a EStG kodifiziert.[326] Es wird argumentiert, dass sich drohende Verluste steuerlich nicht bereits auswirken dürfen, wenn sie wahrscheinlich sind, sondern dass sie genauso wie Gewinne erst dann eine Erfolgswirkung entfalten dürfen, wenn sie realisiert werden.[327] Die Gewinnermittlung müsse also nach einem Vermögenszugangsmodell erfolgen.[328] Aus der Begründung des Gesetzgebers kann geschlussfolgert werden, dass die verfolgte Intention fiskalischer Natur ist und zudem die bewusste Bildung von unberechtigten Drohverlustrückstellungen verhindert werden soll.[329]
Aufgrund der Tatsache, dass handelsrechtlich aber weiterhin die Pflicht zur Bildung von Drohverlustrückstellungen besteht, gibt es einen offenen Ansatzvorbehalt für die Behandlung

---

319 Vgl. *Baetge/Kirsch/Thiele*, Bilanzen, 9. Auflage 2007, S. 448; *Schlotter*, Teilwertabschreibung, 2005, S. 76; *Reiner*, Finanzinstrumente, 2002, S. 257; *Herzig/Rieck*, Rückstellung, BB 1998, S. 311.

320 Vgl. *Hoffmann*, Teilwertabschreibung, DStR 1999, S. 1545; *Scharpf*, Derivate Finanzinstrumente, BFuP 1995, S. 183.

321 Vgl. *Bieg*, Bilanzierung, in: FS Wöhe, 2004, S. 332; *Bieg*, Grundlagen Teil I, StB 2002, S. 431; *Scharpf*, Derivate Finanzinstrumente, BFuP 1995, S. 172. Für Kreditinstitute gibt es darüber hinaus explizite Dokumentationsverpflichtungen für schwebende Geschäfte.

322 Eingeführt durch das Gesetz zur Einführung internationaler Rechnungslegungsstandards und zur Sicherung der Qualität der Abschlussprüfung (BilReG), vom 04.12.2004, BGBl I, S. 3166.

323 Vgl. *Bertsch/Kärcher*, Behandlung, in: Eller u. a., Derivative Instrumente, 3. Auflage 2005, S. 592f.

324 Vgl. Gesetzesbeschluss vom 27.03.2009, Drs. 279/09, S. 8ff.

325 Eingeführt durch das Gesetz zur Fortsetzung der Unternehmenssteuerreform vom 29.10.1997, BGBl. I 1997, S. 2590; *Reiner*, Finanzinstrumente, 2002, S. 399; *Beckenhaub*, Optionsgeschäfte, 2001, S. 315.

326 Eingeführt durch das Gesetz zur Fortsetzung der Unternehmenssteuerreform vom 29.10.1997, BGBl I 1997, S. 2590; *Bordewin*, Rückstellungen, FR 1998, S. 228; *Strahl*, Rückstellungen, KÖSDI 1998, S. 11461; *Hönig*, Drohverlustrückstellung, DB 1997, S. 2554.

327 Steuerentlastungsgesetz 1999/2000/2002 in der Fassung vom 24.03.1999, BGBl. I 1999, S. 402.

328 Vgl. *Küting/Kessler*, Reform, DStR 1998, S. 1939.

329 § 370 Abs.1 Nr.1 und Nr.2 AO; *Reiner*, Finanzinstrumente, 2002, S. 400.

von Derivaten[330] in der Steuerbilanz.[331] Da seit Einführung des § 5 Abs. 4a EStG die Rückstellung für drohende Verluste aus schwebenden Geschäften steuerrechtlich nicht mehr zulässig ist,[332] muss eine klare Abgrenzung zwischen Drohverlustrückstellungen und anderen steuerlich anerkannten Rückstellungen vorgenommen werden.[333] Diese bis zu diesem Zeitpunkt eher akademische Abgrenzung zwischen Rückstellungen für ungewisse Verbindlichkeiten (Verbindlichkeitsrückstellungen) und Rückstellung für drohende Verluste aus schwebenden Geschäften hat nun für die Wissenschaft und Praxis erheblich an Relevanz gewonnen. Insbesondere bei der bilanziellen Behandlung von Derivaten hat diese Frage erhebliches Gewicht.[334]

2.2.2.3 Bilanzielle Behandlung von unbedingten Finanzinstrumenten

Ein bilanzieller Ausweis ist bei unbedingten Finanzinstrumenten nur dann vorzunehmen, wenn sich die Verluste in bereits eingetretenen Marktwertverlusten manifestieren.[335] Aufgrund der verschiedenen Ausgestaltungen von unbedingten Finanzinstrumenten kommt es aber trotz der grundsätzlichen Nicht-Bilanzierung von schwebenden Geschäften zu unterschiedlichen Ansätzen und Bewertungen. Demnach kommt es beispielsweise zu einem Ansatz in der Bilanz, wenn ein Vertragspartner Leistungen in Form von Prämien-, Margin- und Zinszahlungen oder erforderliche Periodenabgrenzungen zu erbringen hat.[336] Einige Derivate sehen permanent oder zu bestimmten Zeitpunkten während der Laufzeit die Erbringung von Leistungen vor. Dazu zählen bei Futures-Geschäften z. B. die Marginzahlungen und bei Swapgeschäften die (teilweise) wiederkehrenden Ausgleichzahlungen.[337]

---

330 Gilt für die derivativen Finanzinstrumente, die als schwebende Geschäfte zu klassifizieren sind.

331 Vgl. *Bertsch/Kärcher*, Instrumente, in: Eller u. a., Instrumente, 2. Auflage 1999, S. 769.

332 Eingeführt durch das Gesetz zur Fortsetzung der Unternehmenssteuerreform vom 29.10.1997, BGBl. I 1997, S. 2590.

333 Vgl. *Lindner*, Besteuerung, 2004, S. 129; s. hierzu BFH v.18.12.2002, I R 17/02, BStBl. II 2004, S. 126ff.; BMF vom 12.01.2004, IV A S. 2133 17/03, BStBl I 2004, S. 192. Die Grenzlinie zwischen den Anwendungsbereichen der Drohverlustrückstellung und der Verbindlichkeitsrückstellung bildet das Realisationsprinzip. Während des Schwebezustandes kommt es zu Drohverlustrückstellungen. Der Ertragsrealisationszeitpunkt beendet somit den Schwebezustand des Geschäftes.

334 Vgl. *Hoffmann*, Optionsprämie, StuB 2003, S. 543f; *Hahne/Sievert*, Rückstellungen, DStR 2003, S. 1992.

335 Vgl. *Reiner*, Finanzinstrumente, 2002, S. 229.

336 Vgl. *Schiffers*, in: Korn, § 5 EStG Rn. 238; *Bieg*, Financial Futures Teil II, StB 2003, S. 126; *Bieg*, Grundlagen Teil I, StB 2002, S. 431.

337 Vgl. *Mauritz*, Konzepte, 1996, S. 42. Im Folgenden werden daher kurz die unterschiedlichen bilanziellen Behandlungen der Grundformen von unbedingten Derivaten dargestellt.

2.2.2.4 Bilanzielle Behandlung von Swaps

Wie alle anderen unbedingten Finanzinstrumente sind auch die Swap-Kontrakte bilanziell als schwebende Geschäfte zu behandeln und daher grundsätzlich bilanzunwirksam.[338] Sie sind aber in einer Nebenbuchhaltung zu dokumentieren und zusätzlich im Anhang anzugeben.[339] Die Behandlung als schwebendes Geschäft resultiert bei einem Swap, der zu marktgerechten Konditionen abgeschlossen wurde, aus der Ausgeglichenheit von Ansprüchen und Verpflichtungen zum Zeitpunkt des Vertragsabschlusses. Der Wert des Swaps ist zu diesem Zeitpunkt Null.[340] Wäre der Marktwert ungleich Null, könnte die Swap-Position durch den Abschluss eines Gegengeschäftes sofort neutralisiert und damit ein risikoloser Arbitragegewinn realisiert werden.[341] Da bei Swapvereinbarungen meist ein längerer Zeitraum zwischen dem Vertragsbeginn und der -beendigung existiert, kann nicht davon ausgegangen werden, dass über die gesamte Laufzeit eine Ausgeglichenheit vorliegt. Daher ist zu jedem Bilanzstichtag zu prüfen, inwieweit die Rechte und Verpflichtungen noch ausgeglichen sind.[342] Auf diese Weise wird festgestellt, ob eine Drohverlustrückstellung im Sinne von § 249 Abs. 1 S. 1 HGB aufgrund von veränderten (verschlechterten) Marktkonditionen zu bilden ist.[343] Für die Bewertung der Drohverlustrückstellung werden verschiedene Ansätze diskutiert.[344] Steuerlich ist der Ansatz der Drohverlustrückstellung wegen § 5 Abs. 4a EStG jedoch unbeachtlich.

Neben der Bildung von Drohverlustrückstellungen wird die generelle Nicht-Bilanzierung schwebender Geschäfte im Falle von Swaps auch durch den Ansatz antizipativer Rechnungsabgrenzungsposten für die laufenden Swapzahlungen durchbrochen. Die Swapeinzah-

---

338 Vgl. *Happe*, Swapvereinbarungen, 1996, S. 57; *Mauritz*, Konzepte, 1996, S. 202; *Clemm/Nonnenmacher*, Swapgeschäfte, in: FS Döllerer, 1988, S. 72.

339 Vgl. *Bieg*, Swaps Teil II, StB 2003, S. 259. Seit Einführung des BilMoG müssen auch weiter reichende Anhangsangaben gemacht werden.

340 Vgl. *Hull*, Optionen, 6. Auflage 2006, S. 133; *Bieg*, Swaps Teil II, StB 2003, S. 259; *Widmayer*, Risikomanagement, 2002, S. 57; *Mauritz*, Konzepte, 1996, S. 197.

341 Damit der Wert des Swaps Null beträgt, wird in den meisten Fällen der Festzins angepasst. Sollte die Ausgeglichenheit nicht vorliegen, muss sichergestellt werden, dass zu Beginn der Laufzeit eine einmalige Zahlung (Up-Front-Payments) geleistet wird, durch die das Geschäft ausgeglichen ist.

342 Vgl. *Happe*, Swapvereinbarungen, 1996, S. 62. Grundsätzlich handelt es sich bei der Drohverlustrückstellung also um den Verpflichtungsüberhang. Der drohende Verlust kann dabei nicht höher sein als der Verlust, der am Bilanzstichtag durch eine Auflösung oder Glattstellung entstehen würde.

343 Vgl. *Wagner*, Steuerbilanz, INF 2006, S. 542; *Haisch*, Swapgeschäfte, DStZ 2004, S. 513; *Mauritz*, Konzepte, 1996, S. 204. Die Bewertung am Abschlussstichtag wird im Schrifttum kontrovers diskutiert. Da hier aber zwingend von einer Drohverlustrückstellung ausgegangen wird, weil die Argumentation, dass Swaps auch der grundsätzlichen Bewertungsirrelevanz von Marktzinsänderungen unterworfen werden sollen, nicht gefolgt werden kann, wird auf die Diskussion nicht näher eingegangen siehe hierzu *Bieg*, Swaps Teil II, StB 2003, S. 261f. A. A. *Prahl/Naumann*, Financial Instruments, in: HdJ, Abt. II/10.

344 Als Methoden werden die Zinsdifferenzmethode, die Marktwertmethode und die Glattstellungsmethode diskutiert. Vgl. Hierzu *Bieg*, Swaps Teil I, StB 2003, S. 212ff; *Maulshagen/Maulshagen*, Swapgeschäfte, BB 2000, S. 249; *Happe*, Swapvereinbarungen, 1996, S. 91ff.

lungen/-auszahlungen[345] müssen wie andere Zinseinnahmen/-zahlungen mit Hilfe eines (antizipativen) Rechnungsabgrenzungspostens periodengerecht abgegrenzt und pro rata temporis realisiert werden.[346]

Darüber hinaus kommt es bei Up-Front-Zahlungen (Ausgleichzahlungen bei Geschäftsabschluss), bei Ballon-Zahlungen (Ausgleichzahlungen zum Laufzeitende) sowie bei Close Out-Zahlungen (Auflösungszahlungen/Glattstellung) zu einem Ansatz in der Bilanz und einer Erfolgswirkung in der Gewinn- und Verlustrechnung. Wenn die ausgehandelten Konditionen nicht dem Swapmarktniveau entsprechen, kommt es zwischen den Vertragsparteien zu Ausgleichszahlungen (Up-Front- /Ballon-Zahlungen), die entweder bei Geschäftsabschluss oder bei Laufzeitende fällig werden.[347] Daher sind nach h. M. die Ausgleichzahlungen durch einen (aktivischen) transitorischen Rechnungsabgrenzungsposten[348] (falls die Zahlung beim Geschäftsabschluss erfolgt) oder durch einen (passiven) antizipativen Rechnungsabgrenzungsposten (falls die Zahlung erst zum Laufzeitende erfolgt) pro rata temporis über die Laufzeit des Swaps zu verteilen.[349]

Zusätzlich zu den oben genannten Zahlungsströmen werden bei Währungsswaps (bzw. Zins-Währungsswaps) zu Beginn und am Ende der Laufzeit Kapitalbeträge getauscht.[350] In Höhe der Kapitalbeträge kommt es zu einem erfolgsneutralen Aktivtausch.[351] Bei Währungsswaps (bzw. Zins-Währungsswaps) existieren daher nicht nur ein, sondern zwei schwebende Geschäfte. Das erste entsteht durch die Vereinbarung, dass die Kapitalbeträge am Ende der Laufzeit wieder (zum ursprünglichen Kassakurs) getauscht werden, das zweite durch die periodischen Zahlungen (Zinszahlungen in unterschiedlichen Währungen)[352], die zwischen

345 In Höhe der Swapeinzahlungen bzw. -auszahlungen mindert sich der Gesamtanspruch bzw. die Gesamtverpflichtung aus der Swapvereinbarung. Die Restansprüche bzw. -verpflichtungen stellen weiterhin ein schwebendes Geschäft dar.

346 Vgl. *Bieg*, Swaps Teil II, StB 2003, S. 259f; *Happe*, Swapvereinbarungen, 1996, S. 65, S. 130, S. 134; *Leffson*, Buchführung, 7. Auflage 1987, S. 330. Wenn die Zahlungen auf fremder Währung lauten, dann sind sie umzurechnen. Die aufgelösten Beträge der Ausgleichzahlungen und die laufenden Swaperträge bzw. -aufwendungen werden in der GuV in derselben Position ausgewiesen.

347 Vgl. *Bieg*, Swaps Teil II, StB 2003, S. 259. Die Ausgleichzahlung erhält derjenige, der zu niedrige Zinszahlungen aus dem Swap erhält bzw. zu hohe Zinszahlungen leisten muss. Die Zahlung hat somit den gleichen Zweck, wie ein Disagio. Siehe zu Disagio: *Windmöller*, Disagio, in: FS Forster 1992, S. 691ff.

348 Gem. § 250 Abs.1 HGB (§ 266 Abs.2 C HGB bei Nicht-Finanzinstituten) Beim Empfänger handelt es sich dann um einen passivischen RAP.

349 Bei der Partei, die die Ausgleichzahlung zu leisten hat, handelt es sich um Aufwand, der ebenfalls pro rata temporis über die Laufzeit aufzuteilen ist. *Bieg*, Swaps Teil II, StB 2003, S. 260; *Happe*, Swapvereinbarungen, 1996, S. 65.

350 Vgl. *Wagner*, Steuerbilanz, INF 2006, S. 542; *Widmayer,* Risikomanagement, 2002, S. 91; *Eisele*, Rechnungswesen, 7. Auflage 2002, S. 198; *Mauritz*, Konzepte, 1996, S. 202.

351 Vgl. *Haisch*, Swapgeschäfte, DStZ 2004, S. 511; *Bieg*, Swaps Teil II, StB 2003, S. 260; *Scharpf/Luz*, Risikomanagement, 2000, S. 457 und S. 504; *Prahl/Naumann*, Financial Instruments, in: HdJ, Abt. II/10,. 62.

352 Das Währungsrisiko besteht hier in der Tatsache, dass für das Unternehmen aufgrund der Wechselkurse die Zahlungen aus den Zinstransaktionen höher sind als die Swapeinzahlungen. Darüber hinaus entstehen Währungsrisiken, wenn der aktuelle Wechselkurs günstiger ist als der vereinbarte Wechselkurs des Rücktausches. Hierbei handelt es sich aber rein um entgangene Gewinne und somit um Opportunitätskosten.

den Parteien getauscht werden.[353] Für Kursverluste aus Währungs- oder kombinierten Zins-Währungsswaps besteht jedoch ausdrücklich kein Erfordernis zur Bildung von Drohverlustrückstellungen. Dies liegt in der Tatsache begründet, dass die Kapitalbeträge am Ende der Swaplaufzeit zu historischen Kosten zurückgetauscht werden.[354]
Vor Ablauf der Laufzeit können Swaps durch Glattstellung neutralisiert werden. Im Falle einer zivilrechtlichen Auflösung (Close Out)[355] leistet der Vertragspartner, für den sich der Swapvertrag schlecht entwickelt hat, eine erfolgswirksame Close Out- Zahlung an den Swappartner.[356] Bei den Swappartnern kommt es zu einem sofortigen Ertrag bzw. Aufwand.[357] Bei vorzeitiger Beendigung durch wirtschaftliche Glattstellung wird der Swap durch eine Gegenposition neutralisiert bzw. glattgestellt, wodurch eine geschlossene Position entsteht. Die beiden sich gegenseitig neutralisierenden Swapgeschäfte bleiben bis zum Laufzeitende bestehen.

2.2.2.5 Bilanzielle Behandlung von Futures und Forwards

Auch bei Futures und Forwards handelt es sich um schwebende Geschäfte, weshalb es auch bei diesen Derivaten nur durch Verpflichtungen oder durch Drohverlustrückstellungen zu einem Bilanzansatz kommt.[358] Im Falle von Future-Kontrakten müssen Marginzahlungen entrichtet werden, die in der Bilanz auszuweisen sind. Bei Vertragsabschluss des Future-Kontraktes müssen sowohl der Käufer als auch der Verkäufer eine Initial Margin leisten, die den Charakter einer Sicherheit hat und die bei ordnungsgemäßer Erfüllung oder Glattstellung des Geschäftes zurückgegeben wird.[359] Da es sich um Sicherheitsleistungen handelt, werden sie erfolgsneutral verbucht.[360] Anschließend werden die schwebenden Terminkontrakte finanzwirtschaftlich täglich neu bewertet, und es kommt zum Ausgleich von Kursschwankungen in Form von Variation Margins.[361] Im Schrifttum besteht Uneinigkeit darüber, ob die Variation Margins erfolgsneutral oder erfolgswirksam behandelt werden müssen. Die h. M. ist

---

353 Vgl. *Mauritz*, Konzepte, 1996, S. 203.

354 Vgl. *Bieg*, Swaps Teil II, StB 2003, S. 262; *Scharpf/Luz*, Risikomanagement, 2000, S. 504. Werden die Devisen hingegen in Inlandswährung getauscht, muss auch bei den Währungsswaps am Bilanzstichtag geprüft werden, ob es zu einem Verlustüberhang kommt.

355 In diesem Fall erlöschen die Swapvereinbarungen.

356 Der Swappartner, aus dessen Sicht sich der Markt schlecht entwickelt hat, zahlt an den Swappartner in Höhe des Marktwertes – damit der Vertragspartner keinen Verlust erleidet – eine Close out- Zahlung. Meist hat dieser zuvor eine Drohverlustrückstellung gebildet, die dann entsprechend aufzulösen ist.

357 Vgl. *Bieg*, Swaps Teil II, StB 2003, S. 262; *Scharpf/Luz*, Risikomanagement, 2000, S. 500; *Happe*, Swapvereinbarungen, 1996, S. 131.

358 Vgl. BFH vom 23.06.1997, GrS 2/93, BStBl II 1997, S. 737f; *Serrano*, Einführung, PdR 2005, S. 303; *Fleischer*, DTB, DB 1995, S. 1782.

359 Vgl. *Bieg*, Financial Futures Teil II, StB 2003, S. 126; *Oestreicher*, Zinsterminkontrakte, 1992, S. 204.

360 Vgl. *Elkart*, Finanzinstrumente, in: IDW, Neuorientierung, 1995, S. 371. Zur näheren bilanziellen Behandlung von Futures siehe *Eisele/Knobloch*, Probleme Teil II, DStR 1993, S. 621ff.

361 Diese werden börsentäglich festgestellt.

der Auffassung, dass die Variation Margins getrennt von der Bewertung des Future-Kontraktes zu sehen sind. Sie stellen zivilrechtlich ein Zahlungsversprechen dar und sind daher nicht als Erfüllung des Futures zu werten. Deshalb ist eine erfolgsneutrale Behandlung vorzunehmen.[362]

Unabhängig von der Behandlung der Initial und Variation Margins muss am Abschlussstichtag zudem geprüft werden, ob aus dem schwebenden Geschäft ein Verlust droht und eine Drohverlustrückstellung zu bilden ist.[363]

Es wird aber auch die Alternativmeinung vertreten, dass anstelle der Bildung einer Drohverlustrückstellung eine Abschreibung der Positionen vorgenommen werden kann.[364] Diese Auffassung ist allerdings strittig, da die Marginzahlungen grundsätzlich deshalb erfolgen, um den reibungslosen Erfolg des Geschäftes zu gewährleisten. Mit Abschreibung der Marginzahlung würde aber die nachhaltige Entwicklung des derivativen Finanzinstrumentes als Wertminderung der Sicherheiten dargestellt werden.[365] Trotzdem sieht der Bankenfachausschuss des IDW sowohl die Drohverlustrückstellung als auch die Abschreibung als mögliche Verfahrensweise an.[366]

Auch Futures können durch Glattstellung oder Erfüllung beendet werden. Die zivilrechtliche Glattstellung und die Erfüllung durch Ausgleichzahlung sind dabei bilanziell gleich zu behandeln.[367] Zu einer physischen Erfüllung kommt es nur in den wenigsten Fällen. Bei der physischen Erfüllung sind die Variation Margins mit in die Anschaffungskosten einzubeziehen.[368] Die gegebenenfalls gebildete Drohverlustrückstellung ist aufzulösen.

Im Gegensatz zu den Futures, die über eine Börse gehandelt werden, kommt es bei den OTC-gehandelten Forwards vor dem Erfüllungszeitpunkt zu keiner Zahlungsbewegung. Da für Forwards regelmäßig keine Marktquotierung existiert, ist der Kurs des Basiswertes mittels

---

362 Vgl. *Bieg*, Financial Futures Teil II, StB 2003, S. 128; *Prahl/Naumann*, Financial Instruments, in: HdJ, Abt. II/10, Rn. 89; *Menninger,* Futures, 1993, S. 84f; IDW, Futures, BFA 2/1993, WPg 1993, S. 517; *IDW,* Entwurf Futures, E BFA 2/1993, S. 183; *Oestreicher*, Zinsterminkontrakte, 1992, S. 202. Es wird im Schrifttum auch die Auffassung vertreten, dass diese ergebniswirksam zu behandeln seien. Diese Behandlung würde aber gegen das Realisationsprinzip verstoßen. Siehe hierzu *Seedorf*, Finanzinnovationen, 1988, S. 107, S. 138. Scharpf und Luz sind der Auffassung, dass es sich nicht um Vermögensgegenstände, sondern um bereits bezahlte Verluste handelt, die dann sofort Aufwand darstellten und somit weder abgeschrieben werden können noch zu einer Drohverlustrückstellung führen. Vgl. *Scharpf/Luz,* Risikomanagement, 2000, S. 645.

363 Vgl. *Mauritz*, Konzepte, 1996, S. 43; *Bieg*, Financial Futures Teil II, StB 2003, S. 128.

364 Vgl. *Widmayer,* Risikomanagement, 2002, S. 82; *Scharpf/Luz*, Risikomanagement, 2000, S. 644.

365 Vgl. *Bieg*, Financial Futures Teil II, StB 2003, S. 128; *Widmayer*, Risikomanagement, 2002, S. 82; *Prahl/Naumann*, Financial Instruments, in: HdJ, Abt. II/10, Rn. 90.

366 Vgl. *IDW*, Financial Futures, BFA 3/1993, WPg 1993, S. 517f.

367 D. h. erfolgswirksame Vereinnahmung/Auflösung. In der GuV von Industrieunternehmen erfolgt der Ausweis der Ausbuchung oder Abwertung der Variation Margin in dem Posten „sonstige betriebliche Aufwendungen/Erträge."

368 Vgl. *Bieg*, Financial Futures Teil II, StB 2003, S. 129; *Prahl/Naumann*, Financial Instruments, in: HdJ, Abt. II/10, Rn. 91; *IDW*, Financial Futures, BFA 3/1993, WPg 1993, S. 517; *Menninger,* Futures, 1993, S. 143.

eines finanzierungstheoretischen Bewertungsmodells zu berechnen.[369] Zur Ermittlung der Rückstellungshöhe müssen der vertraglich vereinbarte Preis des Basiswertes mit dem Kurs am Bilanzstichtag verglichen werden.[370]
Die Beendigung des Forwards ist grundsätzlich durch Barausgleich oder physische Lieferung möglich. Beim Forward Rate Agreement endet der Schwebezustand mit der Ausgleichzahlung, da es keine Erfüllung des Geschäftes durch physische Lieferung geben kann.[371]

2.2.2.6 Bilanzielle Behandlung von bedingten Finanzinstrumenten

2.2.2.6.1 Bilanzierung und Bewertung beim Optionskäufer

Der Optionskäufer[372] muss dem Stillhalter für das erhaltene Ausübungs- bzw. Optionsrecht eine Optionsprämie zahlen.[373] Eine planmäßige Abschreibung ist bei Optionen nach h. M. nicht zulässig, da kein regelmäßiger Werteverzehr stattfindet.[374] Das Optionsrecht ist ein nicht abnutzbarer[375] immaterieller Wert, der selbstständig verkehrsfähig[376] und mit den Anschaffungskosten[377] in der Bilanz anzusetzen ist.[378] Im Zusammenhang mit der Zahlung der Optionsprämie liegt daher bilanziell ein Aktivtausch vor. Entsprechend der gezahlten Prämie

---

369 Vgl. *Scharpf/Luz*, Risikomanagement, 2000, S. 533.

370 Vgl. *Widmayer*, Risikomanagement, 2002, S. 86, FN 4 weitere Nennungen. Vgl. *Mauritz*, Konzepte, 1996, S. 253.

371 Vgl. *Krumnow/Sprißler u. a.*, Kreditinstitute, 2. Auflage 2004, § 340e HGB Rn. 426. Nachdem die Ausgleichzahlung erfolgt ist, sind keine Bindungen der Vertragspartner mehr vorhanden; sämtliche mit dem schwebenden Geschäft zusammenhängenden Beiträge werden damit erfolgswirksam. Vgl. *Göttgens/Prahl*, Financial Futures, WPg 1993, S. 510.

372 Long Call – Kauf einer Kaufoption – Long Put – Kauf einer Verkaufsoption.

373 Bei Caps die sogenannte Capprämie.

374 Vgl. *Förschle*, in: Beck'scher BilKomm, 5. Auflage 2003, § 246 HGB Rn. 101; *Patek*, Finanzprodukte, 2001, S. 161; *Wotschofsky/Thomas*, Bilanzierung, BBK 2002, Fach 12, S. 6600; *Eisele*, Rechnungswesen, 7. Auflage 2002, S. 201; *Breker*, Optionsrechte, 1993, S. 80; *Häuselmann*, Optionen, DB 1987, S. 1746. *Windmöller/Breker*, Optionsgeschäfte, WPg 1995, S. 393. Für eine planmäßige Abschreibung spricht sich *Niemeyer*, Optionsgeschäfte, 1990, S. 54 ff. aus.

375 Werden Zinsabgrenzungsvereinbarungen als einheitliche Vermögensgegenstände aktiviert, sind sie als abnutzbare Vermögensgegenstände einzustufen. Vgl. *Windmöller/Breker*, Optionsgeschäfte, WPg 1995, S. 393. Zur Frage der planmäßigen Abschreibung werden in der Literatur auch verschiedene Meinungen vertreten. Die h. M. ist jedoch richtigerweise der Auffassung, dass es aufgrund der charakteristischen Merkmale von Optionen nicht zu planmäßigen Abschreibungen kommen darf. Siehe statt vieler: *Wotschofsky/Thomas*, Bilanzierung, BBK 2002, Fach 12, S. 6597ff. A. A. *Niemeyer*, Ausweisfragen, BB 1990, S. 1024.

376 Vgl. *Wagner*, Bildung, INF 2003, S. 824; *Häuselmann*, Aspekte, 1997, S. 51; *IDW*, Optionsgeschäfte, BFA 2/1995, WPg 1995, S. 421; *Kommission für Bilanzierungsfragen des Bundesverbandes deutscher Banken*, DTB-Aktienoptionen, Die Bank 1990, S. 211. Gegebenenfalls ist bei der Optionsprämie eine Abzinsung zu berücksichtigen, so *IDW*, Optionsgeschäfte, BFA 2/1995, WPg 1995, S. 421.

377 Anschaffungsnebenkosten (Transaktionskosten) zählen auch zu den Anschaffungskosten (§ 255 Abs.1 S.2 HGB); diese werden in der Praxis aber meist als Provisionsaufwand gebucht, siehe *Häuselmann*, Aspekte, 1997, S. 50; *Schwitters/Bogajewskaja*, in: Beck HdR, B 730 Rn. 38; *Treuberg/Scharpf*, Jahresabschluss, DB 1991, S. 663; *Häuselmann*, Optionen, DB 1987, S. 1746.

378 Vgl. *Schmidt*, Kaufoption, DStR 2005, S. 815; *Knoll/Steeg*, Stillhalterverpflichtung, StuB 2002, S: 990; *Widmayer*, Risikomanagement, 2002, S. 88.

wird in gleicher Höhe ein immaterieller Vermögenswert bzw. ein sonstiger Vermögensgegenstand eingebucht.[379] Das Optionsrecht wird deshalb auch nicht als Anspruch aus schwebenden Verträgen behandelt, da die Optionsprämie bereits bei Vertragsabschluss geleistet wird.[380] Es besteht jedoch Uneinigkeit darüber, ob nur eine Zuordnung des Optionsrechtes zum Umlaufvermögen oder auch ein Ansatz im Anlagevermögen möglich ist. Das IDW und Teile des Schrifttums vertreten die Auffassung, dass Optionen generell dem Umlaufvermögen zuzuordnen sind, ohne dies näher zu begründen.[381] Nach h. M. werden nur Optionsscheine[382] zum Finanzanlagevermögen gerechnet.[383] Teilweise wird aber auch die Auffassung vertreten, dass auch Optionen den Charakter von Finanzanlagen haben. Eine prinzipielle Zuordnung von Optionen zum Umlaufvermögen greift daher zu kurz. Vielmehr muss, wie bei anderen Vermögensgegenständen, je nach Zweckbestimmung durch eine Einzelfallentscheidung[384] abgewogen werden, ob die Option dem Anlage- oder dem Umlaufvermögen zuzurechnen ist.[385] Wird von einem Absicherungszweck ausgegangen, kann von einem engen Zusammenhang zwischen Option und Basiswert ausgegangen werden. Die Option kann dann, dem Ansatz des Basiswertes folgend, entsprechend im Anlage- oder im Umlaufvermögen angesetzt werden.[386] Ist hingegen kein Zusammenhang zwischen einer Option und einem Basiswert auszumachen, ist die Option zwingend im Umlaufvermögen anzusetzen, da von einer spekulativen Zwecksetzung ausgegangen werden muss.[387] Abhängig von der Zuordnung zum Anlage- oder Umlaufvermögen kommen Optionen in unterschiedlichen Positionen zum Ansatz. Während sie im Anlagevermögen den „immateriellen Vermögensgegenständen"

379 Wird bei der Abrechung im sog. Future-Style-Verfahren die Prämie über die Laufzeit bestimmt und erst bei Verfall, Ausübung oder Glattstellung gezahlt, wird die Prämie trotzdem mit geschätzten Anschaffungskosten eingebucht und einer als Verbindlichkeit anzusetzenden Zahlungsverpflichtung gegenübergestellt. Vgl. *Häuselmann*, anteilsbezogene Derivate, Ubg 2008, S. 391; *Prahl/Naumann*, Financial Instruments in: HdJ, Abt II/10, Rn. 116 und 119.

380 S. *Reiner,* Finanzinstrumente, 2002, S. 258.

381 Vgl. *IDW*, Optionsgeschäfte, BFA 2/1995, WPg 1995, S. 421; *Prahl/Naumann*, Financial Instruments, in: HdJ, Abt. II/10, Rn. 118; *Fleischmann*, Kreditoptionen, INF 1998, S. 456; *Windmöller/Breker,* Optionsgeschäfte, WPg 1995, S. 393.

382 Optionsscheine sind auch als Derivate zu klassifizieren, die aber verbrieft sind. Siehe hierzu auch *Hoyos/Gutike,* in: Beck'scher BilKomm, 6. Auflage 2006, § 266 HGB Rn. 80.

383 *Reiner*, Finanzinstrumente, 2002, S. 278.

384 Zur weiteren Diskussion betrachte *Schick*, Besteuerung, 1998, S. 92 - 94; *Patek*, Finanzprodukte, 2001, S. 161. Optionsrechte, die rein für kurzfristige Spekulationszwecke (unter einem Jahr) oder Arbitragegewinne erworben wurden, können grundsätzlich nur dem Umlaufvermögen zugerechnet werden.

385 Vgl. *Wotschofsky/Thomas*, Bilanzierung, BBK 2002, Fach 12, S. 6598; *Schick*, Besteuerung, 1998, S. 93; *Bieg*, Optionen Teil II, StB 2003, S. 325. Dient eine Option beispielsweise der Absicherung von Wertpapieren, die im Anlagevermögen gehalten werden, so sollte die Option grundsätzlich auch im Anlagevermögen angesetzt werden.

386 Vgl. *Wotschofsky/Thomas*, Bilanzierung, BBK 2002, Fach 12, S. 6599.

387 Vgl. *Popp,* Optionsgeschäfte, DStR 1976, S. 89. Auch eine Argumentation über die Laufzeit ist möglich; demnach sollten nicht gehandelte europäische Optionen mit einer Laufzeit von mehr als einem Jahr auf jeden Fall im Anlagevermögen ausgewiesen werden, wenn eine vorzeitige Optionsausübung unmöglich und ein vorzeitiger Verkauf des Optionsrechtes aufgrund fehlender Marktgängigkeit undenkbar ist. Vgl. *Scharpf,* in: Küting/Weber, Kap. 6 Rz. 807.

zuzuordnen sind,[388] wird bei Verbuchung im Umlaufvermögen eine Zuordnung zu den „sonstigen Vermögensgegenständen" vorgenommen.[389] Der handelsbilanzielle Ansatz ist gem. § 5 Abs. 1 EStG in die Steuerbilanz zu übernehmen.[390]
Bei der Zugangsbewertung des Optionsrechts richtet sich die Höhe des Wertansatzes gemäß § 253 HGB i. V. m § 255 HGB nach den Anschaffungskosten und entspricht damit der bezahlten Optionsprämie.[391] Bei börsengehandelten Optionen ist dies der zuletzt verfügbare Börsenkurs des Bilanzabschlussstichtages. Bei OTC-gehandelten Optionen wird, sofern veröffentlichte Marktpreise vorliegen, der Marktpreis am Abschlussstichtag angesetzt. Sollten jedoch keine Marktpreise vorliegen, ist die Bewertung entsprechend dem beizulegenden Wert[392] anhand von Modellrechnungen vorzunehmen.[393] In den Fällen, in denen die Optionsprämie über einen längeren Zeitraum gestundet oder aber nicht auf einmal, sondern in unverzinslichen Ratenzahlungen geleistet wird, ist das Optionsrecht mit dem Barwert der vereinbarten Zahlung in der Bilanz auszuweisen.[394]
Wird die Option im Anlagevermögen gehalten, würde dies auch bei einer nur vorübergehenden Wertminderung ein Wahlrecht zur Abschreibung bedingen,[395] was in der Konsequenz zu Abweichungen gegenüber der Steuerbilanz führt. Negative Wertschwankungen, die über den Wert der Optionsprämie hinausgehen, dürfen grundsätzlich nicht beachtet werden, da die Optionsprämie den höchsten Verlust für den Optionskäufer darstellt.
Die Folgebewertung von Optionen innerhalb des Umlaufvermögens weicht von der oben dargestellten Vorgehensweise ab. Ist der Wert des Optionsrechts am Bilanzstichtag gesunken, wird diesem Wertrückgang gemäß dem strengen Niederstwertprinzip[396] nach § 253 Abs. 3 HGB durch eine außerplanmäßige Abschreibung auf den niedrigeren Börsenwert oder den niedrigeren beizulegenden Wert Rechnung getragen.[397] Da Vermögensgegenstände des Umlaufvermögens per Definition zur Veräußerung bestimmt sind, ist es systemgerecht, dass

---

388 Eine diskutierte Alternative ist die Bildung eines aktiven RAP (§ 250 Abs. 1 HGB i. V. m. § 5Abs. 5 EStG); diese Alternative ist jedoch abzulehnen, da die Voraussetzung einer „bestimmten" Zeit bei Optionen nicht gegeben ist. *Wotschofsky/Thomas*, Termingeschäfte, BBK 2002, Fach 12, S. 6619. Optionsscheine sind den Finanzanlagen zuzuordnen. Vgl. *Bieg*, Optionen Teil II, StB 2003, S. 325; *Eisele*, Rechnungswesen, 7. Auflage 2002, S. 201; *Breker*, Optionsrechte, 1993, S. 76.

389 Vgl. *IDW*, Optionsgeschäfte, BFA 2/1995, WPg 1995, S. 421.

390 Vgl. *Weber-Grellet* in: Schmidt, EStG Kommentar, 27. Auflage 2008, § 5 EStG Rn. 144.

391 Vgl. *IDW*, Optionsgeschäfte, BFA 2/1995, WPg 1995; S. 421; *Bieg*, Optionen Teil II, StB 2003, S. 325; *Reiner*, Finanzinstrumente, 2002, S. 258. Gegebenenfalls sind Anschaffungsnebenkosten zu beachten.

392 Vgl. *Widmayer*, Risikomanagement, 2002, S. 88.

393 Vgl. *Bertsch/Kärcher*, Behandlung, in: Eller u. a., Derivative Instrumente, 2005, S. 571; *Windmöller/Breker*, Optionsgeschäfte, WPg 1995, S. 392. Sollten keine veröffentlichten Börsen oder Marktpreise vorliegen, ist der beizulegende Wert der Option anhand von Optionspreismodellen zu errechnen. Hierdurch ist teilweise ein faktisches Wahlrecht gegeben. Vgl. *Mauritz*, Konzepte, 1996, S. 287.

394 Vgl. *Windmöller/Breker*, Optionsgeschäfte, WPg 1995, S. 393.

395 Vgl. *Breker*, Optionsrechte, 1993, S. 81; *Bieg*, Optionen Teil II, StB 2003, S. 326.

396 Sollte das Optionsrecht dem Anlagevermögen zugeordnet worden sein, dann gilt das gemilderte Niederstwertprinzip.

397 Vgl. *Schwitters/Bogajewskaja*, in: Beck HdR, B 730 Rn. 41.

bei einer Wertminderung zum Bilanzstichtag auf den niedrigeren Wert abgeschrieben wird.[398] Hier kann es wiederum zu Abweichungen gegenüber der Steuerbilanz kommen, da steuerrechtlich eine Teilwertabschreibung nur bei einer voraussichtlich dauernden Wertminderung möglich ist.

Die Beendigung von Optionen kann auf verschiedene Arten erfolgen. Es besteht die Möglichkeit der Ausübung (physische Lieferung oder Barausgleich), der Glattstellung (durch Close out oder wirtschaftliche Glattstellung) oder aber das Verfallenlassen.[399]

2.2.2.6.2 Bilanzierung und Bewertung beim Stillhalter

Der über Jahre andauernden Diskussion von Seiten der Finanzgerichte[400] und des Schrifttums, welche sich mit der Frage beschäftigte, wie die Zugangsbilanzierung der Optionsprämie beim Stillhalter erfolgen soll, hat der BFH durch seine Entscheidung vom 18.12.2002[401] ein Ende gesetzt.[402] Der BFH stellt klar, dass in Höhe der Optionsprämie eine nicht sofort erfolgswirksame Verbindlichkeit zu passivieren ist, die somit zunächst nur eine Bilanzverlängerung beim Stillhalter bewirkt.[403] Die Passivierung als Verbindlichkeit wird damit gerechtfertigt, dass es sich nicht nur um Zahlungsverpflichtungen, sondern um Leistungen aller Art handeln kann.[404] Gemäß BFH entspricht eine zunächst erfolgsneutrale Vereinnahmung der zugeflossenen Prämien auch dem Realisationsprinzip des § 252 HGB. Danach sind Gewinne nur dann zu berücksichtigen, wenn sie am Abschlussstichtag realisiert sind. Zwar ist die Optionsprämie, unabhängig von der Ausübung der Option, nicht zurückzugewähren, dennoch ist der mit ihr verbundene Ertrag nicht realisiert, solange die entgoltene Leistung noch nicht erbracht ist. Eine Realisierung des Gewinns tritt ein, wenn der Verpflichtete den Vertrag "wirtschaftlich erfüllt" hat.[405] Zu einer Ausbuchung der Prämie kommt es somit erst bei Ausübung, Glattstellung oder Verfall der Option.[406]

---

398 Vgl. *Wiedmann,* in: Wiedmann Bilanzrecht, 2. Auflage 2003, § 253 HGB Rn. 91. Dem Risiko einer zweifelhaften Bonität des Stillhalters ist gesondert Rechnung zu tragen. Vgl. IDW, Optionsgeschäfte, BFA 2/1995, WPg 1995, S. 421.

399 Auf die Behandlung bei Beendigung wird in Kapitel D näher eingegangen.

400 Vgl. FG München vom 28.11.2000, 7 K 2035/98, EFG 2001, S. 274ff.

401 Vgl. BFH vom 18.12.2002, IR 17/02, BStBl II 2004, S.126.

402 Vgl. *Hahne/Liepolt*, Optionsgeschäfte, DB 2006, S. 1329ff; *Wagner*, Bilanzierung, StuB 2004, S. 1088.

403 Die Finanzverwaltung hat bis zu diesem Zeitpunkt unter Bezugnahme auf die Zweivertragstheorie, die das Optionsgeschäft in einen auf den Erwerb des Optionsrecht gerichteten Vertrag und einen bei Ausübung des Optionsrechtes zustandekommenden Vertrag aufspaltet, den Standpunkt vertreten, dass es zu einer sofortigen Erfolgswirkung der Optionsprämie kommen müsse. *Rau*, Stillhalterprämie, DStR 2003, S. 1769.

404 Vgl. BFH vom 18.12.2002, IR 17/02, BStBl II 2004, S. 126; *Häuselmann*, anteilsbezogene Derivate, UBG 2008, S. 393.

405 Vgl. *Kupka/Süß*, Optionsprämien, FR 2002, S. 443. In dieser Aussage spiegelt sich auch eine Einvertragstheorie wieder.

406 Vgl. *Crezelius,* in: Kirchhof EStG, 8. Auflage 2008, § 5 EStG Rn. 166; *Wagner*, Bilanzierung, StuB 2004, S. 1088; *Prätzler,* Optionsprämien, DStR 2001, S. 928; *IDW,* Optionsgeschäfte, BFA 2/1995, WPg

Die Behandlung der Verlustüberhänge im Rahmen der Folgebewertung beim Stillhalter ist jedoch weiterhin strittig. Hier stellt sich die Frage, ob es bei möglichen Verlusten zu einer Zuschreibung der Verbindlichkeit oder aber zu einer Drohverlustrückstellung kommt.
In der handelsbilanziellen Folgebewertung von Optionen werden aufgrund von etwaigen Risikoüberhängen Drohverlustrückstellungen gebildet.[407] Während diese Behandlung handelsrechtlich unstrittig ist, führt sie aufgrund der steuerlichen Nichtbeachtung von Drohverlustrückstellungen in der Steuerbilanz zu Problemen.[408] Die Frage, wie der Überhang zu behandeln ist, richtet sich danach, wie das Optionsgeschäft verstanden wird.
Der BFH ist in seinem Urteil vom 18.12.2002 bei der Bewertung von Optionen der Zweivertragstheorie gefolgt[409] und hat diese auch jüngst in verschiedenen BFH-Urteilen noch einmal bestätigt.[410] Danach liegen bei einer Option ein „Eröffnungsgeschäft" und ein „Basisgeschäft" vor.[411] Demnach stehen nach Auffassung des BFH die Grundsätze der Bilanzierung schwebender Geschäfte dem Ausweis der Stillhalteverpflichtung nicht entgegen.[412] Der Optionsgeber bzw. Stillhalter erhält die Prämie als Gegenleistung für eine wirtschaftlich und rechtlich selbständige Leistung, nämlich für seine vertraglich eingegangene Bindung und das damit verbundene Risiko, in Anspruch genommen zu werden. Ferner vereinnahmt er die Prämie, gleichgültig, ob er aus der Option in Anspruch genommen wird oder nicht und entsprechend das Basisgeschäft durchführen muss oder nicht. Der Stillhalter darf die Prämie stets einbehalten.[413] Das Stillhalten ist als eigenständige Leistung (Hauptleistung des Stillhalters) anzusehen.[414]

1995 S. 421; *Windmöller/Breker*, Optionsgeschäften, WPg 1995, S. 395; *Dreissig*, Optionen, BB 1989, S. 1515.

407 Vgl. *Häuselmann*, anteilsbezogene Derivate, Ubg 2008, S. 394; IDW, Optionsgeschäfte, BFA 2/1995, WPg 1995, S. 421.

408 Vgl. *Bertsch/Kärcher*, Behandlung, in: Eller u. a., Derivative Instrumente, 2005, S. 596. *Hahne/Sievert*, Rückstellungen, DStR 2003, S. 1992.

409 Die Stillhalterverpflichtung in Form des Ermöglichen und Dulden der Optionsausübung sei als zivilrechtliche Hauptverpflichtung zu sehen. Die zivilrechtliche (klassische) Zweivertragstheorie ist somit nicht mehr anwendbar. Die Zweivertragstheorie ist für Überschusseinkünfte entwickelt und dann auf Gewinneinkünfte angewandt worden.

410 Für Gewinneinkünfte BFH vom 11.10.2007, IV R 52/04, BFH/NV 2008, S. 437; für Überschusseinkünfte BFH vom 13.02.2008, IX R 68/07, BStBl II 2008, S. 522; BFH vom 17.04.2007, IX R 40/06, BStBl II 2007, S. 608; BFH vom 24.06.2003 IX R 2/02, BStBl II 2003, S. 752; BFH vom 18.12.2002, I R 17/02, BStBl II 2004, 126. BFH vom 28.10.1990, X R 197/87, BStBl II 1991, S. 303.

411 Vgl. *Häuselmann*, anteilsbezogene Derivate. Ubg 2008, S. 393.

412 Vgl. BFH vom 18.12.2002, IR 17/02, BStBl II 2004, S. 126.

413 Vgl. BFH vom 13.02.2008 IX R 68/07, BStBl II 2008, S. 522; eingehend BFH vom 17.04.2007 IX R 40/06, BFHE 217, 566, BStBl II 2007, S. 608.

414 Vgl. BFH vom 18.12.2002, IR 17/02, BStBl II 2004, S.126. Das vom Optionsverkäufer hierfür bezogene Entgelt dient seiner Entschädigung für die Bindung und die Risiken, die er durch die Begebung des Optionsrechts eingeht. S. BFH vom 28.11.1990, X R 197/87, BStBl II 1991, S. 300.

Der BFH hat in seinem Urteil sowohl die Zuschreibung der Verbindlichkeit als auch die Bildung einer Drohverlustrückstellung für möglich gehalten, ohne jedoch über diese Bilanzierungsformen abschließend zu entscheiden.[415]

Nach Ansicht der h. M. muss steuerlich eine aufwandswirksame Zuschreibung der Verbindlichkeit vorgenommen werden,[416] was auf die Aussage des BFH gestützt wird, dass infolge der Gewährung der Option kein schwebendes Geschäft mehr vorliegt. Dieses Vorgehen ist aber nur bei einer Einvertragstheorie konsequent, da die Drohverlustrückstellung aufgrund des zweiten Geschäftes, also des „schwebenden Erfüllungsgeschäftes", vorzunehmen ist. Auch die Finanzverwaltung hat im BMF-Schreiben vom 12.01.2004 bestätigt, dass eine Drohverlustrückstellung vorzunehmen ist.[417] Die Auffassung der Finanzverwaltung kann ausgehend von der Zweivertragstheorie als schlüssig angesehen werden,[418] da der Überhang noch aus dem „schwebenden Erfüllungsgeschäft" droht.[419] Plädiert man hingegen für eine aufwandswirksame Zuschreibung, kann diese nur mit der Einvertragstheorie begründet werden.[420] Der zu Recht geführten Diskussion, ob die Annahme der Zweivertragstheorie als zweifelhaft angesehen werden muss und vielmehr von einer Einvertragstheorie auszugehen ist,[421] wird hier aber nicht weiter nachgegangen, da in der folgenden Betrachtung vom derzeitigen Rechtsstand ausgegangen wird.

Zur Ermittlung der Höhe des Pflichtüberhangs existieren grundsätzlich zwei unterschiedliche Sichtweisen, die so genannte Ausübungsfiktion und die Glattstellungsfiktion.[422] Die Ausübungsfiktion basiert auf der fiktiven Annahme, dass das Optionsrecht zum Bilanzstichtag ausgeübt wird. Demzufolge wird ein Vergleichswert zwischen dem Ausübungs- bzw. Basispreis und dem Marktwert des zugrunde liegenden Basiswerts unter Berücksichtigung der vereinnahmten Optionsprämie herangezogen.[423] In Höhe dieser Differenz ist die Drohverlust-

---

415 Vgl. BFH vom 18.12.2002, IR 17/02, BStBl II 2004, S. 126.

416 Vgl. *Häuselmann*, anteilsbezogene Derivate. Ubg 2008, S. 393; *Hoffmann*, Optionsprämien, StuB 2003, S. 543 und S. 545.

417 Vgl. BMF vom 12.01.2004, IV 6 – S 2133 – 17/03, BStBl I 2004, S. 192; *Weber-Grellet,* in: Schmidt EStG, 27. Auflage 2008, § 5 EStG Rn. 144.

418 Vgl. *Strahl*, Bilanzrecht, KÖSDI 2008, S. 97; *Hahne/Sievert*, Rückstellungen, DStR 2003, S. 1995.

419 Vgl. *Häuselmann*, anteilsbezogene Derivate. Ubg 2008, S. 393; *Patek*, Finanzprodukte, 2001, S. 175; *Prätzler,* Optionsprämien, DStR 2001, S. 928.

420 Vgl. *Häuselmann*, anteilsbezogene Derivate, Ubg 2008, S. 394.

421 Das wirtschaftliche Synallagma zeichnet sich bei wirtschaftlicher Betrachtung dadurch aus, dass der Optionsprämie die Gebundenheit des Stillhalters zu vereinbarten Bedingungen einzutreten, gegenübersteht; die Leistung des Stillhalters liegt in der Verpflichtung zum Abschluss und zur Erfüllung des Vertrags. Eine Aufspaltung, wie sie bei der Zweivertragstheorie vorgenommen wird, verkennt diesen wirtschaftlichen Zusammenhang. Vgl. *Günkel*, Bilanzsteuerrecht, StbJb 2002/03, S. 289; *Herzig/Briesemeister*, Optionsgeschäfte, DB 2002, S. 1574. Die Aufspaltung in zwei Verträge macht auch daher keinen Sinn, da der zweite Teil bei Ausübung für den Stillhalter immer negativ ist.

422 Vgl. *Patek,* Finanzprodukte, 2001, S. 175; *Bieg*, Optionen Teil III, StB 2003, S. 378; *Eisele*, Rechnungswesen, 7. Auflage 2002, S. 205.

423 Vgl. hierzu *Prahl/Naumann*, Financial Instruments, in: HdJ, Abt. II/10, Rn. 129ff.; *Patek,* Finanzprodukte, 2001, S. 175. Der Stillhalter einer Kaufoption hat demnach eine Drohverlustrückstellung zu bilden, falls der Marktwert den Basispreis zuzüglich der erhaltenen Optionsprämie übersteigt. *Eisele/Knobloch,*

rückstellung zu bilden.[424] Bei der Glattstellungsfiktion wird hingegen die Frage in den Vordergrund gestellt, welchen Betrag der Stillhalter aufwenden müsste, um sich aus seiner Position zu lösen, also um eine gegenläufige Option einzugehen.[425] Hierbei wird der aktuelle Marktpreis der Option (Optionsprämie) zu der erhaltenen Optionsprämie in Beziehung gesetzt. Eine positive Differenz zeigt an, dass das Risiko aus der Stillhalterposition den Betrag der passivierten Prämie übersteigt und deshalb in Höhe der Differenz eine Drohverlustrückstellung zu bilden ist.[426]

Die beiden Methoden führen in der Regel nicht zum selben Ergebnis, da die Glattstellungsfiktion neben dem inneren Wert auch den Zeitwert und damit die Volatilität und die Restlaufzeit der Option berücksichtigt.[427] Nach der h. M.[428] wird die Glattstellungsfiktion präferiert, da Optionen in den meisten Fällen durch Glattstellung und nicht durch Erfüllung des Grundgeschäftes abgewickelt werden.[429] Die Ausübungsfiktion soll daher nur angewendet werden, wenn nachgewiesen wird, dass eine vorzeitige Glattstellung nicht beabsichtigt ist.[430]

Probleme Teil I, DStR 1993, S. 577ff; *Windmöller/Breker*, Optionsgeschäfte, WPg 1995, S. 396. Dies ist so zu erklären, dass bei einer Kaufoption der Stillhalter den Optionsgegenstand liefern muss; dafür hat er die Optionsprämie erhalten und erhält zudem bei Ausübung den vertraglich festgelegten Basispreis vom Käufer. Für den Stillhalter entsteht somit am Bilanzstichtag ein Verlust, wenn die Summe aus Basispreis und Prämie geringer ist als der Marktwert des Optionsgegenstandes. Umgekehrt verhält es sich bei der Verkaufsoption: Hier liegt ein Verlust vor, wenn der Basispreis höher ist als die Summe aus Optionsgegenstand und Optionsprämie.

424 Vgl. *Bieg*, Optionen Teil III, StB 2003, S. 378; *Scharpf/Luz*, Risikomanagement, 2000, S. 421.

425 Vgl. *Wolf/Beckenhaub*, Stillhalter, DB 2002, S. 1623.

426 Vgl. *Günkel*, Bilanzsteuerrecht, StbJb 2002/03, S. 287; *Windmöller/Breker*, Optionsgeschäften, WPg 1995, S. 396; *IDW*, Optionsgeschäfte, BFA 2/1995, WPg 1995, S. 421. Die Prämie ist im Wert gestiegen, der Stillhalter stellt sich also schlechter und muss daher eine Drohverlustrückstellung bilden.

427 Vgl. *Bieg*, Optionen Teil III, StB 2003, S. 378; *Windmöller/Breker*, Optionsgeschäften, WPg 1995, S. 396.

428 Vgl. *Förschle,* in: Beck'scher BilKomm, 6. Auflage 2006, § 246 HGB Rn. 150ff; *Bieg*, Optionen Teil III, StB 2003, S. 378; *Scharpf/Luz*, Risikomanagement, 2000, S. 422.

429 Vgl. *Kuhner*, Bilanzrecht, § 246 HGB Rz. 842; *Patek*, Finanzprodukte, 2001, S. 176. Die Glattstellungsfiktion ist die vorsichtigere der beiden Varianten, da die zu bildende Rückstellung um den Zeitwert der Option vom Bilanzstichtag bis zum Ende der Optionslaufzeit höher ist.

430 Vgl. *Prahl/Naumann*, Financial Instruments, in: HdJ, Abt. II/10, Rn. 133; *IDW*, Optionsgeschäfte, BFA 2/1995, WPg 1995, S. 422.

B. Einsatz von Finanzinstrumenten

Nachdem die bilanzielle Betrachtung von Finanzinstrumenten ihrer Art bzw. ihren charakteristischen Merkmalen entsprechend erfolgte, wird im Folgenden eine weitere Grundlage gelegt, um die Bilanzierung von Finanzinstrumenten nach der Zwecksetzung analysieren zu können. Wie bereits aufgezeigt, wurde im Rahmen des BilMoG, dessen Zielsetzung u. a. die Stärkung des Informationsgehaltes ist, eine Behandlung von Finanzinstrumenten nach der Zwecksetzung normiert. Demnach sollen Finanzinstrumente, deren Wertänderungen oder Zahlungsströme dem Ausgleich von gegenläufigen Wertänderungen oder Zahlungsströmen dienen, die durch Risiken induziert wurden, einer besonderen bilanziellen Behandlung unterworfen werden.[431]

Insbesondere die „neue Art" der zweckbezogenen bilanziellen Abgrenzung von Finanzinstrumenten muss näher untersucht werden, da die handelsbilanzielle Untergliederung nicht an zivilrechtliche bzw. schuld- oder gesellschaftsrechtliche Verträge anknüpft. Vielmehr ergibt sich die handelsbilanzielle Strukturierung nur aus dem subjektiven Willen des Unternehmers, der die Finanzinstrumente nach seiner individuellen Risikoneigung ordnet. Die Rechtsfolgen, die sich hieraus ergeben, müssen daher auf handels- und steuerbilanzieller Ebene untersucht werden.[432] Handelsrechtlich ist dies besonders vor dem Hintergrund der Zahlungsbemessung und der Informationsfunktion von Bedeutung. Unter der steuerrechtlichen Perspektive betrachtet, birgt die Regelung speziell die Gefahr, dass die subjektive Zuordnung der Finanzinstrumente und die damit verbundenen Ergebniswirkungen nicht mit dem Postulat der Steuergerechtigkeit vereinbar sind.[433]

I. Einsatzzwecke von Finanzinstrumenten nach der Risikoneigung

Der Einsatz von Finanzinstrumenten erfolgt aus unterschiedlichen Motiven. Originäre Finanzinstrumente dienen grundsätzlich der Zuführung von Kapital bzw. der Investition und Finanzierung.[434] Derivative Finanzinstrumente werden demgegenüber oftmals zur Zerlegung

---

431 Vgl. *Gesetzesbeschluss* vom 27.03.2009, Drs. 270/09, S. 4 und 22; *Regierungsentwurf* BilMoG vom 23.05.2008, Drs. 344/08. Im Gesetzgebungsverfahren war des Weiteren auch eine gesetzliche Regelung zur bilanziellen Behandlung von Finanzinstrumenten, die zu Handelszwecken erworben wurden, angedacht gewesen. Dieses Vorhaben ist während des Gesetzgebungsverfahrens aber wieder aufgehoben worden. Nach Verabschiedung des BilMoG dürfen nur Kreditinstitute Finanzinstrumente des Handelsbestands gem. § 340e HGB-BilMoG mit dem beizulegenden Zeitwert bewerten. Da es sich somit um eine rein branchenspezifische Regelung handelt, wird diese im Folgenden nur marginal betrachtet.

432 Da es handelsbilanziell nicht das Erfordernis der Entscheidungsneutralität (bzw. der steueroptimalen/-gerechten Zuordnung) gibt, kann es aus Informationsgesichtspunkten vorteilhaft sein, Finanzinstrumente nach ihrem Einsatzzweck zu untergliedern.

433 Bevor die bilanzielle Behandlung von Finanzinstrumenten nach ihrer Zwecksetzung und deren handels- und steuerbilanzielle Konsequenzen im Detail untersucht werden, werden zunächst der Einsatzzweck von Finanzinstrumenten und die abzusichernden Risiken aus finanzwirtschaftlicher Perspektive analysiert.

434 Vgl. *Widmayer*, Risikomanagement, 2002, S. 27; *Mauritz*, Konzepte, 1996, S. 10.

und zum Transfer von Währungs-, Zins-, Aktien- und sonstigen Preisrisiken genutzt. Derivate sind dazu besonders geeignet, da aufgrund ihrer Hebelwirkung kein nennenswerter Kapitalaufwand erforderlich ist.[435] Der Zweck des Erwerbs und des Einsatzes von Finanzinstrumenten muss aber nicht primär in einer Absicherung von Risiken liegen. Abhängig von den verfolgten Zielen können sie auch zur Spekulation, zum Handel oder zur Arbitrage eingesetzt werden.[436] Der Einsatz von Finanzinstrumenten ist daher abhängig von der Risikoneigung eines Unternehmens. Da Unternehmen grundsätzlich in einem gewissen Maß risikoavers sind, nutzen sie in erheblichem Umfang Finanzinstrumente, und insbesondere derivative Finanzinstrumente, zur Absicherung von Risikopositionen.[437]

Die Designierung oder Zwecksetzung von Finanzinstrumenten kann sich, bspw. aufgrund einer veränderten Risikoneigung des Unternehmens, im Zeitablauf jedoch ändern. Auch wenn die aufgezeigten Einsatzgebiete (Spekulation und Absicherung) zeitlich abgrenzbar sind, kann ein Finanzinstrument zunächst dem einen und später einem anderen Zweck dienen.[438] Der Einsatzzweck von Finanzinstrumenten liegt demnach nicht in der Natur der Sache, sondern ist von der subjektiven Handlung des Unternehmens abhängig. Diese Möglichkeit der Zweckumwidmung ist finanzwirtschaftlich möglich und legal, da für die Designierung einer Sicherungsbeziehung nach außen keine zivil- oder gesellschaftsrechtlichen Verpflichtungen bestehen. Ein außenstehender Dritter kann daher ohne Erläuterung des Unternehmens nicht nachvollziehen, wozu die Finanzinstrumente verwendet werden und welchen Nutzen die Geschäfte dem Unternehmer erbringen sollen.[439]

1. Einsatzzweck: Spekulation/Trading/Arbitrage/Handel

Bei Spekulationsgeschäften bzw. Tradinggeschäften[440] handelt es sich um isolierte Käufe oder Verkäufe von originären oder derivativen Finanzinstrumenten, die in der Erwartung

---

435 Vgl. *Mauritz*, Konzepte, 1996, S. 10; *Welcker/Brutscher*, Börsentermingeschäfte, WISU 1985, S. 132ff. Teilweise wird davon ausgegangen, dass Industrie- und Handelsunternehmen Derivate grundsätzlich nur zu Absicherungszwecken halten. Siehe hierzu: *Steiner/Tebroke/Wallmeier*, Finanzderivate, WPg 1995, S. 533. Kapitalgesellschaften dürfen nur in vorgegebenen Grenzen Spekulationsgeschäfte betreiben.

436 Vgl. *Albrecht/Maurer*, Risikomanagement, 2. Auflage 2005, S. 12; *Ackermann*, Marktwertbilanzierung, 2000, S. 53; *Lorenz*, Bilanzierung, 1997, S. 52f; *Eilenberger*, Rechnungslegung, BFuP 1995, S. 125. Die Arbitragegeschäfte und Tradinggeschäfte werden teilweise unter dem Begriff der Spekulationsgeschäfte zusammengefasst. Manchmal wird auch Trading als Oberbegriff für Spekulation und Arbitragegeschäfte verwendet. Siehe *Bertsch/Kärcher*, Behandlung, in: Eller u. a., Derivative Instrumente, 3. Auflage 2005, S. 559.

437 Vgl. *Widmayer*, Risikomanagement, 2002, S. 29. Siehe hierzu auch die Geschäftsberichte der DAX-Unternehmen.

438 Es ist zu beachten, dass nie gleichzeitig ein Spekulations- und Absicherungsvorhaben für ein und dasselbe Finanzinstrument bestehen kann.

439 Vgl. *Herzig/Mauritz*, Ökonomisch, ZfbF 1998, S. 103.

440 Vgl. *Steiner/Tebroke/Wallmeier*, Finanzderivate, WPg 1995, S. 534. Spekulationsgeschäfte werden oft auch als Trading bezeichnet. Teilweise wird Trading aber auch als Oberbegriff für Handels- und Spekulationsgeschäfte benutzt.

einer bestimmten Marktentwicklung getätigt werden. Dabei besteht die einzige Absicht des Spekulanten bzw. Traders darin, einen möglichst hohen Gewinn aus diesem Geschäft zu erzielen.[441] Spekulations- und Tradinggeschäfte sind demnach risikoreiche Geschäfte, bei denen kein Zusammenhang zwischen dem Finanzinstrument und anderen Transaktionen besteht. Sie stehen damit im Gegensatz zu Absicherungsgeschäften, bei denen ein klarer Sicherungszusammenhang zwischen den Finanzinstrumenten hergestellt wird. Bei Spekulationsgeschäften muss zusätzlich beachtet werden, dass unter Spekulation nicht nur das aktive Handeln zu verstehen ist, sondern auch die bewusste Inaktivität von Markteilnehmern.[442] Unter Arbitrage wird hingegen die Ausnutzung von ökonomisch nicht gerechtfertigten räumlichen und/oder zeitlichen Preisdifferenzen durch simultane Kauf- und Verkaufstransaktionen verstanden.[443] Bei Arbitragegeschäften werden somit Preisunterschiede für gleiche oder ähnliche Instrumente in unterschiedlichen Märkten ausgenutzt.[444]

Es ist weit verbreitet, dass Spekulations-, Trading- und Arbitragegeschäfte einer moralischen Bewertung unterzogen werden. Hiernach findet eine Differenzierung derart statt, dass Marktteilnehmer, die einen Absicherungszweck verfolgen, als „gut", hingegen Marktteilnehmer, die Spekulationszwecke verfolgen, als „böse" klassifiziert werden.[445] Der BFH stellt dieser Bewertung eine begriffliche Neutralität und Wertfreiheit gegenüber. Er zeigt explizit auf, dass ein Markt nur mit beiden Marktteilnehmern funktionsfähig ist und daher Spekulanten und Trader notwendig sind.[446]

2. Einsatzzweck: Absicherung

Der bewusste Abschluss von gegenläufigen Geschäften zum Zweck der Risikoabsicherung wird als Absicherung (Hedging) bezeichnet.[447] Allgemein wird bei Hedging rein auf die finanzwirtschaftlichen Risiken aus Bilanzpositionen, schwebenden Geschäften oder noch vorgesehenen Transaktionen abgestellt.[448] Der exponentielle Anstieg insbesondere derivativer Finanzinstrumente hat dazu geführt, dass Unternehmen im zunehmenden Maße ihre Risiken trennen, umstrukturieren, transferieren und partiell bzw. teilweise vollständig eliminieren

---

441 Vgl. *Schick*, Besteuerung, 1998, S. 13; *Breker*, Optionsrechte, 1993, S. 44; *Schmekel*, Zinstermingeschäfte, DB 1983, S. 895.

442 Vgl. *Keitsch*, Risikomanagement, 2. Auflage 2004, S. 47.

443 Vgl. *Schwarz*, Derivative, 2006, S. 28.

444 Vgl. *Schick*, Besteuerung, 1998, S. 13; *Eilenberger*, Rechnungslegung, BFuP 1995, S. 136; *Reiner*, Finanzinstrumente, 2002, S. 5.

445 Vgl. *Sorgenfrei*, Termingeschäfte, DStR 1999, S. 1930; *Schick*, Besteuerung, 1998, S. 13. Zu einer weiteren Differenzierung und sich hieraus ergebenden Rechtsfolgen siehe Kapitel D dieser Arbeit.

446 Vgl. BFH vom 28.11.1990, X R 197/87, BStBl II 1991, S. 302.

447 Vgl. *Große*, IAS 39, 2007, S. 33; *Krumnow/Sprißler u. a.*, Kreditinstitute, 2. Auflage 2004, Kommentierung zu IAS 39, S. 1554, Rn. 259; *Scharpf/Luz*, Risikomanagement, 2000, S. 259; *Pietsch*, Gewinnermittlung, 2006, S. 92; *Scharpf*, IAS 39, KoR 2004, Beilage 1 zu Heft 11, S. 3.

448 Vgl. *Scharpf*, IAS 39, KoR 2004, Beilage 1 zu Heft 11, S. 3; *Jamin/Krankowsky*, IAS 39, KoR 2003, S. 503.

können.[449] Der Einsatz der Finanzinstrumente soll aber meist nicht zu einer vollständigen Eliminierung von Risiken führen, sondern sie werden je nach Risikoneigung des Unternehmens bewusst so eingesetzt, dass ein Restrisiko bestehen bleibt. Dieses Restrisiko entspricht idealerweise dem Risiko-Rendite-Verständnis des Unternehmens, welches in der Risikomanagementstrategie festgehalten ist.[450] Da durch die Absicherung in vielen Fällen neben den Risiken auch die Chancen am Markt eliminiert werden, setzt eine Absicherung eine entsprechende „Vorarbeit" im Risikomanagement voraus.[451] Darüber hinaus muss beachtet werden, dass aufgrund von wirtschaftlich nicht sinnvollen Absicherungen auch hohe Verluste entstehen können.[452]

II. Sicherungsbeziehungen aus finanzwirtschaftlicher Perspektive

Die bilanzielle Behandlung von Sicherungsbeziehungen setzt auf der finanzwirtschaftlichen Ebene an. Um die bilanzielle Behandlung analysieren zu können, muss daher zunächst betrachtet werden, wie die Absicherung von Geschäften auf der ökonomischen Ebene durchgeführt wird.[453]

Unternehmerische Tätigkeiten können in real- und finanzwirtschaftliche Geschäftsvorfälle unterteilt werden. Während sich die realwirtschaftlichen Vorfälle auf den Austausch von realen Gütern und Dienstleistungen beziehen, beschäftigen sich die finanzwirtschaftlichen Sachverhalte mit Geld- und Kapitalmarkttransaktionen wie z. B. der Unternehmensfinanzierung, dem Handel mit Finanzinstrumenten oder aber auch der Bezahlung von Gütern und Leistungen.[454] Diese unternehmerischen Aktivitäten sind, insbesondere aufgrund ihres Zukunftsbezuges, verschiedenen Risikofaktoren ausgesetzt, weshalb die Risiken teilweise innerhalb einer Sicherungsbeziehung abgesichert werden sollen.

1. Allgemeiner Risikobegriff

Grundsätzlich können Risiken sowohl negative als auch positive Abweichungen von einem Referenzwert sein.[455] Für die hier behandelte Thematik und auch im Rahmen des unternehme-

---

449 Vgl. *Ackermann*, Marktwertbilanzierung, 2000, S. 57.

450 Vgl. *Scharpf*, IAS 39, KoR 2004, Beilage 1 zu Heft 11, S. 3.

451 Vgl. *Scharpf/Luz*, Risikomanagement, 2000, S. 259; *Scheffler*, Hedge Accounting, 1994, S. 56.

452 In den folgenden Ausführungen werden alle aufgeführten Bereiche wie die Risikodefinition, das Risikomanagement und mögliche Absicherungszwecke und -strategien im Detail betrachtet.

453 Es ist wichtig, die finanzwirtschaftliche Ebene getrennt von der bilanziellen Ebene zu betrachten. Es können aus finanzwirtschaftlicher Sicht Risiken derart vorliegen, dass das Unternehmen sich schlechter stellen kann als erwartet oder als es am Markt möglich wäre. Hierbei handelt es sich um Mindergewinne, die bilanziell höchstens in einem geringeren Gewinn als dem erwarteten zum Tragen kommen.

454 Vgl. *Hahne*, Anwendungsbereich, StuB 2007, S. 20.

455 Vgl. *Siepermann*, Risikokostenrechnung, 2008, S. 25; *Widmayer*, Risikomanagement, 2002, S. 8; *Glaum*, Risikomanagement, 2000, S. 13. Risikomaße sind die Standardabweichung („Volatilität") und die Va-

rischen Risikomanagements stehen die negativen Entwicklungen und deren Konsequenzen sowie der Versuch der Risikovermeidung im Fokus der Untersuchung. Die Entstehungsgründe des Risikos können dabei unterschiedlichster Natur sein und beeinflussen die Möglichkeiten ihrer Steuerung. Risiken und im Anschluss daran die Risikosteuerung werden daher oftmals nach den Entstehungsursachen differenziert.[456]
Ökonomische Risiken werden im Schrifttum zum Risikomanagement meist in vier Arten untergliedert. Diese vier Arten sind die finanzwirtschaftlichen Risiken, die leistungswirtschaftlichen Risiken, die Betriebsrisiken und die rechtlichen Risiken.[457] Für die vorliegende Thematik ist die erste Risikogruppe, die der finanzwirtschaftlichen Risiken, von Bedeutung. Die drei verbleibenden Risikogruppen werden im Rahmen dieser Arbeit nicht weiter behandelt.[458] In einer finanzwirtschaftlichen Definition von Risiken wird das Risiko als die aus der Unsicherheit über zukünftige Entwicklungen resultierende Gefahr gesehen, dass eine finanzwirtschaftliche Zielgröße von einem Referenzwert negativ abweicht.[459] Das finanzwirtschaftliche Risiko spiegelt daher die Gefahr wider, dass sich die Vermögens-, Finanz- und Ertragslage eines Unternehmens aufgrund von veränderten Marktsituationen verschlechtern kann.[460]

1.1 Finanzwirtschaftliche Risiken

Das finanzwirtschaftliche Risiko[461] wird allgemein in zwei Untergruppen unterteilt, und zwar in das Erfolgs- und das Liquiditätsrisiko.[462] Diese Zweiteilung vollzieht sich auch im Risikomanagement. Die Steuerung der Erfolgsrisiken erfolgt meist über den Einsatz von derivativen Finanzinstrumenten. Die Liquiditätsrisiken werden hingegen vorwiegend durch Cash Management-Systeme, Limite sowie freie Kreditlinien gesteuert.[463] Bei den Erfolgsrisiken werden weiterhin das Preisrisiko[464] und das Adressenausfallrisiko unterschieden, weshalb diese

rianz. Es herrscht jedoch auch Kritik an der statischen Beschreibung von Risiko als Streuung um den Erwartungswert. Siehe z.B. statt vieler *Kropp*, Risikopositionen, 1998, S. 129.

456 Vgl. *Widmayer*, Risikomanagement, 2002, S. 9.

457 Vgl. *Keitsch*, Risikomanagement, 2. Auflage 2004, S 5; *Oehler/Unser*, Risikomanagement, 2001, S. 14. Wobei in der Literatur oft auch das finanzwirtschaftliche Risiko von den sog. operationellen oder Betriebsrisiken bzw. den auch als leistungswirtschaftliche Risiken bezeichneten Risiken abgegrenzt wird: Siehe beispielsweise: *Barckow*, Bilanzierung, 2004, S. 18ff; *Scheffler*, Hedge Accounting, 1994, S. 7ff.

458 Zu weiteren Ausführungen zu den übrigen Risikoarten siehe: *Prinz/Hick*, Verankerung, DStR 2006, S. 771; *Keitsch*, Risikomanagement, 2. Auflage 2004, S. 5ff.; *Oehler/Unser*, Risikomanagement, 2001, S. 14.

459 Vgl. *Bitz,* in: Gebhardt/Gerke/Steiner, Finanzmanagement, 1993, S. 642.

460 Vgl. *Scharpf/Luz*, Risikomanagement, 2000, S. 226; *Scheffler*, Hedge Accounting, 1994, S. 91.

461 Das finanzwirtschaftliche Risiko wird in der Literatur auch teilweise als quantifizierbares "Finanzrisiko" bezeichnet, S. hierzu: *Heuser-Greipl*, Risikomanagement, 1999, S. 16.

462 Werden teilweise auch als Verlustrisiken bezeichnet.

463 Vgl. *Barckow*, Besteuerung, StbJb 2006/07, S. 220.

464 Kurzbezeichnung für den Begriff des Marktpreisrisikos.

Unterscheidung teilweise auch im Risikomanagement nachvollzogen wird.[465] Insgesamt existieren damit drei Arten finanzwirtschaftlicher Risiken: das Preis-, das Adressenausfall- und das Liquiditätsrisiko.

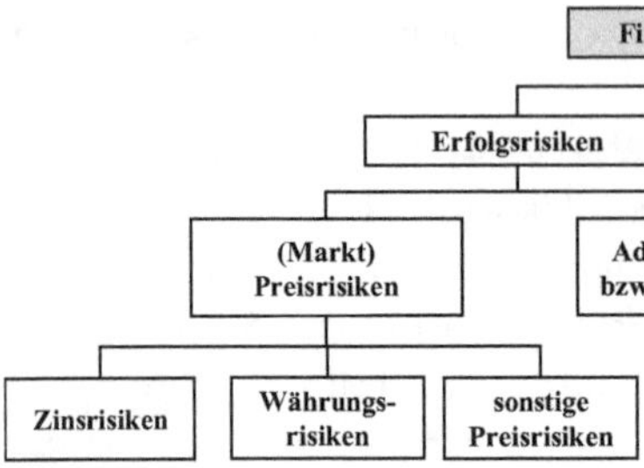

Abbildung 2: Finanzwirtschaftliche Risiken

Finanzwirtschaftliche Risiken schlagen sich zudem in zwei vollständig unterschiedlichen Risikoverständnissen nieder, nämlich dem Wertänderungsrisiko und dem Zahlungsstromänderungsrisiko.[466] Innerhalb der wirtschaftlichen Beurteilung spielt dies nur eine geringe Rolle. Je nachdem, welches Risikoverständnis zugrunde liegt, führt dies aber bei einer bilanziellen Beurteilung zu stark unterschiedlichen Konsequenzen. Für eine bilanzielle Betrachtung von finanzwirtschaftlichen Risiken ist es daher wichtig, explizit zwischen Wertänderungs- und Zahlungsstromrisiko zu differenzieren. Wertänderungsrisiken basieren auf veränderten Bewertungen der Positionen.[467] Zahlungsstromrisiken entstehen aufgrund von ungewissen zukünftigen Zahlungen bzw. aufgrund von Änderungen eines Risikofaktors, welcher die künftigen Zahlungen beeinflusst.

Aufgrund der bilanziellen Sichtweise werden im Folgenden unter Wertrisiken solche Risiken verstanden, bei denen es vor Realisierung zu einem Ausweis von „bilanziellen Verlusten" kommen kann. Die Zahlungsstromrisiken hingegen erlangen erst bei Realisierung eine Bilanzwirkung. Hierbei kann es sich sowohl um die Realisierung von Teilleistungen als auch um die endgültige Realisierung handeln. Zahlungsstromänderungen können aus bestehenden Positionen oder aus künftigen (antizipativen) Transaktionen resultieren. Zudem ist durch Absicherung auch eine Transformationen von Zahlungsstromrisiken in Wertänderungsrisiken und umgekehrt möglich.[468]

Die erste Gruppe der oben genannten finanzwirtschaftlichen Risiken, die Preisrisiken, sind für Unternehmen und insbesondere für Industrie- und Handelsunternehmen von großer Bedeu-

---

465 Vgl. *Göttgens*, Kompensation, 1997, S. 79; *Mauritz*, Konzepte, 1996, S. 19f.; *Grützemacher*, Bewertung, 1989, S. 19.

466 Vgl. *Pfitzer/Scharpf/Schaber*, antizipative Hedges Teil 1, WPg 2007, S. 676; *Schmidt*, Rechnungslegung, 2005, S. 65; *Gebhardt*, Probleme, BFuP 1996, S. 562f.

467 Vgl. *Patek*, Absicherung Teil 1, WPg 2007, S. 424; *Widmayer*, Risikomanagement, 2002, S. 11; *Gebhardt*, Probleme, BFuP 1996, S. 562; *Prahl/Naumann*, Financial Instruments, in: HdJ, Abt. II/10, Rn. 299.

468 Vgl. *Widmayer*, Risikomanagement, 2002, S. 12.

tung.[469] Bei den Finanzinstrumenten entsteht das Preisrisiko aus der möglichen Veränderung der Marktpreise bzw. aus der möglichen Veränderung ihrer preisbildenden Parameter. Die preisbildenden Parameter sind insbesondere die Zinssätze, die Fremdwährungskurse[470] und die sonstigen Kurse und Preise. Entsprechend untergliedern sich die Preisrisiken weiter in Zinsänderungs-, Währungs- und sonstige Preisrisiken.

Finanzwirtschaftlich stellt das Zinsänderungsrisiko die Gefahr dar, dass im Planungszeitraum die tatsächliche Nettozinszahlung negativ vom geplanten Zinsergebnis des Zeitraums abweicht. Daher muss ein Unternehmen die Veränderungen erfassen, die durch eine Veränderung von Marktzinsänderungen ausgelöst werden.[471] Zinsänderungsrisiken[472] wirken sich dabei, im Gegensatz zu Währungsrisiken und sonstigen Preisrisiken, nur zum Teil auf den Wert des Grundgeschäftes aus.[473] Wie sich eine Zinsänderung auswirkt, hängt im Wesentlichen von zwei Faktoren ab: zum einen von der Zinsbindungsfrist und dem Planungszeitraum und zum anderen von der Tatsache, ob das Geschäft auf einer festen[474] oder einer variablen Verzinsung basiert, also von den Zinsätzen sowie der Zinsstruktur.[475] Steigt der Marktzins über den vereinbarten Festzins, entstehen bei Zahlungsansprüchen entgangene Gewinne und umgekehrt.[476] Bei einer variablen Verzinsung hingegen liegt die Gefahr in der Veränderung des Zinszahlungsstroms.[477]

Währungsrisiken resultieren aus negativen Veränderungen bei der Austauschrelation zwischen inländischer und ausländischer Währung.[478] Sie entstehen folglich, wenn der betrachtete Kurs von einem Referenzkurs abweicht.[479] Ändert sich im Zeitverlauf der Wechselkurs gegenüber dem Referenzkurs, so kommt es auch zu einer aktuellen Wertänderung des

469 Vgl. *Widmayer*, Risikomanagement, 2002, S. 11; *Oehler/Unser*, Risikomanagement, 2001, S. 2.

470 Vgl. *Kütter/Prahl*, Bilanzierung, WPg 2006, S. 10; *Mauritz*, Konzepte, 1996, S. 18.

471 Vgl. *Eichhorn*, Zinsänderungsrisiken, FB 2006, S. 769; *Oestreicher*, Zinsterminkontrakte, 1992, S. 32.

472 Bei Industrieunternehmen bezieht sich die Steuerung von Zinsrisiken auf einzelne bedeutende Finanztransaktionen. Vgl. *Arbeitskreis„externe Unternehmensrechnung"*, Bilanzierung, DB 1997, S. 637.

473 Vgl. *Pfitzer/Scharpf/Schaber*, antizipative Hedges Teil 1, WPg 2007, S. 676; *Arbeitskreis „Externe Unternehmensrechnung"*, Bilanzierung, DB 1997, S. 638.

474 Auch die Zinslosigkeit ist eine feste Verzinsung.

475 Vgl. *Göttgens*, Kompensation, 1997, S. 80; *Schmidt*, Rechnungslegung, 2005, S. 65.

476 Vgl. *Arbeitskreis „Externe Unternehmensrechnung"*, Bilanzierung, DB 1997, S. 637. Bei einem festverzinslichen Wertpapier kommt es zu Zinsänderungsrisiken, da sich die Änderung des Marktzinses auf den Kurs (bzw. den Marktwert) auswirkt und auch auf das Endvermögen am Ende der Haltedauer. Vgl. hierzu *Berger*, Hedging, 1990, S. 68.

477 Vgl. *Pfitzer/Scharpf/Schaber*, antizipative Hedges Teil 1, WPg 2007, S. 676; *Scharpf/Luz*, Risikomanagement, 2000, S. 93f; *Gebhardt*, Probleme, BFuP 1996, S. 562. In der Fachliteratur wird das Risiko meistens aus Sicht eines Kreditinstitutes und nicht aus Sicht eines Industrieunternehmens definiert; daher kommt es zu Abweichungen im Risikoverständnis. Siehe zum Risikoverständnis bei Kreditinstituten z. B. *Scheffler*, Hedge Accounting, 1994, S. 13ff.

478 Vgl. *Bieg/Krämer*, Fremdwährungsrisiken, in: Außenhandel, 2004, S. 909.

479 Vgl. *Pritzer/Zeims*, Fremdwährungsgeschäfte, PiR 2007, S. 179; *Kuhn/Scharpf*, Rechnungslegung, 2. Auflage 2005, S. 250. Ein Referenzkurs kann entweder ein Kurs zum Zeitpunkt der Entstehung oder Einbuchung einer Forderung bzw. Verbindlichkeit oder aber auch ein Kalkulationskurs sein. *Arbeitskreis „Externe Unternehmensrechnung"*, Bilanzierung, DB 1997, S. 637.

Geschäftes.[480] Es entstehen dadurch unrealisierte Währungsgewinne und -verluste. Das Wechselkursrisiko lässt sich in drei Komponenten aufspalten. Das ökonomische Wechselkursrisiko besteht darin, dass sich durch Änderungen des Wechselkurses die Höhe der zu erwartenden bzw. mit hoher Wahrscheinlichkeit geplanten Zahlungsströme verändert.[481] Neben dem ökonomischen Wechselkursrisiko existieren das Translationsrisiko und das Transaktionsrisiko. Das Translationsrisiko, auch Währungsumrechnungsrisiko genannt, richtet sich auf im Jahresabschluss enthaltene Positionen sowie schwebende Geschäfte in fremder Währung. Das Translationsrisiko wird insbesondere durch die Wahl der Umrechnungsmethode beeinflusst; eine Absicherung wird in diesem Zusammenhang nicht vorgenommen.[482] Das Transaktionsrisiko ist das Währungsrisiko, wie es im Allgemeinen verstanden wird. Dieses stellt die Gefahr dar, dass eine Ein- oder Auszahlung in fremder Währung (nach der Umrechnung) aufgrund von Wechselkursschwankungen anders als erwartet ausfällt. Bei der Betrachtung von Absicherungen ist mit Währungsrisiko stets das Transaktionsrisiko gemeint.[483]

Die sonstigen Preisrisiken sind die dritte Art der übergeordneten Preisrisiken, welche allgemein auch als Kurs- und Preisrisiken bezeichnet werden. Sie treten bspw. bei Aktien auf und umschreiben das Abweichen von einem Referenzwert bzw. -kurs.[484] Für Industrieunternehmen sind darüber hinaus Commodity-Preisrisiken von großer Bedeutung. Hierbei handelt es sich um Preisrisiken aus Industrierohstoffen und Agrarprodukten.[485]

Die Preisrisiken können sowohl in Form von Zahlungsstromrisiken als auch von Wertänderungsrisiken auftreten.[486]

Die zweite Gruppe der finanzwirtschaftlichen Risiken wird durch die Adressenausfallrisiken umschrieben. Das Adressenausfallrisiko[487] illustriert das Risiko, dass eine Forderung entweder teilweise oder vollständig ausfällt, eine Zahlung zu spät eingeht (Kreditrisiko)[488] oder ein Gewinn aus einem schwebenden Geschäft nicht vereinnahmt werden kann. Anders ausge-

---

480 Vgl. *Pfitzer/Scharpf/Schaber*, antizipative Hedges Teil 1, WPg 2007, S. 676.

481 Vgl. *Rudolph/Schäfer*, Finanzinstrumente, 2005, S. 6; *Scheffler*, Hedge Accounting, 1994, S. 10; *Menichetti*, Hedge, 1993, S. 60.

482 Vgl. *Keitsch*, Risikomanagement, 2. Auflage 2004, S 32; *Kuhn/Scharpf*, Rechnungslegung, 3. Auflage 2006, S. 351; *Lorenz*, Bilanzierung, 1997, S. 138. Beispiel: Henkel, Geschäftsbericht 2007, S. 67. Das Translationsrisiko existiert bspw. im Zusammenhang mit Beteiligungen, die in fremder Währung gehalten werden, welche für die Bilanz umzurechnen sind.

483 Vgl. *Happe*, Swapvereinbarungen, 1996, S. 39; *Franke/Menichetti*, Terminkontrakte, DBW 1994, S. 193. Daneben existieren noch das Translationsrisiko (Bewertungsrisiko) und das ökonomische Währungsrisiko; diese sind nicht eindeutig bestimmbar.

484 Vgl. *Keitsch*, Risikomanagement, 2. Auflage 2004, S. 31; *Scharpf*, IAS 39, KoR 2004, Beilage 1 zu Heft 11, S. 3.

485 Vgl. *Widmayer*, Risikomanagement, 2002, S. 11; *Gebhardt*, Probleme, BFuP 1996, S. 562.

486 Vgl. *Patek*, Absicherung Teil 1, WPg 2007, S. 424 m. w. N. Siehe *Gebhardt*, Probleme, BFuP 1996, S. 559ff; *Prahl/Naumann*, Financial Instruments, in: HdJ, Abt. II/10, Rn. 176ff.

487 Wird auch als Bonitätsrisiko, Kreditrisiko oder Kontrahentenrisiko bezeichnet. Diese Form des Risikos wird mehr und mehr mit Kreditderivaten abgesichert.

488 Es gibt zudem auch noch die Länderrisiken, die aber auch unter das Kreditrisiko gefasst werden.

drückt ergibt sich das Adressenausfallrisiko durch den möglichen Ausfall eines Vertragspartners.[489] Während das Kreditrisiko traditionell als das bedeutendste Risiko für Banken gilt,[490] handelt es sich im Fall von Industrie- und Handelsunternehmen im Wesentlichen um die Forderungsausfallrisiken.[491] Gemäß der Definition bezieht sich das Risiko auf die Unsicherheit über künftige Zahlungsströme.[492] Für das Risikomanagement ist es wichtig zu beachten, dass das Ausfallrisiko auch bei Geschäften latent vorhanden ist, die durch ein Sicherungsgeschäft abgesichert worden sind, also bei vollständig geschlossenen Positionen. Kommt es zum Ausfall der Gegenpartei, sind auch die Risiken, die abgesichert wurden, nicht mehr gesichert.[493] Diese Entwicklung konnte bspw. in großen Umfang im Herbst 2008 beim Zusammenbruch von Lehmann Brothers beobachtet werden.[494]

Das letzte der oben genannten finanzwirtschaftlichen Risiken ist das Liquiditätsrisiko. Als Liquiditätsrisiko wird das Risiko bezeichnet, dass einer Zahlungsverpflichtung aufgrund von Liquiditätsengpässen nicht nachgekommen werden kann oder dass die Veräußerung oder Glattstellung von Positionen nicht oder nur unter erheblichen Zugeständnissen möglich ist.[495]

1.2 Zusätzliche Risiken bei derivativen Finanzinstrumenten

Auch die derivativen Finanzinstrumente sind den bisher aufgezeigten drei Hauptgruppen der finanzwirtschaftlichen Risiken, den Preis-, Ausfall-[496] und Liquiditätsrisiken, ausgesetzt. Darüber hinaus unterliegen sie aber noch zusätzlichen Risiken, die durch ihren derivativen Charakter oder den Einsatz zur Absicherung hervorgerufen werden.[497]

Ein zusätzliches Risiko, welches nur im Zusammenhang mit Derivaten auftritt, welche innerhalb einer Sicherungsbeziehung stehen, ist das Konvergenzrisiko. Es beziffert das Risiko, dass sich die Wertentwicklungen der gegenläufigen Risikopositionen innerhalb einer Sicherungsbeziehung nicht in dem Maße kompensieren, wie es zu Beginn des Sicherungsge-

---

489 Vgl. *Gleißner*, Risikomanagement, 2008, S. 87; *Reiner*, Finanzinstrumente, 2002, S. 44; *Keitsch*, Risikomanagement, 2. Auflage 2004, S. 11 – 13; *Oehler/Unser*, Risikomanagement, 2001, S. 14; *Mauritz*, Konzepte, 1996, S. 19.

490 Der IDW hat für Kreditinstitute eine Liste mit vier Bonitätsgraden ausgegeben, nachdem ein Ausfallrisiko einzustufen ist. *IDW*, Kreditinstitute, BFA 1/1978, WPg 1978, S. 490; *Bieg*, Kreditinstitute, 1998, S. 105.

491 Vgl. *Gleißner*, Risikomanagement, 2008, S. 87; *Heuser-Greipl*, Risikomanagement, 1999, S. 16.

492 Also bei derivativen Finanzinstrumenten der Kontrahent, bei originären Finanzinstrumenten der Emittent. Vgl. *Schmidt*, Rechnungslegung, 2005, S. 64.

493 Vgl. *Reiner*, Finanzinstrumente, 2002, S. 45.

494 Siehe hierzu Handelsblatt vom 5/6/7. Dezember 2008, S. 12.

495 Vgl. Vgl. *Scharpf/Luz*, Risikomanagement, 2000, S. 121; *Mauritz*, Konzepte, 1996, S. 21.

496 Der Unterschied von Adressenausfallrisiken bei derivativen Finanzinstrumenten zu normalen Adressenausfallrisiken liegt darin, dass der Halter einer Position keine Kapitalerträge zur Verfügung stellt und damit das Ausfallrisiko nicht in Höhe des vereinbarten Nominalbetrags besteht. Vgl. *Mauritz*, Konzepte, 1996, S. 19.

497 Vgl. *Schmidt*, Rechnungslegung, 2005, S. 66; S. 85; *Wüstemann/Duhr,* Fremdwährungsrisiken, DB 2003, S. 2501; *Happe*, Swapvereinbarungen, 1996, S. 81. Swapvereinbarungen bergen das Zinsänderungsrisiko, das Wechselkursrisiko und das Ausfallrisiko in sich.

schäftes angestrebt wurde.[498] Eine vermeintliche Absicherung führt in diesem Fall zu einer Untersicherung und zu nicht einkalkulierten Verlusten.

Das Volatilitätsrisiko von Derivaten entsteht infolge der Amplitudenänderung von Preis- und Kursausschlägen.[499] Je höher die Schwankungen des Basiswertes in der Vergangenheit waren und für die Zukunft erwartet werden, desto höher sind die Volatilität und das damit verbundene Risiko des Derivates. Besondere Bedeutung hat das Volatilitätsrisiko bei der Optionspreisbestimmung, da mit der Volatilität die Wahrscheinlichkeit der Optionsausübung und damit der Optionspreis steigt.[500]

Ferner existiert bei Produkten, die von unterschiedlichen Renditekurven abhängig sind, ein Spreadrisiko.[501] Es kennzeichnet die Gefahr, dass sich marktspezifische Zinssätze wie beispielsweise Bond- und Swapzinssätze und damit die Zinsdifferenz zwischen den beiden Produkten unterschiedlich entwickeln. Bewegen sich die Renditekurven im gleichen Verhältnis, funktioniert die Absicherung wie beabsichtigt, da sich die Gewinne und Verluste aus den beiden Produkten ausgleichen. Verändert sich hingegen das benannte Verhältnis, so entstehen Verluste und Gewinne in unterschiedlicher Höhe, so dass eine Kompensation nicht mehr vollumfänglich vorliegt.[502]

Werden Geschäfte mit unterschiedlichen Fristigkeiten miteinander abgesichert, kann es zudem zu einem Roll-over-Risiko kommen. Dies umschreibt das Risiko, dass nach Ablauf eines Sicherungsgeschäftes kein entsprechendes Anschlusssicherungsgeschäft gefunden werden kann und aus diesem Grund die Absicherung beendet werden muss. Dieses Risiko tritt insbesondere dann auf, wenn das Basisgeschäft eine längere Laufzeit hat als die am Markt verfügbaren Sicherungsgeschäfte.[503]

Des Weiteren kann bei Derivaten ein Basisrisiko entstehen. Als Basis wird die Differenz zwischen dem Preis des Basiswertes und dem des Derivates bezeichnet. Der Preis des derivativen Finanzinstrumentes kann sich dabei aufgrund von anderen preisbestimmenden Faktoren anders entwickeln, ohne dass sich der Preis des Basiswertes ändert oder in einem anderen Ausmaß, als sich der Preis des Basiswertes (bzw. umgekehrt) verändert. Vor dem Hintergrund nur begrenzter menschlicher Fähigkeit, Vorhersagen bezüglich von Kursentwicklungen treffen zu können, erwächst aus der möglichen Veränderung der Basis das so genannte Basisrisiko.[504] Eine Absicherung ist aber nur dann perfekt, wenn die Differenz zwischen dem

---

498 Vgl. *Düpmann*, Zinsinduzierte Wertänderungen, 2007, S. 27; *Rolfes*, Gesamtbanksteuerung, 1999, S. 92.

499 Vgl. *Scharpf/Luz*, Risikomanagement, 2000, S. 653; *Heuser-Greipl*, Risikomanagement, 1999, S. 17.

500 Vgl. *Scheffler*, Hedge Accounting, 1994, S. 18.

501 Vgl. *Düpmann*, Zinsinduzierte Wertänderungen, 2007, S. 27; *Scharpf/Luz*, Risikomanagement, 2000, S. 65; *Scheffler*, Hedge Accounting, 1994, S. 17f.

502 Vgl. *Krumnow*, Bankcontrolling, DBW 1995, S. 13.

503 Siehe hierzu Kapitel C II 4.4 dieser Arbeit.

504 Vgl. *Düpmann*, Zinsinduzierte Wertänderungen, 2007, S. 27; *Schmidt*, Rechnungslegung, 2005, S. 85; *Scheffler*, Hedge Accounting, 1994, S. 17. Das Basisrisiko sei definiert als die Gefahr von Vermögensverlusten, die ausgeht von dem Abweichen der sich einstellenden Basis von der kalkulierten, erwarteten Ba-

Sicherungs- und dem Grundgeschäft unverändert bleibt. Durch das Basisrisiko entsteht die Problematik, dass Absicherungen nicht mehr „effektiv" sind.[505]

Ein zusätzliches Risiko derivativer Finanzinstrumente ist das so genannte Systemrisiko. Es bezeichnet die Gefahr, dass Marktteilnehmer, die eine gewisse Bedeutung haben, insbesondere infolge des „falschen" Einsatzes von Derivaten insolvent werden und andere Marktteilnehmer direkt (Vertragspartner) oder indirekt (massenpsychologische Effekte) in Mitleidenschaft ziehen.[506] Dieser Effekt ist in der aktuellen Finanzkrise zu beobachten. Dabei ist die Störung des Finanzmarktes derart bedeutend, dass sich die Finanzkrise auf die Realwirtschaft überträgt und eine weltweite Wirtschaftskrise hervorgerufen hat. Eine vermeintliche Risikoneutralisierung und -reduzierung ist demnach nicht notwendigerweise durch eine Absicherung mit Derivaten zu gewährleisten.

Zusammenfassend bleibt festzuhalten, dass der Einsatz von Derivaten zur Risikoabsicherung nicht nur die erwünscht positive, risikokompensierende Wirkung bedingt, sondern auch zusätzliche Risiken hervorrufen kann. Der Auswahl und dem Einsatz von Derivaten, die in eine Sicherungsbeziehung eingebracht werden, muss daher stets eine detaillierte Risikoanalyse und -abwägung vorgeschaltet werden.

1.3 Finanzwirtschaftliches Risiko versus bilanzielles Risiko

Um eine Analyse des zu Grunde liegenden Themenkomplexes vornehmen zu können, ist es wichtig, zwischen ökonomischem[507] (hier das finanzwirtschaftliche Risiko) und „bilanziellem Risiko" zu differenzieren.[508] Das ökonomische Risiko bezieht sich auf alle bereits vorhandenen Positionen und erbrachten Leistungen, aber vor allem auch auf zukünftige Positionen und noch zu erbringende Leistungen, deren Eintritt noch ungewiss ist. Der Begriff des ökonomischen Risikos wird dabei in der Betriebswirtschaftslehre, wie auch im üblichen Sprachgebrauch, als die Gefahr eines zukünftigen Verlustes interpretiert. Das ökonomische Risiko ist somit ungewiss und zukunftsbezogen. Das bilanzielle Risiko spiegelt die Gefahr wieder, dass sich die bereits eingetretene negative Wertänderung auch tatsächlich im Jahresabschluss niederschlägt. Im Gegensatz zum zukunftsorientierten ökonomischen Risikoverständnis ist das bilanzielle Risikoverständnis bestands- und vergangenheitsorientiert.[509] Bilanzielle Risiken beruhen auf negativen Ereignissen vor dem Bilanzstichtag (bzw. bis zur Bilanzauf-

sis. Dies hat zur Folge, dass trotz Risikosteuerung durch Hedging immer dann Verluste eintreten werden, wenn sich die Richtungsänderung der Basis als numerische Differenz zwischen Termin- und Effektivpreis bis zum geplanten Aufhebungszeitpunkt des Hedgegeschäftes als unvorteilhaft erweist.

505 Nähere Betrachtung der Effektivität bei Sicherungsbeziehungen siehe C II 4.1.

506 Vgl. *Reiner*, Finanzinstrumente, 2002, S. 49.

507 Vgl. *Lorenz*, Bilanzierung, 1997, S. 138; *Widmayer*, Risikomanagement, 2002, S. 12.

508 Hier wird das bilanzielle Risiko nur im betrachteten Kontext gesehen.

509 Vgl. *Piltz*, Drohverlust, StbJb 1999/2000, S. 224; *Scheffler*, Hedge Accounting, 1994, S. 91; *Baetge/ Knüppe*, Risiken, in: Handwörterbuch, 1986, S. 396.

stellung) und führen zu einer Verlustantizipation in der Bilanz.[510] Die verschiedenen Risikoverständnisse bedingen daher unterschiedliche Folgen. Nicht alle ökonomischen Risiken schlagen sich auch bilanziell nieder. Andersherum werden in der Bilanz Risiken abgebildet, die aus ökonomischer Sicht gar nicht bestehen.

Im HGB wird der Begriff des Risikos an unterschiedlichen Stellen verwendet, ohne aber selbst eine Legaldefinition zu erfahren. Der Wortlaut des § 252 Abs. 1 Nr. 4 HGB verlangt, dass alle vorhersehbaren Risiken und Verluste, die bis zum Abschlussstichtag entstanden sind, zu antizipieren sind.[511] Hierbei handelt es sich um den hier verstandenen bilanziellen Risikobegriff. Der noch unrealisierte Verlust ist vom Abschlussstichtag aus betrachtet als vergangenheitsorientiert zu sehen.[512] Künftige negative Erfolgsbeiträge werden hingegen als „Risiken" bezeichnet. Der aus einem „vorhersehbaren" Risiko drohende Erfolgsbeitrag ist am Bilanzstichtag noch nicht eingetreten, es droht aber bereits ein Verlust.[513] Der Begriff „vorhersehbar" ist dabei aber so auszulegen, dass für den Eintritt eine gewisse Wahrscheinlichkeit aufgrund von in der Vergangenheit eingetretenen Ereignissen besteht.[514] Somit können drohende Verluste aus schwebenden Geschäften als feststehende Risiken (bzw. Verluste) angesehen werden.[515] Der Nebensatz im Gesetzestext, der besagt, dass die Risiken und Verluste zu antizipieren sind, „die bis zum Abschlussstichtag entstanden sind", bezieht sich sowohl auf die Verluste als auch auf die Risiken. Dies beruht auf dem Grundsatz der periodengerechten Erfolgs- und Reinvermögensermittlung, wonach nur diejenigen Risiken bilanziert werden dürfen, die bereits im Geschäftsjahr entstandenen sind. Demnach müssen unmittelbare Gründe für die bilanzielle Behandlung der Verluste und Risiken bis zum Abschlussstichtag vorliegen.[516] Für die bilanzielle Behandlung von Verlusten und Risiken muss daher nach gegenwärtiger Beurteilung am Bilanzstichtag ernsthaft mit der Vermögensminderung zu rechnen sein.[517] Keine bilanzielle Beachtung finden hingegen versäumte Chancen oder entgangene Gewinne.[518] Opportunitätskosten sind bilanziell daher nicht zu berücksichtigen, da sie nicht das Eigenkapital vermindern, sondern nur zu weniger Gewinn führen als erwartet werden konnte oder möglich gewesen wäre.[519]

---

510 Die Wertminderung ist dabei noch nicht realisiert; es kann auch in der Zukunft wieder zu einer Wertaufholung kommen.

511 Vgl. *Scharpf/Luz*, Risikomanagement, 2000, S. 226; *Möhler,* Absicherung, 1992, S. 7. Eine gesetzliche Definition des Risikobegriffes existiert nicht. Vgl. § 252 HGB.

512 Vgl. *Göttgens*, Kompensation, 1997, S. 76; *Scheffler*, Hedge Accounting, 1994, S. 91.

513 Vgl. *Baetge/Knüppe,* Risiken in: Handwörterbuch, 1986, S. 396.

514 BFH vom 23.06.1997, GrS 2/93, BStBl II 1997, S. 735.

515 Vgl. *Winkeljohann/Geißler*, Beck`scher BilKomm, 6. Auflage 2006, § 252 HGB Rn. 36.

516 Ist am Abschlussstichtag aufgrund der Geschäftslage des Schuldners mit dem Ausfall der Forderung zu rechnen, dann ist eine Einzelwertberichtigung vorzunehmen. Für die anderen Forderungen ist das durchschnittliche Ausfallrisiko zu schätzen und aktivisch abzusetzen.

517 Vgl. *Oestreicher*, Marktzinsänderung, BB 1993, Beilage 12, S. 6.

518 Vgl. *Oestreicher*, Marktzinsänderung, BB 1993, Beilage 12, S. 7; BFH vom 19.07.1983 VIII R 160/79, BStBl II 1984, S. 56.

519 Vgl. *Oestreicher*, Marktzinsänderung, BB 1993, Beilage 12, S. 7.

In den letzten Jahren hat darüber hinaus auch der finanzwirtschaftliche Risikobegriff Einzug in das Handelsgesetzbuch und das Steuerrecht gehalten. Zunächst wurde der Risikobegriff im Handelsrecht nur im Zusammenhang mit den Angaben im Lage- und Konzernbericht erwähnt. So wird der Begriff des Risikos z. B. in § 289 HGB dahingehend verwendet, dass im Lagebericht die Risiken der künftigen Entwicklungen abgebildet werden müssen. Zweck dieser Vorschrift ist es, dem Adressaten die Risikosituation des Unternehmens vor Augen zu führen und somit eine Stärkung der Informationsfunktion vorzunehmen. Nach § 289 HGB sind die Preisänderungs-, Ausfall- und Liquiditätsrisiken sowie die Risiken aus Zahlungsstromschwankungen, denen das Unternehmen ausgesetzt ist, im Lagebericht anzugeben. Die identische Regelung ist in § 315 Abs. 2 Nr. 2b HGB für den Konzernlagebericht zu finden.[520] Im Jahre 2006 wurde der finanzwirtschaftliche Risikobegriff auch erstmals im EStG erwähnt.[521] In § 5 Abs. 1a EStG heißt es: „zur Absicherung finanzwirtschaftlicher Risiken gebildete Bewertungseinheiten". Es ist somit explizit normiert, dass die Absicherung der gesamten finanzwirtschaftlichen Risiken bilanziell Beachtung finden soll.[522]
Durch die Einführung des finanzwirtschaftlichen Risikobegriffes wird neben dem bisher vergangenheitsorientierten Risiko- bzw. Verlustbegriff eine zukunftsorientierte Sichtweise eingeführt. Es wird daher an geeigneter Stelle in dieser Arbeit darauf eingegangen, ob hierdurch Abgrenzungsprobleme bzw. weit reichende Rechtsfolgen entstehen.

2. Risikomanagement

Insbesondere durch den vermehrten Einsatz von Derivaten ist das Bewusstsein für Risiken geschärft worden. Damit einhergehend hat der Einsatz von Risikomanagementsystemen immer mehr an Bedeutung gewonnen.[523] Im Jahre 1998 wurde zudem das Aktiengesetz durch das KonTraG in der Weise geändert, dass die Vorstände deutscher Aktiengesellschaften

---

520 Das heißt: nach der im Schrifttum vorgenommenen Aufteilung von Risiken müssen hier alle „finanzwirtschaftlichen Risiken" und zusätzlich noch einmal die Risiken aus Zahlungsstromschwankungen dargelegt werden. Nach der bereits aufgezeigten Abgrenzung käme es somit zu einer Mehrfachnennung.

521 Gesetz zur Eindämmung missbräuchlicher Steuergestaltungen vom 28.04.2006, Bundesgesetzblatt 2006, S. 1095.

522 Auch der IASB verwendet wie § 5 Abs.1a EStG lediglich den Begriff, der „financial risks". Anders als im nationalen Recht wird der Begriff über die Verwendung hinaus im Anhang von IFRS 4 genau definiert: „Das Risiko einer möglichen künftigen Änderung von einem oder mehreren eines genannten Zinssatzes, Wertpapierkurses, Rohstoffpreises, Wechselkurses, Preis- oder Zinsindexes, Bonitätsratings oder Kreditindexes oder einer anderen Variablen, vorausgesetzt dass im Fall einer nicht-finanziellen Variablen die Variable nicht spezifisch für eine der Parteien des Vertrages ist." Die Definition des „Finanzrisikos" des IASB ist somit an die Definition angelehnt Die Aussage „oder eine andere Variable" war sogar im Regierungsentwurf des § 254 HGB wortgleich übernommen worden. Vgl. *Regierungsentwurf* BilMoG vom 23.05.2008, Drs. 344/08. Siehe hierzu auch IFRS 7.

523 Vgl. *Naumann*, Risikomanagement, in: Risiko, 2000, S. 323; *Kropp*, Risikopositionen, 1998, S. 131.

verpflichtet sind, adäquate Überwachungssysteme einzurichten (§ 91 Abs. 2 AktG).[524] Es besagt: „Im Mittelpunkt jedes unternehmerischen Handelns muss ein ausgewogenes Verhältnis von Chancen und Risiken stehen. Daher entspricht es den Anforderungen an einen gewissenhaften Geschäftsmann,[525] ein Überwachungssystem zu implementieren, welches die Entstehung von zu hohen Risiken sofort anzeigt, um zeitnahe Gegenmaßnahmen treffen zu können.“ Bei einer börsennotierten Aktiengesellschaft wird zudem nach § 317 Abs. 4 HGB im Rahmen der Abschlussprüfung beurteilt, ob ein Risikomanagement vorhanden ist, welches geeignet ist, diese Anforderungen zu erfüllen.[526] Ein Risikomanagementsystem ist somit von allen Aktiengesellschaften anzuwenden und hat im Konzern mittelbare Ausstrahlwirkung auf die anderen Konzernunternehmen. Daher wird bei Konzernen grundsätzlich ein Risikomanagement für den gesamten Konzern benötigt.

In der Literatur werden die aufgeführten Normierungen als eine Verpflichtung zur Durchführung eines Risikomanagements verstanden.[527] Der Begriff des Risikomanagements ist aber weder national noch international einheitlich belegt.[528] Das Risikomanagement ist allgemein als eine Auseinandersetzung mit der unternehmensspezifischen Risikoneigung bzw. Risikopolitik zu sehen, die sich an den finanzwirtschaftlichen Risiken ausrichten.[529] Beim Versuch der Abgrenzung des Risikomanagementbegriffes wird häufig eine Unterscheidung zwischen Risikomanagement und Risikocontrolling vorgenommen. Ersteres wird als die Steuerung von Risiken verstanden und letzteres als die Risikoüberwachung.[530] Es wird aber auch die Auffassung vertreten, dass der Begriff Risikomanagement als Oberbegriff und somit als Risikomanagement i. w. S. zu verstehen ist. Das Risikomanagement i. w. S. ist dann auf der zweiten Ebene in die drei Unterbereiche Risikocontrolling, Risikosteuerung und Risikomanagement i. e. S. zu unterteilen.[531]

Unabhängig von der Frage der Strukturierung des Risikomanagements ist das Ziel der Risikomanagementsysteme, die unternehmensrelevanten Risiken messen, bewerten und steuern zu können.[532] Da die Umsetzung eines umfassenden Systems aber sehr kostenintensiv sowie zeit- und ressourcenaufwendig und zudem nur in Grenzen zielführend ist, liegt es im Interesse der Unternehmen, nicht alle ökonomischen Risiken zu betrachten. Vielmehr ist festzustellen, dass sich das Risikomanagement in der Praxis meist auf die finanzwirtschaftli-

---

524 Speziell für Finanzinstitute siehe § 25a KWG. Vgl. *Prahl/Naumann*, Financial Instruments in: HdJ II/10, Rn. 25; *Kuhl/Nickel*, Risikomanagement, DB 1999, S. 133ff. Gesetz zur Kontrolle und Transparenz im Unternehmensbereich (KonTraG) vom 01.05.1998, BGBl I 1998, S. 768ff.

525 Siehe hierzu § 93 Abs.1 AktG und § 43 Abs.1 GmbHG.

526 Siehe hierzu § 317 Abs. 4 HGB; *Wiedmann,* in: Wiedmann Bilanzrecht, § 317 HGB Rn. 27ff; *IDW*, Risikofrüherkennungssysteme, PS 340, WPg 1999, S. 658ff.

527 Vgl. *Glaum*, Risikomanagement, 2000, S. 18.

528 Vgl. *Heuser-Greipl*, Risikomanagement, 1999, S. 29; *Bühler/Schmidt*, Risikomanagement, 1997, S. 7.

529 Vgl. *Widmayer*, Risikomanagement, 2002, S. 14; *Heuser-Greipl*, Risikomanagement, 1999, S. 25.

530 Vgl. *Prahl/Naumann*, Financial Instruments, in: HdJ, Abt. II/10, Rn. 45.

531 Vgl. *Widmayer*, Risikomanagement, 2002, S. 15; *Kropp*, Risikopositionen, 1998, S. 133.

532 Vgl. *Schwarz*, Derivative, 2006, S. 29.

chen Risiken und auf den Einsatz von Finanzinstrumenten konzentriert.[533] Dies ist als Gegensatz zu dem in der Literatur verfolgten Idealbild eines gesamtunternehmensbezogenen und strategischen Risikomanagements zu sehen, welches alle Risiken des Unternehmens betrachtet. Zudem wird in manchen Teilen der Literatur die Meinung vertreten, dass das KonTraG vielmehr die Einführung eines Risikofrüherkennungssystems fordert, welches nicht nur die finanzwirtschaftlichen, sondern alle ökonomischen Risiken erfassen soll, solange es sich um bestandsgefährdende Risiken handelt.[534]

Wenn man die Umsetzung des Risikomanagements betrachtet, kann das Risikomanagement als ein zeitlicher Prozess verstanden werden. Dieser Prozess unterscheidet vier Phasen, die mit der Identifikation, Messung (bestehend aus Analyse und Quantifizierung[535]), Steuerung und Kontrolle der Unternehmensrisiken umschrieben werden.[536] Innerhalb der ersten Phase der Risikoidentifikation wird festgelegt,[537] welches die wichtigsten Risiken für das Unternehmen sind (sog. Schwerpunktrisiken). Nur diese Risiken durchlaufen den weiteren Prozess und sind entsprechend näher zu analysieren, zu quantifizieren[538] und ggf. zu steuern. Aufgabe des Risikomanagements ist es daher, nicht die existierenden Risiken vollständig zu verhindern, sondern vielmehr das vom Unternehmen vorgegebene Risiko-Rendite-Verhältnis einzuhalten und die Risiken gegen die Chancen abzuwägen.[539]

Um dieses Verhältnis zu erreichen, werden die identifizierten Schwerpunktrisiken im zweiten Prozessschritt zunächst gemessen. Folglich wird analysiert und quantifiziert, wie die risikobehafteten Ergebnisgrößen des Unternehmens auf die Risikoparameter reagieren und wie hoch die Eintrittswahrscheinlichkeit der Risiken ist. Dabei müssen auch etwaige Wechselwirkungen zwischen verschiedenen Risiken untersucht sowie die aggregierte Gesamtwirkung bestimmt werden.[540] Die Messung von finanzwirtschaftlichen Risiken kann dabei grundsätzlich auf zwei Arten erfolgen, entweder analytisch oder durch Simulation. Bei Marktpreisrisiken werden meist Sensitivitätsanalysen oder Simulationsrechnungen wie Cash-Flow-at-Risk-

---

533 Vgl. *Glaum*, Risikomanagement, 2000, S. 15. Die Unternehmen führen in ihrem Lagebericht aber auch die anderen Risiken auf. *Oehler/Unser*, Risikomanagement, 2001, S. 2.

534 Vgl. *Widmayer*, Risikomanagement, 2002, S. 18.

535 Die Analyse und Quantifizierung wird in der Literatur auch als Risikomessung bezeichnet. Siehe hierzu *Widmayer*, Risikomanagement, 20002, S. 19.

536 Vgl. *Glaum*, Risikomanagement, 2000, S. 13.

537 Vgl. *Scharpf*, Finanzrisiken, in: Risikomanagement, 2000, S. 262.

538 In empirischen Arbeiten hat sich ergeben, dass in der Praxis die hier vorgestellte systematische Vorgehensweise nicht von allen Unternehmen eingehalten wird, sondern Unternehmen auch Risiken „steuern", die sie vorab nicht quantifiziert haben. Siehe hierzu: *Glaum*, Risikomanagement, 2000, S. 16. Für Risikoarten, für die eine Quantifizierung möglich ist, müssen regelmäßig Risikobegrenzungsverfahren durch Vorgabe von Limiten angewandt werden. Quantifizierbar sind beispielsweise Marktpreisrisiken, Adressenausfallrisiken und Liquiditätsrisiken.

539 Vgl. *Schwarz*, Derivative, 2006, S. 29; *Barckow*, Bilanzierung, 2004, S. 25; *Scharpf/Luz*, Risikomanagement, 2000, S. 134. Siehe auch § 289 HGB.

540 Vgl. *Glaum*, Risikomanagement, 2000, S. 13.

Verfahren (CFaR[541]), Earnings-at-Risk-Verfahren (EaR) sowie Value-at-Risk-Verfahren (VaR)[542] eingesetzt.[543] Kreditrisiken werden hingegen anhand von Mark-to-Market-Modellen und Default-Modellen gemessen.[544] Bei der Auswahl der Messart sind neben der Genauigkeit der Messung in der Praxis aber auch zwei weitere Faktoren von Bedeutung: zum einen die Kosten-Nutzen-Relation und zum anderen die Praktikabilität der Methode.

In der dritten Phase des Risikomanagements, welche die Steuerung der Risiken umschreibt, wird schließlich entschieden, wie mit einem Geschäft bzw. mit einem ihm immanenten Risiko verfahren werden soll. Wie schon im ersten Schritt der Identifikation der Schwerpunktrisiken geben auch in dieser Phase die Unternehmensziele bzw. die Risiko-Rendite-Neigung des Unternehmens die Orientierung an.[545] Bei der Risikosteuerung können grundsätzlich drei Alternativen unterschieden werden: erstens die grundsätzliche Vermeidung des Risikos, zweitens die Risikoübertragung auf Dritte und drittens die Risikoabsicherung.[546] Es ist ersichtlich, dass nicht jedes identifizierte und analysierte Risiko letztlich auch einer Risikoabsicherung unterzogen wird. Vielmehr kann auch eine Beobachtung der Schwerpunktrisiken erfolgen. Zudem werden Risiken oft auch über Limite gesteuert, womit eine betragliche Begrenzung der Risiken erfolgen soll. Dazu wird ein maximal zu erwartender Verlust berechnet, welcher während einer definierten Periode mit einer vorgegebenen Wahrscheinlichkeit zu erwarten ist.[547] Insbesondere bei Banken, aber auch bei den großen Industrieunternehmen werden Obergrenzen definiert, die vorgeben, welches Maß an Risikopotenzial in dem Unternehmen verbleiben darf.[548]

---

541 Das Cash-Flow-at-Risk-Konzept baut auf der VaR-Methodik auf und zeigt, welche zusätzlichen Cash-Flow-Belastungen dem Unternehmen bzw. der Kommune innerhalb eines bestimmten Zeitraums entstehen könnten. Dabei wird ein aus aktueller Sicht vernünftiges, jedoch das schlechteste der sinnvollen Szenarien unterstellt. Die Auswahl der Szenarien erfolgt nach marktgängigen Methoden und entlastet den Finanzleiter bei den Überlegungen, welche Szenarien für das eigene Portfolio als Referenz Verwendung finden sollen.

542 Das Value-at-Risk (VaR)-Konzept in Form einer Kennzahl findet mehr und mehr Anhänger. Betrachtet wird eine zentrale Kennzahl, die mögliche Veränderungen der Marktwerte beschreibt. Ferner kann eine Vielzahl unterschiedlicher Risiken wie z. B. Währungen, Zinsen, Rohstoffe in einer Gesamtheit zusammengefasst werden und mit einer einzigen Zahl beschrieben werden. Im Praxiseinsatz hat der Finanzleiter somit ein zusätzliches, mathematisch ermitteltes und objektives Signal, ob bei der Risikosteuerung Handlungsbedarf besteht. Es ist eine weitere, keine ausschließliche, Entscheidungshilfe für Entscheidungen mit höherer Transparenz. *Albrecht/Maurer*, Risikomanagement, 2. Auflage 2005, S. 122ff und S. 785ff.

543 Vgl. *Krumnow/Sprißler u. a.*, Kreditinstitute, 2. Auflage 2004, § 340e HGB Rn. 324; *Scharpf*, Finanzrisiken, in: Risikomanagement, 2000, S. 264.

544 Vgl. *Scheffler*, Hedge Accounting, 1994, S. 22ff; Für die Risikoarten, die sich hingegen nicht quantifizieren lassen, müssen weichere Verfahren angewandt werden; diese werden aber im Folgenden nicht näher betrachtet.

545 Vgl. *Brötzmann*, Bilanzierung, 2004, S. 18.

546 Vgl. *Barckow*, Bilanzierung, 2004, S. 25.

547 Vgl. *Scharpf*, Finanzrisiken, in: Risikomanagement, 2000, S. 262.

548 Vgl. *Große/Schmidt*, Handelsaktivitäten, WPg 2007, S. 862; Deutsche Lufthansa Geschäftsbericht 2007 http://berichte.lufthansa.com/2007/gb/1024381.html; Bayer Geschäftsbericht 2007 http://www.annualreport2007.bayer.com/de/bayer_lagebericht_2007.pdfx

Als vierte und letzte Phase befasst sich das Risikomanagement idealiter mit der Dokumentation und Kontrolle. Dabei wird jede Risikoart separat erfasst und die gewählte Risikosteuerung bzw. Absicherungsstrategie dokumentiert.[549]

Die Komplexität des Risikomanagements wird dadurch deutlich, dass durch die Risikoreduktion in Form der Absicherung das Risiko auch wieder vergrößert werden kann.[550] Insbesondere vor dem Hintergrund der derzeitigen Finanzkrise muss bedacht werden, dass ein Risikomanagementsystem kein Garant für eine perfekte Absicherung ist. Häufig genannte Ursachen der Finanzkrise setzen an den Defiziten im Risikomanagement der Investoren an und weisen auf technische Fehler in Risikomanagement der Banken hin.[551] So werden die Probleme weniger in der mathematischen Modellierung als in der Schätzung der Parameter und der ökonomischen Interpretation der Ergebnisse wie auch in der Interdependenz der verschiedenen Risikoarten gesehen.[552]

3. Systematisierung von Sicherungsbeziehungen

Aus finanzwirtschaftlicher Perspektive verfolgt ein Unternehmer durch den Abschluss eines Sicherungsgeschäftes ex definitione die Absicht, das Risiko aus einem bestehenden Grundgeschäft durch ein anderes Geschäft abzusichern.[553] Die Risikoabsicherung, die letztlich zu einer Risikoreduktion bzw. -kompensation führt, wird durch das Eingehen eines Geschäftes erreicht, welches einem entgegengesetzten Risiko ausgesetzt ist.[554] Die Beziehung zwischen dem Grund- und Sicherungsgeschäft ist dabei rein zweckbestimmt und nicht vertraglich oder gesetzlich festgelegt, d. h., eine Sicherungsbeziehung kann theoretisch jederzeit begründet oder auch aufgelöst werden.[555] Von einer natürlichen Absicherung spricht man, wenn bestehende Transaktionen bzw. Positionen ausgeglichen werden, ohne dass Finanztransaktionen eingegangen werden müssen. Dies wird auch als passive Risikoabsicherung bezeichnet.[556]

---

549 Vgl. *Kropp*, Risikopositionen, 1998, S. 135. Im handelsrechtlichen Schrifttum wurde bereits vor Einführung des § 254 HGB und der Einführung der Dokumentation in den Anhangsangaben gefordert, dass Sicherungsgeschäfte gesondert aufgeführt werden sollten, um sie beispielsweise von spekulativen Geschäften explizit abgrenzen zu können. Dies kommt einer Gliederung nach der Zwecksetzung gleich. Zudem sei es hierbei sachgerecht, die Geschäfte danach zu klassifizieren, welches Geschäft bzw. Risiko sie absichern. Vgl. *Pfitzer/Scharpf/Schaber*, antizipative Hedges Teil 2, WPg 2007, S. 723.

550 Vgl. *Heuser-Greipl*, Risikomanagement, 1999, S. 46. Siehe hierzu auch Kapitel C II 3.2.6 dieser Arbeit.

551 Vgl. *Rudolph*, Finanzkrise, Zfbf 2008, S. 727.

552 Vgl. *Rudolph*, Finanzkrise, Zfbf 2008, S. 728.

553 Bevor in einem späteren Kapitel auf die bilanzielle Behandlung von Sicherungsbeziehungen eingegangen wird, folgt als Grundlage zunächst eine Betrachtung derselben aus einer finanzwirtschaftlichen Perspektive.

554 Vgl. *Waldersee*, Bilanzierung, in: FS Weber, 1999, S. 247; *Scheffler*, Hedge Accounting, 1994, S. 56; *Breker*, Optionsrechte, 1993, S. 45.

555 Vgl. *Barckow*, Bilanzierung, 2004, S. 25; *Anstett/Husmann*, Bildung, BB 1998, S. 1523.

556 Vgl. *Große*, IAS 39, 2007, S. 80; *Gebhardt*, Probleme, BFuP 1996, S. 557.

Gleichen die Positionen sich nicht aus und wird keine gegenläufige Absicherung vorgenommen, spricht man von einer offenen Position.[557]

Wird die Grundentscheidung getroffen, eine Absicherung vorzunehmen, bestimmt die Absicherungsstrategie vier Elemente: den Umfang (die Reichweite), den zeitlichen Ablauf, die Art und den Zeitpunkt der Absicherung.[558] Der Umfang einer Absicherung bezieht sich dabei auf die Anzahl der zu sichernden Grundgeschäfte, die in einer Sicherungsbeziehung zusammengefasst werden.[559] Es wird zwischen Micro, Macro und Portfolio Hedges unterschieden. Micro Hedges beziehen sich auf eindeutig identifizierbare Positionen, Macro sowie Portfolio Hedges hingegen auf ganze Gruppen von Geschäften.[560] Eindeutige und unstrittige Begriffsabgrenzungen existierten bisher aber nicht.[561]

Hinsichtlich des zweiten Elements, des zeitlichen Ablaufs von Sicherungsstrategien, wird zwischen statischer und dynamischer Absicherung differenziert. Bei der statischen Absicherung wird die einmal eröffnete Sicherungsposition bis zum Ende des Sicherungszeitraums in ihrer Höhe unverändert gehalten.[562] Statische Hedges erzeugen einen Risikoschutz zum Fälligkeitstag des Absicherungsgeschäftes. Während der Laufzeit der statischen Absicherung kann es hingegen zu Unter- oder Übersicherungen kommen.[563] Im Rahmen der dynamischen Absicherung kommt es im Vergleich zum statischen Hedge fortwährend zu einer Anpassung des Volumens der Sicherungsposition.[564] Bei Micro Hedges kann sowohl eine statische als auch eine dynamische Absicherungsstrategie erfolgen.[565] Bei Gruppenpositionen (Macro und Portfolio Hedges) ist hingegen eine fortwährende Anpassung notwendig. Macro und Portfolio Hedges erfordern somit schon wegen der charakteristischen Merkmale, die der Absicherungsbeziehung zugrunde liegen, eine dynamische Absicherung.[566]

Als drittes Element einer Absicherungsstrategie bestimmt sich die Art der Absicherung durch den Basiswert von Grund- und Sicherungsgeschäft.[567] Stimmt der Basiswert des Sicherungsgeschäftes mit dem der abzusichernden Position überein, spricht man von einer direkten Absicherung (Pure Hedge). Anderenfalls kommt es zu einer indirekten Absicherung (Cross

557 Vgl. *Günkel*, Bilanzsteuerrecht, StbJb 2002/03, S. 277.

558 Vgl. *Scheffler*, Hedge Accounting, 1994, S. 56.

559 Vgl. *Scheffler*, Hedge Accounting, 1994, S. 57; *Meyer*, Revision, 1993, S. 53.

560 Vgl. *Barckow*, Bilanzierung, 2004, S. 26; *Reiner*, Finanzinstrumente, 2002, S. 59. Auf die Unterscheidung wird im späteren Teil der Arbeit eingegangen.

561 Auf diesen Umstand wird im Rahmen der bilanziellen Betrachtung näher eingegangen.

562 Vgl. *Klotz/Philipp*, Optionsscheine, 2000, S. 222; *Riddermann/Straßberger*, Bewertung, Dresdner Beiträge 11/98, S. 3; *Scheffler*, Hedge Accounting, 1994, S. 65f.

563 Vgl. *Klotz/Philipp*, Optionsscheine, 2000, S. 222.

564 Vgl. *Patek*, Finanzprodukte, 2001, S. 51; *Scheffler*, Hedge Accounting, 1994, S. 66. Der dynamische Hedge bietet daher auch während der Laufzeit eine Sicherheit vor Verlusten.

565 Aufgrund der hohen Transaktionskosten einer dynamischen Absicherung dürfte bei einem Micro Hedge aber eine statische Absicherungsstrategie die Regel sein.

566 Vgl. *Patek*, Finanzprodukte, 2001, S. 51; *Scheffler*, Hedge Accounting, 1994, S. 66.

567 Vgl. *Staudt/Weinberger*, Bewertung, WPg 1997, S. 44.

Hedge).[568] Das Cross Hedging ist in der Regel preiswerter und einfacher als das Pure Hedging, da das Sicherungsinstrument nicht alle Eigenschaften des Grundgeschäftes besitzen muss. Als Einschränkung muss dafür aber ein ineffektiveres Sicherungsergebnis in Kauf genommen werden.[569]

Das vierte und letzte Element der Absicherungsstrategien beschäftigt sich mit der Frage, ob eine bereits vertraglich bzw. rechtlich bestehende oder erst geplante Grundposition abgesichert werden soll (unpräzise als Zeitpunkt der Absicherung bezeichnet). Grundpositionen bzw. unternehmerische Geschäftsvorfälle werden nach ihrem zeitlichen Kontext unterschieden, nämlich danach, ob sie in der Vergangenheit stattgefunden haben, in der Zukunft stattfinden werden oder nur geplant sind. Die künftigen bzw. geplanten Transaktionen lassen sich dabei nach ihrem Verpflichtungsgrad differenzieren. Der Verpflichtungsgrad gibt wieder, wie stark ein Unternehmen an die Verpflichtung gegenüber einem Dritten gebunden ist. Eine feste Verpflichtung bindet das Unternehmen aufgrund einer rechtlichen oder vertraglichen Grundlage an die Erfüllung des vereinbarten Geschäftsgegenstandes. Bei einer vorhergesehenen Transaktion gibt es hingegen keine rechtliche oder vertragliche Grundlage, da die Transaktion nur beabsichtigter Natur ist. Der Schwerpunkt der Absicherungsstrategien liegt in der Praxis derzeit primär auf der Absicherung von bestehenden Grundgeschäften. Diese Absicherung wird Bestands- bzw. Cash-Hedging genannt.[570] Die Möglichkeit der Absicherung geplanter, noch nicht fest abgeschlossener Positionen bezeichnet man als antizipatives Hedging.[571]

Der Erfolg einer Absicherungsstrategie hängt stark von zwei Faktoren ab, nämlich der Korrelation und der Hedge-Ratio des Grund- und Sicherungsgeschäfts.[572] Der Korrelationskoeffizient einer Sicherungsbeziehung gibt an, wie die Änderung des Sicherungs- mit der des Grundgeschäfts zusammenhängt, d.h. er gibt an, in welche Richtung sich die jeweiligen

---

568 Vgl. *Barckow*, Bilanzierung, 2004, S. 28; *Staudt/Weinberger*, Bewertung, WPg 1997, S. 62; *Riddermann/Straßberger*, Bewertung, Dresdner Beiträge 11/98, S. 4; *Breker*, Optionsrechte, 1993, S. 190.

569 Vgl. *Staudt/Weinberger*, Bewertung, WPg 1997, S. 44.

570 Vgl. *Barckow*, Bilanzierung, 2004, S. 29; *Riddermann/Straßberger*, Bewertung, Dresdner Beiträge 11/98, S. 3.

571 Im deutschen Sprachgebrauch wird auch von einer Absicherung einer erwarteten Transaktion gesprochen. Vgl. *Beckmann*, Jahresabschluss, 1992, S. 73; *Scharpf/Luz*, Risikomanagement, 2000, S. 328; *Scheffler*, Hedge Accounting, 1994, S. 59; *Löw*, Bewertung, WPg 2004, S. 1110; *Löw*, antizipative Absicherung, in: FS Krumnow, 2004, S. 245; *Wotschofsky/Thomas*, Termingeschäfte, BBK 2002, Fach 12, S. 6617; *Prahl/Naumann*, Financial Instruments, in: HdJ, Abt. II/10, Rn. 15. Diese gelangen nicht zuletzt durch das BilMoG immer stärker in den Fokus des Interesses.

572 Vgl. *Beike/Barckow*, Finanzderivate, 2002, S. 34; *Scharpf/Luz*, Risikomanagement, 2000, S. 627; *Kürsten*, Hedgingmodelle, in: Bewertung, 1997, S. 140; *Meyer*, Revision, 1993, S. 53;Siehe hier auch verschiedene Methoden zur Berechnung der Hedge-Ratio. Die Hedge-Ratio ist der Kehrwert von Delta. Düpmann schreibt, das Delta determiniert die Höhe der Hedge-Ratio. *Düpmann*, Zinsinduzierte Wertänderung, 2007, S. 29. Richtet man die Anzahl der Sicherungsgeschäfte nach der Hedge-Ratio, dann ändert sich die Gesamtposition bei kleinen Änderungen des Kassakurses nicht. Das Delta der Gesamtposition ist somit Null und man spricht von einem deltaneutralen Hedge.

Risiken zueinander bewegen (gleich- oder entgegengerichtet).[573] Der Wert des Korrelationskoeffizienten liegt demnach zwischen -1 und +1. Ein Wert von -1 (+1) bedeutet eine perfekt negative (positive) Korrelation zweier Variablen bzw. Geschäfte. Ein Wert von Null bedeutet, dass die Variablen bzw. Geschäfte unabhängig voneinander sind. Um eine Risikoreduktion bzw. -kompensation grundsätzlich überhaupt zu ermöglichen, müssen die Geschäfte daher negativ korreliert sein, also ein entgegengesetztes Risiko aufweisen.[574]

Neben der Korrelation, welche die Güte der Absicherung repräsentiert, ist aber auch die Hedge-Ratio[575] ein entscheidender Indikator zur Beurteilung der Effektivität einer Sicherungsbeziehung.[576] Die Hedge-Ratio gibt das Ausmaß der Absicherung an und erklärt, welcher prozentuale Anteil des Grundgeschäftes durch das Sicherungsinstrument tatsächlich abgesichert ist.[577] Ein perfekter Hedge liegt demnach bei einer Hedge-Ratio von 100% vor. Hier gleichen sich die jeweiligen absoluten Wertentwicklungen des Grund- und Sicherungsgeschäftes exakt aus. Ein perfekter Hedge setzt in der Regel eine perfekt negative Korrelation (Wert -1) voraus und unterstreicht damit die Bedeutung des Korrelationskoeffizienten. Eine perfekt negative Korrelation ohne Beachtung der Hedge-Ratio bedeutet aber andererseits nicht, dass das Risiko vollständig neutralisiert worden ist. So kann bei einem Korrelationskoeffizient von -1 das Risiko innerhalb einer Sicherungsbeziehung trotzdem zur Hälfte ungesichert sein. In diesem Fall liegt eine Hedge-Ratio von 50% vor.[578] In der Praxis ist in den meisten Fällen keine Absicherung in Höhe von 100% gegeben, was entweder daraus resultiert, dass die Korrelation zwischen Sicherungs- und Grundgeschäft nicht groß genug ist (also nicht genau den Wert -1 aufweist) oder dass nicht die gesamte Position abgesichert wurde (partielle Absicherung).[579] Um beurteilen zu können, ob das Risiko einer Sicherungsbeziehung vollständig neutralisiert wurde, ist es daher notwendig, beide Indikatoren zu betrachten.[580]

---

573 Vgl. *Anstett/Husmann*, Bildung, BB 1998, S. 1528; *Scheffler*, Hedge Accounting, 1994, S. 61.

574 Vgl. *Brackert/Prahl/Naumann*, Risikosteuerung, WPg 1995, S. 545; *Scheffler*, Hedge Accounting, 1994, S. 62.

575 Hedge-Ratio ist die Bezeichnung für das Verhältnis von Grundgeschäft zu Absicherungsposition bzw. für die sich daraus ergebende Kontraktanzahl, zur weiteren Ausführung s. *Steiner/Bruns*, Wertpapiermanagement, 8. Auflage 2002, S. 493. Die Hedge-Ratio kann anhand verschiedener Verfahren ermittelt werden. Wichtig für die Absicherungseffektivität ist, dass sie fortwährend überprüft und angepasst wird.

576 Zu weiteren Ausführungen siehe *Scheffler*, Hedge Accounting, 1994, S. 62f; *Prahl/Naumann*, Instruments, HdJ Abt. II/10, 2000, Rn. 206.

577 Vgl. *Tönnies/Schiersmann*, Zulässigkeit Teil I, DStR 1997, S. 718.

578 Vgl. *Anstett/Husmann*, Bildung, BB 1998, S. 1528.

579 Vgl. *Scheffler*, Hedge Accounting, 1994, S. 62; *Reiner*, Finanzinstrumente, 2002, S. 58. Sicherungsstrategien sind meist nicht auf den Aufbau eines synthetischen Gegengeschäftes gerichtet, welches zu einer vollständigen Neutralisation führt. In den meisten Fällen beschränkt sich die Absicherung vielmehr auf die Kompensation von bestimmten finanzwirtschaftlichen Risiken. Durch die Absicherung entsteht aus der abzusichernden Position eine „synthetische risikoärmere Position".

580 Die angeführten Überlegungen in Bezug auf die Korrelation und insbesondere auf die Hedge-Ratio sind für die spätere Analyse der kompensatorischen Bewertung von hoher Bedeutung und werden an geeigneter Stelle wieder aufgenommen.

C. Bilanzielle Behandlung von Finanzinstrumenten als Teil einer Sicherungsbeziehung

Nachdem in Teil A.II.2 eine Betrachtung der bilanziellen Behandlung von Finanzinstrumenten nach ihrer Art (unabhängig von der Zwecksetzung) und unter Beachtung der GoB durchgeführt wurde, wurde in Teil B.I aufgezeigt, dass Finanzinstrumente vermehrt zum Zweck der Risikoabsicherung eingesetzt werden. Konsequenterweise werden im Folgenden beide Untersuchungsbereiche zusammengeführt und untersucht, wie Finanzinstrumente, die zum Zweck der Risikoabsicherung in eine Sicherungsbeziehung eingebracht worden sind, bilanziell zu behandeln sind.

Die gesetzlichen Bilanzierungs- und Bewertungsvorschriften bedingen, dass das bilanzielle Risiko das finanzwirtschaftliche Risiko normalerweise nicht übersteigt. Im Rahmen von Sicherungsbeziehungen kann es jedoch dazu kommen, dass bilanzielle Verluste ausgewiesen werden müssen, denen aufgrund einer erfolgten Absicherung keine finanzwirtschaftlichen Risiken gegenüberstehen.[581] Entsprechend wird bei der bilanziellen Darstellung von Finanzinstrumenten, die sich nicht an der Zwecksetzung, sondern an der Art des Finanzinstrumentes orientiert, die wirtschaftliche Lage nicht richtig dargestellt. Deshalb ist es wichtig, die Grund- und Sicherungsgeschäfte, die in einem logischen und wirtschaftlichen Zweckverbund stehen, auch bilanziell gemeinsam zu betrachten, da das tatsächliche Risiko immer an die Gesamtposition anknüpft.[582]

Vor diesem Hintergrund wird seit Jahren ein Ausweis für Grund- und Sicherungsgeschäfte gefordert, welcher die ökonomische Wirkung der Absicherung auch in der Bilanz und GuV richtig darstellen kann. Bei der Würdigung der verschiedenen diskutierten und teilweise im Rahmen der internationalen Standards angewendeten Modelle muss jedoch beachtet werden, unter welcher Zielsetzung diese Modelle entwickelt worden sind und welches bilanzielle Problem als Ausgangspunkt zugrunde gelegen hat. Schließlich ist es im Allgemeinen nicht die Aufgabe der Bilanz, das tatsächliche wirtschaftliche Bild widerzuspiegeln. Anderenfalls könnte die Bilanz nicht auf einer statischen, auf Anschaffungskosten basierten Betrachtung aufbauen. Vielmehr geht es bei der Implementierung der Behandlung von Sicherungsbeziehungen darum, die bisher fehlerhafte bilanzielle Darstellung zu korrigieren.[583] Zur fundierten Analyse und Würdigung des durch das BilMoG eingeführten Konzeptes der Bewertungseinheit muss folglich untersucht werden, welche Absicherungszusammenhänge unter Beachtung der GoB nicht zutreffend dargestellt werden können.

---

581 Vgl. *Scheffler*, Hedge Accounting, 1994, S. 91ff.

582 Vgl. *Prahl*, Bilanzierung, WPg 1996, S. 831.

583 Auch das Hedge Accounting nach IFRS spiegelt nicht alle in der Praxis real durchgeführten Absicherungen wieder.

In der folgenden Analyse wird daher die Wirkungsweise verschiedener Sicherungsbeziehungen zunächst konzeptionell analysiert. Dabei wird die Notwendigkeit und Reichweite einer Abbildung von Sicherungsbeziehungen in einer anschaffungskostenorientierten Abbildungskonzeption untersucht. Insbesondere wird auch auf den Bedarf eines Konzeptes bei der Ermittlung des steuerpflichtigen Gewinnes eingegangen (Kapitel C.I). In einem zweiten Schritt werden die Probleme klassifiziert, welche sich bei der vorangegangenen Analyse herauskristallisiert haben (C.I.2). Erst im Anschluss daran werden schließlich, unter Zuhilfenahme der IFRS-Regelungen, die aktuellen nationalen gesetzlichen Regelungen und die Änderungen, die sich durch die Reform des Handelsrechts (BilMoG) ergeben, auf ihre Zweckmäßigkeit untersucht (C.II).

I. Konzeptionelle Darstellung von Sicherungszusammenhängen

Grundsätzlich können Finanzinstrumente mit unterschiedlichsten Ausprägungen und verschiedenem Umfang kreiert werden. Der Kreativität der Marktteilnehmer sind dabei kaum Grenzen gesetzt. Diese Arbeit fokussiert sich im Rahmen der konzeptionellen Darstellung daher auf die wichtigsten und gängigsten Finanzinstrumente im Kontext von Sicherungsbeziehungen. Zur Problemverdeutlichung werden zudem Sicherungsbeziehungen mit nur zwei Einzelpositionen betrachtet, also mit jeweils einem Grund- und einem Sicherungsgeschäft. Grund- und Sicherungsgeschäft können dabei prinzipiell sowohl ein originäres als auch ein derivatives Finanzinstrument sein. Als Grundgeschäfte kommen zudem erwartete Transaktionen in Betracht. Neben der Tatsache, dass sich diese Einzel- bzw. Microbetrachtungsweise besonders zur Herausarbeitung von spezifischen Problemen eignet, ist ferner festzustellen, dass im handelsbilanziellen Schrifttum, bis zur Einführung des § 254 HGB, auch nur diese Micro-Ebene unstrittig war.[584] Steuerbilanziell hingegen wurde und wird die Behandlung von Sicherungsbeziehungen nicht einmal auf der Einzelbetrachtungsebene als unstrittig betrachtet.[585] Auf der benannten Micro-Ebene werden die Sicherungsbeziehungen zudem unter Berücksichtigung nur einer Risikoart untersucht.

Unter Einbezug der Schrifttumsmeinung und von Stellungnahmen insbesondere des IDW wird die grundsätzliche Problematik zwischen finanzwirtschaftlicher Sichtweise, handelsbilanzieller Rechnungslegung und steuerlicher Gewinnermittlung herausgearbeitet. Es ist hingegen nicht das Ziel dieser Arbeit, alle Detailprobleme aufzuzeigen. Die Darstellungen basieren dabei auf den branchenübergreifenden gesetzlichen Regelungen. Bankenspezifische Regelungen werden nur dann herangezogen, wenn sie grundsätzlich auf alle Unternehmen übertragbar sind. Es wird zudem die derzeitige Rechtslage (zunächst unter Ausgrenzung des BilMoG) wertfrei zugrunde gelegt. Bei der Analyse ist es vor allem aber wichtig zu beachten,

584 Vgl. *Scharpf/Schaber*, BilMoG, KoR 2008, S. 532; *Bieker*, Paradigmenwechsel, PiR 2008, S. 366.
585 Dies wird im Verlauf der folgenden Betrachtung detailliert herausgearbeitet.

dass stets eine Differenzierung zwischen der ökonomischen Ebene der Absicherung (Englisch: Hedging) und der bilanziellen Ebene (Englisch: Hedge Accounting) vorgenommen wird. In der deutschen Sprache wird diesbezüglich nicht immer explizit unterschieden, was teilweise zu Konfusionen bzw. Fehlern führen kann.

Die nachfolgend identifizierten Probleme werden im zweiten Teil des Kapitels C (C.II) im Rahmen der aktuellen gesetzlichen Kodifizierung (BilMoG) einer näheren Analyse zugeführt. Wo angebracht und von sinnstiftendem Wert, werden die zusätzlichen Probleme, welche aufgrund komplexerer Kombinationen von Finanzinstrumenten (strukturierte Produkte) oder aus der Duplizierbarkeit von Produkten (synthetische Produkte) entstehen, in den Analysebereich mit aufgenommen. Auch die strikte Fokussierung auf die Einzelbetrachtungsebene wird nicht beibehalten, sondern erweitert.

1. Klassifizierung von Sicherungsbeziehungen

Grundsätzlich sind unendlich viele Kombinationen von Sicherungsbeziehungen möglich. Der Fokus wird aber auf die Einzelbetrachtungsebene gelegt, auf der nachfolgend fünf Fallbeispiele im Detail untersucht werden. Die Untersuchung findet dabei auf einer konzeptionellen Basis statt, bei der die Wirkungsweise der Sicherungsbeziehungen aus drei Perspektiven analysiert wird. Die erste Perspektive befasst sich mit den finanzwirtschaftlichen Eigenschaften verschiedener Finanzinstrumente innerhalb von Sicherungszusammenhängen und den ihnen zugrunde liegenden Risiken. Diese Analyse abstrahiert zunächst von der gesetzlichen Ebene. Erst die zweite Perspektive führt sodann den gesetzlichen Kontext in die Untersuchung ein und zeigt die handels- und steuerbilanziellen Auswirkungen von Sicherungsbeziehungen unter Beachtung der traditionellen GoB. Innerhalb der letzten Perspektive werden schließlich die Fachliteratur und Stellungnahmen von Fachgremien hinzugezogen, um basierend auf den unterschiedlichen Auffassungen abzubilden, wie Finanzinstrumente innerhalb von Sicherungsbeziehungen sinnvollerweise zu behandeln sein können.

Die in der nachfolgenden Tabelle aufgeführten fünf Fallbeispiele wurden ausgewählt, da anhand dieser Beispielsfälle alle wichtigen und für diese Untersuchung relevanten Problembereiche analysiert, diskutiert und evaluiert werden können. Die Betrachtung weiterer Beispiele wäre zwar interessant, würde aber keine weiteren grundlegenden Erkenntnisse liefern, die für die Beurteilung der bilanziellen Behandlung von Sicherungsbeziehungen zwingend notwendig sind. Die Untersuchung konzentriert sich daher auf folgende Fälle:

Fallbeispiel	Grundgeschäft	Sicherungsgeschäft
1	Bilanzposition	Unbedingtes Finanzinstrument
2	Bilanzposition	Bedingtes Finanzinstrument
3	Bilanzposition	Originäres Finanzinstrument
4	Bedingtes Finanzinstrument	Originäres Finanzinstrument
5	Antizipatives Geschäft	Unbedingtes Finanzinstrument

Tabelle 2: Fallbeispiele der zu untersuchenden Sicherungsbeziehungen

Bei der Untersuchung wird im Detail jeweils ein Risiko zugrunde gelegt, welches es innerhalb der Sicherungsbeziehung abzusichern gilt. Der Fokus wird hierbei auf die Preisrisiken gelegt, welche, wie bereits herausgearbeitet, die Zins-, Währungs- und sonstigen Preisrisiken umfassen. Es wird vereinfachend angenommen, dass keine zusätzlichen Adressenausfall- oder Liquiditätsrisiken vorliegen. Auch wird davon ausgegangen, dass gleiche bzw. ähnliche Vertragsmodalitäten beim Grund- und Sicherungsgeschäft bestehen, um in der ersten Annäherung an das Thema keine unnötigen und zusätzlichen Komplikationen einfließen zu lassen. Dies bedeutet, dass bspw. auf gleiche Laufzeit und Betragsidentität bei Grund- und Sicherungsgeschäft abgestellt wird. Alle Voraussetzungen, die für das Zustandekommen einer Sicherungsbeziehung notwendig sind, werden ebenfalls als gegeben angenommen. Des Weiteren wird eine statische Betrachtung zugrunde gelegt. D.h., dass die bilanzielle Behandlung nur während des bestehenden Sicherungszusammenhanges betrachtet wird. Die Fragen der Wertaufholung während der Laufzeit und der Beendigung von Sicherungsbeziehungen werden in diesem Kapitel nicht untersucht. Dies wird in einem späteren Kapitel nachgeholt.[586] Zuletzt ist herauszustellen, dass bereits in einem Fall herausgearbeitete Feststellungen und Probleme nicht erneut aufgegriffen werden, nur weil sie in gleicher Art, aber in einem abweichenden Kontext nochmals auftreten. Die Feststellungen und Probleme werden vielmehr als bekannt vorausgesetzt und der Fokus der Untersuchung konzentriert sich auf das Aufzeigen neuer Erkenntnisse.

1.1 Grundgeschäft: Bilanzposition / Sicherungsgeschäft: unbedingtes Finanzinstrument

Unter dem Begriff der Bilanzposition werden im weiteren Verlauf Vermögensgegenstände (Wirtschaftgüter) und Schulden verstanden. Bei diesen kann es sich sowohl um realwirtschaftliche Positionen als auch um originäre Finanzinstrumente handeln. Die Bilanzpositionen, deren bilanzielle Behandlung bereits in Kapitel A dargestellt wurde, sind unterschiedli-

586 Siehe hierzu insbesondere Kapitel C II 4.3 und Kapitel D dieser Arbeit.

chen finanzwirtschaftlichen Risiken ausgesetzt, welche mit unbedingten, bedingten oder aber originären Finanzinstrumenten abgesichert werden können. Die jeweiligen Auswirkungen werden im Folgenden sowie in den zwei nachfolgenden Fallbeispielen untersucht.

Wie auch mit anderen Absicherungsinstrumenten sichert sich ein Unternehmen bei der Absicherung durch ein unbedingtes Finanzinstrument primär gegen Risiken ab. Es wird das der Position innewohnende Risiko neutralisiert bzw. minimiert. Wegen der Unbedingtheit des Sicherungsinstrumentes verzichtet das Unternehmen jedoch – vollständig oder teilweise – auf die positiven Gewinnchancen des zugrunde liegenden Geschäftes.[587]

Abhängig vom vorhandenen Risiko werden in der Praxis verschiedene unbedingte Instrumente zur Absicherung eingesetzt. Nicht-Kreditinstitute sicheren ihre Zinsänderungsrisiken meist mit Swaps ab.[588] Swaps werden aber teilweise auch zur Absicherung von Währungs- und sonstigen Preisrisiken verwendet.[589] Forwards werden hingegen vorwiegend bei Währungsrisiken eingesetzt, aber auch zur Absicherung von Zinsrisiken[590] und sonstigen Preisrisiken herangezogen. Futures werden hingegen meist bei Existenz von sonstigen Preisrisiken, wie z. B. Güterpreis- und Kursrisiken, in Sicherungsbeziehungen eingebracht. Sie können aber auch Zinsrisiken absichern.[591] Im Folgenden werden anhand von zwei Risikoarten, namentlich den Zins- und Währungsrisiken, die wichtigsten Sachprobleme in Bezug auf Sicherungsbeziehungen herausgearbeitet.

Bei Nicht-Finanzinstituten erfolgt die Absicherung von Zinsrisiken vorwiegend mit Swaps.[592] Hierbei muss zwischen Grundgeschäften mit variablem Zinssatz und Geschäften, die mit einem Festzinssatz verzinst werden, differenziert werden. Bei Grundgeschäften, die variabel verzinst sind, liegt aufgrund von Zinsänderungen des Referenzzinssatzes keine Veränderung des Wertes vor. Variabel verzinsliche Positionen generieren vielmehr der Höhe nach ungewisse Zinszahlungen. Daher besteht aufgrund der unterschiedlichen Zinszahlungen bei variabel verzinslichen Aktiv- und Passivpositionen ein Zahlungsstromänderungsrisiko.[593] In der Praxis lässt sich dieses Risiko durch die Absicherung mit Swaps teilweise oder auch ganz neutralisieren. Durch den Swap wird die variable Zahlung gegen eine festverzinsliche

587 Vgl. *Bieg/Krämer*, Fremdwährungsrisiken, in: Außenhandel, 2004, S. 915.

588 Vgl. *Happe*, Swapvereinbarungen, 1996, S. 30.

589 Theoretisch können aber auch andere periodisch wiederkehrende Zahlungen wie z.B. Mieten mit Swaps abgesichert werden. Vgl. *Happe*, Swapvereinbarungen, 1996, S. 33.

590 Forward Rate Agreements Vgl. *Prahl/Naumann*, Financial Instruments in: HdJ, Abt. II/10, Rn. 212ff.

591 Vgl. *Scharpf*, Finanzinstrumente, in: Küting/Pfitzer/Weber, Bilanzrecht, 2008 S. 192; Siehe *IDW*, Futures, BFA 2/1993, WPg 1993, S. 517f.

592 Wird in diesem Zusammenhang nur mit Swaps betrachtet, kann aber z. B. auch mit FRA oder Zins-Futures abgesichert werden.

593 Vgl. *Gebhardt*, Probleme, BFuP 1996, S. 563. Dieses Problem tritt laut *Patek*, Absicherung Teil 1, WPg 2007, S. 424 in großem Umfang bei Kreditinstituten auf. Es darf aber meiner Meinung nach auch bei anderen Branchen nicht außer Acht gelassen werden.

getauscht.[594] Durch diese Nachbildung einer festverzinslichen Position mittels eines Swaps (synthetische Festzinsposition) wird das Zahlungsstromänderungsrisiko abgesichert, aber das Geschäft gleichzeitig einem Wertänderungsrisiko unterworfen, da jetzt eine synthetische Festzinsposition gegeben ist.[595] Es kommt somit durch die Absicherung zu einem Wechsel zwischen den Risikoarten bzw. -verständnissen. Daher werden bei diesen Geschäften durch den Einsatz von Swaps die Risiken nicht eliminiert, sondern nur in eine andere Risikoart transformiert.[596]

Umgekehrt können auch die festverzinslichen Positionen mit einem Swap abgesichert werden, auch wenn in der Praxis in den meisten Fällen eine variable Zinsbasis gegen einen festen Zinssatz getauscht wird.[597] Die festverzinslichen Positionen unterliegen aufgrund der Änderungen des Referenzzinssatzes Wertänderungen.[598] Wird dieses Risiko mit einem Swap in eine synthetische, variable Zinsposition verwandelt, kommt es auch bei dieser Absicherung zu einer Risikotransformation.

Für die bilanzielle Behandlung ist es wichtig zu wissen, welche Auswirkungen Marktzinsänderungen auf das Grund- und Sicherungsgeschäft haben. Zunächst wird ein variabel verzinsliches Grundgeschäft betrachtet. Hier kommt es aufgrund der Abhängigkeit von einer Veränderung des Marktzinses zu unterschiedlichen Zinszahlungen. Wenn der Zinssatz sinkt, erleidet das Unternehmen bei einer unabgesicherten Position keinen echten Verlust, sondern es kommt lediglich zu Mindererträgen, da geringere Zahlungen als erhofft zufließen. Steigt der Zins, kommt es zu höheren Einzahlungen als erwartet. Bilanziell spiegeln sich die Zinszahlungen im Rahmen einer Einzelbetrachtung nur im Zahlungsfluss wider. Auf der Seite des Sicherungsgeschäftes, des Swaps, handelt es sich um ein bilanzunwirksames schwebendes Geschäft, das nur bei einer negativen Entwicklung handelsbilanziell durch eine Drohverlustrückstellung bilanzwirksam wird. Steuerbilanziell kommt es hingegen nach § 5 Abs. 4a EStG zu keinem Ansatz einer Drohverlustrückstellung und damit zu keiner Bilanzwirkung.

Bei einem festverzinslichen Grundgeschäft muss am Bilanzstichtag geprüft werden, ob eine handelsbilanzielle Abschreibung im Rahmen der Einzelbewertung vorzunehmen ist.[599] Handelsbilanziell ist, wenn die Position dem Umlaufvermögen zugeordnet ist, aufgrund des strengen Niederstwertprinzips stets abzuschreiben. Wenn der Vermögensgegenstand im Anlagevermögen gehalten wird, besteht bei nicht dauernder Wertminderung ein handelsrecht-

594 Vgl. *Patek*, Finanzprodukte, 2001, S. 64. Die variablen Zahlungen stellen somit nur noch durchlaufende Posten dar; *Happe*, Swapvereinbarungen, 1996, S. 30.

595 Vgl. *Pfitzer/Scharpf/Schaber*, antizipative Hedges Teil 1, WPg 2007, S. 676; S. *Schmidt*, Rechnungslegung, 2005, S. 241.

596 Vgl. *Arbeitskreis „Externe Unternehmensrechnung“*, Bilanzierung, DB 1997, S. 638.

597 Vgl. *Förschle*, in: Beck'scher BilKomm, 5. Auflage 2003, § 246 HGB Rn. 140; *Scharpf*, IAS 39, KoR 2004, Beilage 1 zu Heft 11, S. 3. Die Grundposition verändert sich quasi in einen zinsrisikoneutralen synthetischen Floater zu Marktzinsen. Vgl. hierzu *Reiner*, Finanzinstrumente, 2002, S. 58.

598 Vgl. *Oestreicher*, Zinsterminkontrakte, 1992, S. 74.

599 Vgl. *Bischoff*, Macrohedges, 2006, S. 80; *Gebhardt/Naumann*, Absicherungszusammenhang, DB 1999, S. 1462.

liches Wahlrecht zur Abschreibung. Steuerbilanziell ist hingegen, unabhängig von der Zuordnung des Grundgeschäftes, nur dann abzuschreiben, wenn von einer dauernden Wertminderung auszugehen ist. Bei der Einzelbewertung des Swaps kommt es, wie im obigen Fall, aufgrund einer negativen Wertentwicklung handelsbilanziell zu einer Drohverlustrückstellung. Steuerbilanziell ist nach § 5 Abs. 4a EStG der Ausweis einer Drohverlustrückstellung untersagt.

Die gemeinsame bilanzielle Behandlung im Rahmen einer Sicherungsbeziehung wird vom Schrifttum in beiden Fällen als möglich angesehen.[600] Nach der herrschenden Meinung muss bei dieser Art der Bewertung die Absicherung wie die synthetisch hergestellte Position behandelt werden.[601] Wenn die Geschäfte zusammengefasst werden, sollen das variable Geschäft und der Swap wie eine festverzinsliche Position, das festverzinsliche Geschäft zusammen mit dem Swap wie ein variabel verzinsliches Geschäft (sog. synthetischer Floater) behandelt werden.[602] Das bedeutet, dass diese Position dann wie die „echte Position" auch den allgemeinen GoB zu unterwerfen ist.[603] Daher muss es bei der synthetisch festverzinslichen Position auch zu einer Abschreibung kommen.[604]

Im Folgenden wird im Rahmen des ersten Fallbeispieles anhand der Währungsrisiken eine weitere wichtige Risikoposition behandelt. Die Risiken aus Fremdwährungsforderungen oder -verbindlichkeiten können durch Devisenterminkontrakte und -geschäfte (sog. Deckungsgeschäfte) abgesichert werden.[605] Hierdurch werden zukünftige Umtauschkurse auf einen späteren Zeitpunkt fixiert.[606]

Bei Zugang einer Forderung in fremder Währung ist bei der Einzelbewertung der Ansatz (Anschaffungskosten) nach dem Wert des Zugangstags (Zeitbezugsverfahren) und nicht nach dem des Bilanzstichtags vorzunehmen.[607] Da die Bilanz in Euro aufzustellen ist, muss die Fremdwährungsforderung bei Erstverbuchung mit dem Geldkurs in Euro umgerechnet werden.[608] Der Geldkurs ist der Kurs, zu dem Kreditinstitute Devisen ankaufen.[609] Bei einer anschließenden Folgebewertung muss das Zeitbezugsverfahren unter Beachtung der GoB

---

600 Vgl. *Reiner*, Finanzinstrumente, 2002, S. 263; *Scharpf/Luz*, Risikomanagement, 2000, S. 463, *Krumnow/Sprißler u. a.*, Kreditinstitute, 2. Auflage 2004, § 340e HGB Rn. 341.

601 Vgl. *Patek*, Finanzprodukte, 2001, S. 292; *Scharpf/Luz*, Risikomanagement, 2000, S. 307; *Arbeitskreis „Externe Unternehmensrechnung"*, Bilanzierung, DB 1997, S. 639.

602 Vgl. *Bieg*, Swaps Teil II, StB 2003, S. 263.

603 Vgl. *Krumnow/Sprißler u. a.*, Kreditinstitute, 2. Auflage 2004, § 340e HGB Rn. 349; *Windmöller,* Zinsen, in: FS Moxter, 1994, S. 883, 892; *Jutz*, Swaps, 1989, S. 151.

604 Vgl. *Scharpf/Luz*, Risikomanagement, 2000, S. 310.

605 Vgl. *Franke/Menichetti,* Terminkontrakte, DBW 1994, S. 194.

606 Vgl. *Gebhardt/Breker*, Fremdwährungstransaktionen, DB 1991, S. 1538.

607 Vgl. *Glanegger,* in: Schmidt EStG, 27. Auflage 2008, § 6 EStG Rn. 15; *Ellrott/St. Ring,* in: Beck´scher BilKomm, 6. Auflage 2006, § 253 HGB Rn. 604; *Kölpin*, Fremdwährungsposten, StuB 2001, S. 1107; *BFH* vom 16.12.1977, III R 92/75 BStBl II 1978, S. 233.

608 Vgl. *Weber-Grellet,* in: Schmidt EStG, 27. Auflage 2008, § 5 EStG Rn. 270 „Fremdwährung"; *Clemm/Erle,* in: Bilanzkommentar, § 253 HGB Rn. 70 und Rn. 604.

609 Vgl. *Clemm/Erle* in: Bilanzkommentar, § 253 HGB Rn. 70 und Rn. 604.

angewandt werden.[610] Um ermitteln zu können, ob Abschreibungen vorgenommen werden müssen, muss am Bilanzstichtag der Zeitbezugskurs mit dem Stichtagskurs verglichen werden. Sinkt der Kurs der ausländischen Währung oder steigt der Eurokurs, so kann die Forderung nach Maßgabe des am Bilanzstichtag geltenden Wechselkurses auf den niedrigeren Wert abgeschrieben werden.[611] Steuerbilanziell ist eine Abschreibung nur dann durchzuführen, wenn die Kursänderung als dauernd zu beurteilen ist.[612] Sollte dies der Fall sein, kann die Forderung mit dem niedrigeren Teilwert angesetzt werden. Liegt keine Forderung, sondern ein Termingeschäft vor, so muss handelsbilanziell geprüft werden, ob eine Drohverlustrückstellung zu bilden ist. Die Bildung einer Drohverlustrückstellung unterbleibt jedoch steuerbilanziell.[613]

Bei Fremdwährungsverbindlichkeiten bestimmt sich der Bilanzansatz nach dem Briefkurs[614] bei Entstehung der Verbindlichkeit.[615] Sie sind mit dem Rückzahlungsbetrag bzw. Erfüllungsbetrag (Nennwert) anzusetzen. Für den Ansatz sind sie für den Zeitpunkt der Anschaffung in Euro umzurechnen.

Im Gegensatz zur Einzelbewertung müssen Währungsforderungen oder -verbindlichkeiten nach herrschender Meinung nicht ab- bzw. zugeschrieben werden, wenn das in ausländischer Währung abgeschlossene Geschäft durch ein Devisentermingeschäft ausreichend gesichert ist.[616] Die Handhabung ist gesetzlich nicht kodifiziert, weshalb sich die Literatur an Verlautbarungen des IDW oder an § 340h HGB orientiert.[617] Dieser lässt bei Vorliegen einer Absicherung durch Devisentermingeschäfte eine Verbuchung zu Sicherungskursen (und ggf. auch die Nichtpassivierung einer Rückstellung für drohende Verluste aus schwebenden Geschäften) zu.[618] Laut IDW kann diese Bewertung auch an späteren Bilanzstichtagen trotz Währungsschwankungen beibehalten werden, womit eine Festschreibung des Kurses erfolgt.[619] Nach § 340h HGB tritt bei Vorliegen eines Devisentermingeschäftes, welches zur Deckung von Währungsforderungen oder -verbindlichkeiten verwendet wird, an die Stelle des Zeitbe-

---

610 Vgl. BFH vom 23.08.1989, I R 177/87, BStBl II 1990, S. 57.

611 Vgl. *Weber-Grellet*, in: Schmidt EStG, 27. Auflage 2008, § 5 EStG Rn. 270 „Fremdwährung".

612 S. *Glanegger*, in: Schmidt EStG, 27. Auflage 2008, § 6 EStG Rn. 250 „Fremdwährung". Siehe hierzu die Ausführungen in Kapitel A II 2.2.1.1.1.2.

613 Auch nach dem BilMoG erfolgt die Einzelbewertung von Bilanzpositionen weiterhin nach den GoB. Für die Währungsumrechung ist eigens der § 256a HGB eingeführt worden. Das BilMoG und die spezielle Normierung werden in Kapitel D näher betrachtet.

614 Dieses ist der Devisenverkaufskurs der Kreditinstitute.

615 Vgl. *Hartung*, Fremdwährung, RIW 1994, S. 484.

616 Vgl. *Glanegger*, in: Schmidt EStG, 27. Auflage 2008, § 6 EStG Rn. 15, Rn. 38, Rn. 391.

617 Vgl. *IDW*, Option, BFA 2/1987, WPg 1987, S. 682f.; *IDW*, Jahres- und Konzernabschluss, WPg 1986, S. 665f.

618 Vgl. *Gebhardt/Breker*, Fremdwährungstransaktionen, DB 1991, S. 1537f; *IDW*, Option, BFA 2/1987, WPg 1987, S. 682f.; *IDW*, Jahres- und Konzernabschluss, WPg 1986, S. 664.

619 Vgl. *Gebhardt/Breker*, Fremdwährungstransaktionen, DB 1991, S. 1538; *IDW*, Option, BFA 2/1987, WPg 1987, S. 682f.

zugsverfahrens das Stichtagsverfahren.[620] Im Gegensatz zu der Auffassung des IDW, nach der es zu einer Festschreibung des Kurses kommt, kommt es bei einer Anlehnung an die branchenspezifische Währungsumrechnungsregelung des § 340h HGB über die Umrechnung am Stichtag zum Ausweis von Erfolgswirkungen.[621] Wenn eine besondere Deckung zwischen den Geschäften besteht, sind sowohl die Erträge als auch die Aufwendungen in der GuV zu berücksichtigen.[622] Es kommt daher zu einer Abweichung gegenüber der Einzelbewertung.[623]

1.2 Grundgeschäft: Bilanzposition / Sicherungsgeschäft: bedingtes Finanzinstrument

Bei der Absicherung von Bilanzpositionen mit bedingten Finanzinstrumenten (hier Optionen) ist zu beachten, dass diese durch ihr charakteristisches Merkmal der Bedingtheit besondere Auswirkungen haben. Bei den unbedingten Derivaten wurde gezeigt, dass durch die Risikoabsicherung auch auf die Chancen eines Geschäftes verzichtet wird.[624] Die Bedingtheit von Optionen bewirkt für den Käufer (Long Position), dass die negativen Komponenten abgesichert werden, die Chancen aber bestehen bleiben. Aus dieser Tatsache resultieren andere Folgen bei der Absicherung mit Optionen als bei unbedingten Derivaten.[625] In der Literatur wird daher teilweise die Auffassung vertreten, dass bei einer Sicherungsbeziehung, die einzig und allein dem Absicherungszweck dient, keine bedingten Finanzinstrumente zum Einsatz kommen dürfen.[626] Ein tatsächlicher Absicherungszweck sei nur gegeben, wenn der Absicherungswille im Vordergrund steht und nicht auch die Möglichkeit, Gewinne zu erzielen.

Es wird daher bei einer Option kein vom Risiko unabhängiges Ergebnis erreicht. Vielmehr wird ein Mindestergebnis für einen späteren Zeitpunkt garantiert, welches gleichzeitig mit der

---

620 Dieser wird im Folgenden näher betrachtet, im Rahmen des BilMoG ist es aber diesbezüglich zu Änderungen gekommen, die in Kapitel C II der Arbeit näher betrachtet werden. *Wotschofsky/Thomas*, Termingeschäfte, BBK 2002, Fach 12, S. 6612; *Barckow*, Bilanzierung, 2004, S. 104; *Finne*, Fremdwährungstransaktionen, DB 1992, S. 338; *Oestreicher*, Zinsterminkontrakte, 1992, S. 263; *Benne*, Bewertungseinheit, DB 1991, S. 2610 *IDW*, Option, BFA 2/1987, WPg 1987, S. 682f.; *IDW*, Jahres- und Konzernabschluss, WPg 1986, S. 665f.

621 Vgl. *Gebhardt/Breker*, Fremdwährungstransaktionen, DB 1991, S. 1538.

622 Vgl. § 340h HGB a. F. geändert durch das Bilanzrechtsmodernisierungsgesetz, vgl. Gesetzesbeschluss vom 27.03.2009, Drs. 270/09, S. 23; *Beschlussempfehlung* vom 24.03.2009, Drs. 16/12407, S. 61; *Regierungsentwurf* BilMoG vom 23.05.2008, Drs. 344/08, Gesetzesbegründung, S. 129; *Krumnow/Sprißler u. a.*, Kreditinstitute, 2. Auflage 2004, § 340h HGB; *Gebhardt/Breker*, Fremdwährungstransaktionen, DB 1991, S. 1538.

623 In Abgrenzung zu anderen Devisentermingeschäften ist bei der Absicherung mit Swaps ferner zu beachten, dass diese aufgrund ihres Zinscharakters jedoch nicht mit dem Sicherungskurs, sondern dem Devisenkassakurs einzubuchen sind. S. *Scharpf*, Finanzinstrumente, in: Küting/Pfitzer/Weber, Bilanzrecht, 2008, S. 233; *Berger/M. Ring*, in: Beck´scher BilKomm, 6. Auflage 2006, § 253 HGB Rn. 72; A. A. *A/D/S*, 6. Auflage 1995, § 253 HGB Rn. 112; *Weber-Grellet*, in: Schmidt EStG, 27. Auflage 2008, § 5 EStG Rn. 270, „Fremdwährungsverbindlichkeiten".

624 Vgl. *Bieg/Krämer*, Fremdwährungsrisiken, in: Außenhandel, 2004, S. 915.

625 Vgl. *Schmidt*, Rechnungslegung, 2005, S. 83.

626 S. *Patek*, Absicherung Teil 1, WPg 2007, S. 425.

Chance auf ein besseres Ergebnis gekoppelt ist. Das Geschäft kommt daher nur dann zu Stande, wenn es für den Käufer (Long Position) vorteilhaft ist. Für den Stillhalter, den Verkäufer des Instrumentes (Short Position), gilt diese Tatsache hingegen nicht. Da der Stillhalter im Abhängigkeitsverhältnis zum Optionsnehmer steht und keinen Einfluss auf die Ausübung oder Nichtausübung des Geschäftes hat, kann durch das Eingehen einer Stillhalterverpflichtung grundsätzlich nie ein Risiko abgesichert werden.[627] Die Stillhalterposition kann daher nur in Form eines Grund-, aber nicht als Sicherungsgeschäft vorliegen.[628] Für den hier betrachteten Fall des bedingten Finanzinstrumentes als Sicherungsgeschäft kommt daher nur die Käuferseite einer Option in Betracht.[629]

Aus finanzwirtschaftlicher Perspektive gesehen, stellt für den Optionskäufer die gezahlte Optionsprämie den höchstmöglichen Verlust dar. Das Ergebnis aus der Option kann also niemals negativ sein, da der Käufer in diesem Fall die Option nicht ausüben würde. Durch eine Option werden lediglich die Verluste aus dem Grundgeschäft (positiv) kompensiert, nicht hingegen die Gewinne. Kommt es auf der Seite des Grundgeschäftes zu „Erträgen", dann werden diese nicht bzw. nur in Höhe der Optionsprämie (negativ) kompensiert. Zudem kann eine vollständige Korrelation nur zwischen dem Wert des Basisobjektes und einem positiven inneren Wert der Option bestehen.[630] Letztlich bedeutet dies, dass im Falle von Optionen keine vollständige Risikokompensationseigenschaft vorliegt.[631]

Optionen werden meistens zur Absicherung von sonstigen Preisrisiken eingesetzt, wie z. B. bei Aktienkursrisiken oder auch bei Währungsrisiken.[632] Theoretisch kann der Optionsnehmer grundsätzlich zwischen einer Kauf- und einer Verkaufsoption wählen. Für den hier betrachteten Fall, bei dem als Voraussetzung angenommen wurde, dass eine Bilanzposition als Grundgeschäft bereits vorliegt, kann als Sicherungsgeschäft aber lediglich eine Verkaufsoption sinnvoll eingesetzt werden. Die andere Absicherungsstrategie, also der Kauf einer Kaufoption zur Absicherung, kann höchstens im Rahmen von vorgesehenen Transaktionen relevant sein. Vorgesehene Transaktionen als Grundgeschäft werden jedoch in einem anderen Abschnitt der Arbeit untersucht. Nachfolgend wird exemplarisch für den Fall der Verkaufsoption das sonstige Preisrisiko, welches einer Aktie zugrunde liegt, untersucht (Aktienkursrisiko).

---

[627] Die Behandlung der Stillhalterposition als Sicherungsgeschäft ist nicht sinnvoll, da durch die Position viel höhere Risiken entstehen können als mit dieser abgesichert werden.

[628] Die Stillhalterposition kann nicht das Underlying/den Basiswert absichern, sondern allenfalls Verluste des Underlyings durch die erfolgswirksame Vereinnahmung der Optionsprämie ausgleichen.

[629] Folglich kann und wird im Weiteren auch nur der Optionsnehmer betrachtet.

[630] Vgl. *Breker*, Optionsrechte, 1993, S. 189.

[631] Zu einer vollständigen Kompensation kommt es nur, wenn eine Stillhalterverpflichtung durch ein gegenläufiges Optionsrecht mit identischen Ausstattungsmerkmalen abgesichert wird. Dies ist der Fall, wenn eine Position wirtschaftlich glattgestellt wird. *Breker*, Optionsrechte, 1993, S. 189; *Birck/Meyer*, Bankenbilanz, 1988/89, S. V. 429.

[632] Zinsrisiken werden meist mit Zinsabgrenzungsvereinbarungen abgesichert; diese Form der Absicherung wird im Rahmen dieser Arbeit nicht näher betrachtet. Vgl. *Krumnow/Sprißler u. a.*, Kreditinstitute, 2. Auflage 2004, § 340e HGB Rn. 452.

Durch den Kauf einer Verkaufsoption können vorhandene Basiswerte gegen Risiken abgesichert werden.[633] Aus dem gewählten Beispiel resultiert folgende Konstellation: Absicherung einer Aktie[634] als Basiswert (Bilanzposition) durch den Kauf einer Verkaufsoption (Aktienoption) gegen fallende Werte.[635] Die Wirkung der Absicherung wird nachfolgend bei fallenden und steigenden Kursen analysiert.

Im zunächst untersuchten Fall wird von fallenden Kursen ausgegangen. Fällt der Wert der Aktie während der Laufzeit unter den vereinbarten Basispreis, dann kann der Verlust durch die Option kompensiert werden. Bei einer Verkaufsoption ist die Absicherung daher aus absicherungstechnischer Sicht solange nicht zu beanstanden, wie sich der Wert des Underlyings negativ entwickelt. Aus ökonomischer Sicht ist eine Absicherung in diesem Fall sinnvoll. Der Aktienkurs sinkt unter den bei der Veräußerung zu erreichenden Basiswert, aber das Grundgeschäft ist durch das Sicherungsgeschäft abgesichert.

Unter Beachtung des Einzelbewertungsgrundsatzes ist für die handelsbilanzielle Folgebewertung zu differenzieren, ob die Aktie im Anlage- oder Umlaufvermögen gehalten wird. Je nach Zuordnung kann bzw. muss es auch bei nur vorübergehenden Wertschwankungen zu Abschreibungen kommen. Steuerbilanziell darf hingegen nur im Fall einer voraussichtlich dauernden Wertminderung gemäß § 6 EStG auf den niedrigeren Teilwert abgeschrieben werden.[636] Gleichzeitig steigt das Optionsrecht bei fallenden Kursen der Aktie aufgrund der Vorteilhaftigkeit der Ausübung in seinem Wert. Es muss aber aufgrund des Realisationsprinzips mit den Anschaffungskosten bilanziert bleiben.

Bei der Bewertung der Option innerhalb einer Sicherungsbeziehung ist es bei fallenden Kursen strittig, ob die Ermittlung des Optionswertes sowohl nach der Ausübungs- als auch anhand der Glattstellungsmethode erfolgen kann.[637] Wird das Underlying (Aktie) unter der Fiktion der Optionsausübung bewertet, so hat auch die Option ihren eigenständigen Wert verloren und muss nach Meinung des Schrifttums[638] abgeschrieben werden. Dies wird mit dem Argument begründet, dass zur Bewertung der Aktie auf der einen Seite nicht von einer Ausübung der Option ausgegangen werden darf, aber gleichzeitig auf der anderen Seite die Option mit ihren Anschaffungskosten in der Bilanz ausgewiesen werden kann. Als Alternati-

633 Vgl. *Windmöller/Breker*, Optionsgeschäfte, WPg 1995, S. 399.

634 Das sind Handelsstrategien: Diese Absicherung wird vorgenommen, wenn das Aktienportfeuille in seiner Zusammensetzung weitestgehend dem relevanten Aktienindex entspricht und ferner über Beta-Faktoren für die Vergangenheit eine sehr hohe Korrelation nachgewiesen werden kann. Siehe zu näheren Ausführungen: *Krumnow/Sprißler u. a*, Kreditinstitute, 2. Auflage 2004, § 340e HGB Rn. 452; *Breker*, Optionsrechte, 1993, S. 45.

635 Vgl. *Scharpf*, IAS 39, KoR 2004, Beilage 1 zu Heft 11, S. 3; *Scharpf/Luz*, Risikomanagement, 2000, S. 428; *Franke/Menchetti*, Terminkontrakte, DBW 1994, S. 194; *Gebhardt/Breker*, Fremdwährungstransaktionen, DB 1991, S. 1537.

636 Zu der Frage, wann eine dauernde Wertminderung vorliegt, siehe *BFH* vom 26.09.2007, I R 58/06, WPg 2008, S. 217; *Schlotter*, dauernde Wertminderung, BB 2008, S. 546.

637 Vgl. *Prahl/Naumann*, Financial Instruments, in: HdJ, Abt. II/10, Rn. 218.

638 Vgl. *Windmöller/Breker*, Optionsgeschäfte, WPg 1995, S. 399.

ve zur Abschreibung der Option wird daher empfohlen, den Basispreis minus der Optionsprämie als Bewertungsuntergrenze für das Underlying anzunehmen und somit auf eine vollständige Abschreibung der Option zu verzichten.[639] Das Optionsrecht bleibt in diesem Fall mit den Anschaffungskosten aktiviert.[640]

Bei Anwendung der Glattstellungsfiktion, die auch eine Realisierung des Zeitwertes ermöglicht, darf die Aktie (Basiswert) nur bis zur Höhe des Basispreises abgeschrieben werden. Der Basispreis stellt in diesem Falle den untersten Wert der Aktie (des Underlyings) dar.[641] Gleichzeitig ist die Optionsprämie abzuschreiben.[642]

Die zweite Möglichkeit, welche bei Absicherung durch eine Verkaufsoption zu betrachten ist, ist die Variante steigender Aktienkurse. Steigt der Kurs über den vertraglich ausgehandelten Abnahmepreis, dann ist aus ökonomischer Sicht die Absicherung unnötig gewesen.[643] Die Wertsteigerung der Aktie ist höher, als die Wertminderung des Optionsrechts. Die Option ist „aus dem Geld“ und weist (nur) noch den Zeitwert aus. Der innere Wert der Option beträgt hingegen Null. Die Aktie wird in diesem Fall durch die Option gesichert, aber die Option nicht durch die Aktie.[644]

Werden die beiden Positionen einzeln betrachtet (Einzelbewertung), dann muss die Aktie zu fortgeführten Anschaffungskosten bilanziert und die Optionsprämie nach dem Niederstwertprinzip abgeschrieben werden, da eine Ausübung unrealistisch ist.

Die bilanzielle Behandlung der Positionen als Bewertungseinheit (bzw. als Sicherungsbeziehung) ist hingegen, wie bereits angedeutet, umstritten.[645] Das Problem liegt in der Bedingtheit der Option und somit in der Frage, ob – aus bilanzieller Sicht, über den Stichtag hinaus – von einer Kompensation auszugehen ist, da für den Käufer die wirtschaftlich sinnvolle Möglichkeit besteht, die Option nicht auszuüben. Teile des Schrifttums vertreten die Auffassung, dass es zu keiner kompensatorischen Behandlung kommen darf, da nur der Basiswert mit der Option abgesichert sei, aber nicht umgekehrt.[646] Bei Ablauf der Optionsfrist und bei gleich-

---

639 Vgl. *Wagner*, Bildung, INF 2003, S. 824; *Krumnow/Sprißler u. a.*, Kreditinstitute, 2. Auflage 2004, § 340e HGB Rn. 446; *Scharpf/Luz*, Risikomanagement, 2000, S. 428.

640 Vgl. *Häuselmann*, anteilsbezogene Derivate, Ubg 2008, S. 399; *Treuberg/Scharpf*, Jahresabschluss, DB 1991, S. 665.

641 Diesen Preis erhält man unter der Annahme der Glattstellungsfiktion; geht man von der Ausübungsfiktion aus, dann ist auch der Basispreis gemindert um den Optionspreis als Bewertungsuntergrenze des Underlyings denkbar.

642 Vgl. *Krumnow/Sprißler u. a.*, Kreditinstitute, 2004, § 340e HGB Rn. 469; *Scharpf/Luz*, Risikomanagement, 2000, S. 428; *Windmöller/Breker*, Optionsgeschäfte, WPg 1995, S. 399.

643 Die Behandlung als Absicherung wird in diesem Fall oft verneint, weil nicht gewährleistet werden kann, dass die Absicherung über den Stichtag hinaus bestehen bleibt. *Windmöller/Breker*, Optionsgeschäfte, WPg 1995, S. 399; *Treuberger/Scharpf*, Jahresabschluss, DB 1991, S. 665.

644 Vgl. *Scharpf/Luz*, Risikomanagement, 2000, S. 429; *Kommission für Bilanzierungsfragen des Bundesverbandes deutscher Banken*, DTB-Aktienoptionen, Die Bank 1990, S. 214.

645 Vgl. *Bieg*, Optionen Teil III, StB 2003, S. 380; *Scharpf/Luz*, Risikomanagement, 2000, S. 428; *Windmöller/Breker*, Optionsgeschäfte, WPg 1995, S. 399; *Treuberger/Scharpf*, Jahresabschluss, DB 1991, S. 665.

646 Vgl. *Häuselmann*, anteilsbezogene Derivate, Ubg 2008, S. 399; *Scharpf/Luz*, Risikomanagement, 2000, S. 428; *Scheffler*, Hedge Accounting, 1994, S. 210.

zeitig steigenden Kursen würde die Option daher nicht ausgeübt, sondern verfallen und somit ein Verlust in Höhe der Optionsprämie entstehen.[647] Eine Kompensation entstünde hingegen nur, wenn der Basiswert am gleichen Tag verkauft und dadurch ein Gewinn erzielt würde.[648] In Abgrenzung dazu geht eine Mindermeinung davon aus, dass in dem vorliegenden Fall eine Kompensation vorgenommen werden darf, da es die Entscheidung des Bilanzierenden ist, ob er die beiden Geschäfte gemeinsam ausübt oder nicht. Vor diesem Hintergrund müsse auch am Stichtag eine Kompensation zulässig sein.[649] Die h. M. verfolgt hingegen die Auffassung, dass die Absicherung nur einseitig ist.[650] Eine Kompensation der Option kann somit im Grundgeschäft Beachtung finden. Die Option selber ist weiterhin einzeln nach dem Niederstwertprinzip zu behandeln und das Optionsrecht entsprechend abzuschreiben.[651] Eine Kompensation mit den unrealisierten Gewinnen aus der gehaltenen Aktie ist unzulässig.[652]

1.3 Grundgeschäft: Bilanzposition / Sicherungsgeschäft: originäres Finanzinstrument

Bei dieser Art der Absicherung ist sowohl das Grund- als auch das Sicherungsgeschäft eine Bilanzposition.[653] In den meisten Fällen wird nicht speziell eines der Geschäfte zur Absicherung erworben, sondern es existieren beide Geschäfte bereits innerhalb des Unternehmens. Es handelt sich daher um eine natürliche Absicherung oder so genannte faktische Bewertungseinheit. Es werden Bilanzpositionen, die dem gleichen Risiko ausgesetzt und negativ korreliert sind, zusammen betrachtet. In der Praxis werden die natürlichen Absicherungen nicht als tatsächliches und aktives Absichern angesehen, sondern es wird von passiver Absicherung

---

647 *Windmöller/Breker*, Optionsgeschäfte, WPg 1995, S. 399; *Treuberg/Scharpf*, Jahresabschluss, DB 1991, 665. Wenn bei fallenden Kursen davon ausgegangen wird, dass es sich um eine voraussichtlich dauernde Wertminderung handelt und daher eine Abschreibung vorgenommen wird, muss man auch bei steigenden Kursen von einer voraussichtlich dauernden Erhöhung ausgehen; daraus folgt, dass die Option nicht ausgeübt wird.

648 Im Falle der Absicherung einer Forderung sei ein Verkauf vor Fälligkeit aber nicht möglich, und der Wertverlust der Option könnte nicht durch die Forderung kompensiert werden. Vgl. *Franke/Menichetti*, Terminkontrakte, DBW 1994, S. 201 nennen daher Voraussetzungen, die bei der Absicherung von statischen Hedges mit Optionen beachtet werden müssen; Da diese Voraussetzungen in dieser Form derzeit nicht existieren, können sie bei der Würdigung der de lege lata-Betrachtung außer Acht gelassen werden.

649 Vgl. *Bieg*, Optionen Teil III, StB 2003, S. 380.

650 Vgl. *Häuselmann*, anteilsbezogene Derivate, Ubg 2008, S. 399; *Scheffler*, Hedge Accounting, 1994, S. 210.

651 S. *Häuselmann*, anteilsbezogene Derivate, Ubg 2008, S. 399; *Scharpf/Luz*, Risikomanagement, 2000, S. 428; *Scheffler*, Hedge Accounting, 1994, S. 210. Probleme, die bei Beendigung durch die Ausprägung der Bedingtheit auftreten, werden in Kapitel D näher betrachtet.

652 Vgl. *Häuselmann*, anteilsbezogene Derivate, Ubg 2008, S. 399; *Häuselmann/Wagner*, Aktienderivate, BB 2002, S. 2171; *Krumnow/Sprißler u. a.*, Kreditinstitute, 2. Auflage 2004, § 340e HGB Rn. 446; *Treuberg/Scharpf*, Jahresabschluss, DB 1991, S. 665.

653 Unter dieser Begrifflichkeit sind sowohl originäre Finanzinstrumente als auch Nicht-Finanzinstrumente zu verstehen.

gesprochen.[654] Als tatsächliche Absicherung werden sie nur dann angesehen, wenn sie aktiv zum Absicherungszweck zusammengefügt bzw. erworben werden.

Für die den Bilanzpositionen zugrunde liegenden Risiken werden beispielhaft die Zins- und Währungsrisiken herangezogen. Bei beiden Risiken ist es wichtig, die Differenzierung zwischen ökonomischem bzw. finanzwirtschaftlichem und bilanziellem Risiko zu berücksichtigen. Dementsprechend ist zu unterscheiden, ob ein Risiko nur aus ökonomischer Sicht besteht oder aber das Risiko während der Laufzeit tatsächlich innerhalb der jeweiligen Bilanzposition einen direkten Niederschlag in der Bilanz findet.

Bei Zinsrisiken ist zwischen variabler und fester Verzinsung zu differenzieren. Bei variabler Verzinsung ändert sich der Zinssatz gem. eines Referenzzinssatzes (normalerweise) in einem bestimmten Verhältnis in die gleiche Richtung. Wird also eine variabel verzinste Forderung mit einer variabel verzinsten Verbindlichkeit „abgesichert" und sinkt während der Absicherung der Referenzzins, kommt es zwar auf der einen Seite zu niedrigeren Zinseinzahlungen, auf der anderen Seite müssen aber auch weniger Zinszahlungen geleistet werden (umgekehrt stellt sich der Fall bei steigendem Referenzzins dar).[655] In dieser Situation kommt es zu zwei Konsequenzen. Zum einen gibt es grundsätzlich keine Veränderung in der Bewertung der Positionen, da sich der Kurswert aufgrund der variablen Verzinsung nicht ändert. Zum anderen kommt es zu einem Ausgleich bzw. einer Kompensation von Zahlungsströmen. Bei Vorliegen gleicher Modalitäten bezüglich der Positionen kommt es sogar zu einem vollständigen Ausgleich dieser Ströme. Letzten Endes ergibt sich aus der Kompensation der Zahlungsströme jedoch kein explizites bilanzielles Risiko, welches sich in der bilanziellen Bewertung der Positionen niederschlägt. Vielmehr liegt ein Zahlungsstromrisiko vor, da höhere oder niedrigere Zahlungen als erwartet geleistet oder erhalten werden. Als Konsequenz liegt streng genommen auch kein direkter kompensatorischer Wertausgleich vor, sondern erst bei Realisation ein sich kompensierender Zahlungsstromausgleich. Folglich sind die Wertansätze der variablen Zinspositionen weder in der Einzelbewertung noch im Rahmen einer Sicherungsbeziehung anzupassen.

Bei der Betrachtung von festverzinslichen Positionen kommt es hingegen zu abweichenden Auswirkungen. Der Kurs von festverzinslichen Bilanzposten verändert sich bei Veränderung des Referenzzinses. Es besteht die Möglichkeit, dass die Positionen im Vergleich zum Referenzzinssatz unter- oder überverzinslich sind und bei den Marktteilnehmern entsprechend geringer oder höher wertgeschätzt werden. Diese Wertschätzung beeinflusst den Kurswert. Bei verändertem Zinsniveau sind die Positionen im Rahmen der Einzelbewertung innerhalb

---

654 Vgl. *Große*, IAS 39, 2007, S. 80; *Gebhardt*, Probleme, BFuP 1996, S. 557.

655 Bei Banken besteht die Gefahr, dass sich der Zinsüberschuss verringert, da die Zinserträge und Zinsaufwendungen nicht zeitgleich und im gleichen Umfang an das Marktpreisniveau angepasst werden können. Dieses Problem wird im Rahmen dieser Arbeit nicht weiter verfolgt. Vgl. *Scharpf/Luz*, Risikomanagement, 2000, S. 91; *Happe*, Swapvereinbarungen, 1996, S. 34; *Oestreicher*, Zinsterminkontrakte, 1992, S. 39.

der Handelsbilanz ab- bzw. hochzuschreiben.[656] Steuerlich sind sie dagegen nur dann ab- bzw. hochzuschreiben, wenn es sich um eine voraussichtlich dauernde Wertminderung handelt. Bei einer Behandlung der beiden Positionen als Sicherungsbeziehung sind die Gewinne und Verluste miteinander zu saldieren. Bei festverzinslichen Positionen liegt, wie gezeigt, demnach ein tatsächliches Wertänderungsrisiko vor, da der Risikoeintritt zu bilanziellen Bewertungskonsequenzen für die Positionen führt bzw. führen kann.

In Bezug auf die Zinsrisiken kommt es bei der bilanziellen Betrachtung darauf an, ob es sich um eine Position mit variabler oder fester Verzinsung handelt. In Abhängigkeit von der Zinsart kommt es zu unterschiedlichen Risikoarten gem. den bereits erläuterten Risikoverständnissen. Während variable Risiken in Zahlungsstromrisiken münden, bedingen festverzinsliche Risiken Wertänderungsrisiken.

Im Folgenden wird anhand der Währungsrisiken eine weitere wichtige Risikoposition beispielhaft dargestellt. So können die Risiken einer Währungsforderung mit einer auf die gleiche Währung lautenden Währungsverbindlichkeit abgesichert werden. Währungskursschwankungen können bei Betrags- und Laufzeitidentität der Forderung und Verbindlichkeit vollständig eliminiert werden. Innerhalb der Einzelbewertung erfolgt nach herrschender Meinung der Ansatz nach dem Zeitbezugsverfahren.[657] Dies bedeutet, dass bei Vermögensgegenständen in Fremdwährung der Kurs im Zeitpunkt des Zugangs zur Umrechnung der Anschaffungskosten herangezogen wird.[658] Die Bewertung der Fremdwährungspositionen hat (bis zum BilMoG)[659] in Ermangelung von besonderen Vorschriften nach den GoB zu erfolgen.[660] Handelbilanziell ist demnach das Imparitätsprinzip zu beachten, was bewirkt, dass die Fremdwährungsforderung bei Verlusten gem. § 252 Abs. 1 Nr. 4 HGB i. V. m. § 253 HGB nach dem Niederstwertprinzip abzuschreiben bzw. eine Verbindlichkeit zu erhöhen ist.[661] In der Steuerbilanz kann eine Teilwertabschreibung gerechtfertigt sein, wenn sich der Kurs nachhaltig gegenüber dem Anschaffungskurs verschlechtert.[662] Die auf den Devisenmärkten üblichen Wechselkursschwankungen berechtigen aber steuerlich nicht zu einer Teilwertkor-

---

656 Vgl. *Gebhardt*, Risikomanagement, ZfbF Sonderheft 45, 2000, S. 75.

657 Vgl. *Glanegger,* in: Schmidt EStG, 27. Auflage 2008, § 6 EStG Rn. 15; *Ellrott/St. Ring,* in: Beck'scher BilKomm, 6. Auflage 2006, § 253 HGB Rn. 604; *Kölpin*, Fremdwährungsposten, StuB 2001, S. 1107; *Schmidbauer*, Fremdwährungsumrechnung, DStR 2004, S. 699. Eine Übersicht darüber, welche Positionen mit dem Geld und welche mit dem Briefkurs anzusetzen sind, geben: *Langenbucher/Baum,* in: Küting/Weber, Kap.6 Rn. 513f.

658 Vgl. *Hommel/Laas*, Währungsumrechung, BB 2008, S. 1666. Beim Heranziehen des älteren Schrifttums muss beachtet werden, dass aufgrund der Tatsache, dass im Rahmen der Euroeinführung von einer Preis- auf eine Mengennotierung gewechselt wurde, die Bezeichnungen Geld- und Briefkurs sich umgekehrt haben; Vgl. *Gebhardt/Breker*, Fremdwährungstransaktionen, DB 1991, S. 1530.

659 Auf die Änderungen der Währungsumrechnung durch das BilMoG und die daraus entstehenden Rechtsfolgen wird in Kapitel C II eingegangen.

660 Vgl. *Hommel/Laas*, Währungsumrechung, BB 2008, S. 1666; *Gebhardt/Breker*, Fremdwährungstransaktionen, DB 1991, S. 1530.

661 Vgl. *Ellrott/St. Ring,* in: Beck'scher BilKomm, 6. Auflage 2006, § 253 HGB Rn. 604.

662 Vgl. *Glanegger,* in: Schmidt EStG, 27. Auflage 2008, § 6 EStG Rn. 250 „Fremdwährung".

rektur. Vielmehr muss der Kurs sich nachhaltig verschlechtern. Hiervon geht das BMF nur bei Kurseinbrüchen aus.[663] Zudem muss der Steuerpflichtige in der Lage sein, dies nachzuweisen.[664] Nur bei Kurseinbrüchen und entsprechendem Nachweis kann steuerbilanziell eine Forderung am Stichtag abgeschrieben bzw. eine Verbindlichkeit zugeschrieben werden.[665] Werden beide Währungspositionen in eine Sicherungsbeziehung eingebracht, sind nach herrschender Meinung das Stichtags- und nicht das Zeitbezugsverfahren anzuwenden. Dies wird in Anlehnung an § 340h HGB begründet, da es im Rahmen der Sicherungsbeziehungen zu keinen Kursschwankungen mehr kommen kann[666] bzw. da sich die Kurschwankungen in der Absicherung ausgleichen.[667] Auf den Ausweis eines formell entstehenden Verlustes ist zu verzichten.[668] Strittig ist jedoch, inwieweit § 340h HGB als allgemeingültig gegenüber den GoB gelten darf.[669]

1.4 Grundgeschäft: bedingtes Finanzinstrument / Sicherungsgeschäft: originäres Finanzinstrument

Bei einer Option können zwei Positionen eingenommen werden, die Stillhalter- und die Optionsnehmerposition.[670] Wie in einem vorhergehenden Kapitel aufgezeigt, ist es aber aufgrund des asymmetrischen Risikoprofils grundsätzlich nicht sinnvoll, die Stillhalterposition als Sicherungsgeschäft zu verwenden.[671] Die Stillhalterposition kann aber als Grundgeschäft fungieren und dementsprechend abgesichert werden.

Im Folgenden wird als Grundgeschäft die Stillhalterposition (Short) zu einer Kaufoption (Call) betrachtet, die durch ein originäres Finanzinstrument im Sinne einer Aktie gesichert wird. Der Stillhalter einer Kaufoption kann seine Verpflichtung durch das Halten des Deckungsbestandes absichern.[672] In dieser Situation, in der die veroptionierten Basiswerte im Bestand des Stillhalters sind, wird daher auch von einer gedeckten Position (Covered Call) gesprochen. Bei steigenden Marktwerten der Aktie (Basiswert) muss der Stillhalter diese

---

663 Vgl. BMF vom 25.02.2000, IV C 2- S 2171b – 14/00, BStBl I 2000, S. 372.

664 Vgl. FG Hamburg vom 27.06.2006, 7 K 296/04, EFG 2007, S. 111; BMF 12.08.2002, IV A 6 –S 2175-7/02, BStBl I 2002, S. 793.

665 Vgl. *Glanegger,* in: Schmidt EStG, 27. Auflage 2008, § 6 EStG Rn. 363.

666 Vgl. *Glanegger,* in: Schmidt EStG, 27. Auflage 2008, § 6 EStG Rn. 15. Hier wird das Währungsrisiko bei der Umrechnung und nicht bei der Bewertung behandelt.

667 Vgl. *Gebhardt*, Risikomanagement, ZfbF Sonderheft 45, 2000, S. 77.

668 Vgl. *Fischer,* in: Kirchhoff EStG, 8. Auflage 2008, § 6 EStG Rn. 13; *Christiansen*, Ergebnisausweis, DStZ 1995, S. 385. Ist steuerlich aber nicht anerkannt worden, nur bei Währungs-, Fälligkeits-, Betragsidentität. Dies wird im späteren Verlauf der Arbeit noch näher erläutert.

669 Siehe hierzu Kapitel C II 2.

670 Wie bereits herausgestellt, wird in dieser Arbeit nur die Option als bedingtes Finanzinstrument betrachtet.

671 Es sei denn im Falle der gegenläufigen Option mit gleichen Ausstattungsmerkmalen.

672 Vgl. *Häuselmann*, anteilsbezogene Derivate, Ubg 2008, S. 398; *Häuselmann/Wagner*, Aktienderivate, BB 2002, S. 2172; *Prahl/Naumann*, Financial Instruments, in: HdJ, Abt. II/10, Rn. 218; *Windmöller/Breker*, Optionsgeschäfte, WPg 1995, S. 399; *Häuselmann/Wiesenbart*, Terminkontrakt, DB 1990, S. 645. Sog. Covered Call, siehe hierzu *Breker*, Optionsrechte, 1993, S. 180.

Aktie im Falle der Ausübung nicht zu schlechteren Konditionen kaufen, um sie anschließend zu einem niedrigeren Basispreis an den Optionsberechtigten zu veräußern (physische Lieferung). Es entstehen in der Stillhalterverpflichtung dadurch keine tatsächlichen Verluste, sondern lediglich Mindergewinne (Opportunitätskosten), weil die Aktie am Markt zu einem höheren Preis hätte veräußert werden können. Da es in den meisten Fällen aber nicht zur physischen Lieferung des Basiswertes, sondern zur Zahlung eines Barausgleiches kommt, hat der Stillhalter die Wahl, die Aktie zu verkaufen und damit den Barausgleich zu finanzieren oder aber die Aktie weiter im Bestand zu halten. Per Saldo erzielt der Stillhalter in Höhe der vereinnahmten Optionsprämie einen tatsächlichen Gewinn, da er den vereinbarten Basispreis erhält und die Mindergewinne im Rahmen der Lieferung des Basiswertes nur als Opportunitätskosten zu werten sind.

Sinkt der Aktienkurs (des Basiswertes) unter den Basispreis, wird der Käufer sein Optionsrecht hingegen nicht ausüben, da er den Basiswert am Markt günstiger erwerben kann als durch die Ausübung der Option. Der Stillhalter, der die Aktie im Bestand hat, erzielt bei sinkenden Aktienkursen nur solange einen Gewinn, wie der Wertverlust der Aktie (Underlying bzw. Deckungsbestand) durch die vereinnahmte Prämie gedeckt wird. Ist der Verlust der Aktie höher als die passivierte Optionsprämie, dann liegt in Höhe der die Optionsprämie übersteigenden Verluste keine Absicherung mehr vor. Hieraus ist zu schlussfolgern, dass keine vollständige Sicherungswirkung existiert, sondern allenfalls eine Kompensation in Höhe der Prämie.[673] Beim Vergleich der beiden Fälle, also steigender und sinkender Aktienkurse, zeigt sich, dass die Absicherung tatsächlich nur in eine Richtung funktioniert.

Aus der Einzelbewertungsperspektive ist die Stillhalterposition nach Auffassung des BFH ergebnisneutral als Verbindlichkeit in der Bilanz anzusetzen.[674] Demgegenüber handelt es sich bei dem Sicherungsgeschäft – hier die Aktie – um einen Aktivposten. Steigt der Wert der Aktie, ist diese aufgrund des Realisationsprinzips mit den Anschaffungskosten auszuweisen. Die Verbindlichkeit ist nach der Zweivertragstheorie des BFH mit ihrem Wertansatz in der Bilanz auszuweisen. Allerdings muss für die Stillhalterposition handelsbilanziell eine Drohverlustrückstellung in Höhe der Differenz zwischen dem aktuellen Kurs der Option und der Optionsprämie gebildet werden.[675] Da in der Steuerbilanz gem. § 5 Abs. 4a EStG jedoch keine Drohverlustrückstellung gebildet werden darf, unterbleibt der steuerliche Verlustausweis.

Sinkt hingegen der Wert der Aktie, ist handelsbilanziell grundsätzlich eine Abschreibung vorzunehmen.[676] Steuerbilanziell kann es wiederum nur bei einer dauernden Wertminderung

---

673 Vgl. *Scharpf/Luz*, Risikomanagement, 2000, S. 430.

674 Vgl. BFH vom 18.12.2002, I R 17/02, BStBl II 2004, S. 126.

675 Vgl. *Breker*, Optionsrechte, 1993, S. 181.

676 Wird die Aktie im Anlagevermögen gehalten, besteht ein Wahlrecht bei einer voraussichtlich nicht dauernden Wertschwankung.

zu einer Abschreibung kommen.[677] Für die Stillhalterposition ergibt sich keine weitere bilanzielle Auswirkung.
In Bezug auf die bilanzielle Behandlung der beiden im Sicherungszusammenhang stehenden Positionen wird vom Schrifttum je nachdem, ob steigende oder sinkende Aktienkurse gegeben sind, folgende Meinung vertreten: Steigt der Kurs der Aktie über den der Option zugrunde liegenden Basispreis, muss keine Drohverlustrückstellung gebildet werden, da der Deckungsbestand gehalten wird.[678] Im umgekehrten Fall, also bei sinkenden Aktienkursen, ist nur der entstandene Verlust, der über die vereinnahmte Prämie hinausgeht, abzuschreiben.[679] Es darf somit nur insoweit auf eine Abschreibung des Wertes des Aktienbestandes verzichtet werden, wie der Verlust durch die Optionsprämie kompensiert wird.[680]

1.5 Grundgeschäft: antizipatives Geschäft / Sicherungsgeschäft: Unbedingtes Finanzinstrument

Im Rahmen des Risikomanagements werden in der Praxis auch solche Risiken aus solchen Geschäften betrachtet, welche vertraglich noch nicht fixiert sind, sondern erst eingegangen werden sollen. Bei den benannten Transaktionen handelt es sich um die so genannten antizipativen Geschäfte. Bei der geplanten Transaktion kann es sich sowohl um Beschaffungs- als auch um Absatzgeschäfte handeln.[681] Auch in dem Fall, dass mit Sicherheit davon auszugehen ist, dass das Geschäft zustande kommen wird, ist es nicht mit einem schwebenden Geschäft zu verwechseln, da es dem antizipativen Geschäft an einem tatsächlichen Vertragsabschluss mangelt.[682] Das bedeutet, dass von einem antizipativen Geschäft vor dem Erfüllungszeitpunkt (z. B. Anschaffungszeitpunkt) weder bilanzielle noch erfolgswirksame Konsequenzen ausgehen.
Die Absicherung von geplanten Transaktionen wird im finanzwirtschaftlichen Bereich und in der internationalen Rechnungslegung als antizipative Absicherung (antizipativer Hedge) bezeichnet.[683] Die Sicherungsbeziehung setzt sich auf der einen Seite aus einem Grundgeschäft, welches lediglich geplant ist und auf der anderen Seite aus einem bereits vertraglich

---

677 Siehe hierzu Kapitel A.

678 Vgl. *Häuselmann*, anteilsbezogene Derivate, Ubg 2008, S. 399; *Scharpf/Luz*, Risikomanagement, 2000, S. 430; *IDW*, Optionsgeschäfte, BFA 2/1995, WPg 1995, S. 421.

679 Vgl. *Scharpf/Luz*, Risikomanagement, 2000, S. 430; *Kommission für Bilanzierungsfragen des Bundesverbands deutscher Banken*, DTB-Aktienoptionen, Die Bank 1990, S. 215.

680 Vgl. *Scharpf*, in: Küting/Weber, Kap. 6 Rz. 868; *Breker*, Optionsrechte, 1993, S. 198; *Häuselmann/Wiesenbart*, Terminbörse, DB 1990, S. 645.

681 *Patek*, Absicherung Teil 1, WPg 2007, S. 424; *Gebhardt*, Risikomanagement, ZfbF Sonderheft 45, 2000, S. 84.

682 Vgl. *Bieg/Sopp*, BilMoG Teil III, StB 2008, S. 282; *Schwarz*, Derivate, 2006, S. 158; *Scharpf/Luz*, Risikomanagement, 2000, S. 328.

683 Vgl. *Häuselmann/Wiesenbart*, Terminbörse, DB 1990, S. 642.

eingegangenen Sicherungsgeschäft zusammen.[684] Eine wirtschaftliche Gleichwertigkeit der beiden Positionen besteht nur dann, wenn die geplante Transaktion vollzogen wird. Die wirtschaftliche Gleichwertigkeit dauert infolgedessen nicht über die gesamte Laufzeit der Absicherung an, sondern besteht nur zum Zeitpunkt des tatsächlichen Abschlusses. Im Gegensatz zu anderen Sicherungsgeschäften werden bei antizipativen Hedges dementsprechend keine tatsächlichen Verluste, sondern nur Opportunitätsverluste ausgeglichen.[685] Den antizipativen Hedges liegt daher eine andere Logik zugrunde. Ziel der Absicherung von vorgesehenen Transaktionen ist es, einen zukünftigen Preis oder Kurs in einer bestimmten Höhe bereits heute zu fixieren, demnach Preis- oder andere Risiken bereits heute auszuschließen.[686] Zu einer Kompensation kommt es erst bei Eintritt des antizipativen Geschäftes. Dem Sicherungsgeschäft stehen vorher keine Wirkungen des antizipativen Geschäftes entgegen; daher kann es zu keinen tatsächlichen kompensierenden Effekten kommen. Andere Sicherungsgeschäfte zielen hingegen darauf ab, durch Reproduktion eines gegenläufigen Geschäftes eine Kompensation der Risiken und der damit einhergehenden Verluste während der Laufzeit oder eines gewissen Zeitraumes zu erreichen.

Da kein Risiko aus einem bestehenden, sondern aus einem fiktiven Geschäft abgesichert werden soll, wird die bilanzielle Behandlung von antizipativen Hedges als besonders kritisch angesehen.[687] Zur potentiellen Anerkennung eines Sicherungszusammenhanges ist es daher von immenser Bedeutung, dass mit dem Abschluss des Geschäftes ernsthaft zu rechnen ist.[688] Unabhängig davon steht h. M. der Anerkennung von antizipativen Absicherungsgeschäften innerhalb der nationalen Rechnungslegung bisher ablehnend gegenüber.[689]

Zur Absicherung der verschiedenen potentiellen Risiken, die aus einem antizipativen Geschäft entstehen, können grundsätzlich verschiedene Finanzinstrumente herangezogen werden.[690] Im Folgenden wird als Beispiel ein Devisentermingeschäft (unbedingtes Finanzin-

---

684 Vgl. *Kehm/Lüdenbach,* in: Lüdenbach/Hoffmann IFRS Kommentar, 6. Auflage 2008, § 28 Rn. 236; *Pfitzer/Scharpf/Schaber*, antizipative Hedges Teil 1, WPg 2007, S. 676.

685 Vgl. *Pfitzer/Scharpf/Schaber*, antizipative Hedges Teil 2, WPg 2007, S. 721; *Scheffler*, Hedge Accounting, 1994, S. 59. Grundsätzlich besteht die Idee der Absicherung mit Finanzinstrumenten darin, dass die Gegenposition mehr oder weniger gleich reproduziert wird, um so die Risiken (meist auch die Chancen) zu verringern. Bei antizipativen Geschäften schließt der Unternehmer hingegen ein Geschäft zum Zeitpunkt t1 mit Fälligkeit t2 ab, um sich im Hinblick auf ein geplantes Geschäft zu t2 abzusichern. Die Einbußen sind Opportunitätsverluste. Es wird nicht, wie bei den anderen Geschäften, eine Reproduktion vorgenommen, sondern der Preis wird auf einen Zeitpunkt fixiert. Die wirtschaftliche Gleichwertigkeit liegt nur im Zeitpunkt des Abschlusses des antizipativen Geschäftes vor und nicht während der gesamten Laufzeit.

686 Vgl. *Scharpf/Schaber*, BilMoG, KoR 2008, S. 540.

687 Vgl. *Scheffler*, Hedge Accounting, 1994, S. 213.

688 Vgl. *Widmayer*, Risikomanagement, 2002, S. 72; *Herzig/Köster*, Verbindlichkeiten, in: HDJ Abt III/5, Rn. 247; BFH vom 16.11.1982, VIII R 95/81, BStBl II 1983, S. 361ff.

689 Vgl. *Prahl/Naumann*, Financial Instruments, in: HdJ, Abt. II/10, Rn. 218; *Reiner*, Finanzinstrumente, 2002, S. 263; *Christiansen*, Ergebnisausweis, DStZ 1995, S. 386.

690 Beispiele für solche Geschäfte sind der geplante Erwerb eines Vermögensgegenstandes, die geplante Aufnahme von Fremdkapital, das Angebotsstadium bei Großprojekten oder die Sicherung der voraus-

strument) herangezogen, welches die Währungsrisiken aus einem geplanten Kauf in ausländischer Währung absichern soll, indem es einen Terminpreis fixiert.[691] Bei dem vorliegenden Risiko handelt es sich um die Gefahr, dass ein zukünftiger Zahlungsstrom, bei dem noch nicht sicher ist, ob er überhaupt real wird, höher ausfallen wird, als derzeit erwartet. Der Sicherungseffekt bezieht sich somit nicht auf eine Vermögenseinbuße, sondern es handelt sich um eine bloße Absicherung von „möglichen" Opportunitätsverlusten.[692]

Da dem antizipativen Geschäft keine bilanziellen Werte zugrunde liegen und bis zur Realisation keine bilanziellen Wirkungen entstehen werden, handelt es sich um ein Zahlungsstromrisiko.[693] Bei den Zahlungsstromrisiken aus antizipativen Geschäften kommt noch erschwerend hinzu, dass es nicht sicher ist, ob es zu einer Situation kommt, in der die Risiken überhaupt tatsächlich entstehen könnten.

Wird durch ein Termingeschäft ein Preis auf den möglichen Anschaffungszeitpunkt festgeschrieben, stellt sich handelsbilanziell die Frage, ob an den Bilanzstichtagen, welche vor dem Erfüllungszeitpunkt liegen, aus dem unbedingten Finanzinstrument entstandene Verlustüberhänge durch eine Drohverlustrückstellung gezeigt werden müssen. Wird eine Einzelbewertung vorgenommen, sind das Grund- und das Sicherungsgeschäft isoliert voneinander zu behandeln. Es ist zu beachten, dass tatsächlich nur ein Geschäft bereits vertraglich existiert. In diesem Fall muss bei einem Verlust aus dem unbedingten Sicherungsgeschäft eine Rückstellungsbildung vorgenommen werden.[694] Handelsbilanziell ist aufgrund der Pflicht zum Ausweis einer Drohverlustrückstellung ein Verlust in Ansatz zu bringen, obwohl es sich tatsächlich (im wirtschaftlichen Sinne) nur um einen Opportunitätsverlust handelt.[695] Steuerbilanziell kommen hingegen weder das antizipative Grundgeschäft noch eine aus dem unbedingten Finanzinstrument resultierende Drohverlustrückstellung zum Ansatz.

Die bilanzielle Behandlung dieser antizipativen Sicherungsbeziehung ist im handelsrechtlichen Schrifttum strittig.[696] Auch die Absicherungsintention wirkt sich bei antizipativen Hedges aus handelsrechtlicher Sichtweise nicht auf die Bewertung des Sicherungsgeschäftes aus, da einem Verlust des Sicherungsgeschäftes kein entsprechender Gewinn des Grundgeschäftes gegenübersteht.[697] In diesem Zusammenhang wird teilweise auch von der „stand

sichtlichen Umsätze der nächsten x Monate gegen Währungsrisiken. S. *Pfitzer/Scharpf/Schaber*, antizipative Hedges Teil 1, WPg 2007, S. 682.

691 Die Absicherung betrifft meistens nur einen Teil des finanzwirtschaftlichen Risikos.

692 Vgl. *Reiner*, Finanzinstrumente, 2002, S. 59; *Scharpf/Luz*, Risikomanagement, 2000, S. 261.

693 Vgl. *Prahl/Naumann*, Financial Instruments in: HdJ, Abt. II/10, Rn. 16. *Patek*, Finanzprodukte, 2001, S. 61ff.

694 S. *Patek*, Finanzprodukte, 2001, S. 278.

695 Vgl. *Löw*, Bewertung, WPg 2004, S. 1119.

696 *Pfitzer/Scharpf/Schaber*, antizipative Hedges Teil 1, WPg 2007, S. 682; *Patek*, Absicherung Teil 1, WPg 2007, S. 425; *Wüstemann/Duhr*, Fremdwährungsrisiken, DB 2003, S. 2503; *Prahl/Naumann*, Financial Instruments in: HdJ, Abt. II/10, Rn. 125.

697 Vgl. *Patek*, Absicherung Teil 1, WPg 2007, S. 425. Nicht nur bilanziell wird kein Gewinn ausgewiesen, sondern auch rechtlich existiert das Geschäft noch nicht.

alone"-Basis des Derivats (Sicherungsgeschäfts) gesprochen.[698] Die Begrifflichkeit „Stand alone" wird verwendet, da keine bilanzielle Gegenposition existiert. Im steuerrechtlichen Schrifttum ist die Behandlung von antizipativen Absicherungsbeziehungen bisher noch nicht thematisiert worden. Dies kann darauf zurückgeführt werden, dass aufgrund der steuerrechtlichen Versagung von Drohverlustrückstellungen unter Anwendung der grundsätzlichen steuerrechtlichen Regelungen kein bilanzielles Problem auftritt.
Handelsrechtlich wurde die bilanzielle Behandlung von antizipativen Geschäften bis vor wenigen Jahren vom Grunde her abgelehnt.[699] Erst in den letzten Jahren haben sich, nach Meinung des Autors inspiriert durch IAS 39, einige wenige Befürworter gefunden, die unter sehr restriktiven Voraussetzungen antizipative Hedges auch bilanziell zulassen wollen.[700] Da das Grundgeschäft aber per Definition nicht existiert, muss, damit nicht eine vollständige oder teilweise Bilanzierung, der sich aus dem Sicherungsgeschäft ergebenden Veränderung vorgenommen werden muss und damit auf diese Weise eine Kompensation der Geschäfte hergestellt werden kann, eine Simulation des Grundgeschäftes am Bilanzstichtag durchgeführt werden.[701] Sollten sich die Zahlungsstromänderungen nicht vollständig ausgleichen, hat eine Verlusterfassung zu erfolgen.[702] Zudem soll, laut den Befürwortern der Methode, ein negativer Überhang auch dann aufgezeigt werden, wenn er aus dem „Grundgeschäft" resultiert.[703]
An Stelle der Simulation des zukünftigen Grundgeschäftes auf den Bilanzstichtag wird in Anlehnung an IAS 39 auch die Möglichkeit erwogen, das Sicherungsgeschäft in kompensierender Höhe neutral zu behandeln und auf den Zeitpunkt der Erfüllung des Grundgeschäftes zu verschieben.[704]

2. Klassifizierung von Problemfeldern

Im Rahmen der vorangestellten exemplarischen Betrachtung konnten verschiedene Probleme in Bezug auf die bilanzielle Behandlung von Sicherungsbeziehungen herausgearbeitet werden. Die wichtigsten Probleme werden jetzt noch einmal detailliert und systematisch aufgearbeitet, damit in den folgenden Kapiteln dieser Arbeit analysiert werden kann, inwie-

---

698 Vgl. *Bischof*, Latente Steuern, PiR 2007, S. 70.
699 Vgl. *Prahl/Naumann*, Financial Instruments in: HdJ, Abt. II/10, Rn. 212.
700 Vgl. *Pfitzer/Scharpf/Schaber*, antizipative Hedges Teil 2, WPg 2007, S. 721ff.
701 Vgl. *Pfitzer/Scharpf/Schaber*, antizipative Hedges Teil 2, WPg 2007, S. 726. Patek ist sogar der Auffassung, dass zur Simulation das Geschäft theoretisch dem Umlauf- und Anlagevermögen zugeordnet werden muss. In diesem Fall dürfte es m. E. aber auch keine positiven Wertüberhänge geben, die auszugleichen wären, da dann auch das Anschaffungskostenprinzip gelten müsste. Siehe *Patek*, Finanzprodukte, 2001, S. 278.
702 S. *Pfitzer/Scharpf/Schaber*, antizipative Hedges Teil 1, WPg 2007, S. 677.
703 Vgl. *Pfitzer/Scharpf/Schaber*, antizipative Hedges Teil 2, WPg 2007, S. 726.
704 Vgl. *Lüdenbach/Hoffmann*, in: Lüdenbach/Hoffmann IFRS-Kommentar, 6. Auflage 2008, § 28 Rn. 243ff; *Scheffler*, Hedge Accounting, 1994, S. 213. Für diese Vorgehensweise fehlt es aber derzeit im nationalen Recht an der Rechtsgrundlage.

fern durch die Reform des Bilanzrechts zu einer Problemlösung beigetragen worden ist.[705] Es wird untersucht, ob die Intention des Gesetzgebers erreicht werden konnte, dass das falsche bilanzielle Bild, welches derzeit bei der Bildung von Sicherungsbeziehungen erzeugt wird, durch die Zulassung von Bewertungseinheiten korrigiert wird. Es wird aufgezeigt, ob die identifizierten Problemfälle durch die neue gesetzliche Normierung der Sicherungsbeziehungen Beachtung gefunden haben und damit behoben wurden.

Problembereich 1: Risikoarten und -verständnisse sowie deren Implikationen

Ein Hauptproblem, das sich in nahezu allen identifizierten Fällen widerspiegelt, ist der Versuch, die wirtschaftlich vernünftige und zukunftsbezogene Absicht der Risikoabsicherung mit der statischen, stichtagsbezogenen und auf Vergangenheitsdaten beruhenden Bilanz in Einklang zu bringen. Letztlich würden sich die Risiken nur bei einer reinen Marktbewertung entsprechen.[706] Die Ursache des Problems ist im Wesentlichen darin zu sehen, dass die bilanziellen Verluste und die finanzwirtschaftlichen Risiken nicht gleich behandelt werden, geschweige denn der gleichen Grundkonzeption von Risiko folgen. Es kann daher sowohl der Fall auftreten, dass sich finanzwirtschaftliche Risiken bilanziell nicht niederschlagen als auch der, dass bilanzielle Risiken ausgewiesen werden, die finanzwirtschaftlich nicht mehr bestehen, weil sie abgesichert wurden. Letzteres ist einer der Hauptbeweggründe für die gesetzliche Regelung von Sicherungsbeziehungen im BilMoG.

In Kapitel B dieser Arbeit, welches sich eingehend mit der Problematik der Risiken auseinandergesetzt hat, konnte aufgezeigt werden, dass der finanzwirtschaftliche Risikobegriff über den bisherigen bilanziellen Risikobegriff des § 252 HGB hinausgeht. Dieses konnte in Kapitel C.I anhand von Beispielen untermauert werden. Es wurde verdeutlicht, dass nach dem finanzwirtschaftlichen Risikoverständnis in der Praxis auch solche Risiken abgesichert werden, die sich bilanziell nicht niederschlagen. Dieses ist insbesondere anhand der Untersuchung von antizipativen Geschäften und Geschäften mit variabler Verzinsung aufgezeigt worden. Die Risiken dieser Geschäfte schlagen sich nicht in der Bilanz nieder, da aus ihnen keine bilanziellen Verluste resultieren. Vielmehr kommt es erst bei Realisierung zu einer bilanziellen Auswirkung, da nach dem bilanziellen Risikobegriff Risiken nur auf Basis von bereits negativ induzierten Wertänderungen entstehen dürfen.

Ferner konnte aufgezeigt werden, dass sich Risiken aus finanzwirtschaftlicher Perspektive in zwei vollständig unterschiedlichen Risikoverständnissen niederschlagen. Diese Risikoverständnisse sind als Zahlungsstrom- und Wertänderungsrisiko umschrieben worden. Dabei

---

705 Vgl. *Gesetzesbeschluss* vom 27.03.2009, Drs. 270/09, S. 1ff.

706 Siehe zur Marktbewertung von Finanzinstrumenten *Mauritz*, Konzepte, 1996. Insbesondere im Rahmen der derzeitigen Finanzkrise appellieren auch viele Befürworter einer Fair Value-Bewertung wieder für die nicht zu vernachlässigenden Vorteile eines Anschaffungskostenprinzips. Die Marktbewertung wird im Rahmen dieser Arbeit aber nicht weiter untersucht.

werden entweder Risiken aufgrund der Veränderung von Zahlungsströmen befürchtet (Zahlungsstromrisiko), oder aber ein Risiko wird aufgrund von (erwarteten) Wertänderungen quantifiziert (Wertänderungsrisiko). Anhand dieser Differenzierung wurde herausgearbeitet, dass sich das bisherige bilanzielle Risikoverständnis lediglich im Wertänderungsrisiko widerspiegelt. Das Zahlungsstromrisikoverständnis hat bisher innerhalb der statischen und stichtagsbezogenen Bilanz keine Berücksichtigung gefunden. Diese Tatsache basiert auf dem Umstand, dass die aus Zahlungsströmen resultierenden Veränderungen erst dann ertragswirksam in der Bilanz ausgewiesen werden, wenn sie tatsächlich entstanden sind. Das Verhältnis von Zahlungsstromrisiken und Wertänderungsrisiken wird am Beispiel der festen und variablen Verzinsung von Geschäften besonderes deutlich, da sich in diesen Fällen die Risikoverständnisse entgegengesetzt gegenüberstehen. Neben diesen Extremen, existieren aber auch Geschäfte, die durch beide Risikoarten beeinflusst werden.[707]

Es kann zudem zwischen zwei Ursachen für und damit auch zwischen zwei Arten von Zahlungsstromrisiken differenziert werden. Zum einen können Zahlungsstromrisiken aus Bilanzpositionen entstehen. Bilanzpositionen bedingen, dass die Zahlungsstromrisiken zu mehreren Zeitpunkten auftreten können. Zum anderen können Zahlungsstromrisiken aus antizipativen Geschäften resultieren, was zur Folge hat, dass sie nur zu einem fixierten Zeitpunkt auftreten, nämlich zum tatsächlichen Abschlusstag des antizipativen Geschäftes.[708]

In einem späteren Kapitel wird analysiert, ob die gesetzliche Kodifizierung des BilMoG auf einem der genannten Risikoverständnisse aufbaut oder ob beide Sichtweisen Berücksichtigung finden. Sollte, wie später dargestellt wird, auf beide Verständnisse Bezug genommen worden sein, ist zu analysieren, inwiefern eine sach- und systemgerechte Umsetzung stattfindet. Hierbei wird insbesondere auf die Auswirkungen, die durch die Wechselwirkungen zwischen den beiden Risikoverständnissen entstehen, näher eingegangen. Dies ist vor dem Hintergrund von Bedeutung, dass es durch Absicherungen zu Risikotransformationen kommen kann. So können Zahlungsstromrisiken in Wertänderungsrisiken transformiert werden und umgekehrt. Bei Beachtung nur eines Risikoverständnisses kann es aber geschehen, dass sich das tatsächliche wirtschaftliche Risiko trotz Absicherung erhöht bzw. insgesamt nicht neutralisiert. Fraglich ist in diesem Zusammenhang auch, wie „synthetische Positionen" bilanziell behandelt werden.

Problembereich 2: Problem der Bedingtheit von Finanzinstrumenten (Optionen)

Aufgrund der spezifischen Charakteristika der Finanzinstrumente kann es zu Problemen bei der bilanziellen Behandlung der Absicherung kommen. Gerade bedingte Instrumente (hier Optionen) sind so ausgestaltet, dass nicht lediglich eine Risikoabsicherung durchgeführt wird,

707 Eine Exportforderung in fremder Währung unterliegt z.B. gleichzeitig einem Zahlungsstrom sowie einem Wertänderungsrisiko. Vgl. *Heuser/Theile*, IFRS-Handbuch, 3. Auflage 2007, Rn. 2213.

708 Daher kommt es bei antizipativen Transaktionen nicht zu einer ständigen Kompensation, sondern nur zu einem Ausgleich an dem Tag, auf den das Sicherungsgeschäft fixiert ist.

sondern dass zusätzlich auch potentielle Marktchancen offen gehalten werden können. Gegenüber der Absicherung mit unbedingten Finanzinstrumenten, bei deren Einsatz auf die Chancen verzichtet wird, muss dafür allerdings ein höherer Preis gezahlt werden.

Eine Absicherung mit Optionen ist nur dann tatsächlich kompensierend, wenn die Option auch tatsächlich ausgeübt und nicht anstatt zur Absicherung zur Realisierung von zusätzlichen Chancen verwendet wird. In diesem Zusammenhang ist insbesondere zu prüfen, welche Voraussetzungen eine Sicherungsbeziehung bei der bilanziellen Behandlung erfüllen muss und welche Folgen aus der Beendigung des Sicherungszusammenhangs resultieren. Dies ist auch vor dem Hintergrund von Bedeutung, dass derivative Finanzinstrumente glattgestellt werden können, womit gleichzeitig ein zuvor bestehender Sicherungszusammenhang neutralisiert wird.

Problembereich 3: Begrenzte Tauglichkeit von Sicherungsbeziehungen aufgrund eingeschränkter oder nicht vorhandener Kompensationswirkung

Bei den bedingten Finanzinstrumenten wurde aufgezeigt, dass die Stillhalterverpflichtung grundsätzlich nur als Grundgeschäft, nicht aber als Sicherungsgeschäft fungieren kann.[709] Es ist zu prüfen, inwiefern der Gesetzgeber prinzipiell alle Positionen zur Bildung einer Bewertungseinheit zulässt oder aber, ob er gewisse Konstellationen von Grund- und Sicherungsgeschäften ausschließt.

Diese Frage stellt sich auch in zwei weiteren Fällen, die bereits analysiert worden sind, und zwar bei der Stillhalterposition, die mit Basiswerten abgesichert wird, sowie bei dem bedingten Finanzinstrument (Verkaufsoption), welches als Sicherungsgeschäft einer Bilanzposition fungiert. In beiden Fällen konnte bei bestimmten Marktentwicklungen aufgezeigt werden, dass keine vollständige Kompensation gegeben ist. Es muss daher der Frage nachgegangen werden, ob auch anteilige Absicherungen gesetzlich möglich sind, da in dem Fall, dass Optionsrechte oder Stillhalterpositionen mit den entsprechenden Basiswerten abgesichert werden, nur zwischen dem Marktwert des Basisobjektes und einem positiven inneren Wert der Option eine vollständige Korrelation besteht.[710]

Problembereich 4: Ermessensspielräume bei antizipativen Geschäften

Bei der Analyse von antizipativen Geschäften wurde gezeigt, dass für das Zustandekommen einer Sicherungsbeziehung das antizipative Geschäft einer Simulation unterzogen werden muss. Für die Simulation werden aber Prognosen über die Zukunft des Unternehmens und seines Umfeldes benötigt. Zum Nachweis von antizipativen Hedges sind deswegen Einblicke in die unternehmerische Planung unverzichtbar. Hierbei ist zu beachten, dass die Planung von Branche zu Branche unterschiedlich komplex ist.[711] Durch die bestehenden Unsicherheiten

---

709 Eine Ausnahme hierfür besteht bei der wirtschaftlichen Glattstellung durch die gegenläufige Position mit exakt gleichen Ausstattungsmerkmalen.

710 Vgl. *Breker*, Optionsrechte, 1993, S. 189.

711 Vgl. *Prahl/Naumann*, Financial Instruments in: HdJ, Abt. II/10, Rn. 16.

bei Prognosen und die Nichteinsehbarkeit in die Unternehmensplanung ergeben sich für den Abschlussersteller individuelle Ermessensspielräume.[712]

Problembereich 5: Steuerbilanzielle Konsequenzen der handelsbilanziellen Regelung

Es konnte aufgezeigt werden, dass aufgrund der unterschiedlichen gesetzlichen Regelungen in bestimmten Fällen steuerlich nicht stets oder teilweise, sondern teilweise sogar nie bilanzielle Verluste entstehen. Insbesondere in den Fällen der Zahlungsstromabsicherung, bei denen der bilanzielle Verlust aus dem Sicherungsgeschäft resultiert, kommt es steuerlich in vielen Fällen zu keinem Verlust. Die steuerbilanziell inkongruente Behandlung von Verlusten innerhalb der Einzelbewertung führt bei der Beurteilung der Notwendigkeit von Bewertungseinheiten daher zu zwei unterschiedlichen Ergebnissen. Zum einen führt sie teilweise zu falschen Ergebnissen und erfordert damit eine korrigierende Bewertung im Rahmen einer Bewertungseinheit. Zum anderen existieren aber auch Fälle, in denen ein wirtschaftlich korrektes Bild und damit einhergehend das „richtige" Bild über die wirtschaftliche Leistungsfähigkeit bereits vermittelt wird, so dass grundsätzlich keine Notwendigkeit zur Bildung von Bewertungseinheiten besteht. Da der Frage der Darstellung von Bewertungseinheiten ein Bewertungsproblem zugrunde liegt, das grundsätzlich an den bilanziellen Wirkungen von zwei Positionen ansetzt bzw. mindestens die Bilanzwirkung einer Position voraussetzt, liegt in bestimmten Fällen steuerbilanziell ein derartiges bilanzielles Problem nicht vor.[713]

Es muss daher analysiert werden, inwieweit die Handels- und Steuerbilanz im Hinblick auf Bewertungseinheiten gemeinsam betrachtet werden darf und, damit verknüpft, welche Auswirkungen eine gemeinsame Regelung auf die steuerliche Gewinnermittlung hat.

Im Weiteren wird untersucht, inwieweit die oben dargestellten Problembereiche durch die nationale Regelung des BilMoG erkannt und systematisch eliminiert werden, oder ob es durch die Neuregelung darüber hinaus sogar zu weiteren Problemen kommt. Hierüber kann schließlich eine Evaluierung erfolgen, inwieweit die Behandlung von Bewertungseinheiten nach dem BilMoG als zweckmäßig angesehen werden kann.

---

712 Vgl. *Schmidt*, Rechnungslegung, 2005, S. 44.

713 Dies ist insbesondere auch auf das Verbot der Bildung einer Drohverlustrückstellung zurückzuführen.

II. Bilanzielle Behandlung von Sicherungsbeziehungen

Nachdem in Kapitel C.I auf konzeptioneller Ebene exemplarisch verschiedene Sicherungsbeziehungen sowie die dieser Thematik zugrunde liegenden Probleme sowohl auf finanzwirtschaftlicher als auch auf bilanzieller Ebene herausgearbeitet wurden, wird in C.II aufbauend auf diesen Erkenntnissen die bisherige und die aktuelle[714] gesetzliche Umsetzung von Sicherungsbeziehungen näher untersucht. Da aufgezeigt werden konnte, dass insbesondere der bilanzielle Verlustausweis handels- und steuerbilanziell nicht deckungsgleich ist, werden in einem ersten Schritt kurz die „Ausgangspunkte" näher analysiert (C.II.1). In einem zweiten Schritt wird dann die bisherige bilanzielle Umsetzung beleuchtet, welche zum größten Teil auf den Verlautbarungen von Fachgremien und nur in geringem Umfang auf gesetzlichen Grundlagen beruht (C.II.2). Aufbauend auf diesem Kenntnisstand wird in einem dritten Schritt die durch das BilMoG gesetzlich normierte Regelung zur bilanziellen Behandlung von Sicherungsbeziehungen analysiert, kritisch hinterfragt und gewürdigt. Ein Schwerpunkt wird hierbei auf die steuerlichen Rechtsfolgen gelegt. Dabei wird zunächst die Frage des finanzwirtschaftlichen Anwendungsbereiches näher beleuchtet, d.h. es wird untersucht, welche in der finanzwirtschaftlichen Praxis gebildeten Sicherungsbeziehungen bilanziell überhaupt abgebildet werden dürfen (C.II.3). Sodann wird auf die bilanzielle Umsetzung vor, während und nach der Bildung der Sicherungsbeziehung eingegangen. Im Rahmen der Untersuchung werden die bisherigen Stellungnahmen der Fachgremien, die Schrifttumsmeinung und die internationale Sichtweise zur Argumentation und zur kritischen Betrachtung herangezogen (C.II.4).

1. Entstehung des Konzepts der Bewertungseinheit

In der finanzwirtschaftlichen Praxis werden Absicherungen größtenteils unabhängig von bestimmten Risikoverständnissen, gesetzlichen Prinzipien oder Maßnahmen durchgeführt. Ziel ist es, potentielle Risiken gemäß der individuellen Risikoneigung zu minimieren oder zu eliminieren. Da Geschäfte in der Realität aber mehreren Risiken unterliegen oder aber die Geschäfte von verschiedenen Faktoren beeinflusst werden, existiert fast nie eine perfekte Absicherung im Sinne eines perfekten Hedges. Letztlich ist es aber in der Finanzwirtschaft nicht ausschlaggebend, ob es zu einer eindeutigen Risiko- oder zu einer Wertkompensation kommt. Von Relevanz ist vielmehr, dass sich die Risiken und damit einhergehend die Verluste und Gewinne aus den Sicherungspositionen kompensieren. Da ein finanzwirtschaftlich hergestellter Sicherungsbezug jederzeit beendet werden kann, ist zu beachten, dass

---

[714] Seit Einführung durch das BilMoG. Siehe hierzu *Regierungsentwurf* BilMoG vom 23.05.2008, Drs. 344/08.

Marktteilnehmer in wirtschaftlich vorteilhaften Situationen finanzwirtschaftlich motivierte Sicherungsbeziehungen regelmäßig auflösen.

Trotzdem ist es das Ziel der Praxis und des Gesetzgebers gewesen, die in der Finanzwirtschaft hergestellten Sicherungsbeziehungen auch in der Bilanz mit ihren Wirkungen darzustellen. Dies war bislang aufgrund fehlender geeigneter Normierungen nicht möglich; vielmehr kam es unter Beachtung der GoB zu der bereits angesprochenen fehlerhaften Darstellung von Sicherungsbeziehungen in der Bilanz. Wird aber das Ziel verfolgt, Sicherungsbeziehungen in die handels- und steuerrechtliche Bilanzlogik zu überführen, ist es auch zwingend notwendig, die Sicherungsbeziehungen den entsprechenden gesetzlichen Prinzipien und Maßnahmen zu unterwerfen. Demgemäß ist es konsequent, sich nach der zunächst folgenden detaillierten Betrachtung des Ausgangsproblems den handels- und steuerrechtlichen sowie internationalen rechnungslegungsbezogenen Zielsetzungen und Bilanzlogiken zuzuwenden. Weiterführend wird die Behandlung von Finanzinstrumenten in Bezug auf die internationalen Rechnungslegungsstandards nachgeholt, welche für die nationale Gesetzgebung bereits vorgenommen wurde.[715]

1.1 Die Idee der kompensatorischen Bewertung

Der Grundgedanke, der der kompensatorischen Bewertung zugrunde liegt, ist genauso einfach wie logisch: Unter bestimmten Voraussetzungen soll es möglich sein, die zur Risikokompensation zusammengehörenden Geschäfte gedanklich als ein Geschäft aufzufassen, damit sie einer sinnvollen bilanziellen Bewertung zugeführt werden können. Nur auf diese Weise kann es bei einer vollständigen Risikokompensation nicht zu bilanziellen Wirkungen kommen. Vor diesem Hintergrund stellt sich die Frage, wie die wirtschaftlich zweckmäßigen und in der Praxis vorgenommenen Sicherungsbeziehungen auch bilanziell sinnvoll abgebildet werden können. Hierzu stehen grundsätzlich mehrere Methoden zur Verfügung. Während im angloamerikanischen Bereich das Grundkonzept des Hedge Accounting Anwendung findet, konzentriert sich die Diskussion über die Behandlung von Sicherungsbeziehungen in Deutschland seit jeher auf die Bildung von Bewertungseinheiten.[716]

---

715 Diese erfolgt unter den Überschriften der Ausgangspunkte der jeweiligen Rechtsgebiete.

716 Vgl. *Scharpf/Schaber*, BilMoG, KoR 2008, S. 532; *Bieker*, Paradigmenwechsel, PiR 2008, S. 365; *Intemann*, Sicherungsgeschäfte, NWB 2007, Fach 17, S. 2151; *Scharpf/Luz*, Risikomanagement, 2000, S. 273; *Anstett/Husmann*, Bildung, BB 1998, S. 1523f. Zu weiteren Ausführungen des Hedge Accounting siehe *Göttgens*, Accounting, BFuP 1995, S. 148ff.; *Scheffler*, Hedge Accounting, 1994, S. 127 – 154.

1.1.1 Unrichtige Darstellung von Sicherungsbeziehungen in der Bilanz

Die kompensatorische Bewertung setzt an folgendem bilanziellen Problem an: Nicht realisierte Gewinne dürfen aufgrund des Realisationsprinzips nicht ausgewiesen werden, wohingegen die nicht realisierten Verluste nach dem Imparitätsprinzip auszuweisen sind.[717] Dies führt bei Geschäften, die in einer wirtschaftlichen Risikoabsicherung zusammengefasst worden sind, zu Problemen. Hier dürfen die positiven Erfolgsbeiträge des einen Geschäftes und die negativen Erfolgsbeiträge eines anderen Geschäftes in der Bilanz nicht kompensiert werden, obwohl sie sich wirtschaftlich und objektiv nachvollziehbar tatsächlich gegenseitig kompensieren.[718] Dies basiert auf dem Einzelbewertungsprinzip, welches erfordert, dass zwei oder mehr Geschäfte, die in einem risikobezogenen Zusammenhang stehen, bilanziell dennoch getrennt voneinander zu bewerten sind.[719] Die handelsbilanzielle Grundannahme bei Sicherungsbeziehungen besteht darin, dass es aufgrund des strikten imparitätischen Einzelbewertungsgrundsatzes zu dem paradoxen Ergebnis kommt, dass stets Verluste ausgewiesen werden, denen aufgrund des Realisationsprinzips keine bilanziellen Gewinne gegenüberstehen.[720] Als Konsequenz aus dem Einzelbewertungsgrundsatz resultiert zudem, dass ein absichernder Unternehmer stets ein schlechteres Bilanzergebnis (einen höheren Verlustausweis) ausweisen muss als ein Unternehmer, der seine Risikopositionen nicht absichert.[721] Insgesamt kommt es zu einer Erfolgsdarstellung, die der Absicherungssituation nicht gerecht wird, da die wirtschaftlichen Zusammenhänge bilanziell unberücksichtigt bleiben.[722] Es stellt sich deshalb die Frage, ob die Sicherungsbeziehung, und damit die sich gegenseitig kompensierenden Erfolgsbeiträge, auch bilanziell berücksichtigt werden sollten.[723] Schließlich stehen die bilanziell ausgewiesenen Risiken im Widerspruch zu der tatsächlichen Risikosituation.[724] Wenn keine tatsächlichen wirtschaftlichen Verluste entstehen, kann die Verlustantizipation zudem zu einer Überstrapazierung des Vorsichtsprinzips führen. Sie sollte daher auf die Fälle beschränkt werden, die tatsächlich von Verlusten bedroht sind.[725]

---

717 Siehe hierzu § 253 HGB.

718 Vgl. *Marxfeld/Schäfer/Schaber*, Handelsbestände, FB 2005, S.730; *Staudt/Weinberger*, Bewertung, WPg 1997, S. 45; *Benne*, Bewertungseinheit, DB 1991, S. 2606.

719 Vgl. *Große*, IAS 39, 2007, S. 72; *Derlien/Mairoser*, Gesetzesvorhaben, BC 2006, S. 65.

720 Vgl. *Schick*, Besteuerung, 1998, S. 37; *Herzig/Mauritz*, Ökonomisch, ZfbF 1998, S. 9; *Lührmann*, Umrechnung, DStR 1998, S. 388; *Happe*, Swapvereinbarungen, 1996, S. 138; *Breker*, Optionsrechte, 1993, S. 179.

721 Vgl. *Wotschofsky/Thomas*, Termingeschäfte, BBK 2002, Fach 12, S. 6611; *Mauritz*, Konzepte, 1996, S. 40; *Scharpf*, Derivate Finanzinstrumente, BFuP 1995, S. 183. Dies kann im Extermfall dazu führen, dass die Unternehmensführung bei unzureichender Ertragslage auf eine Absicherung verzichtet.

722 Vgl. *Herzig*, Rückstellung, ZfB 1988, S. 221; *Schick*, Besteuerung, 1998, S. 36.

723 Vgl. *Große*, IAS 39, 2007, S. 72; *Barckow*, Besteuerung, StbJb 2006/07, S. 217; *Schick/Indenkämpen*, Entwurf, BB 2006, S. 650; *Scharpf/Luz*, Risikomanagement, 2000, S. 273; *Anstett/Husmann*, Bildung, BB 1998, S. 1523; *Happe*, Swapvereinbarungen, 1996, S. 138.

724 Vgl. *Anstett/Husmann*, Bildung, BB 1998, S. 1523; *Benne*, Bewertungseinheit, DB 1991, S. 2606.

725 Vgl. *Löw*, Bewertung, WPg 2004, S. 1110; *Breker*, Optionsrechte, 1993, S. 215.

1.1.2 Das Problem des Einzelbewertungsgrundsatzes

Nach § 240 Abs. 1 HGB sind Vermögensgegenstände und Schulden „einzeln" zu bilanzieren und nach dem Einzelbewertungsgrundsatz, der auf dem Vorsichtsprinzip basiert und in § 252 Abs. 1 Nr. 3 HGB[726] kodifiziert ist, am Abschlussstichtag „einzeln" zu bewerten.[727] Dieser Grundsatz ist unumstritten ebenso auf Bilanzpositionen wie auf schwebende Geschäfte anzuwenden, auch wenn die letzteren nicht explizit im Gesetz genannt werden.[728] Trotz des Maßgeblichkeitsprinzips ist der Einzelbewertungsgrundsatz in § 6 Abs. 1 S. 1 EStG noch einmal separat für die Steuerbilanz normiert.[729] Eine Abweichung der steuerrechtlichen von der handelsrechtlichen Auslegung des Einzelbewertungsgrundsatzes gemäß § 252 Abs. 1 Nr. 3 HGB ist dabei nicht zu erkennen.[730] Der Einzelbewertungsgrundsatz stellt demnach eine Ausprägung des Bilanzbewertungsansatzes dar, der im Gegensatz zur Gesamtbewertung auf eine additive, von Verbundeffekten nahezu befreite Vermögensermittlung zurückgreift.[731] Nach § 252 Abs. 2 HGB darf vom Grundsatz der Einzelbewertung nur in begründeten Ausnahmefällen abgewichen werden.[732] Von einem begründeten Ausnahmefall ist auszugehen, wenn die individuelle Ermittlung eines Wertes oder der Risiken eines Objektes unmöglich ist oder nur unter hohem Zeit- und Kostenaufwand als möglich angesehen wird.[733] Einige Ausnahmen sind als Spezialfälle explizit im Gesetz kodifiziert.[734]

Der Einzelbewertungsgrundsatz beinhaltet sowohl den Zweck der Objektivierung (Bilanzklarheit) als auch das Saldierungsverbot (§ 246 Abs. 2 HGB). Der Objektivierungszweck schränkt Ermessensspielräume ein, damit objektiv über die Lage des Unternehmens berichtet

---

726 Er beruht auf den Grundsätzen für die Erstellung des Inventars gem. § 240 Abs. 1 HGB; siehe *Menninger*, Futures, 1993, S. 120.

727 Vgl. *Crezelius*, in: Kirchhof EStG, 8. Auflage 2008, § 5 EStG Rn. 55; *Fischer*, in: Kirchhof EStG, 8. Auflage 2008, § 6 EStG Rn. 11; *Winkeljohann/Geißler*, in: Beck´scher BilKomm, 6. Auflage 2006, § 252 HGB Rn. 22; *Schwitters/Bogajewskaja*, in: Beck HdR, B 730 Rn. 14; *Scharpf/Luz*, Risikomanagement, 2000, S. 230; *Anstett/Husmann*, Bildung, BB 1998, S. 1524; *Kupsch*, Abgrenzung, StbJb 1994/95, S. 131.

728 Vgl. *Scharpf/Luz*, Risikomanagement, 2000, S. 231; *Anstett/Husmann*, Bildung, BB 1998, S. 1524; *Mauritz*, Konzepte, 1996, S. 27; *A/D/S*, 6. Auflage 1995, § 249 HGB Rn. 75; das schwebende Geschäft findet durch die Drohverlustrückstellung Einzug in die Bilanz und ist daher unter den Begriff der Schuld zu subsumieren. BFH vom 19.7.1983, VIII R 160/79, BStBl. II 1984, S. 58.

729 Vgl. *Scharpf/Luz*, Risikomanagement, 2000, S. 231; *Stobbe*, in: H/H/R, § 6 EStG Rn. 89; *Mauritz*, Konzepte, 1996, S. 26; BFH vom 07.08.2000, GrS 2/99 BStBl. II 2000, S. 635; *Kupsch*, Abgrenzung, StbJb 1994/95, S. 132; *Häuselmann/Wiesenbart*, Terminbörse, DB 1990, S. 642; *Benne*, Gewinnerwartungen, BB 1979, S. 1653.

730 Vgl. BFH vom 27.03.1996, I R 3/95, BStBl. II 1996, S. 471; BFH vom 12.10.1995, I R 179/94, BStBl. I 1996, S. 402.

731 Vgl. *Brackert/Prahl/Naumann*, Risikosteuerung, WPg 1995, S. 545; *Moxter*, Gewinnermittlung, 1982, S. 24 – 103.

732 Vgl. *Köhler*, Einzelbewertung, StBp 2009, S. 13; *Scharpf/Luz*, Risikomanagement, 2000, S. 230; *Anstett/Husmann*, Bildung, BB 1998, S. 1524.

733 Vgl. BFH vom 17.02.1998, VIII R 28/95, BStBl II 1998, S. 505; BFH vom 15.10.1997, I R 16/97, BStBl II 1998, S. 249; *A/D/S*, 6. Auflage 1995, § 252 HGB Rn. 57.

734 Vgl. *Baetge/Kirsch/Thiele*, Bilanzen, 9. Auflage 2007, S. 117. Beispiele sind § 240 Abs. 3 HGB (Festbewertung), § 240 Abs. 4 HGB (Gruppenbewertung) sowie § 256 HGB (Sammelbewertung).

wird. Das Saldierungsverbot ist Ausfluss des Vollständigkeitsgebots (§ 246 Abs. 1 HGB) und verbietet sowohl die Saldierung von Bilanzposten der Aktivseite mit Posten der Passivseite als auch die Verrechnung von Aufwendungen und Erträgen in der GuV.[735] Erst durch die Einzelbewertung wird das Vorsichtsprinzip operationalisierbar,[736] da aus einer Einzelbewertung heraus zu betrachten ist, ob ein Gewinn zu vereinnahmen oder ein Verlust zu antizipieren ist.[737] Das Realisationsprinzip ist ohne Einzelbewertung nicht vorstellbar.[738]

1.1.2.1 Einzelbewertung und Finanzinstrumente

Durch die starke Positionierung des Einzelbilanzierungsgrundsatzes auf der einen und des Einzelbewertungsgrundsatzes auf der anderen Seite sowie durch das übergreifende Vorsichtsprinzip kann es bei einer wirtschaftlichen Betrachtungsweise von Finanzinstrumenten, die in einer Sicherungsbeziehung stehen, zu Problemen bei der bilanziellen Abbildung kommen. Die Abgrenzung zwischen wirtschaftlich richtiger Betrachtungsweise und bilanzrechtlich vorgeschriebener Einzelbewertung tritt insbesondere bei der bilanziellen Behandlung von Finanzinstrumenten in verschiedenen Konstellationen auf. Bei der Bewertung der Sicherungsbeziehung stellt sich somit die grundsätzliche Frage, ob ein Abweichen vom Einzelbewertungsgrundsatz zulässig ist. Dieses Abweichen vom Einzelbewertungsgrundsatz wird oft mit dem Begriff der Bewertungseinheit umschrieben. Der Begriff der Bewertungseinheit wird aber in der Rechnungslegung im Zusammenhang mit verschiedensten Problemkreisen verwendet. Die beiden Problemkreise werden nur deshalb zusammen betrachtet, da sie beide ihren Ausgang im Grundsatz der Einzelbewertung haben.[739] Dabei handelt es sich um die sog. Bewertungseinheit i. e. S. und die Bewertungseinheit i. w. S.

---

735 Vgl. *Glanegger,* in: Schmidt EStG, 27. Auflage 2008, § 6 EStG Rn. 36; *Baetge/Kirsch/Thiele*, Bilanzen, 9. Auflage 2007, S. 116; *Reiner*, Finanzinstrumente, 2002, S. 255; *Anstett/Husmann,* Bildung, BB 1998, S. 1524; *Tönnies/Schiersmann,* Zulässigkeit Teil I, DStR 1997, S. 714; *Lührmann,* Umrechnung, DStR 1998, S. 388. Im Rahmen des BilMoG ist § 246 Abs.2 HGB-BilMoG um einen Satz 2 ergänzt worden. Gesetzesbeschluss vom 27.03.2009, Drs. 270/09, S. 2; *Beschlussempfehlung* vom 24.03.2009, Drs. 16/12407, S. 9. Vgl. hierzu *Ernst/Seidler*, Regierungsentwurf, ZGR 2008, S. 636; *Günkel*, Bilanzrechtsmodernisierungsgesetz, Ubg 2008, S. 129. Das Saldierungsverbot ist der Einzelbewertung nachgelagert.

736 Vgl. *Burckhardt*, Grundsätze, 1988, S. 31 – 54.

737 Vgl. *Brackert/Prahl/Naumann*, Risikosteuerung, WPg 1995, S. 545;

738 Vgl. *Naumann*, Banken, 1995, S. 45.

739 Vgl. *Elkart/Schaber*, Spannungsfeld, in: FS Eisele, 2004, S. 411; *Krumnow/Sprißler*, Kreditinstitute, 2. Auflage 2004, § 340e HGB Rn. 104; *Dietrich*, Handelsbilanzrecht, 1998, S. 3; *Häuselmann*, Aspekte, 1997, S. 22; *Tönnies/Schiersmann,* Zulässigkeit Teil I, DStR 1997, S. 714; *Wiedmann,* Bewertungseinheit, in: FS Moxter, 1994, S. 455.

1.1.2.2 Bewertungseinheit i. e. S

Die Bewertungseinheit i. e. S. behandelt die Frage, was als Vermögensgegenstand oder Schuld anzusehen ist und somit einer einheitlichen Bilanzierung unterliegt und daraus folgend einer einheitlichen Bewertung zu unterziehen ist. Die Bewertungseinheit i. e. S. bezieht sich dabei auf Objekte, bei denen es wirtschaftlich nicht sinnvoll oder nicht möglich ist, sie einzeln zu betrachten.[740] Von Relevanz ist nicht, ob die Objekte für Bewertungszwecke grundsätzlich trennbar wären, sondern ob es bei der realen Nutzung oder der wirtschaftlichen Betrachtungsweise sinnvoll ist. Ist dies zu verneinen, sind sie als Einheit zu bilanzieren und werden als Bilanzierungsobjekteinheit bezeichnet.[741] Zu diesem Zweck wurde von der Rechtsprechung das Prinzip des einheitlichen Nutzungs- und Funktionszusammenhangs als zentrales Kriterium entwickelt.[742] Die einzelnen Objekte werden zu einem Vermögensgegenstand zusammengefasst, so dass der Einzelbewertungsgrundsatz erst auf Ebene der Bewertungseinheit zum Tragen kommt. Auf diese Weise wird eine Durchbrechung des Einzelbewertungsprinzips vermieden.[743] Diese Art der Bewertungseinheit, folglich die Bewertungseinheit i. e. S., ist deshalb auch grundsätzlich zulässig und unbestritten.

Im Gegensatz zur Bewertungseinheit i. e. S. wird nicht die Frage thematisiert, ob es sich bei Sicherungsbeziehungen um ein einzelnes Bilanzierungsobjekt handelt. Vielmehr steht die Frage der gemeinsamen Bewertung von zwei (oder mehreren) separaten Bilanzierungsobjekten im Vordergrund. Bei der Analyse der Abgrenzung der Bestandteile von strukturierten Produkten, die Bestandteil von Sicherungsbeziehungen sind, wird jedoch noch einmal auf die Frage zurückgegriffen, was das Bilanzierungsobjekt ist.[744]

1.1.2.3 Bewertungseinheit i. w. S. bzw. kompensatorische Bewertung

Der zweite Bereich, in welchem der Begriff der Bewertungseinheit in einem anderen Sinnzusammenhang betrachtet wird, ist die so genannte Bewertungseinheit i. w. S.[745] Wie bereits

---

740 Vgl. *Barckow*, Bilanzierung, 2004, S. 81 und S. 221; *Tönnies/Schiersmann*, Zulässigkeit Teil I, DStR 1997, S. 714. (bspw. Rolltreppen als wesentlicher Bestandteil von Gebäuden; Türen als Bestandteil eines Hauses).

741 Vgl. *Tönnies/Schiersmann*, Zulässigkeit Teil I, DStR 1997, S. 714; *Naumann*, Banken, 1995, S. 50ff. Hier werden mehrere Posten der Aktivseite zusammen bilanziert.

742 Vgl. *Krumnow/Sprißler u. a.*, Kreditinstitute, 2. Auflage 2004, § 340eHGB Rn. 105; *Tönnies/ Schiersmann*, Zulässigkeit Teil I, DStR 1997, S. 714. BFH vom 26.11.1973, GrS 5/71, BStBl. II 1974, S. 136; BFH vom 15.12.1977, VIII R 121/73, BStBl. II 1978, S. 210f.; BFH vom 28.09.1990, III R 178/86, BStBl. II 1991, S. 187.

743 Vgl. *Tönnies/Schiersmann*, Zulässigkeit Teil I, DStR 1997, S. 714.

744 Siehe hierzu Kapitel C II 3.2.3.3.3.

745 Vgl. *Naumann*, Banken, 1995, S. 53ff. Die Bewertungseinheit i. w. S. kann nicht nur bei Sicherungsbeziehungen vorliegen. Siehe hierzu *Wiedmann*, Bewertungseinheit, in: FS Moxter, 1994, S. 455ff.

eingangs erwähnt, wird sie synonym auch als kompensatorische Bewertung[746] bezeichnet.[747] Bei Bewertungseinheiten i. w. S. werden verschiedene Bilanzpositionen der Aktiv- und Passivseite, aber auch schwebende Geschäfte aus ökonomischen Gründen für Bewertungszwecke zusammengefasst.[748] Anders als bei der Bewertungseinheit im engeren Sinne können die Geschäfte bei einer anderen ökonomischen Zielsetzung auch einzeln oder aber in anderen Kombinationen behandelt und bewertet werden.

Die auf dem Einzelbewertungsprinzip basierende so genannte Bewertungseinheit war zunächst gesetzlich nicht geregelt, sondern ist durch die Rechtsprechung und das Schrifttum entwickelt worden.[749] Der Begriff der Bewertungseinheit war somit ein unbestimmter Rechtsbegriff, bei dem erheblicher Interpretationsbedarf bestand.[750] Nach h. M. werden die Bestandteile der Sicherungsbeziehung zunächst einzeln bewertet und erst im Anschluss mit einem anderen Posten fiktiv zu einer Bewertungseinheit zusammengefasst bzw. saldiert.[751] Es wird demnach am Einzelbewertungs-, Imparitäts- und Realisationsprinzip auf einer oberhalb des zivilrechtlich definierten Vertragsverhältnisses liegenden Bewertungseinheitsebene festgehalten.[752] Im Rahmen der bilanzrechtlichen Ganzheitsbetrachtung ist demnach ein Überschreiten formalrechtlicher Grenzen erforderlich.[753] Bei der Bewertung als Bewertungseinheit geht es nicht darum, auf die kleinste zivilrechtliche Einheit abzustellen, sondern objektiv wirtschaftliche Zusammenhänge zu saldieren und danach imparitätisch zu behandeln. Auch entsteht durch die Bildung von Bewertungseinheiten kein neues Bilanzierungsobjekt im Sinne eines Vermögensgegenstandes oder einer Schuld.[754] Vielmehr sind die Positionen weiterhin einzeln (bzw. gar nicht) in der Bilanz anzusetzen und verändern nicht ihre Bilanz-

---

746 Vgl. *Barckow*, Bilanzierung, 2004, S. 81; durch diese Bezeichnung kommt zum Ausdruck, dass das generelle Verrechnungsverbot durchbrochen wird.

747 Vgl. *Tönnies/Schiersmann,* Zulässigkeit Teil I, DStR 1997, S. 714. Die unterschiedlichen Notationen in den beiden Begriffen der Bewertungseinheit und der kompensatorischen Bewertung werden im Verlaufe dieses Kapitels herausgestellt. Zunächst wird aber auf den Begriff der Bewertungseinheit eingegangen.

748 Es kann dabei sowohl zu einer Zusammenfassung von Aktiva mit Aktiva bzw. von Passiva mit Passiva als auch zu einer Zusammenfassung von Aktiva mit Passiva kommen. Vgl. S. *Reiner*, Finanzinstrumente, 2002, S. 260; Reiner unterscheidet zwischen horizontalen und vertikalen Bewertungseinheiten; *Barckow*, Besteuerung, StbJb 2006/07, S. 221; *Kühn*, Betriebsvermögen, StBp 1998, S. 298; *Müller*, Bewertungseinheiten, DB 1995, S. 1973; *Wiedmann*, Bewertungseinheit, in: FS Moxter, 1994, S. 456.

749 Vgl. *Anstett/Husmann*, Bildung, BB 1998, S. 1523; *IDW*, Futures 2/1993, WPg 1993, S. 517; *Finne*, Kurssicherungen, BB 1991, S. 1295. Die gesetzliche Kodifizierung im Handelsrecht ist erst durch das BilMoG erfolgt; siehe hierzu Gesetzesbeschluss vom 27.03.2009, Drs. 270/09, S. 4.

750 Vgl. *Baetge/Kirsch/Thiele*, Bilanzen, 9. Auflage 2007, S. 117; *Barckow*, Bilanzierung, 2004, S. 80; *Tönnies/Schiersmann,* Zulässigkeit Teil I, DStR 1997, S. 714.

751 Vgl. *Barckow*, Bilanzierung, 2004, S. 82; *Staudt/Weinberger*, Bewertung, WPg 1997, S. 45ff.

752 Vgl. *Barkow*, Bilanzierung, 2004, S. 82; *Waldersee,* Bilanzierung, in: FS Weber, 1999, S. 248; *Schick*, Besteuerung, 1998, S. 37; *Herzig/Mauritz*, Micro-Hedges, WPg 1997, S. 141; *Staudt/Weinberger*, Bewertung, WPg 1997, S. 45f.

753 S. *Herzig*, Rückstellungen, ZfB 1988, S. 215.

754 Vgl. *Christiansen*, Einzelbewertung, DStR 2003, S. 266. Die Bestandteile der Bewertungseinheit kommen weiterhin als einzelne Vermögensgegenstände oder Schulden zum Ansatz oder bleiben als schwebende Geschäfte (nach BilMoG auch erwartete Transaktionen) außer Ansatz.

position. Sie sind wie bisher dem Anlage- oder Umlaufvermögen oder bei Kreditinstituten dem Anlage- oder Handelsbestand zuzuordnen.[755] Der Zweck der Bewertungseinheit liegt folglich nicht in der Zusammenfassung zu einem größeren Ganzen, sondern vielmehr in einer Aufrechnung von gegenläufigen Positionen, wodurch eine aus wirtschaftlichen Gesichtspunkten erforderliche Saldierung von Gewinnen und Verlusten erreicht werden kann.[756]
Aufgrund der oben beschriebenen Vorgehensweise und Wirkung von Bewertungseinheiten wird von der kompensatorischen Bewertung gesprochen.[757] Diese synonyme Verwendung der Begrifflichkeiten ist jedoch bei einer weiten Auslegung des Begriffes der Bewertungseinheit teilweise unscharf bzw. nicht ganz korrekt.[758] Der Begriff „Kompensation" kommt von dem lateinischen Begriff „compensare", was soviel wie „ausgleichen" oder „ersetzen" bedeutet. Er verdeutlicht den Grundgedanken, dass aufgrund der Reziprozität der Geschäfte aus dem einen Geschäft immer ein Gewinn entsteht, der den Verlust des anderen Geschäftes kompensiert.[759] Wie aber bereits herausgearbeitet wurde, ist diese Eigenschaft nicht bei allen Absicherungsgeschäften gegeben. Diese Situation liegt insbesondere bei Sicherungsbeziehungen im Zusammenhang mit antizipativen Geschäften während der Laufzeit der Sicherungsbeziehung nicht vor, da es erst bei Zustandekommen der Transaktion zu einer Kompensation kommt.[760]

1.2 Risikoverständnis der kompensatorischen Bewertung

Die kompensatorische Bewertung beruht auf dem Gedanken gegenläufiger und sich ausgleichender Wertentwicklungen von zwei Positionen. Das Konzept der kompensatorischen Bewertung impliziert somit nur eines der zwei vorgestellten Risikoverständnisse, namentlich die Wertänderungsrisiken. Im Rahmen von Absicherungen besteht aber auch die Möglichkeit, unsichere Zahlungsströme gegen Risiken abzusichern und in sichere Zahlungsströme zu

---

755 Vgl. *Häuselmann*, anteilsbezogene Derivate, Ubg 2008, S. 399; BMF vom 13.07.1992, IV B 2 - S2139 – 51/92, DStR 1992, S. 1060.

756 Vgl. *Barckow*, Bilanzierung, 2004, S. 80; *Bieg*, Grundlagen Teil II, StB 2002, S. 472; *Waldersee*, Bilanzierung, FS Weber, 1999, S. 248; *Tönnies/Schiersmann*, Zulässigkeit Teil I, DStR 1997, S. 714. Auch die Stiftung Marktwirtschaft schlägt in ihrem Gesetz zur steuerlichen Gewinnermittlung (StGEG) die Bildung von Bewertungseinheiten vor. Dies wird so begründet, dass durch eine imparitätische Einzelbewertung Verluste ausgewiesen werden, die betriebswirtschaftlich nicht vorliegen, so dass auch steuerlich ein unzutreffendes Bild der Leistungsfähigkeit des Unternehmens erzeugt werden kann. Vgl. *Stiftung Marktwirtschaft*, Gewinnermittlung, Stand Mai 2006.
Im Rahmen des Bilanzrechtsmodernisierungsgesetzes hat der Begriff der Bewertungseinheit eine Legaldefinition erhalten. Hiernach wird unter Bewertungseinheit die Zusammenfassung von Vermögensgegenständen, Schulden, schwebenden Geschäften oder mit hoher Wahrscheinlichkeit erwarteten Transaktionen mit Finanzinstrumenten verstanden, unter der Bedingung, dass gewisse Voraussetzungen erfüllt sind. Siehe hierzu Kapitel C II 3 dieser Arbeit.

757 Vgl. *Barckow*, Besteuerung, StbJb 2006/07, S. 221.

758 Vgl. *Kupsch*, Einzelbewertungsprinzip, in: FS Forster, 1999, S. 342.

759 Vgl. *Benne*, Bewertungseinheit, DB 1991, S. 2606.

760 Vgl. Hierzu Kapitel C I.1.5.

transformieren.[761] Dieser Absicherungsstrategie liegt folglich das Zahlungsstromrisikoverständnis zugrunde.[762]

Die Absicherung des Grundgeschäftes gegen Zahlungsstromrisiken bedingt, dass die Zahlung auf einen späteren Zeitpunkt fixiert wird. Finanzwirtschaftlich ist das Risiko also eliminiert, weshalb, wie auch im Falle der kompensatorischen Bewertung von wertänderungsrisikobasierten Geschäften, kein bilanzieller Verlust aus der Sicherungsbeziehung mehr aufgezeigt werden soll.[763] Das Problem der Anwendung einer kompensatorischen Bewertungslogik auf das Verständnis des Zahlungsstromrisikos liegt darin begründet, dass es nur im fixierten Zeitpunkt zu einer kompensatorischen Wirkung zwischen dem Grund- und Sicherungsgeschäft kommt. Während der Laufzeit kann hingegen keine Kompensation vorliegen, da das Grundgeschäft vor Realisierung keine Bilanzwirkung entwickelt und ein bilanzieller Verlust nur einseitig durch das Sicherungsgeschäft entsteht.[764]

1.3 Ausgangsbasis der Bewertungseinheitskonzeption

Im Rahmen der konzeptionellen Darstellung konnte bereits aufgezeigt werden, dass es bei der Einzelbewertung von Bestandteilen einer Sicherungsbeziehung handels- und steuerbilanziell zu unterschiedlichen Auswirkungen kommt. Bevor auf die Methode zur bilanziellen Darstellung der Sicherungsbeziehung eingegangen wird, werden zunächst die gesetzlichen Ausgangsbasen und deren Zielsetzungen, auf denen diese Methode aufbaut, näher beleuchtet.

1.3.1 Handelsbilanzielle Ausgangsbasis

Welchen Zweck das Handelsbilanzrecht verfolgt oder verfolgen soll, ist gesetzlich nicht kodifiziert.[765] Dies führt zu der Problematik, dass kein alleiniger und einheitlicher Bilanzzweck identifiziert werden kann.[766] Der handelsrechtliche Einzelabschluss unterliegt vielmehr zwei unterschiedlichen Leitlinien. Zum einen der Informationsfunktion, welche wiederum dem Dokumentationszweck, dem Rechenschaftszweck, der kritischen Selbstinformation der

---

761 Vgl. *Schmidt*, Rechnungslegung, 2005, S. 88.

762 Dies wurde in dieser Arbeit bereits an vorangegangener Stelle definiert.

763 Vgl. *Scharpf/Luz*, Risikomanagement, 2000, S. 227.

764 Die daraus resultierenden Probleme werden im Verlaufe der Arbeit an geeigneter Stelle untersucht. Dies ist vor allem vor dem Hintergrund von Bedeutung, dass der Gesetzgeber bei der gesetzlichen Kodifizierung der kompensatorischen Bewertung im Rahmen des BilMoG explizit auch Zahlungsstromrisiken in den Geltungsbereich mit einbezieht.

765 Vgl. *Kadel*, Zeitwert, 2004, S. 27; *Moxter*, Bilanzrechtsordnungen, in: FS Beisse, 1997, S. 347.

766 Vgl. *Schön*, Handelsbilanz, ZHR 1997, S. 135ff.; *Thiel*, Bilanzrecht, 3. Auflage 1986, S. 72; *Barth*, Bilanzrecht, Band I, 1953, S. 67. Im Jahre 1849, in der Zeit der Frankfurter „Deutschen Nationalversammlung“, wurde der „Entwurf eines allgemeinen Handelsgesetzbuches für Deutschland“ veröffentlicht. Zu dieser Zeit bestand der Zweck der Rechnungslegung hauptsächlich noch in der Selbstinformation des Kaufmanns zur eigenen Kontrolle seiner Tätigkeit und somit insbesondere zur Vermeidung eines Konkurses.

Unternehmensleitung sowie der Fremdinformation Dritter (insbesondere der Gläubiger) dient. Zum anderen dient der handelsrechtliche Einzelabschluss der Zahlungsbemessungsfunktion, durch die eine Ausschüttungsbegrenzung (Gläubigerschutz, Schutz der Fremdkapitalgeber) und eine Mindestausschüttung (Gesellschafterschutz, Schutz der Eigenkapitalgeber) gewährleistet wird.[767]

In ihrer ursprünglichen Fassung schlossen die Rechnungslegungsgrundsätze nicht aus, dass der Kaufmann Vermögensgegenstände mit dem Zeitwert ansetzen konnte.[768] Im Laufe der Zeit musste der Zeitwertansatz jedoch dem Prinzip der vorsichtigen Bewertung mit den historischen Anschaffungs- und Herstellungskosten als Wertobergrenze weichen. Diese Entwicklung erfolgte zum einen, um die Ausschüttung von unrealisierten Gewinnen zu unterbinden, und zum anderen, um die Ermittlung eines erzielbaren Gewinns zur Schuldendeckungsfähigkeit des Aktivvermögens zum Schutz des Gläubigers sicherzustellen.[769] Die Beschränkung der Ausschüttung soll somit durch eine „vorsichtige" Gewinnermittlung erreicht werden.[770]

Im Laufe der Zeit hat sich der Gläubigerschutz schrittweise als zentraler Zweck der handelsrechtlichen Rechnungslegung zu Lasten der Informationsvermittlung gefestigt. An der Stärkung des Gläubigerschutzes ist positiv anzumerken, dass sich hieraus im Laufe der Jahre ein hohes Maß an Rechtssicherheit auch für weitere Bilanzadressaten herausgebildet hat. So werden neben den Interessen der Gläubiger auch die Interessen der Anteilseigner und der Unternehmen geschützt. Insbesondere durch die stärkere Bedeutung der internationalen Rechnungslegungsstandards ist die Diskussion über die Zweckausrichtung des Handelsbilanzrechtes jedoch wieder stärker in den Fokus der Diskussion gerückt.[771] Im Rahmen des Bilanzrichtlinien-Modernisierungsgesetzes hat sich der Gesetzgeber noch eindeutig zum Gläubigerschutzprinzip bekannt und dieses als wichtigstes Prinzip herausgestellt. Die Wertvorstellungen, die mit dem „True and fair View" verfolgt werden, hat er diesem Prinzip untergeordnet.[772] Die Zielsetzung des nun eingeführten Bilanzrechtsmodernisierungsgesetzes

767 Vgl. *Schmidt*, Rechnungslegung, 2005, S. 13; *Kupsch/Achtert*, Grundsatz, BB 1997, S. 1403; *Naumann*, Banken, 1995, S. 1; *Beisse*, Gläubigerschutz, in: FS Beusch, 1993, S. 82.

768 Vgl. *Schön*, Handelsbilanz, ZHR 1997, S. 135ff.; *Thiel*, Bilanzrecht, 3. Auflage 1986, S. 72; *Barth*, Bilanzrecht, Band I, 1953, S. 67.

769 Vgl. *Weber-Grellet*, Maßgeblichkeitsgrundsatz, BB 1999, S. 2660; *Schön*, Handelsbilanz, ZHR 1997, S. 140.

770 Hierbei handelt es sich nicht um die einzige Möglichkeit; vielmehr könnte der Gewinn auch anders berechnet und dann die Ausschüttung beschränkt werden; dies wird aufgrund der Zielsetzung der Arbeit aber nicht weiter thematisiert. Vgl. hierzu z.B. *Watrin*, Rechnungslegung, S. 220ff. Das HGB beschäftigt sich nur mit der Gewinnermittlung zur Ausschüttungsverwendung, siehe § 57 Abs.3, § 58 Abs.4 AktG.

771 Vgl. *Ernst*, Bilanzrechtsmodernisierungsgesetz, in: StbJb 2005/06, S. 225.

772 Vgl. *Beisse*, GoB, in: GS Knobbe-Keuk, 1997, S. 386; *Beisse*, Bilanzrechtssystem, in: FS Moxter, 1994, S. 5.

besteht hingegen u. a. in der Erhöhung der Aussagekraft des handelsrechtlichen Jahresabschlusses[773] und damit in einer klaren Stärkung der Informationsfunktion.

In Bezug auf die hier behandelte Thematik der Sicherungsbeziehungen sind sowohl der Gläubigerschutz als auch die Informationsfunktion relevant. Der Gläubigerschutz fordert einerseits, dass das wichtigste handelsbilanzielle Prinzip eine vorsichtige Ermittlung des Gewinnes ist. Das Vorsichtsprinzip verfehlt aber dann seine Wirkung, wenn Verluste ausgewiesen werden müssen, die nicht tatsächlich eintreten, aber in der Konsequenz bspw. zu einem Ausschüttungsverbot führen.[774] Hierdurch wird andererseits auch der Informationsgehalt der Bilanz beeinträchtigt. Sie dokumentiert ein falsches Bild der Wirtschaftslage,[775] was zu weiteren Konsequenzen wie zum Beispiel zu Kürzungen, Kündigungen oder Konditionsverschlechterungen bei Krediten führen kann.[776]

Ausgehend von der beschriebenen Problematik sollen bilanzielle Verluste, die wirtschaftlich nicht bestehen, auch nicht mehr in der Bilanz ausgewiesen werden. Hierzu wurde das Konzept der Bewertungseinheit entwickelt. Auf der konzeptionellen Ebene in Teil C I dieser Arbeit konnte dann auch herausgearbeitet werden, dass es unter Beachtung der traditionellen GoB in den meisten Fällen tatsächlich zu einem Ausweis von bilanziellen Verlusten gekommen ist. Dies ist nicht verwunderlich, da diese Fälle den gedanklichen Ausgangspunkt für die Einführung einer kompensatorischen Bewertung gebildet haben.

Darüber hinaus konnte zusätzlich aufgezeigt werden, dass auch wirtschaftliche Absicherungsbeziehungen existieren, die unter der Beachtung der Einzelbewertung nicht notwendigerweise zu Verlusten führen müssen oder aber nur einseitig Verluste im Sicherungsgeschäft, aber keine entsprechenden Gewinne des Grundgeschäfts aufweisen. Diese Sicherungsbeziehungen würden daher keine kompensatorische Bewertungslogik erfordern, da keine Kompensationslogik erreicht werden kann.

Wird die Handelsbilanz als methodischer Ausgangspunkt zur Betrachtung von wirtschaftlichen Sicherungsbeziehungen herangezogen, sind zweierlei Schlussfolgerungen zu ziehen. Zum einen kann konstatiert werden, dass bei Absicherungen Konstellationen entstehen, die in der Tat zu einem falschen bilanziellen Bild führen. In diesen Fällen liegt eine Kompensationswirkung vor, die im Rahmen einer bilanziellen Abbildung Wirkung entfalten könnte. Das Eingreifen des Gesetzgebers kann daher als konsequent angesehen werden, da es nicht dem Gedanken des Vorsichtsprinzips entsprechen kann, wenn Verluste in der Bilanz ausgewiesen werden, die de facto nicht entstehen und somit ein falsches wirtschaftliches Bild erzeugen. Zum anderen wurden auch Fälle identifiziert, die der vom Gesetzgeber unterstellten Grundan-

---

773 Vgl. *Herzig*, Modernisierung, DB 2008, S. 1; *Ernst*, BilMoG, WPg 2008, S. 114; *Ernst/Seidler*, Regierungsentwurf, ZGR 2008, S. 631.

774 Vgl. *Patek*, Finanzprodukte, 2002, S. 210ff.

775 Vgl. *Herzig/Mauritz*, Micro-Hedges, WPg 1997, S. 142; *Braun*, Sicherungsgeschäfte, BFuP 1994, S. 152.

776 Vgl. *Pfleger*, Bilanz-Lifting, 1999, S. 9.

nahme von stets anfallenden bilanziellen Verlusten nicht folgen. Es muss also konsequenterweise analysiert werden, in welchen Grenzen eine Bewertungseinheit gebildet werden darf und welchen Voraussetzungen sie unterworfen werden muss.

1.3.2 Steuerbilanzielle Ausgangslage

Anders als die Handelsbilanz, die für einen großen Adressatenkreis aufgestellt wird, existiert für die steuerliche Gewinnermittlung der Fiskus als einziger Adressat.[777] Bei der Erstellung der Steuerbilanz muss bedacht werden, dass der Staat einerseits das Fiskalziel der Steuererhebung, andererseits aber auch Lenkungsabsichten verfolgt.[778] Damit der Fiskus nicht willkürlich Steuern erheben kann, muss die steuerliche Gewinnermittlung verfassungsrechtlichen Anforderungen genügen.[779]

Die Zielsetzung des Steuerrechts ist eine verfassungsrechtlich legitime Ermittlung eines periodengerechten Gewinnes als Maßstab für die gerechte Bemessung der Steuer. Die Steuererhebung soll dabei auf der wirtschaftlichen Leistungsfähigkeit basieren.[780] Es wird explizit keinerlei Informationsfunktion verfolgt.[781]

1.3.2.1 Verfassungsrechtliche Prinzipien einer gerechten Besteuerung

Die wichtigste Anforderung, die an ein Gesetz zu stellen ist, ist dass es dem Gerechtigkeitsgrundsatz entspricht.[782] Der Grundsatz der Steuergerechtigkeit hat seine verfassungsrechtliche Grundlage im allgemeinen Gleichheitsgrundsatz (Art. 3 Abs.1 GG).[783] Ausgehend von diesem Grundsatz definiert sich die Steuergerechtigkeit durch die Konkretisierung in Form der

---

777 Vgl. *Dauber*, Gewinnermittlung, 2003, S. 83; *Herzig*, IAS, 2004 S. 36; *Schulze-Osterloh*, Bilanzrechtsmodernisierungsgesetz, ZIP 2004, S. 1129.

778 Vgl. *Lang,* in: Tipke/Lang, Steuerrecht, 19. Auflage 2008, § 4 Rn. 20f; *Buchholz*, Jahresabschluss, 3. Auflage 2005, S. 33; *Wlecke*, Währungsumrechnung, 1989, S. 106.

779 Vgl. *Dauber*, Gewinnermittlung, 2003, S. 83; *Weber-Grellet*, Maßgeblichkeitsgrundsatz, BB 1999, S. 2660.

780 Vgl. *Böcking/Gros*, Zukunft, DStR 2007, S. 2340. Zur historischen Entwicklung siehe *Barth*, Entwicklung, Band II, 1955, S. 55. Dabei müssen folgende Prinzipien beachtet werden: Steuergerechtigkeit, das Prinzip der Besteuerung nach der Leistungsfähigkeit (Unterprinzipien: Sachgerechtigkeit, Systemgerechtigkeit und Folgerichtigkeit); Rechtsstaatsprinzip (Unterprinzipien: Gesetzmäßigkeit, Gesetzbestimmtheit, Übermaßverbot und Rechtsicherheit); die Eigentumsgarantie (Art. 14 GG) mit der eigentumsschonenden Besteuerung Vgl. *Hennrichs*, Maßgeblichkeitsgrundsatz, DStJG Band 24, 2001, S. 307f.; *Thiel*, Bilanzrecht, 3. Auflage 1986, S. 78.

781 Vgl. *Dauber*, Gewinnermittlung, 2003, S. 83.

782 Vgl. *Lang,* in: Tipke/Lang, Steuerrecht, 19. Auflage 2008, § 8 Rn. 5f; *Tipke*, Die Steuerrechtsordnung, 2. Auflage 2000, S. 228ff; *Kirchhoff*, Steuerverfassungsrecht, StbJb 1994/1995, S. 7ff; *Lang*, Steuergesetzbuch, 1993, S. 93ff; *Wlecke*, Währungsumrechnung, 1989, S. 105.

783 Vgl. *Mellinghoff*, Steuerrecht, Stbg 2007, S. 555; *Lang,* in: Tipke/Lang, Steuerrecht, 18. Auflage 2005, § 4 Rn. 70; *Tipke*, Die Steuerrechtsordnung, 2. Auflage 2000, S. 284f. und S. 289ff.

Gleichmäßigkeit der Besteuerung.[784] Die Frage, ob eine gleichmäßige Besteuerung vorliegt, ist dann zu bejahen, wenn gleiche Sachverhalte auch gleich (horizontale Steuergerechtigkeit) und ungleiche Sachverhalte dementsprechend ungleich (vertikale Steuergerechtigkeit) behandelt werden. Es liegt ein Verstoß gegen den Gleichheitsgrundsatz vor, wenn unbegründet ungleiche Sachverhalte willkürlich gleich oder gleiche Sachverhalte ungleich besteuert werden.[785] Der Gesetzgeber hat sachangemessen, systemgerecht und folgerichtig zu entscheiden, ob etwas in seiner Art und seinem Gewicht nach als gleich angesehen wird oder doch so verschieden ist, dass eine steuerliche Ungleichbehandlung gerechtfertigt ist.[786] Der Gleichheitsgrundsatz fordert, dass die steuerliche Behandlung der einzelnen Steuerpflichtigen sowohl rechtlich als auch tatsächlich gleichmäßig zu erfolgen hat bzw. dass es auf der Grundlage des Steuerrechts zu einer gleichmäßigen Belastung der Steuerpflichtigen kommt. Hieraus folgt eine Verteilung der Steuerlast nach dem Verhältnis der wirtschaftlichen Leistungsfähigkeit auf die Steuerpflichtigen.[787] Für alle Steuersubjekte muss infolgedessen die gleiche Ermittlung der Bemessungsgrundlage gelten.[788] Das Leistungsfähigkeitsprinzip wird daher entscheidend durch die Ermittlung der Bemessungsgrundlage konkretisiert.

Bei der steuerlichen Gewinnermittlung wird die Leistungsfähigkeit zwischen zwei Stichtagen gemessen. Hieraus folgt, dass die Leistungsfähigkeit des Steuerpflichtigen möglichst genau für jeden Besteuerungsabschnitt zu ermitteln ist.[789] Bei der Betrachtung der Bemessungs-

---

784 Vgl. *Tipke*, Die Steuerrechtsordnung, 2. Auflage 2000, S. 284f. und S. 289ff.; *Lang*, in: Tipke/Lang, Steuerrecht, 18. Auflage 2005, § 4 Rn. 70; *Kraft*, Gewinnermittlung, 1991, S. 7.

785 Vgl. *Breithecker/Klapdor/Rokitta*, Bemessungsgrundlage, StuW 2007, S. 146; *Mellinghoff*, Steuerrecht, Stbg 2007, S. 555; BVerfG vom 12.05.1992, 1 BvR 1467, 1501/94, BVerfGE 86, S. 81, 87; BVerfG vom 09.08.1978, 2 BvR 831/76, BVerfGE 49, S. 148, 165.

786 Vgl. *Hennrichs*, Maßgeblichkeitsgrundsatz, DStJG Band 24, 2001, S. 311; BVerfG vom 06.10.1983, 2 BvL 22/80, BVerfGE 65, S. 141, 148; BVerfG vom 29.04.1981, 1 BvL 11/78, BVerfGE 57, S. 107, 115; BVerfG vom 13.06. 1979, 1 BvL 97/78, BVerfGE 51, S. 295, 300; BVerfG vom 19.06. 1973, 1 BvL 39/69, 1 BvL 14/72, BVerfGE 35, S. 263, 272; BVerfG vom 21,02,1957, 1 BvR 241/56, BVerfGE 6, S. 273, 280.

787 Vgl. *Herzig*, IAS, 2004, S. 17f; *Schön*, Steuergesetzgebung, StuW 2004, S. 66; *Birk*, Leistungsfähigkeitsprinzip, StuW 2000, S. 329; *Weber-Grellet*, Bestand, DStR 1998, S. 1344; *Kirchhof*, Leistungsfähigkeit, StuW 1985, S. 324. Leistungsfähigkeit ist hierbei die Fähigkeit des Steuersubjektes, Geldverpflichtungen zu erbringen. Eine gleichmäßige Besteuerung ist gegeben, wenn gleiche Sachverhalte auch steuerlich gleich (horizontale Gerechtigkeit) und ungleiche Sachverhalte steuerlich ungleich (vertikale Steuergerechtigkeit) behandelt werden. Siehe hierzu BVerfG vom 29.05.1990, 1 BvL 20/84, 1 BvL 26/84, 1 BvL 4/86, BStBl II 1990, S. 653, 659. *Wlecke*, Währungsumrechnung, 1989, S. 105.

788 Vgl. *Herzig*, IAS, 2004, S. 17f; *Schön*, Steuergesetzgebung, StuW 2004, S. 66; *Hennrichs*, Maßgeblichkeitsgrundsatz, DStJG Band 24, 2001, S. 308; *Birk*, Leistungsfähigkeit, StuW 2000, S. 329; *Gassner/Lang*, Leistungsfähigkeitsprinzip, 2000, S. 11; *Thiel*, Bilanzrecht, 3. Auflage 1986, S. 80; *Kirchhof*, Leistungsfähigkeit, StuW 1985, S. 324. Als Indikatoren zur Bestimmung der wirtschaftlichen Leistungsfähigkeit kommen Einkommen, Vermögen und Konsum in Betracht. Dem Gesetzgeber steht es frei, an welchen Indikator er anknüpft. Siehe hierzu *Küting/Kessler*, Reform, DStR 1998, S. 1939. Die Diskussion, ob Einkommen (Gewinn) oder Konsum die Besteuerungsbasis sein sollen, soll hier nicht näher beleuchtet werden. Vgl. hierfür statt vieler *Wagner*, konsumierte Steuer, in: Smekal/Sendlhofer/Winner, 1999, S. 15 – 35. Bei der Einkommen- und Körperschaftsteuer ist der Indikator das Einkommen; dieses wird als Vermögensdifferenz ermittelt.

789 Vgl. *Küting/Kessler*, Leistungsfähigkeit, StuB 2000, S. 24.

grundlage knüpft die laufende Besteuerung nicht an den Totalgewinn, sondern an den Periodengewinn an.[790]

Das System der periodengerechten Gewinnermittlung kann anhand einer Reinvermögenszuwachs-[791] oder einer Reinvermögenszugangstheorie[792] ausgelegt sein. Diese Theorien unterscheiden sich danach, dass einerseits die wirtschaftliche Verursachung, andererseits die rechtliche Entstehung als Kriterium herangezogen werden.[793] Das bisherige System beruht sowohl auf der Reinvermögenszuwachs- als auch auf der Reinvermögenszugangstheorie. Wenn es sich um Vermögensminderungen handelt, kommt die Reinvermögenszuwachstheorie zum Zug. D.h. die Einbußen der Leistungsfähigkeit werden sofort, unabhängig von der Realisation zum Zeitpunkt des Eintritts, bilanziell erfasst. Die Vermögensmehrung wird nach der Reinvermögenszugangstheorie behandelt.[794] In den letzten Jahren geht steuerlich hingegen die Tendenz dahin, die Erfassung von Aufwendungen in die Zukunft zu verlagern und die Gewinne früher der Besteuerung zu unterwerfen.[795]

Der zwischen den Abschlussstichtagen ermittelte Differenzbetrag, fortentwickelt um die außerbilanziellen Korrekturen, ist die Bezugsgröße, an der der Staat den Steuerzugriff ausrichtet.[796]

Neben der Steuergerechtigkeit gilt die Steuerneutralität als fundamentales Prinzip des Steuerrechts. Grundsätzlich muss das Steuerrecht so ausgestaltet sein, dass eine Entscheidungsneutralität vorliegt. Entscheidungsneutralität wird dann als gegeben angesehen, wenn die Entscheidungen bzgl. bestimmter Handlungsalternativen steuerlich zu den gleichen Rechtsfolgen führen. Steuerneutralität bedeutet, dass eine Handlungsalternative, die vor Steuern positiv (negativ) erscheint, diese Ausprägung auch noch bei einer Nachsteuerbetrachtung aufweisen muss.[797] Entscheidungen der Wirtschaftsubjekte müssen daher unabhängig von steuerlichen Beurteilungen stattfinden.

Um eine gerechte Besteuerung gewährleisten zu können, ist es zudem wichtig, dass objektiv nachprüfbare Belastungsmaßstäbe zugrunde gelegt werden. Der Objektivierungsgrundsatz

---

790 Vgl. *Herzig/Lochmann*, steuerliche Gewinnermittlung, ZfB-Special Issue, 2006, S. 145; *Hennrichs*, Maßgeblichkeitsgrundsatz, DStJG Band 24, 2001, S. 310.

791 Auch die noch nicht realisierten Änderungen sind zu berücksichtigen. Dies ist die so genannte Markteinkommenstheorie. Vgl. *Lang,* in: Tipke/Lang, Steuerrecht, 18. Auflage 2005, § 4 Rn. 107. Beim theoretischen Ideal der Reinvermögenszugangstheorie treten Probleme sowohl bei der Wertermittlung als auch dadurch auf, dass es faktisch zu einer Substanzbesteuerung kommt, da die Existenz von liquiden Mitteln unterstellt wird, die im Zweifel gar nicht vorhanden sind und teilweise nie vorhanden sein werden.

792 „Nur" die realisierten Vermögenszugänge sind steuerlich relevant. Vgl. *Schlotter*, Verfassungsrechtliche Grenzen, FR 2007, S. 955.

793 Vgl. *Kraft*, Gewinnermittlung, 1991, S. 61

794 Vgl. *Schlotter*, Verfassungsrechtliche Grenzen, FR 2007, S. 955; *Küting/Kessler*, Leistungsfähigkeit, StuB 2000, S. 23.

795 Vgl. *Küting/Kessler*, Reform, DStR 1998, S. 1940.

796 Das Leistungsfähigkeitsprinzip ist ein Realwertprinzip, das an Realvermögen und Realeinkünfte anknüpft. Vgl. *Lang*, Steuerrecht, in: Tipke/Lang, 19. Auflage 2008, § 4 Rn. 103.

797 Vgl. *Müller*, Entscheidungsneutralität, 2001, S. 17f.

umfasst die Forderung nach subjektiver Willkürfreiheit und damit implizit die intersubjektive Nachprüfbarkeit und Rechtsicherheit.[798]
Grundsätzlich könnte in jeder Periode der ökonomische Gewinn besteuert werden. Dieser ließe sich aber nur unter Bezugnahme auf künftige Zahlungsüberschüsse ermitteln. Zur steuerlichen Gewinnermittlung müssen vielmehr vergangenheitsbezogene objektivierbare Daten herangezogen werden.[799] Wirtschaftliche Leistungsfähigkeit richtet sich nach den in der Periode realisierten Gewinnen und nicht nach zukünftigen Werten.[800]
Im Rahmen der hier betrachteten Materie muss insbesondere untersucht werden, inwieweit Steuergerechtigkeit gegeben ist, wenn Finanzinstrumente nur aufgrund des subjektiven Einsatzzweckes unterschiedlich behandelt werden und inwiefern die der Bewertung zugrunde liegenden Werte willkürfrei und intersubjektiv nachprüfbar sind.

1.3.2.2 Steuerbilanzielle Ausgangsbasis

Wie bereits herausgestellt, ist es das Ziel der Steuerbilanz, die Grundlage für eine periodengerechte Gewinnermittlung zu liefern. Die Gewinnermittlung kann dann verzerrt werden, wenn Verluste ausgewiesen werden, die ökonomisch gar nicht bestehen. Daher könnte, wenn der Grundsatz der Einheitsbilanz oder die Gleichstellungsthese noch ihre vollständige Berechtigung hätten bzw. noch in vollem Umfang Bestand hätten, in Handels- und Steuerbilanz von dem gleichen Problem ausgegangen werden (Maßgeblichkeit). Durch den internationalen Steuerwettbewerb trat steuerbilanziell in den letzten Jahren aber, insbesondere um die nominellen Steuersätze absenken zu können, die Zielsetzung der Verbreiterung der Bemessungsgrundlage in den Fokus des Interesses. Dies fand seinen legislatorischen Niederschlag insbesondere in dem Steuerentlastungsgesetz 1999/2000/2002.[801] Im Rahmen dieses Gesetzes wurde die Möglichkeit der Teilwertabschreibung beschränkt und ein Verbot des Ansatzes von Drohverlustrückstellungen eingeführt. Da das Vorsichtsprinzip aufgrund dieser steuerlichen Einschränkungen in der Steuerbilanz erheblich an Bedeutung verloren hat, ist steuerbilanziell

---

798 Vgl. *Böcking/Dreisbach/Gros*, Fair Value, DK 2008, S. 214; *Herzig*, IAS, 2004, S. 16, *Müller,* in: Henze/Hoffmann-Becking, Gesellschaftsrecht, 2003, S. 95; *Weber-Grellet*, Maßgeblichkeitsgrundsatz, BB 1999, S. 2661.

799 Vgl. *Arbeitskreis Quantitative Steuerlehre*, Steuervereinfachung, DStR 2008, S. 1845; *Wagner*, Kriterien, BFuP 2000, S. 183 und 186; *Herzig*, IAS, 2004, S. 19.

800 Vgl. *Böcking/Dreisbach/Gros*, Fair Value, DK 2008, S. 213; *Moxter,* Gewinnermittlung, 1982, S. 209. Das Steuerrecht darf sich als Eingriffsrecht nicht mit Wahlrechten, Unsicherheiten und Wahrscheinlichkeiten zufriedengeben. *Lang,* in: Tipke/Lang, Steuerrecht, 19. Auflage 2008, § 4 Rn. 70; BFH 03.02.1969, GrS 2/68, BStBl. II 1969, S. 291, *Zeitler*, Rechtsstaat, DB 2003, S. 1531.

801 Steuerentlastungsgesetz 1999/2000/2002 vom 24.03.1999 BGBl. I 1999, S. 402. Zum Wandel des Steuerrechts s. *Schaumburg*, Wandel, Stbg 2004, S. 545ff.

jedoch ein anderer Ausgangspunkt für die Betrachtung von Sicherungsbeziehungen maßgebend als aus handelsbilanzieller Sicht.[802]

Darüber hinaus darf nicht verkannt werden, dass bei der Aufstellung der Handels- und Steuerbilanz zwei unterschiedliche Motivationen zum Tragen kommen. Der handelsbilanzielle Abschluss ist auf einen positiven Ergebnisausweis gerichtet. Bei der Steuerbilanz, die einzig und allein zur Ermittlung der Steuer erstellt wird, ist die Interessenlage hingegen umgekehrt. Diese Motivation überträgt sich logischerweise auf die Beurteilung von Sicherungsbeziehungen. Im Rahmen der Handelsbilanz hat der Bilanzierende ein Interesse an der bilanziellen Abbildung der Sicherungsbeziehung, um somit Verluste nicht ausweisen zu müssen. Steuerbilanziell wird hingegen durch eine kompensatorische Bewertung kein Vorteil, sondern eher ein Nachteil bewirkt, da der geringere Ausweis von Verlusten eine Verbreiterung der Bemessungsgrundlage zur Folge hat. Hiernach hätte nicht der Bilanzierende, sondern der Fiskus ein Interesse an einer steuerbilanziellen Berücksichtigung der Sicherungsbeziehung.

In der handelsbilanziellen Diskussion heißt es daher: Der vorsichtige, das Risiko absichernde Kaufmann würde für seine Vorsicht in der Form bestraft, dass er im Gegensatz zum nicht sichernden Kaufmann (der im vorliegenden Fall kein Sicherungs-, sondern nur das Grundgeschäft hält) stets einen Verlust zu verbuchen hätte.[803] Diese Aussage kann aber aus zwei Gründen nicht unmittelbar auf die steuerbilanzielle Behandlung übertragen werden. Erstens sieht es der ökonomisch denkende Kaufmann aus rein steuerlicher Sicht nicht als nachteilig an, wenn er wirtschaftlich nicht existierende Verluste verbuchen muss und somit seine Steuerlast verringert bzw. zeitlich verlagert.[804] Vielmehr kann er daraus sogar positive Zinseffekte generieren.[805] Zweitens konnte in der vorangegangenen konzeptionellen Analyse herausgestellt werden, dass es steuerbilanziell nur in den wenigsten Konstellationen stets zu einem Verlustausweis innerhalb von Sicherungsbeziehungen kommt, so wie dies in der Grundannahme des Gesetzgebers formuliert wurde. Einschränkend muss allerdings angefügt werden, dass eine geringe Anzahl an Fallkonstellationen nicht notwendigerweise auch bedeutet, dass die Fälle, bei denen es auch steuerbilanziell stets zu Verlusten kommt, nicht einen unerheblichen relativen Anteil an praktizierten Sicherungsgeschäften aufweisen.[806]

802 Siehe *Kehm/Lüdenbach,* in: Lüdenbach/Hoffmann IFRS-Kommentar, 6. Auflage 2008, § 28 Rn. 43; „Im System des HGB werden Sonderregelungen für Sicherungszusammenhänge vor allem benötigt, um überflüssige Drohverlustrückstellungen zu vermeiden."

803 Vgl. *Scharpf*, Derivate Finanzinstrumente, BFuP 1995, S. 183; *Tönnis/Schiersmann*, Zulässigkeit Teil I, DStR 1997, S. 715.

804 Vgl. *Rose*, Wahl, StbJb 1979/80, S. 69.

805 Bei einer Regelung, die über die Maßgeblichkeit sowohl für die Steuerbilanz als auch für die Handelsbilanz gilt, muss der Unternehmer somit beim Ausweis der Verluste abwägen.

806 Da im Rahmen dieser Arbeit nur Auswirkungen untersucht werden, müsste der relative Umfang an Sicherungsbeziehungen in einer separaten Arbeit empirisch untersucht werden.

Wird die Steuerbilanz als methodischer Ausgangspunkt zur Betrachtung von wirtschaftlichen Sicherungsbeziehungen herangezogen, sind zusammenfassend folgende Ergebnisse festzuhalten. Es existieren Fallkonstellationen, in denen ein handels- und steuerrechtlicher Gleichklang besteht, da eine kompensatorische Bewertung in beiden Rechtssystemen zu einer Verbesserung der Bilanzdarstellung führt.

Hingegen konnte auch dargestellt werden, dass die steuerbilanziellen Regelungen auf der Einzelbewertungsebene teilweise bereits das vom handelsbilanziellen Schrifttum geforderte Ergebnis liefern, so dass es bei einer reinen steuerlichen Betrachtung ohne Bewertungseinheit steuerbilanziell zu keinem bilanziellen Ausweis kommt, da weder das Grundgeschäft noch das Sicherungsgeschäft steuerbilanziell zum Ansatz kommen.[807] Es muss also analysiert werden, ob das Prinzip der kompensatorischen Bewertung falsche steuerliche Rechtsfolgen hervorruft, wenn es auf Basis der Einzelbewertung nicht stets zu einem imparitätischen Ausweis kommt.

Zusätzlich gilt es der Frage nachzugehen, welche Auswirkungen daraus resultieren, dass konzeptfremde Komponenten wie antizipative Hedges, insbesondere durch Anlehnung an IFRS, mit in eine Sicherungsbeziehung einbezogen werden und welche Folgen diese Tatsache in einer steuerrechtlichen Betrachtung hat.

Es muss ferner untersucht werden, ob die Kodifizierung einer einheitlichen gesetzlichen Regelung für die Behandlung von Sicherungsbeziehungen in der Handels- und Steuerbilanz zu einem adäquaten Ziel führen kann, obwohl die beiden Rechnungslegungswerke im Rahmen der Einzelbewertung zu unterschiedlichen Ergebnissen führen. Gegebenenfalls könnte ein Resultat in einer Regelung für beide Rechtsgebiete darin bestehen, dass durch die Bildung von Bewertungseinheiten eventuell handelsbilanziell weniger Verluste als zuvor ausgewiesen werden müssen, dafür aber steuerbilanziell mehr als ohne Regelung. Diese Sichtweise ist insbesondere dann interessant, wenn durch einen geringeren Verlustausweis handelsrechtlich das wirtschaftliche Bild verbessert und steuerlich durch einen erhöhten Verlustausweis die Bemessungsgrundlage verkleinert werden kann. Es könnten also durch die Zuordnung von Grund- und Sicherungsgeschäften steuerliche Verluste generiert werden, die ohne Sicherungsbeziehung nicht zu bilden wären. Von einer wechselseitigen disziplinierenden Wirkung der beiden Rechnungslegungssysteme kann in einem solchen Fall nicht die Rede sein.

1.3.2.3 Einfluss der Besteuerung auf den Einsatzzweck der Sicherung

Bislang wurde in der vorliegenden Arbeit angenommen, dass der Einsatz von Finanzinstrumenten zur Risikoabsicherung rein aus der Risikoneigung des Unternehmens motiviert ist. Berechtigterweise muss aber auch beachtet werden, dass Finanzinstrumente durch die

---

[807] Siehe hierzu beispielhaft C I 1.1.5.

Zulässigkeit von Bewertungseinheiten auch als „Steuerungsinstrument" zur Gestaltung von steuerlichen Sachverhalten verwendet werden können. Die Gestaltung von steuerlichen Sachverhalten ist insofern als Nebenprodukt anzusehen, als dass diese nicht direkt mit der Risikoneigung zusammenhängt, sondern einer Steueroptimierungslogik folgt. Da Finanzinstrumente in der Vergangenheit nicht differenziert nach der Zwecksetzung besteuert wurden, sind steuerliche Vorteilhaftigkeitsüberlegungen bislang nicht näher untersucht worden.

Grundsätzlich ist bei der Analyse von zweierlei Dingen auszugehen. Zum einen davon, dass ökonomisch sinnvolle Absicherungen im finanzwirtschaftlichen Bereich eines Unternehmens auch weiterhin getätigt und nicht aufgrund von steuerlichen Motiven unterlassen werden. Dies gilt, zumal die Steuerrechtskenntnisse und -optimierungslogiken innerhalb einer Risikomanagementabteilung, welche für die Risikoabsicherung zuständig ist, in ihren Einzelheiten und Wirkungsweisen nicht unbedingt bekannt sein werden. Zum anderen ist aber auch davon auszugehen, dass Finanzinstrumente und mit diesen verbundene neue Risiken nicht einfach zur Steueroptimierung erworben werden. Es soll demnach vielmehr geklärt werden, ob aufbauend auf finanzwirtschaftlich sinnvollen und bereits existierenden Absicherungen verschiedene Steuerwirkungen entstehen und inwieweit bestehende Bilanzpositionen, Finanzinstrumente sowie vorgesehene Transaktionen für eine Steueroptimierung auf verschiedene Weise gestaltend verknüpft werden können. Der Spielraum erstreckt sich dabei sowohl auf die Entscheidung, tatsächlich existierende Sicherungsbeziehungen bewusst einer handels- und steuerbilanziellen Regelung zu unterwerfen oder eben nicht, sowie darauf, bislang im Risikomanagement unabhängig voneinander betrachtete Positionen aktiv für eine bilanzpolitische Darstellung zu verknüpfen. Grundsätzlich könnte sich ein freies Wahlrecht ergeben, bestehende Positionen entweder bewusst einer Einzelbewertung zu unterziehen oder aber zu einer Bewertungseinheit zusammenzufassen.

Es ist daher die Frage zu untersuchen, welchen Stellenwert steuerliche Vorteilhaftigkeitsüberlegungen auf einen primär durch nichtsteuerliche Ziele motivierten Einsatz von Finanzinstrumenten haben können. Solche Überlegungen setzen dann ein, wenn aus verschiedenen Einsatzüberlegungen unterschiedliche Rechtsfolgen mit verschiedenen Belastungshöhen resultieren. Hiermit verknüpft sind Fragen nach Voraussetzungen und Begrenzungen des Einsatzes und der Abbildung von Bewertungseinheiten. Zusammenfassend ist demgemäß zu klären, ob und inwieweit die Möglichkeit eröffnet wird, Finanzinstrumente und andere Positionen zu bilanzpolitischen Maßnahmen einzusetzen.

1.4 Ausgangsbasis nach IFRS und Implikationen für die Bewertungseinheitskonzeption

Bei Fragestellungen, wie ein der tatsächlichen wirtschaftlichen Lage entsprechendes Bild vermittelt werden kann (Informationsfunktion), wird oft in Bezug auf und in Anlehnung an die IFRS argumentiert. Dies ist vor allem aufgrund von zwei unterschiedlichen Tatsachen zu begründen. Erstens, weil den IFRS in den letzten Jahren oft eine Vorbildfunktion und Vorreiterrolle bei relevanten Sachfragen beigemessen wird. Zweitens aber auch, weil aufgrund der Verpflichtung zur Aufstellung sowohl des nationalen als auch des internationalen Abschlusses in der Annäherung der beiden Systeme eine Vereinfachung für den Bilanzierenden und den Abschlussadressaten gesehen wird.[808]

Da die Informationsfunktion das Primärziel der IFRS darstellt, kann sich die Internationale Rechnungslegung, im Gegensatz zum deutschen Handelsrecht, ganz diesem Ziel widmen und muss keine Wechselwirkungen zwischen verschiedenen Zielen und Leitlinien beachten.[809] Der Zweck der Rechnungslegung nach IFRS ist es, dem Abschlussadressaten (z.B. Investoren, Gläubigern, Arbeitnehmern, Lieferanten und Kunden) entscheidungsrelevante Informationen über die Vermögens-, Finanz- und Ertragslage sowie über Veränderungen der Vermögens- und Finanzlage zu geben.[810] Auch wenn im Framework[811] explizit Investoren, Arbeitnehmer; Kreditgeber, Lieferanten, Kunden, Regierungen, öffentliche Verwaltungen sowie die allgemeine Öffentlichkeit als Adressaten der IFRS genannt werden, ist nicht zu verkennen, dass die Informationsbedürfnisse der Kapitalinvestoren im Vordergrund stehen.[812] Ziel ist es, den Adressaten zuverlässige Daten über die zukünftige Unternehmensentwicklung liefern zu können, auf deren Basis sie Investitionsentscheidungen treffen können.[813] Daher fällt die Grundentscheidung der IFRS stärker zu Gunsten einer dynamischen und weniger zu Gunsten einer statischen Betrachtung aus.[814] Das Vorsichtsprinzip der IFRS gilt mehr der erforderlichen Sorgfalt bei der Ermittlung eines Wertes und damit der Informationsvermittlung als der bewussten Unterbewertung.[815] Die vier Primärgrundsätze des IFRS lauten daher Verlässlichkeit, Entscheidungserheblichkeit (Relevanz), Vergleichbarkeit und Verständlichkeit.[816]

---

808 Aufgrund der Stellung, die die IFRS in den letzten Jahren erhalten haben, wäre es daher unvollständig, wenn keine Darstellung der für die hier behandelte Thematik wichtigsten IFRS-Regelungen erfolgen würde.

809 Vgl. *Lüdenbach/Hoffmann,* in: Lüdenbach/Hoffmann IFRS-Kommentar, 6. Auflage 2008, § 1 Rn. 5; *Breker*, Bilanzrechtsmodernisierungsgesetz, in: Freidank, Reform, S. 5; *Busse von Colbe*, internationale Entwicklungen, BB 2004, S. 2063; *Kadel*, Zeitwert, 2004, S. 317.

810 Vgl. IAS 1.7; *Brötzmann*, Bilanzierung, 2004, S. 37.

811 Vgl. IFRS Framework F.9.

812 Vgl. IFRS Framework F.10. *Lüdenbach/Hoffmann,* in: Lüdenbach/Hoffmann IFRS-Kommentar, 6. Auflage 2008, § 1 Rn. 5; *Pellens/Fülbier/Gassen*, Internationale Rechnungslegung, 5. Auflage 2004, S. 101f.

813 Vgl. *Watrin/Scholz*, originäre Finanzinstrumente, in: HdJ, Abt. II/8 Rn. 60. Die zwei Basisannahmen nach IFRS sind das going-concern-Prinzip und die Abgrenzung des periodengerechten Gewinns.

814 Vgl. *Lüdenbach/Hoffmann,* in: Lüdenbach/Hoffmann IFRS-Kommentar, 6. Auflage 2008, § 1 Rn. 15; zur dynamischen Bilanz nach Schmalenbach siehe *Wöhe*, Bilanzpolitik, 9. Auflage 1997, S. 219.

815 Vgl. *Pietsch*, Gewinnermittlung, 2006, S. 191; *Naumann/Breker*, in: HdJ, Abt. I/7 Rn. 103ff.

816 Vgl. *Lüdenbach/Hoffmann,* in: Lüdenbach/Hoffmann IFRS-Kommentar, 6. Auflage 2008, § 1 Rn. 17; *Pellens/Fülbier/Gassen*, Internationale Rechnungslegung, 5. Auflage 2004, S. 104f. Diese qualitativen Anforderungen stellen Prüfkriterien dar, anhand welcher die Eignung eines gewissen Standards hinsichtlich seiner Entscheidungsrelevanz (Primärziel) gemessen werden kann.

Wie die Bewertungsvorschriften folgen damit auch die Bewertungsmaßstäbe der IFRS der zugrunde liegenden Zielsetzung der IFRS, nämlich dem Adressaten entscheidungsrelevante Informationen durch vergleichbare Jahresabschlüsse zu geben.[817] Im Rahmen des Frameworks werden dabei grundsätzlich vier allgemeine Bewertungsmaßstäbe definiert, die dann von einzelnen Standards einzelfallbezogen ergänzt werden.[818]

1.4.1 Behandlung von Finanzinstrumenten nach IAS 39 und der Mixed-Model-Ansatz

Bei den IFRS beschäftigen sich gleich drei Standards (IAS 32, IAS 39, IFRS 7)[819] mit der Thematik der bilanziellen Behandlung von Finanzinstrumenten.[820] Die größte Bedeutung kommt hierbei dem IAS 39 zu, der sowohl den Ansatz und die Bewertung von originären und derivativen Finanzinstrumenten als auch die Behandlung von Sicherungsbeziehungen regelt.[821] IAS 39 ist allgemein formuliert und gilt somit für alle Rechtsformen und Branchen. Es gibt keine branchenspezifischen Sonderregelungen für den Finanzsektor.[822] Seit seiner

817 Vgl. IAS 1.13; *PWC*, Banken, 3. Auflage 2005, S. 174.

818 Die IFRS bestehen aus einem Rahmenkonzept, dem Framework und den einzelnen Standards. Zur Anwendungsunterstützung liegt bei besonders komplexen Standards ein Application Guidance (AG) vor. Dies ist z.B. bei IAS 39 der Fall.

819 Nach zehnjähriger Diskussions- und Entwicklungsphase wurde im Dezember 1998 der IAS 39 erstmalig verabschiedet. Vgl. *Lorenz*, Bewertung, BB 2007, S. 12; *Prokop*, Finanzinstrumente, WPg 2007, S. 336; *Kuhn/Scharpf*, Rechnungslegung, 3. Auflage 2006, S. 1. Wie bereits dargestellt, ist die Bilanzierung und Bewertung von Finanzinstrumenten in IAS 39 geregelt, IAS 32 (seit März 1995) behandelt den Ausweis und IFRS 7 (seit 2005) die dazugehörige Offenlegung. Die Währungsumrechnung von Finanzinstrumenten ist in IAS 32 geregelt.

820 Vgl. *Heuser/Theile*, IFRS-Handbuch, 3. Auflage 2007, S. 292; *Kuhn/Scharpf*, Rechnungslegung, 2. Auflage 2005, S. 81; *Schmidt*, Rechnungslegung, 2005, S. 58; *Schwarz*, Derivative, 2006, S. 7. In IAS 32.11 ist der Begriff des Finanzinstrumentes definiert.

821 Vgl. *Watrin/Scholz*, originäre Finanzinstrumente, in: HdJ, Abt. II 8 Rn. 1; *Kuhn/Scharpf*, Rechnungslegung, 2. Auflage 2005, S. 1; *Scharpf*, Instruments I, FB 2000, S. 125; Die Besonderheiten von IAS 39 zeigen sich schon darin, dass IAS 39 bislang als einzige Norm nicht vollständig in das europäische Recht übernommen worden ist. Der Grund für das Streichen bestimmter Passagen lag unter anderem an der Kritik der europäischen Banken, die in IAS 39 einen „Verstoß“ gegen ihr Risikomanagement sahen. Diese Unstimmigkeit besteht trotz der Beratung zwischen dem IASB und den europäischen Banken weiter fort. Siehe *Schmidt*, Financial Instruments, WPg 2008, S. 644. Für den deutschen IAS-Abschlussaufsteller, sind die IAS anzuwenden, die von der Europäischen Kommission (EU-Endorsement) anerkannt sind. Vgl. http://www.ey.com/global/assets.nsf/Austria/fair_value_option_ias_39/$file/IAS%2039_Fair%20 Value%20Option_Austria_Juni%202005.pdf (Stand 04. Januar 2008) Bestimmte Anhänge wurden nicht übernommen, z.B. die Implementation Guidance. Vgl. *Groß/Schmidt*, Handelsaktivitäten, WPg 2007, S. 859.

822 Vgl. *Watrin/Scholz*, originäre Finanzinstrumente, in: HdJ, Abt. II 8 Rn. 36. In den Anwendungsbereich fallen alle Finanzinstrumente jeglicher Ausgestaltung und Art, wenn nicht nach IFRS 7.3 a - e oder IAS 32.4 a – f eine Ausnahme vorliegt. IAS 7.3 a – e und IAS 32.4 sind dabei fast deckungsgleich. Darüber hinaus gibt es zusätzlich noch Ausnahmen, die explizit in IAS 39 Erwähnungen finden. Mit Aufhebung des IAS 30 enthält IFRS, auch für Kreditinstitute, keine branchenspezifischen Normen mehr. In IAS 32, IAS 39 und IFRS 7 herrscht vielmehr ein Produktfokus vor. Die Anwendung des Produktfokus lässt sich darüber begründen, dass die Chancen und Risiken, die aus Finanzinstrumenten entstehen, unabhängig von

Einführung unterliegt der IAS 39 ständigen Veränderungen, und es ist auch absehbar, dass er in naher Zukunft weiteren Veränderungen unterzogen werden wird.[823] Dies kann als Indiz dafür gewertet werden, dass nicht nur die deutsche Gesetzgebung, sondern auch die internationale Rechnungslegung Probleme mit der Behandlung von Finanzinstrumenten und der Darstellung von Sicherungsbeziehungen hat, obgleich sie nur einer Funktion, der Informationsfunktion, gerecht werden müssen.[824]

Insbesondere in Bezug auf den IAS 39 wollte das IASB schon immer eine Full Fair Value-Bilanzierung durchsetzen, die das IASB als die ideale Abbildungsform ansieht und bei der nicht nur alle Finanzinstrumente zum Fair Value in der Bilanz angesetzt werden, sondern darüber hinaus auch jegliche Fair Value-Änderungen sofort und umfassend in der Gewinn- und Verlustrechnung ihren Niederschlag finden.[825] Gegen eine umfassende Fair Value-Bewertung hatten sich aber insbesondere die Europäische Zentralbank, der Basler Ausschuss für Bankenaufsicht sowie die Wertpapierregulierungsbehörden der EU-Mitgliedstaaten gewandt. Bedenken gab es insbesondere gegenüber einer missbräuchlichen Anwendung und einer steigenden Ergebnisvolatilität.[826] Da eine Full Fair Value-Bilanzierung letztlich nicht durchsetzungsfähig war, basiert der IAS 39 in der derzeit existierenden Form auf einem „Partiellen Fair Value-Konzept", welches auch als abgeschwächtes imparitätisches Konzept bezeichnet wird.[827]

In Anbetracht der Ermangelung eines Full Fair Value-Konzeptes erfolgt daher eine differenzierte Betrachtung von unterschiedlichen Finanzinstrumenten. Nach IAS ist ein derivatives Finanzinstrument unabhängig von der Zweckbestimmung in der Bilanz anzusetzen. Bei Vorliegen eines positiven Zeitwertes erfolgt dies als Vermögensgegenstand und im Fall eines

---

einer Branche sind. Vgl. *Wüstemann/Bischof*, Bankenbilanz, WPg 2008, S. 866; *Buchheim/Schmidt*, Finanzinstrumente, KoR 2005, S. 397f.

823 Auch durch die Finanzkrise im Oktober 2008 ist dieser wieder verändert worden. Zu weiteren Änderungen s. *Zülch/Nellessen*, Komplexität, PiR 2008, S. 204ff.

824 Es verdeutlicht die Schwierigkeiten im nationalen Bereich, da hier neben der Informationsfunktion auch noch weitere Zielsetzungen, wie der Gläubigerschutz und die steuerliche Gewinnermittlung beachtet werden müssen.

825 Vgl. *Kußmaul/Weiler*, Entwicklungen, KoR 2009, S. 167; *Erchinger/Melcher*, Fair-Value-Option, KoR 2007, S. 542; *Löw/Blaschke*, IAS 39, BB 2005, S. 1727f; *Löw*, Bewertung, WPg 2004, S. 1114f; *Löw/Schildbach*, IAS, BB 2004, S. 875f; *Ballwieser/Küting/Schildbach*, Fair Value, BFuP 2004, S. 529; *Breker/Gebhardt/Pape*, Fair Value Projekt, WPg 2000, S. 729ff.

826 Vgl. *Wawrzinek*, in: Beck´sches IFRS, 2. Auflage 2006, § 3 Rn. 3; *Europäische Zentralbank*, Zeitwertbilanzierung, Monatsbericht Februar 2004, S. 77.

827 Vgl. *Alvarez*, Finanzinstrumente, BB 2008, S. 1835; *Barckow*, Diskussionspapier, BB 2008, Heft 17 M1; *Schmidt*, Financial Instruments, WPg 2008, S. 643. Im März 2008 ist vom IASB das Diskussionspapier „Reducing Complexity in Reporting Financial Instruments" (Reduzierung der Komplexität der Berichterstattung über Finanzinstrumente) veröffentlicht worden. Grundsätzlich geht die Tendenz insgesamt hin zu einer Fair Value-Bewertung; zunächst aber wird als mittelfristige Lösung eine Reduzierung der Anzahl der Bewertungskategorien anvisiert. Als Zwischenschritt zum Full Fair Value ist angedacht, die Komplexität in Bezug auf die Bewertung von Finanzinstrumenten und auch Sicherungsbeziehungen (z.B. die Änderung der Bilanzierungsweise von Fair Value Hedges oder eine Vereinfachung der Effektivitätsprüfung) zu reduzieren. *Bieker*, Fair Value, PiR 2007, S. 132; *Watrin/Scholz*, originäre Finanzinstrumente, in: HdJ, Abt. II 8 Rn. 130.

negativen Zeitwertes als Verbindlichkeit. Die Bewertung findet dabei immer zum Fair Value statt.[828] Bei originären Finanzinstrumenten hängt die Bewertung hingegen von der Ausprägung (Geschäftsabsichten, -fähigkeiten und Ausstattungsmerkmalen) des Finanzinstrumentes und damit von einer bei Zugang vorgenommenen Zuordnung zu einer von vier verschiedenen Kategorien ab.[829] Begründet auf dieser Kategorisierung resultieren insbesondere verschiedene Folgen im Hinblick auf die Bewertung.[830] Insgesamt entstehen drei verschiedene Bewertungskonsequenzen.[831] Abhängig von der Zuordnung findet eine Bewertung entweder zum Fair Value (erste Kategorie = financial asset or financial liability at fair value through profit or loss) bzw. eine ergebnisneutrale Bewertung zum Fair Value (vierte Kategorie = available for sale) oder aber anderseits eine Bewertung zu den fortgeführten Anschaffungskosten (zweite Kategorie = Held-to-maturity investments und dritte Kategorie = loans and receivables) statt.[832] Vor diesem Hintergrund wird auch vom Mixed-Model-Ansatz für Finanzinstrumente gesprochen.[833]

Dieser Mixed-Model-Ansatz wird von der Praxis grundsätzlich befürwortet, da sich die Schwankungen des beizulegenden Wertes, in Abhängigkeit von der Klassifizierung des Finanzinstrumentes, nicht zwangsläufig in Ergebnisschwankungen niederschlagen.[834] Aus diesem Mixed-Model-Ansatz ergibt sich aber auch die Notwendigkeit spezieller Regelungsvorschriften für Sicherungsbeziehungen, die als Hedge Accounting bekannt sind.[835] Denn während das Sicherungsgeschäft nach IAS 39 grundsätzlich ein derivatives Finanzinstrument sein muss, dessen Bewertung zum beizulegenden Zeitwert erfolgt (und sich die Erfolgswir-

---

828 Vgl. *Gaber*, strukturierte Produkte, DB 2008, S. 1222; *Kehm/Lüdenbach,* in: Lüdenbach/Hoffmann IFRS-Kommentar, 6. Auflage 2008, § 28 Rn. 29f; *Theile,* Systematik, PiR 2007, S. 2; *Löw,* Fair-Value-Option, BB 2005, erste Seite; *Scharpf*, Instruments Teil IV, FB 2000, S. 372.

829 Erstens finanzielle Vermögenswerte und Schulden, die erfolgswirksam zum beizulegenden Zeitwert bewertet werden (financial asset or financial liability at fair value through profit or loss); zweitens bis zur Endfälligkeit zu haltende Finanzinvestitionen (Held-to-maturity investments); drittens Kredit und Forderungen (loans and receivables) und viertens zur Veräußerung verfügbare finanzielle Vermögenswerte (available-for-sale financial assets). Vgl. *Kehm/Lüdenbach,* in: Lüdenbach/Hoffmann IFRS-Kommentar, 6. Auflage 2008, § 28 Rn. 31ff; *Hommel/Hermann*, Rechnungslegung, DB 2003, S. 2501. Aus der Zuordnung zu den Kategorien resultieren Ermessensspielräume.

830 Vgl. *Hackenberger*, Unternehmen, PiR 2006, S. 258; *Bieg/Hossfeld/Kußmaul/Waschbusch*, Finanzinstrumente Teil I, StB 2006, S. 180; *Böcking/Sittmann-Haury*, Forderungsbewertung, BB 2003, S. 196. Auch bei der Zugangsbewertung kommt es bereits zu marginalen Unterschieden, die eklatanten Unterschiede ergeben sich aber aus der Folgebewertung.

831 Vgl. *Heuser/Theile*, IFRS Handbuch, 3. Auflage 2007, Rn. 1820. Aufgrund der sich aus der Kategorisierung ergebenden unterschiedlichen Folgen muss das Unternehmen objektiv dokumentieren, welches Finanzinstrument welcher Kategorie zugeordnet wurde.

832 Vgl. IAS 39.95; *Kußmaul/Weiler*, Entwicklungen, KoR 2009, S. 167; *Beatge/Brembt/Brüggemann*, Subprime-Krise, WPg 2008, S. 1004; *Hackenberger*, Sicherungsbeziehungen, PiR 2007, S. 267; *Pietsch*, Gewinnermittlung, 2006, S. 106; *Jerzembek/Große*, IAS 39, KoR 2005, S. 221.

833 Vgl. *Kuhn/Scharpf*, Rechnungslegung, 2. Auflage 2005, S. 249; *Scharpf*, Instruments III, FB 2000, S. 284ff.

834 Vgl. *Hackenberger*, Sicherungsbeziehungen, PiR 2007, S. 267; *Watrin/Scholz*, originäre Finanzinstrumente, in: HdJ, Abt. II/8 Rn. 492; *Böcking/Sittmann-Haury*, Forderungsbewertung, BB 2003, S. 196.

835 Vgl. *Heuser/Theile*, IFRS Handbuch, 3. Auflage 2007, Rn. 2200; *Löw/Blaschke*, IAS 39, BB 2005, S. 1729; IAS 39.71 – 102.

kung somit direkt in der Bilanz niederschlägt), wird das Grundgeschäft abhängig von der Kategorisierung entweder ergebnisneutral oder ergebniswirksam zum Fair Value[836] oder aber zu fortgeführten Anschaffungskosten bewertet.[837] Eine spezielle Vorschrift (Hedge Accounting) ist dann notwendig, wenn sich die Wertentwicklungen von Grund- und Sicherungsgeschäft aufgrund der Tatsache, dass die Wertänderungen im Abschluss unterschiedlich behandelt werden, nicht ohne weiteres ausgleichen.[838] Gäbe es keine speziellen Vorschriften, die das ökonomisch richtige Ergebnis auch vernünftig abbilden könnten, käme es zu informationsverzerrenden Effekten auf das Periodenergebnis.[839]

Letztlich existieren im Rahmen des IAS 39 bei der Behandlung von Sicherungsbeziehungen zwei Probleme. Erstens kann es bei der Anwendung des Mixed-Model-Ansatzes zu unterschiedlichen Ergebniswirkungen des Grund- und Sicherungsgeschäftes kommen. Zweitens können darüber hinaus Probleme auftreten, wenn nur das Sicherungsgeschäft, aber nicht das Grundgeschäft eine Ergebniswirkung entfaltet. Die Spezialvorschrift des Hedge Accounting löst dieses Problem, indem es zu einer Periodisierung der Ergebniswirkung der in einer Sicherungsbeziehung stehenden Geschäfte kommt. Folglich können die Bestandteile einer Sicherungsbeziehung in der gleichen Periode erfolgswirksam werden.[840]

In Abgrenzung zu der Regelung des IAS 39 basiert das internationale Problem der bilanziellen Behandlung von Sicherungsbeziehungen auf der differenzierten Bewertung der Bestandteile einer Sicherungsbeziehung, das nationale Problem entsteht primär aus der unterschiedlichen Behandlung von Gewinnen und Verlusten.

---

836 Z. B. ergibt sich bei dem Bestehen von Fremdwährungsforderungen und -verbindlichkeiten in gleicher Währung, Höhe und Laufzeit der Kompensationseffekt bereits durch die erfolgswirksame Erfassung. Und auch bei der Absicherung durch ein Derivat wäre eine eigene Rechnungslegungsvorschrift fürs Hedge Accounting nicht erforderlich, da auch dieses erfolgswirksam erfasst wird.

837 Vgl. *Freiberg*, Märkte, PiR 2007, S. 361; *Hackenberger*, Sicherungsbeziehungen, PiR 2007, S. 267; *Kuhn/Scharpf*, Rechnungslegung, 3. Auflage 2006, S. 353; *Pietsch*, Gewinnermittlung, 2006, S. 93; *Buchholz*, Neuberwertungsrücklage, StuB 2003, S. 580.

838 Vgl. *Heuser/Theile*, IFRS Handbuch, 3. Auflage 2007, Rn. 2202.

839 Vgl. *Brötzmann*, Bilanzierung, 2004, S. 106; *Kehm/Lüdenbac,h* in: Lüdenbach/Hofmann IFRS-Kommentar, 6. Auflage 2008, § 28 Rn. 242; *Pietsch*, Gewinnermittlung, 2006, S. 93. „Beim Hedge Accounting nach IAS 39 geht es nicht um die Abbildung der tatsächlichen ökonomischen Zusammenhänge, sondern es geht um eine Verknüpfung von „bösen" mit „guten" Positionen. Es kommt je nach unterschiedlichen Kombinationen der Instrumente zu unterschiedlichen bilanziellen Rechtsfolgen. Sie sprechen von einer „Wie es Euch gefällt" Bilanzierung." So *Kemmer/Naumann*, deutsche Banken Teil 2, ZfgK 2003, S. 796.

840 Vgl. *Kuhn/Scharpf*, Rechnungslegung, 3. Auflage 2006, S. 353; Das Hedge Accounting soll die Ertragslage so darstellen, dass sowohl der effektive als auch der ineffektive Teil einer Sicherungsbeziehung richtig abgebildet wird. *Brötzmann*, Bilanzierung, 2004, S. 104; *IDW*, Finanzinstrumente, RS HFA 9, WPg 2007, S. 83f.

1.4.2 Eingeschränkte Fair-Value-Option für Finanzinstrumente

Innerhalb des IAS 39 versuchte der IASB eine uneingeschränkte Fair-Value-Option (im Sinne von Möglichkeit) einzuführen, welche die Möglichkeit eröffnet hätte, sämtliche Finanzinstrumente im Zugangszeitpunkt nach freier Entscheidung und unabhängig von einer Handelsabsicht der ersten Kategorie (financial asset or financial liability at fair value through profit or loss) zuzuordnen und damit erfolgswirksam zum Fair Value zu bewerten.[841] Diese optionale Zeitwertbilanzierung sollte den Unternehmen die Anwendung von IAS 39 erleichtern.[842] Gegenüber diesem sehr weiten Entscheidungsrecht und einer damit einhergehenden faktischen Full Fair Value-Bewertung wurden jedoch erhebliche Bedenken geäußert, weshalb die Fair-Value-Option von der EU in dieser Form nicht gebilligt worden ist.[843]

Der IASB verabschiedete daher eine Ergänzung zu IAS 39, welche eine eingeschränkte Fair-Value-Option ermöglicht. Demnach kann eine Zeitwertbilanzierung für solche finanziellen Vermögenswerte und finanziellen Verbindlichkeiten gewählt werden, bei denen eine Zuordnung zu der ersten Kategorie (financial asset or financial liability at fair value through profit or loss) zu einer Erhöhung der Relevanz der Abschlussinformationen und einer Komplexitätsreduktion oder aber zur Erhöhung der Zuverlässigkeit der Bewertung führt.[844] Neben diesen notwendigen Bedingungen darf die Zeitwertbilanzierung nur dann angewendet werden, wenn die Qualität der Fair-Value-Bewertung überprüfbar ist, das heißt, wenn der Fair Value einem beobachtbaren Börsen- oder Marktpreis entspricht oder über Bewertungsmodelle generiert werden kann.[845]

Die erste Kategorie des Mixed-Model-Ansatzes besteht somit aus zwei Unterkategorien. Die erste Subkategorie umfasst alle über die Fair-Value-Option freiwillig designierten Finanzinstrumente. Die zweite Unterkategorie beinhaltet hingegen die finanziellen Vermögenswerte, die zu Handelszwecken gehalten werden.[846] Im Rahmen der Folgebewertung werden die Wertänderungen aller Finanzinstrumente der ersten Kategorie sofort erfolgswirksam zum Fair Value erfasst.[847] Durch die eingeschränkte Fair-Value-Option entsteht eine Vereinfachung der Abbildung von Sicherungsbeziehungen in der Art, dass sich die Wertänderungen des Grund- und des Sicherungsgeschäftes aufgrund der Anwendung der Fair-Value-Bewertung ausglei-

---

841 Vgl. *Kuhn/Scharpf*, Rechnungslegung, 3. Auflage 2006, S. 4.

842 Vgl. *Barckow*, Fair-Value-Option, WPg 2004, S. 794.

843 Vgl. *Europäische Zentral Bank*, Zeitwertbilanzierung, Monatsbericht Februar 2004, S. 77ff.

844 Vgl. *Heuser/Theile*, IFRS-Handbuch, 3. Auflage 2007, Rn. 2220; *Jensen-Nissen*, Gewinnermittlung, 2007, S. 102; *Kuhn/Scharpf*, Rechnungslegung, 3. Auflage 2006, S. 15; *Kuhn*, IAS, DB 2005, S. 1342.

845 Vgl. *Kuhn/Scharpf*, Rechnungslegung, 3. Auflage 2006, S. 13.

846 Vgl. *Bischoff*, IFRS, PiR 2008, S. 39; *Jerzembek/Groß*, IAS 39, KoR 2005, S. 221ff; *Kuhn*, IAS, DB 2005, S. 1341; *Schmidt*, IAS, KoR 2005, S. 269ff; *Löw/Blaschke*, IAS 39, BB 2005, S. 1727ff.

847 *Kuhn/Scharpf*, Rechnungslegung, 3. Auflage 2006, S. 353.

chen und somit keine Spezialvorschriften (Hedge Accounting) angewendet werden müssen.[848] Die gesonderten Regelungen des Hedge Accounting können quasi umgangen werden. Diese Möglichkeit hat in der Praxis dazu geführt, dass das verhältnismäßig aufwendige Hedge Accounting nur noch in wenigen Fällen zur Anwendung kommt.[849]
Verursacht durch die aktuelle Finanzkrise hat sich die positive Einschätzung gegenüber dem Fair Value allerdings erheblich verändert, da diesem mitunter eine gewisse Mitschuld an der Krise zugewiesen wird.[850] Dies hat dazu geführt, dass der IAS 39 im Oktober 2008 angepasst wurde. Als Folge der Finanzkrise dürfen Unternehmen bestimmte, bislang zu Handelszwecken gehaltene und in der ersten Kategorie des Mixed-Model-Ansatzes eingeordnete Finanzinstrumente umklassifizieren und diese einer der drei anderen Kategorien zuordnen. Voraussetzung für die Umklassifizierung ist, dass die Finanzinstrumente nicht mit der Absicht gehalten werden, kurzfristig veräußert zu werden. Von dieser Regelung ausgenommen sind aber Derivate, die damit weiterhin der Fair Value-Bewertung unterliegen.[851]

2. Bisherige Vorschläge zur Behandlung von Bewertungseinheiten und gesetzliche Umsetzung

Da handelsrechtlich der bilanzielle Ausweis von tatsächlich nicht vorhandenen Verlusten unhaltbar ist, wurden anhand der Vorgaben des Schrifttums und einschlägiger Fachgremien Methoden zur richtigen wirtschaftlichen Darstellung entwickelt.[852] So wurde durch Literatur, Fachgremien und Bilanzierungspraxis der Kreditinstitute das Instrument der Bewertungseinheit kreiert.[853] Bislang wurde unter dieser Art von Absicherungszusammenhängen ausschließlich eine kompensatorische Bewertung nach Wertabsicherungsgesichtpunkten verstanden.[854]

---

848 Beispiele: Sichert ein Unternehmer ökonomisch durch das Eingehen einer dem Kündigungsrecht gegenläufigen Position ab, so liegt eine natürliche Sicherungsbeziehung vor, die aber nach IAS 39 nicht anerkannt wird, oder eine Absicherung von festverzinslichen Posten gegen Zinsrisiken. Zu beachten ist, dass die Option auf finanzielle Vermögenswerte beschränkt ist. Vgl. *Kuhn/Scharpf*, Rechnungslegung, 3. Auflage 2006, S. 15; *Barckow*, Fair-Value-Option, WPg 2004, S. 795; *Heuser/Theile*, IFRS-Handbuch, 3. Auflage 2007, Rn. 2223.

849 Vgl. *Grünberger*, IFRS 2008, 6. Auflage 2008.

850 Vgl. *Gilgenberg/Weiss*, Finanzmarktkrise, KoR 2009, S. 182; *Bieker*, Finanzmarktkrise, PiR 2008, S. 394ff; *Lüdenbach/Freiberg*, Finanzkrise, PiR 2008, S. 370.

851 Vgl. *Hayn/Hold-Paetsch/Vater*, in: Wiley IFRS Änderungskommentar, 2009, S. 146; *Gilgenberg/Weiss*, Finanzmarktkrise, KoR 2009, S. 183. Die veränderte Einschätzung des Fair Value-Gedankens hat auch Auswirkungen auf den deutschen Gesetzgeber und auf die Modernisierung des BilMoG gezeigt, indem die zunehmende Tendenz zu einer Zeitwertbilanzierung weniger stark verfolgt wurde. Diese Auswirkungen werden in Kapitel C 3 noch genauer betrachtet.

852 Vgl. *Hesse/Melcher*, Finanzinstrumente, in: FS Eisele, 2003, S. 391.

853 Vgl. *Prahl/Naumann*, Financial Instruments in: HDJ, Abt. II/10, Rn. 176 – 253; *Anstett/Husmann*, Bildung, BB 1998, S. 1527. Die Idee ist in Anlehnung an die angloamerikanische Vorgehensweise des US-GAAP entstanden.

854 Daher wird bei der folgenden Darstellung der in den letzten Jahren erfolgten Entwicklung nur die Herleitung der Risikokompensation aufgezeigt.

2.1 Handelsbilanzielle Behandlung vor Einführung des BilMoG

Die „kompensatorische Bewertung" von Sicherungsbeziehungen war bisher handelsrechtlich nicht kodifiziert.[855] Obwohl die bilanzielle Behandlung gegen die traditionellen GoB verstößt, wurde ihre „contra lege"-Anwendung trotzdem von Fachgremien, dem Schrifttum und der Praxis mehrheitlich als zulässig angesehen.[856]

Eine gesetzliche Regelung existierte in diesem Zusammenhang bisher nur für die Währungsumrechnung bei Kreditinstituten (§ 340 h HGB a. F.[857]).

Für andere Risiken und andere Branchen wurde daher bislang eine nicht konkret gesetzlich normierte „abstrakte Kompensation" diskutiert. Daher werden im Weiteren kurz drei verschiedene Begründungen von Befürwortern der kompensatorischen Bewertung von Sicherungsbeziehungen herausgearbeitet, die eine Zulässigkeit bzw. ein Abweichen von den traditionellen GoB anhand verschiedener Normen rechtfertigen.

Die erste Gruppe begründet die Zulässigkeit einer kompensatorischen Bewertung direkt über die Spezialnorm des § 340h HGB[858], die die Währungsumrechnung bei Kreditinstituten regelt und eine explizite gesetzliche Ausnahmeregelung von der Einzelbewertung darstellt,[859] auch wenn es sich hierbei primär um eine Währungsumrechungsnorm handelt.

Nach § 340h HGB basiert die Währungsumrechnung am Bilanzstichtag nicht mehr gemäß den GoB auf dem Zugangskurs, sondern auf dem Stichtagskurs (bzw. teilweise auf dem Sicherungskurs).[860] Nur wie Anlagevermögen behandelte Vermögensgegenstände, die auf ausländische Währung lauten, werden, wenn sie weder durch Verbindlichkeiten noch durch Termingeschäfte in derselben Währung „besonders gedeckt" sind, zu ihrem Anschaffungskurs

---

855 Außer in der Sonderregelung für Kreditinstitute § 340h HGB.

856 Vgl. *Krumnow/Sprißler u. a.*, Kreditinstitute, 2. Auflage 2004, § 340e HGB Rn. 111; *Barckow*, Bilanzierung, 2004, S. 91ff; *Scharpf/Luz*, Risikomanagement, 2000, S. 272ff, *Anstett/Husmann*, Bildung, BB 1998, S. 1523ff; *Steiner/Wallmeier*, Bilanzierung, in: FS Coenenberg, 1998, S. 309ff; *Tönnies/Schiersmann*, Zulässigkeit Teil I, DStR 1997, S. 714ff; *Brackert/Prahl/Naumann*, Risikosteuerung, WPg 1995, S. 544ff; *Scheffler*, Hedge Accounting, 1994, S. 190ff.

857 Der § 340h HGB ist im Rahmen des BilMoG geändert worden. Gesetzesbeschluss vom 27.03.2009, Drs. 270/09, S. 23.

858 Zu weiteren Ausführungen siehe *Krumnow/Sprißler u. a.*, Kreditinstitute, 2. Auflage 2004, § 340h HGB; *Hanenberg*, Finanzdienstleistungsinstitute, WPg 1999, S. 88; *Kuhner*, Fremdwährungsgeschäfte, DB 1992, S. 1435ff. Siehe zu der Einführung des § 340 h HGB Bankenbilanzrichtliniengesetz vom 30.11.1990, BGBl. I 1990, S. 2570.

859 Vgl. *Wotschofsky/Thomas*, Termingeschäfte, BBK 2002, Fach 12, S. 6612; *Barckow*, Bilanzierung, 2004, S. 104; *Finne*, Fremdwährungstransaktionen, DB 1992, S. 338; *Oestreicher*, Zinsterminkontrakte, 1992, S. 263; *Benne*, Bewertungseinheit, DB 1991, S. 2610.

860 Kreditinstitute hatten große technische Probleme, stets den Anschaffungskurs über den Zugangskurs zu berechnen/umzurechnen. Siehe *Krumnow/Sprißler u. a.*, Kreditinstitute, 2. Auflage 2004, § 340h HGB Rn. 3ff. Siehe § 340h HGB, *Göttgens*, Kompensation, 1997, S. 55. Der Stichtagskassakurs bei Vermögensgegenständen, Schulden und schwebenden Kassageschäften und der Stichtagsterminkurs bei schwebenden Termingeschäften. Nach der Gesetzesbegründung darf der Terminkurs in Kassakurs und Swapsatz aufgeteilt werden. Bankenbilanzrichtliniengesetz vom 30.11.1990, BGBl. I 1990, S. 2570. Siehe zu Swapsatz: *Wurm/Wolff/Küpper*, Bankbetriebslehre, 4. Auflage, 1996, S. 360.

umgerechnet. Diese wie Anlagevermögen behandelten Vermögensgegenstände werden nicht als „deckungsfähig" angesehen.[861]

Bei der Behandlung der Umrechnungsdifferenzen ist zwischen negativen und positiven Differenzen zu unterscheiden. Die negativen Umrechnungsdifferenzen sind stets imparitätisch zu berücksichtigen.[862] Die erfolgswirksame Erfassung der positiven Differenzen wird hingegen danach differenziert, ob die Verknüpfung der gegenläufigen Geschäfte einer besonderen Deckung, einer bloßen Deckung oder keiner Deckung unterliegt.[863]

Nach der Gesetzesbegründung zum Bankenrichtliniengesetz liegt eine besondere Deckung vor, wenn ein spezielles Deckungsgeschäft abgeschlossen oder eine besondere Beziehung (zwischen Vermögensgegenständen und Schulden) hergestellt wurde.[864] Die unrealisierten Gewinne und Verluste müssen bei einer besonderen Deckung in vollem Umfang ausgewiesen werden (Vereinnahmungspflicht).[865]

Besteht hingegen keine besondere, sondern nur eine bloße Deckung, fehlt es also an der genauen Zuordnung, besteht das Wahlrecht, eine erfolgswirksame Vereinnahmung der positiven Beträge insoweit vorzunehmen, wie ihnen negative Beträge in gleicher Höhe gegenüberstehen.[866] In den Fällen ohne Deckung dürfen nach dem Gesetzeswortlaut unrealisierte Gewinne nicht berücksichtigt und auch nicht mit Verlusten verrechnet werden.

Da es bei einer geschlossenen Position im Ergebnis zu keiner Wirkung kommt, wird sowohl die Beibehaltung der Wertansätze aus der Erstverbuchung als auch die Stichtagsbewertung der Positionen als möglich angesehen.[867] Beide Vorgehensweisen sind mit den traditionellen GoB nicht vereinbar.[868]

Bei dem Versuch, über § 340h HGB eine bilanzielle Zulässigkeit von Sicherungsbeziehungen herzuleiten, ist zu beachten, dass diese Norm als Spezialnorm für Kreditinstitute im Handelsgesetzbuch festgelegt worden ist und damit keinen GoB-Charakter entfalten kann.[869] Zudem handelt es sich um eine Währungsumrechnungsregelung. Selbst bei Banken wird bei der Behandlung von Sicherungsbeziehungen unter Bezugnahme auf die Bewertungsvorschrift des

---

861 Vgl. *Gebhardt/Breker*, Fremdwährungstransaktionen, DB 1991, S. 1535; *IDW*, Devisengeschäfte, BFA 1/1975, WPg 1975, S. 655; *Tubbesing*, Fremdwährungsposten, ZfbF 1981, S. 814.

862 Vgl. *Krumnow/Sprißler u. a.*, Kreditinstitute, 2. Auflage 2004, § 340h HGB Rn. 24; *Bieg*, Kreditinstitute, 1998, S. 505f; *IDW*, Währungsumrechnung, BFA 3/1995, WPg 1995, S. 737.

863 Vgl. *Anstett/Husmann*, Bildung, DB 1998, S. 1525; *Happe*, Swapvereinbarungen, 1996, S. 221.

864 Regierungsbegründung zum Bankenrichtlinien-Gesetz, BT-Drucks. 11/6275, vom 19.01.1990, S. 24.

865 Vgl. *Naumann*, Banken, 1995, S. 70; *Gebhardt/Breker*, Fremdwährungstransaktionen, DB 1991, S. 1535.

866 Vgl. *Barckow*, Bilanzierung, 2004, S. 104; *Anstett/Husmann*, Bildung, DB 1998, S. 1525.

867 Diese Differenzierung wird auch bei der bilanziellen Behandlung wieder aufgegriffen. Die Behandlung als geschlossene Position war nur unter bestimmten Voraussetzungen zulässig. Vgl. *IDW*, Währungsumrechnung, BFA 3/1995, WPg 1995, S. 735ff.

868 Vgl. *Gebhardt/Breker*, Fremdwährungstransaktionen, DB 1991, S. 1535.

869 Vgl. *Patek*, Finanzprodukte, 2001, S. 218.

§ 340e HGB argumentiert.[870] Eine weitergehende Begründung der Bewertung von anderen Risiken über § 340h HGB ist aus diesem Grund von vornherein abzulehnen.
Ein weiteres kontrovers diskutiertes Denkmodell wird in der Ausnahmeregelung nach § 252 Abs. 2 HGB gesehen.[871] Die erste Untergruppe von Vertretern dieser Herangehensweise begründete die Zulässigkeit von kompensatorischen Bewertungen direkt über die Ausnahmeregelung, indem sie in der Sicherungsbeziehung das Wesensmerkmal der Ausnahme vermuten.[872] Gegen diese Auslegung der Vorschrift spricht, dass Absicherungen gegen Risiken zum alltäglichen Geschäft gehören und infolgedessen kontinuierlich auftreten und deshalb keine Ausnahme darstellen können.[873] Eine weitere Untergruppe argumentiert hingegen nur indirekt über § 252 Abs. 2 HGB. Laut dieser ist es fraglich, ob der Gesetzgeber bei der Normierung des § 252 Abs. 2 HGB wirklich diese enge, auf die Häufigkeit der Wiederholung abstellende Interpretation vor Augen hatte oder ob die Ausnahmeregelung nicht vielmehr zur Anwendung kommen soll, wenn § 252 Abs. 1 HGB zu nicht zweckadäquaten Ergebnissen führt.[874] D. h. zunächst wird eine aus dem Einzelbewertungsgrundsatz resultierende falsche Darstellung der Vermögens-, Finanz- und Ertragslage[875] (§ 264 Abs. 2 HGB) festgestellt. Diese falsche Darstellung kann nach der vorliegenden Auffassung nur korrigiert werden, wenn es über § 252 Abs. 2 HGB zu einer kompensatorischen Bewertung kommt.[876]
In der Literatur besteht jedoch keine Einigkeit darüber, welche Stellung § 264 Abs. 2 HGB in diesem Zusammenhang einnimmt. So wird in § 264 Abs. 2 HGB teilweise eine gesetzliche Vorschrift gesehen, die eine abweichende Bewertung nicht nur rechtfertigt, sondern zwingend fordert, wenn ein den tatsächlichen Verhältnissen entsprechendes Bild der Vermögens-, Finanz- und Ertragslage nicht abgebildet werden kann.[877] Nach überwiegender Schrifttumsmeinung sollte dieser Mangel aber, anstatt durch eine abweichende Bewertung, allenfalls durch die in § 264 Abs. 2 S. 2 HGB geforderte Anhangsangabe geheilt werden.[878] Anderenfalls könnte über § 264 Abs. 2 HGB ständig der Versuch vorgenommen werden, die GoB zu

---

870 Vgl. *Krumnow/Sprißler u. a.*, Kreditinstitute, 2. Auflage 2004, § 340e HGB Rn. 336ff.
871 Vgl. *Mühlberger*, Abbildung, in: FS Eisele, 2003, S. 424; *Patek*, Finanzprodukte, 2001, S. 218; *Breker*, Optionsrechte, 1993, S. 185.
872 S. *Häuselmann/Wiesenbart*, Terminbörse, DB 1990, S. 642. Bei Macro und Portfolio Hedges sei es eine begründete Ausnahme gem. § 252 Abs.2 HGB; daher dürfe von § 252 Abs. 1 HGB abgewichen werden.
873 Vgl. *Patek*, Finanzprodukte, 2001, S. 218; *Elkart*, Finanzinstrumente, in: Neuorientierung, 1995, S. 378; *Schumacher*, Kompensatorisch, DB 1995, S. 1476; *Prahl/Naumann*, Bilanzstichtag, ZBB 1994, S. 2.
874 Vgl. *Patek*, Finanzprodukte, 2001, S. 219; *A/D/S*, 6. Auflage 1995, § 252 HGB Rn. 119; *Treuberg/Scharpf*, Jahresabschluss, DB 1991, S. 665.
875 Hier wird insbesondere die Ertragslage nicht richtig dargestellt.
876 Vgl. *Schreiber*, in: Blümich, § 5 EStG Rn. 231; *Bieg*, Grundlagen Teil II, StB 2002, S. 473; *Treuberg/Scharpf*, Jahresabschluss, DB 1991, S. 665.
877 Vgl. *Barckow*, Bilanzierung, 2004, S. 94; *Patek*, Finanzprodukte, 2001, S. 220; *Scharpf/Luz*, Risikomanagement, 2000, S. 268ff; *Anstett/Husmann*, Bildung, BB 1998, S. 1525; *Franke/Menichetti*, Terminkontrakte, DBW 1994, S. 195.
878 Vgl. *Patek*, Finanzprodukte, 2001, S. 220.

unterlaufen und somit „amerikanische Sitten“ einzuführen.[879] Aber auch vor dem Hintergrund, dass § 264 Abs. 2 HGB nur für Kapitalgesellschaften gilt, scheint es problematisch, diese Norm als rechtlich verpflichtende Grundlage zur Rechtfertigung einer allgemeingültigen abweichenden Bewertung von Sicherungsbeziehungen zu sehen.[880]
Der dritte Ansatz, der in den letzten Jahren immer mehr Befürworter findet, sieht die Möglichkeit gegeben, dass die kompensatorische Bewertung unmittelbar über die GoB begründet werden kann (§ 252 Abs.1 HGB). Nach dieser Auffassung kommt dem Einzelbewertungsgrundsatz insbesondere die Aufgabe zu, das Imparitätsprinzip in seiner Zielsetzung zu unterstützen, unrealisierte, aber zu erwartende Verluste zu antizipieren.[881] Da es aber nicht das Ziel des Imparitätsprinzips sein kann, Verluste zu antizipieren, die nicht erwartet werden, weil ihnen Gewinne in derselben Höhe gegenüberstehen, wird in diesen Fällen für eine erweiterte wirtschaftliche Auslegung des Einzelbewertungsgrundsatzes plädiert.[882]

2.2 Steuerbilanzielle Behandlung vor Einführung des BilMoG

Bevor auf die derzeitige Regelung der erweiterten Maßgeblichkeit in § 5 Abs. 1a EStG eingegangen wird, wird zunächst zum besseren Verständnis ein kurzer historischer Abriss gegeben.[883]
Steuerbilanziell wurde vor Einführung des § 5 Abs. 1a EStG versucht, eine kompensatorische Bewertung von Sicherungsbeziehungen unter Zuhilfenahme der Rechtsprechungen zu rechtfertigen. Da keine explizite Rechtsprechung zur Behandlung von kompensatorischen Bewertungen bei Sicherungsbeziehungen existierte, wurde Urteilen, die in anderen Sachzusammenhängen zu kompensatorischen Bewertungen (Einzelbewertung vs. Bewertungseinheiten) ergangen waren, eine Allgemeingültigkeit zugesprochen. Bei diesen Urteilen ist jedoch zu erkennen, dass die höchstrichterliche Rechtsprechung zur kompensatorischen Bewertung keineswegs eindeutig oder gradlinig ist.[884] So hat der BFH die kompensatorische Bewertung

---

879 Vgl. *Häuselmann*, Aspekte, 1997, S. 15.

880 Vgl. *Christiansen*, Einzelbewertung, DStR 2003, S. 265; *Wagner*, Konkurrenz, INF 2003, S. 786. An diesem Sachverhalt zeigt sich aber, dass der deutsche Gesetzgeber die Regelungen der 4. Richtlinie nicht vollständig richtlinienkonform umgesetzt hat. EuGH vom 7.1.2003, C-306/99, BStBl. II 2004 S. 147. Bisher ist der Generalnorm noch geringere Bedeutung zuzurechnen.

881 Vgl. *Patek*, Finanzprodukte, 2001, S. 223; *Lührmann*, Umrechnung, DStR 1998, S. 388; *Schumacher*, Kompensatorisch, DB 1995, S. 1475; *Windmöller/Breker*, Optionsgeschäfte, WPg 1995, S. 398; *Epperlein/Scharpf*, Anhangsangaben, DB 1994, S. 1633; *Möhler*, Absicherung, 1992, S. 87. Zur weiteren Differenzierung siehe *Göttgens/Prahl*, Financial Futures, WPg 1993, S. 507 ff;

882 Vgl. *Lührmann*, Umrechung, DStR 1998, S. 389; *Anstett/Husmann*, BB 1998, S. 1526; *Tönnies/Schiersmann*, Zulässigkeit Teil I, DStR 1997, S. 715.

883 Bei der historischen Betrachtung muss beachtet werden, dass die unterschiedlichen Ausgangspunkte der Behandlung von Verlusten des Handels- und des Steuerrechtes, wie sie bereits aufgezeigt wurden, erst seit der Einschränkung der Drohverlustrückstellung und der Teilwertabschreibung durch das Steuerentlastungsgesetz 1999/2000/2002 bestehen.

884 Vgl. *Meinhardt*, Auslandstöchter, DB 2004, S. 2649.

einerseits im sog. Hopfen-Urteil[885] abgelehnt und stattdessen am Grundsatz der Einzelbewertung und dem Imparitätsprinzip festgehalten. Andererseits hat sich der BFH insbesondere in den jüngeren Urteilen wie bspw. im sog. Apotheker-Fall[886] für eine kompensatorische Bewertung ausgesprochen. Eine Übertragung dieser Rechtsprechung auf die kompensatorische Bewertung von Sicherungsbeziehungen konnte nicht vorgenommen werden, da sich diese Urteile auf ein einziges Vertragsverhältnis (Miet- und Untermietvertrag über Praxisräume) beziehen. Dagegen bilden Sicherungsbeziehungen gerade kein bilanzrechtliches Synallagma, da die einzelnen Bestandteile eines Hedges unabhängig voneinander gehalten, aufgelöst oder abgewickelt werden können.[887] Zudem ergibt sich bei den Sachverhalten, die den Urteilen zugrunde liegen, der Verlust immer aus dem Grundgeschäft, bei Sicherungsbeziehung hingegen kann – wie bereits konzeptionell dargestellt – der Verlust sowohl aus dem Grund- als auch aus dem Sicherungsgeschäft resultieren.[888]

Da aus der steuerrechtlichen Rechtsprechung keine steuerbilanzielle Zulässigkeit des Ausweises von Sicherungsbeziehungen abgeleitet werden konnte, war eine Übernahme in die Steuerbilanz nur möglich, wenn einer der oben genannten Ansätze zur Rechtfertigung der handelsrechtlichen Zulässigkeit als GoB-konform und damit für die Steuerbilanz maßgeblich klassifiziert werden konnte. Dabei muss beachtet werden, dass die Anwendung der GoB und die gesetzgeberischen Verweise auf die GoB an dieser Stelle als strittig zu betrachten sind. Vielmehr wird vermehrt zur Stützung einer bilanzpolitischen Vorgehensweise oder zur Durchsetzung einer wirtschaftlichen Betrachtungsweise behauptet, es handle sich bei dem Prinzip um ein GoB.[889]

In der Literatur wurde, teilweise ausgehend von dem ersten dargestellten Begründungsansatz, angenommen, dass es sich bei der Währungsumrechnung nach § 340h HGB um eine Kodifizierung von GoB handele,[890] so dass eine nach dieser Norm handelsbilanziell vorgenommene kompensatorische Bewertung auch maßgeblich für die steuerliche Gewinnermittlung sei. Dem sei zumindest insoweit zu folgen, als Unternehmen anderer Branchen ihre Währungsgeschäfte auf dieselbe Art und Weise betreiben wie Kreditinstitute.[891] Diese Argumentation wurde von der h. M. zwar nicht gestützt, da sie in § 340h HGB eine Sondervorschrift für Kreditinstitute

---

885 S. BFH vom 29.07.1965, IV 164/63 U, BStBl. III 1965, S. 648ff.

886 BFH vom 23.06.1997, GrS 2/93, BStBl. II 1997, S. 735ff; *Weber-Grellet*, Anmerkung, DB 1997, S. 2233ff.

887 Für eine weitere Diskussion der Rspr. siehe *Herzig/Mauritz*, Micro-Hedges, WPg 1997, S. 147ff. *Herzig/Rieck*, Drohverlustrückstellungen, DB 1997, S. 1884.

888 Vgl. *Herzig/Mauritz*, Micro-Hedges, WPg 1997, S. 150.

889 Vgl. *Leffson*, Buchführung, 7. Auflage 1987, S. 109. Siehe hierzu auch die Problematik bei strukturierten Produkten. *Haisch*, Strukturierte Finanzinstrumente, FR 2009, S. 65ff.

890 Vgl. *Häuselmann*, Aspekte, 1997, S. 18ff; zustimmend *Weber-Grellet*, in: Schmidt EStG, 27. Auflage 2008, § 5 EStG Rn. 56; *Schreiber*, in: Blümich, § 5 EStG Rn. 232; ablehnend *Gebhardt/Breker*, Bilanzierung, DB 1992, S. 339.

891 Vgl. *Scharpf*, Bankbilanz, 2. Auflage 2004, S. 292.

sah, die keine Maßgeblichkeit entwickeln konnte,[892] jedoch hat gerade ein Sachverhalt, der unter § 340h HGB fällt, zu der ersten Auseinandersetzung des BFH[893] im Hinblick auf die Akzeptanz von Sicherungsgeschäften geführt.

Obwohl es bei der Stellungnahme des BFH primär um die Auslegung der Währungsumrechnungsvorschrift nach § 340h HGB ging, zog der BFH auch die anderen vom handelsrechtlichen Schrifttum aufgebauten Argumentationslinien in seinem Gerichtsbescheid mit heran.

Der BFH bejaht die kompensatorische Bewertung über § 264 Abs. 2 HGB i. V. m § 252 Abs. 2 HGB und begründet folgendermaßen.[894] Auch unter Beachtung der GoB darf es nicht zu einem erkennbar[895] unzutreffenden Bild der Vermögens-, Finanz- und Ertragslage (§ 264 Abs. 2 HGB) des Unternehmens kommen. Eine Behandlung des § 264 Abs. 2 HGB als gültigen GoB betrachtet er als zweifelhaft, da die Vorschrift nur auf Kapitalgesellschaften anwendbar ist und zudem ein Verstoß gegen § 264 Abs. 2 HGB allenfalls zu einer Erläuterung im Anhang führen würde.[896] Da § 264 Abs. 2 S. 1 HGB „unter Beachtung der GoB" zu erfüllen ist, kann die Vorschrift nach Auffassung des BFH auch als Maßgabe für eine Auslegung und Anwendung der GoB gewertet werden. Demnach darf eine isolierte Einzelbewertung bzw. eine isolierte Berücksichtigung einzelner GoB nicht dazu führen, dass die Vermögens-, Finanz- und Ertragslage des Unternehmens unzutreffend dargestellt wird.[897] Zu einer solchen falschen Darstellung, die einen Ausnahmefall des § 252 Abs. 2 HGB rechtfertigt, kommt es nur bei Erfüllung von sehr restriktiven Voraussetzungen.[898] Die Ansicht, dass die kompensatorische Bewertung als zweckadäquate Anwendung der allgemeinen Bewertungsgrundsätze des § 252 Nr. 1 HGB anzusehen sei,[899] wurde vom BFH nicht geteilt.[900]

---

[892] Vgl. *Krumnow/Sprißler u. a.*, Kreditinstitute, 2. Auflage 2004, § 340h HGB Rn. 1f; *Hoyos/M. Ring,* in: Beck'scher BilKomm, 6. Auflage 2006, § 249 HGB Rn. 100 (Devisentermingeschäfte); *Korn/Strahl,* in: Korn, § 6 EStG Rn. 47.

[893] Revisionsverfahren Vorinstanz FG Schleswig-Holstein, Urteil vom 15.3.2000, I 714/91, EFG 2000, S. 1057 – 1059; nicht rechtskräftiger Gerichtsbescheid vom 19.03.2002, I R 87/00 n. v.; Wiedergabe durch *Christiansen*, Einzelbewertung, DStR 2003, S. 265.

[894] BFH vom 25.02.2004, I R 54/02, BStBl. II 2004, S. 657; BFH vom 19.03.2002, IR 87/00 veröffentlicht durch *Christiansen*, Einzelbewertung, DStR 2003, S. 265.

[895] Ein erkennbar unzutreffendes Bild sieht er nur bei vollständiger Risikokompensation als gegeben an.

[896] BFH vom 19.03.2002, I R 87/00 veröffentlicht durch *Christiansen*, Einzelbewertung, DStR 2003, S. 264 – 268; a. A. *Weber-Grellet,* in: Schmidt EStG, 27. Auflage 2008, § 5 EStG Rn. 83.

[897] Vgl. *Wagner*, Konkurrenz, INF 2003, S. 784; *Hahne*, Bewertung, BB 2003, S. 1944; *Günkel*, Bilanzsteuerrecht, StbJb 2002/03, S. 279; *BFH* vom 07.08.2000, GrS 2/99 BStBl. II 2000, S. 632. Teile des Schrifttums interpretieren die Argumentation des BFH dahingehend, dass er davon ausgeht, dass § 264 Abs. 2 S. 1 HGB ein GoB sei. Vgl. *Günkel*, Bilanzsteuerrecht, StbJb 2002/03, S. 280; *Wagner*, Konkurrenz, INF 2003, S. 785. Da der BFH über den § 264 Abs. 2 S. 1 HGB aber nur den Ausnahmefall des § 252 Abs. 2 HGB begründet, ist die Vorgehensweise des BFH nicht zu beanstanden. Die Rechtfertigung der GoB und damit die Maßgeblichkeit ist dann nicht über den § 264 Abs. 2 HGB zu sehen, sondern über den § 252 Abs. 2 HGB, der für alle Rechtsformen gilt.

[898] BFH vom 19.03.2002, I R 87/00 veröffentlicht durch *Christiansen*, Einzelbewertung, DStR 2003, S. 265ff. Voraussetzungen werden im späteren Verlauf der Arbeit näher analysiert.

[899] Vgl. *Hahne*, Bewertung, BB 2003, S. 1945. *Wagner*, Bildung, INF 2003, S. 821.

[900] BFH vom 25.02.2004, I R 54/02, BStBl. II 2004, S. 657; BFH vom 19.03.2002, I R 87/00 veröffentlicht durch *Christiansen*, Einzelbewertung, DStR 2003, S. 265. Die Begründung des BFH zur Zulässigkeit

Der BFH äußerte sich in der Weise, dass eine kompensatorische Bewertung von Sicherungsbeziehungen in der Steuerbilanz als Ausnahmetatbestand gemäß § 252 Abs. 2 HGB zu sehen sei, der nur unter sehr strengen Voraussetzungen gegeben ist. In dem Gerichtsbescheid ging es zwar vorrangig um die Frage der notwendigen Voraussetzungen,[901] und nicht direkt um die Frage der Maßgeblichkeit der handelsrechtlichen Handhabung für die Steuerbilanz. Hätte jener Gerichtsbescheid zu einem rechtskräftigen Urteil geführt oder hätte der BFH seine Auffassung in einem Urteil bestätigt, wäre es mit hoher Wahrscheinlichkeit zu einer Versagung der handelsrechtlich gebildeten Sicherungsbeziehungen in der Steuerbilanz gekommen.[902]

2.2.1 Einführung des § 5 Abs. 1a EStG

Die „Stellungnahme" des BFH in dem besagten Gerichtsbescheid führte zu einer sehr engen Auslegung der steuerbilanziellen Darstellung von Sicherungsbeziehungen. Auf diesen Umstand reagierte der Gesetzgeber mit der Einführung des § 5 Abs. 1a EStG durch das Gesetz zur Eindämmung missbräuchlicher Steuergestaltung im Jahre 2006.[903] Im Rahmen der steuerlichen Gewinnermittlung wird das sehr komplexe Themengebiet der Behandlung von Sicherungsbeziehungen mit einem Verweis auf die handelsrechtliche Rechnungslegung gelöst.

§ 5 Abs. 1a EStG[904] regelt: „Die Ergebnisse der in der handelsrechtlichen Rechnungslegung zur Absicherung finanzwirtschaftlicher Risiken gebildeten Bewertungseinheiten sind auch für die steuerliche Gewinnermittlung maßgeblich."

Anstatt eine steuerrechtliche Sondervorschrift in Form einer Bewertungsregelung in § 6 EStG zu kodifizieren, wie es im Gesetzentwurf des Landes Hessen vorgesehen war, wurde im Gesetzgebungsverfahren durch § 5 Abs. 1a EStG vielmehr der Maßgeblichkeitsgrundsatz ausgeweitet.[905] In der Gesetzesbegründung wird eindeutig herausgestellt, dass die „handels-

---

von kompensatorischen Bewertungen wird zudem in jüngeren BFH-Urteilen zur kompensatorischen Rückstellungsbildung bestätigt. S. BFH vom 15.09.2004, I R 05/04, BFH/NV 2005, S. 425 (hier ging es um Drohverlustrückstellungen wegen eines Kreditrisikos); BFH vom 25.02.2004, I R 54/02, BStBl. II 2004, S. 655ff.

901 In dem Urteilsfall handelte es sich um Macro Hedges, wegen der Voraussetzung der Betragsidentität sind aber nur Micro Hedges möglich; *Hahne*, Entwicklungen, DStR 2005, S. 843.

902 Vgl. *Krumnow/Sprißler u. a.*, Kreditinstitute, 2. Auflage 2004, § 340h HGB Rn. 41.

903 Vgl. Gesetz zur Eindämmung missbräuchlicher Steuergestaltung vom 28.04.2006, BGBl I 2006, S. 1095; *Brandenberg*, Änderungen Teil II, DK 2006, S. 662; *Merker*, Wachstum, Steuerr und Studium 2006, S. 224; *Merker*, Förderung, Steuer und Studium 2006, S. 266; *Pflüger*, Steuergesetze, Gestaltende Steuerberatung 2006, S. 194f. Da seine konkreten Rechtsfolgen von der handelsrechtlichen Regelung abhängig sind, wird auf diese bei der Behandlung der handelsrechtlichen Regelung (BilMoG) eingegangen.

904 Gesetz zur Eindämmung steuerlicher Missbräuche 28.04.2006 BGBl I 2006, S. 1095. *Korn/Strahl*, Entwurf, KÖSDI 2006, S. 15013.

905 Gesetzesantrag des Landes Hessen vom 28.01.2005 Drs. 45/05 „Entwurf eines Gesetzes zur Verringerung steuerlicher Missbräuche und Umgehungen".

rechtliche Praxis zur Bildung von Bewertungseinheiten auch weiterhin“[906] für die Steuerbilanz maßgeblich bleiben soll.[907] Die Normierung eines lex specialis zur Regelung der steuerlichen Handhabung von Bewertungseinheiten ist m. E. darauf zurückzuführen, dass der Gesetzgeber befürchtete, die Bilanzierenden würden zukünftig verstärkt der Auslegung des BFHs[908] in seinem Gerichtsbescheid vom 19.03.2002 folgen, wodurch es zu einem vermehrten Ausweis von Verlusten gekommen wäre.[909]

2.2.1.1 Erweiterte Maßgeblichkeit

§ 5 Abs. 1a EStG kann sowohl hinsichtlich der Gesetzessystematik als auch unter Bezugnahme auf die inhaltliche Umsetzung als erweiterte Maßgeblichkeitsvorschrift verstanden werden. Durch die Ausgestaltung als Maßgeblichkeitsvorschrift ergeben sich unterschiedliche „Rechtsfolgen“. Bei einer „reinen Bezugsnorm“ ist eine begriffliche Konkretisierung nicht notwendig und nicht sinnvoll, da ihre Zwecksetzung in dem Zusammenwirken zwischen Handels- und Steuerrecht gesehen wird. Eine inhaltliche Konkretisierung erfährt eine Bezugsnorm nur über eine andere Norm. Dies ist jedoch dann problematisch, wenn die Rechtsgrundlage, auf die Bezug genommen wird, gesetzlich nicht existent ist. Diesem Umstand wurde durch die Einführung des § 254 HGB-BilMoG als maßgebliche handelsrechtliche Norm zu § 5 Abs. 1a EStG Rechnung getragen.[910]

Die Paragrafen § 5 Abs. 1a EStG und § 254 HGB sind somit in verkehrter zeitlicher Reihenfolge gesetzlich geregelt worden, da durch die Kodifizierung von § 254 HGB erst nach drei Jahren der Bezug zu § 5Abs. 1a EStG hergestellt und die Begrifflichkeiten inhaltlich konkretisiert wurden. In der Zwischenzeit stellte sich die Frage, wie der dem Steuerbilanzrecht unbekannte Begriff des finanzwirtschaftlichen Risikos auszulegen[911] und wie weit der Begriff der Bewertungseinheiten zu fassen ist. In der Gesetzesbegründung des Gesetzes zur Eindämmung steuerlicher Missbräuche verwendete der Gesetzgeber den Begriff der kompensatorischen Bewertung als Synonym zum Begriff der Bewertungseinheit.[912] Daraus resultiert, dass

906 Mit dieser Aussage stellt der Gesetzgeber auf den Teil der Bilanzierenden ab, die bereits jetzt Bewertungseinheiten bilden. Wie bereits festgestellt, herrscht in der Praxis allerdings aufgrund von fehlenden Bestimmungen eine Art Bilanzierungschaos.

907 Entwurf eines Gesetzes zur Verringerung steuerlicher Missbräuche und Umgehungen BR-Drs. 45/00 (Beschluss), Anlage, S. 9.

908 Vgl. BFH Gerichtsbescheid vom 19.03.2002, I R 87/00 n. v. veröffentlicht durch *Christiansen*, Einzelbewertung, DStR 2003, S. 265ff.

909 Inwieweit diese Auffassung vor dem zuvor dargestellten steuerlichen Ausgangspunkt zu halten ist bzw. sich sogar steuerliche Vorteile ergeben können, wird in Kapitel C. II 4 dieser Arbeit näher untersucht.

910 Vgl. *Göllert*, Bilanzpolitik, DB 2008, S. 1167; Durch die Kodifizierung wird auch der Begriff der Bewertungseinheit legal definiert.

911 Vgl. *Hahne*, Anwendungsbereich, StuB 2007, S. 20.

912 Entwurf eines Gesetzes zur Verringerung steuerlicher Missbräuche und Umgehungen vom 27.05.2005, BR-Drs. 45/00.

von § 5 Abs. 1a EStG grundsätzlich nur das Wertänderungsrisiko erfasst werden sollte. Andererseits wird aber auch die weit gefasste Begrifflichkeit der finanzwirtschaftlichen Risiken verwendet.

Da keine inhaltliche Regelung vorgesehen ist, entsteht eine Abhängigkeit von der handelsrechtlichen Regelung, welche damit Einfluss auf den Anwendungsbereich hat.[913]

Darüber hinaus ist § 5 Abs. 1a EStG nicht als „normale Maßgeblichkeitsregelung" ausgestaltet, sondern als eine erweiterte Maßgeblichkeitsregelung.[914] Wie bereits näher erläutert, gilt der Maßgeblichkeitsgrundsatz nur für das nach den handelsrechtlichen Grundsätzen ordnungsmäßiger Buchführung auszuweisende Betriebsvermögen, welches als Maßgröße für eine gleichmäßige Besteuerung dienen soll. Bei einem Verstoß der handelsrechtlichen Vorschrift gegen die GoB bzw. bei einer nicht GoB-konformen Vorschrift (wie z. B. § 340 h HGB) entfaltet der Grundsatz der Maßgeblichkeit daher keine Wirkung.[915] Im Gegensatz zu § 5 Abs. 1 EStG sieht § 5 Abs. 1a EStG für die Behandlung von Bewertungseinheiten aber gerade nicht die nach Maßgabe der GoB ermittelten Ergebnisse als maßgeblich für die steuerliche Gewinnermittlung an, sondern – wie oben bereits zitiert – ausdrücklich „die Ergebnisse der in der handelsrechtlichen Rechnungslegung zur Absicherung finanzwirtschaftlicher Risiken gebildeten Bewertungseinheiten". Aufgrund dieser Tatsache wird § 5 Abs. 1a EStG im Schrifttum als erweiterte oder konkrete Maßgeblichkeit bezeichnet.[916] Die Motivation für eine derartige Ausgestaltung der Vorschrift basiert m. E. auf zwei Gründen. Erstens ist die Behandlung von Sicherungsbeziehungen handelsrechtlich in Bezug auf die GoB-Konformität strittig,[917] da ein Verstoß gegen die traditionellen GoB vorliegt und eine Übertragung in die Steuerbilanz daher nur in sehr engen Grenzen möglich wäre.[918] Zweitens kämen unter der Prämisse einer handelsrechtlichen Vereinbarkeit mit den GoB nach § 5 Abs. 1 EStG i. V. m. § 5 Abs. 6 EStG die steuerlichen Sondervorschriften zum Tragen, was u. a. zu einer Einzelbewertung führen und somit nicht das gewünschte Ergebnis erzielen würde.

---

913 Als Beispiele können hier antizipative Hedges oder auch Cross Hedges genannt werden.

914 Vgl. *Bischoff*, Latente Steuern, PiR 2007, S. 68; *Prinz/Hick*, Verankerung, DStR 2006, S. 774; *Herzig/Breckheimer*, Neuerungen, DB 2006, S. 1452.

915 S. *Hahne*, Anwendungsbereich, StuB 2007, S. 18.

916 Vg. *Hahne*, Risikoabsicherungsgeschäfte, StuB 2008, S. 181; *Weber-Grellet*, in: Schmidt EStG, 27. Auflage 2008, § 5 EStG Rn. 75; *Herzig/Breckheimer*, Neuerungen, DB 2006, S. 1452.

917 Siehe hierzu Kapitel C II 2.1.

918 Siehe Argumentation des BFH im Gerichtsbescheid vom 19.03.2002, I R 87/00 n. v. veröffentlicht durch *Christiansen*, Einzelbewertung, DStR 2003, S. 265ff. Dass die handelsrechtlichen Ergebnisse gem. § 5 Abs. 1a EStG auch in den nicht branchen- und rechtsformunabhängigen Fällen für die Steuerbilanz maßgeblich sind, ist seit der Einführung des § 254 HGB nicht mehr als erheblich anzusehen.

2.2.1.2 Ansatznorm versus Bewertungsvorschrift

Bei § 5 Abs. 1a EStG handelt es sich aufgrund der Verortung um eine Ansatzvorschrift. In der Fachliteratur herrscht Uneinigkeit darüber, ob es sich auch inhaltlich um eine Ansatzvorschrift oder vielmehr um eine Bewertungsvorschrift handelt und welche Vorrangigkeitsverhältnisse bestehen.[919]

Es hätte als sinnvoll angesehen werden können, die Frage der Behandlung von Bewertungseinheiten als Bewertungsfrage in einer ebensolchen Vorschrift zu regeln. Somit wäre die gesetzliche Kodifizierung besser in § 6 EStG vorzunehmen gewesen, wo auch bereits in § 6 Abs. 1 Nr. 3a EStG der Kompensationsgedanke bei Rückstellungen geregelt ist.[920] Jedoch muss beachtet werden, dass der Gesetzgeber bewusst einen anderen Weg gegangen ist. Aus der Historie des Gesetzgebungsverfahrens ist ersichtlich, dass bei dem vom Land Hessen eingebrachten Gesetzentwurf eine Bewertungsvorschrift in § 6 EStG eingefügt werden sollte.[921] Der Gesetzgeber hat sich aber ausdrücklich für eine Ansatzvorschrift in § 5 Abs. 1a EStG entschieden, die implizit eine Bewertungsvorschrift beinhaltet, über die die (bereits bewerteten) Ergebnisse der Handelsbilanz übernommen werden.

Im Schrifttum wird sowohl die Auffassung vertreten, dass es sich bei § 5 Abs. 1a EStG um eine spezielle Bewertungsvorschrift handelt, die dem steuerlichen Bewertungsvorbehalt nach § 5 Abs. 6 EStG i. V. m. § 6 EStG als lex specialis vorgeht[922] als auch diejenige, dass der Maßgeblichkeitsgrundsatz durch die in § 5 Abs. 6 EStG i. V. m. § 6 EStG normierten vorrangigen steuerlichen Bewertungsvorschriften wieder durchbrochen wird.[923] Dies würde bedeuten, dass nach der Übernahme der handelsrechtlichen Ergebnisse in die Steuerbilanz gemäß § 5 Abs. 1a EStG wieder § 5 Abs. 6 EStG Anwendung finden würde, der i. V. m. § 6 EStG als lex specialis Vorrang hätte.[924] Dies hätte zur Konsequenz, dass nach § 6 Abs. 1 EStG steuerlich wieder eine Einzelbewertung vorgenommen werden müsste. Dieser Auffassung kann nicht gefolgt werden, weil hierdurch § 5 Abs. 1a EStG ad absurdum geführt würde. Vielmehr muss dieser als lex specialis gesehen werden.

Die Ergebnisse aus der handelsrechtlichen Bewertung der Bilanzpositionen sind steuerlich anzusetzen. Da der Ergebnisansatz über § 5 Abs. 1 EStG aber strittig ist, wurde eine explizite Ansatzvorschrift geschaffen. Durch den gewählten Wortlaut, der das Ergebnis als maßgeblich herausstellt, wird deutlich, dass keine weitere steuerbilanzielle Bewertung durchgeführt werden soll. § 5 Abs.1a EStG übernimmt damit die Funktion einer Ansatzregelung (Veror-

---

919 Vgl. *Schiffers*, Risiken, DStZ 2006, S. 401; *Schick/Indenkämpen*, Entwurf, BB 2006, S. 655.

920 Vgl. *Prinz/Hick*, Verankerung, DStR 2006, S. 774. Zu § 6 Abs. 1 Nr. 3a EStG s. *Glanegger,* in: Schmidt EStG, 27. Auflage 2008, § 6 EStG Rn. 386ff.

921 Gesetzesentwurf des Landes Hessen vom 28.01.2005 Drs. 45/05 „Entwurf eines Gesetzes zur Verringerung steuerlicher Missbräuche und Umgehungen".

922 Vgl. *Hahne*, Anwendungsbereich, StuB 2007, S. 19; *Schiffers*, Risiken, DStZ 2006, S. 401.

923 Vgl. *Schick/Indenkämpen*, Entwurf, BB 2006, S. 654.

924 Vgl. *Schick/Indenkämpen*, Entwurf, BB 2006, S. 655.

tung des Paragrafen), der gleichzeitig eine Bewertungsvorschrift innewohnt. Der steuerliche Bewertungsvorbehalt wird durch die konkrete Übernahme der handelsrechtlichen Bewertungsergebnisse verdrängt.[925]

2.2.1.3 Handelsrechtliche Ergebnisse der Bewertungseinheiten

§ 5 Abs. 1a EStG fordert die Maßgeblichkeit der Ergebnisse der handelsrechtlichen Rechnungslegung für die steuerliche Gewinnermittlung. Somit ist zu klären, wieweit der Begriff der handelsrechtlichen Rechnungslegung reicht. Er geht über die Bilanz und die Gewinn- und Verlustrechnung hinaus, da zur handelsrechtlichen Rechnungslegung auch der Anhang und der Lagebericht gehören.[926] Darüber hinaus bezieht der Begriff neben dem Einzelabschluss auch den Konzernabschluss und die internationalen Rechnungslegungsstandards mit ein. Da in diesem Zusammenhang aber explizit auf die steuerliche Gewinnermittlung (§§ 4 ff. EStG) abgestellt wird, kann bzw. darf mit handelsrechtlicher Rechnungslegung auch nur der handelsrechtliche Einzelabschluss gemeint sein.[927] Folglich dürfen im Konzernabschluss gebildete Bewertungseinheiten, die nicht in den handelsrechtlichen Einzelabschluss übernommen werden dürfen, auch keinen Einfluss auf die steuerliche Gewinnermittlung haben.[928] Anderenfalls könnte es dazu kommen, dass die Bilanzierungspraxis/-regelungen eines Dritten (beispielsweise der ausländischen Konzernmutter) Auswirkungen auf den steuerlichen Gewinn hätten.[929]

2.2.1.4 Vermeidung zunehmender Differenzierung

§ 5 Abs. 1a EStG wirkt einer zunehmenden Differenzierung von Handels- und Steuerrecht entgegen.[930] Jedoch stellt sich von vornherein die Frage nach der Sinnhaftigkeit dieses Bestrebens, wenn die Regelung, wie oben dargestellt, bereits auf zwei verschiedenen Ausgangspunkten aufbaut. Die Absicht erstaunt gerade vor dem Hintergrund der zunehmenden Internationalisierung und der daraus resultierenden Entkoppelung der beiden Rechtssysteme. Abgesehen davon erschwert die Verknüpfung der Handels- mit der Steuerbilanz über die Maßgeblichkeit, besonders bei nicht GoB-konformen Sachverhalten, eine Anpassung der

---

925 A. A. *Schick/Indenkämpen*, Entwurf, BB 2006, S. 655; gleicher Ansicht *Hahne*, Bilanzierung, BB 2006, S. 2293.

926 Vgl. *Hahne*, Anwendungsbereich, StuB 2007, S. 19.

927 Vgl. *Hahne*, Anwendungsbereich, StuB 2007, S. 19; *Prinz/Hick*, Verankerung, DStR 2006, S. 774; *Schiffers*, Risiken, DStZ 2006, S. 402.

928 Vgl. *Prinz/Hick*, Verankerung, DStR 2006, S. 774. Im Rahmen der bilanziellen Behandlung bleibt zu untersuchen, ob und inwiefern derartige Bewertungseinheiten, die nur im Konzern-, aber nicht im Einzelabschluss gebildet werden, bestehen können.

929 Vgl. *Hahne*, Anwendungsbereich, StuB 2007, S. 19.

930 Stellungnahme des Bundesrates vom 13.02.2006, Drs. 16/634, S. 8;. *Hahne*, Anwendungsbereich, StuB 2007, S. 18.

Handelsbilanz an internationale Entwicklungen.[931] Vielmehr muss als Intention gesehen werden, dass bei gleichen Voraussetzungen für einen Verlustausweis nicht auf den handelsrechtlichen Ausweis verzichtet werden soll, wenn gleichzeitig steuerbilanziell der Verlust ausgewiesen wird.

2.2.2 Ausnahme vom steuerlichen Verbot der Drohverlustrückstellung

In Verbindung mit § 5 Abs. 1a EStG ist § 5 Abs. 4a S. 2 EStG durch das Gesetz zur Eindämmung missbräuchlicher Steuergestaltung normiert worden, der das grundsätzliche steuerliche Verbot der Bildung von Drohverlustrückstellungen für die Ergebnisse nach § 5 Abs. 1a EStG aufhebt.[932] In der Gesetzesbegründung heißt es, dass die nach der Saldierung verbleibenden negativen Ergebnisse einer Bewertungseinheit in der Handelsbilanz oft als Drohverlustrückstellungen dargestellt würden.[933]

Der Gesetzgeber argumentiert diesbezüglich, dass die partielle Aufhebung der Drohverlustrückstellung zwingend erforderlich ist, weil die Ergebnisse der handelsrechtlich gebildeten Bewertungseinheiten ansonsten nicht vollständig in die steuerliche Gewinnermittlung übernommen werden könnten.[934] Wie bereits aufgezeigt, existiert handelsbilanziell eine Pflicht zum Ansatz von Drohverlustrückstellungen. In der Gesetzesbegründung wird darauf hingewiesen, dass in der Handelsbilanz oft die Wertüberhänge einer Bewertungseinheit als Drohverlustrückstellung dargestellt werden, dass es sich tatsächlich aber um eine Zusammenfassung einer Vielzahl unterschiedlicher Aufwendungen und Erträge handelt. Daher handelt es sich sinngemäß nicht in vollem Umfang, sondern lediglich technisch um eine Drohverlustrückstellung.[935]

Ohne § 5 Abs. 4a S. 2 EStG müssten die Drohverlustrückstellungen, die sich aus dem Saldo der negativen Wertüberhänge der handelsbilanziell gebildeten Bewertungseinheiten ergeben und somit aus den Wertentwicklungen einer Vielzahl von Geschäften bestehen können, für die steuerliche Gewinnermittlung wieder aufgelöst und einzeln bewertet werden. Dies wird aber von Seiten des Gesetzgebers als sehr aufwendig, nahezu unmöglich und nicht nachprüf-

---

931 So versucht z.B. der DRSC in den letzten Jahren die 4. EG-Richtlinie, die eine Fair Value-Bewertung beinhaltet, in die Handelsbilanz einzuführen.

932 Entwurf eines Gesetzes zur Verringerung steuerlicher Missbräuche und Umgehungen vom 27.05.2005, BR-Drs. 45/00 (Beschluss), Anlage, S. 2; *Grützner*, Steuerbilanz, StuB 2006, S. 335; *Melchior*, Gesetz, DStR 2006, S. 683.

933 Vgl. Gesetzesbegründung vom 02.02.2006, Drs. 16/520; *Intemann*, Sicherungsgeschäfte, NWB 2007, Fach 17, S. 2156.

934 Gegenäußerung der Bundesregierung zur Stellungnahme des Bundesrats vom 23.02.2006 Drs. 16/749, S. 2.

935 Gegenäußerung der Bundesregierung zur Stellungnahme des Bundesrats vom 23.02.2006 Drs. 16/749, S. 2; Entwurf eines Gesetzes zur Verringerung steuerlicher Missbräuche und Umgehungen vom 27.05.2005, BR-Drs. 45/00 (Beschluss), Anlage, S. 9.

bar angesehen.[936] Diese Aussage zeigt implizit, dass der Gesetzgeber einen so weiten Anwendungsbereich von Bewertungseinheiten als zulässig ansieht, dass in vielen Fällen die Zusammensetzung der Bewertungseinheiten für einen Dritten nicht oder nur schwer nachprüfbar ist. Hierdurch wird berücksichtigt, dass Bewertungseinheiten aus finanzwirtschaftlicher Sichtweise zu negativen Überhängen führen können, die durch die „steuerrechtliche Gesetzesgrundlage" vernachlässigt würden.[937]

Im Gesetzgebungsverfahren wurde daher vorgeschlagen, nur Verrechnungssalden zuzulassen, wenn sie aus Teilwertabschreibungen resultieren. Dies wurde aber insbesondere deshalb abgelehnt, weil dem Unternehmer ein enormer Aufwand hinsichtlich der steuerlichen Dekomposition des Bewertungsergebnisses erspart werden sollte und diese Zuordnung auch von der Verwaltung kaum noch zu überprüfen gewesen wäre.[938]

Fraglich ist, wie mit Verlustüberhängen umzugehen ist, bei denen eine klare Zuordnung möglich und nicht nur technisch, sondern tatsächlich ein Drohverlust vorliegt. Ein Nicht-Ansatz wäre gegenüber anderen Sicherungsbeziehungen aus Gleichheitsgesichtspunkten nicht adäquat. Andererseits kann es dadurch zu einer Ungleichbehandlung gegenüber der Einzelbewertung von Finanzinstrumenten kommen. Aber nicht nur der Ansatz von offensichtlichen Drohverlustrückstellungen, sondern auch die Anwendung des handelsbilanziellen Niederstwertprinzips führt zu Ergebnissen, die von einer rein steuerbilanziellen Bewertung abweichen. Aufgrund des erweiterten Maßgeblichkeitsgrundsatzes dürfen diese Ergebnisse in die Steuerbilanz übertragen werden. Unter Beachtung des Leistungsfähigkeitsprinzips ist es richtig, dass Verluste, die tatsächlich entstehen werden, da sie nicht durch eine Sicherung gedeckt sind, auch steuerlich ihren Niederschlag finden. Probleme entstehen vielmehr durch die steuerliche Nichtbeachtung dieser Verluste bei der Einzelbewertung.

Durch die Sonderregelung für Bewertungseinheiten kann es dazu kommen, dass die Möglichkeit des Verlustausweises als „Schlupfloch" verstanden wird, solange Abschreibungen und der Ansatz von Drohverlustrückstellungen in anderen Fällen steuerlich nicht zulässig sind. Durch die Bildung von Bewertungseinheiten wird ein Rahmen für bilanzpolitische Spielräume eröffnet.

---

936 Gegenäußerung der Bundesregierung zur Stellungnahme des Bundesrats vom 23.02.2006 Drs. 16/749, S. 2.

937 Vgl. *Bischof,* Latente Steuern, PiR 2007, S. 70.

938 Vgl. *Kraft/Bischof,* Bewertungseinheiten, in: Schmiel/Breithecker, Gewinnermittlung, 2008, S. 179; Stellungnahme des Bundesrats vom 13.02.2006, Drs. 16/634, S. 8; Gegenäußerung der Bundesregierung zur Stellungnahme des Bundesrats vom 23.02.2006 16/749, S. 2.

3. Gesetzliche Kodifizierung von Bewertungseinheiten und Begründung durch das BilMoG

Laut Gesetzesbegründung ist der Zweck des § 254 HGB die (dringende) gesetzliche Verankerung der im Schrifttum bisher schon als GoB eingestuften und in der Praxis bereits angewandten bilanziellen Behandlung von Bewertungseinheiten.[939]

Darüber hinaus wird in der Gesetzesbegründung eindeutig klargestellt, dass mit dieser Vorschrift, die festschreibt, in welchem Umfang Bewertungseinheiten zulässig sind und welche Anforderungen an diese gestellt werden, eine Änderung der derzeitigen Bilanzierungspraxis nicht einhergehen soll. Dies sei auch bereits bei der Einführung des § 5 Abs. 1a EStG zum Ausdruck gebracht worden.[940]

Führt man sich die im finanzwirtschaftlichen und bilanzrechtlichen Schrifttum erschienen Artikel vor Augen, ist erkennbar, dass sich eine Vielzahl an Artikeln kontrovers insbesondere mit der Zulässigkeit und den Voraussetzungen für die Bildung von Sicherungsbeziehungen auseinandersetzt. Betrachtet man zudem die internationale Behandlung von Sicherungsbeziehungen, wird ersichtlich, dass sich allein der IAS 39 in den Punkten 71-103 des Standards und zusätzlich ein Anhang zu IAS 39 den Fragen des Hedge Accountings widmet. Vor diesem Hintergrund verwundert es, dass eine derart komplexe Materie durch die Normierung eines einzigen Paragrafen, der nur aus zwei Sätzen besteht, bei nicht unerheblicher gleichzeitiger Auswirkung auf die steuerliche Gewinnermittlung, nahezu problemlos Einzug in das Handelsbilanzrecht gehalten hat. Auch die Tatsachen, dass bisher im handelsrechtlichen Schrifttum nur Micro Hedges als unstrittig angesehen wurden und auch der BFH Bewertungseinheiten nur unter sehr restriktiven Voraussetzungen als zulässig betrachtet hat, werfen Fragen auf.

Im Weiteren soll daher ausgehend von den konzeptionell herausgearbeiteten Erkenntnissen, bei denen auf einer einfachen abstrahierten Micro-Ebene aufgezeigt werden konnte, dass „eine klare Bilanzierungspraxis" nicht vorherrscht, die vom Schrifttum geforderten, die von der Bilanzierungspraxis durchgeführten und die vom Gesetzgeber kodifizierten Bereiche miteinander verglichen, gewürdigt und deren Rechtsfolgen aufgezeigt werden. Da sowohl von Seiten des Gesetzgebers als auch vom Schrifttum und der Praxis vielfach die IFRS-Regelungen zum Hedge Accounting für die handelsbilanzielle Behandlung von Bewertungseinheiten vergleichend herangezogen (bzw. einfach übernommen) werden, werden die Regelungen des IAS 39 an geeigneter Stelle zum besseren Verständnis und zur Analyse der Auswirkungen mit betrachtet.

Dafür wird zunächst der Anwendungsbereich von Bewertungseinheiten näher abgesteckt. Hierbei wird detaillierter beleuchtet, welche finanzwirtschaftlich gebildeten Bewertungsein-

---

939 Vgl. *Scharpf/Schaber*, BilMoG, KoR 2008, S. 532; *Regierungsentwurf* BilMoG vom 23.05.2008, Drs 344/08, Begründung, S. 124.

940 *Regierungsentwurf* BilMoG vom 23.05.2008, Drs. 344/08, Begründung, S. 126; Gesetz zur Eindämmung missbräuchlicher Steuergestaltungen vom 28.04.2006 BGBl I 2006, S. 1095.

heiten in die Bilanzen übernommen werden dürfen. In einem zweiten Schritt werden die Handhabung und die Rechtsfolgen der bilanziellen Abbildung der Bewertungseinheiten während der Laufzeit und bei Beendigung analysiert.

3.1 Gesetzliche Umsetzung

3.1.1 Kodifizierung einer bilanziellen Behandlung von Bewertungseinheiten – § 254 HGB Bildung von Bewertungseinheiten –

Der Wortlaut des § 254 HGB lautet: „Werden Vermögensgegenstände, Schulden, schwebende Geschäfte oder mit hoher Wahrscheinlichkeit erwartete[941] Transaktionen zum Ausgleich gegenläufiger Wertänderungen oder Zahlungsströme aus dem Eintritt vergleichbarer Risiken[942] mit Finanzinstrumenten zusammengefasst (Bewertungseinheit), sind § 249 Abs. 1, § 252 Abs.1 Nr. 3 und 4, § 253 Abs. 1 Satz 1 und § 256a HGB in dem Umfang und für den Zeitraum nicht anzuwenden,[943] in dem die gegenläufigen Wertänderungen oder Zahlungsströme sich ausgleichen. Als Finanzinstrumente im Sinne des Satzes 1 gelten auch Termingeschäfte über den Erwerb oder die Veräußerung von Waren."[944]

Durch das BilMoG wurde in § 254 HGB die bilanzielle Behandlung von Bewertungseinheiten normiert, die zum Ausgleich von gegenläufigen Wertänderungen und Zahlungsströmen führen, welche aus bestimmten Risiken resultieren. Durch die Normierung im dritten Buch des Handelsgesetzbuches unter den für alle Kaufleute geltenden Vorschriften ist die Regelung für alle Unternehmen unabhängig von der Rechtsform oder der Branchenzugehörigkeit verbindlich.[945] Eine gesetzliche Kodifizierung für alle Kaufleute ergibt Sinn, da die Absicherung von finanzwirtschaftlichen Risiken, nachdem sie zunächst überwiegend von Banken betrieben wurde, zunehmend auch für große Industrie- und Handelsunternehmen und den Mittelstand Bedeutung erlangt.[946] Eine branchenspezifische Regelung ist daher schon seit längerer Zeit nicht mehr sach- und zeitgerecht.

Gleichzeitig wurde im Rahmen des BilMoG die branchenspezifische Regelung der Währungsumrechnung für Kreditinstitute (§ 340h HGB), über die bisher zusätzlich auch die Kompensation von Währungsrisiken bei Nicht-Banken begründet wurde, geändert und ein

---

941 Nach dem Wortlaut im *Regierungsentwurf* zum BilMoG vom 23.05.2008, Drs. 344/08 hieß es „vorgesehene".

942 Nach dem Wortlaut im *Regierungsentwurf* zum BilMoG vom 23.05.2008, Drs. 344/08 hieß es „zur Absicherung von Zins-, Währung- und Ausfallrisiken oder gleichartiger Risiken".

943 Nach dem Wortlaut im *Regierungsentwurf* zum BilMoG vom 23.05.2008, Drs. 344/08 hieß es „soweit der Eintritt der Risiken ausgeschlossen ist."

944 Vgl. *Gesetzesbeschluss* vom 27.03.2009, Drs. 270/09, S. 4; *Beschlussempfehlung* vom 24.03.2009, Drucksache 16/12407, S. 13f.

945 Vgl. *Günkel*, Bilanzrechtsmodernisierungsgesetz, Ubg 2008, S. 131; *Scharpf/Schaber;* BilMoG, KoR 2008, S. 532; *Scharpf*, Finanzinstrumente, in: Küting/Pfitzer/Weber, Bilanzrecht, 2008, S. 190.

946 Vgl. Handelsblatt vom 5./6./7. Dezember 2008, S. 12 „Die Preise in jedem Fall absichern".

neuer § 256a HGB kodifiziert, der die Währungsumrechnung für alle Unternehmen unabhängig von der Branche regelt.

3.1.2 Einführung einer branchenübergreifenden Währungsumrechnungsvorschrift – Änderung des § 340h HGB/Einführung § 256a HGB

Im Rahmen des Gesetzgebungsverfahrens war vorgesehen, § 340h HGB, der die branchenspezifische Währungsumrechnung für Kreditinstitute regelt und bis zur Einführung des BilMoG die einzige konkrete Norm zur Behandlung von Sicherungsbeziehungen dargestellt hat, zu streichen, da er durch die Nominierung der § 254 HGB und § 256a HGB entbehrlich sei. Verschiedene Institutionen haben sich im Laufe des Gesetzgebungsverfahrens jedoch gegen eine Streichung ausgesprochen, da es durch sie bei Banken zu einer Aufteilung der Fremdwährungsgeschäfte in Handels- und Anlagebuchgeschäfte kommen müsste. Im Bankbuch wäre dabei weiterhin die Bildung von Bewertungseinheiten erforderlich. Die Streichung sei somit ein konzeptioneller Rückschritt und mit immensen Umstellungen und Kosten verbunden.[947] Zu Änderungen wäre es insoweit gekommen, als die Unterscheidung zwischen besonderer Deckung und der Deckung in derselben Währung aufgegeben worden wäre. Darüber hinaus wäre die erfolgswirksame Erfassung von Gewinnen, die über den effektiven Teil der Bewertungseinheit hinausgehen, entfallen.[948]

Der Rechtsausschuss hat daher vorgeschlagen, dass § 340h HGB nicht vollständig gestrichen wird, sondern dass er weiterhin die Rechtsfolgen der besonderen Deckung aufzeigen soll. § 340h HGB entspricht demnach mit einem Verweis auf § 256a HGB fast genau dem vor Einführung des BilMoG existenten § 340h Abs. 2 S. 2 HGB a. F., der regelte, dass bei einer besonderen Deckung auch die Erträge, die sich aus der Währungsumrechung ergeben, in der Gewinn- und Verlustrechnung zu berücksichtigen sind.[949] Jetzt lautet § 340h HGB: „§ 256a gilt mit der Maßgabe, dass Erträge, die sich aus der Währungsumrechnung ergeben, in der Gewinn- und Verlustrechnung zu berücksichtigen sind, soweit die Vermögensgegenstände, Schulden oder Termingeschäfte durch Vermögensgegenstände, Schulden oder andere Termingeschäfte in derselben Währung besonders gedeckt sind.“[950] Bei einer besonderen Deckung kommt es somit für Kreditinstitute weiterhin zu einem Ausweis der Erträge in der Gewinn- und Verlustrechnung.

Der § 340h HGB wurde somit durch das BilMoG teilweise aufgehoben und durch § 256a HGB als eine branchenübergreifende Norm ersetzt bzw. ergänzt.

---

947 Vgl. *Bundesrat* Stellungnahme zum BilMoG, Drs. 344/08, Stellungnahme, S. 10.
948 So auch *Scharpf*, Finanzinstrumente, in: Küting/Pfitzer/Weber, Bilanzrecht, 2008, S. 234.
949 S. *Beschlussempfehlung* vom 24.03.2009, Drucksache 16/12407, S. 61.
950 S. *Beschlussempfehlung* vom 24.03.2009, Drucksache 16/12407, S. 61.

Ausgehend von der Tatsache, dass durch eine stärker werdende Globalisierung immer mehr Geschäftsvorfälle in fremder Währung abgeschlossen werden, der handelsrechtliche Jahresabschluss (Konzernabschluss) aber nach § 244 (289) HGB in Euro aufgestellt werden muss und keine explizite Norm für die Währungsumrechnung existiert, ist durch das BilMoG der § 256a HGB gesetzlich kodifiziert worden, der die Währungsumrechnung für den Einzelabschluss branchenübergreifend regelt.[951] Eine allgemeingültige Währungsumrechnungsnorm fehlte meines Erachtens bisher aber nicht zwingend, da es, basierend auf dem Grundgedanken eines Code Laws, vielmehr sachgerecht ist, nicht jegliches „Problem“ mit Einzelfallregelungen abzudecken. D. h. bisher konnte die Währungsumrechnung auf der Grundlage der allgemeinen Bewertungsvorschriften nach §§ 252 ff HGB[952] vorgenommen werden.[953] Diese Art der Währungsumrechnung unter Beachtung der GoB wurde bereits im Rahmen der konzeptionellen Herleitung von Positionen, die einem Währungsrisiko ausgesetzt sind, betrachtet. Es konnte aufgezeigt werden, dass unter Beachtung der GoB eine zweckadäquate Einzelbewertung möglich ist. Daher verwundert es, dass auch diese Regelung unter der Zwecksetzung, die bisherige Bilanzierungspraxis gesetzlich zu kodifizieren, eingeführt wird.

In § 256a HGB heißt es: „Auf fremde Währung lautende Vermögensgegenstände und Verbindlichkeiten sind zum Devisenkassamittelkurs[954] am Abschlussstichtag[955] umzurechnen. Bei einer Restlaufzeit von einem Jahr oder weniger sind § 253 Abs. 1 S. 1 und § 252 Abs.1 Nr.4 Halbsatz 2 nicht anzuwenden.“[956] Während des Gesetzgebungsverfahrens

---

951 Vgl. *Günkel*, Bilanzrechtsmodernisierungsgesetz, Ubg 2008, S. 134; *Scharpf*, Finanzinstrumente, in: Küting/Pfitzer/Weber, Bilanzrecht, 2008, S. 232; *Küting/Mojadadr*, Währungsumrechung, in: Küting/Pfitzer/Weber, Bilanzrecht, 2008, S. 462.

952 Sowie bei Kapitalgesellschaften noch unter Beachtung von § 264 Abs.2 HGB und den ergänzenden Bewertungsregeln für Kapitalgesellschaften § 279 ff HGB sowie zusätzliche Anhangsangaben.

953 S. *Küting/Mojadadr*, Währungsumrechung, in: Küting/Pfitzer/Weber, Bilanzrecht, 2008, S. 462; *Hommel/Laas*, Währungsumrechung, BB 2008, S. 1666; *Gebhardt/Breker*, Fremdwährungstransaktionen, DB 1991, S. 1529.

954 Devisenkurs ist der Preis in inländischer Währung für fremde Währung und stellt damit die Preisnotierung da. Der Begriff Wechselkurs bezeichnet hingegen die Menge in Fremdwährungseinheiten, die für den Erhalt der inländischen Währung hingegeben werden muss; hier spricht man von Mengennotierung, somit dem Kehrwert der Preisnotierung. S. zu weiteren Ausführungen *Grill/Perczynski*, Kreditwesen, 7. Auflage 1996, S. 565. Seit der Einführung des Euros besteht in Deutschland eine Mengennotierung. Siehe hierzu *Scharpf/Luz*, Risikomanagement, 2000, S. 56. Hierdurch haben sich auch die Begriffe Geld- und Briefkurs umgekehrt. Der Briefkurs ist nunmehr der Nachfragekurs der Bank nach ausländischer Währung (aus Sicht des Euro). Er ist also der Kurs, zu dem der in Euro Bilanzierende Devisen an eine Bank verkaufen kann. Ein steigender Kurs ist aus Sicht des Bilanzierenden, der Fremdwährung in Euro tauschen möchte, daher nachteilig. Der Geldkurs ist umgekehrt der Angebotskurs, zu dem eine Bank Fremdwährung an den Bilanzierenden verkauft. Ein fallender Kurs ist für den Bilanzierenden nachteilig, da er für einen Euro weniger Fremdwährung erhält als zuvor. Der Mittelkurs ist das arithmetische Mittel zwischen Briefkurs und Geldkurs.

955 Es handelt sich nach der Gesetzesbegründung demnach um eine Folgebewertung. *Regierungsentwurf* BilMoG vom 23.05.2008, Drs. 344/08, Begründung, S. 136.

956 S. *Beschlussempfehlung* vom 24.03.2009, Drucksache 16/12407, S. 16. Es ist zu redaktionellen Änderungen gegenüber dem Regierungs- und dem Referentenentwurf gekommen, siehe hierzu: *Regierungsentwurf* BilMoG vom 23.05.2008, Drs. 344/08, § 256a HGB, S. 9. Damit wurde der im Referentenentwurf

wurde kritisiert, dass der Begriff der Laufzeit entweder als „Gesamtlaufzeit“[957] oder als „Restlaufzeit“[958] angesehen werden kann. Darüber hinaus wurde darauf hingewiesen, dass nur sehr wenige Geschäfte eine tatsächliche Laufzeit haben und dann die Umrechnung nur in engen Grenzen zu sehen sei.[959] Zur Klarstellung wurde daher im Gesetzgebungsverfahren der Begriff der „Laufzeit“ durch den Begriff der „Restlaufzeit“ ersetzt. Bei Vermögensgegenständen und Verbindlichkeiten mit einer Restlaufzeit von unter einem Jahr darf laut Gesetzesbegründung aus Praktikabilitätsgründen ohne Berücksichtigung des Vorsichts- und des Anschaffungskostenprinzips umgerechnet werden.[960] Bei einer „Restlaufzeit“ von einem Jahr oder weniger kommt es damit zu einer Erfolgsauswirkung.

Laut Gesetzesbegründung sind im Zugangszeitpunkt[961] die auf fremde Währung lautenden Vermögensgegenstände oder Verbindlichkeiten zum Devisenkassamittelkurs umzurechnen und anzusetzen. Die Folgebewertung am Bilanzstichtag hat zum Devisenkassamittelkurs des Abschlussstichtages unter Beachtung der GoB zu erfolgen.[962]

Im Einzelfall ist zu entscheiden, ob der Brief- oder Geldkurs heranzuziehen ist.[963] Diese Entscheidung zwischen Geld- und Briefkurs hängt davon ab, ob im Umrechnungszeitpunkt der Erwerb oder der Verkauf von Devisen vorliegt.[964]

Auch nicht aus dem Gesetzestext, sondern lediglich aus der Begründung ergibt sich, wie Aufwendungen und Erträge umgerechnet werden sollen. Diese werden im Zeitpunkt der erstmaligen bilanziellen Erfassung mit dem gültigen Devisenkassakurs oder dem Devisenkassakurs für den korrespondierenden Bilanzposten umgerechnet.[965] Zudem enthält § 256a HGB keine Regelungen für die Umrechnung von Rückstellungen,[966] da sich diese laut Gesetzesbegründung aus § 253 Abs. 1 S. 2 und 3 HGB ergibt, der eine Rückstellung zum Erfüllungsbetrag fordert. Der enge Auslegungsrahmen scheint auf den ersten Blick von der Bundesregierung intendiert zu sein.[967] Da kein Bewertungsvorbehalt im Einkommensteuergesetzt normiert

---

enthaltene GoB-widrige Vorschlag, alle Vermögensgegenstände, Schulden, RAP, Aufwendungen und Erträge ohne Beachtung des Vorsichtsprinzips zu Devisenkassakursen umzurechnen, verworfen.

957 Vgl. *Hoffmann/Lüdenbach*, BilMoG, Beihefter zu Heft 30, DStR 2008, S. 60.

958 S. *Scharpf*, Finanzinstrumente, in: Küting/Pfitzer/Weber, Bilanzrecht, 2008, S. 232.

959 Vgl. *Hommel/Laas*, Währungsumrechung, BB 2008, S. 1668.

960 Vgl. *Regierungsentwurf* BilMoG vom 23.05.2008, Drs. 344/08, Begründung, S. 136.

961 Vgl. *Günkel*, Bilanzrechtsmodernisierungsgesetz, Ubg 2008, S. 134. Sieht es als nicht eindeutig an, ob hiermit der Entstehungs- oder der Bilanzstichtag gemeint ist.

962 Vgl. *Regierungsentwurf* BilMoG vom 23.05. 2008, Drs. 344/08, Begründung, S. 136.

963 Es ist im Einzelfall zu entscheiden, ob der Brief- oder Geldkurs anzuwenden ist (S. *Regierungsentwurf* BilMoG vom 23.05. 2008, Drs. 344/08, Begründung, S. 137.).

964 Vgl. *Gebhardt/Breker*, Fremdwährungstransaktionen, DB 1991, S. 1530.

965 Vgl. *Scharpf*, Finanzinstrumente, in: Küting/Pfitzer/Weber, Bilanzrecht, 2008, S. 234.

966 Die Umrechnung gilt auch nicht für Rechnungsabgrenzungsposten; dies ist auch nur aus der Begründung ersichtlich.

967 Vgl. *Hommel/Laas*, Währungsumrechung, BB 2008, S. 1668.

ist, müsste die handelsrechtliche Währungsumrechnung für die steuerliche Gewinnermittlung maßgeblich sein.[968]

Inwieweit das Zusammenspiel zwischen § 254 HGB, § 256a HGB und § 340h HGB sowie die Beachtung der allgemeinen Grundsätze zu Problemen oder bilanzpolitischen Spielräumen führen, wird im Weiteren ausgeführt.

3.1.3 Bezugsnorm für die steuerliche Gewinnermittlung

Im Rahmen des Bilanzrechtsmodernisierungsgesetzes wurden im Bereich der bilanziellen Behandlung von Bewertungseinheiten keine Änderungen oder Ergänzungen im Steuerrecht vorgenommen. Dieser Umstand ist als sachgerecht zu beurteilen, da § 254 HGB die handelsrechtliche Bezugsnorm zu § 5 Abs. 1a EStG darstellt. Seit der Einführung des § 5 Abs. 1a EStG bezog sich dieser auf eine nicht gesetzlich geregelte „Bilanzierungspraxis", wodurch er rechtlich ins Leere lief. Diesem Systemfehler wurde mit der Einführung des § 254 HGB abgeholfen,[969] da § 5 Abs. 1a EStG inhaltlich konkretisiert wird. Da die steuerbilanzielle Norm keinen eigenen Regelungsinhalt hat, sondern eine erweiterte Maßgeblichkeit darstellt, schlagen die handelsrechtlichen Regelungen voll auf die Steuerbilanz durch. Weil der Gesetzgeber die Behandlung der Bewertungseinheiten als GoB kodifiziert, muss analysiert werden, ob § 5 Abs. 1a EStG als lex spezialis anzusehen ist oder ob die steuerbilanzielle Behandlung von Bewertungseinheiten nicht vielmehr auch über den allgemeinen Maßgeblichkeitsgrundsatz möglich gewesen wäre. So wird im Schrifttum diskutiert, ob die handelsbilanziell gebildeten Sicherungsbeziehungen, „die über die in § 5 Abs. 1a HGB genannten hinaus gehen", gegebenenfalls über § 5 Abs. 1 EStG maßgeblich für die steuerliche Gewinnermittlung sind.[970] Auch wenn die Behandlung der Bewertungseinheit als „GoB" normiert wurde, behält § 5 Abs. 1a EStG seine Berechtigung, da bei einer Behandlung über § 5 Abs. 1 EStG der steuerliche Bewertungsvorbehalt greifen würde. Vielmehr ist der alleinige Zweck der steuerbilanziellen Regelung des § 5 Abs. 1a EStG darin zu sehen, dass die handelsrechtliche Behandlung als maßgeblich anzusehen ist, um somit einer unterschiedlichen Behandlung von Sicherungsbeziehungen in der Handels- und Steuerbilanz entgegenzuwirken.[971] Zu Abweichungen könnte es allenfalls aufgrund von unterschiedlichen Auslegungen des Begriffs der finanzwirtschaftlichen Risiken kommen.

---

[968] Vgl. *Günkel*, Bilanzrechtsmodernisierungsgesetz, Ubg 2008, S. 134. Günkel ist der Auffassung, dass es sich um eine reine Währungsumrechnung handelt. Die Begründung des Referentenentwurfes stellt klar, dass die beiden Fragen der Umrechnung und der Bewertung strikt zu trennen sind.

[969] Vgl. *Herzig*, Modernisierung, DB 2008, S. 1.

[970] Vgl. *Pfirmann/Schäfer*, Steuerliche Implikationen, in: Küting/Pfitzer/Weber, Bilanzrecht, 2008, S. 118; *Günkel*, Bilanzrechtsmodernisierungsgesetz, Ubg 2008, S. 126 – 134.

[971] So auch der Gesetzesentwurf zur Eindämmung steuerlichen Missbrauchs vom 13.02.2006, BT Drs. 16/634, S. 10.

Alle handelsrechtlich gebildeten Bewertungseinheiten sind somit steuerbilanziell zu erfassen. Welche Rechtsfolgen dieses hat, wird im Folgenden untersucht.

3.2 Anwendungsbereich der gesetzlich möglichen Sicherungsbeziehungen

Unter Beachtung der bereits konzeptionell dargelegten Probleme wird zunächst der Anwendungsbereich abgesteckt, bevor auf die bilanzielle Behandlung eingegangen wird. Unter der Begrifflichkeit „Anwendungsbereich" wird in diesem Zusammenhang die Abgrenzung der Art der Risiken (Risikostrategie), die Abgrenzung der Bewertungseinheit, die Betrachtung der notwenigen Voraussetzungen, die Frage, ob ein Wahlrecht oder eine Pflicht besteht und die Reichweite der Bewertungseinheit (Micro-, Macro-, Portfolio- Hedges) verstanden.

3.2.1 Konkretisierung der bisher ungeklärten Begriffsdefinitionen

Da § 5 Abs. 1a EStG durch die Einführung des § 254 HGB inhaltlich konkretisiert wird, sind zunächst die bis zur Implementierung des § 254 HGB ungeklärten Begriffe der Bewertungseinheit und des finanzwirtschaftlichen Risikos näher zu betrachten.

Durch § 254 HGB enthält die Terminologie der „Bewertungseinheit" eine Legaldefinition. Demnach liegt eine Bewertungseinheit vor, wenn Vermögensgegenstände, Schulden, schwebende Geschäfte oder mit hoher Wahrscheinlichkeit erwartete Transaktionen[972] (Grundgeschäfte) zum Ausgleich gegenläufiger Wertänderungen oder Zahlungsströme aus dem Eintritt vergleichbarer Risiken mit Finanzinstrumenten[973] (Sicherungsgeschäfte) zusammengefasst werden.[974] Es ist bereits auf den ersten Blick ersichtlich, dass der Begriff der Bewertungseinheit sehr weit gefasst ist.

Im Regierungsentwurf war angedacht, den Begriff der „finanzwirtschaftlichen Risiken", der in § 5 Abs. 1a EStG verwendet wird, im Gesetzestext des § 254 HGB zu definieren. Nach § 254 HGB sollten Zins-, Währungs-, Ausfallrisiken und gleichartige Risiken innerhalb einer Bewertungseinheit abgesichert werden können.[975] Unter die gleichartigen Risiken können andere Marktrisiken sowie Rohstoffpreis-,[976] Aktienkursrisiken oder auch die Kreditrisiken oder Liquiditätsrisiken gefasst werden.[977] Insbesondere sind unter den Begriff der Risiken auch die Preisrisiken von körperlich vorhandenen Vermögensgegenständen zu subsumieren.

---

972 Bei den möglichen Grundgeschäften wird der Plural verwendet.

973 Auch bei den Sicherungsgeschäften wird der Plural verwendet.

974 § 254 HGB.

975 Der Begriff des finanzwirtschaftlichen Risikos ist hier weit aufzufassen, auch wenn in der Gesetzesbegründung des Entwurfs des Gesetzes zur Eindämmung missbräuchlicher Steuergestaltungen vom 13.02.2006, Drs. 16/634, S. 10 nur die Kursrisiken benannt werden.

976 Vgl. *Scharpf/Schaber*, BilMoG, KoR 2008, S. 533; *Löw/Scharpf/Weigel*, Bilanzierung, WPg 2008, S. 1016.

977 Siehe zur näheren Abgrenzung Kapitel B dieser Arbeit.

Durch diese Legaldefinition hätten die „finanzwirtschaftlichen Risiken“, die bisher handelsrechtlich nur im Zusammenhang mit dem Lagebericht (§ 289 Abs. 2 Nr. 2b HGB) aufgezählt oder in Stellungnahmen verwendet wurden,[978] neben den bisherigen bilanziellen Verlusten (§ 252 HGB) Einzug in die Handelsbilanz gehalten.[979]

Im Schrifttum wurde teilweise verkannt, dass es sich bei den in § 254 HGB-E aufgezählten Risiken um die inhaltliche Konkretisierung des in § 5 Abs. 1a EStG verwendeten Begriffes handelte. Es wurden vielmehr Differenzen zwischen den in § 254 HGB aufgezählten Risiken und den in § 5 Abs. 1a EStG genannten finanzwirtschaftlichen Risiken gesehen.[980] Im Rahmen des Gesetzgebungsverfahrens wurde § 254 HGB dahingehend geändert, dass die Aufzählung der finanzwirtschaftlichen Risiken wieder gestrichen wurde und jetzt nur noch von Risiken die Rede ist.[981]

Da § 5 Abs. 1a EStG aber ausschließlich den Maßgeblichkeitszweck erfüllen soll, ist schon alleine aus diesem Grund davon auszugehen, dass die gleichen Risiken der Absicherung unterworfen werden. Sollten nichtfinanzwirtschaftliche Risiken unter § 254 HGB zu subsumieren sein, wäre der Ausweis der Bewertungseinheit nicht über § 5 Abs. 1a EStG maßgeblich für die Steuerbilanz.

Zudem wird in § 5 Abs. 1a EStG die Begrifflichkeit der Absicherung verwendet, hingegen stellt § 254 HGB in seiner endgültigen Fassung nicht mehr primär auf den Absicherungszweck ab, sondern fordert, dass die Bewertungseinheit zum Ausgleich gegenläufiger Wertänderungen oder Zahlungsströme aus dem Eintritt vergleichbarer Risiken gebildet werden soll.[982] Werden nichtfinanzwirtschaftliche Risiken abgesichert oder dient die Bewertungseinheit nicht dem Absicherungszweck, ist die Bewertungseinheit steuerlich nicht anzuerkennen. Vielmehr ist der Ansatz über § 5 Abs. 1 EStG vorzunehmen und eine Einzelbewertung nach § 6 EStG durchzuführen.

3.2.2 Implementierung von Risikosicherungsstrategien

Es stellt sich damit die Frage nach der grundsätzlich verwendbaren Risikostrategie.

Im Rahmen der näheren Betrachtung der finanzwirtschaftlichen Risiken wurde aufgezeigt, dass diese sich sowohl in Wertänderungen als auch in erwarteten Zahlungsströmen niederschlagen. Auf der konzeptionellen Ebene konnte dies anhand von verschiedenen Beispielen

---

978 Vgl. *IDW*, Futures, BFA 2/1993, WPg 1993, S. 517.

979 Im Anhang sind die Bewertungseinheiten zudem nach dem abgesicherten Risiko zu unterteilen. *Regierungsentwurf* BilMoG vom 23.05.2008, Drs. 344/08, Begründung, S. 160.

980 Vgl. *Kirsch*, Steuerliche Auswirkungen, DStZ 2008, S. 32; *Krüger*, Implikationen, StB 2008, S. 122; *Hahne*, Anwendungsbereich, StuB 2007, S. 20f; *Prinz*, steuerliche Auswirkungen Teil B, BBK 2008, S. 5273.

981 Vgl. Gesetzesbeschluss vom 27.03.2009, Drs. 279/09, S. 4; *Beschlussempfehlung* vom 24.03.2009, Drs. 16/12407, S. 13.

982 Vgl. *Gesetzesbeschluss* vom 27.03.2009, Drs. 270/09, S. 4.

noch einmal herausgearbeitet werden. Aus wirtschaftlicher Sicht ist somit das Festlegen auf nur eine Sicherungsstrategie nicht sinnvoll.[983] Geprüft werden muss aber, welche Strategie nach dem BilMoG angewendet werden darf.

Die nationale Diskussion basiert bisher auf dem Problem, dass ausgehend vom Vorsichtsprinzip kompensierende Wertänderungen in der Bilanz nicht richtig dargestellt werden und stets zu Verlusten führen.[984] Für diese Wertabsicherung wurde in den letzten Jahren vom Schrifttum die kompensatorische Bewertung entwickelt.[985] Diese Risikostrategie kann auch aus den Gesetzesbegründungen zu § 5 Abs. 1a EStG und § 254 HGB herausgelesen werden.[986]

Der Gesetzestext des § 254 HGB und gewisse Passagen der Gesetzesbegründung gehen aber über das Wertänderungsrisikoverständnis hinaus. Im Gesetzeswortlaut heißt es: werden Grundgeschäfte zum Ausgleich gegenläufiger Wertänderungen oder Zahlungsströme aus dem Eintritt vergleichbarer Risiken mit Sicherungsgeschäften zusammengefasst.[987] Es wird somit keine Einschränkung auf die Fälle vorgenommen, in denen sich das Risiko aus dem Grundgeschäft auch bilanziell niederschlagen kann. Sondern es werden explizit auch die Fälle zugelassen, in denen Risiken, die im Zusammenhang mit zukünftigen Zahlungsströmen entstehen, abgesichert werden.[988] Da laut Gesetzestext als Sicherungsgeschäfte nur Finanzinstrumente in Betracht kommen, kann es, je nachdem, wie die Entwicklung des Marktes verläuft, auf der Seite des Sicherungsgeschäftes zu einem bilanziellen Verlust kommen.[989]

Dass auch die Absicherung von Zahlungsstromänderungsrisiken bilanziell behandelt werden soll, wird implizit dadurch bestätigt, dass laut Gesetzestext auch die erwarteten Transaktionen gesetzlich als Grundgeschäft zugelassen sind. Da diesen Geschäften das finanzwirtschaftliche Risiko innewohnt, dass künftige Zahlungsströme von der zu erwartenden Höhe abweichen,[990] wird zusätzlich darauf hingewiesen, dass die Absicherung von Zahlungsstromänderungsrisiken bilanziell zugelassen ist.

---

983 Siehe hierzu *Gebhardt*, Probleme, BFuP 1996, S. 563. Wenn doch erforderlich, dann wäre die erste Wahl das Wertänderungsrisiko.

984 Vgl. *Prahl/Naumann*, Financial Instruments, in: HDJ, Abt. II/10, Rn. 300.

985 Vgl. *Scharpf/Schaber*, BilMoG, KoR 2008, S. 533; *Patek*, Referentenentwurf, KoR 2008, S. 364.

986 Vgl. *Regierungsentwurf* BilMoG vom 23.05.2008, Drs. 344/08, Begründung, S. 127; *Pfirmann/Schäfer*, Steuerliche Implikationen, in: Küting/Pfitzer/Weber, Bilanzrecht, 2008, S. 117. Demnach soll unter Einschränkung des Imparitätsprinzips, des Realisationsprinzips und des Einzelbewertungsgrundsatzes auf die Bilanzierung der nicht realisierten Verluste verzichtet werden, soweit diesen nicht realisierte Gewinne in gleicher Höhe gegenüberstehen.

987 Vgl. *Gesetzesbeschluss* vom 27.03.2009, Drs. 270/09, S. 2.

988 Vgl. *Löw/Torabian*, Finanzinstrumente, ZfgK 2008, S. 612.

989 Im Referentenentwurf durften vorgesehene Transaktionen sowohl Grund- als auch Sicherungsgeschäfte sein. Dies hätte dazu führen können, dass auf beiden Seiten kein bilanzielles Risiko gegeben wäre. Und auch im Gesetzestext wurden die Zahlungsstromrisiken explizit erwähnt. Fraglich wäre hierbei insbesondere gewesen, wie mit Ineffektivitäten umzugehen wäre. Siehe *Referentenentwurf* BilMoG vom 08.11.2007, Begründung.

990 So auch *Scharpf/Schaber*, BilMoG, KoR 2008, S. 533; *Patek*, Referentenentwurf, KoR 2008, S. 364.

Durch die Implementierung des § 254 HGB, der beide Risikostrategien erlaubt,[991] wurde nicht die bisher in der nationalen Diskussion betrachtete Problemstellung gesetzlich kodifiziert, sondern vielmehr die weite wirtschaftliche Sichtweise des Risikomanagements betrachtet.[992] Bisher musste bei der Zahlungsstromabsicherung bereits die „rechtliche" Zulässigkeit in Form von Bewertungseinheiten in Frage gestellt werden.[993] Durch die gesetzliche Kodifizierung existiert hierfür nun eine rechtliche Grundlage.[994]

Da die Implementierung beider Risikostrategien aus der Anlehnung an die internationale Rechnungslegung hergeleitet werden kann, wird zunächst zum besseren Verständnis und zur Konkretisierung auf die Sicherungsstrategien nach IAS 39 eingegangen.

3.2.2.1 Nach IAS 39 angewandte Risikoverständnisse

IAS 39 fasst unter dem Hedge Accounting das Wertänderungs- und das Zahlungsstromrisiko zusammen. So existiert auf der einen Seite eine Art Wertabsicherung „Fair Value Hedge" und auf der anderen Seite ein Konzept zur Zahlungsstromabsicherung „Cash Flow Hedge". [995] Die beiden Absicherungsformen unterscheiden sich in der Art des abzusichernden Risikos und in dem unterschiedlichen Risikoverständnis. Sie sind nach IAS gemäß ihrer unterschiedlichen Ausgangspunkte zudem auch unterschiedlich abzubilden.[996] Die Zuordnung zu den Kategorien Fair Value Hedge oder Cash Flow Hedge richtet sich nach dem Risikoverständnis des zu sichernden Risikos bzw. gesicherten Risikos.[997]

3.2.2.1.1 Fair Value Hedge – Absicherung des beizulegenden Zeitwertes

Da die Bewertung von Finanzinstrumenten auf dem Mixed-Model-Ansatz beruht, ist auch bei IAS 39 eine explizite Hedge Accounting-Regelung notwendig. Das Fair Value Hedge Accounting dient der Vermeidung von Bewertungsvolatilitäten, das heißt von bilanzierungsinduzierten Ergebnisdifferenzen, die dadurch entstehen, dass sich die Änderungen von

---

[991] S. *Patek*, Bewertungseinheit, KoR 2008, S. 525; Regierungsentwurf BilMoG vom 30.07.2008, Begründung, S. 128.

[992] Vgl. *Gebhardt*, Risikomanagement, ZfbF Sonderheft 45, 2000, S. 72ff.; *Gebhardt*, Probleme, BFuP 1996, S. 561; „nur bilanziell erfasste Sachverhalte oder weitergehend auch schwebende Geschäfte oder vollständig sogar erwartete zukünftige Transaktionen, berücksichtigt werden sollen."

[993] Vgl. *Patek*, Referentenentwurf, KoR 2008, S. 364.

[994] Aufbauend auf der Risikostrategie können somit alle in C I dargestellten Fälle unter den § 254 HGB subsumiert werden.

[995] Vgl. *Freiberg*, Hedging, PiR 2007, S. 55f. Als dritte Absicherungsform gibt es nach IAS 39 noch die Absicherung von Nettoinvestitionen in einen ausländischen Geschäftsbetrieb; diese Form wird im Rahmen dieser Arbeit aber nicht näher betrachtet.

[996] Vgl. *Prahl/Naumann*, Instruments, in: HdJ, Abt. II/10, 2000, Rn. 299; *Gebhardt*, Probleme, BFuP 1996, S. 562ff.

[997] Vgl. *Kehm/Lüdenbach* in: Lüdenbach/Hoffmann IFRS-Kommentar, 6. Auflage 2008, § 28, Rz.194.

Sicherungsbeziehungen aufgrund von unterschiedlichen Bewertungskonzepten nicht kompensieren.[998]

Dient das Sicherungsgeschäft dazu, das Risiko der Änderung des Zeitwertes einer bilanzierten Position oder eines schwebenden Geschäftes zu sichern, handelt es sich bei der Absicherung um ein Fair Value Hedge.[999] Die Änderung muss dabei Auswirkungen auf das Periodenergebnis haben.[1000] Bei dem Fair Value Hedge folgt die Bewertung des Grundgeschäftes dem des Sicherungsgeschäftes. Bei der bilanziellen Behandlung folgt das Fair Value Hedge Accounting somit der Marktbewertungsmethode. Da es zu einer ständig Bewertung zu Marktwerten kommt, wird hier auch von einer stromgrößenorientierten Sichtweise gesprochen.[1001] Die Bewertung des Grundgeschäftes folgt, unabhängig von der eigentlichen nach IAS 39 vorgenommenen Kategorisierung, der Bewertung des Sicherungsgeschäft und wird somit auch zum Fair Value bewertet.[1002] Bei der Marktbewertung werden auch die stillen Lasten oder stillen Reserven des Grundgeschäftes aufgedeckt. Im Rahmen der zulässigen Grenzen, die im späteren Verlauf der Arbeit noch näher betrachtet werden, kann es zu Ineffektivitäten kommen, die damit ergebniswirksam erfasst werden.[1003] Bei dieser Art der Absicherung werden sowohl die Wertänderungen des Grundgeschäftes als auch des Sicherungsgeschäftes erfolgswirksam in der Gewinn- und Verlustrechnung erfasst, so dass im Rahmen der Absicherung eine Kompensationswirkung eintritt.[1004]

Zu Beginn der Sicherungsbeziehung werden die Buchwerte – im Fall eines schwebenden Geschäftes die Vertragsbedingungen – von Sicherungsinstrument und Grundgeschäft festgehalten. Bei dem derivativen Sicherungsinstrument bleibt es bei einer erfolgswirksamen Erfassung zum Fair Value. Gleichzeitig erfolgt eine Anpassung des Buchwertes des Grundgeschäftes, soweit der Gewinn oder Verlust auf das abgesicherte Risiko entfällt. Bei schwebenden Geschäften wird hierdurch ein Vermögenswert oder eine Verbindlichkeit begründet und die Nichtbilanzierung von schwebenden Geschäften durchbrochen.[1005]

---

998 Vgl. *Schmidt*, Financial Instruments, WPg 2008, S. 646; Discussion Paper, IASB, Tz. 2.27.

999 IAS 39.89-94 Vgl. *Kehm/Lüdenbach,* in: Lüdenbach/Hoffmann IFRS-Kommentar, 6. Auflage 2008, § 28 Rn. 195; *Grünberger*, IFRS 2008, 6. Auflage 2008, S. 225; *Heuser/Theile*, IFRS-Handbuch, 3. Auflage, Rn. 2231; *Löw/Blaschke*, IAS 39, BB 2005, S. 1729.

1000 Vgl. *Pietsch*, Gewinnermittlung, 2006, S. 95; *Brötzmann*, Bilanzierung, 2004, S. 108.

1001 S. *Gebhardt*, Risikomanagement, ZfbF Sonderheft 45, 2000, S. 80.

1002 Vgl. IAS 39.89; *Pietsch*, Gewinnermittlung, 2006, S. 96; *Schmidt*, Rechnungslegung, 2005, S. 244; *Kehm/Lüdenbach*, in: Lüdenbach/Hoffmann IFRS-Kommentar, 6. Auflage 2008, § 28 Rn. 253a.

1003 Vgl. *Böcking/Sittmann-Haury*, Forderungsbewertung, BB 2003, S. 200; *Gebhardt*, Risikomanagement, ZfbF Sonderheft 45, 2000, S. 81.

1004 Vgl. *Pietsch*, Gewinnermittlung, 2006, S. 96; *Baetge/Kirsch/Thielen*, Bilanzen, 9. Auflage 2007, S. 656.

1005 Vgl. *Heuser/Theile*, IFRS-Handbuch, 3. Auflage 2007, Rn. 2256.

3.2.2.1.2 Cash Flow Hedge – Absicherung von Zahlungsströmen

Ein Cash Flow Hedge liegt dann vor, wenn das Risiko der Schwankung[1006] künftiger Zahlungsströme eines bilanzierten oder antizipativen Geschäftes abgesichert wird.[1007] IAS 39 unterscheidet demnach Risiken aus Zahlungsströmen bereits bestehender bilanzieller Posten und Risiken aus Zahlungsströmen von geplanten Transaktionen.[1008]
Bei einem Cash Flow Hedge werden Sicherungsgeschäfte abgeschlossen, die die Höhe der ansonsten variablen zukünftigen Ein- und Auszahlungen festschreiben und dadurch die zukünftigen Einzahlungsüberschüsse bzw. Periodenergebnisse gegen Risiken absichern. Es handelt sich somit um Grundgeschäfte, deren Risiken gar nicht (bei vorgesehenen Transaktionen) oder nicht im Wertansatz bilanziell zum Tragen kommen. Bei dem Cash Flow Hedge Accounting ergeben sich die Ergebniswirkungen aus dem Sicherungsinstrument, welches die Zahlungsströme des Grundgeschäftes in zukünftigen Perioden ausgleicht.[1009] Daher muss für die periodengerechte Darstellung der Absicherung bei einem Cash Flow Hedge die Ergebniswirkung des Sicherungsgeschäftes der des Grundgeschäftes folgen. Aus diesem Grund wird die Wertänderung des Sicherungsgeschäfts zunächst erfolgsneutral in einer Eigenkapitalrücklage erfasst.[1010]
Diese Vorgehensweise ist auch unter dem Begriff der Deferral-Methode bekannt. Durch die zeitliche Verschiebung erfolgswirksamer Änderungen des Sicherungsgeschäftes in die Zukunft werden die Ergebniswirkungen zunächst erfolgsneutral gestellt.[1011] Bei dem Cash Flow Hedge wird die Wertänderung des Sicherungsgeschäftes in einen effektiven und einen ineffektiven Teil getrennt. Änderungen, die auf den effektiven Teil der Sicherungsbeziehung entfallen, sind erfolgsneutral in die Eigenkapitalrücklage einzustellen. Der ineffektive Teil geht hingegen erfolgswirksam in die Gewinn- und Verlustrechnung ein.[1012] Dies geschieht, um die periodengleiche Vereinnahmung des Risikoausgleichs beider Geschäfte in der Erfolgsrechnung zu erreichen.[1013] Es liegt somit eine Ergebnissymmetrie (beide erfolgsneutral), aber keine Bewertungssymmetrie (Grund- und Sicherungsgeschäft werden unterschiedlich bewertet) vor.[1014] Bei Zahlungsstromänderungen besteht der Bedarf nach einer Hedge

---

1006 Und diese Schwankungen müssen Auswirkungen auf das Periodenergebnis haben können.
1007 Vgl. *Große*, IAS 39, 2007, S. 85; *Gebhardt*, Probleme, BFuP 1996, S. 563. Bei der Absicherung von antizipativen Hedges handelt es sich immer um einen Cash Flow Hedge. Vgl. *Heuser/Theile*, IFRS-Handbuch, 3. Auflage 2007, Rn. 2214.
1008 IAS 39.95 – 101.
1009 Vgl. *Schmidt*, Financial Instruments, WPg 2008, S. 646.
1010 Vgl. *Beyer*, Finanzinstrumente, 2008, S. 101.
1011 Vgl. *Scheffler*, Hedge Accounting, 1994, S. 128.
1012 IAS 39.95; *Pietsch*, Gewinnermittlung, 2006, S. 98; *Schmidt*, Rechnungslegung, 2005, S. 244; *Kuhn/Scharpf*, Rechnungslegung, 2. Auflage 2005, S. 348; *Kusterle*, in: Löw, Rechnungslegung, 2003, S. 340.
1013 Vgl. *Pietsch*, Gewinnermittlung, 2006, S. 106.
1014 Vgl. *Große*, IAS 39, 2007, S. 77.

Accounting-Regelung daher auch bei einer Full Fair Value-Bewertung weiter.[1015] Die ins Eigenkapital eingestellten Beträge werden erfolgswirksam aufgelöst, wenn das gesicherte Grundgeschäft das Periodenergebnis beeinflusst oder die Sicherungsbeziehung beendet wird.[1016] Die Deferral-Methode führt insgesamt zu einer hohen Volatilität der Eigenkapitalposition.[1017]

3.2.2.2 Abgrenzung zwischen Fair Value und Cash Flow Hedge

Da teilweise nicht trennscharf unterschieden werden kann, ob es sich um ein Risiko aus einer Wertänderung oder um ein Risiko aus einer Zahlungsstromänderung handelt,[1018] können bei bestimmten Geschäften auch beide Risikoformen vorliegen. Im Einzelfall kommt es dann auf das Risikoverständnis des Risikomanagements und somit darauf an, welches Risiko als das dominierende angesehen wird. Bei Währungsrisiken aus einer festen Verpflichtung besteht nach IAS 39.87 z. B. das Wahlrecht, diese als Wert- oder Zahlungsstromänderung zu behandeln. Zudem kann aber auch bei einer Absicherung, die eine Risikoform in die andere Form transformiert werden bzw. ein anderes Risiko entstehen.[1019]

Es konnte somit gezeigt werden, dass IAS 39 auch eine Unterscheidung zwischen den Risikoverständnissen vornimmt. Zudem resultieren bei IAS 39 aus den unterschiedlichen Risikoverständnissen auch unterschiedliche bilanzielle Umsetzungen. Daher muss im weiteren Verlauf der Arbeit untersucht werden, inwieweit auch im Rahmen des § 254 HGB die bilanzielle Umsetzung beider Strategien möglich ist.[1020]

3.2.3 Bestandteile einer Sicherungsbeziehung

Nach § 254 HGB liegt eine Bewertungseinheit vor, wenn Vermögensgegenstände, Schulden, schwebende Geschäfte oder mit hoher Wahrscheinlichkeit erwartete Transaktionen (Grundgeschäfte) zum Ausgleich gegenläufiger Wertänderungen oder Zahlungsströme (aus dem Eintritt vergleichbarer Risiken) mit Finanzinstrumenten (Sicherungsgeschäften) zusammengefasst werden.[1021]

1015 Vgl. *Schmidt*, Financial Instruments, WPg 2008, S. 646; *Schmidt*; Rechnungslegung, 2005, S. 328ff.

1016 Vgl. IAS 39.95; *Pietsch*, Gewinnermittlung, 2006, S. 98.

1017 Vgl. *Kemmer/Naumann*, deutsche Banken Teil 1, ZfgK 2003, S. 569; *IDW*, Handelsaktivitäten, WPg 2006, S. 45; *Löw/Blaschke*, IAS 39, BB 2005, S. 1729. *Scharpf/Luz*, Risikomanagement, 2000, S. 776; *Coenenberg*, Jahresabschluss, 2005, S. 276.

1018 Vgl. *Brötzmann*, Bilanzierung, 2004, S. 108; *Gebhardt*, Probleme, BFuP 1996, S. 563.

1019 Vgl. *Gebhardt*, Probleme, BFuP 1996, S. 563.

1020 Vgl. *Kirsch*, GuV-Rechnung, StuB 2008, S. 256. Auch bei IAS 39 wird durch das Projekt Reporting Comprehensive Income derzeit angestrebt, sowohl die Änderungen des Fair Value Hedges als auch die des Cashflow Hedges sofort in der GuV abzubilden.

1021 Vgl. Bundesrat vom 27.03.2009, Drs 270/09, S. 4; *Regierungsentwurf* BilMoG vom 23.05.2008, Drs. 344/08, § 254 HGB.

Der Gesetzestext verwendet die Terminologie des Grund- und des Sicherungsgeschäfts zwar nicht explizit, er nimmt aber eine Unterteilung in Grundgeschäft und Sicherungsinstrument vor.[1022] Diese Begriffe werden aber in der Gesetzesbegründung zum Regierungsentwurf ausdrücklich verwendet.[1023]

Sicherungsbeziehungen basieren nicht auf vertraglichen Vereinbarungen oder sind auf eine sonstige Art zusammengehörende Geschäfte, sondern sie sind das Ergebnis der finanzwirtschaftlichen Absicherungsstrategie. Im Rahmen des Risikomanagements können grundsätzlich jegliche Geschäfte, die die Risiken mehr oder weniger gut kompensieren oder neutralisieren, miteinander verknüpft werden. Schon bei der konzeptionellen Darstellung wurde aufgezeigt, das sich für die Zusammensetzung von Sicherungsbeziehungen im finanzwirtschaftlichen Bereich eine unüberschaubare Zahl von Möglichkeiten eröffnet.

Ausgehend von einer Micro-Betrachtung wird daher im Zusammenhang von Sicherungsbeziehungen zwischen dem risikoinduzierten Grundgeschäft und dem risikoabsichernden Sicherungsgeschäft unterschieden. Die begriffliche Differenzierung zwischen Grund- und Sicherungsgeschäft wird auch bei IAS 39 vorgenommen. Bei einer Anlehnung an IAS 39 muss aber stets beachtet werden, dass das Grundgeschäft aufgrund des Mixed-Model-Ansatzes einer anderen Bewertung als das Sicherungsgeschäft unterliegt oder dass bei den Cash Flow Hedges die Risiken, die sich auf das Grundgeschäft auswirken, während des Bestehens der Bewertungseinheit keine Bilanzwirkung entfalten. Dieser Umstand wird durch die Zuhilfenahme der Hedge Accounting-Regelung ausgeglichen. Dabei ist das Sicherungsgeschäft im Gegensatz zum Grundgeschäft immer ein Derivat. Bei IAS 39 kann daher von einer klaren Differenzierung zwischen dem Sicherungsgeschäft und dem Grundgeschäft gesprochen werden.

IAS differenziert darüber hinaus zwischen dem Grundgeschäft, dem Sicherungsgeschäft und der Sicherungsbeziehung.[1024] Hierbei werden an alle drei „Positionen" verschiedene Anforderungen gestellt und Kriterien angelegt.[1025]

In der Fassung des Referentenentwurfs zum BilMoG wurde die Differenzierung zwischen Grund- und Sicherungsgeschäft dadurch obsolet, dass genau die gleichen Geschäfte als Grundgeschäft deklariert wurden, die auch als Sicherungsgeschäfte aufgeführt wurden.[1026]

1022 Warum der Regierungsentwurf unvermittelt die Begrifflichkeit Sicherungsinstrument und nicht -geschäft verwendet, soll hier nicht näher problematisiert werden. *Regierungsentwurf* BilMoG vom 23.05.2008, Drs. 344/08, Begründung, S. 7.

1023 Vgl. *Regierungsentwurf* BilMoG vom 23.05.2008, Drs. 344/08, Begründung, S. 126.

1024 Vgl. *Patek*, Absicherung Teil 1, WPg 2007, S. 426.

1025 Grund- und Sicherungsgeschäft (IAS 39.72 – 84), Sicherungsbeziehung (IAS 39.88). IAS 39.79 Z. B. ist die Absicherung der Finanzinstrumente der Kategorie Held-to-Maturity nur bei bestimmten Risiken möglich, da sich die Wertänderungen aufgrund der anschaffungsorientierten Bewertung nicht ergebniswirksam niederschlagen. Vgl. *Kehm/Lüdenbach,* in: Lüdenbach/Hoffmann, IFRS-Kommentar, 6. Auflage 2008, § 28 Rn. 242. *Heuser/Theile*, IFRS-Handbuch, 3. Auflage 2007, Rn. 2235; *Pietsch*, Gewinnermittlung, 2006, S. 93 und S. 95.

1026 Vgl. *Referentenentwurf* BilMoG vom 08.11.2007, Gesetzestext.

Demnach sollten Vermögensgegenstände, Schulden, schwebende Geschäfte oder vorgesehene Transaktionen sowohl Grundgeschäft, als auch Sicherungsgeschäfte sein. Trotz dieser Vorgehensweise wurde in der Gesetzesbegründung eine begriffliche Differenzierung zwischen Grund- und Sicherungsgeschäften vorgenommen.[1027] Außerdem wird in der Begründung zum Referentenentwurf darauf hingewiesen, dass die gewählten Grundgeschäfte die gleichen Grundgeschäfte seien, wie sie auch bei IAS 39 verwendet werden.

Das bilanzielle Problem der Einzelbewertung von Bestandteilen einer Sicherungsbeziehung beruht aber nicht auf unterschiedlichen Bewertungsmethoden der Bestandteile, wie dies nach IAS der Fall ist. Vielmehr scheitert die Kompensation am Einzelbewertungs- und Vorsichtsprinzip, weshalb nicht die Abgrenzung zwischen Grund- und Sicherungsgeschäft, sondern die Eignung zum gegenseitigen Ausgleich im Vordergrund stehen muss.

Die Gleichsetzung von Grund- und Sicherungsgeschäft erscheint dann sinnvoll, wenn eine tatsächliche kompensatorische Bewertung zugrunde liegt, da sich bei dieser die Geschäfte gegenseitig kompensieren müssen. Da es sich um eine gegenseitige Kompensation handelt, ist es nicht immer korrekt, von dem Grund- und dem Sicherungsgeschäft zu sprechen, da auch das Grundgeschäft die Risiken des Sicherungsgeschäfts ausgleichen können muss. Bei einer vollständigen kompensatorischen Bewertung stellt die Festlegung der beiden Komponenten als Grund- oder Sicherungsgeschäft allenfalls einen gedanklichen Ausgangspunkt dar.[1028]

Eine Differenzierung zwischen den Geschäften kann hingegen sinnvoll sein, wenn eine gegenseitige Kompensation keine zwingende Voraussetzung ist. So konnte bereits bei der konzeptionellen Betrachtung aufgezeigt werden, dass die Stillhalterposition einer Option grundsätzlich[1029] nur als Grundgeschäft und nicht als Sicherungsgeschäft fungieren kann, da ihre Risiken abgesichert werden, sie selber aber nicht zur Absicherung von Risiken geeignet ist.

Auch aufgrund der Tatsache, dass nicht nur die direkte Kompensation, sondern auch die Absicherung von Zahlungsstromrisiken zulässig ist, kann eine Differenzierung zwischen Grund- und Sicherungsgeschäft sinnvoll sein. Nach dem Referentenentwurf des BMJ bestand z. B. sogar die Möglichkeit, dass ein antizipatives Geschäft mit einem anderen antizipativen Geschäft hätte abgesichert werden können.[1030] Bei dieser Art der Absicherungsstrategie entsteht im Rahmen einer „Einzelbewertung“[1031] aber kein bilanzielles Problem, da diese Geschäfte, die vertraglich noch nicht fixiert sind, keine Bilanzwirkung erlangen. Ein bilanzielles Problem könnte daher erst durch die Darstellung des Absicherungszusammenhangs entstehen.

1027 Vgl. *Referentenentwurf* BilMoG vom 08.11.2007, Gesetzestext und Begründung S.117.

1028 Vgl. *Göttgens*, Kompensation, 1997. S. 67; *Scheffler*, Hedge Accounting, 1994, S. 159 und S. 163.

1029 Es sei denn, sie steht im Absicherungszusammenhang mit einer gegenläufigen Option.

1030 Vgl. *Referentenentwurf* BilMoG vom 08.11.2007, Gesetzestext und Begründung, S. 117.

1031 Eine tatsächliche Bewertung wird hier aufgrund fehlender zivilrechtlicher Geschäfte nicht vorgenommen.

Die Befürwortung einer Umfangsbeschränkung für die Bestandteile einer Sicherungsbeziehung, wie sie derzeit von Seiten des Schrifttums praktiziert wird,[1032] reicht hingegen nicht aus. Vielmehr müssen die bilanziellen Rechtsfolgen analysiert werden, bevor explizite Aussagen über den Umfang der Bestandteile getätigt werden können.

3.2.3.1 Grundgeschäft

Die einzige Anforderung, die der Gesetzesgeber direkt an die Grundgeschäfte stellt, besteht darin, dass diese Änderungen unterliegen, die durch Risiken induziert sein müssen. Weitere Anforderungen oder Einschränkungen werden weder durch den Gesetzestext noch im Rahmen der Gesetzesbegründung vorgegeben.
Betrachtet man die im Gesetzestext als Grundgeschäft vorgegebenen Fälle, ist die Anlehnung an IAS 39, worauf auch vom BMJ im Referentenentwurf ausdrücklich hingewiesen wurde,[1033] nicht zu übersehen. Nach IAS 39 kommen als gesicherte Grundgeschäfte bilanzierte Vermögenswerte und Verbindlichkeiten,[1034] aber auch schwebende Geschäfte, mit sehr hoher Wahrscheinlichkeit geplante Transaktionen oder Nettoinvestitionen in ausländische Geschäftsbetriebe in Betracht.[1035]
Der Bereich der möglichen Grundgeschäfte ist damit sehr weit gefasst. Es wird keine Einschränkung auf Finanzinstrumente vorgenommen,[1036] was insbesondere auch nicht der Praxis von Industrie- und Handelsunternehmen entsprechen würde. In der Gesetzesbegründung heißt es hierzu, dass die Vorschrift bewusst nicht auf Finanzinstrumente beschränkt sein sollte, da auch bereits praktizierte Absicherungen, wie beispielsweise die Absicherung der Risiken aus dem künftigen Bezug von Roh-, Hilfs- oder Betriebsstoffen weiterhin zulässig sein sollen.[1037]

3.2.3.1.1 Bilanzpositionen und schwebende Geschäfte

Grundgeschäfte können demnach sowohl Vermögensgegenstände als auch Schulden sein. Es ist zu beachten, dass der Begriff der Schulden weit gefasst ist und sowohl die Verbindlichkeiten als auch die Rückstellungen abdeckt. Grundgeschäfte können alle originären Finanzinstrumente, Optionen,[1038] strukturierte Produkte und alle nicht finanziellen Bilanzpositionen

---

1032 S. *Wiechens/Helke*, Finanzinstrumente, DB 2008, S. 1336.
1033 Vgl. *Referentenentwurf* BilMoG vom 08.11.2007, Gesetzestext und Begründung S. 117.
1034 Durch die reine Nennung der Verbindlichkeiten, sind die Passiva enger gefasst als im BilMoG, da dort alle Schulden einbezogen werden dürfen, nicht nur die Verbindlichkeiten.
1035 IAS 39.78; *Kehm/Lüdenbach,* in: Lüdenbach/Hoffmann IRFS-Kommentar, 6. Auflage 2008, § 28 Rn. 227; *Schmidt*, Entwurf, WPg 2008, S. 64; *Kopatschek*, Entwurf, WPg 2007, S. 1021.
1036 Vgl. *Scharpf/Schaber*, BilMoG, KoR 2008, S. 534.
1037 Vgl. *Regierungsentwurf* BilMoG vom 23.05.2008, Drs. 344/08, Begründung, S. 127.
1038 Käuferposition: Recht, Stillhalterposition: Zweivertragstheorie: Verbindlichkeit + schwebendes Geschäft.

sein. Der Grund für diese sehr weite Auslegung seitens des Gesetzgebers ist nicht direkt ersichtlich.[1039]

Zusätzlich zu den Bilanzpositionen können auch schwebende Geschäfte als Grundgeschäfte fungieren. Neben der Absicherung von Ansprüchen und Verpflichtungen aus Verträgen, die noch nicht erfüllt sind, kommen Beschaffungs- und Absatzgeschäfte in Betracht. Aber auch die unbedingten derivativen Finanzinstrumente fallen unter die Begrifflichkeit der schwebenden Geschäfte. Diese Behandlung von derivativen Finanzinstrumenten als Grundgeschäfte ist nach IAS 39 grundsätzlich nicht erforderlich, da sie der gleichen Bewertungsmethode[1040] wie das Sicherungsgeschäft unterliegen und sich bereits ohne Hedge Accounting-Regelung ausgleichen können. Da Derivate per Definition nur zu Handelszwecken oder zur Absicherung eingesetzt werden dürfen, liegt stets eine Bewertung zum Fair Value vor.[1041] Bei einer beidseitigen Fair Value-Bewertung wird eine Hedge Accounting-Regelung überflüssig.

3.2.3.1.2 Mit hoher Wahrscheinlichkeit erwartete Transaktionen

Bereits bei der konzeptionellen Betrachtung wurde die Absicherung einer erwarteten Transaktion näher betrachtet, da diese Absicherungsmethode im finanzwirtschaftlichen Bereich häufig Anwendung findet.[1042] Hingegen ist die bilanzielle Darstellung der Absicherung von erwarteten Transaktionen in den letzten Jahren im Schrifttum und in der Praxis sehr umstritten gewesen.[1043] Laut Aussage des Schrifttums wurde diese Art der Absicherungsbeziehungen aber trotzdem bereits von Teilen der Bilanzierungspraxis abgebildet.[1044] Bei einer Durchsicht von Geschäftsberichten ist festzustellen, dass in Einzelfällen – schließlich bewegt sich der Bilanzierende hier noch mehr im Grenzbereich deutscher Rechnungslegungsgrundsätze – antizipative Sicherungsbeziehungen im Rahmen von Bewertungseinheiten Eingang in die Bilanzierungspraxis finden.[1045]

Laut Gesetzesbegründung zum Regierungsentwurf wird im Rahmen des BilMoG mit der Einführung der Terminologie „der mit hoher Wahrscheinlichkeit erwarteten[1046] Transaktio-

---

1039 Vgl. *Kraft/Bischoff*, Bewertungseinheiten, in: Schmiel/Breithecker, Gewinnermittlung, 2008, S. 181. Als Beispiel für eine Bewertungseinheit mit Rückstellungen werden die Materialkostenbestandteile von unterlassenen Aufwendungen für Instandhaltung gesehen.

1040 Derivate stellen nach IAS 39 kein schwebendes Geschäft dar, sondern werden zum Fair Value bewertet und kommen stets zum Ansatz.

1041 Vgl. IAS 39.9.

1042 Siehe hierzu die Lageberichte der Geschäftsberichte von DAX-Unternehmen, z. B. Lufthansa, Henkel, Bayer.

1043 Vgl. *Pfitzer/Scharpf/Schaber*, antizipative Hedges Teil 1, WPg 2007, S. 676; *Patek*, Absicherung Teil 1, WPg 2007, S. 423f; *Löw*, Bewertung, WPg 2004, S. 1109.

1044 Vgl. *Scharpf/Schaber*, BilMoG, KoR 2008, S. 534.

1045 Vgl. *Pfitzer/Scharpf/Schaber*, antizipative Hedges Teil 1, WPg 2007, S. 676.

1046 Im Regierungsentwurf wurde anstatt der Begrifflichkeit „erwartete“ Transaktionen die Begrifflichkeit „vorgesehene“ Transaktionen verwendet. Vgl. *Regierungsentwurf* BilMoG vom 30.07.2008, Begründung, S. 127.

nen“ in das Handelsbilanzrecht sichergestellt, dass die gegenwärtig in der Praxis bereits gebildeten antizipativen Bewertungseinheiten auch weiterhin möglich sind.[1047] Fraglich ist, ob der Gesetzgeber bei der Einführung der Regelung tatsächlich die Bilanzierungspraxis vor Augen hatte, die bisher antizipative Hedges nur ohne Rechtsgrundlage abbilden konnte, oder ob vielmehr die finanzwirtschaftliche Praxis betrachtet wurde, die in großen Umfang antizipative Sicherungsbeziehungen durchführt.

Da bei einer erwarteten Transaktion noch kein rechtskräftiges Geschäft vorliegt, soll durch die Verwendung des Terminus „mit hoher Wahrscheinlichkeit" ausgedrückt werden, dass der tatsächliche Abschluss des Geschäfts „so gut wie sicher“ ist.[1048] Nur noch außergewöhnliche Umstände, die aber nicht im Einflussbereich des Unternehmens liegen, dürfen dem Abschluss des Rechtsgeschäfts entgegenstehen. Von Bedeutung soll dabei sein, ob und inwieweit bereits in der Vergangenheit „antizipative Bewertungseinheiten“ gebildet und durchgeführt wurden.[1049]

Bei diesem Hinweis des Gesetzgebers auf die Vorgehensweise in der Vergangenheit stellt sich wiederum die Frage, ob die Verwendung von antizipativen Absicherungen in der finanzwirtschaftlichen Praxis oder der Bilanzierungspraxis gemeint ist. Legt man die Aussage wörtlich aus, würde dies bedeuten, dass ein Unternehmen, das sich bisher an den gesetzlichen Regelungen, den Auffassungen der Fachgremien und der Meinung des Schrifttums orientiert hat, antizipative Hedges nicht ausweisen darf. Ein Unternehmen, das contra legem und contra herrschende Meinung gehandelt hat, darf diese Geschäfte hingegen bilanziell als Grundgeschäft heranziehen.

Auch nach den IFRS wird davon ausgegangen, dass eine hohe Eintrittswahrscheinlichkeit dann als gegeben angesehen werden kann, wenn ein Indiz wie die wiederholte Durchführung vergleichbarer Transaktionen in der Vergangenheit vorliegt.[1050]

Die Entscheidung über die Frage, ob antizipative Bewertungseinheiten noch im Einklang mit den handelsrechtlichen Bilanzierungsprinzipien stehen, wird vom Gesetzgeber den Abschlussprüfern übertragen.[1051] Diese Verlagerung der Verantwortung ist als sehr zweifelhaft anzusehen, da die Ergebnisse über § 5 Abs. 1a EStG Steuerwirkung entfalten. Eine derartige Entscheidung der Jahresabschlussprüfung kann steuerrechtlich nicht akzeptiert werden. Die Ermittlung des steuerwirksamen Gewinns muss vielmehr auf gesetzlicher Basis und nicht auf

---

1047 Vgl. *Regierungsentwurf* BilMoG vom 30.07.2008, Begründung, S. 127.

1048 Vgl. *DSR*, Stellungnahme vom 10.11.2008, S. 3. Eine Eintrittswahrscheinlichkeit von (mehr als) 50 % ist in diesem Zusammenhang nach herrschender Auffassung nicht ausreichend. *Scharpf/Schaber*, BilMoG, KoR 2008, S. 534; *Wiechens/Helke*, Bewertungseinheit, DB Beilage 1/2008, S. 27; *Pfitzer/ Scharpf/Schaber*, antizipative Hedges Teil 2, WPg 2007, S. 722. Bei dieser Aussage bezieht sich die Bundesregierung weniger auf die Frage, ob vorgesehene Transaktionen tatsächlich zum Abschluss gekommen sind, als vielmehr darauf, ob sie gebildet und durchgeführt wurden.

1049 Vgl. *Regierungsentwurf* BilMoG vom 23.05.2008, Drs. 344/08, Begründung, S. 127.

1050 F.3.7 der Anwendungsleitlinie zu IAS 39.

1051 *Regierungsentwurf* BilMoG vom 23.05.2008, Drs. 344/08, Begründung, S. 127.

einer Einzelfallentscheidung beruhen. Aufgrund der Gesetzmäßigkeit der Besteuerung ist der Gesetzgeber verpflichtet, alle wesentlichen Entscheidungen selber zu treffen.

3.2.3.2 Sicherungsgeschäft

Nachdem zunächst die Grundgeschäfte näher betrachtet wurden, wird im Folgenden untersucht, welche Geschäfte als Sicherungsgeschäfte fungieren können.

Nach § 254 HGB dürfen alle Finanzinstrumente als Sicherungsgeschäfte eingesetzt werden.[1052] Zudem stellt § 254 HGB in Satz 2, der im Rahmen des Gesetzgebungsverfahrens nachträglich angefügt wurde, ausdrücklich klar, dass als Finanzinstrumente im Sinne des Satzes 1 auch Termingeschäfte[1053] über den Erwerb oder die Veräußerung von Waren gelten.[1054] Diese Warentermingeschäfte werden per Fiktion als Finanzinstrumente deklariert, da es sich grundsätzlich bei Warentermingeschäften, die auf physischer Lieferung beruhen, nicht um Finanzinstrumente handelt.[1055] Durch die Aufnahme des zweiten Satzes in den § 254 HGB ist dem Anliegen des DRSC nachgekommen worden, das im Gesetzgebungsverfahren darauf aufmerksam gemacht hatte, dass nicht alle Derivate auch Finanzinstrumente sind und dadurch Probleme auftreten könnten.[1056] Daher sollte nach Ansicht des DRSC eine Klarstellung erfolgen.[1057] Diese Klarstellung ist durch § 254 S. 2 HGB umgesetzt worden.

Auf den ersten Blick scheint die Vorschrift verständlich zu sein, da „nur“ Finanzinstrumente als Sicherungsgeschäfte verwendet werden dürfen. Führt man sich die in Abschnitt A gegebene Auflistung der Finanzinstrumente noch einmal vor Augen, wird deutlich, dass die als Sicherungsgeschäfte in Frage kommende Anzahl an „Geschäften“ immense Ausmaße hat, da nach h. M. unter den Begriff des Finanzinstruments sowohl die originären als auch die derivativen Finanzinstrumente zu fassen sind. Darüber hinaus sind auch jegliche Kombinationen dieser Geschäfte als Finanzinstrumente anzusehen.

Eine Einschränkung dahingehend, dass z. B. nur Geschäfte, die auf physische Lieferung gerichtet sind, als Sicherungsgeschäfte verwendet werden dürfen, wird auch nicht vorgenom-

---

1052 Vgl. *Patek*, Bewertungseinheiten, KoR 2008, S. 525; *Regierungsentwurf* BilMoG vom 23.05.2008, Drs. 344/08, Begründung, S. 127.

1053 Der Begriff des Termingeschäftes wird laut Begründung des Ausschusses im Sinne des § 1 Abs. 11 Satz 4 Nr. 1 KWG verstanden. Siehe hierzu *Beschlussempfehlung* vom 24.03.2009, Drucksache 16/12407, Begründung, S. 170.

1054 Vgl. *Gesetzesbeschluss* vom 27.03.2009, Drucksache 270/09, Gesetzestext § 254 HGB, S. 4.

1055 Siehe hierzu Kapitel A II dieser Arbeit; *Schmidt,* Bewertungseinheiten, BB 2009, S. 884.

1056 Z. B. handelt es sich bei einem Warentermingeschäft nur dann um ein derivatives Finanzinstrument, wenn es auf einen Barausgleich ausgerichtet ist. Bei physischer Lieferung hingegen stellen diese Geschäfte keine derivativen Finanzinstrumente, sondern nur Derivate dar. Vgl. *DSR*, Stellungnahme vom 10.11.2008, S. 3.

1057 Vgl. *DSR,* Stellungnahme vom 10.11.2008, S. 3.

men. Vielmehr sind auch die auf einen Barausgleich gerichteten Geschäfte unter die Terminologie zu fassen.[1058]

Zudem ist bei einer Beschränkung der Sicherungsgeschäfte auf Finanzinstrumente eine gegenseitige Absicherung von zwei oder mehreren nicht-finanziellen Positionen mit den gleichen Risiken nicht mehr möglich.

Abgrenzungen oder Kriterien, die an die Sicherungsgeschäfte gestellt werden müssen, nimmt die Gesetzesbegründung hingegen nicht vor. Es werden auch keine Abgrenzungen in der Weise vorgenommen, dass gewisse Finanzinstrumente z. B. aufgrund ihres Risikoprofils nicht als Sicherungsinstrumente herangezogen werden dürfen.[1059]

Betrachtet man hingegen den Anwendungsbereich der internationalen Rechnungslegungsstandards, so wird deutlich, dass grundsätzlich nur derivative Finanzinstrumente als Sicherungsgeschäfte zulässig sind, [1060] da nur diese die Risiken tatsächlich kompensieren, andere Finanzinstrumente hingegen Risiken begründen.[1061] Neben den derivativen Finanzinstrumenten kommen originäre Finanzinstrumente nur zur Absicherung von Wechselkursrisiken zum Einsatz.[1062] Nach IAS 39 dürfen die Stillhalterpositionen von Optionen nicht als Sicherungsgeschäft verwendet werden, da sie aufgrund ihres enormen Hebeleffektes ein zu großes Verlustpotential beinhalten. Der Verlust der Stillhalterposition kann erheblich höher sein als der Wertzuwachs des Grundgeschäftes.[1063] Daher können Stillhalterpositionen nur dann als Sicherheitsinstrument designiert werden, wenn sie zur Glattstellung einer erworbenen Option

---

1058 Die unterschiedlichen Rechtsfolgen, die sich hieraus ergeben können, werden in Teil C II 4.4 und Teil D dieser Arbeit herausgestellt.

1059 Siehe hierzu C I dieser Arbeit.

1060 Vgl. *Große/Schmidt*, Handelsaktivitäten, WPg 2007, S. 864; *Freiberg*, Hedging, PiR 2007, S. 54. Eigene Eigenkapitalinstrumente können aus Sicht des bilanzierenden Unternehmens keine Finanzinstrumente sein und somit auch nicht als Sicherungsinstrument in Betracht kommen. S. *Heuser/Theile*, IFRS-Handbuch, 3. Auflage 2007, Rn. 2241.

1061 Vgl. *Barckow*, Bilanzierung, 2004, S. 57; *Scheffler*, Hedge Accounting, 1994, S. 156f; A. A. *Gebhardt/Naumann*, Absicherungszusammenhänge, DB 1999, 1462f. In der Literatur wird das alleinige Abstellen auf Derivate als Sicherungsinstrumente kritisiert.

1062 IAS 39.72; Vgl. *Kehm/Lüdenbach,* in: Lüdenbach/Hoffmann, IFRS-Kommentar, 6. Auflage 2008, § 28 Rn. 186; *Hackenberger*, Sicherungsbeziehungen, PiR 2007, S. 268; *Pietsch*, Gewinnermittlung, 2006, S. 93.

1063 IAS 39.72 Vgl. *Kehm/Lüdenbach,* in: Lüdenbach/Hoffmann IFRS-Kommentar, 6. Auflage 2008, § 28 Rn. 224; *Hackenberger*, Sicherungsbeziehungen, PiR 2007, S. 267.

eingesetzt werden,[1064] da es in diesem Fall aufgrund der Gegenläufigkeit der Änderungen der Positionen zu einer tatsächlichen Kompensation kommt.[1065]

Es konnte aufgezeigt werden, dass der Bereich der zulässigen Grund- und Sicherungsgeschäfte weitreichender ist, als der nach IAS 39. Dies beruht erstens darauf, dass fast alle Arten von Geschäften[1066] als Grund- und Sicherungsgeschäfte zugelassen werden und der Bereich der Sicherungsgeschäfte, der alle Finanzinstrumente zuzüglich der Warentermingeschäfte zulässt, sehr weit gefasst ist.[1067] Zweitens werden außer in dem Fall, dass ein antizipatives Geschäft ein Grundgeschäft ist, keine Anforderungen an die Geschäfte gestellt.

3.2.3.3 Designation der gesamten Sicherungs- und Grundgeschäfte

Nachdem betrachtet wurde, welche „Positionen" nach handelsrechtlicher Regelung als Grund- oder Sicherungsgeschäft in Frage kommen, muss geprüft werden, ob diese nur als Gesamtheit, anteilig oder auch nur risikobezogen der Bewertungseinheit zugeordnet werden können. Dies muss untersucht werden, da es aus finanzwirtschaftlicher Sicht möglich, sinnvoll und Ausdruck der Risikoneigung des Unternehmens sein kann, wenn Risiken nur anteilig oder nur bestimmte Risiken einer Position abgesichert werden. Aus bilanzrechtlicher Sicht ist aber zu untersuchen, inwieweit diese Vorgehensweise rechtlich und bilanziell umsetzbar ist.

Auf die Frage, in welchem Umfang die Absicherung des Grundgeschäftes zu erfolgen hat und ob das Sicherungsgeschäft z. B. auch nur anteilig absichern kann, wird in der Gesetzesbegründung nicht näher eingegangen.[1068] Laut handelsrechtlicher Schrifttumsmeinung steht einer anteiligen Designation, einer quantitativen Zerlegung oder einer Kombination von Sicherungsinstrumenten nichts entgegen.[1069]

Im Gesetzestext heißt es, „Werden Vermögensgegenstände, Schulden, schwebende Geschäfte oder mit hoher Wahrscheinlichkeit erwartete Transaktionen zum Ausgleich gegenläufiger

---

[1064] Vgl. *Eckes/Barz/Bäthe-Guski/Weigel*, Hedge Accounting Teil I, Die Bank 6-7/2004, S. 418. (IAS AG94) Sie sind auch nicht als Sicherungsgeschäft zugelassen, wenn sie Teil eines strukturierten Produktes sind. Stillhalterpositionen sind nur als Sicherungsgeschäfte zugelassen, soweit sie gegenläufig gekaufte Optionen (mit identischen Underlying) absichern, soll heißen, sie werden zur Glattstellung eines Optionsrechts eingesetzt IAS 39.AG 94; Krumnow/Sprißler u. a. sehen hierin einen Verstoß gegen den True and Fair View-Grundsatz. *Krumnow/Sprißler u. a,* Kreditinstitute, 2. Auflage 2004, IAS 39 Kommentierung, Rn. 281. Krumnow plädiert bei IAS für die Streichung der Stillhalterregelung, da nicht das richtige Bild der Lage dargestellt werden könne.

[1065] Siehe hierzu auch Kapitel D dieser Arbeit. Da freistehende Optionen nach IFRS grundsätzlich. dem Handelsbestand zugeordnet und daher mit dem Fair Value bewertet werden, ist eine Absicherung nicht nötig; daher fallen unter die Ausnahmeregelung nur gekaufte Optionen, die in ein nichtzerlegungspflichtiges strukturiertes Produkt eingebettet sind, oder Kombinationen aus Optionen.

[1066] Mit Geschäfte sind hier sowohl Bilanzpositionen als auch schwebende Geschäfte und vorgesehene Transaktionen gemeint.

[1067] S. *Wiechens/Helke*, Bewertungseinheiten, DB Beilage 1/2008, S. 27.

[1068] Vgl. *Küting/Cassel*, Bewertungseinheiten, KoR 2008, S. 770.

[1069] Vgl. *Küting/Cassel*, Bewertungseinheiten, KoR 2008, S. 771; *Scharpf/Schaber*, BilMoG, KoR 2008, S. 534.

Wertänderungen oder Zahlungsströme aus dem Eintritt vergleichbarer Risiken mit Finanzinstrumenten zusammengefasst, sind [...] in dem Umfang und für den Zeitraum nicht anzuwenden, in dem die gegenläufigen Wertänderungen oder Zahlungsströme sich ausgleichen".[1070] Aufgrund dieser Aussage kann darauf geschlossen werden, dass die Positionen neben den abgesicherten Risiken durch weitere Risiken induziert werden können. Daher stellt sich die Frage, was als Grund- und als Sicherungsgeschäft zu designieren ist bzw. wie weit das Grund- und das Sicherungsgeschäft reichen. Diese Abgrenzung ist für die Objektivierbarkeit, die Effektivitätsmessung, die bilanzielle Behandlung und insbesondere für die steuerliche Rechtsfolge von höchster Relevanz.[1071]

Bei der Analyse der Reichweite der Bestandteile von Sicherungsbeziehungen steht wieder die Auslegung des Einzelbewertungsprinzips im Vordergrund. Demnach ist es wichtig, eindeutig abzugrenzen, was das Bilanzierungsobjekt ist und inwieweit es für eine Bewertung aufgespalten werden darf.[1072]

3.2.3.3.1 Betrachtung in Anlehnung an IAS 39

Da nach IAS 39 anteilige Designationen möglich sind, wird kurz die Vorgehensweise nach IAS betrachtet. Hierbei ist zu beachten, dass sowohl der Ausgangspunkt als auch die Rechtsfolgen von denen des nationalen Rechts abweichen. Die Darstellung erfolgt daher nur zum besseren Verständnis dieser Problematik.

IAS 39 nimmt eine Differenzierung zwischen dem Grund-, dem Sicherungsgeschäft und der Sicherungsbeziehung vor, an die dann unterschiedliche Anforderungen gestellt werden. Daher ist bei der Analyse, was nach IAS 39 als Bestandteil der Sicherungsbeziehung zu designieren ist, zwischen Sicherungs- und Grundgeschäft zu unterscheiden.

Nach IAS 39 darf das Sicherungsinstrument grundsätzlich inhaltlich und zeitlich nur als Gesamtheit herangezogen werden. Dies wird damit begründet, dass es nur einen Fair Value für das gesamte Sicherungsinstrument gibt und dieser über Faktoren bestimmt wird, die sich gegenseitig bedingen.[1073] Eine Designation von Teilen setzt voraus, dass das Risiko, welches nur in Bezug auf einen Teil besteht, eine prognostizierbare und separat messbare Auswirkung auf den gesamten beizulegenden Zeitwert hat.[1074]

[1070] Vgl. *Gesetzesbeschluss* vom 27.03.2009, Drs. 270/09, S. 2.

[1071] Dies wird im weiteren Verlauf der Arbeit noch näher herausgearbeitet werden.

[1072] Die Auswirkungen auf die bilanzielle Behandlung werden dann in Teil C 4 dieser Arbeit näher untersucht.

[1073] Vgl. IAS 39.74; Vgl. *Kehm/Lüdenbach,* in: Lüdenbach/Hoffmann IFRS-Kommentar, 6. Auflage 2008, § 28 Rn. 226.

[1074] Vgl. *Schmidt*, Entwurf, WPg 2008, S. 64.

Es ist daher weder möglich, ein Sicherungsinstrument nur für einen Teil seiner Restlaufzeit zu verwenden, noch ist die Designierung nur eines Risikobestandteils[1075] eines Derivates zulässig.

Von der Unzulässigkeit der inhaltlichen Trennung bestehen jedoch zwei Ausnahmen. Diese Ausnahmen werden als gerechtfertigt angesehen, da bei diesen unabhängige Bewertungen vorgenommen werden können. Dies ist einmal die Trennung eines Optionskontraktes in den inneren Wert und den Zeitwert, wobei der innere Wert der Option als Sicherungsinstrument herangezogen und die Zeitwertkomponente ausgeklammert wird.[1076] Zum anderen ist die Trennung der Zinskomponente und des Kassakurs eines Terminkontrakts zulässig.[1077] In diesem Fall stellt der Kassakurs das Sicherungsgeschäft dar. Die nicht als Sicherungsgeschäft designierten Zeit- und Zinskomponenten werden nach IAS 39 aus den Rechtsfolgen des Hedges Accountings ausgeklammert[1078] und einzeln wie ein Handelswert bilanziert.[1079]

Ein Sicherungsinstrument darf darüber hinaus zu einem bestimmten prozentualen Anteil designiert werden.[1080] Auch in diesem Fall wird der ausgeklammerte Teil wie ein Handelswert bilanziert (IAS 39.75). In bestimmten Fällen dürfen nach IFRS Derivate aufgespalten werden, so dass im Ergebnis zwei Derivate vorliegen. Der eine Teil kann der Absicherung dienen und der Restbetrag dem Handelsbestand zugeordnet werden.[1081]

In diesen Fällen, in denen der zur Absicherung verwendete Teil quantifizierbar, prognostizierbar und messbar ist, stellt nur dieser zur Absicherung verwendete Teil das Sicherungsinstrument dar und ist damit Bestandteil der Sicherungsbeziehung.

In allen anderen Fällen ist das gesamte Derivat mit seinen gesamten Risiken als Sicherungsgeschäft und Bestandteil der Sicherungsbeziehung anzusehen.[1082]

Die Absicherung des Grundgeschäftes kann nach IAS 39 auf einen bestimmten prozentualen Anteil beschränkt sein.[1083] Darüber hinaus besteht die Möglichkeit, ein Grundgeschäft, anders als ein Sicherungsgeschäft, auch nur für einen Teil seiner (Rest-)Laufzeit abzusichern.

1075 Nach IAS 39.76 darf ein einzelnes (gesamtes) Sicherungsgeschäft unter bestimmten Voraussetzungen auch zur Absicherung *verschiedener Risiken* herangezogen werden: wenn (a) die abzusichernden Risiken eindeutig ermittelt werden können, (b) die Wirksamkeit der Sicherungsbeziehung nachgewiesen werden kann und (c) es möglich ist, eine exakte Zuordnung des Sicherungsinstruments zu den verschiedenen Risikopositionen zu gewährleisten.

1076 Vgl. IAS 39.74a (Einbeziehungswahlrecht).

1077 Vgl. *Küting/Cassel*, Bewertungseinheiten, KoR 2008, S. 771; *Eckes/Barz/Bäthe-Guski/Weigel*, Hedge Accounting Teil I, Die Bank 6-7/2004, S. 418, IAS 39.74. Terminkontrakt ist ein unbedingtes standardisiertes Termingeschäft in den meisten Fällen Futures. [Forward: Kassapreis und Zinsauf- und -abschlag]

1078 Daher werden sie auch nicht in den Saldierungsbereich einbezogen und erhöhen somit die Effektivität. Auf den Effektivitätstest und die Rechtsfolgen wird unter C 4 näher eingegangen.

1079 Vgl. *Kehm/Lüdenbach,* in: Lüdenbach/Hoffmann IFRS-Kommentar, 6. Auflage 2008, § 28 Rn. 226.

1080 IAS 39.75 Das Sicherungsgeschäft darf aber nicht zeitlich aufgeteilt werden.

1081 Vgl. *Grünberger*, IFRS, 6. Auflage 2008, S. 229.

1082 Das gesamte Derivat ist dann in den Effektivitätstest einzubeziehen. Vgl. IAS 39.81.

1083 Vgl. *Kehm/Lüdenbach,* in: Lüdenbach/Hoffmann IFRS-Kommentar, 6. Auflage 2008, § 28 Rn. 229.

Nach IAS 39 kommen als Grundgeschäft (bei dem Fair Value Hedge) in der Bilanz angesetzte Vermögenswerte oder Schulden, feste Verpflichtungen oder ein designierter Teil der genannten Positionen, die dem abgesicherten Risiko unterliegen, in Betracht. Hierbei muss jedoch differenziert werden. Bei Grundgeschäften, die auf finanziellen Posten basieren, können in bestimmten Fällen auch Teile ihres Risikos abgesichert werden.[1084] Auch IAS 39.81 sieht bei einem finanziellen Vermögenswert oder einer finanziellen Schuld vor, dass nur ein Teil als Grundgeschäft bestimmt oder abgesichert werden kann. So können einzeln identifizierbare und bewertbare Teile von Zahlungsströmen oder Wertänderungen einem bestimmten Risiko ausgesetzt sein.[1085] In Bezug auf die Frage, welche Teile eines finanziellen Vermögensgegenstandes oder einer Verbindlichkeit als Grundgeschäft bestimmt werden können oder bei welchen Risiken nur die gesamte Absicherung des Zahlungsstroms möglich ist, werden derzeit bei IAS 39 Änderungen diskutiert.[1086]

Für nicht finanzielle Positionen (IAS 39.82) mit Ausnahme des Währungsrisikos darf die Absicherung nur eines Teils, aufgrund der Schwierigkeiten, die bei der isolierten Bewertung auftreten,[1087] nicht vorgenommen werden. In diesen Fällen ist nur die Absicherung des gesamten Zahlungsstroms bzw. Zeitwertes möglich.[1088] Eine Designation von Teilen setzt voraus, dass das Risiko, das nur in Bezug auf einen Teil besteht, eine prognostizierbare und separat messbare Auswirkung auf den gesamten beizulegenden Zeitwert hat.[1089] Ob aber wirklich ein prognostizierbarer Einfluss auf den gesamten Zahlungsstrom oder Wert erforderlich ist, hat das IASB nicht festgelegt.[1090]

Nach nationalem Recht und auch von Seiten des Schrifttums ist bisher ungeklärt, ob eine inhaltliche, zeitliche oder prozentuale Aufteilung vorgenommen werden kann.[1091] Soweit die Aufteilung im Schrifttum bejaht wird, geschieht dies in Anlehnung an die internationale Rechnungslegung oder mit Blick auf die finanzwirtschaftliche Ebene. Bilanziell muss

---

1084 Vgl. *Heuser/Theile*, IFRS-Handbuch, 3. Auflage 2007, Rn. 2233; *IDW*, Bilanzierung, RS HFA 9, WPg 2006, S. 537ff.

1085 Vgl. *Schmidt*, Entwurf, WPg 2008, S. 64. Beispielsweise die Änderung des Referenzzinssatzes.

1086 Nach IAS 39.80Z (IAS 39.81 soll gestrichen werden), der ab dem Geschäftsjahr 01.07.2009 angewendet werden soll, soll aufgeführt werden, welche Risiken im Rahmen des Cash Flow Hedge Accountings bei finanziellen Vermögenswerten und Schulden für eine Absicherung herangezogen werden dürfen (Zinsrisiken, Währungsrisiken, Ausfallrisiken, das Risiko fälliger Tilgungen sowie Risiken in Bezug auf vertraglich spezifizierte Zahlungsströme bei bilanzierten Finanzinstrumenten). IAS 39.80Y. Die Risiken, die nicht aufgeführt sind wie z.B. Aktienkursrisiken bei Rohstoffen, dürfen nicht mehr explizit abgesichert werden, sondern nur noch der gesamte Zahlungsstrom. Eine Änderung des IAS 39.82 ist derzeit vom IASB nicht vorgesehen. Vgl. *Schmidt*, Entwurf, WPg 2008, S. 65." IAS-Exposures Qualifying for Hedge Accounting".

1087 Vgl. *Schreiber*, IFRS, BB 2006, S. 1381 behandelt den Fall, dass bei einem nicht finanziellen Posten doch ein Teil separiert und bewertet werden kann.

1088 Vgl. *Schmidt*, Entwurf, WPg 2008, S. 64. Von der Praxis wird eine Änderung des IAS 39.82 gefordert.

1089 IAS 39.Vgl. *Schmidt*, Entwurf, WPg 2008, S. 64.

1090 Vgl. *Schmidt*, Entwurf, WPg 2008, S. 64.

1091 Vgl. *Patek*, Referentenentwurf, KoR 2008, S. 368. Zu der Ausklammerung des Zeitwertes bei Optionsrechten S. *IDW*, Bilanzierung, RS HFA 9, WPg 2006, S. 563.

beachtet werden, dass nach nationalem Recht durch die Bildung von Bewertungseinheiten keine „neuen Bilanzierungsobjekte“ entstehen dürfen. Daher ist auf der Ebene der Bewertung zu prüfen, ob eine prozentuale oder inhaltliche Aufteilung, vorausgesetzt, diese ist quantifizierbar und intersubjektiv nachprüfbar, rechtlich möglich ist. Diese Untersuchung wird im Rahmen der bilanziellen Behandlung weiter durchgeführt.

3.2.3.3.2 Einbeziehung mehrerer Risiken

Bei Betrachtung der möglichen Designationsarten kann grundsätzlich die Aussage getroffen werden, dass auch im nationalen Recht nur die Arten als aufteilbar angesehen werden können, bei denen es zu objektiven und intersubjektiv nachprüfbaren Werten kommt. Hiervon kann bei einer prozentualen Aufteilung ausgegangen werden.[1092]

Neben der Frage der Zulässigkeit von prozentualen Absicherungen muss näher betrachtet werden, wie differenziert Risikokomponenten behandelt werden müssen.[1093]

Im Rahmen des konzeptionellen Teils wurden aus Vereinfachungsgründen Fälle herangezogen, die nur einem Risiko ausgesetzt waren. In der Realität können Geschäfte aber gleichzeitig von verschiedenen Risiken beeinflusst werden.

Risiken können finanzwirtschaftlich ganz, teilweise und unter oder über einer bestimmten Grenze gesichert werden.[1094] Die Sicherung des Zinsrisikos kann sich beispielsweise auf den Zins oder auch auf den ganzen oder auf Teile des credit spread[1095] beziehen.[1096]

Eine verlässliche Kompensation liegt nur dann vor, wenn Risikohomogenität besteht.[1097] Dies ist wichtig, weil es ansonsten zu zufälligen Wertkompensationen kommen kann. Daher heißt es im Gesetzestext, dass es zum Ausgleich gegenläufiger Wertänderungen oder Zahlungsströme aus dem Eintritt vergleichbarer Risiken kommen muss.[1098] Das in der Bewertungseinheit sowohl abgesicherte als auch nicht abgesicherte Risiken sein können, ergibt sich aus dem Gesetzestext, in dem es heißt: „in dem Umfang in dem sich die gegenläufigen Wertänderungen oder Zahlungsströme ausgleichen.“ Noch deutlicher war dies aus dem Wortlaut des Regierungsentwurfes ersichtlich, in dem es hieß: „soweit der Eintritt der abgesicherten Risiken ausgeschlossen ist.“[1099]

1092 Inwiefern diese aber auch rechtlich umsetzbar ist, wird bei der bilanziellen Betrachtung differenziert dargelegt.

1093 Es wurde vorangehend aufgezeigt, dass diese Differenzierung nach IAS teilweise möglich ist.

1094 Vgl. *Scharpf/Schaber*, BilMoG, KoR 2008, S. 533.

1095 Unternehmensanleihen sind im Gegensatz zu Staatsanleihen ausfallrisikobehaftet. Für das Ausfallrisiko einer Unternehmensanleihe fordert der Anleger eine zusätzliche Verzinsung [im Vergleich zur Staatsanleihe] in Form einer Risikoprämie: den Credit Spread.

1096 Vgl. *Scharpf/Schaber*, BilMoG, KoR 2008, S. 533.

1097 Vgl. *Pfitzer/Scharpf/Schaber*, antizipative Hedges Teil 1, WPg 2007, S. 682.

1098 Vgl. *Gesetzesbeschluss* vom 27.03.2009, Drs. 270/09, S. 2.

1099 Vgl. *Regierungsentwurf* BilMoG vom 30.07.2008, Begründung, S. 127.§ 254 HGB.

Zudem hat die Identifizierung und Quantifizierung grundsätzlich separat für jede Risikoart (über das gesamte Unternehmen bzw. über Unternehmensteile) zu erfolgen.[1100] Daher muss das abzusichernde Risiko exakt zu definieren, zu separieren und zu dokumentieren sein,[1101] was voraussetzt, dass es grundsätzlich auch quantifizierbar und messbar ist. Aus der Literatur wird aber auch deutlich, dass derzeit in der Praxis vermehrt eine Kompensation von gegenläufigen Wertentwicklungen als eine separierte Risikobetrachtung stattfindet.[1102]

Sicherungsgeschäfte besitzen nur dann die Fähigkeit, das Grundgeschäft wirksam abzusichern, wenn ihre risikoinduzierten Merkmale mit denen des Grundgeschäftes übereinstimmen.[1103] Grundsätzlich dürfen Sicherungsinstrumente, die von mehreren Risiken beeinflusst werden, nicht der Absicherung dienen, da sie zwar ein Risiko absichern, auf der anderen Seite aber ein anderes Risiko erhöhen. Im Regelfall ist in der Praxis davon auszugehen, dass ein solches Geschäft nicht zur Absicherung herangezogen wird,[1104] da ansonsten die gesamte Risikoposition des Unternehmens erhöht würde. Es muss aber beachtet werden, dass es nach dem Gesetzeswortlaut grundsätzlich möglich ist. In den Fällen, in denen das Grundgeschäft besondere Konditionen aufweist, sollte auch das Sicherungsgeschäft mit denselben Merkmalen ausgestaltet sein, damit die Sicherungsbeziehung auch wirkt.[1105] Währungsrisiken treten oft zusätzlich zu den anderen Risiken auf, weshalb ihnen eine gesonderte Stellung zukommt.[1106]

Damit eine Absicherung gewährleistet werden kann, darf ein Bestandteil der Sicherungsbeziehung (Grund- oder Sicherungsgeschäft) „grundsätzlich" nur in bestimmten Fällen von mehreren Risiken induziert werden. Dabei muss zwischen Risiken differenziert werden, die nebeneinander auftreten und identifiziert bzw. separiert werden können, und solchen, bei denen es innerhalb der Position zu Überkreuzkompensationen kommen kann.[1107]

3.2.3.3.3 Besonderheiten bei strukturierten Produkten

Da alle Finanzinstrumente als Grundgeschäft oder Sicherungsgeschäft Bestandteil einer Sicherungsbeziehung sein können, dürfen grundsätzlich auch strukturierte Produkte Teil einer Sicherungsbeziehung sein.[1108]

1100 Vgl. *Scharpf/Schaber*, BilMoG, KoR 2008, S. 533.
1101 S. *Scharpf/Schaber*, BilMoG, KoR 2008, S. 533.
1102 S. *Krumnow/Sprißler u. a.*, Kreditinstitute, 2. Auflage 2004, § 340h HGB Rn. 50.
1103 Im konzeptionellen Teil der Arbeit wurde dies bereits aufgezeigt; es wurde eine grobe Zuordnung von Finanzinstrumenten zu Risiken vorgenommen.
1104 Vgl. *Scharpf*, Finanzinstrumente, in: Küting/Pfitzer/Weber, Bilanzrecht, 2008, S. 196.
1105 Vgl. *Scharpf*, Finanzinstrumente, in: Küting/Pfitzer/Weber, Bilanzrecht, 2008, S. 196f.
1106 Vgl. *Scheffler*, Hedge Accounting, 1994, S. 95.
1107 Aus diesem Grund wird die Behandlung von strukturierten Produkten näher betrachtet.
1108 In einer empirischen Studie von *Glaum/Förschle*, Finanzwirtschaftliches Risikomanagement deutscher Industrie- und Handelsunternehmen, durchgeführt im Jahre 2000, wurde empirisch festgestellt, dass 1/3 der untersuchten deutschen Unternehmen, hierbei handelte es sich um große Industrieunternehmen, kom-

Bisher wurden im Rahmen dieser Arbeit nur einfache originäre und derivative Finanzinstrumente betrachtet. Finanzinstrumente können aber nicht nur im Rahmen von Risikoabsicherungen zueinander in Verbindung gesetzt werden,[1109] sondern sie können auch auf einer rechtlichen Basis bereits miteinander verbunden sein. Finanzökonomisch betrachtet bestehen sie in diesem Fall aber aus unterschiedlichen Bestandteilen. Dabei bildet regelmäßig ein verzinsliches oder unverzinsliches Kassainstrument (auch Basisvertrag oder Trägerkontrakt genannt) eine Einheit mit einem oder mehreren Derivaten.[1110] Für diese Produkte, für die im deutschen Bilanzrecht keine Legaldefinition existiert, hat sich in der finanzwirtschaftlichen Praxis die Bezeichnung „strukturierte Produkte"[1111] herausgebildet.[1112] Aus der Wortwahl „strukturiertes Produkt" wird deutlich, dass es sich um zusammengesetzte Instrumente handelt, die zivilrechtlich nicht zerlegbar sind.[1113] Das in ein strukturiertes Produkt eingebettete Derivat kann, da es vertraglich mit dem Trägerkontrakt verbunden ist, anders als bei einer finanzwirtschaftlichen Sicherungsbeziehung nicht von diesem gelöst und z. B. einzeln veräußert werden.[1114] Die den strukturierten Finanzinstrumenten zugrunde liegenden wertbe-

---

plexe Finanzinstrumente verwenden. Vgl. *Glaum/Förschle*, Handelsunternehmen, 2000, S. 34; *Glaum/Förschle*, Rechnungslegung, DB 2000, S. 1525ff. Daher wird im Folgenden untersucht, welche Probleme sich bei der Einbeziehung von strukturierten Produkten in Sicherungsbeziehungen ergeben.

1109 Diese subjektive Zuordnung aufgrund des Absicherungszwecks war bisher die Grundlage dieser Untersuchung.

1110 Vgl. *Scharpf/Rehm/Märkl*, strukturierte Finanzinstrumente, 2008, S. 5; *Kuhn/Scharpf*, Rechnungslegung, 2. Auflage 2005, S. 356; *Barckow*, Bilanzierung, 2004, S. 17; *Wagner*, Bilanzierung, StuB 2004, S. 1090; *Woywode*, Finanzinstrumente, 2004, S. 11; *Kleinmanns*, Finanzinstrumente, StuB 2003, S. 102; *Brüggentisch*, Bilanzierung, VW 2002, S. 1690; *Scharpf/Luz*, Risikomanagement, 2000, S. 653. Soll heißen: grundsätzlich kommt es zu einer Kombination von einem originären Finanzinstrument mit einem oder mehreren Derivaten. Es kann aber auch eine Kombination von mehreren Derivaten auftreten.

1111 Synonym werden in der Literatur auch die Begrifflichkeiten „Strukturierte Finanzinstrumente", siehe *Schaber/Rehm/Märkl*, strukturierte Finanzinstrumente, 2008, S. 1ff, oder „strukturierte Anleihen", siehe *Eisele/Knobloch*, Strukturierte Anleihen, ZfbF 2003, S. 749ff, verwendet (combined instruments). Die Begrifflichkeit wird auch vom Bankenfachausschuss des IDWs verwendet, siehe hierzu: *IDW*, strukturierte Produkte, RH BFA 1.003, WPg 2001, S. 916.

1112 Vgl. *Briesemeister*, hybride Finanzinstrumente, 2006, S. 10ff. Der im Schrifttum teilweise verwendete Begriff der „Compound Instruments", der aus dem internationalen Bereich stammt, ist enger gefasst als der Begriff der strukturierten Produkte, da die „Compound Instruments" stets eine Eigenkapital- und eine Fremdkapitalkomponente haben. So. z. B. *Schmidt*, Rechnungslegung, 2005, S. 84; *Barckow*, Bilanzierung, 2004, S. 17; *Scharpf/Luz*, Risikomanagement, 2000, S. 653. Die Frage der Abgrenzung zwischen EK und FK, die eher im Rahmen der hybriden Finanzinstrumente von Belang ist, die weiter zu fassen sind als die strukturierten Finanzinstrumente, wird im Rahmen dieser Arbeit nicht erörtert.

1113 Vgl. *Barckow*, Bilanzierung, 2004, S. 17; *Eisele/Knobloch*, Strukturierte Anleihen, ZfbF 2003, S. 750; *Scharpf*, Strukturierte Produkte, FB 1999, S. 21.

1114 Aus diesem Grund stellen Optionsanleihen (sowie Optionsgenussrechte, Optionsgewinnschuldverschreibungen und Optionsaktien; gleiches gilt für gestrippte Bundesanleihen) keine „echten strukturierten Produkte dar, sondern werden als „unechte strukturierte Produkte" angesehen. Vgl. *Schaber/Rehm/Märkl*, strukturierte Finanzinstrumente, 2008, S. 5; *Briesemeister*, hybride Finanzinstrumente, 2006, S. 21; *Häuselmann/Wagner*, Aktienanleihen, BB 2002, S. 2432; *Wiese/Dammer*, Finanzinstrumente, DStR 1999, S. 869; *Häuselmann*, Aspekte, 1997, S. 77.

stimmenden Komponenten sind insbesondere Zinsen, Aktien, Währungen oder sonstige ähnliche Faktoren (wie Rohstoffe) oder auch die Kombination dieser Faktoren.[1115]
Aus der Risikoperspektive betrachtet, werden strukturierte Produkte somit durch ein oder mehrere finanzwirtschaftliche Risiken beeinflusst. Das IDW hat in seinem Rechnungslegungshinweis im Jahre 2001 klargestellt, dass der Einstufung als strukturiertes Produkt nicht entgegensteht, dass insbesondere die derivativen Bestandteile durch Sicherungsgeschäfte abgesichert oder auch ihrerseits zu einer Absicherung herangezogen werden können.[1116]
Ein besonderes Problem, welches bei strukturierten Produkten auftreten kann, ist, dass sie infolge der zusammengesetzten Bestandteile durch verschiedene Risiken beeinflusst werden. Ökonomisch gesehen kann es daher durch sämtliche dem Produkt „innewohnenden" Risikofaktoren zu Überkreuzkompensationen kommen.[1117] Eine solche Überkreuzkompensation ist bei Bewertungseinheiten allerdings nicht erlaubt, da sich bei der Bewertungseinheit nur homogen beeinflusste Gewinne und Verluste kompensieren dürfen.[1118] Das Verbot der Überkreuzkompensation bei Bewertungseinheiten wird mitunter als Argument für eine Zerlegung von strukturierten Produkten in ihre Bestandteile herangezogen, da nur durch eine Zerlegung des strukturierten Produktes eine getrennte Steuerung der dem Produkt innewohnenden Risiken möglich sei.[1119]
Eine Zerlegung des strukturierten Produktes findet auf finanzwirtschaftlicher Ebene im Rahme des Financial Engineerings insbesondere zur Lösung von Bewertungsfragen statt.[1120]
Es stellt sich somit vornehmlich für die bilanzielle Behandlung von strukturierten Produkten die Frage, ob eine rechtliche Basis existiert, auf deren Grundlage die Produkte in ihre Be-

---

1115 Wie bereits im Rahmen der Arbeit dargestellt, können diese Faktoren bei negativer Auslegung auch als Risiken verstanden werden. Vgl. *Schaber/Rehm/Märkl*, Strukturierte Finanzinstrumente, 2008, S. 1. Aus IDW-Sicht sind daher folgende Finanzinstrumente Beispiele für strukturierte Produkte: Aktienanleihen; Schuldscheindarlehen; Anleihen mit Schuldner- bzw. Gläubigerrechten oder Zinsabgrenzungsvereinbarungen; Anleihen, deren Verzinsung und/oder Rückzahlung in Abhängigkeit von der Entwicklung bestimmter Aktienkurse oder -indizes, bestimmter Referenzzinssätze oder bestimmter Wechselkurse erfolgt; oder sog. Credit Linked Notes und Asset Back Securities.

1116 Vgl. *IDW*, strukturierte Produkte, RH BFA 1.003, WPg 2001, S. 917 (9), Das IDW verweist auf die Voraussetzungen, die bei zwei anderen Stellungnahmen *IDW*, Optionsgeschäfte, BFA 2/1995, WPg 1995, S. 422 und *IDW*, Futures, BFA 2/1993, WPg 1993, S. 517 bereits für Sicherungsbeziehungen von ihm aufgestellt wurden. Diese Voraussetzungen werden im Folgenden unter C.II.3.2.4 näher betrachtet.

1117 Vgl. *Barckow*, Bilanzierung, 2004, S. 88; *Scharpf*, Strukturierte Produkte, FB 1999, S. 28; *Krumnow/Sprißler u. a.*, Kreditinstitute, 2. Auflage 2004, § 340e HGB Rn. 118.

1118 Vgl. *Beschlussempfehlung* vom 24.03.2009, Drs. 16/12407, Begründung, S. 170; *IDW*, strukturierte Finanzinstrumente, RS HFA 22, IDW Fachnachrichten S. 455; *Haisch*, Strukturierte Finanzinstrumente, FR 2009, S. 66; *Barckow*, Bilanzierung, 2004, S. 88; *Krumnow/Sprißler u. a.*, Kreditinstitute, 2. Auflage 2004, § 340e HGB Rn. 495; *Scharpf/Luz*, Risikomanagement, 2000, S. 683.

1119 Vgl. *Scharpf/Luz*, Risikomanagement, 2000, S. 692.

1120 Da sie in den meisten Fällen, weil aufgrund des hohen Individualisierungsgrades keine Marktwerte vorhanden sind, für die [finanzwirtschaftliche] Bewertung zerlegt werden müssen, wird dies von Teilen der Literatur auch für die bilanzielle Behandlung gefordert. Vgl. *Krumnow/Sprißler u. a.*, Kreditinstitute, 2. Auflage 2004, § 340e HGB Rn. 465; *Scharpf/Luz*, Risikomanagement, 2000, S. 672; *Prahl/Naumann*, Portfolio, WPg 1992, S. 713ff, *Herzig*, Hybride Finanzinstrumente, IStR 2000, S. 483; *Pross*, Swaps, 1998, S. 27ff. Sie werden zur Bewertung zerlegt bzw. zur Bildung zusammengesetzt.

standteile zerlegt werden dürfen. Existiert eine solche Regelung, dann müssten die Bestandteile als unabhängige Bilanzierungsobjekte behandelt werden.[1121] Daneben ist zu untersuchen, ob gegebenenfalls eine gedankliche Zerlegung für die bilanzielle Bewertung durchgeführt werden darf.

Bei der Betrachtung von strukturierten Produkten muss zunächst der Ansatz im Rahmen der Bilanzierung geklärt werden, bevor Aussagen über die Bewertung getroffen werden können. Konnte bei der Frage der prozentualen Zuordnung von Bestandteilen zu einer Sicherungsbeziehung ohne explizite Prüfung darauf verwiesen werden, dass kein neues „Bilanzierungsobjekt“ entsteht, muss bei den strukturierten Produkten zunächst überprüft werden, ob eine Zerlegung einer rechtlichen Einheit in mehrere Bilanzierungsobjekte möglich ist. Danach muss untersucht werden, ob ein eigenständiger Bestandteil des strukturierten Produktes (eigenständiges Bilanzierungsobjekt) mit anderen Produkten zu einer wirtschaftlichen Bewertungseinheit zusammengefasst werden darf.

3.2.3.3.3.1 Rechtliche Zulässigkeit der Zerlegung strukturierter Produkte

Im Folgenden wird kurz untersucht,[1122] inwiefern eine Zerlegung von strukturierten Produkten auch bilanziell geboten ist.

Die Praxis und das Schrifttum sind der Auffassung, dass es bei der Bilanzierung von strukturierten Produkten zu einer falschen Darstellung der Finanz-, Ertrags- und Vermögenslage kommt, wenn von einem Bilanzierungsobjekt ausgegangen wird.[1123] Daher gab der Bankenfachausschuss des IDW[1124] im Jahre 2001 einen Regelungshinweis[1125] zur Bilanzierung von strukturierten Produkten heraus.[1126] Dieser wurde in Anlehnung an die internationalen

---

1121 Vgl. *Briesemeister*, hybride Finanzinstrumente, 2006, S. 80; *Delp*, Besteuerung, BB 2003, S. 1594. Eine Zerlegung wird auf jeden Fall bei „unechten strukturierten Produkten“ bejaht. Vgl. *Wiese/Dammer*, Finanzinstrumente, DStR 1999, S. 867.

1122 Da die grundsätzliche Frage der bilanziellen Behandlung von strukturierten Produkten nicht den Schwerpunkt der Arbeit darstellt, wird für eine Vertiefung der Thematik auf die einschlägige Fachliteratur verwiesen: *Briesemeister*, hybride Finanzinstrumente, 2006.

1123 Vgl. *KPMG*, Financial Instruments, 1995, S. 118ff.; *Prahl/Naumann*, Portfolio, WPg 1992, S. 713ff.

1124 Wie bei der Behandlung von Bewertungseinheiten werden diese branchenspezifischen Regelungen bei gleichen Sachverhalten auch wieder auf die anderen Branchen übertragen; es wird mitunter der Anspruch auf allgemeine Gültigkeit erhoben, so dass dementsprechend auch Auswirkungen auf die steuerbilanzielle Behandlung berücksichtigt werden müssen.

1125 Ein Regelungshinweis stellt zwar grundsätzlich lediglich eine Orientierungshilfe mit Empfehlungscharakter dar, wird aber im Schrifttum als weiterreichend und über den Bankensektor hinausreichend angesehen. Zudem muss beachtet werden, dass das Nichtbeachten einer Stellungnahme des IDW von Berufsangehörigen eine schlüssige Rechtfertigung erfordert. § 4 Abs. 9 der Satzung des IDW.

1126 Siehe hierzu IAS 39.10. Hier steht auch wieder die Frage der Fair Value-Bewertung an. Eine Zerlegung muss demnach nicht stattfinden, wenn die Fair Value-Option angewendet wird. Die Vermeidung der Zerlegung war die wesentliche Zwecksetzung bei der Einführung der Fair Value-Option. Vgl. *Kehm/Lüdenbach,* in: Lüdenbach/Hoffmann, IFRS-Kommentar, 6. Auflage 2008, § 28 Rn. 33; *Kuhn*, IAS, DB 2005, S. 1346; *Barckow*, Fair-Value-Option, WPg 2004, S. 793ff.

Rechnungslegungsstandards entwickelt, wobei nach IAS auch in diesem Zusammenhang wieder die Möglichkeit der Zuhilfenahme der Fair Value-Option besteht.[1127]
Wegen der dynamischen Entwicklung an den Kapitalmärkten und der ungeklärten Einzelfragen musste dieser Regelungshinweis jedoch überarbeitet werden, so dass seit September 2008 eine Rechnungslegungsstellungnahme des Hauptfachausschusses des IDW zur Behandlung von strukturierten Produkten vorliegt.[1128] Der Hinweis des Bankenfachausschusses ist demnach von einer Stellungnahme des Hauptfachausschusses abgelöst worden. Dies bedeutet zum einen eine stärkere Wirkungskraft, da es sich um eine Stellungnahme und nicht nur um einen Hinweis des IDW handelt, zum anderen auch eine branchenunabhängige Wirkung, da die Stellungnahme nicht vom BFA, sondern vom Hauptfachausschuss herausgegeben wurde.[1129]
Die Sichtweise des IDW bezüglich der Behandlung von strukturierten Produkten wird im Folgenden kurz dargestellt.
Da außer der gesetzlichen Regelung zur Behandlung von Wandel- und Optionsanleihen beim Emittenten (§ 272 Abs. 2 Nr. 2 HGB) keine expliziten gesetzliche Vorschriften[1130] zur bilanziellen Behandlung von strukturierten Produkten existieren, muss die bilanzielle Behandlung unter Beachtung der GoB erfolgen.[1131] Bei dieser Thematik spielt die Einzelbilanzierung (§ 240 HGB) und der Einzelbewertungsgrundsatz eine zentrale Rolle (§ 252 Abs. 1 Nr. 3 HGB). Bilanzierungsgegenstand ist grundsätzlich der gesamte Vermögensgegenstand bzw. die gesamte Schuld, nicht jedoch die dem zugrunde liegenden Rechtsverhältnis innewohnenden einzelnen Bestandteile, die den Wert des Vermögensgegenstandes bzw. der Schuld beeinflussen.[1132] Vielmehr sind die strukturierten Produkte in Abhängigkeit vom zugrunde liegenden Trägerkontrakt nach den allgemeinen Bilanzierungs- und Bewertungsregeln zu bilanzieren.[1133] Aufgrund des Maßgeblichkeitsgrundsatzes ist die Bilanzierung der strukturierten Produkte dann für die steuerliche Gewinnermittlung zu übernehmen.

1127 Vgl. *Lühn*, Finanzinstrumente, PiR 2009, S. 106; *Gaber/Kandel*, Bilanzierung, KoR 2008, S. 11; *Kehm/Lüdenbach*, in: Lüdenbach/Hoffmann IFRS-Kommentar, 6. Auflage 2008, § 28 Rn. 33; *Gaber/Gorny*, strukturierte Zinsprodukte, KoR 2007, S: 323ff; *Scharpf*, Instruments II, FB 2000, S. 214.

1128 IDW RS HFA 22. Am 02.09.2008 hat der IDW im Hauptfachausschuss eine Rechnungslegungsstellungnahme zur Bilanzierung von strukturierten Produkten veröffentlicht. Hierdurch wird der Rechnungslegungshinweis BFA RH 1.003 ersetzt.

1129 Vgl. *Haisch*, Strukturierte Finanzinstrumente, FR 2009, S. 67.

1130 Vgl. *Bertsch*, Aktienanleihen, StuB 1999, S. 686. Außer im Fall von Entgelten, die im Zusammenhang mit einer Einräumung von Mitgliedschaftsrechten vereinnahmt werden wie bei Options- oder Wandelanleihen. Zu § 272 Abs. 2 HGB siehe *Wiedmann*, in: Wiedmann Bilanzrecht, 2. Auflage 2003, § 272 HGB Rn. 14ff.

1131 Vgl. *Haisch*, Strukturierte Finanzinstrumente, FR 2009, S. 67; *Bretsch*, Strukturierte Produkte, KoR 2003, S. 551; *Eisele/Knobloch*, Strukturierte Anleihen, ZfbF 2003, S. 751.

1132 Vgl. *Schaber/Rehm/Märkl*, strukturierte Finanzinstrumente, 2008, S. 8.

1133 Vgl. *IDW*, strukturierte Finanzinstrumente, RS HFA 22, IDW Fachnachrichten S. 455; *IDW*, strukturierte Produkte, RH BFA 1.003, WPg 2001, S. 916.

Für die Bewertung werden, falls der Wert nicht über den Marktpreis bestimmt werden kann, die Zahlungsstrom- und Risikoprofile des strukturierten Produktes durch das Verfahren der arbitragefreien Duplizierung synthetisch nachgebildet.[1134] Hierbei soll der Wert ihrem Anteil am Wert des strukturierten Produktes entsprechen.[1135] Jegliche positiven und negativen wertbeeinflussenden Faktoren werden bei dieser einheitlichen Bilanzierung kompensiert.[1136]
Demnach sind strukturierte Produkte grundsätzlich einheitlich zu bilanzieren. Das IDW vertritt aber die Auffassung, dass durch die Verbindung zwischen Basisinstrument und Derivat besondere Chancen und Risiken entstehen können und es somit zu einer falschen Darstellung der Vermögens-, Finanz- und Ertragslage im handelsrechtlichen Jahresabschluss kommen kann. Daher sind strukturierte Produkte in bestimmten Fällen einer getrennten Bilanzierung zu unterwerfen.[1137] Kommt es hingegen zu einer zutreffenden Darstellung der Vermögens-, Finanz- und Ertragslage, soll auch bei Vorliegen der Voraussetzungen für eine Trennung keine getrennte Bilanzierung vorgenommen werden. Ausnahmsweise ist eine Zerlegung für die Bilanzierung daher in folgenden drei Fällen nicht vorzunehmen. Erstens bei einer Niederstwertbewertung auf einem aktiven Markt.[1138] Zweitens dann, wenn ein Finanzinstrument zu Handelszwecken gehalten wird.[1139] In diesen beiden Fällen kommt es über den Markt zu einer Objektivierung des Wertes. Diese Vorgehensweise wird im Schrifttum teilweise als zutreffend angesehen,[1140] da es für diesen Zweck des Einsatzes nicht wichtig ist, die inhärenten Risiken zu separieren. Als dritter Ausnahmefall wird angeführt, dass eine vertraglich vereinbarte unbedingte Kapitalgarantie des Emittenten besteht, mit der das eingesetzte Kapital zum Fälligkeitszeitpunkt garantiert wird, und der Erwerber mit der Absicht und Fähigkeit, das strukturierte Finanzinstrument bis zur Endfälligkeit zu halten, es zulässigerweise dem Anlagevermögen zugeordnet hat.[1141]
Entstehen – in den anderen Fällen – hingegen erhöhte oder zusätzliche Risiken, soll eine getrennte Bilanzierung vorgenommen werden. Dies ist z. B. der Fall, wenn das strukturierte

---

1134 S. *Barckow*, Bilanzierung, 2004, S. 18; *Wilkens/Scholz/Völker*, Bewertung, Die Bank 1999, S. 262f.

1135 Rechnerische Zerlegung müsste wohl durch eine arbitragefreie Duplizierung erfolgen, wie sie in der Finanzierungstheorie angewandt wird. So *Barckow*, Bilanzierung, 2004, S. 89.

1136 Vgl. *Krumnow/Sprißler u. a.,* Kreditinstitute, 2. Auflage 2004, § 340e HGB; *Scharpf*, Strukturierte Produkte, FB 1999, S. 24.

1137 Vgl. *IDW*, strukturierte Finanzinstrumente, RS HFA 22, IDW Fachnachrichten, S. 456; *Lühn*, Finanzinstrumente, PiR 2009, S. 106.

1138 Vgl. *Lühn*, Finanzinstrumente, PiR 2009, S. 107; *Gaber*, strukturierte Produkte, DB 2008, S. 1224; *IDW*, Anhangsangaben, RH HFA 1.005, WPg 2005, S. 531; *Herzig*, Hybride Finanzinstrumente, IStR 2000, S. 483.

1139 Vgl. *Krumnow/Sprißler u. a.*, Kreditinstitute, 2. Auflage 2004, § 340e HGB Rn. 494; *Bretsch*, Strukturierte Produkte, KoR 2003, S. 560; *IDW*, strukturierte Produkte, RH BFA 1.003, WPg 2001, S. 917 (Tz. 6). War früher, da es sich um einen Regelungshinweis des BFA handelte, auf den Handelsbestand beschränkt; nun wird der Begriff des Handelszweck verwendet. Hier muss beachtet werden, dass es diesen Begriff im Handelsrecht nicht gibt, da eine angedachte Gesetzesänderung sich im Gesetzgebungsverfahren nicht durchgesetzt hat.

1140 Vgl. *Lühn*, Finanzinstrumente, PiR 2009, S. 107; *Dombek*, Bilanzierung, WPg 2002, S. 1070.

1141 Vgl. *IDW*, strukturierte Finanzinstrumente, RS HFA 22, IDW Fachnachrichten S. 457.

Produkt nur einer Risikoart (Zinsrisiko) ausgesetzt ist, diese aber aufgrund des dem strukturierten Produkt zugrunde liegenden Derivats höher oder niedriger ausfällt als bei einem mit dem Trägerprodukt vergleichbaren einzelnen Kassainstrument. Ein anderes Beispiel stellt der Fall dar, dass das strukturierte Produkt neben dem Zinsrisiko anderen finanzwirtschaftlichen Risiken ausgesetzt ist. Die Operationalisierung der Kriterien muss laut IDW im Einzelfall und unter Berücksichtigung der jeweiligen Risikosituation des Bilanzierenden erfolgen.[1142] Ein Wahlrecht zur Aufspaltung soll hingegen nicht bestehen.

Unter Beachtung der jeweiligen für den Bestandteil des strukturierten Instrumentes maßgeblichen handelsrechtlichen Grundsätze sind die Elemente als einzelne Vermögensgegenstände oder Schulden zu bilanzieren und zu bewerten.[1143]

Für die behandelte Thematik besteht der wichtigste Grund, der nach Auffassung des IDW zu einer Zerlegung führt, darin, dass strukturierte Produkte neben dem Zinsrisiko[1144] noch von einem anderen Marktpreisrisiko induziert werden können.[1145] Die Aufspaltung strukturierter Produkte soll somit vorgenommen werden, wenn sie durch verschiedene finanzwirtschaftliche Risiken beeinflusst werden.[1146] Bei der Zerlegung sollen mehrere Derivate, die demselben Risiko unterliegen, als ein zusammengesetztes eingebettetes Derivat behandelt werden. Können die einzelnen Bestandteile des strukturierten Produktes nicht separat bewertet werden, so entspricht die Differenz zwischen dem beizulegenden Zeitwert des strukturierten Produktes insgesamt und dem beizulegenden Zeitwert des Basisinstrumentes dem Wert, der dem eingebetteten Derivat (oder den Derivaten) zuzuordnen ist.[1147]

3.2.3.3.3.2 Auffassung des Schrifttums zur Zerlegung von strukturierten Produkten

Die Position des IDW und die damit zusammenhängende Aufteilung der strukturierten Produkte werden von Teilen des Schrifttums kritisiert. Es wird vielmehr eine einheitliche Behandlung des strukturierten Finanzinstruments gefordert, wenn die Trennbarkeit nicht

---

1142 Vgl. *Schaber/Rehm/Märkl*, Strukturierte Finanzinstrumente, 2008, S. 9f.

1143 Vgl. *IDW*, strukturierte Finanzinstrumente, RS HFA 22, IDW Fachnachrichten S. 457; *Schaber/Rehm/Märkl*, Strukturierte Finanzinstrumente, 2008, S. 9f.

1144 Der IDW geht in seinem Rechnungslegungshinweis nur auf die Produkte mit Fremdkapitalanteil und nicht auf die mit Eigenkapitalanteil ein. Vgl. *IDW*, strukturierte Produkte, RH BFA 1.003, WPg 2001, S. 916.

1145 Die Abwicklung durch physische Lieferung oder Barausgleich spielt hierbei keine Rolle. Es existieren insgesamt sieben Voraussetzungen dafür, ob es zu einer Zerlegung kommt. Die weiteren Kriterien des IDW sind u.a. das Bestehen folgender (potentieller) Sachverhalte: das neben Bonitätsrisiken des Emittenten weitere Risiken bestehen; die Möglichkeit einer Negativverzinsung; die Möglichkeit der Verdoppelung der Rendite; eine Abnahmeverpflichtung für weitere Finanzinstrumente; Vereinbarungen zur Verlängerung der Laufzeit ohne Zinsanpassung oder eingebettete Kauf-, Verkaufs-, Verzichts- oder Vorfälligkeitsoptionen. Siehe *IDW*, strukturierte Finanzinstrumente, RS HFA 22, IDW Fachnachrichten S. 455 (genau Angabe). Vgl. *IDW*, strukturierte Produkte, RH BFA 1.003, WPg 2001, S. 917. *Bertsch*, strukturierte Produkte, KoR 2003, S. 557.

1146 Vgl. *Busse von Colbe/Seeberg*, Vereinbarkeit, ZfbF 1999, S. 118.

1147 S. *IDW*, strukturierte Finanzinstrumente, RS HFA 22, IDW Fachnachrichten S. 455.

aufgrund des zivilrechtlichen Charakters der Instrumente vorgegeben ist.[1148] Es existieren aber auch die Befürworter, die eine sinnvolle Bilanzierung von strukturierten Produkten nur bei einer Aufspaltung als gegeben ansehen, da nur diese an den wirtschaftlichen Gehalt anknüpft und somit die Risiken und die Vermögens-, Finanz- und Ertragslage richtig widerspiegeln kann.[1149] Teilweise wird vorgeschlagen, die Zerlegung von strukturierten Produkten als Wahlrecht auszugestalten und die Aufteilung den Unternehmen zu überlassen, die dann aber auch eine getrennte Bilanzierung vorzunehmen hätten.[1150] Die getrennte bilanzielle Behandlung von strukturierten Produkten mit mehreren Risikokomponenten wird bei Unternehmen, die nicht der Bankenbranche angehören und damit nach Auffassung des Schrifttums nicht über fundierte finanztheoretische Kenntnisse verfügen und bei denen die entsprechenden technischen Implementierungen nicht als vorausgesetzt angesehen werden können, als schwierig angesehen.[1151] Hier stellt sich die Frage, inwieweit die derzeit in den Unternehmen implementierten Verfahren/-abteilungen ausreichen, um die Komponenten sachgerecht identifizieren zu können. Daher wird auch die Auffassung vertreten, dass alle Unternehmen, die nicht zur Bankenbranche zählen, diese Aufteilung aus wirtschaftlichen Gründen nicht zugemutet werden kann.[1152]

Bevor auf die Bewertung eingegangen wird, muss zunächst geprüft werden, ob es sich bei den Bestandteilen von strukturierten Produkten überhaupt um einzelne Vermögensgegenstände bzw. Wirtschaftsgüter und damit um einzelne Bilanzpositionen handeln kann. Die beiden Begrifflichkeiten Vermögensgegenstand und Wirtschaftsgut stimmen nach Auffassung des BFH und der h. M. weitgehend überein und umfassen jeden greifbaren Vermögenswert, der selbständig bewertbar und einzeln verwertbar ist.[1153] Beim Vermögensgegenstand wird dem Umstand der Verwertbarkeit, beim Wirtschaftgut hingegen der selbständigen Bewertbarkeit höheres Gewicht beigemessen,[1154] weshalb der Begriff des Wirtschaftsgutes grundsätzlich

---

1148 Vgl. *Eisele/Knobloch*, Strukturierte Anleihen, ZfbF 2003, S. 749; *Häuselmann/Wagner*, Aktienanleihen, BB 2002, S. 2433f.; *Häuselmann*, Aspekte, 1997, S. 77; Dieser unterscheidet zwischen „echten" und „unechten" Produkten; von unechten ist dann zu sprechen, wenn die Instrumente nach subjektiver Entscheidung einer der Parteien tatsächlich getrennt werden können (Optionsanleihen).

1149 Vgl. *Krumnow/Sprißler* u. a., Kreditinstitute, 2. Auflage 2004, § 340e HGB Rn. 495; *Scharpf*, Handbuch Banken, 2002, S. 97; *Scharpf/Luz*, Risikomanagement, 2000, S. 692; *Prahl/Naumann*, Portfolio, WPg 1992, S. 713; A. A. *Windmöller/Breker*, Optionsgeschäfte, WPg 1995, S. 392.

1150 Vgl. *Windmöller/Breker*, Optionsgeschäfte, WPg 1995, S. 392; *Bertsch*, Aktienanleihen, StuB 1999, S. 688.

1151 Vgl. *Scheffler*, Hedge Accounting, 1994, S. 236; *Prahl/Naumann*, Portfolio, WPg 1992, S. 715.

1152 Vgl. *Scheffler*, Hedge Accounting, 1994, S. 236.

1153 Vgl. *Weber-Grellet,* in: Schmidt EStG, 27. Auflage 2008, § 5 EStG Rn. 93; *Hoffmann* in: Littmann/Bitz/Pust, Einkommensteuerrecht, §§ 4, 5 EStG Rn. 599; BFH vom 07.08.2000, GrS 2/99, BStBl II 2000, S. 632.

1154 Vgl. *Ellrott/Krämer,* in: Beck´scher BilKomm, 6. Auflage 2006, § 247 HGB Rn. 13; *A/D/S*, 6. Auflage 1995, § 246 HGB Rn. 12. Im Handelsrecht wird der Verwertbarkeit eine höhere Gewichtung beigemessen.

weiter gefasst ist.[1155] Das handelsrechtliche Gebot der selbstständigen Verwertbarkeit wird trotz der Maßgeblichkeit der handelsrechtlichen Definition des Vermögensgegenstandes vom BFH eindeutig abgelehnt.[1156]
Vom Schrifttum wurde herausgearbeitet, dass es sich bei den Bestandteilen der strukturierten Produkte nicht um eigenständige Vermögensgegenstände bzw. Wirtschaftsgüter handeln kann, da die Bestandteile nicht die Kriterien erfüllen, die an einen Vermögensgegenstand bzw. ein Wirtschaftsgut gestellt werden.[1157]
Das Kriterium der Greifbarkeit setzt voraus, dass der Vermögenswert als Einzelheit erfassbar und abgrenzbar sein muss. Es ist zu erkennen, dass diese Kriterien bei den Bestandteilen von strukturierten Produkten nicht erfüllt werden, da es sich um die Erfassbarkeit und Abgrenzbarkeit eines Vermögenswertes nach intersubjektiven Kriterien handeln muss.[1158] Es fehlt bei der Zerlegung von strukturierten Produkten sowohl bei der Art der Zerlegung, da verschiedene alternative Ansätze existieren,[1159] als auch bei dem Zerlegungsgrad an objektiven bzw. verbindlichen Kriterien.[1160]
Neben dem Kriterium der Greifbarkeit muss die Voraussetzung der selbständigen Bewertbarkeit vorliegen. Die selbständige Bewertbarkeit erfordert, dass der Vermögenswert einen eigenständigen wirtschaftlichen Wert verkörpern muss.[1161] Zunächst setzt der BFH für die selbständige Bewertbarkeit die bilanzielle Greifbarkeit voraus,[1162] was aufgrund der vorangestellten Aussage bei strukturierten Produkten bereits ein Problem darstellt.[1163] Ausgehend von der Annahme, dass die Greifbarkeit zu bejahen ist, ist nach der BFH-Rechtsprechung für die Behandlung als einheitlicher oder getrennter Vermögenswert entscheidend, dass ein Nutzungs- und Funktionszusammenhang gegeben ist.[1164] Bei strukturierten Produkten ist essentiell, dass erst die Zusammenfassung mehrerer Bestandteile zu einer wirtschaftlichen/ vertraglichen Einheit ihren spezifischen Zweck erfüllt. Das bedeutet, dass zwischen den unterschiedli-

---

1155 Vgl. BFH vom 10.08.1989, X R 176 - 177/87, BStBl. II 1990, S. 15f; BFH vom 08.02.1996, III R 76/90, BFH/NV 1996, 644.

1156 S. BFH vom 26.02.1975, I R 72/73, BStBl II 1976, S. 13; *Weber-Grellet*, in: Schmidt EStG, 27. Auflage 2008, § 5 EStG Rn. 95.

1157 Vgl. *Haisch*, Strukturierte Finanzinstrumente, FR 2009, S. 68; *Briesemeister*, hybride Finanzinstrumente, 2006, S. 205ff.

1158 Vgl. BGH vom 12.02.1987, X ZB 4/86, DB 1987, S. 886; BFH vom 18.06.1975, I R 24/73, BStBl II 1975, S. 811, BFH vom 07.08.2000, GrS 2/99, BStBl II 2000, S. 636; *Haisch*, Strukturierte Finanzinstrumente, FR 2009, S. 67.

1159 Vgl. *Briesemeister*, hybride Finanzinstrumente, 2006, S. 207; *Pross*, Swaps, 1998, S. 27ff.

1160 Vgl. *Haisch*, Strukturierte Finanzinstrumente, FR 2009, S. 68; *Briesemeister*, hybride Finanzinstrumente, 2006, S. 205ff; A. A. *Eisele/Knobloch*, Strukturierte Anleihen, ZfbF 2003, S. 753.

1161 Vgl. BFH vom 03.09.2002, I B 144/01, BFH/NV 2003, S. 154.

1162 Vgl. BFH vom 31.03.1976, I R 85/74, BStBl II 1976, S. 475; *Briesemeister*, hybride Finanzinstrumente, 2006, S. 217.

1163 Vgl. *Briesemeister*, hybride Finanzinstrumente, 2006, S. 221.

1164 Vgl. *Weber-Grellet*, in: Schmidt EStG, 27. Auflage 2008, § 5 EStG Rn. 96; *Jensen-Nissen*, Gewinnermittlung, 2007, S. 124; BFH vom 20.03.2003, IV R 27/01, BStBl II 2003, S. 878.

chen Bestandteilen ein Nutzungs- und Funktionszusammenhang existiert.[1165] Daher können sie nur in ihrer Gesamtheit als „selbständig bewertbar" angesehen werden.[1166]
Zudem muss das „handelsrechtliche" Kriterium der einzelnen Verwertbarkeit erfüllt sein, was bedeutet, dass der Vermögenswert einzeln verwertbar und damit in Geld zu transformieren ist.[1167] Da es sich um die Bestandteile eines einheitlichen Vertrages handelt, ist eine einzelne Veräußerung, Übertragung o. ä. nicht möglich. Daher ist eine Einzelverwertbarkeit nicht gegeben.[1168] Es entsteht auch keine andere Beurteilung aufgrund der Tatsache, dass Teile eines strukturierten Produktes durch wirtschaftliche Glattstellung neutralisiert werden können.[1169] Hierbei muss beachtet werden, dass das Geschäft exakt bewertet werden muss.[1170]
Da die Kriterien, die an einen Vermögensgegenstand bzw. an ein Wirtschaftsgut gestellt werden, nicht von den einzelnen Bestandteilen erfüllt werden, sind strukturierte Produkte als ein einheitliches Bilanzierungsobjekt einzustufen.[1171] Die vom IDW geforderte Zerlegung ist bei Beachtung der rechtlichen Grundlagen demnach nicht möglich.
Obwohl eine Zerlegung von strukturierten Produkten rechtlich nicht gerechtfertigt erscheint, muss beachtet werden, dass es aus bestimmten Gründen auch zu Einschränkungen oder Ausnahmen von dieser allgemeinen, gültigen Rechtsgrundlage kommen kann. So wird bei der Zerlegung von strukturierten Produkten eine Ausnahme über drei Ansätze als gerechtfertigt begründet. Erstens wird über die wirtschaftliche Betrachtungsweise argumentiert, zweitens wird der True and Fair View-Grundsatz als Argument herangezogen und drittens wird die Zerlegung damit begründet, dass eine Überkreuzkompensation unzulässig ist.[1172]
Bei der Klärung der Frage, ob eine Zerlegung aufgrund der wirtschaftlichen Betrachtungsweise gerechtfertigt sein kann, muss beachtet werden, dass die Art und der Grad der Zerlegbarkeit nicht objektivierbar und verbindlich sind.[1173] Zudem muss geklärt werden, ob die vorgenommene Zerlegung auch für eine gerechte steuerbilanzielle Gewinnermittlung herangezogen werden kann, da sie immer von subjektiven Einschätzungen des Anwenders

1165 Vgl. *Weber-Grellet,* in: Schmidt EStG, 27. Auflage 2008, § 5 EStG Rn. 96.
1166 Vgl. *Briesemeister*, hybride Finanzinstrumente, 2006, S. 221.
1167 Vgl. *Wiedmann,* in: Wiedmann Bilanzrecht, 2. Auflage 2003, § 246 HGB Rn. 3.
1168 Vgl. *Häuselmann/Wagner*, Aktienanleihen, BB 2002, S. 2434; *Wiese/Dammer*, Finanzinstrumente, DStR 1999, S. 869; *Häuselmann*, Aspekte, 1997, S. 77.
1169 Vgl. BFH vom 24.01.2001, I R 119/98, BStBl II 2001, S. 515. *Haisch*, Strukturierte Finanzinstrumente, FR 2009, S. 69.
1170 Zudem können m. E. wieder Probleme aufgrund der Überkreuzkompensationen entstehen.
1171 Vgl. *Haisch*, Strukturierte Finanzinstrumente, FR 2009, S. 69.
1172 Vgl. *Haisch*, Strukturierte Finanzinstrumente, FR 2009, S. 70f.
1173 Da in den wenigsten Fällen die den strukturierten Produkten zugrunde liegenden Komponenten für Nicht-Finanzinstitute auf den ersten Blick ersichtlich sind, ist eine Identifizierung, Quantifizierung, Zerlegung und Bewertung der Produkte mit immensen Schwierigkeiten verbunden. Vgl. *Schaber/Rehm/Märkl*, strukturierte Finanzinstrumente, 2008, S. 1. In einer empirischen Studie von Glaum/Förschle, durchgeführt im Jahre 2000, wurde festgestellt, dass die Unternehmen das größte Problem im Umgang mit Finanzinstrumenten darinsehen, dass sie nicht in der Lage sind, die Preisbildung und die Risiken der eingesetzten Instrumente zu beurteilen. Diese Aussage bezog sich insbesondere auf Plain Vanilla-Produkte. *Glaum/Förschle,* Handelsunternehmen, 2000, S. 36.

abhängig ist. Die Bewertung muss auf der Grundlage aller das strukturierte Produkt beeinflussenden Faktoren erfolgen, so dass eine vollständige Wertkompensation innerhalb des Produktes stattfindet.[1174] Das strukturierte Produkt macht meistens mehr aus als die Summe seiner Teile, daher müssen auch die Wechselwirkungen zwischen den Elementen berücksichtigt werden.[1175]

Die zweite Argumentationslinie, die über den § 264 HGB (den True and Fair View-Grundsatz) geführt wird, ist vom BFH bei anderen Sachverhalten als möglich,[1176] aber nur in Ausnahmefällen als Argumentationslinie angesehen worden. Daher kann sie für eine grundsätzliche Zerlegung von strukturierten Instrumenten nicht als Rechtfertigung herangezogen werden.

Wie bereits aufgezeigt werden konnte, kann die Zerlegung von strukturierten Produkten und damit einhergehend die Einzelbilanzierung auch nicht mit dem Argument begründet werden, dass es zu keiner Überkreuzkompensation innerhalb des strukturierten Produktes kommen darf.

Aus den aufgezeigten Gründen ist eine Zerlegung von strukturierten Produkten daher bilanzrechtlich nicht zulässig.

3.2.3.3.3.3 Bilanzielle Behandlung von Strukturierten Produkten

Da das IDW eine Zerlegung von strukturierten Produkten verlangt, wenn diese von unterschiedlichen Risiken induziert werden, muss davon ausgegangen werden, dass trotz rechtlicher Unzulässigkeit diese Zerlegung in der handelsrechtlichen Praxis durchgeführt wird.[1177] Da der Gesetzgeber sich bei Einführung des BilMoG im Rahmen der Klärung der Zulässigkeit von Bewertungseinheiten an der gängigen Praxis orientiert hat, muss im Weiteren auch die Zerlegung von strukturierten Produkten beachtet werden. Daher ist grundsätzlich davon auszugehen, dass ein strukturiertes Produkt aus mehreren unterschiedlichen Bilanzierungsobjekten besteht.[1178] Werden diese einzelnen Bilanzierungsobjekte Teil einer Bewertungseinheit, sind insbesondere die Rechtsfolgen für die steuerliche Gewinnermittlung zu untersuchen.

1174 Vgl. *Schaber/Rehm/Märkl*, strukturierte Finanzinstrumente, 2008, S. 8.

1175 Vgl. *Briesemeister*, hybride Finanzinstrumente, 2006, S. 82.

1176 Wie bei der Frage der Bewertungseinheit gezeigt wurde. Nicht rechtskräftiger Gerichtsbescheid vom 19.03.2002, IR 87/00 n. v.; Wiedergabe durch *Christiansen*, Einzelbewertung, DStR 2003, S. 265.

1177 So auch *Haisch*, Strukturierte Finanzinstrumente, FR 2009, S. 71.

1178 Vgl. *Häuselmann*, anteilsbezogene Derivate, Ubg 2008, S. 398; *Häuselmann/Wagner*, Aktienanleihen, BB 2002, S. 2434f.; *Scharpf/Luz*, Risikomanagement, 2000, S. 653ff.; Obwohl sie von einem Bilanzierungsobjekt ausgehen. Im Schrifttum wird sowohl die Auffassung vertreten, dass bei Nicht-Zerlegung auch keine Bewertungseinheit gebildet werden kann als auch die Ansicht, dass strukturierte Produkte mit eingebetteten Optionsrechten wie z. B. Aktienanleihen oder Umtauschanleihen taugliche Instrumente zur Bildung von Bewertungseinheiten sind.

3.2.4 Voraussetzungen zur Bildung von Bewertungseinheiten

Nachdem betrachtet wurde, welche Bestandteile Teil einer Bewertungseinheit sein können und wieweit der Anwendungsbereich der Bewertungseinheit zu ziehen ist, wird auf die Voraussetzungen eingegangen, die der Gesetzgeber an eine Bewertungseinheit anlegt bzw. dem Unternehmen auferlegt, welches die Bewertungseinheit bilanziell abbilden will.

3.2.4.1 Untersuchung der bisher vom BFH und Schrifttum geforderten Voraussetzungen

Die Diskussion über die Bildung von Bewertungseinheiten, die seit Jahren in der handelsrechtlichen Literatur geführt wurde, hat sich in ihrem Kern stets mit der Frage beschäftigt, welche Anforderungen an die Bildung einer Bewertungseinheit gestellt werden müssen.[1179]
Die Formulierung von restriktiven Voraussetzungen für die Zulässigkeit einer Bewertungseinheit wird als erforderlich angesehen, um ein Aufweichen der GoB, mithin eine Saldierung von Gewinnen und Verlusten, die nur in einem losen Sachzusammenhang stehen, zu verhindern.[1180]
Bei der Analyse und Würdigung der Kriterien ist zu bedenken, dass diese auf der Grundlage handelsrechtlicher Bilanzierungsgrundsätze und nicht unter Beachtung steuerlicher Besonderheiten entwickelt worden sind. Danach wurde davon ausgegangen, dass Verluste, die aus finanzwirtschaftlicher Sicht nicht vorliegen, stets in der Bilanz ausgewiesen werden müssen, und dass das Unternehmen zudem bestrebt ist, diese Verluste nicht in der Handelsbilanz ausweisen zu müssen.[1181]
Anhand der Fülle der in der Literatur aufgezeigten Voraussetzungen, ist deutlich zu erkennen, dass das Verfassen erschöpfender und dennoch praktikabler Kriterien, gerade wegen des Umfangs und der dynamischen Entwicklung der Materie, mit großen Schwierigkeiten verbunden ist. Da die unterschiedlichsten Finanzinstrumente sowie Kombinationen verschiedenster Risiken und Strategien zum Einsatz kommen, ist es nicht verwunderlich, dass ein weites Spektrum an Voraussetzungen von den Fachgremien und dem Schrifttum entwickelt wurde.[1182] Aus diesem Grund gab es bisher keine klar umrissene Anzahl an Voraussetzungen für die Bildung von Bewertungseinheiten. Die meisten Vorschläge stimmen jedoch in

---

1179 Vgl. *Prahl/Naumann*, Financial Instruments, in: HdJ, Abt. II/10, Rn. 182 – 200. insbesondere 195ff; *Mauritz*, Konzepte, 1996.

1180 Vgl. *Schwitters/Bogajewskaja,* in: Beck HdR, B 730 Rn. 114; *Scharpf/Luz*, Risikomanagement, 2000, S. 278; *Burkhardt*, Grundsätze, 1988, S. 124.

1181 Vgl. hierzu Kapitel C II 1.

1182 Vgl. *Patek*, Finanzprodukte, 2001, S. 230 – 248; *Waldersee*, Bilanzierung, in: FS Weber, 1999, S. 249; *Herzig/Mauritz*, Micro-Hedges, WPg 1997, S. 145; *IDW*, Futures, BFA 2/1993, WPg 1993, S. 517f; *Häuselmann/Wiesenbart*, Terminbörse, DB 1990, S. 644.

nachfolgenden Anforderungen überein.[1183] Demnach müssen die nachvollziehbare Dokumentation, die Durchhalteabsicht, der Sicherungszweck, der objektive Absicherungsbedarf und die objektive Eignung der verbundenen Geschäfte zur Sicherung des identifizierten Risikos kumulativ gegeben sein.[1184] Diese Grundvoraussetzungen müssen bei einem Micro Hedge erfüllt werden. Für die Anerkennung eines Macro und eines Portfolio Hedges sind noch weitere Voraussetzungen entwickelt worden. Die gewichtigste zusätzliche Voraussetzung ist das Vorhandensein eines Risikomanagements.[1185] Damit auch antizipative Sicherungsbeziehungen als zulässig angesehen werden können, sind darüber hinaus von ihren Befürwortern weitere Voraussetzungen für die Bildung antizipativer Sicherungsbeziehungen entwickelt worden.[1186]

Obwohl die vorbezeichneten Voraussetzungen zunächst einfach und klar erscheinen, sind sie auslegungsbedürftig. So ist der Sicherungszusammenhang vom Unternehmer zu dokumentieren. Hierbei ist nicht nur erheblich, dass die Dokumentation durchgeführt wird, sondern für eine vernünftige und vergleichbare Dokumentation ist auch von Bedeutung, wann und wie sie erstellt wird. Es ist daher wichtig, dass Absicherungszusammenhänge erkannt oder bewusst herbeigeführt werden und dass zudem beabsichtigt ist, die Risikovermeidungsmöglichkeiten zu nutzen.[1187] Darüber hinaus ist zu beachten, dass das eingesetzte Sicherungsinstrument auch tatsächlich zur Absicherung geeignet ist. Dafür muss das Sicherungsgeschäft im Zusammenwirken mit dem Grundgrundgeschäft zu einer Kompensation im Sinne einer negativen Korrelation[1188] führen. Damit eine Kompensation erreicht werden kann, müssen das Grund- und das Sicherungsgeschäft, bzw. die Risikowirkungen eindeutig identifizierbar sein und objektiv in einem Nutzungs- und Funktionszusammenhang[1189] stehen. Die Zusammenführung zu einem Nutzungs- und Funktionszusammenhang muss dabei vom Bilanzierenden über den Bewertungsstichtag hinaus gewollt sein, was als Durchhalteabsicht bezeichnet wird. Damit dieses Durchhalten und die Kompensation bis zur Erlangung des Absicherungszwecks gewährleistet sind, wird teilweise gefordert, dass die Geschäfte über die gesamte und gleiche Laufzeit gehalten werden müssen. Die Forderung nach einer Laufzeitidentität ist wirtschaft-

---

1183 Vgl. *Scharpf/Luz*, Risikomanagement, 2000, S. 278ff.; *Steiner/Wallmeier*, Bilanzierung, in: FS Coenenberg, 1998, S. 310. Um einen Eindruck von der Meinungsvielfalt zu erhalten s. *Herzig/Mauritz*, Micro-Hedges, WPg 1997, S. 145; *Brackert/Prahl/Naumann,* Risikosteuerung, WPg 1995, S. 544.

1184 Vgl. *Herzig/Mauritz*, Micro-Hedges, WPg 1997, S. 146.

1185 Vgl. *Bieg*, Grundlagen Teil II, StB 2002, S. 475; *Brackert/Prahl/Naumann*, Risikosteuerung, WPg 1995, S. 550.

1186 Vgl. *Scharpf/Schaber*, BilMoG, KoR 2008, S. 540; *Pfitzer/Scharpf/Schaber*, antizipative Hedges Teil 2, S. 723.

1187 Vgl. *Breker*, Optionsrechte, 1993, S. 194f.; *Finne*, Bilanzierung, 1991, S. 215ff.

1188 S. B II 2.4; S. *Steiner/Tebroke/Wallmeier*, Finanzderivate, WPg 1995, S. 536. In der Literatur werden Mindestwerte genannt, die zwischen -0,6 und -0,85 schwanken. S. *Gebhardt*, Probleme, BFuP 1996, S. 573.

1189 Den Nutzungs- und Funktionszusammenhang definiert der Arbeitskreis „Externe Unternehmensrechnung" der Schmalenbach-Gesellschaft über die Wahrscheinlichkeit eines Ausgleichs von Risiken und Chancen. *Arbeitskreis „Externe Unternehmensrechnung"*, Bilanzierung, DB 1997, S. 639.

lich jedoch nicht immer sinnvoll,[1190] da die Grundgeschäfte oft langfristiger Natur sind, entsprechende Sicherungsgeschäfte aber zu vernünftigen Konditionen meist nur für kurze Laufzeiten erhältlich sind. Laufzeitidentität kann daher nur erheblich sein, wenn kein Anschlusssicherungsgeschäft besteht.[1191] Es muss vielmehr gewährleistet sein, dass die abgesicherten Risiken über den Absicherungszeitraum gedeckt sind.

Zudem führt die Frage, ob und wann eine objektive Eignung zur Risikoabsicherung gegeben ist, zu Problemen. Unstrittig ist, dass sowohl das Grundgeschäft als auch das Sicherungsgeschäft keinem bzw. nur einem geringen Ausfallrisiko unterliegen dürfen. Wenn hohe Ausfallrisiken vorliegen, kann die Stabilität des Zusammenhangs nicht gewährleistet werden. Wann eine Sicherungsbeziehung generell imperfekt ist und wie dieses zu bestimmen ist, ist aber noch nicht abschließend geklärt.

Bereits aus dieser kurzen Analyse der Voraussetzungen ist ersichtlich, dass sich keine allgemeingültigen objektiven Voraussetzungen formulieren lassen, die eine einheitliche Anwendung gewährleisten.[1192] Aus diesem Umstand ergeben sich erhebliche bilanzpolitische Spielräume,[1193] die genutzt werden können, da die Rechtsfolgen der Bewertungseinheit erheblich von denen der Einzelbewertung abweichen. Die subjektiv beeinflussten Komponenten werden dann zu einem Problem, wenn eine Verknüpfung zwischen Handels- und Steuerbilanz besteht und damit „Zielkonflikte" für den Bilanzersteller auftreten.

Die starke Subjektivierung der Voraussetzungen, die besonders bei der Dokumentationspflicht, dem Sicherungszweck und der Durchhalteabsicht deutlich werden, hat auch der BFH in dem bereits erwähnten Gerichtsbescheid als problematisch angesehen.[1194] Dies veranlasste ihn, eine Verobjektivierung der Voraussetzungen vorzunehmen. Denn nur wenn sehr restriktive Kriterien erfüllt werden, kann es zu einer sachgerechten Darstellung der wirtschaftlichen Lage des Unternehmens kommen.[1195] Es kommt demnach allein auf den objektiven Sicherungszusammenhang und nicht auf subjektive Kriterien wie den Sicherungswillen oder die

---

1190 Vgl. *Brackert/Prahl/Naumann*, Risikosteuerung, WPg 1995, S. 547. Die Bewertung ist bei der kompensatorischen Bewertung auf die Zukunft gerichtet; dem liegt die Idee zugrunde, dass die Positionen wirtschaftlich und nicht nur bilanziell parallel gehalten und somit zur gleichen Zeit liquidiert werden. Es entsteht keine Risikominimierung, wenn ein langfristiges Grundgeschäft nur kurzfristig abgesichert wird.

1191 Vgl. *Windmöller/Breker*, Optionsgeschäfte, WPg 1995, S. 398; *Brackert/Prahl/Naumann*, Risikosteuerung, WPg 1995, S. 547; *Breker*, Optionsrechte, 1993, S. 190. *Kommission für Bilanzierungsfragen des Bundesverbandes deutscher Banken*, DTB-Aktienoptionen, Die Bank 1990, S. 213; *IDW*, Jahres- und Konzernabschluss, WPg 1986, S. 665; *IDW*, Devisengeschäfte, BFA 1/1975, WPg 1975, S. 665.

1192 Vgl. *Wotschofsky/Thomas*, Termingeschäfte Teil B, BBK 2002, Fach 12, S. 6626.

1193 Vgl. *Mauritz*, Konzepte, 1996, S. 14 und S. 94.

1194 Vgl. BFH vom 19.03.2002, I R 87/00 veröffentlicht durch *Christiansen*, Einzelbewertung, DStR 2003, S. 265.

1195 Vgl. *Christiansen*, Einzelbewertung, DStR 2003, S. 265f.; *A/D/S*, 6. Auflage 1995, § 253 HGB Rn. 107ff. Dies macht deutlich, dass der BFH Bewertungseinheiten in der Steuerbilanz nur unter strikten Restriktionen als zulässig ansieht. *Hahne*, Entwicklungen, DStR 2005, S. 844; *Hahne*, Bewertung, BB 2003, S. 1944.

Dokumentationspflicht an.[1196] Durch die Verobjektivierung der Kriterien hat der BFH indirekt aufgezeigt, dass ein zentrales Problem der kompensatorischen Bewertung darin besteht, dass durch die Einhaltung oder Nichteinhaltung der subjektiven Voraussetzungen der Unternehmer stets ein faktisches Wahlrecht zur Bildung von Bewertungseinheiten hat.

Der BFH[1197] hat für den Fall der Fremdwährungsumrechnung aufgezeigt, dass zwischen dem Grund- und dem Sicherungsgeschäft eine Währungsidentität bestehen muss. Die Zahlungsansprüche und -verpflichtungen müssen sich betragsgleich gegenüberstehen (Betragsidentität) und das Grund- und Sicherungsgeschäft die gleiche Restlaufzeit aufweisen (Fristenkongruenz/Laufzeit).[1198] Im Widerspruch zu den FG Urteilen und der h. M. in der handels- und steuerrechtlichen Literatur steht die Forderung des BFH nach einer Laufzeitkongruenz bzw. Fälligkeitsidentität.[1199] Nach Auffassung des BFH gewährleistet nur eine Fälligkeitsidentität den geforderten Risikoausschluss.[1200] Und nur ein endgültiger Risikoausschluss kann eine Objektivierung und damit den Gläubigerschutz gewährleisten.[1201] Gerade vor dem Hintergrund einer Besteuerung nach dem Leistungsfähigkeitsprinzip müsse der Grundsatz der Objektivierung eingehalten werden. Demnach sei ein Bewertungsverfahren so zu gestalten, dass subjektive Spielräume möglichst vermieden werden.[1202] Grundsätzlich ist ein hoher Objektivierungsgrad notwendig, da die Behandlung als Bewertungseinheit an keine rechtliche oder vertragliche Grundlage, sondern nur an den Einsatzzweck anknüpft.[1203]

Diese sehr stringente Sichtweise des BFH spiegelt den Gedanken wieder, dass keine subjektiven Einflüsse auf die Sicherung einwirken dürfen. Nur wenn eine „Einheit" gebildet wird, die einer „rechtlichen Einheit" entspricht, darf diese als Bewertungseinheit verwendet werden. Dieser Standpunkt des BFH ist allerdings weit von der finanzwirtschaftlichen Vorgehensweise entfernt.[1204]

1196 Vgl. *Hahne*, Bewertung, BB 2003, S. 1946.

1197 Vgl. BFH vom 19.03.2002, I R 87/00 veröffentlicht durch *Christiansen*, Einzelbewertung, DStR 2003, S. 265.

1198 Vgl. *Lührmann*, Umrechnung, DStR 1998, S. 387; BFH vom 19.03.2002, I R 87/00 veröffentlicht durch *Christiansen*, Einzelbewertung, DStR 2003, S. 265.

1199 Vgl. *Hahne*, Bewertung, BB 2003, S. 1946; *Christiansen*, Einzelbewertung, DStR 2003, S. 267; FG Schleswig-Holstein vom 15.3.2000, I 714/91, EFG 2000, S. 1058; *Burkhardt*, Grundsätze, 1988, S. 188; *IDW*, Devisengeschäfte, BFA 1/1975, WPg 1975, S. 666.

1200 Vgl. BFH vom 19.03.2002, I R 87/00 veröffentlicht durch *Christiansen*, Einzelbewertung, DStR 2003, S. 267. Zur weiteren Diskussion s. *Burkhardt*, Grundsätze, 1988, S. 188ff.

1201 Vgl. *Hahne*, Bewertung, BB 2003, S. 1944.

1202 Vgl. BFH vom 19.03.2002, I R 87/00 veröffentlicht durch *Christiansen*, Einzelbewertung, DStR 2003, S. 267.

1203 Wie bei der Laufzeitkongruenz mit Anschlusssicherungsgeschäften zu verfahren ist, wird näher in Teil C 4.4 dieser Arbeit ausgeführt.

1204 Die finanzwirtschaftliche Vorgehensweise ist aber durchaus sachgerecht und entspricht den Entscheidungen der Finanzgerichte.

3.2.4.2 Voraussetzungen nach BilMoG

Nachdem der BHF in dem genannten Gerichtsbescheid seine sehr restriktive Sichtweise dargelegt hat, aufgrund derer fast jegliche finanzwirtschaftlich gebildete Bewertungseinheit steuerlich nicht anerkannt worden wäre, wurde § 5 Abs. 1a EStG kodifiziert, der eine Maßgeblichkeitsregel schafft, die auf die handelsrechtlichen Ergebnisse abstellt. Daher überrascht es nicht, dass die Voraussetzungen, die das BilMoG an eine Bewertungseinheit stellt, bei weiten nicht so restriktiv sind wie die vom BFH geforderten Voraussetzungen.

Vor dem Hintergrund des sehr weit gefassten Anwendungsbereiches, der auch die bilanzielle Behandlung von antizipativen Hedges als zulässig ansieht, ist es erstaunlich, wie unpräzise von Seiten des Gesetzgebers die Voraussetzungen die an die Bildung von Bewertungseinheiten gestellt werden, formuliert sind. Dies verwundert auch deshalb, weil die Vielzahl an Voraussetzungen, die vom handelsrechtlichen Schrifttum über Jahre entwickelt wurden, das Unterlaufen der GoB einschränken sollten.[1205] Die Auffassung, dass die Voraussetzungen zu weit gefasst sind bzw. dass zu wenige Anforderungen an die Bildung der Bewertungseinheit gestellt werden, wird auch vom Bundesrat geteilt, der in der Stellungnahme vom 04.07.2008 anmerkt, dass die tatbestandlichen Voraussetzungen einer Bewertungseinheit in der Gesetzesbegründung nicht definiert werden und sich infolgedessen ein großer bilanzpolitischer Spielraum ergibt. Das Ziel, die Informationsfunktion der Bilanz zu verstärken, wird daher verfehlt.[1206] Zudem entstehen nicht zu unterschätzende Auswirkungen auf die steuerliche Gewinnermittlung.

Aufgrund der Tatsache, dass im Rahmen der Rechtsauslegung dem Gesetzeswortlaut eine besondere Gewichtung zukommt, ist des Weitern als problematisch anzumerken, dass sich die wenigen geforderten Voraussetzungen nicht explizit aus dem Gesetzeswortlaut ergeben. Dies kann insbesondere vor dem Hintergrund der vorsichtigen und objektiven Vermögens- und Erfolgsermittlung und den Auswirkungen auf die steuerliche Gewinnermittlung zu Problemen führen.[1207]

Aus dem Gesetzestext kann explizit als Voraussetzung nur herausgelesen werden, dass die Wertänderungen oder Zahlungsströme, die sich ausgleichen, aus vergleichbaren Risiken resultieren müssen. Mit vergleichbaren Risiken sollen ausdrücklich gleichartige Risiken gemeint sein.[1208]

1205 Anders als das Schrifttum, das für die deutsche Rechnungslegung eine Unmenge an Voraussetzungen fordert, nennt IAS 39.88 fünf Voraussetzungen, die kumulativ erfüllt sein müssen. Vgl. *Hackenberger*, Sicherungsbeziehungen, PiR 2007, S. 268; *Schneider*, Sicherungsgeschäfte, PiR 2006, S. 168ff.

1206 BR Drucks., Stellungnahme des Bundesrates zum Regierungsentwurf des BilMoGs 344/08, S. 6.

1207 So auch Patek zum Regierungsentwurf, *Patek*, Bewertungseinheiten, KoR 2008, S. 527.

1208 Vgl. *Beschlussempfehlung* vom 24.03.2009, Drs. 16/12407, Begründung, S. 170; *Kraft/Bischoff*, Bewertungseinheiten, in: Schmiel/Breithecker, Gewinnermittlung, 2008, S. 183.

Zudem gelten laut Gesetzeswortlaut die Rechtsfolgen der Bewertungseinheit nur für den Umfang und den Zeitraum, in dem die gegenläufigen Wertänderungen oder Zahlungsströme sich ausgleichen. Die Bezugnahme auf den Umfang und den Zeitraum intendiert laut Begründung zur Beschlussfassung, dass ein Unternehmer am Bilanzstichtag festzustellen hat, in welchem Umfang es in der Zukunft voraussichtlich zu einem Ausgleich kommen wird. Danach ist abweichend von der Fassung der Bundesregierung die Anforderung, dass die Bewertungseinheit zum Zweck der Absicherung gebildet werden muss, nicht mehr explizit aus dem Gesetzestext zu lesen.[1209] Vielmehr wird anstelle des Absicherungszweckes der Ausgleich der sich aus den Risiken ergebenden gegenläufigen Wertänderungen oder Zahlungsströme in den Vordergrund gestellt. Zu beachten ist, dass in der steuerrechtlichen Regelung weiterhin der Begriff der Absicherung und nicht die Begrifflichkeit des Ausgleiches verwendet wird.[1210] Da der Umfang des Ausgleiches festzustellen ist, muss ein Effektivitätstest durchgeführt werden. Um einen sachgerechten Effektivitätstest durchführen zu können, ist nach Auffassung des Gesetzgebers die Voraussetzung erforderlich, dass es sich um gegenläufige Wertänderungen oder Zahlungsströme aus vergleichbaren Risiken handeln muss, da es anderen falls zum Ausgleich von zufälligen Wertänderungen kommen könnte.[1211] Wie die Wirksamkeit gemessen werden soll, wird ausdrücklich nicht vorgegeben; das Verfahren soll vom Unternehmer selber gewählt werden.[1212]

Eine Durchhalteabsicht kann aus dem Gesetzeswortlaut nur insoweit herausgelesen werden, als dass aufgezeigt werden muss, inwiefern sich der Ausgleich der gegenläufigen Wertänderungen und Zahlungsströme in der Zukunft voraussichtlich ergeben wird. Da es in § 254 HGB explizit heißt, die Rechtsfolgen seien für den Zeitraum anzuwenden, in dem sich die Risiken ausgleichen, ist eine Durchhalteabsicht bis zur Fälligkeit des Instrumentes keine ausdrückliche Voraussetzung.[1213] In der Gesetzesbegründung zum Regierungsentwurf wurde eindeutig klargestellt, dass die Bewertungseinheit bis zur Erreichung des Absicherungszwecks beizubehalten ist. Gleichwohl könnte es, vorausgesetzt, es liegen wirtschaftlich plausible Gründe vor, auch zu einer vorzeitigen Beendigung der Bewertungseinheit kommen. Inwieweit wirtschaftlich plausible Gründe eine vorzeitige Auflösung rechtfertigen können, wird nicht deutlich. Aus ökonomischen Gründen ist die Möglichkeit einer vorzeitigen Beendigung zu befürworten, da ein Unternehmen sich aufgrund der Durchhalteabsicht nicht wirtschaftlich schlechter

1209 Vgl. *Regierungsentwurf* BilMoG vom 23.05.2008, Drs. 344/08, Begründung S. 129.

1210 Siehe § 5 Abs. 1a S. 2 EStG.

1211 Vgl. *Beschlussempfehlung* vom 24.03.2009, Drs. 16/12407, Begründung, S. 170; so auch *Referentenentwurf* BilMoG vom 08.11.2007, Begründung, S. 118.

1212 Vgl. *Beschlussempfehlung* vom 24.03.2009, Drs. 16/12407, Begründung, S. 170; *Löw/Scharpf/Weigel*, Finanzinstrumente, WPg 2008, S. 1018; *Patek*, Bewertungseinheiten, KoR 2008, S. 525.

1213 Im Rahmen der Gesetzesfassung der Bundesregierung wurde noch explizit eine Durchhalteabsicht gefordert. So auch *Scharpf/Schaber*, BilMoG, KoR 2008, S. 538; *Oser/Roß/Wader/Drogemüller*, BilMoG, WPg 2008, S. 685. Da das Ziel der Risikoabsicherung einen Zukunftsbezug der Sicherungsbeziehung beinhaltet, darf diese nicht rückwirkend begründet werden, und zudem muss die Durchhalteabsicht bis zur Fälligkeit gegeben sein.

stellen sollte. Es kann nicht als sinnvoll angesehen werden, eine Sicherungsbeziehung aufrechtzuhalten, die aus ökonomischen Gründen wieder revidiert werden muss.[1214] Zudem ist es aus wirtschaftlichen Gründen auch sachgerecht, dass keine Laufzeitidentitäten vorliegen müssen. Im Schrifttum wird zudem die Auffassung vertreten, dass anders als bei IFRS ein sog. „Part time Hedge" zulässig ist, wenn dies vom Risikomanagement „vernünftig" dargelegt worden ist.[1215]

Die Dokumentation einer Sicherungsbeziehung wird laut Begründung zur Beschlussfassung nicht ausdrücklich zum Tatbestandsmerkmal erhoben. Anstatt in § 254 HGB klar zu formulieren, wie dokumentiert werden muss, ist vielmehr § 285 Nr. 23 HGB normiert worden, der bei Anwendung des § 254 HGB gewisse Angabepflichten im Anhang fordert.[1216]

Demnach muss nach § 285 Nr. 23a HGB[1217] im Anhang angegeben werden, mit welchem Betrag die Grundgeschäfte zur Absicherung welcher Risiken in welche Arten von Bewertungseinheiten einbezogen werden. Zudem ist über das Gesamtvolumen der abgesicherten Risiken zu berichten. Der Detaillierungsgrad der Angaben hängt dabei von dem Umfang der Bewertungseinheit ab. Laut Gesetzesbegründung der Bundesregierung sind an die Anhangsangaben eines Micro Hedges wesentlich geringere Anforderungen zu stellen.[1218] Wenn keine ausdrücklichen Anforderungen gestellt werden, ergibt es jedoch wenig Sinn, von „geringeren Anforderungen" zu sprechen, da diese nur in Bezug zu anderen Anforderungen auslegbar sind. Die Aussage, dass in bestimmten Fällen an die Angaben geringere Anforderungen zu stellen sind, lässt die handelsrechtliche Literatur zu dem Schluss kommen, dass die „shortcut-Methode" für Zwecke der Dokumentation angewendet werden darf.[1219]

Laut Gesetzesbegründung dürfen gewisse Anforderungen aufgeweicht werden, wenn ein angemessenes und vernünftiges Risikomanagementsystem besteht. Wie dieses Risikomanagement ausgestaltet sein muss und wann von einem angemessenen und vernünftigen Risikomanagement ausgegangen werden kann, wird nicht näher definiert. Entgegen der Forderung in der handelsrechtlichen Literatur wird die Bildung von Macro und Portfolio Hedges nicht explizit von dem Vorliegen eines Risikomanagementsystems abhängig gemacht.

1214 Vgl. *Regierungsentwurf* BilMoG vom 23.05.2008, Drs. 344/08, Begründung S. 129.; *Brackert/ Prahl/Naumann*, Risikosteuerung, WPg 1995, S. 547.

1215 Vgl. *Scharpf/Schaber:* Auch part time hedges sind weiterhin zulässig. *Scharpf/Schaber*, BilMoG, KoR 2008, S. 538; *Häuselmann*, anteilsbezogene Derivate, Ubg 2008, S. 391ff.

1216 *Beschlussfassung* BilMoG vom 27.03.2009, Begründung, S. 170.

1217 Die Anhangsangaben für Kreditinstitute sind in § 314 Abs.1 Nr.15 HGB-E geregelt, werden hier aber nicht näher ausgeführt.

1218 Vgl. *Regierungsentwurf* BilMoG vom 23.05.2008, Drs. 344/08, Begründung S. 129. Wenn sich gewisse Parameter wie Laufzeit und Nominalbetrag entsprechen.

1219 Vgl. *Wiechens/Helke*, Finanzinstrumente, DB 2008, S. 1336. Die shortcut-Methode ist aus SFAS 133.68 bekannt und wird demzufolge bei US-GAAP angewendet. Die Shortcut-Methode ist nach IAS grundsätzlich nicht erlaubt. Auch *Scharpf/Schaber*, BilMoG, KoR 2008, S. 538 erwähnen die Shortcut-Methode.

§ 285 Nr. 23b HGB fordert Angaben zur Wirksamkeit der Bewertungseinheit. Demnach ist anzugeben, warum und in welchem Umfang und für welchen Zeitraum sich die gegenläufigen Wertänderungen oder Zahlungsströme künftig voraussichtlich ausgleichen. Zudem ist anzugeben, welche Methode zur Ermittlung dieser Werte herangezogen wurde.[1220]

Für die mit hoher Wahrscheinlichkeit erwarteten Transaktionen müssen gemäß § 285 Nr. 23c HGB zusätzliche Angaben gemacht werden. Um welche zusätzlichen Erläuterungen es sich hierbei handeln soll, ist aus dem Gesetzeswortlaut nicht ersichtlich. In der Begründung zu § 285 Nr. 23c HGB heißt es, es muss für Dritte nachvollziehbar mit plausiblen Gründen dargelegt werden, warum am Bilanzstichtag von einer hohen Wahrscheinlichkeit auszugehen ist. Wenn das Sicherungsgeschäft ein Derivat ist, dessen Zeitwert unter den Anschaffungskosten liegt, soll gesondert angegeben und erläutert werden, warum eine Kompensation zu erwarten ist.[1221] Diese Vorgehensweise wird nur in der Begründung zur Beschlussempfehlung thematisiert und ist aus dem Gesetzeswortlaut nicht ersichtlich.

Die Anforderungen, die an ein antizipatives Hedge gestellt werden, entsprechen bei weitem nicht den Forderungen, die von den Befürwortern von antizipativen Hedges entwickelt wurden. Diese haben für die bilanzielle Behandlung immer strenge Maßstäbe gefordert, damit eine Objektivierung gewahrt bleibt.[1222]

Darüber hinaus enthält § 285 Nr. 23 HGB eine Öffnungsklausel, nach der auf die Angaben im Anhang verzichtet werden kann, soweit diese Angaben bereits im Lagebericht gemacht wurden.[1223] Da die geforderten Angaben von den großen Kapitalgesellschaften bisher schon im Lagebericht gezeigt werden mussten, sieht der Gesetzgeber für diese Kapitalgesellschaften in Bezug auf die erforderlichen Angaben keine Änderungen gegenüber der bisherigen Vorgehensweise. Bei kleinen Kapitalgesellschaften geht der Gesetzgeber davon aus, dass sie nicht über Bewertungseinheiten verfügen.[1224] In diesem Zusammenhang muss aber darauf hingewiesen werden, dass nach § 254 HGB grundsätzlich alle Unternehmen Bewertungseinheiten bilden dürfen. Probleme können dann entstehen, wenn ein Unternehmen nicht zur Erstellung eines Anhangs zur Bilanz verpflichtet ist.

Durch die Angaben im Anhang soll die missbräuchliche und nachträgliche Bildung von Bewertungseinheiten eingedämmt werden.[1225] Zwingende Vorgaben, wie die Angaben zu erfolgen haben, sollen aber aufgrund der möglichen Vielzahl an verschiedenen Bewertungs-

---

1220 Vgl. *Löw/Scharpf/Weigel*, Bilanzierung, WPg 2008, S. 1017. Die Verknüpfung mit dem Risikomanagement ist aufzuzeigen und auch, wie die Risiken verifiziert und gemessen werden.

1221 Vgl. *Beschlussempfehlung* vom 24.03.2009, Drs. 16/12407, Begründung, S. 176.

1222 Vgl. *Wiechens/Helke*, Finanzinstrumente, DB 2008, S. 1336; *Löw*, Finanzinstrumente, Accounting 1/2008, S. 14; *Göttgens*, Accounting, BFuP 1995, S. 150.

1223 S. *Beschlussempfehlung* vom 24.03.2009, Drs. 16/12407, Begründung, S. 176; zu weiteren Angaben über Chancen und Risiken im Lagebericht siehe: *Kajüter*, Lagebericht, BB 2004, S. 427ff.

1224 Vgl. *Regierungsentwurf* BilMoG vom 23.05.2008, Drs. 344/08, Begründung zu den Anhangsangaben.

1225 Vgl. *Regierungsentwurf* BilMoG vom 23.05.2008, Drs. 344/08, Begründung S. 128.

einheiten nicht statuiert werden, da eine einheitliche Vorgabe als nicht sachgerecht erscheint.[1226]

Anstatt eine Verobjektivierung der vom Schrifttum entwickelten Grundsätze vorzunehmen, wie es vom BFH gefordert wurde, kann die Zielsetzung des BilMoG in der genau entgegengesetzten Richtung gesehen werden, da die objektivierbaren Voraussetzungen in der Begründung nicht erwähnt werden. Vielmehr werden Anforderungen mit subjektivem Charakter aufgezählt. So stehen die Dokumentation im Rahmen der Anhangsangaben,[1227] die Durchhalteabsicht[1228] und die Überwachung der Wirksamkeit im Vordergrund. Durch die Verknüpfung mit der Steuerbilanz über § 5 Abs. 1a EStG können erhebliche Gestaltungsspielräume bei der steuerlichen Gewinnermittlung entstehen, die mit dem Grundsatz der Gleichmäßigkeit der Besteuerung nicht in Einklang zu bringen sind.

Bei den Voraussetzungen spiegelt sich vielmehr die Intention wieder, dass die in der Praxis bisher gebildeten Bewertungseinheiten auch weiterhin bilanziell abgebildet werden können. Die Voraussetzungen mussten weit gefasst werden und sich an den finanzwirtschaftlichen Gegebenheiten orientieren, damit die unter finanzwirtschaftlichen Aspekten vorgenommenen Absicherungen die bilanzielle Hürde nehmen können.

Die Nennung einer Fälligkeitsidentität wäre gemäß der Intention der Bundesregierung nicht sachgerecht, da auch dynamische Hedges (wie z. B. Macro Hedges) zulässig sein sollen. Vollkommen ungeklärt ist, da weder im Gesetzestext noch in der Begründung aufgezeigt, wie bilanziell mit Anschlusssicherungsgeschäften oder bei Beendigung einer Bewertungseinheit zu verfahren ist.[1229]

Auch der Verzicht auf eine Betragsidentität ist in der finanzwirtschaftlichen Praxis kaum umsetzbar und kann daher als sachangemessen angesehen werden.[1230] Wenn die objektivierten Anforderungen nicht gestellt werden, ist es aber umso wichtiger, wie die Rechtsfolgen ausgestaltet sind. So ist Betragsidentität – wie bereits bei anteiligen Absicherungen thematisiert wurde – dann nicht notwendig, wenn nur der kleinere Betrag in die Bewertungseinheit einbezogen wird und der überschießende Betrag nach den „allgemeinen Grundsätzen" behandelt wird.[1231] Ob dies aber rechtlich möglich ist und welche Auswirkungen sich bei der steuerlichen Gewinnermittlung ergeben, wird bei der bilanziellen Behandlung aufgezeigt.

1226 Vgl. *Regierungsentwurf* BilMoG vom 23.05.2008, Drs. 344/08, Begründung S. 129.

1227 Eine Dokumentation kann vorgenommen werden oder auch unterbleiben; zusätzlich kann auch der Zeitpunkt vom Unternehmen gewählt werden. Hier stellt sich die Frage der Nachprüfbarkeit.

1228 Auch die Durchhalteabsicht ist ein subjektiver Gesichtspunkt: jeder kann behaupten, dass er zwar ein Produkt zu halten beabsichtigte, es aber aufgrund der wirtschaftlichen Lage zu verkaufen gezwungen war. Dass jemand eine bestimmte Absicht gehegt hat, die er nicht in die Tat umsetzen konnte, lässt sich durch kein objektives Kriterium widerlegen.

1229 Nähere Untersuchung Kapitel C 4 und D.

1230 Vgl. *Löw*, Bewertung, WPg 2004, S. 1112.

1231 Vgl. *Gebhardt/Breker*, Fremdwährungstransaktionen, DB 1991, S. 1535; *Löw*, Bewertung, WPg 2004, S. 1112.

3.2.5 Wahlrecht oder Pflicht zur Bildung von Bewertungseinheiten

3.2.5.1 Bisherige Diskussion

Eine in der Vergangenheit häufig thematisierte Frage war, ob eine kompensatorische Bewertung auf der handelsrechtlichen Ebene ein Wahlrecht darstellt oder aufgrund einer Pflicht erfolgt. Einige Autoren argumentierten, dass es wegen der bestehenden Unklarheiten bei der kompensatorischen Bewertung allenfalls ein handelsbilanzielles Wahlrecht gegeben sein könne.[1232] Andere Autoren beantworten die Frage nach einem Wahlrecht oder einer Pflicht, indem sie an die dargestellte Zulässigkeitsdiskussion über kompensatorische Bewertungen anknüpfen. So könnte bei einer Ausnahmeregelung wie § 252 Abs. 2 HGB nur ein Wahlrecht gerechtfertigt werden. Diese Einschätzung wird auf den Wortlaut des genannten Paragrafen gestützt, in dem es heißt, dass in begründeten Ausnahmefällen von der Einzelbewertung abgewichen werden darf.[1233] Wieder andere Teile des Schrifttums vertreten die Ansicht, dass bei einer Rechtfertigung der kompensatorischen Bewertung über die GoB eine Pflicht zur Bildung eben dieser Bewertungsform abzuleiten sei.[1234] Außerdem könne nur eine Pflicht eine zweckgerechte Abbildung der Sicherungsbeziehung gewährleisten, da ansonsten nicht zu rechtfertigende bilanzpolitische Spielräume entstünden.[1235] Es wird daher überwiegend gefordert, dass bei Erfüllung der Voraussetzungen eine Verpflichtung zur Bildung einer kompensatorischen Bewertung besteht.[1236] Bejaht man eine handelsbilanzielle Pflicht zur kompensatorischen Bewertung, dann ist diese, wenn der Maßgeblichkeitsgrundsatz greift, auch für die Steuerbilanz zu übernehmen.[1237] Zudem wird die Auffassung vertreten, dass es nicht dem Bilanzierenden überlassen werden darf, eine richtige oder falsche Darstellung in der Bilanz vorzunehmen. Deshalb müsse eine Pflicht zur Bildung von kompensatorischen Bewertungen bestehen.[1238]

Die Diskussion ist aber grundsätzlich als obsolet anzusehen, da in Ermangelung eindeutiger Voraussetzungen ein erhebliches Maß zur willkürlichen Bildung bzw. Nichtbildung von Bewertungseinheiten besteht. Selbst eine Pflicht zur Bildung von kompensatorischen Bewertungen würde das Problem der Willkür nicht beseitigen, sondern durch die subjektivierten

---

1232 Vgl. *Seidl,* Risikomanagement, 2000, S. 108f; *Windmöller*, Meinungsspiegel, BFuP 1995, S. 241 ebenso *Groh*, Bilanzierung, DB 1986, S. 873; *Benne*, Bewertungseinheit, DB 1991, S. 2610 schließt hingegen ein Wahlrecht aus.

1233 Vgl. *Schreiber*, in: Blümich, § 5 EStG Rn. 231; *Häuselmann/Wiesenbart*, Terminbörse, DB 1990, S. 642.

1234 Vgl. *Staudt/Weinberger*, Bewertung, WPg 1997, S. 46; *Möhler*, Absicherung, 1992, S. 88.

1235 Vgl. *Scharpf,* Derivate Finanzinstrumente, BFuP 1995, S. 191; *IDW*, Optionsgeschäfte, BFA 2/1995, WPg 1995, S. 422.

1236 Vgl. *Prahl/Naumann*, Financial Instruments, in: HdJ, Abt. II/10, Rn. 179.

1237 Vgl. *Schumacher*, Kompensatorisch, DB 1995, S. 1476.

1238 Vgl. FG Schleswig-Holstein v. 15.3.2000, I 714/91, EFG 2000, S. 1058.

Voraussetzungen ein faktisches Wahlrecht induzieren.[1239] Ein faktisches Wahlrecht ist dann gegeben, wenn der Unternehmer durch sein Handeln oder Nichthandeln steuern kann, ob eine gesetzlich notwendige Voraussetzung erfüllt wird oder nicht. Durch seine Handlung hat er die Möglichkeit, Rechtsfolgen zu beeinflussen.[1240] Die „faktischen Wahlrechte" unterscheiden sich von den „echten Wahlrechten"[1241] dadurch, dass sie sich auf die Gestaltung des Sachverhaltes beziehen und durch willensgetragenes Handeln umgesetzt werden. Hingegen ist bei den „echten Wahlrechten" im Gesetz der Tatbestand normiert, und es wird dem Steuerpflichtigen eine Rechtsfolgewahl ermöglicht.[1242]

Teile des Schrifttums lehnten aufgrund der Tatsache, dass ein faktisches Wahlrecht gegeben ist, die kompensatorische Bewertung von vornherein ab, ohne eine weitere detaillierte Prüfung der bilanziellen Auswirkungen vorzunehmen.[1243] Eine Pflicht und damit einhergehend ein faktisches Wahlrecht zur Bildung von kompensatorischen Bewertungen wird als problematisch angesehen, da durch eine Pflicht der Anschein von Objektivität und Richtigkeit geschaffen wird.[1244]

3.2.5.2 Auffassung nach dem BilMoG

Auch derzeit herrscht keine Einigkeit darüber, ob es sich bei der Bildung von Bewertungseinheiten gem. § 254 HGB um eine Pflicht oder ein Wahlrecht handelt. Vom Schrifttum wird in der Vorschrift sowohl eine Pflicht als auch ein Wahlrecht erkannt. Teilweise können weder eine Pflicht noch ein Wahlrecht ausgemacht werden.[1245] Grundsätzlich könnte von einer Pflicht ausgegangen werden, da ein Ziel des BilMoG die Abschaffung von Wahlrechten im Handelsrecht ist, um bilanzpolitische Spielräume verringern zu können.[1246]

Bei einer näheren Analyse ist aber ein Wahlrecht auszumachen. Der Wortlaut des § 254 HGB besagt, dass, wenn Grund- und Sicherungsgeschäfte zum Ausgleich gegenläufiger Wertänderungen oder Zahlungsströme zusammengefasst „werden", gewisse Rechtsfolgen eintreten.

1239 Vgl. *Prahl/Naumann*, Financial Instruments, in: HdJ, Abt. II/10, Rn. 179; *Staudt/Weinberger*, Bewertung, WPg 1997, S. 46; *Breker*, Optionsrechte, 1993, S. 215; *Gebhardt/Breker*, Bilanzierung, DB 1992, S. 339.

1240 Vgl. *Schmidt*, Rechnungslegung, 2005, S. 49.

1241 Als Beispiele für bilanzielle Wahlrechte seien die Inanspruchnahme von Sonderabschreibungen, der Ansatz des Teilwerts, die Ermittlung von Herstellungskosten, § 6b EStG-Rücklagen, Pensionsrückstellungen und die Behandlung von Zuschüssen genannt.

1242 Vgl. *Weber-Grellet*, Wahlrechten, DStR 1992, S. 1418; *Herrmann,* in: Frotscher EStG, § 6 EStG Rz. 85. Bei Wahlrechten werden als benachbarte Aktionsfelder oft die Sachverhaltsgestaltung und die Steuerbilanzpolitik herangezogen.

1243 Siehe statt Vieler: *Mauritz,* Konzepte, 1996.

1244 Vgl. *Staudt/Weinberger*, Bewertung, WPg 1997, S. 46.

1245 Vgl. *Krüger*, Implikationen, StB 2008, S. 122; *Löw/Scharpf/Weigel*, Bilanzierung, WPg 2008, S. 1016; *Schulze-Osterloh*, Änderungen, DStR 2008, S. 68. Gehen von einer zwingenden Regelung aus; Günkel kann weder aus dem Gesetzestext noch aus der Begründung herauslesen, ob eine Pflicht oder ein Wahlrecht vorliegt, S. *Günkel*, Bilanzrechtsmodernisierungsgesetz, Ubg 2008, S. 131.

1246 Vgl. *Löw/Torabian*, Finanzinstrumente, ZfgK 2008, S. 608ff.

Zudem heißt es in der Begründung zu den Anhangsangaben (§ 285 Nr. 23 HGB-BilMoG), dass die Bildung von Bewertungseinheiten künftig ausdrücklich erlaubt ist.[1247] Auch in der Gegenäußerung zur Stellungnahme des Bundesrates zeigt die Bundesregierung auf, dass es allein die Entscheidung des Unternehmens ist, ob und in welchem Umfang eine Bewertungseinheit gebildet wird.[1248]

Damit wird dem faktischen Wahlrecht, welches stets bei einer Pflicht entsteht, dadurch begegnet, dass ein echtes Wahlrecht kodifiziert wurde.

Wenn von dem Wahlrecht Gebrauch gemacht wird, ist dass Unternehmen aufgrund des durch das BilMoG neu gefassten Stetigkeitsgebotes (§ 246 Abs. 3 HGB und § 252 Abs. 1 Nr. 6 HGB)[1249] aber an die einmal gewählten Kriterien gebunden, so dass ein „unbegrenzter" bilanzpolitischer Spielraum nicht besteht.[1250] Durch die Anwendung des Stetigkeitsprinzips soll es nicht zum sog. „cherry-picking" kommen. Gleichzeitig wird aber deutlich, dass dem Gesetzgeber gewisse bilanzpolische Spielräume bewusst sind. Die Auswirkungen der Spielräume werden über die Maßgeblichkeit in die Steuerbilanz getragen und verursachen dort einen Verstoß gegen das Willkürverbot.[1251] Daher kann es nicht als systemkonform angesehen werden, ein Gesetz auf einer Bilanzierungspraxis nach Wahl basieren zu lassen, das dann als Grundlage für eine gleichmäßige Besteuerung dienen soll. Überlässt der Gesetzgeber dem Steuerpflichtigen die Wahl zur Bestimmung der Rechtsfolge, dann tritt laut Tipke „der Steuerpflichtige an die Stelle des Gesetzgebers."[1252] Diese Art der Beeinflussung der Besteuerungsgrundlage kann dem Leistungsfähigkeitsprinzip nicht mehr gerecht werden. Wahlrechte laufen dem steuerlichen Grundsatz der Gleichmäßigkeit der Besteuerung zu wider. Daher werden handelsrechtliche Bewertungswahlrechte steuerlich zu Bewertungsgeboten bzw. -verboten, soweit keine entgegenstehenden steuerlichen Sondervorschriften vorhanden sind.[1253] Da ein handelsrechtliches Wahlrecht über das Maßgeblichkeitsprinzip zu einem steuerlichen Gebot oder Verbot führt, kommt es zu einem „Abhängigkeitsverhältnis" zwischen der Handelsbilanz und der steuerlichen Gewinnermittlung.[1254]

[1247] S. *Regierungsentwurf* BilMoG vom 23.05.2008, Drs. 344/08, Begründung S. 160.

[1248] S. *Regierungsentwurf* BilMoG vom 23.05.2008, Drs. 344/08, Begründung S. 129.

[1249] Gesetzesbeschluss vom 27.03.2009, Drs. 270/09, S. 2; Beschlussempfehlung vom 24.03.2009, Drucksache 16/12407, S. 9. Es ist keine Veränderung gegenüber dem Regierungsentwurf vorgenommen worden. § 246 Abs.3 HGB-BilMoG: Die auf den vorhergehenden Jahresabschluss angewandten Ansatzmethoden sind beizubehalten. § 252 Abs.2 HGB ist entsprechend anzuwenden. § 252 Abs.1 Nr.6 HGB enthält den gleichen Satz, der die Stetigkeit der Bewertungsmethode regelt. Dieses Stetigkeitsgebot gab es schon vor der Einführung des BilMoG. Laut § 252 Abs. 2 HGB darf von Abs.1 nur in begründeten Ausnahmefällen abgewichen werden.

[1250] Vgl. BilMoG Drucksache 16/10067, Gegenäußerung der Bundesregierung, zu Nummer 8, S. 122.

[1251] Vgl. *Lang*, Steuerrecht, in: Tipke/Lang, 19. Auflage 2008, § 4 Rn. 73; *Weber-Grellet*, Maßgeblichkeit; BB 1999, S. 2661.

[1252] Vgl. *Tipke*, Steuerrechtsordnung, 2. Auflage 2000, S. 516.

[1253] Vgl. *Crezelius,* in: Kirchhof EStG, 7. Auflage 2007, § 5 EStG Rn. 13; *Frotscher,* in: Frotscher EStG, § 5 EStG Rz. 51; *Werndl,* in: Kirchhof/Söhn/Mellinghoff, § 6 EStG Rn. B 205.

[1254] Vgl. *Weber-Grellet,* in: Schmidt, 27. Auflage 2008, § 5 EStG, Rn. 31; *Schumacher*, Kompensatorisch, DB 1995, S. 1478.

Das Steuerrecht orientiert sich grundsätzlich an wirtschaftlichen Sachverhalten, woraus folgt, dass viele ökonomische Entscheidungen einen Einfluss auf die Besteuerung entwickeln.[1255] Bei der vorliegenden Thematik ist zu beachten, dass sich durch die Bildung einer Bewertungseinheit an dem wirtschaftlichen Sachverhalt grundsätzlich nichts verändert. Wirtschaftlich betrachtet wird eine Risikoabsicherung durchgeführt. Die Frage, die sich durch ein Wahlrecht jeglicher Art stellt, ist vielmehr, welche Rechtsfolgen sich ergeben, wenn der Sachverhalt auch bilanziell als Bewertungseinheit beurteilt wird. Hier resultiert die unterschiedliche steuerliche Belastung nicht aus wirtschaftlich unterschiedlichen Entscheidungen, (wie z.B. bei der Rechtsformwahl), sondern sie beruht auf handelsbilanziellen und steuerinduzierten Überlegungen. Es wäre optimal, durch einen Sachverhalt finanzwirtschaftlich eine Risikoabsicherung vorzunehmen, handelsbilanziell den Verlustausweis zu mindern und das Ergebnis der steuerlichen Gewinnermittlung zu senken.[1256]

Der Gesetzgeber muss die steuerrechtlichen Rechtsfolgen so ausgestalten, dass sie der gleichmäßigen Besteuerung nach der wirtschaftlichen Leistungsfähigkeit entsprechen.[1257] Es kann nicht der gesetzmäßigen, gleichmäßigen Besteuerung nach dem Leistungsfähigkeitsprinzip entsprechen, wenn zwei Steuerpflichtige, die den gleichen wirtschaftlichen Sachverhalt verwirklichen, in der Handelsbilanz durch Wahlrechte zu unterschiedlichen Rechtsfolgen gelangen und folglich unterschiedlich besteuert werden.[1258] Dass alle Steuerpflichtigen das gleiche Wahlrecht haben und sich die optimale Rechtsfolge aussuchen können, reicht als Argumentation für den Grundsatz der Gesetzmäßigkeit und Gleichmäßigkeit nicht aus, da aus der Wahl verschiedene Belastungen resultieren können.[1259] Eine unterschiedliche Belastung, die durch ein Wahlrecht hervorgerufen wird, benötigt eine Rechtfertigung.[1260]

3.2.6 Reichweite der Bewertungseinheiten

Nachdem betrachtet wurde, aus welche Bestandteilen eine Bewertungseinheit besteht und unter welchen Voraussetzungen die Bewertungseinheit gebildet werden darf, muss beleuchtet werden, wieweit die Absicherungsstrategie reicht, folglich welche bzw. wie viele Geschäfte innerhalb einer Bewertungseinheit miteinander kombiniert werden dürfen. Die Reichweite der Bewertungseinheit wird nicht durch exogene Faktoren vorgegeben und ist nicht anhand von Vertragswerken o. ä. nachvollziehbar, sondern wird einzig und allein durch den Unternehmer

---

1255 Vgl. *Rose*, Wahl, StbJB 1979/80, S. 52.
1256 Ob diese Gestaltung möglich ist, wird im bilanziellen Teil untersucht.
1257 Vgl. *Tipke*, Die Steuerrechtsordnung, 2. Auflage 2000, S. 516.
1258 Vgl. *Weber-Grellet*, Wahlrechte, DStR 1992, S. 1417.
1259 Vgl. *Tipke*, Die Steuerrechtsordnung, 2. Auflage 2000, S. 516.
1260 Vgl. *Kirchhof,* in: Kirchhof/Söhn/Mellinghoff, § 2 EStG Rn. A618. Materiell-rechtlich kann davon ausgegangen werden, dass ein Steuerpflichtiger ein Wahlrecht stets zu seinem Vorteil ausüben wird, also z.B. so, dass die Steuer vorübergehend gemindert wird. Vgl. *Weber-Grellet*, Wahlrechten, DStR 1992, S. 1421.

bestimmt.[1261] Im Grundlagenteil wurde bereits erwähnt, dass in diesem Zusammenhang die Begrifflichkeiten Micro, Macro und Portfolio Hedge verwendet werden. Im bisherigen Verlauf der Arbeit wurde der Schwerpunkt auf die Behandlung von Micro Hedges gelegt, da nur diese nach herrschender Meinung als unstrittig gelten. Zunehmend haben sich im Verlauf der letzten Jahre aber auch die Stimmen gemehrt, die eine Zulässigkeit von Macro und Portfolio Hedges als gegeben ansehen.[1262]

In der Fachliteratur existierte bisher keine unstrittige Begriffsdefinition des Micro, des Macro und des Portfolio Hedges. Nach dem BilMoG sollen alle drei Arten von Bewertungseinheiten zulässig sein und keine nach § 254 HGB bevorzugt oder ausgeschlossen werden.[1263] Dies bestätigt die Zielsetzung des BilMoG, die bisherige finanzwirtschaftliche Praxis zu legalisieren.[1264] Hier wird meines Erachtens wieder die finanzwirtschaftliche Praxis mit der Bilanzierungspraxis verwechselt, da die Bildung von Macro Hedges und Portfolio bisher bilanziell stets als strittig angesehen wurde.

Auch die Gesetzesbegründung zu § 5 Abs. 1a EStG stellte bereits klar, das alle drei Arten anzuerkennen sind. Anders als bei der Einführung des § 5 Abs. 1a EStG wird in der Gesetzesbegründung der Bundesregierung zu § 254 HGB bezüglich der Arten auch eine Definition vorgenommen.[1265] Im Folgenden werden die Definitionen der Gesetzesbegründung und des Schrifttums verglichen und ihre Reichweite näher analysiert.

3.2.6.1 Die Definition und der Einsatz von Micro Hedges nach Auffassung des Schrifttums und im Rahmen des BilMoG

Ein Micro Hedge liegt nach Auffassung der Literatur vor, wenn der Absicherungsumfang des Hedges aus einzelnen Grund- und Sicherungsgeschäften besteht, die einander eindeutig zugeordnet werden können.[1266] Bei dieser Art der Absicherung kann z. B. mit einem Derivat eine synthetische Gegenposition aufgebaut werden.[1267] Es wird auch die Auffassung vertreten, dass es sich hierbei nicht um einen Eins-zu-eins-Zusammenhang handeln muss. Demnach muss bei einem Micro Hedge vielmehr im Vordergrund stehen, dass es sich um einzeln

---

1261 S. *Mauritz*, Konzepte, 1996, S. 81.

1262 Vgl. *Bieker*, Paradigmenwechsel, PiR 2008, S. 366; für einen weiten Umfang *Arbeitskreis „Externe Unternehmensrechnung"*, Bilanzierung, DB 1997, S. 639.

1263 Vgl. *Regierungsentwurf* BilMoG vom 23.05.2008, Drs. 344/08, Begründung S. 129. Die verschiedenen Arten von Bewertungseinheiten sind im Anhang (§ 285 Nr. 23 HGB-E) anzugeben.

1264 So auch *Scharpf/Schaber*, BilMoG, KoR 2008, S. 533.

1265 Vgl. *Löw/Torabian*, Finanzinstrumente, ZfgK 2008, S. 612.

1266 Vgl. *Schmidt H.*, Risiken, BBK 2006, Fach 13, S. 4897; *Anstett/Husmann*, Bildung, BB 1998, S. 1524; *Scheffler*, Hedge Accounting, 1994, S. 57. Teilweise wird in der Literatur auch dann von einem Micro Hedge gesprochen, wenn ein Grundgeschäft mit mehreren Sicherungsgeschäften abgesichert wird. Siehe z.B. *Barckow*, Bilanzierung, 2004, S. 26.

1267 Vgl. *Reiner*, Finanzinstrumente, 2002, S. 58.

identifizierbare Positionen oder um eindeutig identifizierbare Gruppen von gleichen oder gleichartigen Positionen handelt.[1268]

In der Gesetzesbegründung zum BilMoG wird der Micro Hedge dagegen enger ausgelegt. Danach liegt ein Micro Hedge vor, wenn das aus einem einzelnen Grundgeschäft resultierende Risiko durch ein einzelnes Sicherungsinstrument unmittelbar abgesichert wird.[1269] Gemäß dieser Definition darf es sich demnach nur um die Absicherung eines Risikos eines Grund- durch ein Sicherungsgeschäft handeln. Bei dieser engen Auslegung dürften durch einen Micro Hedge auch keine zwei Risiken (z.B. Zins- und Währungsrisiko) gleichzeitig abgesichert werden, die eindeutig zu differenzieren sind.

Von Fachgremien, Schrifttum und Bilanzierungspraxis wurde die Behandlung von Micro Hedges weitgehend als GoB-konform und damit als zulässig angesehen.[1270] So ist unter den vom BFH genannten Voraussetzungen die kompensatorische Bewertung eines Micro Hedges, das zur Absicherung von Währungsrisiken gebildet wurde, auch für die steuerliche Gewinnermittlung unstrittig gewesen.[1271] Im Rahmen der handelsrechtlichen Anerkennung wurde zudem nicht unterschieden, ob es sich beim Micro Hedge um ein perfektes oder ein imperfektes Hedge handelt.[1272] Wegen der Vielzahl verschiedener Auffassungen wurde es aber auch als schwierig angesehen, vollumfänglich beurteilen zu können, ob eine grundsätzliche Zulässigkeit gegeben und sinnvoll ist.[1273]

Durch die Implementierung beider Risikostrategien, die weit reichende Zulässigkeit der Bestandteile und der „weichen“ Voraussetzungen geht der Anwendungsbereich, den das BilMoG als zulässig ansieht, über die bisher im bilanziellen Schrifttum diskutierten Bewertungseinheiten hinaus. Es ist daher zu beachten, dass damit der Kreis der möglichen Micro Hedges wesentlich weiter ist als der bisher zulässige und als GoB-konform erachtete Anwendungsbereich. Zudem werden die Voraussetzungen, die an eine Bewertungseinheit gestellt

---

1268 Vgl. *Scharpf/Luz*, Risikomanagement, 2000, S. 304.

1269 Vgl. *Regierungsentwurf* BilMoG vom 23.05.2008, Drs. 344/08, Begründung, S. 128.

1270 Vgl. *Prahl/Naumann*, Financial Instruments, in: HdJ Abt. II/10, Rn. 223; *Schreiber,* in: Blümich, § 5 EStG Rn. 231; *Glanegger* in: Schmidt, 27. Auflage 2008, § 6 EStG, Rn. 38; *Tibo*, Termingeschäft, DB 2001, S. 2371.

1271 Vgl. BFH vom 19.03.2002, I R 87/00 veröffentlicht durch *Christiansen*, Einzelbewertung, DStR 2003, S. 265f.; FG Schleswig-Holstein vom 15.03.2000, I 714/91, EFG 2000, S. 1057; *Stobbe,* in: H/H/R, § 6 EStG Rn. 90; BFH vom 25.02.2004, I R 54/02, BStBl. II 2004, S. 657. Dies kann m. E. auch auf Micro Hedges außerhalb der Währungsumrechnung übertragen werden, wenn objektiv ein vollständiger Risikoausschluss gegeben ist, was außerhalb der Währungsrisiken kaum möglich ist. Perfekte Hedges lassen sich außerhalb des Währungsbereiches aber kaum realisieren. Für weitere Ausführungen s. *Prahl/Naumann*, Financial Instruments, in: HdJ, Abt. II/10, Rn. 189. A. A. *Günkel*, Bilanzsteuerrecht, StbJb 2002/03, S. 280. Eine andere Auffassung vertritt Günkel, der sagt, dass der BFH in seinem Gerichtsbescheid insbesondere für Micro Hedges eine Durchbrechung der Maßgeblichkeit aufgezeigt hätte.

1272 Vgl. *Brackert/Prahl/Naumann*, Risikosteuerung, WPg 1995, S. 545. Imperfekt bedeutet, dass das Risiko nur reduziert und nicht kompensiert wird.

1273 Vgl. *Mauritz*, Konzepte, 1996, S. 51.

werden – laut Gesetzesbegründung – auf Micro-Ebene gelockert, wenn sich die Parameter der Sicherungsbeziehung entsprechen.[1274]

Das Abstellen auf einzelne Grundgeschäfte begründet den Vorteil des Micro Hedges, da das Risiko genau identifizierbar, quantifizierbar und messbar ist und das Sicherungsgeschäft diesem Risiko exakt angepasst werden kann.[1275]

Es muss aber beachtet werden, dass es sich in den meisten Fällen aus finanzwirtschaftlicher Sicht nur um ein theoretisches Konstrukt handelt, da es in den wenigsten Fällen aufgrund von Kosten-Nutzen-Aspekten zu Micro Hedges kommt.[1276] Daneben verursacht die jeweils separate Absicherung und paarweise Zuordnung aller Risikopositionen hohe Transaktionskosten.[1277] In der finanzwirtschaftlichen Praxis haben Micro Hedges daher nur einen begrenzten Nutzen und werden im modernen Risikomanagement als kaum praktikabel angesehen.[1278] Im unternehmerischen Risikomanagement werden Risiken in zusammengefasster Form ermittelt und gesteuert, so dass Micro Hedges schnell an ihre Grenzen stoßen.[1279] Daher werden diese „Eins-zu-eins-Absicherungen“ schon seit Jahren als überholt angesehen.[1280]

Darüber hinaus ist zu beachten, dass ein sinnvolles finanzwirtschaftliches Risikomanagement auf Micro-Ebene nicht durchgeführt werden kann, da nicht nachprüfbar ist, ob durch die Absicherung einzelner Positionen[1281] die Gesamtrisikoposition des Unternehmens verringert wird.[1282] Dieser Umstand beruht auf der Tatsache, dass die faktischen oder natürlichen Sicherungsbeziehungen keine Beachtung finden. Existiert bereits ein natürlicher Absicherungszusammenhang und wird zusätzlich eine Absicherung vorgenommen, kann der bereits bestehende Absicherungszusammenhang geöffnet werden und dadurch die Gesamtrisikoposition des Unternehmens erhöht werden.

3.2.6.2 Faktische Bewertungseinheiten

In Unternehmen existieren bereits qua gewöhnlichen Geschäftsbetriebs verschiedene natürliche Absicherungen. Bei diesen faktischen Bewertungseinheiten handelt es sich nicht um

---

1274 Vgl. *Regierungsentwurf* BilMoG vom 23.05.2008, Drs. 344/08, Begründung S. 128.

1275 Vgl. *Riddermann/Straßberger*, Bewertung, Dresdner Beiträge 11/98, S. 2; *Scheffler*, Hedge Accounting, 1994, S. 57.

1276 Vgl. *Kemmer/Naumann*, deutsche Banken Teil 2, ZfgK 2003, S. 794.

1277 Vgl. *Riddermann/Straßberger*, Bewertung, Dresdner Beiträge 11/98, S. 2; *Scheffler*, Hedge Accounting, 1994, S. 57.

1278 Vgl. *Löw/Scharpf/Weigel*, Bilanzierung, WPg 2008, S. 1017; *Löw*, Finanzinstrumente, Accounting 2008, S. 13.

1279 Vgl. *Wotschofsky/Thomas*, Termingeschäfte, BBK 2002, Fach 12, S. 6615.

1280 Vgl. *Löw*, Bewertung, WPg 2004, S. 1112; *Brackert/Prahl/Naumann*, Risikosteuerung, WPg 1995, S. 544.

1281 Vgl. *Scharpf/Schaber*, BilMoG, KoR 2008, S. 532. Barckow spricht vom transaktionsbezogenen Risiko, da nur eine Transaktion betrachtet wird; daneben gibt es eine positionsorientierte Absicherung beim Macro Hedge. Vgl. *Barckow*, Besteuerung, StbJb 2006/07, S. 228; *Barckow*, Bilanzierung, 2004, S. 95.

1282 Vgl. *Schmidt*, Rechnungslegung, 2005, S. 294; *Barckow*, Bilanzierung, 2004, S. 56f.

Bewertungseinheiten im hier verstandenen Sinne, da diese nicht explizit in Hinblick auf einen Absicherungszweck bzw. zum Ausgleich von risikoinduzierten Wertänderungen zusammengefasst werden und auch nicht die an eine Bewertungseinheit gestellten Voraussetzungen erfüllen müssen.[1283] Bei den faktischen Bewertungseinheiten ist kein Absicherungsbedarf von außen nötig.[1284]

Obwohl sie keine „Bewertungseinheiten“ darstellen, müssen diese faktischen oder natürlichen Bewertungseinheiten beachtet werden, damit durch den Abschluss eines neuen Sicherungsgeschäftes das Risiko nicht insgesamt erhöht wird.[1285] Bevor eine Absicherung vorgenommen wird, muss zunächst geprüft werden, ob ein Absicherungsbedarf besteht.[1286] Das Risiko darf nicht durch bereits bestehende Aktiva, Passiva oder schwebende Geschäfte ganz oder teilweise kompensiert werden.[1287] Dies bedeutet: Damit ein Geschäft abgesichert werden darf bzw. eine Absicherung wirtschaftlich sinnvoll ist, muss innerhalb des Unternehmens eine offene Position bestehen. Anderenfalls kann eine bereits geschlossene Position durch eine Absicherung geöffnet werden. Soweit das Risiko natürlich abgesichert ist, würde eine offene Position entstehen und damit das Sicherungsgeschäft seine Wirkung verfehlen.

Aufgrund dieser Gefahr wird sogar teilweise die grundsätzliche Unzulässigkeit von Micro Hedges gefordert, da nur eine weit reichende Betrachtung tatsächlich garantieren kann, dass sich das Unternehmen wirtschaftlich nicht insgesamt schlechter stellt.[1288] Nur durch ein verlässliches Risikomanagement, welches eine über die „Eins-zu-eins-Ebene“ hinausgehende Betrachtung vornimmt, kann sichergestellt werden, dass nicht bereits auf Micro-Ebene durch eine Absicherung das Gesamtrisiko des Unternehmens erhöht wird.[1289] Diese Beurteilung ist aber von Seiten des Unternehmens vorzunehmen und entzieht sich letztlich einer gesetzlichen Beeinflussung.

Bereits durch die Bildung von Micro Hedges können somit Gestaltungsspielräume entstehen. Durch die unterschiedlichen Rechtsfolgen könnten Anreize bestehen, spekulative Geschäfte, durch die das Gesamtrisiko erhöht wird, als Sicherungsgeschäfte zu deklarieren.

1283 Hier kann es sich um rein zufällige Ausgleiche handeln; daher dürfen nicht die gleichen Rechtsfolgen mit diesen einhergehen.

1284 Auch bei § 340h HGB müssen gewisse Voraussetzungen gegeben sein. Vgl. *Bieg*, Kreditinstitute, 1998, S. 520.

1285 Vgl. *Reiner*, Finanzinstrumente, 2002, S. 261.

1286 Vgl. *Oestreicher*, Zinsterminkontrakte, 1992, S. 125.

1287 Vgl. *Pfitzer/Scharpf/Schaber*, antizipative Hedges Teil 1 und Teil 2, WPg 2007, S. 679, S. 722; *Anstett/Husmann*, Bildung, BB 1998, S. 1526; *Tönnies/Schiersmann*, Zulässigkeit Teil I, DStR 1997, S. 717.

1288 Vgl. *Ballwieser/Kuhner*, Rechnungslegungsvorschriften, 1994, S. 104.

1289 Im internationalen Bereich stellt der FASB No. 80 derartige Anforderungen an das Unternehmen; es darf nur dann eine Absicherung bilanziell dargestellt werden, wenn durch den Einsatz des Sicherungsgeschäfte insgesamt das Risiko auf der gesamten Geschäftsebene gemindert wird. Siehe hierzu *Ballwieser/Kuhner*, Rechnungslegungsvorschriften, 1994, S. 104.

3.2.6.3 Macro und Portfolio Hedges

Ökonomisch sinnvoll und bei den modernen Risikomanagementsystemen üblich ist es, mehrere im Bestand befindliche Positionen in Hinblick auf einen Absicherungszweck zusammenzufassen. Komplexere Risikobeziehungen lassen sich finanzwirtschaftlich nur über Macro oder Portfolio Hedges und unter Ausnutzung von Skaleneffekten abbilden.[1290] Deswegen stellt auch nicht der Micro Hedge, sondern der Macro Hedge den Regelfall der finanzwirtschaftlichen Absicherung dar.[1291] Nach h. M. ist das Portfolio Hedge hingegen ein institutionalisiertes Macro Hedge für die Handelsaktivitäten von Kreditinstituten. Die Abgrenzung zwischen diesen Methoden bzw. die Definition der Methoden ist im Schrifttum aber strittig, und es existiert keine allgemeingültige Abgrenzung zwischen den beiden Methoden.
Da es sich bei diesen Methoden im Gegensatz zum Micro Hedge um die ökonomisch sinnvolleren und finanzwirtschaftlich um die am weitesten verbreiteten handelt, wird von Seiten der Unternehmen und der Literatur gefordert, dass für eine tatsächliche Darstellung der Vermögens-, Finanz- und Ertragslage auch diese weiterreichenden Sicherungsbeziehungen bilanziell zugelassen werden sollen.[1292]

3.2.6.3.1 Macro Hedges

3.2.6.3.1.1 Bisherige Definitionen und Auslegungen des Macro Hedges im Schrifttum

Die Vorstellungen über das Wesen des Macro Hedges gehen in der Literatur erheblich auseinander.
Die grundsätzliche Grenzlinie zwischen einem Macro Hedge und einem Micro Hedge liegt darin begründet, dass bei einem Macro Hedge globale, nicht individuell und eindeutig zuzuordnende Risikokompensationen vorliegen. Vielmehr handelt es sich um die generelle Absicherung einer Vielzahl von Grundgeschäften, die der gleichen Risikoart ausgesetzt sind.[1293] Die Absicherung soll auf einer globalen Ebene innerhalb eines klar umrissenen Verantwortungsbereichs mit Blick auf gleiche Risiken unter dem Einsatz verschiedener Geschäfte möglich sein. Der Verantwortungsbereich ist dabei aufbau- und/oder ablauforganisatorisch zu verstehen und kann einen Teilkomplex des Unternehmens, aber auch das gesamte Unternehmen betreffen.[1294] Es werden nach Risikoart separierte Nettorisikopositionen

---

1290 Vgl. *Löw/Scharpf/Weigel*, Bilanzierung, WPg 2008, S. 1017; *Scharpf/Epperlein*, Rechnungslegung, in: Derivative, 1995, S. 141.

1291 Vgl. *Prahl*, Bilanzierung, WPg 1996, S. 835.

1292 So auch geschehen in der IFRS-Rechnungslegung, *Bieker/Negara*, Zinsänderungsrisiken, KoR 2008, S. 702; *Brackert/Prahl/Naumann*, Risikosteuerung, WPg 1995, S. 553.

1293 Vgl. *Bieg*, Grundlagen Teil II, StB 2002, S. 474; *Wotschofsky/Thomas*, Termingeschäfte, BBK 2002, Fach 12, S. 6615; *Scharpf/Luz*, Risikomanagement, 2000, S. 310; *Häuselmann*, Aspekte, 1997, S. 23.

1294 Vgl. *Herzig*, GoB, in: FS Baetge, 1997, S. 42; *Mauritz*, Konzepte, 1996, S. 59.

ermittelt. [1295] Nur die Nettorisikoposition (nur die Höhe des Nettorisikos) wird mit einem oder mehreren Sicherungsgeschäften abgesichert.[1296] Diese Nettoposition muss ständig überwacht und angepasst werden.[1297] Je größer die eingebundene Anzahl der „Positionen", je höher die Umschlaggeschwindigkeit und je imperfekter die Absicherung, desto wichtiger ist das dahinter stehende Risikomanagement.[1298]

Unter einem Macro Hedge versteht man daher den Einsatz eines oder mehrerer Sicherungsgeschäfte zur Absicherung finanzwirtschaftlicher Risiken, wobei die abgesicherte Risikonettoposition nicht einzelnen oder mehreren bilanziellen Positionen direkt zugeordnet werden kann.[1299] Die Zuordnung ist nicht nur auf einer subjektiven Basis, mangels entsprechenden, Zuordnungswillens, nicht möglich, sondern auch unter objektiven Gesichtspunkten undurchführbar. Bei dieser Art der Absicherung werden zunächst faktische Sicherungswirkungen im Unternehmen berücksichtigt. Unter Beachtung der natürlichen Absicherung verbleibt nur noch ein geringeres Risiko (Nettoposition), das aufgrund der Skaleneffekte mit einer geringen Anzahl an Sicherungsgeschäften abgesichert werden kann.[1300]

Es wird im Schrifttum auch die Mindermeinung vertreten, dass es sich bei dieser Art der Absicherung nicht um ein Macro Hedge handelt, da die nettorisikobezogene Absicherung als Micro Hedge zu verstehen sei.[1301] Diese These wird auf das Argument gestützt, dass es sich bei der Nettorisikoposition um das Grundgeschäft handelt, welches dann durch ein oder mehrere Sicherungsgeschäfte abgesichert wird. Die Vertreter dieser Meinung halten eine individuelle Zuordnung der Geschäfte für möglich, weil sie nur die Nettoposition und nicht die Geschäfte betrachten, die diese Nettoposition ergeben. Nach ihrer Auffassung werden bei einem Macro Hedge global gleichartige Grundgeschäfte, die der gleichen Risikoart ausgesetzt sind, gegenläufigen Sicherungsgeschäften global zugeordnet.[1302]

Die verschiedenen Definitionen und Abgrenzungen führen im Schrifttum teilweise zu unterschiedlichen Aussagen und Folgerungen und damit auch zu „Verwirrungen". Bisher wurde der Macro Hedge vom Schrifttum, insbesondere wegen der Zuordnungsschwierigkeiten, als nicht objektivierbar angesehen.[1303] Es wurde als eindeutig angesehen, dass der Macro Hedge – der teilweise auch als globale Absicherung aller Risikopositionen der gleichen Art in

---

1295 Vgl. *Schwarz*, Derivative, 2006, S. 32; *Schwitters/Bogajewskaja,* in: Beck HdR, B 730 Rn. 127; *Herzig*, GoB, in: FS Baetge, 1997, S. 42; a. A. *Scharpf/Luz*, Risikomanagement, 2000, S. 310f.

1296 Vgl. *Löw*, Bewertung, WPg 2004, S. 1112.

1297 Vgl. *Brackert/Prahl/Naumann*, Risikosteuerung, WPg 1995, S. 552f.

1298 Vgl. *Reiner*, Finanzinstrumente, 2002, S. 267.

1299 In Banken werden diese zu Büchern zusammengefasst. *Brackert/Prahl/Naumann*, Risikosteuerung, WPg 1995, S. 544. Hierbei kann es sich auch um nichtbilanzielle Positionen (schwebende Geschäfte) handeln.

1300 Vgl. *Löw*, Bewertung, WPg 2004, S. 1112.

1301 Vgl. *Scharpf/Luz*, Risikomanagement, 2000, S. 310f. Bei einer Nettoposition seien die Geschäfte wieder eindeutig zu identifizieren.

1302 Vgl. *Scharpf/Luz*, Risikomanagement, 2000, S. 309.

1303 Vgl. *Windmöller/Breker*, Optionsgeschäften; WPg 1995, S. 389; *Menninger*, Futures, 1993, S. 146; *Oestreicher*, Zinsterminkontrakte, 1992, S. 125f.

einem Unternehmen bezeichnet wird – sich bereits beträchtlich vom Wortlaut des § 252 Abs. 1 Nr. 3 HGB, namentlich dem Einzelbewertungsgrundsatz, entfernt.[1304] Dadurch, dass bei dem Macro Hedge alle Geschäfte, die dem gleichen Risiko unterliegen, zusammengefasst werden, können viele der vom Schrifttum geforderten Voraussetzungen wie Fristenidentität, Bonitätsstruktur usw. nicht vorliegen. Eine Korrelation zwischen Grund- und Sicherungsgeschäft ist nur schwer bestimmbar. Daher vertrat bisher die Mehrheit im Schrifttum die Ansicht, dass eine kompensatorische Bewertung im Umfang eines Macro Hedges nicht als zulässig erachtet werden kann.[1305] Die Einwände gegen die bilanzielle Abbildung eines Macro Hedges steigen mit Zunahme der Heterogenität der in den Macro Hedge einbezogenen Geschäfte, da die individuelle Zuordnung von Grund- und Sicherungsgeschäften nicht mehr möglich ist.[1306] In der Literatur werden Macro Hedges zudem wegen ihrer spekulativen Ausprägungen vielerseits abgelehnt.[1307]

Auch nach Auffassung des BFH in seinem Gerichtsbescheid vom 19.03.2002 können Macro Hedges nicht als zulässig angesehen werden, da für eine kompensatorische Bewertung die Identität der Fälligkeitszeitpunkte der jeweiligen Positionen erforderlich ist. In dem zu beurteilenden Fall waren Geschäfte mit unterjähriger Fälligkeit als Macro Hedges zusammengefasst und handelsrechtlich anerkannt worden.[1308] Nur wenn Gewinne und Verluste zum selben Zeitpunkt (Stichtagsprinzip) realisiert werden, trete die geforderte Ertrags- und Vermögensneutralität ein. Darüber hinaus sei keine kompensatorische Bewertung zu bilden, weil sonst eine Verrechnung unrealisierter Gewinne und Verluste möglich sei. Eine Fälligkeitsidentität sei bei Macro Hedges aber gerade nicht gegeben.[1309] In den jüngeren BFH-Urteilen zur Rückstellungsbewertung heißt es mit Verweis auf Währungsrisiken, dass es unter bestimmten Voraussetzungen (z.B. gegenläufige Korrelation) zu einer kompensatorischen Bewertung bei verbundenen Bilanzpositionen kommen kann.[1310] Da von Bilanzpositionen gesprochen wird,[1311] könnte man darauf schließen, dass der Einsatz von Macro Hedges vom BFH in engen Grenzen anerkannt wird.

1304 Vgl. *Mauritz*, Konzepte, 1996, S. 60.

1305 Vgl. *Wagner*, Bildung, INF 2003, S. 821; *Scharpf/Luz*, Risikomanagement, 2000, S. 310; *Tönnies/Schiersmann*, Zulässigkeit Teil II, DStR 1997, S. 757; *Mauritz*, Konzepte, 1996, S. 60; *Steiner/Tebroke/Wallmeier*, Finanzderivate, WPg 1995, S. 538 m. w. N.

1306 Vgl. *Bieg*, Grundlagen Teil II, StB 2002, S. 474; *Arbeitskreis „Externe Unternehmensrechnung“*, Bilanzierung, DB 1997, S. 638; *Tönnies/Schiersmann*, Zulässigkeit Teil II, DStR 1997, S. 756.

1307 Vgl. *Oestreicher*, Zinsterminkontrakte, 1992, S. 126.

1308 Vgl. *Hahne*, Kompensatorisch, BB 2003, S. 1944. Es ist somit zu erkennen, wie weit handelsrechtlich Geschäfte mit ähnlicher Laufzeit [Laufzeitbänder] gefasst werden.

1309 Vgl. BFH vom 19.03.2002, I R 87/00 veröffentlicht durch *Christiansen*, Einzelbewertung, DStR 2003, S. 266.

1310 Vgl. BFH vom 15.09.2004, I R 05/04, BFH/NV 2005, S. 425; BFH vom 25.02.2004, I R 54/02, BStBl II 2004, S. 654ff.

1311 Vgl. BFH vom 15.09.2004, I R 05/04, BFH/NV 2005, S. 425; BFH vom 25.02.2004, I R 54/02, BStBl II 2004, S. 654ff.

In den letzten Jahren mehren sich im Schrifttum die Stimmen, die Macro Hedges unter besonderen Voraussetzungen als zulässig ansehen.[1312] Sie vertreten die Auffassung, dass durch die Formulierung weiterer Voraussetzungen ein Macro Hedge bilanziell anerkannt werden müsse. Grundvoraussetzung soll neben der Formulierung einer Hedging-Strategie unter Beachtung einer vorgegebenen Hedge-Ratio das Bestehen eines funktionierenden Risikomanagementsystems sein, mit dessen Hilfe die Effektivität der Absicherung ständig überwacht werden kann. Außerdem müsse der Wille zur ständigen Risikovermeidung bestehen[1313] und dem Problem der Heterogenität z. B. über Zusammenfassung in Laufzeitbänder entgegengewirkt werden.

Zudem muss beachtet werden, dass eine dokumentierte Verknüpfung von einzelnen Geschäften nicht mehr möglich und eine faktische Bindung der Geschäfte an den Sicherungszusammenhang weder üblich noch sinnvoll ist.[1314] Durch das Auslaufen von Geschäften und den Abschluss von neuen Geschäften liegt bei einem Macro Hedge stets eine dynamische Absicherungsstrategie vor.[1315]

3.2.6.3.1.2 Dynamische Absicherung

Grundsätzlich wird zwischen statischen und dynamischen Absicherungen unterschieden. Bei der statischen Absicherung wird die einmal eröffnete Absicherung bis zum Ende des Sicherungszeitraums in ihrer Art und Höhe unverändert gehalten.[1316] Dadurch kann es während der Laufzeit der statischen Absicherung zu Unter- oder Übersicherungen kommen, da statische Hedges einen Risikoschutz zum Fälligkeitstag des Absicherungsgeschäftes erzeugen.[1317] Daher kommt es auch bei imperfekten Hedges durch die Zuhilfenahme der Hedge-Ratio zu einem dynamischen Hedge.[1318]

Die statische Form der Absicherung spiegelt nicht die Realität des tatsächlichen finanzwirtschaftlich praktizierten Risikomanagements wieder, denn hier kommt es zu der Anwendung von dynamischen Absicherungsformen. Im Rahmen der dynamischen Absicherung wird im

---

1312 Welche der o. g. Voraussetzungen zusätzlich noch gegeben sein müssen, wird in der Literatur nicht diskutiert. S. *Scharpf/Luz,* Risikomanagement, 2000, S. 278ff.

1313 Vgl. *Bieg*, Grundlagen Teil II, StB 2002, S. 475; *Herzig*, GoB, in: FS Baetge, 1997, S. 43; *Tönnies/Schiersmann*, Zulässigkeit Teil II, DStR 1997, S. 757; *Schwitters/Bogajewskaja*, in: Beck HdR, B 730 Rn. 128; *Scharpf/Epperlein*, Risiko, BFuP 1995, S. 210; *Buschmann*, Risiko, WPg 1992, S. 724; *Wotschofsky/Thomas*, Termingeschäfte, BBK 2002, Fach 12, S. 6617. Auch unter diesen Voraussetzungen sind Macro Hedges aber bis zum heutigen Zeitpunkt nur im Rahmen des Zinsrisikomanagements von Kreditinstituten allgemein anerkannt. Vgl. *Bieg*, Grundlagen Teil II, StB 2002, S. 475.

1314 Vgl. *Prahl/Naumann*, Kreditinstitute, WPg 1991, S. 735.

1315 Vgl. *Bieg*, Bilanzierung, in: FS Wöhe, 2004, S. 340; *Steiner/Tebroke/Wallmeier*, Finanzderivate, WPg 1995, S. 538; *Breker*, Optionsrechte, 1993, S. 217; *Prahl/Naumann*, Kreditinstitute, WPg 1991, S. 735.

1316 Vgl. *Klotz/Philipp*, Optionsscheine, 2000, S. 222; *Riddermann/Straßberger*, Bewertung, Dresdner Beiträge 11/98, S. 3; *Scheffler*, Hedge Accounting, 1994, S. 65f.

1317 Vgl. *Klotz/Philipp*, Optionsscheine, 2000, S. 222.

1318 Vgl. *Prahl/Naumann*, Bilanzstichtag, ZBB 1994, S. 3.

Vergleich zum statischen Hedge fortwährend eine Anpassung des Volumens der Sicherungsposition vorgenommen.[1319] Bei dynamischen Hedges wird eine sich ständig ändernde Gruppe von Grundgeschäften mit sich immer wieder anpassenden Sicherungsgeschäften abgesichert.[1320]

Wären nur statische Absicherungsformen bilanziell zulässig, müssten die in der finanzwirtschaftlichen Praxis gebildeten dynamischen Absicherungen auf statische Beziehungen umgestellt werden. Diese bilanzielle Darstellung eines aus ökonomischer Sicht bestehenden dynamischen Hedges als statischen Hedge – wie es teilweise auch nach IAS 39 praktiziert wird – ist mit sehr großem Aufwand verbunden.[1321] Außerdem muss bei jeder Änderung die alte Sicherungsbeziehung aufgelöst und eine neue gebildet und dokumentiert werden.[1322]

3.2.6.3.1.3 Definition und Auslegung des Macro Hedges nach § 254 HGB

Laut Gesetzesbegründung liegt ein Macro Hedge vor, wenn die risikokompensierende Wirkung ganzer Gruppen von Grundgeschäften zusammenfassend betrachtet wird.[1323]

Nach dem Wortlaut der Gesetzesbegründung steht im Vordergrund, dass die zusammen betrachteten Geschäfte dem gleichen Risiko unterliegen. Eine Einschränkung dahingehend, dass diese Art der Absicherung nur für bestimmte finanzwirtschaftliche Risiken, z. B. nur für Zinsrisiken, möglich ist, wird nicht gemacht.[1324] Auch bezüglich der Gruppen von Grundgeschäften wird keine Abgrenzung vorgenommen. Mithin ist eine kompensierende Betrachtung, aufgeteilt nach Risiken, über das ganze Unternehmen oder über Unternehmenseinheiten hinweg möglich. Dies lässt darauf schließen, dass der Umfang der Bewertungseinheit weit auszulegen ist und daher alle nach § 254 HGB möglichen Grundgeschäfte zusammen betrachtet werden dürfen. Grundsätzlich würde das heißen, dass neben Bilanzpositionen (Vermögensgegenständen und Schulden) auch die Risiken aus schwebenden und sogar antizipativen Geschäften in die Grundposition einbezogen werden dürfen. Bisher wurden die erwarteten Transaktionen in der handelsrechtlichen Praxis innerhalb eines Macro Hedges nicht als zulässige Grundgeschäfte angesehen.[1325] Dies kann sich durch das Bilanzrechtsmodernisierungsgesetz, in dessen Begründung nur von einer Gruppe von Grundgeschäften die Rede ist, ändern. Da sich die Geschäfte aber zunächst gegenseitig saldieren müssen, bevor sie durch ein Sicherungsinstrument abgesichert werden, kann es auch zu Saldierungen kommen, die in

---

1319 Vgl. *Patek,* Finanzprodukte, 2001, S. 51; *Scheffler*, Hedge Accounting, 1994, S. 66. Der dynamische Hedge bietet daher auch während der Laufzeit eine Sicherheit vor Verlusten.

1320 Vgl. *Schmidt*, Rechnungslegung, 2005, S. 247; *Barckow*, Bilanzierung, 2004, S. 28.

1321 Vgl. *Schmidt*, Rechnungslegung, 2005, S. 248.

1322 Vgl. *Schmidt*, Rechnungslegung, 2005, S. 247 und S. 297.

1323 Vgl. *Regierungsentwurf* BilMoG vom 23.05.2008, Drs. 344/08, Begründung, S. 129.

1324 Siehe hierzu Vergleich IAS.

1325 Vgl. *Krumnow/Sprißler u. a.*, Kreditinstitute, 2. Auflage 2004, Kommentierung zu IAS 39, S. 1567, Rn. 291.

einer „Eins-zu-eins-Sicherungsbeziehung" nicht möglich wären. Für Unternehmen existiert bei der Ermittlung der Nettoposition kein Wissen darüber, welche Geschäfte innerhalb der Nettoposition als Grund- und welche als Sicherungsgeschäfte fungieren. Dies ist für die Unternehmen aufgrund der Tatsache, dass die Geschäfte gleichzeitig risikoverursachend und risikomindernd sind, auch ohne weitere Bedeutung.[1326]

Dass die risikokompensierende Wirkung ganzer Gruppen von Grundgeschäften zusammenfassend betrachtet wird, lässt darauf schließen, dass der Gesetzgeber die Absicherung von Nettopositionen und auch die bilanzielle Behandlung der in der Finanzwirtschaft von vielen Unternehmen gebildeten Macro Hedges zulässt.[1327] Da beim Macro Hedge die risikokompensierende Wirkung ganzer Gruppen betrachtet wird, müssen die Grundgeschäfte zunächst miteinander saldiert werden. Die Nettoposition wird durch eine natürliche Absicherung ermittelt.[1328] Die sich dann ergebende offene Position, auch Nettorisikoposition genannt, wird anschließend abgesichert. Durch diese Vorgehensweise werden bereits im Unternehmen bestehende Effekte genutzt, so dass eine wirtschaftlich sinnvolle Absicherung durchgeführt werden kann. Die Zusammenfassung von einzelnen Geschäften zu einer Nettoposition stellt, sofern gegenläufige Geschäfte vorliegen, eine faktische Bewertungseinheit dar,[1329] bei der Kosten vermieden und Skaleneffekte erzielt werden können.[1330] Fraglich ist, inwieweit die in die Nettoposition einfließenden Werte objektiv bestimmbar sind. Da der Gesetzgeber keine eindeutigen Voraussetzungen für die Behandlung von Macro Hedges vorgibt, ist auch eine gewisse Heterogenität der Geschäfte möglich.

Das Problem, dass bei einer Macro-Betrachtung die individuelle Zuordnung nicht mehr möglich ist, wurde vom Gesetzgeber erkannt und in der Gesetzesbegründung aufgegriffen. Demnach bedarf es bei Bestehen eines vernünftigen und angemessenen Risikomanagements keiner individuellen Zuordnung der Wert- und Zahlungsstromänderungen.[1331] Es ist erstaunlich, dass der Gesetzgeber, ohne erläuternde oder einschränkende Voraussetzungen zu formulieren, die Vorgehensweise der Risikomanagementsysteme für Bilanzierungs- und Besteuerungszwecke akzeptiert und auf ihre „Verlässlichkeit" vertraut. Insbesondere da § 254 HGB branchen- und rechtsformübergreifend gilt, können die unterschiedlichsten Risikomanagementsysteme vorliegen.

1326 Vgl. *Barckow*, Besteuerung, StbJb 2006/07, S. 230; *Anstett/Husmann*, Bildung, BB 1998, S. 1532; *Glaum/Förschle*, Rechnungslegung, DB 2000, S. 1527.

1327 Vgl. beispielhaft den Geschäftsbericht der Deutschen Lufthansa. http://berichte.lufthansa.com/2007/gb/1024381.html; *Krumnow/Sprißler u. a.*, Kreditinstitute, 2. Auflage 2004, Kommentierung zu IAS 39, S. 1567, Rn. 291.; *Brackert/Prahl/Naumann*, Risikosteuerung, WPg 1995, S. 552; Verwendung des Begriffes des Portfolio Hedges für die Nettoposition, *Reiner*, Finanzinstrumente, 2002, S. 264.

1328 Es muss aber in Kapitel 4 untersucht werden, in welcher Form das Ganze seinen Niederschlag findet.

1329 Vgl. *Göttgens*, Accounting, BFuP 1995, S. 147.

1330 Vgl. *Löw*, Finanzinstrumente, Accounting 1/2008, S. 13.

1331 Vgl. *Regierungsentwurf* BilMoG vom 23.05.2008, Drs. 344/08, Begründung, S. 129.

Auch wenn die Zulässigkeit von Macro Hedges aus wirtschaftlichen Gründen zunächst einleuchtend erscheinen mag, darf nicht verkannt werden, dass durch die sehr weite Anwendungsmöglichkeit von Macro Hedges die allgemeinen Bewertungsgrundsätze faktisch ausgehöhlt werden. Dieses steht der Zwecksetzung des BilMoG, ein vergleichbareres und informativeres Bild der Vermögensverhältnisse eines Unternehmens zu schaffen, entgegen.[1332]

3.2.6.3.1.4 Auslegung des Macro Hedges nach IAS 39

Nach IAS 39 ist eine wesentliche Voraussetzung für die Anwendung des Hedge Accountings, dass die Wirksamkeit der Absicherung verlässlich festgestellt werden kann. Die Feststellung der Wirksamkeit wird durch den Vergleich der Wert- und Zahlungsstromänderungen von Grund- und Sicherungsgeschäft vorgenommen. Um die Effektivität feststellen zu können, muss der Absicherungsgegenstand exakt umrissen sein. Die Messung der Effektivität einer Sicherungsbeziehung durch die Gegenüberstellung der Änderungen der Wert- bzw. der Zahlungsströme von Sicherungs- und Grundgeschäft ist nicht mit dem Vergleich zwischen einem Sicherungsgeschäft und einer Nettoposition gleichzusetzen.[1333] Eine Effektivitätsmessung und damit einhergehend die Bestimmung des ineffektiven Teils ist gem. IAS 39 bei Macro Hedges somit nicht präzise genug möglich.[1334] Daher erkennt IAS 39 Macro Hedges, obwohl sie eine weit verbreitete Methodik des Risikomanagements darstellen, grundsätzlich nicht an.[1335] Daher sind nach IAS 39 grundsätzlich nur Micro und Portfolio Hedges[1336] zulässig.

Die grundsätzliche bilanzielle Nichtanerkennung von Macro Hedges wird von einer Ausnahmeregelung durchbrochen, die im Jahre 2004 nachträglich eingeführt wurde. Das IASB sieht demnach die Behandlung von Zinsrisiken innerhalb eines Portfolio[1337] bzw. Macro Hedges als zulässig an.[1338] Diese Ausnahmeregelung ist nicht aufgrund von Zweckmäßigkeitsüberlegun-

---

1332 Ob oder wie Macro Hedges bilanziell umgesetzt werden, wird in C II.4 der Arbeit näher betrachtet.

1333 Vgl. IAS 39.84.

1334 Vgl. *Kehm/Lüdenbach*, in: Lüdenbach/Hoffmann IFRS Kommentar, 6. Auflage 2008, § 28 Rn. 191. *Schmidt*, Rechnungslegung, 2005, S. 296; IAS 39.AG101.

1335 Vgl. *Kehm/Lüdenbach,* in: Lüdenbach/Hoffmann IFRS Kommentar, 6. Auflage 2008, § 28 Rn. 191.

1336 Nach IAS sind an das Portfolio aber klare Voraussetzungen geknüpft. So muss zu erwarten sein, dass die Änderung des Fair Value, die dem abgesicherten Risiko für jeden einzelnen Posten in der Gruppe zuzurechnen ist, ungefähr proportional der gesamten Änderung des Fair Value im Hinblick auf das abgesicherte Risiko der Gruppe der Posten entspricht. Vgl. IAS 39.83.

1337 Teilweise wird bei IAS in diesem Zusammenhang auch von einem Portfolio Hedge gesprochen.

1338 Durch die Verabschiedung des Entwurfs „Fair Value Hedge Accounting for a Portfolio Hedge of Interest Rate Risk" im Jahre 2004 und dessen Übernahme in IAS 39. Vgl. *Fröhlich*, Hedge Accounting, BB 2004, S. 1381.

gen, sondern wegen des durch die Kreditinstitute ausgeübten Drucks eingeführt worden.[1339] Diese Ausnahmeregelung ist aber nur auf die Absicherung von Zinsänderungsrisiken bei Kreditinstituten anwendbar.[1340] An diese Art des Hedges werden erhebliche zusätzliche Voraussetzungen gestellt, die im Rahmen dieser Arbeit aufgrund der Schwerpunktlegung auf die nationale Bilanzierung nicht aufgezeigt werden.[1341]

Im Vergleich zu § 254 HGB ist anzumerken, dass die Regelung nach IAS 39 keinesfalls soweit greift, wie die durch das BilMoG eingeführte Regelung. Bei IAS wird idealtypischerweise von einer Eins-zu-eins-Absicherung ausgegangen.[1342] Erst im Jahre 2004 kam eine eingeschränkte Portfolioabsicherung[1343] für Zinsrisiken dazu.[1344]

3.2.6.3.2 Portfolio Hedges

3.2.6.3.2.1 Bisheriges Verständnis in der Literatur

Neben dem Micro und dem Macro Hedge existiert zusätzlich noch die Gruppe der Portfolio Hedges. Allgemein wird unter einem Portfolio eine homogene Gruppe von Grundgeschäften verstanden, die zum Zweck der gemeinsamen „Verwaltung" zusammengefasst werden. Die

---

1339 Vgl. *Bieker/Negara*, Zinsänderungsrisiken, KoR 2008, S. 702; *Kuhn/Scharpf*, Rechnungslegung, 3. Auflage 2006, S. 459. Bei Banken findet sich der Macro Hedge oft im Bankenbuch wieder. Vgl. *Barckow*, Bilanzierung, 2004, S. 100.

1340 Vgl. IAS 39.89A; Vgl. *Bieker/Negara*, Zinsänderungsrisiken, KoR 2008, S. 702ff; *Große*, IAS 39, 2007, S. 90. Auch bei IAS wird zunächst eine faktische Absicherung vorgenommen. Der offene Betrag wird dann als Nettoposition bestimmt. IAS 39 AG 114ff *Schmidt*, Rechnungslegung, 2005, S. 248; *Barckow*, Bilanzierung, 2004, S. 194ff. Bei der Absicherung des Zinsänderungsrisikos einer Nettoposition aus finanziellen Verbindlichkeiten und finanziellen Vermögensgegenständen wird ein fingierter Vermögensgegenstand oder eine fingierte Verbindlichkeit in der Bilanz dargestellt. Nach IAS 39.89A ist zur Darstellung der Nettoposition ein dem Saldo entsprechender einzelner Posten zu bilden, je nach Vorzeichen bei den Vermögenswerten oder Verbindlichkeiten. Die Nettoposition wird dann zusammen mit dem Sicherungsgeschäft den Hedge Accounting-Regelungen unterworfen. IAS 39.AG101 verlangt, dass die Absicherung künstlich auf ein Portfolio Hedge oder Micro Hedge zurückgeführt wird. Vgl. *Kehm/Lüdenbach,* in: Lüdenbach/Hoffmann IFRS Kommentar, 6. Auflage 2008, § 28 Rn. 228.
IAS 39 AG101 Bestimmt, dass bei Banken auf diese Weise Deckungslücken gesichert werden: hat die Bank Finanzaktiva in Höhe von 100 und Passiva in Höhe von 90 und sind die Ausstattungsmerkmale ähnlich und sollen diese gegen Zinsänderungsrisiken gesichert werden, wird die in der GuV auftretende Erfolgswirkung gesichert; so können 10 dadurch abgesichert werden, dass aus dem Bestand der finanziellen Vermögenswerte im Nominalwert von 10 eine zu sichernde Position bestimmt wird. Vgl. *Bellavite-Hövermann/Barckow,* in: IFRS Kommentar, IAS 39, Rn. 161.

1341 Siehe hierzu IAS 39.AG114 – 132; *Arnoldi/Leopold*, Buchungsregeln, KoR 2005, S. 23ff.

1342 Vgl. *Löw*, Finanzinstrumente, Accounting 1/2008, S. 13; *Große*, IAS 39, 2007, S. 35; IAS 39.78; *Brötzmann*, Bilanzierung, 2004, S. 112; *Barckow*, Fair-Value-Option, WPg 2004, S. 796. Sehr weiter Anwendungsbereich, nach IAS gilt folgende Abgrenzung: Als Grundgeschäfte kommen sowohl einzelne Geschäfte als auch Gruppen in Betracht, sofern diese die gleichen Risikomerkmale aufweisen. Auch ein ganzes Portfolio kann als Grundgeschäft bestimmt werden, sofern nur das gleiche Zinsrisiko vorliegt.

1343 Teilweise wird in der Literatur von einem Macro Hedge gesprochen, was auch eher der Vergleichbarkeit mit dem BilMoG entspricht.

1344 Vgl. *Bieker/Negara*, Zinsänderungsrisiken, KoR 2008, S. 702; *Große*, IAS 39, 2007, S. 90 und S. 111; *Eckes/Barz/Bäthe-Guski/Weigel*, Hedge Accounting Teil I, Die Bank 6-7/2004, S. 416. De facto wird somit, ausgenommen von ein paar Ausnahmen im Zinsbereich, den Absicherungen von Nettopositionen im Rahmen von Macro oder Portfolio Hedges eine Absage erteilt.

Gruppenbildung kann nach verschiedenen Faktoren erfolgen, z. B. nach Produktarten, nach Risikofaktoren oder auch nach organisatorischen Gesichtspunkten. Im Schrifttum wird die Grenze zwischen Macro und Portfolio Hedges dahingehend gezogen, dass das Macro Hedge die globale Absicherung gleicher Risiken und das Portfolio Hedge die Absicherung der Risiken einer Gruppe von gleichartigen Grundgeschäften ist.[1345] Beim Portfolio Hedge erfolgt die Absicherung der Netto-Risikoposition daher aus einer abgeschlossenen Anzahl von Geschäften (Portfolio-homogene Gruppe von Finanzinstrumenten).[1346] Der Sicherungsgegenstand besteht somit bei Portfolio Hedges auch nicht aus einer bestimmten oder aus mehreren bestimmten Positionen, sondern ist eine saldierte Größe.[1347] Da ein hohes Volumen und eine hohe Umschlaghäufigkeit zu Grunde liegen, werden keine identischen Gegengeschäfte, sondern meist kostengünstige Gegengeschäfte eingegangen.[1348] Bei der Bildung eines Portfolio Hedges kommt es dadurch, dass der nach Saldierung vorhandene Verlustüberhang als Drohverlustrückstellung ausgewiesen wird, zu einer Rückstellung, die den Charakter einer globalen Wertberichtigung zu den im Hedge enthaltenen Vermögensgegenständen haben kann.[1349]

Nach bisheriger Auffassung im Schrifttum handelt es sich bei einem Portfolio Hedge aber weniger um eine Umfangsangabe der Absicherungsstrategie, sondern primär um einen „institutionalisierten Macro Hedge für bestimmte Handelsaktivitäten von Kreditinstituten“.[1350] Im Schrifttum heißt es, der Portfolio-Ansatz wird „in den meisten Fällen“ für die Handelsbestände von Kreditinstituten gefordert[1351] bzw. der Handelsbestand ist der Prototyp des Portfolio-Ansatzes.[1352]Es wird angenommen, dass alle in einem Handelsportfolio vertretenden Geschäfte qua Absicherungsvermutung in einem gewollten wirtschaftlichen Zusammenhang stehen.[1353] Der Portfolio Hedge wird somit zur Ermöglichung eines effizienten Managements der Handelsbestände von Kreditinstituten gebildet.[1354]

Eine imparitätische Einzelbewertung von Finanzinstrumenten eines Handelsportfolios ist aufgrund ihrer Volumina und der Umschlaghäufigkeit kaum möglich. Daher verwendet die

1345 Vgl. *Barckow*, Bilanzierung, 2004, S. 27.
1346 Vgl. *Arbeitskreis „Externe Unternehmensrechnung“*, Bilanzierung, DB 1997, S. 638.
1347 Vgl. *Barckow*, Bilanzierung, 2004, S. 27; *Wüstemann/Duhr*, Fremdwährungsrisiken, DB 2003, S. 2503.
1348 Vgl. *Mauritz*, Konzepte, 1996, S. 1ff.
1349 Vgl. *Windmöller/Breker*, Optionsgeschäfte, WPg 1995, S. 400; *Breker*, Optionsrechte, 1993, S. 227.
1350 Vgl. *Prahl/Naumann*, Kreditinstitute, WPg 1991, S. 735; *Hesse/Melcher*, Finanzinstrumente, in: FS Eisele, 2003, S. 328; *Hoffmann*, in Littmann/Bitz/Pust, Einkommensrecht, §§4, 5 EStG Rn. 503; *Schwitters/Bojewskaja*, in: Beck HdR, B 730 Rn. 131. *Widmayer*, Risikomanagement, 2002, S. 101.
1351 Vgl. *Herzig/Mauritz*, Ökonomisch, ZfbF 1998, S. 102; *Tönnies/Schiersmann*, Zulässigkeit Teil II, DStR 1997, S. 756.
1352 Vgl. *Reiner*, Finanzinstrumente, 2002, S. 267.
1353 Vgl. *Krumnow/Sprißler u. a.*, Kreditinstitute, 2004, § 340e HGB Rn. 314; *Reiner*, Finanzinstrumente, 2002, S. 267.
1354 Vgl. *Bieg*, Grundlagen Teil II, StB 2002, S. 475.

Praxis die Portfolios als Bewertungseinheiten, die dann imparitätisch zu behandeln sind.[1355] Daher handelt es sich nicht um eine Sicherungsbeziehung im eigentlichen Sinne, da kein Absicherungsmotiv per se vorliegt.[1356] Aber auch wenn der Primärzweck der Portfoliobildung nicht die Absicherung ist, werden die Risiken trotzdem mit entsprechenden Deckungsgeschäften abgesichert.[1357] Auch das IDW erkannte am Beispiel von Optionen an, dass eine Verrechnung der Bewertungsergebnisse auch ohne Nachweis einer Absicherung zulässig ist, wenn Optionen mit Finanzinstrumenten, die demselben Risiko unterliegen, von Banken im Rahmen von Handelsaktivitäten zusammengefasst werden.[1358] Im Schrifttum wird der Portfolio Hedge von Handelsbeständen als untereinander verknüpfte Spekulationsgeschäfte angesehen, deren Wertänderungen mehr oder weniger zufällig zum Ausgleich führen.[1359]

Für den Portfolio Hedge wurde schon relativ früh anstelle einer Bewertungseinheit eine tatsächliche Marktbewertung diskutiert.[1360] Bisher wurden bei einem Portfolio Hedge die Gewinne und Verluste ermittelt und insgesamt miteinander verrechnet. Sich daraus ergebende Überhange wurden imparitätisch behandelt. Da in der Realität aber z. B. rollierende Absicherungen vorliegen und Transaktionen stattfinden, ist die Objektivität und Verlässlichkeit bei der Anwendung als Bewertungseinheit nicht mehr gegeben. Daher hat das IDW in einer Stellungnahme gegenüber dem BMJ vorgeschlagen, wegen der Schwächen von Bewertungseinheiten, eine Marktbewertung mit Risikoabschlag vorzunehmen.[1361]

Bei Handelsbeständen wird die Marktbewertung als möglich angesehen, da die Handelsbestände jederzeit an einem aktiven Markt liquidiert werden können. Außerhalb der Handelsbestände müssten Sicherungen hingegen über die Bildung einer Bewertungseinheit gelöst werden.[1362]

3.2.6.3.2.2 Auslegung nach dem BilMoG

Nach der Definition der Gesetzesbegründung wird unter einem Portfolio Hedge die Risikoabsicherung mehrerer gleichartiger Grundgeschäfte durch ein oder mehrere Sicherungsinstrumente verstanden.[1363] Demnach ist der Portfolio Hedge weit zu verstehen, so dass auch hier

---

1355 Vgl. *Schmidt*, Finanzinstrumente, KoR 2008, S. 2; *Pfitzer/Scharpf/Schaber*, antizipative Hedges Teil 1, WPg 2007, S. 675; *IDW*, Handelsaktivitäten, WPg 2006, S. 44f; *Bieg*, Grundlagen Teil II, StB 2002, S. 475.

1356 Vgl. *Bieg*, Grundlagen Teil II, StB 2002, S. 475; *Wotschofsky/Thomas*, Termingeschäfte, BBK 2002, Fach 12, S. 6618; *Steiner/Tebroke/Wallmeier*, Finanzderivate, WPg 1995, S. 538f.

1357 Vgl. *Krumnow/Sprißler u. a.*, Kreditinstitute, 2. Auflage 2004, § 340 HGB.

1358 Vgl. *IDW*, Optionsgeschäfte, BFA 2/1995, WPg 1995, S. 422.

1359 Vgl. *Bieg*, Grundlagen Teil II, StB 2002, S. 475.

1360 Vgl. *Scharpf/Schaber*, BilMoG, KoR 2008, S. 532; *IDW*, Handelsaktivitäten, WPg 2006, S. 44f; *Tönnies/Schiersmann*, Zulässigkeit Teil II, DStR 1997, S. 757.

1361 Vgl. *IDW*, Handelsaktivitäten, WPg 2006, S. 45.

1362 Vgl. *Pfitzer/Scharpf/Schaber*, antizipative Hedges Teil 1, WPg 2007, S. 677.

1363 Vgl. *Regierungsentwurf* BilMoG vom 23.05.2008, Drs. 344/08, Begründung, S. 129.

von einer Absicherung einer Nettorisikoposition ausgegangen werden kann. Es wird daher befürchtet, dass die Abgrenzung zwischen Macro Hedges und Portfolio Hedges in der Praxis nicht einfach sein wird.[1364] Dies ist insbesondere vor dem Hintergrund zu sehen, dass diese begriffliche Abgrenzung in der finanzwirtschaftlichen Praxis nicht von Relevanz ist. Macro und Portfolio Hedges unterscheiden sich darin, ob gleiche Gruppen von Grundgeschäften oder ob die Nettoposition von unterschiedlichen Grundgeschäften abgesichert wird. Inwieweit eine klare Abgrenzung zwischen den Macro und den Portfolio Hedges aber vonnöten ist, lässt sich derzeit noch nicht abschätzen. Da die Gesetzesbegründung zum Ausdruck bringt, dass alle Absicherungsformen möglich sind, keiner der Vorrang gegeben wird und zusätzlich keine unterschiedlichen Rechtsfolgen aus der Art der Absicherung entstehen, ist die eindeutige Abgrenzung nicht von höchster Relevanz.

Zu der Frage der Abgrenzung des Portfolio Hedges ergibt sich aus dem BilMoG noch eine weitere gesetzliche Neuerung. Neben § 254 HGB ist § 340e Abs. 3 und Abs. 4 HGB normiert worden, der die Bilanzierung für den Handelsbestand von Finanzinstituten regelt.

3.2.6.3.2.3 Die Behandlung von Finanzinstrumenten, die zu Handelszwecken erworben wurden bzw. von Handelsbeständen

Bei der Portfolio-Bildung des Handelsbestandes steht nicht primär der Absicherungszweck im Vordergrund, und auch aufgrund der Umschlaghäufigkeit ist die Behandlung als Bewertungseinheit nur schwer möglich. Daher wurde eine Zeitbewertung dieser Finanzinstrumente vorgeschlagen.[1365]

Im Rahmen der Reform des Handelsrechts war eine diesbezügliche Regelung sowohl im Referenten- als auch im Regierungsentwurf vorgesehen: und zwar sowohl eine branchenübergreifende als zusätzlich noch eine spezielle Regelung für Finanzdienstleistungsunternehmen. Dementsprechend sollte ein § 253 Abs. 1 S. 3 HGB-E eingeführt werden, der die Bewertung für die zu Handelszwecken erworbenen Finanzinstrumente aller Branchen zum Zeitwert regeln und ein § 340e Abs. 3 HGB-E, der die Bewertung des Handelsbestandes von Finanzdienstleistungsinstituten gesetzlich normieren sollte.[1366]

Die Einführung einer Regelung für Finanzinstrumente, die zu Handelszwecken erworben wurden, ist vergleichbar mit der ersten Kategorie des IAS 39, unter die die zu Handelszwe-

1364 Vgl. *Scharpf/Schaber*, BilMoG, KoR 2008, S. 532.

1365 Vgl. *IDW*, Handelsaktivitäten, WPg 2006, S. 45.

1366 Vgl. *Regierungsentwurf* BilMoG vom 23.05.2008, Drs. 344/08, Begründung S. 129; *Kußmaul/Weiler*, Entwicklungen, KoR 2009, S. 163; *Gemeinhardt/Bode*, Handelszwecke, StuB 2008, S. 460; *Oser/Roß/Wader/Drogemüller*, Neuregelungen, WPg 2008, S. 55; *Bischoff*, Handelszwecke, StuB 2007, S. 887. Wenn ein Industrieunternehmen oder Handelsunternehmen Finanzinstrumente spekulativ hält, muss das dann durch die Satzung oder den Gesellschaftsvertrag abgedeckt sein. Vgl. *Scharpf*, Derivate Finanzinstrumente, BFuP 1995, S. 167.

cken gehaltenen Finanzinstrumente gefasst werden, bei denen eine Folgebewertung erfolgswirksam zum Fair Value vorgenommen wird.[1367]

Die Gesetzesentwürfe sahen vor, die zu Handelszwecken gehaltenen Finanzinstrumente bzw. die Handelsbestände von Finanzinstituten aufgrund ihrer Zwecksetzung einer anderen bilanziellen Behandlung zu unterwerfen als die Finanzinstrumente, die Teil einer Sicherungsbeziehung sind oder die keiner Zwecksetzung zugeordnet werden.[1368] Da auch hier die Intention des Einsatzzwecks des Finanzinstrumentes als Abgrenzungskriterium verwendet wird, kommt es zu keiner objektivierten trennscharfen Abgrenzung.[1369] Laut Gesetzesbegründung sind diejenigen Finanzinstrumente zu Handelszwecken erworben, die zum Zweck der kurzfristigen Gewinnrealisierung durch Weiterveräußerung oder Rückzahlung bezogen worden sind.[1370] Ausschlaggebend ist, dass im Erwerbszeitpunkt die Absicht bestand, mit dem Finanzinstrument aufgrund von Preisschwankungen oder durch die Ausnutzung von Handelsmargen kurzfristige Gewinne zu erzielen.[1371] Charakteristisch ist laut Gesetzesbegründung für Finanzinstrumente, die zu Handelszwecken erworben wurden oder im Handelsbestand gehalten werden, dass eine Spekulationsabsicht besteht. Betrachtet man jedoch die Positionen der Kreditinstitute, die „allgemein als Handelsbestand" angesehen werden, stellt man fest, dass eine Spekulationsabsicht bei Geschäftsabschuss zumeist nicht vorliegt.[1372]

Obwohl es sich bei § 253 HGB und § 340e HGB sowohl inhaltlich als auch aufgrund der Verortung um Bewertungsvorschriften handelt, sollte durch die bilanzielle Behandlung der zu Handelszwecken gehaltenen Finanzinstrumente der Ansatz aller Finanzinstrumente ermöglicht werden. Der Grundsatz der Nichtbilanzierung sollte laut Gesetzesbegründung ausdrücklich eingeschränkt werden.[1373] Durch diese Vorgehensweise gelangen auch die als schwebende Geschäfte klassifizierten unbedingten Finanzinstrumente zum Ansatz.

1367 Vgl. *Schmidt*, Finanzinstrumente, KoR 2008, S. 4; *Hayn/Hold-Paetsch/Vater* in: Wiley, IFRS Änderungskommentar, 2009, S. 149.

1368 Vgl. *Regierungsentwurf* BilMoG vom 23.05.2008, Drs. 344/08, Begründung S. 129 und *Referentenentwurf* BilMoG vom 08.11.2007.

1369 Vgl. *Große/Schmidt*, Handelsaktivitäten, WPg 2007, S. 862.

1370 Vgl. *Regierungsentwurf* BilMoG vom 23.05.2008, Drs. 344/08, Begründung S. 129.

1371 Vgl. *Referentenentwurf* BilMoG vom 08.11.2007.

1372 Vgl. *Große/Schmidt*, Handelsaktivitäten, WPg 2007, S. 862. Durch die vorgegebene Obergrenze, die die Höhe des Risikopotentials bestimmt, werden die spekulativen Geschäfte auf ein Minimum beschränkt. Für die Zuordnung zum Handelsbestand ist vielmehr ausschlaggebend, ob mit derartigen Geschäften im Eigenbestand ein Eigenhandel betrieben wird. Vgl. *Luz/Scharpf*, Marktrisiken, 1998, S. 63. Das Erzielen einer Handelsmarge setzt voraus, dass das Unternehmen mit den Finanzinstrumenten handelt. Dies dürfen grundsätzlich nur Finanzdienstleitungsinstitute und bestenfalls noch große Unternehmen, so dass der Kreis der betroffenen Unternehmen stark eingeschränkt ist und insbesondere Kreditinstitute betrifft. Vgl. *Schmidt*, Finanzinstrumente, KoR 2008, S. 1.

1373 Vgl. *Regierungsentwurf* BilMoG vom 23.05.2008, Drs. 344/08, Gesetzestext, S. 8.

Die Folgebewertung sollte gemäß § 253 HGB (und § 340e HGB) zum beizulegenden Zeitwert (Fair Value) erfolgen.[1374] Da das Handelsrecht bisher nur in den Anhangsangaben nach § 285 S. 3 – 5 HGB a. F. den beizulegenden Zeitwert für die Angaben von bestimmten Finanzinstrumenten kennt, wurde der Begriff durch § 255 Abs. 4 HGB eingeführt und legal definiert.[1375] Demnach entspricht der beizulegende Zeitwert grundsätzlich dem Marktpreis. Wenn kein aktiver Markt besteht, anhand dessen sich der Marktpreis ermitteln lässt, ist laut § 255 Abs. 4 S. 2 HGB der beizulegende Zeitwert mit Hilfe von anerkannten Bewertungsmethoden zu bestimmen. Ist der Wert weder über den Markt noch über eine anerkannte Bewertungsmethode bestimmbar, dann sind die Anschaffungs- oder Herstellungskosten[1376] gemäß § 253 Abs. 4 HGB fortzuführen. Der zuletzt über § 255 Abs. 4 HGB ermittelte beizulegende Zeitwert gilt dann per Fiktion als Anschaffungs- oder Herstellungskosten.[1377] In diesem Rückgriff auf die fortgeführten Anschaffungskosten ist der große Unterschied zu der Stufenkonzeption nach IAS auszumachen.[1378] Zudem ist eine Definition der Terminologie „aktiver Markt“ nicht vorgegeben. Im Schrifttum wird die Meinung vertreten, dass nach Gesetzeswortlaut und -begründung bei Derivaten, die OTC gehandelt werden, i. d. R kein Handel an einem aktiven Markt vorliegen dürfte.[1379]

Der große Unterschied zwischen § 253 Abs. 1 S. 3 HGB-E und § 340e Abs. 3 HGB war in der Bewertung und in der steuerlichen Berücksichtigung auszumachen. Laut Gesetzesbegründung sollte bei den Finanzinstrumenten, die zu Handelszwecken erworben werden (§ 253 Abs. 1 S. 3 HGB-E), eine Bewertung zum beizulegenden Zeitwert nur stattfinden, wenn ein aktiver Markt besteht. Demnach wäre bei der Bewertung nur § 255 Abs. 4 S. 1 HGB einschlägig gewesen. Bei der Bewertung des Handelsbestands (§ 340e Abs. 3 HGB) ist hingegen die gesamte „Stufenkonzeption“ des § 255 Abs.4 HGB anzuwenden.[1380]

Durch eine derartige Bewertung zum beizulegenden Wert finden etwaige Wertänderungen ihren direkten Niederschlag in der Bilanz und der GuV, auch wenn die Gewinne und Verluste noch nicht realisiert sind.[1381] Diese Vorgehensweise stellt eine Neuausrichtung des Realisationsprinzips dar, die damit begründet, dass es sich um eine Konkretisierung bzw. Ausdehnung des Realisationsprinzips handele, die der wirtschaftlichen Lage gerecht werde. Die Zeitbewer-

---

1374 Vgl. *Regierungsentwurf* BilMoG vom 23.05.2008, Drs. 344/08, Begründung, S. 129.; *Schmidt*, Finanzinstrumente, KoR 2008, S. 4; *Fülbier/Gassen*, Bilanzrechtsmodernisierungsgesetz, DB 2007, S. 2608; *Velte/Leimkühler*, Referentenentwurf, StuB 2007, S. 840.

1375 Vgl. *Regierungsentwurf* BilMoG vom 23.05.2008, Drs. 344/08, Gesetzestext, S. 8.

1376 Der Begriff der Herstellungskosten wird durch das BilMoG-E auch neu kodifiziert. Siehe § 255 Abs.2 HGB-E. BilMoG-E, S. 7.

1377 Vgl. *Regierungsentwurf* BilMoG vom 23.05.2008, Drs. 344/08, Gesetzestext, S. 8.

1378 Vgl. *Löw/Scharpf/Weigel*, Bilanzierung, WPg 2008, S. 1013; *Watrin/Scholz*, originäre Finanzinstrumente, in: HdJ, Abt. II/8 Rn. 486; *Dohrn*, Accounting, 2004, S. 148. Zur Fair Value-Auprägung bei IAS siehe statt vieler *Kußmaul/Weiler*, Entwicklungen, KoR 2009, S. 169; *Bieg/Bofinger/Küting/Kußmaul/Waschbusch/Weber*, Fair Value, DB 2008, S. 2549.

1379 Vgl. *Löw/Scharpf/Weigel*, Bilanzierung, WPg 2008, S. 1013.

1380 Vgl. *Regierungsentwurf* BilMoG vom 30.07.2008, Drs. 16/10067, Gesetzestext, S. 8.

1381 Vgl. *Stibi/Fuchs*, Würdigung, DB Beilage 1/2008, S. 10.

tung wird als sachgerecht angesehen, da es sich um Instrumente handelt, die jederzeit veräußert werden können, und damit ein Realisationswahlrecht besteht.[1382]

Da durch die unterschiedliche Bewertung von Finanzinstrumenten, je nach ihrem Einsatzzweck, bilanzpolitische Spielräume befürchtet wurden, soll ein Wechsel zwischen den Kategorien nicht möglich sein. Um diesen Wechsel zwischen verschiedenen „Kategorien" und damit einhergehende Rechtsfolgen einzudämmen, sollte nur im Zeitpunkt des Erwerbes eine Zuordnung erfolgen.[1383] Gem. § 340e Abs. 3 S. 2 HGB-E war ein Wechsel in den Handelsbestand oder aus dem Handelsbestand damit grundsätzlich ausgeschlossen. Diese Unzulässigkeit des Wechsels wäre gegenüber der bisherigen Praxis eine große Veränderung. Da es oft wirtschaftlich nicht sinnvoll ist, die Instrumente, die man bereits im Handelsbestand hält, nochmals zu erwerben,[1384] findet in der Praxis oft ein Wechsel statt.[1385] Das DSR plädierte daher für eine Umwidmung zwischen Finanzinstrumenten des Handels(bestandes) und solchen, die in einer Sicherungsbeziehung gehalten werden.[1386] Und auch der Zentrale Kreditausschuss sprach sich für eine Umwidmung aus, da bei einer möglichen vorzeitigen Auflösung einer Sicherungsbeziehung mit anschließender Verkaufsabsicht des Derivats – was der aktuellen Praxis bei einer Vielzahl von Banken entspricht – aufgrund des Umwidmungsverbotes eine Umwidmung in Handelsbestand nicht möglich ist.[1387] Ohne Umwidmungsmöglichkeit müssten externe Geschäfte mit zusätzlichen Transaktionskosten abgeschlossen werden.[1388] Hervorgerufen durch die Finanzkrise wurde zusätzlich ein Wechsel aus dem Handelsbestand heraus gefordert, wenn es dazu kommt, dass die Werte des Handelsbestandes nicht mehr gehandelt werden können.[1389] Diesem Anliegen wurde im Gesetzgebungsverfahren nachgekommen. § 340e Abs. 3 HGB wurde dahingehend geändert, dass eine Umgliederung in und aus dem Handelsbestand grundsätzlich ausgeschlossen ist. Eine Umgliederung aus dem Handelsbestand ist aber dann möglich, wenn außergewöhnliche Umstände, insbesondere schwerwiegende Beeinträchtigungen der Handelbarkeit der Finanzinstrumente zu einer Aufgabe der Handelsabsicht der Kreditinstitute führen. Nur grundlegen-

---

1382 Vgl. *Schmidt*, Finanzinstrumente, KoR 2008, S. 2. Bei Finanzinstrumenten des Handelsbestandes befürworten die Banken die Behandlung zum Zeitwert, da man eine jederzeitige Liquidierbarkeit unterstellen kann. *Kemmer/Naumann*, deutsche Banken Teil 1, ZfgK 2003, S. 572.

1383 Vgl. BilMoG-E vom 08.11.2007, Begründung, S. 106.

1384 Bei Kreditinstituten interne Sicherungsgeschäfte gem. § 1a Abs.7 KWG. Bei Nicht-Banken stellt sich die Frage der Umwidmung in der Praxis in den meisten Fällen nicht, da den zu Handelszwecken erworbenen Finanzinstrumenten nur solche zugeordnet werden dürfen, die an einem aktiven Markt gehandelt werden. Bei Nicht-Banken kommen aber fast ausschließlich Derivate (als Sicherungsgeschäfte) zum Einsatz, die nicht an einer Börse, sondern an einem OTC-Markt gehandelt werden. Vgl. *Scharpf/Schaber*, BilMoG, KoR 2008, S. 536.

1385 Vgl. *Wiechens/Helke*, Finanzinstrumente, DB 2008, S. 1336.

1386 Vgl. *DSR*, Stellungnahme vom 10.11.2008, S. 5.

1387 Vgl. *Zentraler Kreditausschuss*, Stellungnahme, 2008, S. 3.

1388 S. *Zentraler Kreditausschuss*, Stellungnahme, 2008, S. 4.

1389 Auch IAS 39 wurde aufgrund der Finanzkrise dahingehend geändert, dass ein Wechsel aus der ersten Kategorie in die anderen Kategorien möglich ist. Siehe hierzu Kapitel C II 1.4.

de Marktstörungen und nicht das normale Tagesgeschäft sollen zu einer Lockerung des Umwidmungsverbots führen.[1390]

Außerdem dürfen Handelsbestände nachträglich in eine Bewertungseinheit einbezogen werden. Bei Beendigung der Bewertungseinheit sind sie wieder in den Handelsbestand umzugliedern.

Dass es durch die Zeitbewertung zum Ausweis von noch nicht realisierten Gewinnen kommt, wird bei Instituten, die unter den Anwendungsbereich des § 340 HGB fallen, als Surrogat zur Ausschüttungssperre ein Risikoabschlag vorgenommen.[1391]

Im Rahmen der Finanzkrise sind die Stimmen lauter geworden, die die Meinung vertreten, dass der Fair Value (Zeitwert) zwar nicht der Auslöser der Finanzkrise ist, dass aber diese Bewertungsmethodik die Auswirkungen der Finanzkrise noch negativ verstärkt. So werden in wirtschaftlich guten Zeiten nach der Zeitwertbewertung hohe Börsenkurse über die Anschaffungskosten hinaus ausgewiesen, ohne dass es zu einer tatsächlichen Realisation gekommen ist. Dies hat Ergebnis- und Eigenkapitalsteigerungen zur Folge. In schlechteren Zeiten müssen dagegen bei fallenden Kursen Abschreibungen vorgenommen werden, welche bei einer vorsichtigen Bewertung in diesem Ausmaß nicht eingetreten wären. Diese Ergebnisvolatilität ist ein charakteristisches Merkmal der IFRS-Bilanzierung.[1392]

Basierend auf den jüngsten Ereignissen an den Finanzmärkten ist im Rahmen des Gesetzgebungsverfahrens § 253 Abs. 1 S. 3 HGB wieder ad acta gelegt worden, da durch seine Normierung die Fair Value-Bewertung und damit einhergehend die genannten Probleme Einzug in die Bilanz aller Branchen gehalten hätten.[1393] § 340e Abs. 3 HGB, namentlich die Fair Value-Bewertung für Handelsbestände von Kreditinstituten ist hingegen beibehalten worden. Zusätzlich zu § 340 Abs. 3 HGB ist ein Abs. 4 normiert worden, der die Bildung eines Sonderpostens für einen Teil der Nettoerträge regelt. Der Sonderposten soll neben dem Risikoabschlag als zusätzlicher „Risikopuffer" fungieren.

1390 Vgl. *Beschlussempfehlung* vom 24.03.2009, Drs. 16/12407, Begründung, S. 189. Die Umgliederungen sind nach handels- und aufsichtsrechtlichen Grundsätzen vollständig zu dokumentieren.

1391 Für § 253 HGB-E war die Einführung einer Ausschüttungssperre vorgesehen gewesen. Der Risikoabschlag wird auf Basis der internen Risikosteuerung gem. den bankenaufsichtsrechtlichen Vorgaben vorgenommen. Vgl. *Beschlussempfehlung* vom 24.03.2009, Drs. 16/12407, Begründung, S. 188; Jessen/Haaker sind der Auffassung, „dass ein pauschaler Risikoabschlag eine Ausschüttung unrealisierter Erträge aus der Fair Value-Bewertung nicht unterbinden kann und somit keinen adäquaten Ersatz für eine Ausschüttungssperre darstellt." *Jessen/Haaker*, Gläubigerschutz, DStR 2009, S. 499.

1392 Vgl. *Kemmer*, Rechnungslegungsvorschriften, Kreditwesen 2008, S. 55ff.

1393 Auch der IDW nimmt in seiner Stellungnahme zur Zerlegung von strukturierten Produkten eine branchenübergreifende Abgrenzung für Finanzinstrumente, die zu Handelszwecken erworben werden, vor. Diese Art der strukturierten Produkte muss nicht zerlegt werden. Diese Differenzierung des IDW bleibt bestehen, auch wenn der § 253 Abs. 1 S. 3 HGB-BilMoG-E nicht im HGB aufgenommen wird. Vgl. *Gaber*, strukturierte Produkte, DB 2008, S. 1221ff; *Schmidt*, Finanzinstrumente, KoR 2008, S. 1ff.

Damit ist nach § 340e Abs. 3 HGB eine Betrachtung von Portfolio Hedges als Bewertungseinheiten – wie sie früher verstanden wurden – nicht mehr nötig.[1394] Die Regelung weicht insofern von der bisherigen Praxis ab, als die imparitätische Behandlung des Saldos wegfällt.[1395]

3.2.6.3.2.4 Steuerbilanzielle Auswirkungen der Zeitwertbilanzierung

Es muss geklärt werden, ob die handelsbilanzielle Bewertung der Finanzinstrumente des Handelsbestandes zum beizulegenden Zeitwert durch den Maßgeblichkeitsgrundsatz auch Auswirkungen auf die Steuerbilanz hat. Da es sich nicht um Bewertungseinheiten handelt, die dem Zweck der Absicherung von finanzwirtschaftlichen Risiken dienen, können die Finanzinstrumente, die dem Handelsbestand zugeordnet werden, nur gemäß § 5 Abs. 1 EStG maßgeblich für die steuerliche Gewinnermittlung sein. Durch die Streichung des § 253 Abs. 1 S. 3 HGB wird die Fair Value-Bewertung nur noch in § 340e Abs. 3 HGB als branchenspezifische Vorschrift normiert. Eine branchenübergreifende GoB-konforme Regelung ist daher nicht mehr existent. Im Rahmen des BilMoG ist aber für den Fall, dass die Finanzinstrumente des Handelsbestandes in der Steuerbilanz zum Ansatz kommen, § 6 Abs. 1 Nr. 2b EStG als steuerliche Bewertungsvorschrift eingeführt worden.[1396] Durch diese Vorschrift wird geregelt, dass für Steuerpflichtige, die unter den Anwendungsbereich des § 340 HGB fallen, die Bewertung der Finanzinstrumente des Handelsbestandes zum beizulegenden Zeitwert steuerliche Wirkung entfalten. Innerhalb dieses Paragrafen wird noch einmal deutlich die Abgrenzung zu den Finanzinstrumenten vorgenommen, die Bestandteil einer Bewertungseinheit sind, indem der Wortlaut explizit darauf hinweist, dass die Vorschrift nicht für Bewertungseinheiten gilt.[1397] Inkonsistent ist, dass in § 6 Abs. 1 Nr. 2b EStG die Begrifflichkeit des Handelszwecks und nicht die Terminologie des Handelsbestandes verwendet wird.[1398]

1394 Vgl. *Kraft/Bischoff*, Bewertungseinheiten, in: Schmiel/Breithecker, Gewinnermittlung, 2008, S. 191; *Bischof*, Handelszwecke, StuB 2007, S. 888; *Kütter/Prahl*, Bilanzierung, WPg 2006, S. 17.

1395 Vgl. *Schmidt*, Finanzinstrumente, KoR 2008, S. 2.

1396 Übergangsvorschrift in § 52 Abs.16 S. 10 EStG-E; *Helios/Schlotter*, Finanzinstrumente, DStR 2009, S. 547ff; *Meurer*, Maßgeblichkeitsgrundsatz, FR 2009, S. 119.

1397 Vgl. *Wiechens/Helke*, Finanzinstrumente, DB 2008, S. 1335.

1398 Im Fall der Kodifizierung des § 253 Abs. 1 S. 3 HGB-E hatte der Bundesrat vorgeschlagen, einen § 5 Abs. 1b EStG-E zu normieren, der regeln soll, dass schwebende Geschäfte steuerlich nicht bilanziert werden dürfen, mit Ausnahme der zu Handelszwecken erworbenen Finanzinstrumente von Steuerpflichtigen, die in den Anwendungsbereich des § 340 HGB fallen.

4. Bilanzielle Abbildung der Sicherungsbeziehung

Nachdem betrachtet wurde, wie weit der Anwendungsbereich von Sicherungsbeziehungen nach § 254 HGB auszulegen ist, wird nunmehr die bilanzielle Behandlung näher untersucht. Hierfür werden zunächst der Gesetzestext, die Begründung und die diskutierten Bewertungsmethoden näher analysiert sowie die generellen bilanziellen Probleme und die steuerlichen Auswirkungen während der „Laufzeit der Bewertungseinheit" untersucht. Im Rahmen der bilanziellen Betrachtung werden die Auswirkungen der beiden Ausprägungsformen Micro und Macro Hedge beleuchtet.

Anschließend wird auf die bilanziellen Auswirkungen sowie auf Periodisierungsprobleme und Gestaltungsspielräume eingegangen, die aufgrund der dynamischen Absicherungsform und bei Beendigung einer Bewertungseinheit entstehen können.

4.1 Bilanzielle Behandlung nach dem BilMoG

Nach dem Gesetzeswortlaut des § 254 HGB sind die Paragrafen § 249 Abs. 1 HGB, § 252 Abs. 1 Nr. 3 und 4 HGB, § 253 Abs. 1 S. 1 HGB und § 256a HGB in dem Umfang und für den Zeitraum nicht anzuwenden, in dem die gegenläufigen Wertänderungen oder Zahlungsströme sich ausgleichen.[1399]

In der Gesetzesbegründung zum Regierungsentwurf heißt es „bei Bestehen einer Bewertungseinheit wird unter Einschränkung des Imparitätsprinzips, des Realisationsprinzips und des Einzelbewertungsgrundsatzes auf die Berücksichtigung nicht realisierter Verluste verzichtet, wenn diesen in gleicher Höhe nicht realisierte Gewinne gegenüberstehen".[1400]

Zu untersuchen ist, ob bzw. wie die Risikostrategien abgebildet werden, wie die bilanzielle Darstellung vorgenommen wird, wie mit den ungesicherten und den ineffektiven Bestandteilen der „Positionen" zu verfahren ist und welche steuerlichen Folgen sich ergeben.

Aus ökonomischer Sicht und auch aufgrund des Leistungsfähigkeitsprinzips ist es gerechtfertigt, dass Verluste, die tatsächlich nicht auftreten können, auch keinen Eingang in die steuerliche Gewinnermittlung finden. Im Folgenden wird untersucht, wie sachgerecht und präzise § 254 HGB diese bilanzielle Kompensation abbildet bzw. wo die Schwachstellen der gesetzlichen Kodifizierung gesehen werden.

Dass die genannten Paragrafen nur in dem Umfang und für den Zeitraum nicht zur Anwendung kommen, in dem sich die gegenläufigen Wertänderungen oder Zahlungsströme ausgleichen, bringt zum Ausdruck, dass die Rechtsfolgen des § 254 HGB nur für den effektiven Teil der Sicherungsbeziehung gelten.[1401] Entscheidend ist daher, ob Geschäfte in ihrer Gesamtheit

---

[1399] S. *Beschlussfassung* BilMoG vom 24.03.2009, Drs. 16/12407, Gesetzestext, S. 10.

[1400] Vgl. *Regierungsentwurf* BilMoG vom 30.07.2008, Drs. 16/10067, Begründung, S. 120.

[1401] Vgl. *Löw/Scharpf/Weigel*, Bilanzierung, WPg 2008, S. 1016; *Wiechens/Helke*, Bewertungseinheit, DB Beilage 1/2008, S. 28.

Bestandteil der Sicherungsbeziehung sind oder z. B. auch nur anteilig oder risikobezogen als Bestandteil der Bewertungseinheit designiert werden können. Das Resultat aus dieser unterschiedlichen Designation sind Wertüberhänge der Bewertungseinheit in verschiedenen Höhen. Dies kann insbesondere mit Blick auf die steuerliche Gewinnermittlung zu nicht uninteressanten Gestaltungsmöglichkeiten führen. Daher ist neben der Frage, was der effektive Teil der Bewertungseinheit ist, der Fragestellung nachzugehen, wie mit dem ineffektiven und dem ungesicherten Teil der Sicherungsbeziehung umgegangen wird bzw. ob überhaupt eine trennscharfe Differenzierung zwischen einem ineffektiven und einem ungesicherten Teil stattfindet. Außerdem ist zu untersuchen, wie mit einer gegebenenfalls vorgenommenen Aufteilung der Bewertungseinheit auf rechtlicher Basis verfahren werden kann.
Bevor auf die Behandlung der Überhänge der Sicherungsbeziehung eingegangen wird, wird zunächst der effektive Teil näher betrachtet.

4.1.1 Behandlung des effektiven Teils

Um auf die Behandlung des effektiven Teils der Bewertungseinheit näher eingehen zu können, muss dieser zunächst abgegrenzt und inhaltlich definiert werden. Da der Gesetzgeber weder im Gesetzeswortlaut noch in der Gesetzesbegründung eine implizite inhaltliche Abgrenzung und Definition vorgibt, wird eine Analyse über die verschiedenen Aussagen in der Gesetzesbegründung und den Gesetzeswortlaut durchgeführt. Dabei ist zu beachten, dass der Begriff der Bewertungseinheit zwar anhand einer Aufzählung der Positionen, die als Grund- oder Sicherungsgeschäft fungieren können, definiert ist, dass aber letztlich keine eindeutige inhaltliche Abgrenzung stattgefunden hat.
Als weitere Einschränkung in Bezug auf die Bewertungseinheit ist herauszustellen, dass der Begriff der Wirksamkeit der Bewertungseinheit vom Gesetzgeber in der Gesetzesbegründung verwendet, aber nicht trennscharf definiert und abgegrenzt wird. Diesbezüglich ist auch keine exakte Abgrenzung zum effektiven Teil einer Bewertungseinheit festzustellen. Vielmehr kann eine gewisse begriffliche Ungenauigkeit in Bezug auf die Konzepte der Wirksamkeit bzw. Effektivität der Bewertungseinheit insgesamt und den effektiven Teil einer Bewertungseinheit konstatiert werden.
Zunächst wird daher der Begriff der Bewertungseinheit untersucht. In § 254 HGB wird die Bewertungseinheit folgendermaßen definiert:[1402]

> *„Werden Vermögensgegenstände, Schulden, schwebende Geschäfte oder mit hoher Wahrscheinlichkeit erwartete Transaktionen zum Ausgleich gegenläufiger Wertänderungen oder Zahlungsströme aus dem Eintritt vergleichbarer Risiken mit Finanzinstrumenten zusammengefasst (Bewertungseinheit), sind § 249 Abs. 1 HGB, der § 252 Abs. 1 Nr. 3 und*

[1402] Vgl. *Gesetzesbeschluss* vom 27.03.2009, Drs. 270/09, S. 4.

4, § 253 Abs. 1 S. 1 HGB und § 256a HGB in dem Umfang und für den Zeitraum nicht anzuwenden, in dem die gegenläufigen Wertänderungen oder Zahlungsströme sich ausgleichen."

Hiernach sind zwei Feststellungen möglich. Erstens geht der Gesetzgeber durch den Bezug auf die vergleichbaren Risiken davon aus, dass auch andere nicht abgesicherte Risiken innerhalb einer Bewertungseinheit vorhanden sein können. D. h. innerhalb der Bewertungseinheit kann ein ungesicherter Teil existieren. Diese Schlussfolgerung wird auch dadurch untermauert, dass nach dem Gesetzeswortlaut die gesamten Positionen der Vermögensgegenstände und Finanzinstrumente in die Bewertungseinheit einbezogen werden und nicht nur von Teilen dieser Positionen die Rede ist. Die Einbeziehung der ganzen Positionen führt grundsätzlich zu einem ungesicherten Teil innerhalb der Bewertungseinheit.

Zweitens kann festgestellt werden, dass der Gesetzgeber von effektiven und ineffektiven Anteilen einer Sicherungsbeziehung ausgeht. Dies lässt sich aus der Passage interpretieren, in der es heißt „in dem Umfang (…) nicht anzuwenden, in dem die gegenläufigen Wertänderungen oder Zahlungsströme sich ausgleichen". Bei dem Umfang, in dem es zu einem Ausgleich der gegenläufigen Wertänderungen oder Zahlungsströme kommt, handelt es sich um den effektiven Teil der Bewertungseinheit, der von den Rechtsfolgen des § 254 HGB erfasst wird. Der verbleibende, nicht effektive Teil wird nach den traditionellen GoB behandelt. Durch die Verwendung der Begrifflichkeit in dem „Umfang" ist die Aussage, dass die Paragrafenkette nur für den effektiven Teil gilt, deutlicher geworden. Im Gesetzgebungsverfahren musste dieses noch aus der Kombination der Begrifflichkeit „abgesicherte Risiken" auf der einen Seite und der Verwendung des Wortes „soweit" auf der anderen Seite geschlussfolgert werden.[1403]

Von besonderer Bedeutung ist daher die Klärung der Frage, in welchem Umfang die gegenläufigen Wertänderungen oder Zahlungsströme sich ausgleichen und somit den effektiven Teil der Bewertungseinheit darstellen. Daneben ist zwischen zwei Arten von Wertüberhängen zu unterscheiden: solchen, die in einem abgesicherten Sicherungszusammenhang entstehen, d.h. es handelt sich um Ineffektivitäten, die innerhalb des Absicherungszusammenhangs auftreten, sowie solchen Wertüberhängen, die außerhalb der „Effektivität" liegen und gar nicht erst abgesichert wurden. Diese zweite Gruppe wird im Folgenden als ungesicherter Teil bezeichnet.[1404]

1403 Im Gesetzgebungsverfahren bestand noch der folgende Wortlaut des § 254 HGB in der Fassung des Regierungsentwurf: *„Werden Vermögensgegenstände, Schulden, schwebende Geschäfte oder mit hoher Wahrscheinlichkeit vorgesehene Transaktionen zur Absicherung von Zins-, Währungs- und Ausfallrisiken oder gleichartiger Risiken mit Finanzinstrumenten zusammengefasst (Bewertungseinheit), sind der § 249 Abs. 1 HGB, der § 252 Abs. 1 Nr.3 und 4, § 253 Abs. 1 S.1 HGB und § 256a HGB nicht anzuwenden, soweit der Eintritt der abgesicherten Risiken ausgeschlossen ist."*

1404 In der handelsrechtlichen Literatur wird diese Differenzierung nicht vorgenommen, da eine Abgrenzung aufgrund der gleichen Rechtsfolgen als unerheblich angesehen wird.

Grundsätzlich besteht eine Bewertungseinheit aus mehreren Bestandteilen. Diese Bestandteile sind der ungesicherte Teil und der gesicherte Teil[1405], wobei der gesicherte Teil wiederum aus einer effektiven und einer ineffektiven Komponente besteht. Weder der Gesetzestext noch die Begründung gehen auf diese Differenzierung explizit ein. Aus den verschiedenen Aussagen und der Sachlogik kann jedoch geschlussfolgert werden, dass sich die Bewertungseinheit nach § 254 HGB aus allen drei Bestandteilen zusammensetzen kann.

Diese Feststellung hat weit reichende bilanzielle Konsequenzen, da nach dem obigen Verständnis Wertüberhänge von Bewertungseinheiten nicht nur aus Ineffektivitäten, sondern auch aus ungesicherten Teilen bestehen können. Nachfolgend ist das zugrunde gelegte Verständnis der Bewertungseinheit (oben) in Abgrenzung zu der hier nicht verfolgten und im Weiteren nur marginal thematisierten Definition einer Bewertungseinheit (unten) graphisch dargestellt.

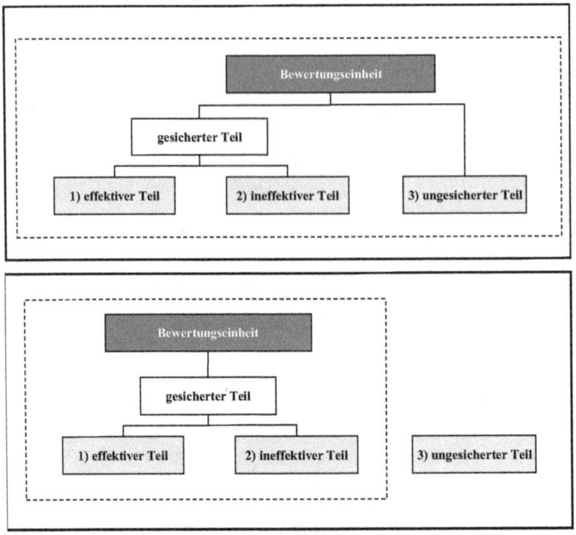

Abbildung 3: Abgrenzung der Bewertungseinheit

Nachdem die Frage der Abgrenzung der Bewertungseinheit geklärt werden konnte, ist die Begriffsdefinition bzw. Abgrenzung der Wirksamkeit einer Bewertungseinheit zu untersuchen. In der Gesetzesbegründung und in § 285 Nr. 23 HGB wird klargestellt, dass die Wirksamkeit der gebildeten Bewertungseinheit zu überwachen ist.[1406] Dabei lässt der Gesetzgeber allerdings sowohl offen, welche Modelle zur Messung der Wirksamkeit angewendet

[1405] Teil, der zum Ausgleich gegenläufiger Wertänderungen oder Zahlungsströme, die sich aus dem Eintritt vergleichbarer Risiken ergeben, zusammengefasst wird.

[1406] Vgl. *Regierungsentwurf* BilMoG vom 23.05.2008, Drs. 344/08, Begründung, S. 128.

werden sollen, als auch, ob die Bewertungseinheit als Ganzes einen bestimmten Wirksamkeitsgrad erreichen muss und wenn ja, wie hoch dieser zu sein hat.

In Bezug auf den Wirksamkeitsgrad der Bewertungseinheit können verschiedene Formulierungen in der Gesetzesbegründung zu § 254 HGB sowie § 285 Nr. 23 HGB (Anhangsangaben) zur Argumentation herangezogen werden. In der Gesetzesbegründung zu § 254 HGB heißt es demnach:

> *„Die Bewertungseinheit beruht auf der grundsätzlichen Überlegung, dass die aus einem Grundgeschäft resultierenden Risiken durch den Einsatz von Sicherungsinstrumenten [...] neutralisiert werden können. Daher wird bei Bestehen einer Bewertungseinheit [...] auf die Berücksichtigung nicht realisierter Verluste verzichtet, wenn diesen in gleicher Höhe nicht realisierte Gewinne gegenüberstehen, also soweit der Eintritt der abgesicherten Risiken ausgeschlossen ist.“*[1407]

Aus den Formulierungen „Risiken [...] neutralisiert“ und „Eintritt der abgesicherten Risiken ausgeschlossen“, könnte zunächst ein Wirksamkeitsgrad von 100 % für die gesamte Bewertungseinheit geschlussfolgert werden. Diese Vermutung ließe sich im Gesetzgebungsverfahren durch die Begründung des Gesetzgebers in Bezug auf Macro Hedges weiter erhärten, in der es heißt:

> *„Von einer wirksamen Bewertungseinheit ist in diesen Fällen [Anmerkung des Autors: Macro Hedge] ausnahmsweise schon auszugehen, wenn [...] dargelegt wird, dass die Wirksamkeit der gebildeten Bewertungseinheiten sich im vergangenen Geschäftsjahr zwischen 80% und 120% bewegt hat [...].“*[1408]

Da der Gesetzgeber ausdrücklich bei Macro Hedges „ausnahmsweise“ von einer Wirksamkeit der Bewertungseinheit in der Bandbreite von 80 % bis 120 % ausging, könnte der Rückschluss gezogen werden, dass bei Micro und Portfolio Hedges ein Wirksamkeitsgrad der gesamten Bewertungseinheit von 100 % als adäquat angenommen wird.

In der Beschlussempfehlung zu § 254 HGB wurde hingegen klargestellt, dass etwaige Effektivitätsspannen, wie sie die Internationalen Financial Reporting Standards für die Annahme einer wirksamen Bewertungseinheit vorsehen, keine handelsrechtliche Bedeutung haben.[1409]

Trotz der genannten Formulierungen und der abgeleiteten Vermutung eines geforderten Wirksamkeitsgrades von 100% für die gesamte Bewertungseinheit und dementsprechend das Vorliegen eines perfekten Hedges kann diese Schlussfolgerung nicht als richtig angesehen werden. Diese Vorgehensweise würde weder der Intention des Gesetzgebers[1410] noch der Umsetzung von praxisrelevanten Fällen gerecht werden, da so gut wie nie perfekte Hedges

---

[1407] Vgl. *Regierungsentwurf* BilMoG vom 23.05.2008, Drs. 344/08, Gesetzesbegründung, S. 129.
[1408] Vgl. *Regierungsentwurf* BilMoG vom 23.05.2008, Drs. 344/08, Gesetzesbegründung, S. 129.
[1409] Vgl. *Beschlussempfehlung* vom 24.03.2009, Drs. 16/12407, Begründung, S. 112.
[1410] Dieses würde eher die Intention des BFH vom 19.03.2002 widerspiegeln.

gegeben sind. Schon alleine durch geringe Betrags- und Fristeninkongruenzen entstehen Ineffektivitäten bei Sicherungsbeziehungen, die einen gewissen Grad an Ineffektivität zur Folge haben.[1411] Außerdem möchte der Gesetzgeber, dass die Abbildung von wirtschaftlichen Sicherungsbeziehungen, so wie sie in der Praxis vorgenommen werden, in der Bilanz möglich ist. Und auch nach dem Wortlaut des § 254 HGB gelten die Rechtsfolgen nur für den Umfang, in dem sich die gegenläufigen Wertänderungen ausgleichen.

Der Forderung nach einem perfekten Hedge als Voraussetzung für das Zustandekommen einer Bewertungseinheit widerspricht zudem die Einführung des § 285 Nr. 23 HGB. Dieser fordert u. a., dass in den Anhangsangaben aufgezeigt wird, inwieweit die Risken innerhalb von Bewertungseinheiten ausgeschlossen sind.[1412] Würde der Gesetzgeber von einem perfekten Hedge für das Zustandekommen einer Bewertungseinheit ausgehen, ergäbe der Verweis auf den Umfang des Ausgleiches und die Angabe des § 285 Nr. 23 HGB keinen Sinn.

Vor diesem Hintergrund kann zwar kein eindeutig geforderter Wirksamkeitsgrad für die gesamte Bewertungseinheit gefolgert werden, andererseits kann aber geschlussfolgert werden, dass eine 100 %ige Effektivität nicht die Intention des Gesetzgebers ist. Diese Feststellung ist auch in Abgrenzung zu der Definition des effektiven Teils einer Bewertungseinheit relevant. Werden die Ergebnisse der durchgeführten Analyse verknüpft, sind zweierlei Tatbestände festzustellen. Zum einen fordert der Gesetzgeber im Zusammenhang mit Bewertungseinheiten die vollständige Neutralisierung, den vollständigen Ausgleich der gegenläufigen Wertänderungen oder Zahlungsströme bzw. den vollständigen Ausschluss von Risiken. Er kann sich damit aber logischerweise nicht auf die gesamte Bewertungseinheit, sondern nur auf den effektiven Teil der Bewertungseinheit beziehen. Zum anderen wird durch die Schlussfolgerung bestätigt, dass eine Bewertungseinheit grundsätzlich aus mehr als dem effektiven Teil bestehen muss. Die letztere Feststellung hat für die steuerlichen Auswirkungen von Bewertungseinheiten eine hohe Relevanz.

Unbeschadet einer fehlenden Definition des Wirksamkeitsgrades ist nach der Gesetzesbegründung die Wirksamkeit der Bewertungseinheit dennoch zu überwachen. Eine explizite Vorgabe der Methode zur Feststellung der Wirksamkeit wird jedoch aufgrund der Vielzahl der verschiedenen Formen von möglichen Bewertungseinheiten als nicht sachgerecht angese-

---

1411 Vgl. *Löw/Scharpf/Weigel*, Bilanzierung, WPg 2008, S. 1016; *Löw*, Bewertung, WPg 2004, S. 1112. Dies kann aber auch auf eine Vielzahl anderer Gründe zurückgeführt werden. Einer wäre z.B. die Betragsidentität, die nicht mehr gefordert wird; daher kommt die Bewertungseinheit nur über den abgesicherten Betrag in Betracht. Ein anderer Grund wäre z. B. die Zinskonvention und/oder Kreditwürdigkeit des Vertragspartners. Vgl. *Kemmer/Naumann*, deutsche Banken Teil 1, ZfgK 2003, S. 569; *Scharpf/Luz*, Risikomanagement, 2000, S. 290. Selbst bei perfekten Micro Hedges ist eine vollständige Korrelation nicht erreichbar.

1412 Vgl. Gesetzesbeschluss vom 27.03.2009, Drs. 270/09, S. 10; *Beschlussempfehlung* vom 24.03.2009, Drs. 16/12407, Gesetzestext, S. 19.

hen.[1413] Daher ist die Methode, mit der das Unternehmen die Wirksamkeit überwachen soll, vom Unternehmen selber zu wählen.[1414]

Zur Messung der Wirksamkeit existieren retro- und prospektive Methoden. Die prospektive Wirksamkeit bezeichnet die erwartete Effektivität der Sicherungsbeziehung während der gesamten Laufzeit zum Zeitpunkt ihrer Entstehung. Die nachträgliche Beurteilung bzw. Messung der Effektivität für die abgelaufene Berichtsperiode wird hingegen als retrospektive Effektivität bezeichnet.[1415] Im Rahmen der Anhangsangaben heißt es, dass der künftige voraussichtliche Ausgleich anzugeben ist,[1416] womit eine prospektive Messung der Wirksamkeit gefordert wird. In der Gesetzesbegründung hieß es hingegen, dass es von der Art und dem Umfang der Bewertungseinheit abhängig ist, inwiefern die Wirksamkeit nur retro- oder auch zusätzlich prospektiv festgestellt werden muss.[1417] Zur prospektiven und retrospektiven Effektivitätsmessung können unterschiedliche Methoden herangezogen werden, zwischen denen frei gewählt werden darf.[1418] Insgesamt ist festzustellen, dass nach der Intention des Gesetzgebers durch die wenig restriktive Vorgabe in Bezug auf die Methodenwahl die Flexibilität der Unternehmen in Hinblick auf die Messung der Wirksamkeit erhöht und damit der Einsatz von Bewertungseinheiten erleichtert werden soll.[1419]

4.1.1.1 Bestimmung des effektiven Anteils einer Sicherung

Innerhalb des gesicherten Teils der Bewertungseinheit kann zwischen einem effektiven und einem ineffektiven Teil differenziert werden.

Der Gesetzgeber definiert als effektiven Teil den Anteil der Bewertungseinheit, dessen gegenläufige Wertänderungen oder Zahlungsströme sich am Bilanzstichtag zu 100 % ausgleichen.[1420] Laut Gesetzesbegründung kann bei einem Micro Hedge am Bilanzstichtag unmittelbar aus den gegenläufigen Wert- bzw. Zahlungsströmen abgeleitet werden, inwiefern die Risiken nicht eintreten. Nur dieser zu hundert Prozent effektive Teil unterliegt den direkten Rechtsfolgen des § 254 HGB. Etwaige Überhänge des ineffektiven oder auch solche des ungesicherten Teils werden nicht den unmittelbaren Rechtsfolgen des § 254 HGB unterworfen.

1413 Vgl. *Regierungsentwurf* BilMoG vom 23.05.2008, Drs. 344/08, Gesetzestext; *Beschlussempfehlung* vom 24.03.2009, Drs. 16/12407, Begründung, S. 112.

1414 Vgl. *Hoffmann/Lüdenbach*, BilMoG, Beihefter zu Heft 30, DStR 2008, S. 62.

1415 S. *Scharpf*, IAS 39, KoR 2004, Beilage 1 zu Heft 11, S. 4.

1416 Vgl. Gesetzesbeschluss vom 27.03.2009, Drs. 270/09, S. 9; *Beschlussempfehlung* vom 24.03.2009, Drs. 16/12407, Gesetzestext, S. 19f.

1417 Vgl. *Regierungsentwurf* BilMoG vom 23.05.2008, Drs. 344/08, Gesetzesbegründung, S. 128.

1418 Vgl. *Küting/Cassel*, Bewertungseinheiten, KoR 2008, S. 771.

1419 Vgl. *Patek*, Bewertungseinheiten, KoR 2008, S. 526.

1420 Vgl. *Patek*, Bewertungseinheiten, KoR 2008, S. 526, 528.

In der Gesetzesbegründung zum Regierungsentwurf wurde für einen Macro Hedge eine vom Micro Hedge differenzierte Vorgehensweise gefordert. Die Rechtsfolgen, die sich aus dieser Behandlung ergeben hätten, werden nachfolgend kurz dargestellt. Demnach sollte bei einem Macro Hedge von einer wirksamen Bewertungseinheit ausnahmsweise schon dann auszugehen sein, wenn in Anlehnung an die internationalen Geflogenheiten am Bilanzstichtag dargelegt wird, dass die gebildete Bewertungseinheit sich im vergangenen Geschäftsjahr in einer Spanne von 80% - 125% (120%)[1421] bewegt hat und sich im künftigen Geschäftsjahr ebenfalls innerhalb dieser Spanne bewegen wird.[1422]

Während sich die 100 % bei Micro und Portfolio Hedge nur auf den tatsächlich effektiven Teil beziehen, kann die Spannbreite von 80 % bis 120 % bei Macro Hedges hingegen auf die gesamte Bewertungseinheit abstellen. Diese Spannbreite ergibt aber nur dann Sinn, wenn die gesamte als wirksam angesehene Bewertungseinheit den Rechtsfolgen des § 254 HGB unterworfen wird und nicht nur der zu hundert Prozent effektive Teil. Die Zuordnung der gesamten Bewertungseinheit unter die Rechtfolgen des § 254 HGB konnte und kann nicht aus dem Gesetzestext, sondern nur aus einer Formulierung in der Gesetzesbegründung geschlussfolgert werden. Dort heißt es zu § 340h HGB, „innerhalb der wirksamen Bewertungseinheit“ darf durchgebucht oder eingefroren werden.[1423] Gemäß der Gesetzesbegründung ist bei einem Macro Hedge eine wirksame Bewertungseinheit ausnahmsweise schon in einer Bandbreite zwischen 80 % und 120% gegeben. In der Beschlussfassung zu § 254 HGB wurde hingegen klargestellt, dass etwaige Effektivitätsspannen, wie sie die Internationalen Financial Reporting Standards für die Annahme einer wirksamen Bewertungseinheit vorsehen, keine handelsrechtliche Bedeutung haben.[1424]

4.1.1.2 Bandbreite und Anlehnung an IAS

Da die Gesetzesbegründung und die Beschlussempfehlung sich bei der Behandlung der Effektivitätsspanne wörtlich an internationale Gepflogenheiten anlehnen, müssen diese zum Vergleich kurz betrachtet werden.

Anders als das nationale Recht enthält IAS 39 eine eindeutige Definition des Begriffs der Effektivität. Demnach ist Effektivität der Grad, mit dem die Änderungen des Grundgeschäftes, die aus dem gesicherten Risiko resultieren, durch die Änderungen des Sicherungsge-

---

[1421] In der Gesetzesbegründung wird eine Spanne von 120% erwähnt, die aber, wie im Weiteren noch dargelegt wird, in dieser Form keinen Sinn ergibt. Die Werte beruhen auf der Dollar offset-Methode und bedeuten 4/5 zu 5/4.

[1422] Vgl. *Regierungsentwurf* BilMoG vom 23.05.2008, Drs. 344/08, Gesetzesbegründung, S. 128.

[1423] Vgl. *Regierungsentwurf* BilMoG vom 23.05.2008, Drs. 344/08, Gesetzesbegründung, S. 128.

[1424] Vgl. *Beschlussempfehlung* vom 24.03.2009, Drs. 16/12407, Begründung, S. 112.

schäfts kompensiert werden.[1425] Dementsprechend wird nach IAS die wirtschaftlich sinnvolle Annahme getroffen, dass nicht auf Ebene der gesamten Bewertungseinheit eine vollständige Korrelation, sondern nur eine hohe Korrelation in einem ökonomischen Zusammenhang vorhanden sein muss.[1426]

Liegt diese hohe Korrelation vor, dann wird der ganze Sicherungszusammenhang den Rechtsfolgen des Hedge Accountings unterworfen. Ist die geforderte Effektivität hingegen nicht gegeben, darf die Sicherungsbeziehung bilanziell nicht abgebildet werden.[1427] Es wird von einer effektiven Sicherungsbeziehung ausgegangen, die die Rechtsfolgen des Hedge Accountings nach sich zieht, wenn sich die Änderungen in einer Bandbreite von 80% bis 125% ausgleichen.[1428]

Die Rechtsfolgen unterscheiden sich abhängig davon, ob ein Fair Value oder ein Cash Flow Hedge vorliegt. Die innerhalb der Effektivität zulässigen Ineffektivitäten erlangen bei einem Fair Value Hedge sofortige Ergebniswirksamkeit.[1429] Bei einem Cash Flow Hedge wird der effektive Teil ergebnisneutral im Eigenkapital geparkt, der zulässige ineffektive Teil wird hingegen unmittelbar erfolgswirksam.[1430] Werden die Kriterien der Effektivität nicht mehr erfüllt, ist die Sicherungsbeziehung ab dem Zeitpunkt einzustellen, ab dem die nicht erlaubte Ineffektivität nachgewiesen worden ist.

Die Abgrenzung des effektiven von dem ineffektiven Teil erfordert daher eine genaue Bestimmung des Sicherungsumfangs bzw. der Sicherungsstrategie. Zur Berechnung des ineffektiven Teils ist die Wertänderung der Sicherungsposition - für den gleichen Zeitraum und das abgesicherte Risiko - der Wertänderung der Grundposition gegenüberzustellen.[1431] Bei einem Überhang ist dieser Teil ineffektiv. Hierbei muss aber beachtet werden, dass, wie

---

1425 Vgl. *Beyer*, Finanzinstrumente, 2008, S. 97; *Kehm/Lüdenbach,* in: Lüdenbach/Hoffmann IFRS-Kommentar, 6. Auflage 2008, § 28 Rn. 243.

1426 Vgl. *Kehm/Lüdenbach,* in: Lüdenbach/Hoffmann IFRS-Kommentar, 6. Auflage 2008, § 28 Rn. 237; *Breker*, Optionsrechte, 1993, S. 189.

1427 Vgl. *Kuhn/Scharpf*, Rechnungslegung, 2. Auflage 2005, S. 292.

1428 Vgl. *Große*, IAS 39, 2007, S. 97. Und lassen somit sowohl eine Unter- als auch eine Überkompensation in bestimmten Grenzen zu.

1429 Vgl. IAS 39.89; *Kuhn/Scharpf*, Rechnungslegung, 2. Auflage 2005, S. 252.

1430 Vgl. *Kehm/Lüdenbach,* in: Lüdenbach/Hoffmann IFRS-Kommentar, 6. Auflage 2008, § 28 Rn. 237. Soweit die kumulierte Änderung des Sicherungsgeschäftes kleiner ist als die des gesicherten Grundgeschäftes, ergibt sich hingegen keine Auswirkung in der GuV.

1431 Daher wird in der Literatur teilweise davon ausgegangen, dass sowohl sämtliche realwirtschaftlichen Bilanzpositionen als auch die originären und die derivativen Finanzinstrumente grundsätzlich als eine gesamte Position in den Effektivitätstest eingehen müssen, da für diese nur ein einheitlicher Wert ermittelbar ist. Anders sieht dies teilweise das Schrifttum, das wieder von einer finanzwirtschaftlichen Sichtweise ausgeht; demnach wäre es auch möglich, das z. B. ein „hypothetisches Derivat" gebildet wird, welches lediglich das abzusichernde Risiko in vollständig gegenläufigen Ausstattungsmerkmalen umfasst. Durch diese Methode würden sich im Effektivitätstest genau die abgesicherten Risiken gegenüberstehen. Bei der bilanziellen Behandlung wird aber wieder auf das Derivat zurückgegriffen. Vgl. *Große*, IAS 39, 2007, S. 144; *Kuhn/Scharpf*, Rechnungslegung, 2. Auflage 2005, S. 327ff.

bereits in Kapitel C II 3.2.3 dieser Arbeit dargestellt wurde, IAS 39 eindeutig vorgibt, welcher Teil der Geschäfte als Sicherungsgeschäft bzw. Grundgeschäft zu designieren ist.[1432]

Zudem wird im Rahmen der Gesetzesbegründung im Zusammenhang mit der Behandlung des Macro Hedges Bezug auf die internationalen Gepflogenheiten genommen. Wie bereits bei der Analyse der Reichweite von Bewertungseinheiten herausgestellt wurde, werden nach IAS 39 fast ausschließlich Micro-Bewertungseinheiten und nur in begrenztem Umfang Macro Hedges[1433] bei der Absicherung von Zinsrisiken zugelassen. Macro Hedges werden nach IAS 39.84 mit dem Verweis auf die Wirksamkeitsmessung grundsätzlich abgelehnt. Dies resultiert daraus, dass besondere Probleme bei der Wirksamkeitsmessung auftreten, wenn die Sicherungsbeziehung nicht statisch ist. Werden Geschäfte in die Sicherungsbeziehung einbezogen, die sich innerhalb einer Periode verändern, führt dies zu Problemen bei der Ermittlung der Wertänderungen.[1434]

Da nach IAS 39 der Wirkungsgrad der Effektivität auf die gesamte Sicherungsbeziehung bezogen wird, ist es von Bedeutung, welche Positionen in welcher Art und Weise in den Effektivitätstest einbezogen werden. Bestimmte Methoden zum Nachweis der Effektivität werden auch nach IAS 39 nicht vorgegeben.[1435]

Nach IAS 39 kommen aus diesem Grund als Sicherungsgeschäfte grundsätzlich nur Derivate in ihrer Gesamtheit oder ein prozentualer Anteil dieser derivativen Finanzinstrumente in Betracht, da nur so die Bestimmung der Effektivität gesichert ist.[1436]

Welche Wert- und Zahlungsstromänderungen in der Effektivitätsmessung zu behandeln sind, schließt an die bereits dargestellte Analyse bezüglich des Umfangs und der Bestandteilen der Sicherungsbeziehung an. Nach IAS 39 können Geschäfte auch nur in gewissem Umfang als Grund- oder Sicherungsgeschäft designiert werden. Wird eine Position z. B. nur zur Hälfte abgesichert, wird auch nur die Hälfte als Grundgeschäft angesehen und daher auch nur hälftig in die Effektivitätsmessung einbezogen.[1437] Durch diese Vorgehensweise kann eine verlässlichere und höhere Wirksamkeit erreicht werden. Dies ist für die Anwendung des Hedge Accountings nach IAS bedeutend, da eine zu geringe Wirksamkeit zu einer Untersagung der

---

1432 Siehe hierzu Umfang der Sicherungsbeziehung, Eine Ausnahme macht IAS bei Optionen, da diese in Zeitwert und Inneren Wert zerlegbar sind, und bei Terminkontrakten.

1433 In der Literatur wird dieser Hedge teilweise als Macro und teilweise als Portfolio Hedge definiert. Siehe z. B. *Schmidt*, Rechnungslegung, 2005; *Große*, IAS 39, 2007, S. 90.

1434 Vgl. *Große*, IAS 39, 2007, S. 103; *Kropp/Klotzbach*, Hedge Accounting, WPg 2003, S. 1180ff; *Kuhn/Scharpf*, Portfolio Hedging, DB 2003, S. 2297f; *Barckow/Glaum*, Finanzinstrumente, KoR 2004, S. 196.

1435 Vgl. *Kehm/Lüdenbach,* in: Lüdenbach/Hoffmann IFRS-Kommentar, 6. Auflage 2008, § 28 Rn. 243.

1436 Vgl. *Heuser/Theile*, IFRS Handbuch, 3. Auflage 2007, Rn. 2236; Nach IAS werden beim Effektivitätstest vom Grundgeschäft nur die abgesicherten Risiken mit einbezogen, aber das gesamte Sicherungsgeschäft zum Fair Value. IAS.39.88b, 39.AG105(a).

1437 Vgl. *Große*, IAS 39, 2007, S. 143; Für die anteilige Zuordnung der Wertänderungen ist die Designation und nicht der Effektivitätstest zuständig.

Anwendung der Hedge Accounting-Regelung führt. Daher findet grundsätzlich auf einer vorgelagerten Stufe, namentlich bei der Designation der Grund- und Sicherungsgeschäfte, die Abgrenzung der Sicherungsbeziehung und damit die Abgrenzung des Bereichs statt, der in den Effektivitätstest einbezogen wird. Bei der Zerlegung der Positionen und der anschließenden Zuordnung zur Sicherungsbeziehung ist zu beachten, dass deren Werte eindeutig verifizierbar und für Dritte nachprüfbar sein müssen.[1438] Es wird aber auch die Auffassung vertreten, dass zur Erlangung einer hohen Effektivität für die Effektivitätsmessung ein „hypothetisches Derivat“ zu bilden ist, welches lediglich das abzusichernde Risiko in vollständig gegenläufigen Ausstattungsmerkmalen umfasst. Im Effektivitätstest stehen sich durch diese Methode die abgesicherten Risiken genau gegenüber, wodurch die erforderliche Effektivität erreicht wird. Nach der Messung der Effektivität wird für die bilanzielle Behandlung das tatsächliche Derivat herangezogen.[1439]

4.1.1.3 Bandbreiten im nationalen Bilanzrecht

Im handelsrechtlichen Schrifttum wird die Ansicht vertreten, dass eine explizite Messung der Wirksamkeit der gesamten Bewertungseinheit nicht erforderlich ist, da nur der effektive Teil den Rechtsfolgen des § 254 HGB zuzuordnen ist.[1440] Es wird zudem darauf hingewiesen, dass die Bandbreite in der Gesetzesbegründung fehlerhaft gewählt ist. Die gewählten Grenzen stammen aus der Dollar Offset-Methode und sind in Anlehnung an IAS gewählt worden. Diese Methode soll eine gleich hohe Unter- wie Überkompensation zulassen; daher müssen die Grenzen 80 % (4/5) bis 125 % (5/4) lauten.[1441]

Eine starre Bandbreite und damit zugleich die Festlegung eines bestimmten Wirkungsgrades werden handelsrechtlich als nicht notwendig angesehen. Handelsbilanziell kann vielmehr auf Bandbreiten[1442] verzichtet werden,[1443] da die innerhalb der Bandbreite entstehenden Überhän-

---

1438 Die einzigen Positionen, die nach IAS nicht als gesamtes Derivat mit einbezogen werden müssen, sind die Optionen (Zeitwertkomponenten) und die Terminaufschläge oder -abschläge von Terminkontrakten, da deren Werte eindeutig verifizierbar und (für Dritte) nachprüfbar sind und somit aus dem Hedge Accounting herausgelassen werden können. Durch die Aufteilung ergibt sich somit zwangsläufig eine höhere Effektivität und damit die Möglichkeit, die Anwendung des Hedge Accountings mit seinen Rechtsfolgen zu nutzen.

1439 Vgl. *Große*, IAS 39, 2007, S. 144; *Kuhn/Scharpf*, Rechnungslegung, 2. Auflage 2005, S. 327ff.

1440 Vgl. *Scharpf*, Finanzinstrumente, in: Küting/Scharpf/Weber, Bilanzrecht, 2008, S. 197; *Scharpf/Schaber*, BilMoG, KoR 2008, S. 536; *Kraft/Bischoff*, Bewertungseinheiten, in: Schmiel/Breithecker, Gewinnermittlung, 2008, S. 185; *Löw/Scharpf/Weigel*, Bilanzierung, WPg 2008, S. 1018.

1441 Vgl. *Wichens/Helke*, Bewertungseinheit, DB 2008, S. 1336; *Küting/Cassel*, Bewertungseinheiten, KoR 2008, S. 774; *DSR*, Stellungnahme vom 08.08.2008, S. 5.

1442 Im Schrifttum wurde vor Veröffentlichung des BilMoGs die Ansicht vertreten, dass es aus pragmatischen Gründen gut sei, diese Spanne auch im nationalen Bereich anzuwenden. Vgl. *Pfitzer/Scharpf/Schaber*, antizipative Hedges Teil 1, WPg 2007, S. 683; *Patek*, Absicherung Teil 1, WPg 2007, S. 466. Zu beachten ist, dass bei dieser Argumentation wurde aber noch von einer anderen Behandlung der Effektivität ausgegangen.

1443 Vgl. *Scharpf*, Finanzinstrumente, in: Küting/Pfitzer/Weber, Bilanzrecht, 2008, S. 197.

ge nicht wie bei IAS insgesamt ergebniswirksam erfasst werden, sondern stets das Vorsichtsprinzip gewahrt bleibt.[1444] Existiert ein angemessenes Risikomanagement, können Bewertungseinheiten gebildet werden, ohne dass es zwingend des Nachweises eines rechnerischen Ausgleichs der Werte bedarf.[1445] Falls die Wirksamkeit von einem Risikomanagement nachgewiesen werden kann, ist die Bandbreite unerheblich.[1446] So gibt es Stimmen im Schrifttum, die fordern, die akzeptierte Höhe der Korrelation von der Güte des Risikomanagements abhängig zu machen.[1447]

Grundsätzlich ist dem handelsrechtlichen Schrifttum darin zuzustimmen, dass die Vorgabe von starren Bandbreiten handelsrechtlich keinen Sinn ergibt, wenn nur der tatsächlich effektive Teil anderen Rechtsfolgen unterworfen wird. Wie bereits aufgezeigt, kann die Gesetzesbegründung aber auch dahingehend ausgelegt werden, dass bei Macro Hedges innerhalb der Bandbreite die gesamte Bewertungseinheit als wirksam anzusehen ist und demnach unter die Rechtsfolgen des § 254 HGB zu subsumieren ist. Nur wenn die gesamte Bewertungseinheit als wirksam angesehen und damit den Rechtsfolgen des § 254 HGB unterworfen wird, ist die Anlehnung an die internationalen Gepflogenheiten und die Verwendung des Begriffes „ausnahmsweise" sinnvoll.

Darüber hinaus macht der Gesetzgeber aber keine Aussagen, was außerhalb der aufgezeigten Grenzen geschieht. Hier muss in Anlehnung an die IAS von einer bilanziell nicht anzuerkennenden Bewertungseinheit ausgegangen werden.

Der Gesetzgeber reagierte auf diese Diskussion, indem in der Beschlussfassung klargestellt wurde, dass etwaige Effektivitätsspannen handelsrechtlich keine Wirkung haben.

Des Weiteren wird im Schrifttum die ohnehin ungenaue bzw. reine Zeitpunktbezogenheit kritisiert. Der Gesetzeswortlaut zeigt nicht eindeutig, ob die Risiken nur am Bilanzstichtag ausgeschlossen sein müssen oder z.B. am Liquidationszeitpunkt.[1448] Auch in der Gesetzesbegründung heißt es, dass bei einem Micro Hedge am Bilanzstichtag geprüft werden kann, ob die Wertänderungen gegenläufig sind. Dies stellt eine reine Zeitpunktbetrachtung dar.[1449] Die Forderung nach einer dauerhaft hohen Gegenläufigkeit ist aus dem Wortlaut des § 254 HGB nicht zu erkennen. Anstatt eine objektive Eignung der Sicherungsbeziehung zur Bildung von Bewertungseinheiten zu fordern, wird durch § 254 HGB nur eine Messung der Effektivität zum Bilanzstichtag vorgegeben.[1450] Die Gesetzesbegründung zum Regierungsentwurf fordert

---

1444 Vgl. *Scharpf/Schaber*, BilMoG, KoR 2008, S. 536; *Scharpf*, Finanzinstrumente, in: Küting/Pfitzer/Weber, Bilanzrecht, 2008, S. 197; *Löw/Scharpf/Weigel*, Bilanzierung, WPg 2008, S. 1018.

1445 Vgl. *Löw/Scharpf/Weigel*, Bilanzierung, WPg 2008, S. 1018; *Wichens/Helke*, Bewertungseinheit, DB 2008, S. 1336.

1446 S. *Scharpf/Schaber*, BilMoG, KoR 2008, S. 538.

1447 Vgl. *Scharpf/Schaber*, BilMoG, KoR 2008, S. 534; *Scharpf/Luz*, Risikomanagement, 2000, S. 291 und 299ff; *Prahl/Naumann*, Bilanzstichtag, ZBB 1994, S. 4.

1448 Vgl. *Patek*, Bewertungseinheiten, KoR 2008, S. 530.

1449 So auch *Patek*, Bewertungseinheiten, KoR 2008, S. 528.

1450 Vgl. *Patek*, Bewertungseinheiten, KoR 2008, S. 528.

zwar einen objektiven Absicherungsbedarf bei der Begründung,[1451] da aber weder im Gesetz noch in der Begründung eine Wirksamkeit vorgegeben ist, entstehen bilanzpolitische Spielräume.[1452]

Ist hingegen eine hohe Effektivität eindeutig Voraussetzung, kann davon ausgegangen werden, dass ein Sicherungsgeschäft gewählt wird, welches mit den Ausstattungsmerkmalen des Grundgeschäftes übereinstimmt.[1453] So wirken sich Besonderheiten des Grundgeschäftes meist negativ auf die Effektivität aus, wenn nicht ein Sicherungsgeschäft mit gleichen Merkmalen eingesetzt wird.[1454]

Nachdem auf die Behandlung des tatsächlich „effektiven Teils" eingegangen wurde, werden nunmehr die Wertüberhänge und damit einhergehend die Abgrenzung zwischen dem ineffektiven und ungesicherten Teil beleuchtet.

4.1.2 Behandlung der Überhänge

Da § 254 HGB explizit die Rechtsfolgen für den effektiven Teil regelt, sind die Wertüberhänge nach den „traditionellen GoB" zu behandeln. Während des Gesetzgebungsverfahrens hat das IDW vorgeschlagen, einen weiteren Satz in § 254 HGB zu normieren, in dem geregelt wird, dass der „ineffektive Teil" unter Beachtung des Realisations- und Imparitätsprinzips erfolgswirksam zu erfassen ist.[1455] Ein dementsprechender zusätzlicher Satz ist jedoch nicht erforderlich und würde allenfalls zu weiteren Abgrenzungsproblemen führen. Vielmehr müsste eine Klarstellung in der Weise erfolgen, wie der „ineffektive Teil" zu ermitteln und abzugrenzen ist.

Bisher wurde, wenn handelsbilanziell bereits Bewertungseinheiten gebildet wurden, nicht methodisch die Effektivität bemessen. Dies ist allerdings nunmehr zur Bemessung des ineffektiven Betrags unbedingt erforderlich.[1456] Da vom Gesetzgeber keine Einschränkungen bezüglich der Ermittlung des ineffektiven Betrags gemacht werden, sind grundsätzlich alle finanzwirtschaftlichen Methoden erlaubt, mit denen eine sachgerechte Ermittlung des ineffektiven Betrages möglich ist.[1457] Es muss davon ausgegangen werden, dass insbesondere die bereits nach IAS und US GAAP bekannten Methoden herangezogen werden können.[1458] Bei Untersuchungen bezüglich der nach IAS erzielten Ergebnisse wurde belegt, dass sich

---

1451 Vgl. *Regierungsentwurf* BilMoG vom 23.05.2008, Drs. 344/08, Gesetzesbegründung, S. 128.

1452 Diese kann insbesondere bei der Absicherung mit Optionen zu Problemen führen. Bei einer reinen zeitpunktsbezogenen Absicherung könnte man auch die faktischen Bewertungseinheiten als Bewertungseinheiten deklarieren.

1453 Vgl. *Scharpf/Schaber*, BilMoG, KoR 2008, S. 535f.

1454 Vgl. *Scharpf*, Finanzinstrumente, in: Küting/Pfitzer/Weber, Bilanzrecht, 2008, S. 197.

1455 S. IDW Stellungnahme zum BilMoG vom 26.09. 2008, S. 6.

1456 Vgl. *Löw*, Finanzinstrumente, Accounting 1/2008, S. 14.

1457 Vgl. *Löw/Scharpf/Weigel*, Bilanzierung, WPg 2008, S. 1018.

1458 Vgl. *Scharpf/Schaber*, BilMoG, KoR 2008, S. 536. Die dort gegebenen Einschränkungen müssen hingegen keine Beachtung finden.

abhängig von der angewandten Methode unterschiedliche Resultate bei der Messung ergeben. Dies ist daher auch im Handelsrecht für die Ermittlung der Überhänge zu erwarten.[1459] Daher ist es für den Unternehmer von Bedeutung, die richtige Methode zu wählen.[1460] Grundsätzlich muss aufgrund des Stetigkeitsgrundsatzes davon ausgegangen werden, dass eine einmal gewählte Methode beizubehalten ist.

Für die Ermittlung des imparitätisch zu ermittelnden Betrages könnten theoretisch die gleichen Methoden herangezogen werden, mit denen finanzwirtschaftlich auch die Risiken bemessen werden. Jedoch ist fraglich, inwiefern dies tatsächlich in der Praxis umsetzbar ist.[1461]

Der Finanzwirtschaft stehen die unterschiedlichsten Methoden zur Ermittlung von Wirksamkeiten zur Verfügung, die an dieser Stelle jedoch nur exemplarisch aufgeführt werden.

Zu diesen Methoden gehören zunächst die historischen Abgleiche, bei denen die Änderungen mit früheren Wert- oder Zahlungsstromänderungen verglichen werden.[1462] Daneben kann auch eine statische Korrelation[1463] zwischen den Änderungen des Grund- und des Sicherungsgeschäftes errechnet werden.[1464] Über Sensitivitätsanalysen[1465] kann untersucht werden, inwiefern sich der Wert des Grundgeschäftes und des Sicherungsgeschäftes ändert, wenn das Risiko von einem vorher definierten Wert abweicht.[1466] Bei der Dollar Offset-Methode[1467] werden die Veränderungen des Grundgeschäftes zum Sicherungsgeschäft ins Verhältnis gesetzt.[1468] Diese Methode ist grundsätzlich einfach zu handhaben. Es besteht allerdings das Problem der kleinen Zahlen. Diese können anhand der Dollar Offset-Methode nicht richtig ermittelt werden bzw. führen zu so genannten falschen Effektivitäten. Daher müssen Tole-

---

1459 Vgl. *Scharpf*, Finanzinstrumente, in: Küting/Pfitzer/Weber, Bilanzrecht, 2008, S. 206; *Scharpf/Schaber*, BilMoG, KoR 2008, S. 540; *Pfitzer/Scharpf/Schaber*, antizipative Hedges Teil 2, WPg 2007, S. 726ff; *Scharpf*, IAS 39, KoR 2004, Beilage 1 zu Heft 11, S. 17. Insbesondere das sich beim Einsatz von finanzmathematischen Methoden ergebende bilanzpolitische Potenzial darf nicht unterschätzt werden.

1460 Vgl. *Pfitzer/Scharpf/Schaber*, antizipative Hedges Teil 1, S. 683.

1461 Vgl. *Löw/Scharpf/Weigel*, Bilanzierung, WPg 2008, S. 1018.

1462 Vgl. *Küting/Cassel*, Bewertungseinheiten, KoR 2008, S. 771.

1463 Der Korrelationskoeffizient ist ein vergangenheitsorientiertes Maß, das nicht für jede zukünftige Transaktion den gleichen Prognosewert besitzt. Die Korrelation wird berechnet durch eine Regressionsanalyse, die auf Vergangenheitsdaten basiert, um die Unsicherheit der Entwicklung des Zusammenhangs in der Zukunft darstellen zu können.

1464 Z. B. die Varianzreduktionsmethode und die Regressionsanalyse. *IDW*, Einzelfragen, RS HFA 9, WPg 2006, S. 537.

1465 Z. B. Point Value Methode, Durationen, Marktdaten Shift-Methoden sind Sensitivitätsanalysen. Sensitivitätsanalysen werden oft zur Messung von Marktrisiken herangezogen.

1466 Z. B. Verschiebung der Zinsstrukturkurve; entsprechen sich nach der Verschiebung die absoluten Beträge der Änderungen von Grund- und Sicherungsgeschäft, kann hier von einer Effektivität ausgegangen werden. Vgl. *Kuhn/Scharpf*, Rechnungslegung, 2. Auflage 2005, S. 293.

1467 Die Dollar Offset-Methode kann sowohl auf periodischer als auch auf kumulierter Basis durchgeführt werden. Siehe *Küting/Cassel*, Bewertungseinheiten, KoR 2008, S. 774.

1468 Vorteil ist, dass sie leicht verständlich ist und auf Werten basiert, die zur Bewertung ohnehin ermittelt werden müssen.

ranzwerte herangezogen werden.[1469] Das Value at Risk-Maß wird bei komplexeren Hedges eingesetzt. Es gibt das Verlustpotential an, das mit einer bestimmten Wahrscheinlichkeit nicht überschritten werden darf.[1470] Es bezeichnet die negative Marktwertänderung, die bei unveränderter Zusammensetzung mit einer bestimmten Wahrscheinlichkeit innerhalb einer Halteperiode nicht überschritten wird.[1471] Dies wird als Risikosteuerung unter Beachtung von Limiten angesehen.[1472]

Da die Ineffektivitäten erfasst werden müssen, ergeben einige dieser Verfahren für die Bilanzierungspraxis aber wenig Sinn.[1473] Grundsätzlich wird für die Berechnung des imparitätischen Betrages bei einfachen Absicherungsformen die Dollar-Offset-Methode vorgeschlagen.[1474] Bei dieser Methode werden die Werte der einzelnen Positionen einander gegenübergestellt.[1475] Sämtliche Änderungen aus Sicherungs- und Grundgeschäft werden erfasst und vorzeichengerecht ermittelt. Nur ein sich daraus ergebender negativer Betrag wird als Drohverlustrückstellung in die Bilanz eingestellt. Die Effektivitätsmessung wird implizit in der Bemessung des imparitätischen Teils vorgenommen.[1476] Bei dieser Vorgehensweise kann es zu Kompensationen kommen, die nicht im Zusammenhang mit dem abgesicherten Risiko stehen.

Weder der Gesetzeswortlaut noch die Gesetzesbegründung geben eine differenzierte Vorgehensweise zur Behandlung der erwarteten Transaktionen vor. Eine abweichende Behandlung ist unerlässlich, da kein Grundgeschäft existiert, dass den Änderungen des Sicherungsgeschäftes gegenübergestellt werden kann. Grundsätzlich ist das antizipative Hedge nicht unter den Gesetzeswortlaut des § 254 HGB zu subsumieren, da es zu keinem tatsächlichen Ausgleich in einem bestimmten Zeitraum kommt. Vielmehr ergibt sich der tatsächliche Ausgleich nur zu einem bestimmten Zeitpunkt. Da ein von der Einzelbewertung abweichendes Ergebnis aber nur erreicht werden kann, wenn die „Änderungen" des Sicherungsgeschäftes nicht mehr zum Ansatz kommen, muss diesem das gegenläufige Grundgeschäft gegenübergestellt werden; hierfür muss es zu einer Schätzung des Grundgeschäftes kommen. Zur Ermittlung des Überhangs bzw. zur Kompensation ist das vorgesehene Geschäft bewertungstechnisch faktisch vorwegzunehmen.[1477] Grundsätzlich könnte aber auch ein fiktives Geschäft dem

---

1469 Vgl. *Kuhn/Scharpf*, Rechnungslegung, 2. Auflage 2005, S. 293; *Hailer/Rump*, Hedge Effektivität, ZfgK 2003, S. 599.

1470 Vgl. *Beinert*, Ausfallrisiko, FB 2007, S. 273; *Reiner*, Finanzinstrumente, 2002, S. 267; *Scharpf/Luz*, Risikomanagement, 2000, S. 142 ff.

1471 Vgl. *Arbeitskreis „Externe Unternehmensrechnung"*, Bilanzierung, DB 1997, S. 637.

1472 Vgl. *Scharpf/Schaber*, BilMoG, KoR 2008, S. 537; *Arbeitskreis „Externe Unternehmensrechnung"*, Bilanzierung, DB 1997, S. 637; intersubjektive Nachprüfbarkeit der Limite ist eine Voraussetzung.

1473 Da die statischen Verfahren nicht den ineffektiven Teil „errechnen" können.

1474 Vgl. *Löw/Scharpf/Weigel*, Bilanzierung, WPg 2008, S. 1018.

1475 Vgl. *Löw/Scharpf/Weigel*, Bilanzierung, WPg 2008, S. 1019.

1476 Vgl. *Löw/Scharpf/Weigel*, Bilanzierung, WPg 2008, S. 1018.

1477 Vgl. *Löw*, Finanzinstrumente, Accounting 1/2008, S. 14.

Sicherungsgeschäft gegenübergestellt werden. Dies würde aber zu einer vollständigen Kompensationswirkung führen, was als nicht sachgerecht angesehen werden kann.[1478]
Ist das Sicherungsgeschäft ein derivatives Finanzinstrument und ist der beizulegende Zeitwert niedriger als die Anschaffungskosten, ist laut Beschlussempfehlung im Anhang anzugeben, warum davon auszugehen ist, dass die erwartete Transaktion kompensierende Erträge generiert.[1479] Diese Vorgehensweise ist aber nicht gesetzlich geregelt.

4.1.2.1 Behandlung von Bewertungsspitzen

Da für Wertüberhänge keine expliziten Vorschriften existieren, sind diese nach den traditionellen GoB zu behandeln.[1480] So ist eine imparitätische Behandlung des abgeleiteten Betrags vorzunehmen.
Da trotz der Behandlung als Bewertungseinheit die Bilanzpositionen weiterhin einzeln zum Ansatz kommen, wird in der Literatur teilweise die Auffassung vertreten, dass die Überhänge den Positionen zugeordnet werden sollten.[1481] Uneinigkeit besteht darüber, bei welcher Position der unrealisierte Verlust berücksichtigt werden soll, da das Grund- und Sicherungsgeschäft (bzw. mehrere) weiterhin nach § 246 HGB einzeln zu bilanzieren ist. Zudem ergeben sich Zuordnungsprobleme, wenn keine Bilanzpositionen existieren.
Insgesamt bestehen wegen der unterschiedlichen Positionen Zuordnungsprobleme.[1482] Bei Micro Hedges ist eine Zuordnung der negativen Wertüberhänge grundsätzlich möglich.[1483] Liegt der Wert der Grundposition unter den Anschaffungskosten, müsste diese abgeschrieben werden.[1484] Hierbei wird teilweise zu Recht die Auffassung vertreten, dass höchstens auf den durch die Absicherungsposition determinierenden Wert abgeschrieben werden muss. Ein verbleibender unrealisierter Verlust wäre durch die Sicherungsposition zu erfassen.[1485]
Handelsrechtlich wird es als unerheblich angesehen, aus welchen Positionen die Ineffektivitäten stammen, da diese imparitätisch behandelt werden.[1486] Es erfolgt keine Aufteilung auf die einzelnen Positionen, sondern es ist vielmehr eine Drohverlustrückstellung zu bil-

---

1478 Vgl. *Löw*, Finanzinstrumente, Accounting 1/2008, S. 15.

1479 Vgl. *Beschlussempfehlung* vom 24.03.2009, Drs. 16/12407, Begründung, S. 176.

1480 Vgl. *Scharpf/Schaber*, BilMoG, KoR 2008, S. 539; *Kraft/Bischoff*, Bewertungseinheiten, in: Schmiel/ Breithecker, Gewinnermittlung, 2008, S. 187; *Bieg*, Grundlagen Teil II, StB 2002, S. 474; *Arbeitskreis „Externe Unternehmensrechnung"*, Bilanzierung, DB 1997, S. 639. Der überschießende Betrag stellt vielmehr eine offene Position dar. Daher ist auf den überschießenden Betrag auch eine Währungsumrechnung nach § 256a HGB vorzunehmen.

1481 Vgl. *Barckow*, Bilanzierung, 2004, S. 95.

1482 Vgl. *Löw/Scharpf/Weigel*, Bilanzierung, WPg 2008, S. 1019.

1483 Vgl. *Patek*, Referentenentwurf, KoR 2008, S. 367; *Staudt/Weinberger*, Bewertung, WPg 1997, S. 53f; *Schumacher*, Kompensatorisch, DB 1995, S. 1474.

1484 Vgl. *Krumnow/Sprißler u. a.*, Kreditinstitute, 2. Auflage 2004, § 340e HGB Rn. 140f; *Anstett/Husmann*, Bildung, BB 1998, S. 1529; *Scharpf*, Derivate Finanzinstrumente, BFuP 1995, S. 200.

1485 Vgl. *Patek*, Finanzprodukte, 2001, S. 253.

1486 Vgl. *Löw/Scharpf/Weigel*, Bilanzierung, WPg 2008, S. 1018.

den.[1487] Bei Macro und Portfolio Hedges ist der Gesamtsaldo zu ermitteln, der sich aus den Wertänderungen der Grund- und Sicherungsgeschäfte seit Abschluss der Sicherungsbeziehung ergibt.[1488] Ein negativer Gesamtsaldo wird als Drohverlustrückstellung behandelt.[1489] Der Ansatz des Wertüberhangs des Macro Hedges als Drohverlustrückstellung ist daher als sachgerecht anzusehen, da die Definition des Macro Hedges darauf beruht, dass die einzelnen Werte nicht mehr zugeordnet werden können. Eine Verteilung des negativen Saldos einer Macro-Bewertungseinheit auf die Instrumente der Bewertungseinheit wäre grundsätzlich willkürlich.[1490] Eine Einzelbetrachtung der ermittelten Ineffektivitäten ist weder praktikabel noch entspricht sie dem Sinne dieser Absicherungsstrategie.[1491] Es kommt hinzu, dass auf Macro- bzw. Portfolio-Ebene der Buchungsaufwand hoch ist und zusätzlich die Transparenz für den Abschlussadressaten leidet, da nicht mehr erkennbar ist, dass der negative Saldo aufwandswirksam erfasst worden ist.[1492] Es ist auch nicht nachvollziehbar, aus welcher Position der Verlust resultiert. Daher erscheint es sinnvoller, einen Gesamtsaldo zu ermitteln und eine Drohverlustrückstellung zu bilden. Da aber das Vorsichtsprinzip Beachtung findet, wird es als nicht wesentlich angesehen, dass nicht differenziert werden kann, ob die Wertänderungen aus dem abgesicherten Risiko oder aus anderen Schwankungen stammen.[1493]

In der Begründung des Referentenentwurfes vertritt der BMJ explizit die Auffassung, dass die Bildung einer Drohverlustrückstellung vorzunehmen ist.[1494] Die Bundesregierung bezieht in der Regierungsbegründung hierzu keine Stellung. Die Darstellung als Drohverlustrückstellung kann aber auch über § 5 Abs. 4a S. 2 EStG begründet werden. Im Einkommensteuergesetz ist die Zulässigkeit der Bildung von Drohverlustrückstellungen in § 5 Abs. 4a S. 2 EStG explizit mit der Begründung kodifiziert worden, dass ein Auseinanderrechnen der Verluste nicht möglich ist.

Auch der Bundesrat ist der Auffassung, dass deutlich aufgezeigt werden müsse, dass der ineffektive Teil als Rückstellung zu bilanzieren sei.[1495] Die Bundesregierung vertritt gegenüber dem Bundesrat die Auffassung, dass eine quotale Aufteilung der Verluste genauso möglich sei wie die Behandlung der Wertänderung bei nur einzelnen Vermögensgegenstän-

---

1487 Vgl. *Scharpf/Schaber*, BilMoG, KoR 2008, S. 539; *Patek*, Referentenentwurf, KoR 2008, S. 370.

1488 Vgl. *Löw/Scharpf/Weigel*, Finanzinstrumente, WPg 2008, S. 1019.

1489 Vgl. *Scharpf*, Finanzinstrumente, in: Küting/Pfitzer/Weber, Bilanzrecht, 2008, S. 206. *Scharpf/Schaber*, BilMoG, KoR 2008, S. 539f; *Patek*, Referentenentwurf, KoR 2008, S. 370.

1490 Vgl. *Löw/Scharpf/Weigel*, Bilanzierung, WPg 2008, S. 1019; *Bieg*, Forward Rate Agreements, StB 2003, S. 180; *Reiner*, Finanzinstrumente, 2002, S. 402; *Naumann*, Drohverlustrückstellung, BB 1998, S. 530f. Nach sachlichen Kriterien können die Verluste aus Macro Hedges nicht den einzelnen Positionen zugeordnet werden; hier spiegelt sich die gesetzliche Inkonsequenz wieder, dass die „gleichen" Verluste aus schwebenden Geschäften und aus Bilanzpositionen unterschiedlich behandelt werden.

1491 Vgl. *Löw/Scharpf/Weigel*, Bilanzierung, WPg 2008, S. 1019.

1492 Vgl. *Patek*, Referentenentwurf, KoR 2008, S. 370.

1493 Vgl. *Löw/Scharpf/Weigel*, Bilanzierung, WPg 2008, S. 1019.

1494 Vgl. *Referentenentwurf* BilMoG vom 08.11.2007, Begründung, S. 118.

1495 S. Stellungnahme des Bundesrates vom 04.07. 2008, Drs. 344/08, S. 5.

den.[1496] Die dargelegte Auffassung der Bundesregierung weicht hier jedoch von einer Gesamtsaldobetrachtung ab. In der Praxis wird die Bildung einer Drohverlustrückstellung hingegen als gängige Methode angesehen.

4.1.2.2 Steuerbilanzielle Behandlung

Bei einer Micro-Absicherung, wie sie in der Gesetzesbegründung definiert ist und somit auf einem Eins-zu-eins-Zusammenhang basiert, sollten die Verlustüberhänge den jeweiligen Geschäften zugeordnet werden.[1497] Da sich der Ansatz der Positionen durch die Bewertungseinheit nicht verändert, kann und muss der Verlustüberhang bei Micro Hedges eindeutig zugeordnet werden. Aus dem Ansatz der Position ist ersichtlich, ob sie sich im Anlage- oder Umlaufvermögen befindet, und die Folgebewertung kann auf Grundlage der GoB erfolgen. Für ein schwebendes Geschäft ist demnach eine Drohverlustrückstellung zu bilden. Auch wenn die Wertüberhänge zugeordnet werden können und einen steuerlich grundsätzlich nicht zulässigen Ansatz darstellen, werden diese in die Steuerbilanz übernommen, da § 5 Abs. 1a EStG als Lex specialis gilt. Die imparitätische Betrachtung basiert auf handelsrechtlichen Grundlagen wie z.B. dem Niederstwertprinzip und der Drohverlustrückstellung. Durch die Ergebnisübernahme gelangen auch Drohverlustrückstellungen und nur vorübergehende Wertschwankungen in die Steuerbilanz.

Im Schrifttum wird die Auffassung vertreten, dass bei Absicherung einer Position des Umlaufvermögens mit einem Termingeschäft die Verlustüberhänge der Terminposition über § 5 Abs. 4a S. 2 EStG zum Ansatz kommen. Resultiert der negative Wertüberhang hingegen aus der Bilanzposition, wäre in § 6 Abs. 1 EStG keine korrespondierende Regelung vorhanden.[1498] Diese Literaturmeinung verkennt, dass es sich bei § 5 Abs. 4a S. 2 EStG gemäß der Begründung zum Gesetz zur Eindämmung missbräuchlicher Steuergestaltung rein technisch um den Ausweis einer Drohverlustrückstellung handelt, da aufgrund des Ausweises des Gesamtsaldos auch die Wertüberhänge der anderen Positionen aufgezeigt werden. Außerdem heißt es in § 5 Abs. 1a EStG, dass das „Ergebnis" der handelsrechtlichen Rechnungslegung zu übernehmen ist. Der Sinn und Zweck dieser Formulierung ist, dass die bereits in der Handelsbilanz vorgenommene Bewertung maßgeblich für die steuerliche Gewinnermittlung ist, so dass die steuerbilanziellen Sondervorschriften nicht mehr zum Ansatz kommen. Eine steuerbilanzielle Neubewertung erfolgt nicht, da anderenfalls auch der Einzelbewertungsgrundsatz nach § 6 Abs. 1 EStG wieder zum Tragen kommen müsste.

1496 Gegenäußerung der Bundesregierung vom 30.07.2008, Drs 16/10067, Anlage 4, S. 274. Eine proportionale Zuordnung wurde auch früher schon vorgeschlagen. Vgl. *Gebhardt*, Probleme, BFuP 1996, S. 576f.

1497 Vgl. *Regierungsentwurf* BilMoG vom 23.05.2008, Drs. 344/08, Gesetzesbegründung, S. 127; *Scheffler*, Hedge Accounting, 1994, S. 201.

1498 Vgl. *Patek*, Referentenentwurf, KoR 2008, S. 370.

4.1.2.3 Probleme bei der Behandlung von Überhängen

Nachdem die Wertüberhänge generell betrachtet wurden, sind aufgrund der steuerlichen Gewinnermittlung zwei weitere Differenzierungen erforderlich. Zunächst muss berücksichtigt werden, dass der Saldo sich auch aus Positionen ergeben kann, die bisher in der Bilanz nicht zum Ansatz gekommen sind. So ist zu beachten, dass die als Saldo betrachteten Verluste auch aus vorübergehenden Wertschwankungen, Schätzwerten u. ä. entstehen können. Für die Ermittlung ist wichtig, welche Verfahren der Wertermittlung zugrunde liegen. Bei der Ermittlung der Werte ist zu beachten, dass eine Marktbewertung jegliche Wertänderungen aufzeigt und nicht nur die, die auf das abgesicherte Risiko zurückzuführen sind.[1499] Es ist die richtige Abgrenzung des Sicherungszusammenhangs ausschlaggebend, damit keine Wertschwankungen verrechnet werden, die nicht aus den abgesicherten Risiken resultieren. Wegen fehlerhafter Abgrenzungen kommt es in der Praxis oft zu Wert- anstatt zu Risikokompensationen.[1500] Laut Literatur soll es aus Vereinfachungsgründen aber möglich sein, die gesamten Marktwertänderungen der Sicherungsbestandteile gegenüberzustellen und nicht nur die Änderungen der abgesicherten Risiken.[1501] Der ungesicherte Teil wird in diesen Fällen in den Saldierungsbereich einbezogen.[1502]

Diesem Umstand will der Gesetzgeber mit Verwendung der Begrifflichkeit „vergleichbarer Risiken" entgegentreten. Demnach soll klargestellt werden, dass die gegenläufigen Wertänderungen sich tatsächlich aus den gleichen Risiken ergeben müssen und nicht auf zufälligen Wertänderungen basieren dürfen.[1503]

4.1.2.3.1 Differenzierung zwischen ineffektivem und ungesichertem Teil

Es muss analysiert werden, ob ein ungesicherter Teil, wie dies bei IAS möglich ist,[1504] von der Bewertungseinheit separiert betrachtet werden kann oder ob er vielmehr als Bestandteil der Bewertungseinheit zu sehen ist.[1505]

Diese Fragestellung betrifft nur die Ebene der Bewertung. Wie bereits bei der Untersuchung der strukturierten Produkte aufgezeigt, darf es aufgrund der gesetzlichen Vorschriften nicht

---

1499 Vgl. *Reiner*, Finanzinstrumente, 2002, S. 265.

1500 Vgl. *Brackert/Prahl/Naumann*, Risikosteuerung, WPg 1995, S. 547.

1501 Vgl. *Löw/Scharpf/Weigel*, Bilanzierung, WPg 2008, S. 1019.

1502 Vgl. *Scharpf/Schaber*, BilMoG, KoR 2008, S. 533.

1503 Vgl. *Beschlussempfehlung* vom 24.03.2009, Drs. 16/12407, Begründung, S. 112.

1504 Nach IAS ist die Frage, aus welchen Bestandteilen genau die Sicherungsbeziehung besteht, wichtig, da hiermit unterschiedliche Rechtsfolgen verknüpft sind. Ist eine bestimmte Effektivität nicht gegeben, treten die Rechtsfolgen des Hedge Accounting nicht ein. Daher wird, soweit dies objektivierbar und nachprüfbar ist, ein klarer abgesicherter Bereich bestimmt.

1505 Siehe hierzu Abbildung 3 dieser Arbeit.

dazu kommen, dass ein neuer Vermögensgegenstand entsteht.[1506] Vielmehr handelt es sich um ein und dieselbe Position, die nur für Bewertungszwecke differenziert behandelt wird.
Bei der handelsbilanziellen Behandlung wird zwischen dem ineffektiven und dem ungesicherten Teil keine scharfe Trennlinie gezogen, da beide zu der gleichen Rechtsfolge führen. Es kommt zu keiner gesamten Versagung der Bewertungseinheit, sondern zu einer Behandlung nach den traditionellen GoB.[1507]
Steuerbilanziell kann die Einbeziehung des ungesicherten Teils in die Bewertungseinheit zur Anerkennung von erheblichen Verlusten führen, da über die Bewertungseinheit Verluste zum Ansatz gebracht werden können, die ohne die Existenz der Bewertungseinheit steuerbilanziell nicht angesetzt werden dürfen. Dies kann, basierend auf den oben dargestellten unterschiedlichen Ausgangspunkten, zu höheren Verlusten als im Vergleich zu einer Einzelbewertung führen. Darüber hinaus wird nachfolgend aber auch aufgezeigt, dass die Zerlegung der Geschäfte derzeit gesetzlich nicht möglich ist. Der Gesetzestext gibt, wie bereits dargelegt, weder Aufschluss über die genaue Abgrenzung der Bewertungseinheit noch über den Grad der Effektivität. Besteht innerhalb einer Bewertungseinheit ein ungesicherter Teil, ist bezogen auf die gesamte Bewertungseinheit der Wirksamkeitsgrad geringer. Bei Einbeziehung des ungesicherten Teils in den Saldierungsbereich kommt es zu Wert- anstatt zu Risikokompensationen und damit zu grundsätzlich höheren Wertüberhängen. Soll eine hohe Wirksamkeit erreicht werden, wenn ein hoher ungesicherter Teil besteht, so kann diese nur auf der zweiten Ebene innerhalb des gesicherten Geschäftes entstehen. In der Praxis wird auch nur dieser Teil in den Effektivitätstest einbezogen. Auch aus wirtschaftlicher Sicht ist es sinnvoll, die Wirksamkeit auf Grundlage des abgesicherten Risikos zu ermitteln.[1508]
Als weitere mögliche Variante ist der Fall anzusehen, dass der ungesicherte Teil gar kein Bestandteil der Bewertungseinheit ist. Dadurch erlangt die Bewertungseinheit naturgemäß eine hohe Effektivität.

4.1.2.3.2 Getrennte Behandlung des ungesicherten Teils im Handelsrecht

Damit nur die Änderungen, die aus den abgesicherten Risiken resultieren, der Kompensation zugeführt werden, müssen diese genau identifiziert und objektiv quantifiziert werden. Die Positionen müssen zunächst identifiziert werden, um die abgesicherten Risiken oder Teilrisiken quantifizieren zu können. Durch die Aufteilung der Geschäfte, die vorgenommen werden

1506 Gegenstand der Bewertung sind grundsätzlich alle „einzelnen WG" (§ 240 I, II HGB, § 252 I Nr. 3 HGB; § 5 EStG Rn. 55f.). *Fischer,* in: Kirchhof EStG, 8. Auflage 2008, § 6 EStG Rn. 11.

1507 Vgl. *Löw/Scharpf/Weigel*, Bilanzierung, WPg 2008, S. 1018. Wie gezeigt, wird nach IAS der ungesicherte Teil differenziert behandelt, da es bei einem zu geringen Effektivitätsgrad zu einem Versagen der gesamten Sicherungsbeziehung und damit zu einer Nichtanwendung der Hedge Accounting-Regelung kommt.

1508 Vgl. *Scharpf,* Finanzinstrumente, in: Küting/Pfitzer/Weber, Bilanzrecht, 2008, S. 199.

muss, weil verschiedene Risiken bestehen oder Geschäfte nur anteilig abgesichert werden, entsteht innerhalb des Bewertungsobjektes ein ungesicherter Teil.

Da aber nur die abgesicherten Risiken behandelt werden sollen, muss ein ungesicherter Teil getrennt bewertet werden.[1509] Ein gesonderter Ausweis der abgesicherten Risiken in der GuV würde den Informationsgehalt erhöhen.[1510] Zu diesem Zweck wird ein „Davon-Vermerk" vorgeschlagen. Dieser wird aber mit Blick auf die ohnehin erforderlichen Anhangsangaben von einigen Autoren als entbehrlich angesehen.[1511]

Geht man davon aus, dass der ungesicherte Teil nicht Bestandteil der Bewertungseinheit ist, gelten für diesen Teil weiterhin die allgemeinen Bewertungskriterien wie das Einzelbewertungsprinzip sowie das Imparitäts- und Realisationsprinzip.[1512] Vorstellbar ist, dass der ungesicherte Teil sich auf andere, nicht abgesicherte wertbildende Faktoren wie z. B. Währungsrisiken, Zinsrisiken oder Bonitätsrisiken bezieht. Es besteht aber auch die Möglichkeit, dass der ungesicherte Teil ein Anteil des Geschäftes ist, da eine prozentuale Absicherung vorgenommen wurde.

Für eine eindeutige Behandlung ist das zu sichernde Risiko exakt zu definieren.[1513] Die Zurechnung von Wertänderungen zu einer Risikoart oder zu einem Finanzinstrument oder zu Anteilen von diesen wird aber für die Praxis als überaus problematisch angesehen.[1514] Im Rahmen der handelsbilanziellen Behandlung wird daher davon ausgegangen, dass die Wertänderungen nicht exakt den Risiken zugeordnet werden können.[1515] Eine Aufteilung nach Risiken in einen ineffektiven abgesicherten und einen nicht abgesicherten Teil wäre demnach nicht möglich.

Bei ungesicherten Teilen, die intersubjektiv messbar sind, wie z. B. dem Zeitwert einer Option oder der Terminkomponente eines Terminkontraktes wird trotzdem die Auffassung vertreten, dass der bisherigen Praxis folgend sowohl die Zeitwertkomponente von Optionen als auch die Terminkomponente von Termingeschäften mit in den Saldierungsbereich zu übernehmen sind.[1516] Im Rahmen der Effektivitätsmessung sollen diese Komponenten nicht

---

1509 Vgl. *Wiechens/Helke*, Bewertungseinheit, DB Beilage 1/2008, S. 28.

1510 Vgl. *Wiechens/Helke*, Finanzinstrumente, DB 2008, S. 1337.

1511 Vgl. *Scharpf/Schaber*, BilMoG, KoR 2008, S. 540; *Wiechens/Helke*, Bewertungseinheit, DB Beilage 1/2008, S. 28.

1512 S. *Schiffers*, Risiken, DStZ 2006, S. 405; *Christiansen*, Einzelbewertung, DStR 2003, S. 266; *Benne*, Bewertungseinheit, DB 1991, S. 2602.

1513 Vgl. *Scharpf/Schaber*, BilMoG, KoR 2008, S. 533.

1514 Vgl. *Große*, IAS 39, 2007, S. 100.

1515 Vgl. *Löw*, Finanzinstrumente, Accounting 1/2008, S. 14.

1516 Vgl. *Scharpf*, Finanzinstrumente, in: Küting/Pfitzer/Weber, Bilanzrecht, 2008, S. 204; *Scharpf/Schaber*, BilMoG, KoR 2008, S. 539; *Scharpf*, IAS 39, Beilage 1 zu Heft 11, KoR 2004, S. 17ff.

mit betrachtet werden. Hierfür wird die Feststellung mit einer hypothetischen Derivatemethode vorgeschlagen.[1517]

Eine anteilige prozentuale Aufteilung kann als objektiv und intersubjektiv nachprüfbar angesehen werden. Daher kann dieser Teil getrennt betrachtet werden, so dass er nicht mit in den Saldierungsbereich einbezogen werden muss.

Bei einem Macro Hedge ist die Aufteilung grundsätzlich nicht möglich; vielmehr wird ein Gesamtsaldo gebildet, bei dem nicht differenziert wird, ob er aus einem gesicherten Risiko stammt oder nicht. Diese Ungenauigkeit wird aufgrund der Beachtung des Vorsichtsprinzips hingenommen.[1518]

4.1.2.3.3 Getrennte Behandlung im Steuerrecht

Da die Wertüberhänge stets zu einer imparitätischen Behandlung führen, bedarf es im HGB keiner genauen Definition, wie hoch der Wirkungsgrad der gesamten Bewertungseinheit sein muss. Dieses Ergebnis der Bewertungseinheit wird in die Steuerbilanz übernommen. Hier wird nicht mehr zwischen effektiv, ineffektiv oder ungesichert differenziert. Nach § 5 Abs. 1a EStG sind die Ergebnisse der in der handelsrechtlichen Rechnungslegung gebildeten Bewertungseinheiten für die steuerliche Gewinnermittlung maßgeblich. Aus diesem Grund hat die Abgrenzung große Bedeutung für die steuerliche Gewinnermittlung.

Ist der ungesicherte Teil Bestandteil der Bewertungseinheit und somit Bestandteil des Ergebnisses der Bewertungseinheit, ist er nach § 5 Abs. 1a EStG für die steuerliche Gewinnermittlung zu übernehmen. Dies hat vor dem Hintergrund, dass § 5 Abs. 6 EStG i. V. m § 6 EStG im Fall des § 5 Abs. 1a EStG nicht mehr anzuwenden sind, immense Auswirkungen auf das steuerbilanzielle Ergebnis, da so negative, nicht abgesicherte Wertänderungen über die Drohverlustrückstellung des § 5 Abs. 4a S. 2 EStG oder über eine Abschreibung Einzug in die Steuerbilanz halten. Wie aus der nachfolgenden Abbildung ersichtlich wird, sind alle Bestandteile unter die Bewertungseinheit zu subsumieren und unterliegen den Rechtsfolgen des § 5 Abs. 1a EStG.

1517 Vgl. *Scharpf*, Finanzinstrumente, in: Küting/Pfitzer/Weber, Bilanzrecht, 2008, S. 204; *Scharpf/Schaber*, BilmoG, KoR 2008, S. 534, 539 *Patek*, Referentenentwurf, KoR 2008, S. 368.; *Scharpf*, IAS 39, Beilage 1 zu Heft 11, KoR 2004, S. 17ff.; A. A. wohl *Küting/Cassel*, Bewertungseinheiten, KoR 2008, S. 771.

1518 Vgl. *Löw/Scharpf/Weigel*, Bilanzierung, WPg 2008, S. 1019.

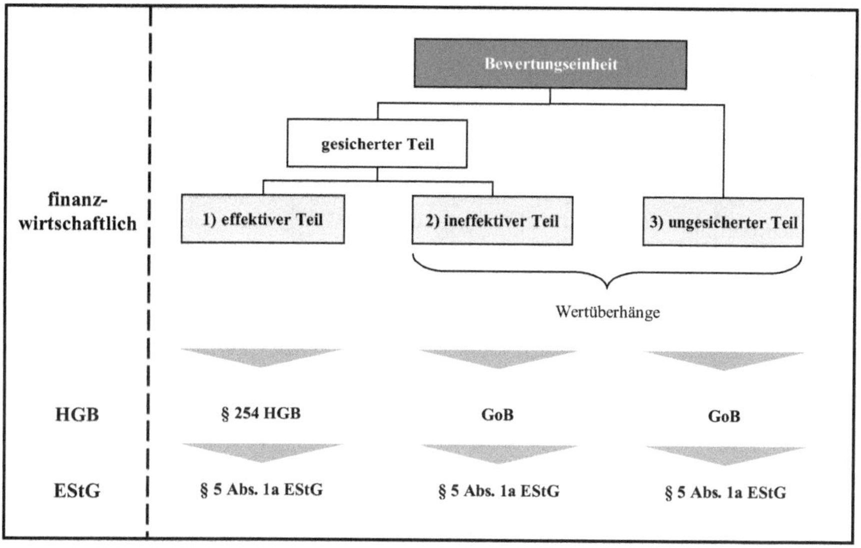

Abbildung 4: Rechtsfolgen der Designierung – ungesicherter Teil ist Bestandteil der Bewertungseinheit

Ist der ungesicherte Teil hingegen nicht als Teil der Bewertungseinheit anzusehen, sind die allgemeinen GoB auf den ungesicherten Teil des Bewertungsobjektes/bzw. der Bewertungsobjekte anzuwenden. Dies ist die richtige Vorgehensweise, da die gesamte Bewertungseinheit sich nur auf die abgesicherten Risiken beziehen soll. Da durch die Bewertungseinheit aber keine neuen Bilanzierungsobjekte entstehen dürfen, setzen die handelsbilanziellen Positionen sich aus Bestandteilen der Bewertungseinheit (gesicherter Teil) und aus Komponenten, die nach den GoB behandelt werden (ungesicherter Teil) zusammen. Die Komponenten des ungesicherten Teils sind folglich nicht als „Ergebnis der Bewertungseinheit" anzusehen und nicht unter § 5 Abs. 1a EStG zu subsumieren. Durch die Zerlegung der Produkte und die sich daraus ergebenden unterschiedlichen Rechtsfolgen können Ansatzprobleme entstehen.

Wenn handelsbilanziell eine bewertungstechnische Zerlegung in mehrere Bestandteile zulässig sein sollte, entstehen Probleme bei der Übernahme in die Steuerbilanz, da dort § 5 Abs. 1a EStG nur das Ergebnis der Bewertungseinheit maßgeblich ist. Ist der ungesicherte Teil nicht Bestandteil der Bewertungseinheit, kann er nur über § 5 Abs. 1 EStG und damit einhergehend auch nur unter Beachtung der GoB für die Steuerbilanz maßgeblich sein. Diese differenzierte Behandlung wird in der nachstehenden Abbildung noch einmal visuell verdeutlicht.

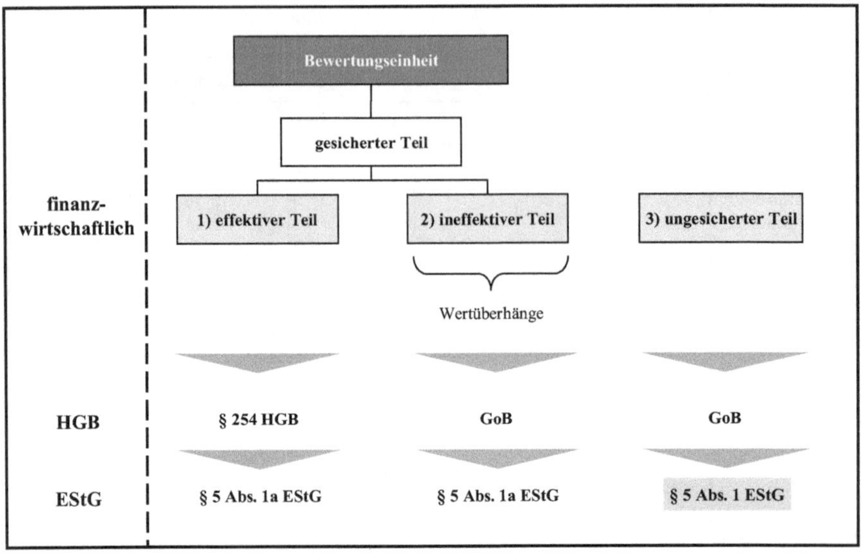

Abbildung 5: Rechtsfolgen der Designierung – ungesicherter Teil ist nicht Bestandteil der Bewertungseinheit

Dementsprechend muss das Bilanzierungsobjekt steuerbilanziell zerlegt werden, da für den ungesicherten Teil die steuerlichen Bewertungsvorbehalte gelten. Es können Zuordnungsprobleme entstehen, da eine eindeutige Zuordnung schon auf handelsrechtlicher Ebene nur selten möglich ist. Da diese Vorgehensweise als nicht praktikabel angesehen werden muss, müssen vielmehr vom Gesetzgeber klare Voraussetzungen gegeben werden, so wie dies auch nach IAS 39 der Fall ist.

Ein Problem stellt die objektive Nachprüfbarkeit dar. Eine anteilige prozentuale Aufteilung könnte erlaubt werden, da diese intersubjektiv nachprüfbar ist. In diesem Fall muss der abgesicherte Teil aber getrennt von der Bewertungseinheit bewertet und auch steuerlich anderen Rechtsfolgen unterzogen werden als die eigentliche „Bewertungseinheit".

Auch bei der Wertermittlung können bereits auf der handelsrechtlichen Basis Probleme entstehen. Ein signifikantes Beispiel ist die fiktive Ermittlung des antizipativen Hedges, bei der sich die handelsrechtliche Rechnungslegung an den internationalen Standards orientiert. Während die IFRS auch einen Überblick über die zukünftige Entwicklung des Unternehmens geben wollen und hierfür zukunftsorientierte und auch risikobehaftete Daten verwenden, muss die steuerliche Gewinnermittlung auf verlässlichen gegenwartsbezogenen Daten basieren.[1519] Unterschiedliche Methoden gewährleisten keine Vergleichbarkeit zwischen den Steuerpflichtigen.

1519 Vgl. *Herzig/Lochmann*, steuerliche Gewinnermittlung, ZfB-Special Issue 2006, S. 146.

Weiterhin ist problematisch, dass kein eindeutiger Grad der Wirksamkeit und keine Abgrenzung vorgegeben wird, wie weit eine Bewertungseinheit greift. Ohne Grenzen kann es zu bilanzpolitischen Spielräumen kommen, da über die Bewertungseinheit die Möglichkeit der Drohverlustrückstellung bzw. insgesamt des Verlustansatzes eröffnet wird. Strikte Grenzen würden allerdings gegen das Leistungsfähigkeitsprinzip verstoßen.

Der Grundsatz der Gleichmäßigkeit der Besteuerung verlangt, dass die Werte, die die steuerliche Bemessungsgrundlage darstellen, willkürfrei und objektiv nachvollziehbar sein müssen. Dabei müssen die Positionen auf einfache Art berechenbar und auch intersubjektiv nachprüfbar sein.[1520] Rechtsicherheit und die Gleichmäßigkeit bei der Bestimmung der steuerlichen Bemessungsgrundlage und deren nachvollziehbare Umsetzung[1521] haben Vorrang vor einer finanzwirtschaftlich sinnvolleren Information. Eine verlässliche Wertbestimmung ist insbesondere bei den erwarteten Transaktionen fraglich.

Ohne klare Vorgaben bezüglich der Reichweite der Bewertungseinheit können in die Steuerbilanz auch Verluste aus ungesicherten Teilen gelangen, ohne dass sie dem steuerlichen Bewertungsvorbehalt unterworfen werden. Ebenfalls können ohne Vorgabe eines Wirkungsgrades der Bewertungseinheit hohe Verluste aus Ineffektivitäten Einzug in die Steuerbilanz nehmen.

Die folgende Aussage des BFH, die bereits in dieser Arbeit bei der Frage der Teilwertabschreibung behandelt wurde, erhält meines Erachtens in diesem Zusammenhang eine noch viel stärkere Aussagekraft. Der BHF stellt nämlich klar, dass es sich bei dem Steuerverfahren um ein Massenverfahren handelt, weshalb die Werte an einfachen und leicht nachprüfbaren Kriterien festgestellt werden müssen.[1522] Hiervon kann bei einer Zerlegung der Werte und einer Zuordnung zu verschiedenen Rechtsfolgen nicht mehr die Rede sein.

4.1.2.3.4 Steuerbilanzielle Probleme bei strukturierten Produkten

Wie herausgearbeitet werden konnte, können strukturierte Produkte unterschiedlichen Risiken ausgesetzt sein, durch die es innerhalb des Produktes zu einer Überkreuzkompensation kommt. Daher vertritt das IDW die Auffassung, dass die Produkte in einzelne Bestandteile zu zerlegen sind, wenn mehrere verschiedene Risiken vorliegen und kein Ausnahmetatbestand gegeben ist. Wie bereits dargestellt werden konnte, ist die Forderung nach einer Zerlegung anhand der gesetzlichen Grundlage nicht nachvollziehbar. Im Rahmen der Behandlung von Bewertungseinheiten muss aber von dieser Zerlegung gemäß der Stellungnahme des IDW

1520 Vgl. *Weber-Grellet*, Steuerbilanzrecht, 1996, § 2 Rn.4; *Herzig*, IAS, 2004, S. 72, S. 77.

1521 Vgl. *Weber-Grellet*, Steuerbilanzrecht, 1996, § 2 Rn.4; so auch BFH vom 26.09.2007, I R 58/06, WPg 2008, S. 217.

1522 Vgl. *IDW*, Auslegung, RS VFA 2, WPg 2002, S. 475.

ausgegangen werden. Probleme entstehen dann, wenn nach der Zerlegung einzelne Bestandteile des strukturierten Finanzinstrumentes einer Bewertungseinheit zugeordnet werden.
Werden die Risiken des einen Bestandteils abgesichert, kommt dieser Bestandteil über § 5 Abs. 1a EStG, der nicht auf die GoB-Konformität in der Handelsbilanz gerichtet ist, in der Steuerbilanz zum Ansatz.
Die Behandlung des Bestandteiles eines strukturierten Produktes, welcher nicht einer Bewertungseinheit zugeordnet ist, bereitet Probleme, da ein Ansatz über den Maßgeblichkeitsgrundsatz in der Steuerbilanz nur dann erfolgt, wenn dieser GoB-konform ist.[1523] Die Zerlegung ist aber nicht als GoB-konform anzusehen; daher ist die Übernahme des strukturierten Produktes in die Steuerbilanz grundsätzlich nicht möglich. Eine Übernahme des gesamten strukturierten Instrumentes gemäß § 5 Abs. 1 EStG in die Steuerbilanz scheitert an der Tatsache, dass ein Teil bereits über § 5 Abs. 1a EStG in der Steuerbilanz zum Ansatz kommt.

4.1.3 Rechtsfolgen – die Paragrafenkette des § 254 HGB

Für den Teil, in dessen Umfang sich die gegenläufigen Wertänderungen oder Zahlungsströme ausgleichen, sollen die Paragrafen §§ 249 Abs. 1, 252 Abs. 1 Nr. 3 und 4, 253 Abs. 1 S. 1 und 256a HGB nicht angewendet werden.[1524] In der Gesetzesbegründung heißt es, unter Einschränkung des Imparitätsprinzips, des Realisationsprinzips und des Einzelbewertungsgrundsatzes wird auf die Berücksichtigung nicht realisierter Verluste verzichtet, wenn diesen in gleicher Höhe nicht realisierte Gewinne gegenüber stehen.[1525]
Würden die Paragrafen inhaltlich konkretisiert werden, müsste der Gesetzestext lauten: der Ansatz von Rückstellungen, die Einzelbewertung, das Vorsichtsprinzip, das Anschaffungskostenprinzip und die Währungsumrechnung sind für den effektiven Teil nicht anzuwenden.[1526] Daher müssen die im Gesetzeswortlaut aufgeführten Paragrafen bzw. Prinzipien einer näheren Untersuchung unterzogen werden:
§ 249 Abs.1 HGB n. F.[1527]: „Rückstellungen sind für ungewisse Verbindlichkeiten und für drohende Verluste aus schwebenden Geschäften zu bilden. Ferner sind Rückstellungen zu bilden für unterlassene Aufwendungen für Instandhaltung; Gewährleistungen, die ohne

---

1523 Vgl. *Haisch*, Strukturierte Finanzinstrumente, FR 2009, S. 71.

1524 Vgl. *Gesetzesbeschluss* vom 27.03.2009, Drs. 270/09, S. 4; *Löw/Torabian*, Finanzinstrumente, ZfgK 2008, S. 612; *Löw/Scharpf/Weigel*, Bilanzierung, WPg 2008, S. 1016.

1525 Vgl. *Regierungsentwurf* BilMoG vom 23.05.2008, Drs. 344/08, Gesetzesbegründung, S. 127; *Scharpf/ Schaber*, BilMoG, KoR 2008, S. 533.

1526 Im Referentenentwurf wurden nur die § 249 und § 253 HGB genannt. Der IDW schlug vor, diese durch die genaue Angabe der Absätze zu konkretisieren. IDW hat die Absätze 3 bis 5 des § 253 empfohlen. Stellungnahme *IDW*, BilMoG, IDW Fachnachrichten 2008; S. *Scharpf/Schaber*, BilMoG, KoR 2008, S. 532.

1527 Im Rahmen des Bilanzrechtsmodernisierungsgesetzes ist der Satz 3 ersatzlos aufgehoben worden.

rechtliche Verpflichtung erbracht werden." Hier wäre eine Einschränkung auf § 249 Abs. 1 S. 1 HGB ausreichend gewesen.[1528] Demnach dürfen für den effektiven Teil keine Rückstellungen für ungewisse Verbindlichkeiten und auch keine Drohverlustrückstellungen gebildet werden. Nach der gesetzlichen Verortung und auch aufgrund des Wortlautes des § 249 HGB handelt es sich um eine Ansatzvorschrift. § 249 HGB regelt ausschließlich und abschließend den Ansatz von Rückstellungen. Die Bewertung der Rückstellungen erfolgt gemäß § 253 Abs. 1 S. 2 HGB.[1529] Der Grundgedanke einer Bewertungseinheit besteht nicht darin, eine andere Bilanzierung vorzunehmen, sondern auf Ebene der Bewertung eine zusammenfassende Betrachtung zu implementieren. Da bei einer Drohverlustrückstellung die Ermittlung der anzusetzenden Saldogröße gleichzeitig auch die Bestimmung der Höhe der Rückstellung erfasst, sind bei einer Drohverlustrückstellung der Ansatz und die Bewertung nicht voneinander zu trennen.[1530] Daher ist es sachgerecht, im Rahmen des § 254 HGB auf eine Ansatzvorschrift zu verweisen.

Neben den Rückstellungen sollen für den effektiven Teil auch der Einzelbewertungsgrundsatz und das Vorsichtsprinzip nicht anzuwenden sein. Nach § 252 Abs. 1 Nr. 3 und 4 HGB soll für den effektiven Teil die Einzelbewertung am Bilanzstichtag aufgehoben werden. Dies ist systemgerecht, da die kompensatorische Bewertung bisher an einer zu engen Auslegung des Einzelbewertungsgrundsatzes gescheitert ist. Neben dem Grundsatz der Einzelbewertung soll auch das Vorsichtsprinzip, welches in § 252 Abs. 1 Nr. 4 HGB normiert ist, nicht anzuwenden sein. Diese Einschränkung greift zu weit, da das Vorsichtsprinzip zugleich das Imparitätsprinzip (1. Halbsatz) und das Realisationsprinzip (2. Halbsatz) beinhaltet. Durch die Beschränkung des Vorsichtsprinzips bzw. die Aufhebung dieses Grundsatzes für den effektiven Teil der Bewertungseinheit kommt es bei einer gleichzeitigen Anwendung des Imparitäts- und des Realisationsprinzips zu dem paradoxen Ergebnis, dass die bis zum Bilanzstichtag eingetretenen Verluste nicht mehr zu berücksichtigen sind, die noch nicht realisierten Gewinne aber ausgewiesen werden müssen. Diese Vorgehensweise ergibt bei einer kumulativen Anwendung der beiden Grundsätze keinen Sinn. Sie entspricht nicht dem Grundgedanken der kompensatorischen Bewertung und würde auch einer anderen Art der Darstellung einer Sicherungsbeziehung wie z. B. einer Marktbewertung nicht gerecht werden, da bei dieser die Gewinne und Verluste gleichzeitig aufgezeigt werden müssen. Ein Ausweis der Gewinne steht auch im Widerspruch zu der Aufhebung des Einzelbewertungsgrundsatzes. Daher kann nur der Verzicht auf den Verlustausweis oder der gleichzeitige Ansatz von Gewinnen und Verlusten gemeint sein.

1528 Vgl. *Löw/Scharpf/Weigel*, Bilanzierung, WPg 2008, S. 1016; Schreiben nur Satz 1.
1529 Vgl. *Wiedmann*, in: Wiedmann Bilanzrecht, 2. Auflage 2003, § 249 HGB Rn. 1.
1530 Vgl. *Hoyos/M. Ring*, in: Beck´scher BilKomm, 6. Auflage 2006, § 249 HGB Rn. 52.

Aus dem Imparitätsprinzip ergeben sich das Niederstwertprinzip und die Berücksichtigung von drohenden Verlusten. Da die drohenden Verluste durch die Aufhebung des § 249 HGB nicht angesetzt werden sollen, ist es auch systemkonform, dass sie nicht bewertet werden.

§ 253 Abs. 1 S. 1 HGB n. F.[1531] fordert als Wertobergrenze die Anschaffungs- und Herstellungskosten und als Wertuntergrenze die Anschaffungskosten vermindert um die Abschreibung. Grundsätzlich ist das Anschaffung- und Herstellungskostenprinzip als Ausprägung des Vorsichtsprinzips zu sehen.[1532] Bei den Anschaffungskosten handelt es sich um eine originäre Wertansatzkategorie.[1533] Daher kann die Aufhebung des Anschaffungskostenprinzips in Zusammenhang mit der Streichung des Vorsichtsprinzips gesehen werden.

Durch die Aufhebung des § 253 Abs. 1 S. 1 HGB können Vermögensgegenstände über die Anschaffungs- oder Herstellungskosten hinaus angesetzt werden. Eine Verminderung der Anschaffungskosten um die Abschreibungen ist damit auch nicht mehr implizit vorzunehmen, was im Zusammenhang mit der Aufgabe des Vorsichtsprinzips als stimmig angesehen werden kann, aber auch hier zu den oben aufgezeigten Problemen führt. Durch die Aufhebung des § 253 Abs. 1 S. 1 HGB wird implizit auch der indirekte Verweis auf Abs. 3 und Abs. 4 und damit die Abschreibung auf den niedrigeren beizulegenden Wert aufgehoben.

Andererseits ergibt sich aus der Aufhebung des Anschaffungskostenprinzips auch die Möglichkeit eines Ansatzes über den Anschaffungskosten. Diese Aufhebung wird mit Verwunderung aufgenommen, da die kompensatorische Bewertung nicht gegen das Anschaffungskostenprinzip verstößt.[1534]

Die Aufhebung des Anschaffungs- und Realisationsprinzips lässt somit den Ausweis von Gewinnen bei gleichzeitigem Nichtausweis von Verlusten zu. Der Ausweis der Gewinne könnte auf die Marktbewertungsmethode hinweisen, der aber der Nichtansatz der Verluste und auch die Aufgabe des Einzelbewertungsprinzips entgegenstehen.

Dies lässt darauf schließen, dass die Paragrafen nicht kumulativ angewandt werden sollen, was aber aus dem Wortlaut des § 254 HGB nicht hervorgeht.

Abschließend verweist § 254 HGB darauf, dass auch § 256a HGB für den effektiven Teil nicht zur Anwendung kommt. Wenn für den effektiven Teil keine Währungsumrechnung vorzunehmen ist, hat dies zur Folge, dass die Saldierung in fremder Währung zu erfolgen hat.

1531 Ist im Rahmen des Bilanzrechtsmodernisierungsgesetzes geändert worden, Vgl. *Regierungsentwurf* BilMoG vom 23.05.2008, Drs. 344/08, Gesetzesbegründung, S. 128.

1532 Vgl. *Schlotter*, Teilwertabschreibung, 2005, S. 13; *Schiele*, Handelsbilanz, 2000, S. 76; *Jüttner*, Gob-System, 1993, S. 80; *Moxter*, Bilanzrechtsprechung, 6. Auflage 2007, S. 48. Das Anschaffungs- und Herstellungskostenprinzip ist in § 253 Abs.1 HGB und § 6 Abs. 1 Nr. 1 und 2 EStG kodifiziert. Beschaffungs- und Herstellungsvorgänge werden grundsätzlich erfolgsneutral behandelt; bei einem Anschaffungsvorgang kommt es zu einem Aktivtausch. Das Anschaffungs- und Herstellungskostenprinzip kann daher als Ausfluss des Realisationsprinzips gesehen werden, denn wenn Gewinne erst beim Absatzgeschäft entstehen, dann darf auch bei einem Beschaffungs- oder Herstellungsvorgang kein Erfolgsausweis vorgenommen werden.

1533 Vgl. *Bitz/Schneeloch/Wittstock*, Jahresabschluss, 4. Auflage 2003, S. 235ff.

1534 Vgl. *Patek*, Bewertungseinheiten, KoR 2008, S. 530.

Im Folgenden wird geprüft, welche expliziten Rechtsfolgen sich aus der Anwendung der Paragrafenkette ergeben. Wie bereits herausgestellt wurde, ist eine kumulative Anwendung nicht möglich.

4.2 Methoden zur Bilanzierung von Bewertungseinheiten

Der Gesetzeswortlaut des § 254 HGB schreibt explizit keine Methode zur bilanziellen Erfassung der Bewertungseinheit vor. Vielmehr soll § 254 HGB laut Gesetzesbegründung nur aufzeigen, in welchem Umfang die Bildung von Bewertungseinheiten zulässig ist und welche Anforderungen an ihre Bildung gestellt werden.[1535] Änderungen der bisherigen Bilanzierungspraxis sollen dagegen mit der Vorschrift nicht einhergehen.[1536] Ausgehend von der Gesetzesbegründung muss der Anwender des § 254 HGB folglich wissen, welche Methode bisher in der Praxis angewandt wurde.

Zudem heißt es in der Gesetzesbegründung zum Regierungsentwurf in Zusammenhang mit § 340h HGB, dass es dem Unternehmer „innerhalb der wirksamen Bewertungseinheit" weiterhin selber überlassen ist, die gegenläufigen Wertänderungen oder Zahlungsströme entweder „durchzubuchen" oder die Bilanzierung „einzufrieren"[1537], da § 254 HGB keine Vorschrift zur Art und Weise der bilanziellen Erfassung der Bewertungseinheit enthält.[1538] Dies ist dann als problematisch anzusehen, wenn es durch die Wahl der Bilanzierungsmethode zu unterschiedlichen Rechtsfolgen kommt.[1539] Die Aussage des Gesetzgebers in der Gesetzesbegründung, dass keine bilanzielle Behandlung der Bewertungseinheit vorgegeben ist, verwundert, da die Prinzipien aufgezählt werden, die bei dem wirksamen Teil der Bewertungseinheit nicht angewendet werden dürfen, und da vorgegeben wird, dass bestehende Wertüberhänge nach den GoB behandelt werden müssen.[1540] Eine bilanzielle Behandlung kann nur vorgenommen werden, wenn diese mit der Paragrafenkette des Gesetzestextes in Einklang zu bringen ist. Weiterhin ist zu beachten, dass die Aussage, gegenläufige Wertänderungen oder Zahlungsströme durchbuchen oder einfrieren zu können, in der Gesetzesbegrün-

---

1535 Vgl. *Regierungsentwurf* BilMoG vom 23.05.2008, Drs. 344/08, Gesetzesbegründung, S. 128.

1536 Vgl. *Regierungsentwurf* BilMoG vom 23.05.2008, Drs. 344/08, Gesetzesbegründung, S. 128, 221; *Patek*, Bewertungseinheiten, KoR 2008, S. 528; *Scharpf/Schaber*, BilMoG, KoR 2008, S. 532; *Scharpf*, Finanzinstrumente, in: Küting/Pfitzer/Weber, Bilanzrecht, 2008, S. 205.

1537 BilMoG- Regierungsentwurf, Begründung, S. 211; *Wiechens/Helke*, Finanzinstrumente, DB 2008, S. 1336.

1538 Vgl. *Regierungsentwurf* BilMoG vom 23.05.2008, Drs. 344/08, Gesetzesbegründung, S. 128.

1539 Insbesondere stellt auch die Gesetzesbegründung keine tatsächliche Rechtsgrundlage dar. Vielmehr muss eine rechtssichere Normanwendung immer aus dem Gesetzeswortlaut und nicht aus einer Gesetzesbegründung abgeleitet werden können.

1540 Vgl. *Löw/Scharpf/Weigel*, Bilanzierung, WPg 2008, S. 1016; *Wiechens/Helke*, Bewertungseinheit, DB Beilage 1/2008, S. 28.

dung zur Streichung[1541] des § 340h HGB getätigt wurde. Wie bereits bei der Behandlung des § 340h HGB aufgezeigt werden konnte, wurde nach § 340h HGB sowohl eine stichtagsbezogene Buchung als auch ein Einfrieren des Sicherungskurses als möglich angesehen. Zudem war nach § 340h HGB aber auch eine ergebniswirksame Erfassung des Gewinnes über den effektiven Teil einer Bewertungseinheit hinaus möglich. Daher könnte die Auffassung vertreten werden, dass die Methodenwahl sich auf die Fälle beziehen soll, die bisher von § 340h HGB erfasst wurden. Basierend auf der Gesetzesbegründung zur Streichung des § 340 h HGB und der Aussage, dass die bisherige Praxis beibehalten werden soll, wird diskutiert, welche Methoden der Gesetzgeber unter „Einfrieren" und „Durchbuchen" versteht und wie weit diese Methoden zu fassen sind.[1542] Daher muss nach einer Darstellung der in der Gesetzesbegründung nur begrifflich erwähnten, aber nicht inhaltlich beschriebenen Methoden untersucht werden, inwieweit diese mit dem Gesetzeswortlaut in Einklang zu bringen sind.

In der Literatur wird die Auffassung vertreten, dass nach dem Wortlaut des § 254 HGB sowohl eine außerbilanzielle[1543] Verrechnung (Einfrieren), als auch eine erfolgswirksame Erfassung (Durchbuchen) zulässig ist.[1544] Dabei wird aber weniger untersucht, inwiefern eine Bilanzierung mit den in § 254 HGB genannten Paragrafen möglich ist und zu welchen Rechtsfolgen sie z. B. über die „Laufzeit" der Bewertungseinheit hinaus führt, sondern es wird auf die Gesetzesbegründung zum Regierungsentwurf verwiesen. Danach wird die Auffassung vertreten, dass es sich letztlich um ein Methodenwahlrecht handelt.[1545] Bei einem Wahlrecht müssen die Rechtsfolgen durch das Gesetz selber festgelegt sein und dürfen nicht von anderer Seite bestimmt werden.[1546] Ein Wahlrecht liegt nur dann vor, wenn gesetzlich mehrere Rechtsfolgen zugelassen werden, die es dem Unternehmer ermöglichen, nach freiem Ermessen auszuwählen. Daher kann durch eine Formulierung in der Gesetzesbegründung kein Wahlrecht eröffnet werden. Vielmehr ist zu prüfen, ob die beiden in der Begründung zum Regierungsentwurf vorgegebenen Methoden mit dem Gesetzeswortlaut des § 254 HGB in Einklang zu bringen sind. Wenn tatsächlich die Möglichkeit zur Anwendung von mehreren

---

1541 Die Streichung des § 340h HGB ist im Rahmen des Gesetzgebungsverfahrens verworfen worden. Siehe *Regierungsentwurf* BilMoG vom 23.05.2008, Drs. 344/08, Gesetzesbegründung, S. 211 und *Beschlussempfehlung* vom 24.03.2009, Drs 16/12407, S. 190; *Gesetzesbeschluss* vom 27.03.2009, Drs. 270/09, S. 23.

1542 Vgl. *Regierungsentwurf* BilMoG vom 23.05.2008, Drs. 344/08, Gesetzesbegründung, S. 211. *Wiechens/Helke*, Finanzinstrumente, DB 2008, S. 1336.

1543 Mit der Begrifflichkeit „außerbilanziell" ist eine Verrechnung außerhalb der Bilanz gemeint. Diese Begrifflichkeit darf aber nicht mit der außerbilanziellen Behandlung in der Form, wie sie im Steuerrecht verstanden wird, verwechselt werden.

1544 Vgl. *Patek*, Bewertungseinheiten, KoR 2008, S. 530; *Wiechens/Helke*, Finanzinstrumente, DB 2008, S. 1337; *Küting/Cassel*, Bewertungseinheiten, KoR 2008, S. 772.

1545 Vgl. *Wiechens/Helke*, Finanzinstrumente, DB 2008, S. 1337. Diese Begründung erweckt den Anschein eines Bewertungs- oder Methodenwahlrechts (bei einem Bewertungswahlrecht hat der Unternehmer die Wahl zwischen mindestens zwei unterschiedlichen Wertansätzen, beim Methodenwahlrecht zwischen mindestens zwei Verfahren zur Ermittlung eines Wertansatzes). Vgl. *Winnefeld*, Bilanzhandbuch, 4. Auflage 2006, C 660.

1546 Vgl. *Tipke* in: Tipke/Kruse, Abgabenordnung, § 85 Rn. 44.

Methoden bestehen sollte, sind diese aufgrund des Stetigkeitsgebotes gleich bleibend in Anspruch zu nehmen. Die durch einen willkürlichen Wechsel entstehenden Ergebnisverlagerungen sollen dadurch vermieden werden.[1547] Selbst wenn ein Unternehmen fortwährend die gleiche Methode verwenden sollte, bestehen jedoch Diskrepanzen zu anderen Unternehmen. Durch die Anwendung der gleichen Methode werden die Werte nur innerhalb eines Unternehmens vergleichbar, nicht aber gegenüber anderen Unternehmen. Dieses Problem wird verstärkt, wenn innerhalb der Unternehmen für verschiedene Bewertungseinheiten verschiedene Methoden angewendet werden dürfen bzw. müssen.[1548]

4.2.1 Bilanzierungsmethoden und deren Einklang mit § 254 HGB

Das Ziel der kompensatorischen Bewertung besteht darin, die Erfolgswirkung aus der bilanziellen Bewertung von Grund- und Sicherungsgeschäft während des Sicherungszeitraums zu neutralisieren[1549] bzw. den bisherigen fälschlichen Ausweis der faktisch nicht bestehenden Verluste zu korrigieren. Als grundsätzliches Ziel wird in der Gesetzesbegründung zum Ausdruck gebracht, dass bei Bestehen einer Bewertungseinheit auf die Berücksichtigung nicht realisierter Verluste zu verzichten ist, wenn diesen in gleicher Höhe nicht realisierte Gewinne gegenüber stehen.[1550] Daher ist zu untersuchen, ob das Ziel durch beide derzeit diskutierten Methoden erreicht werden kann.

4.2.2 Präferierte Bilanzierungsmethoden

Grundsätzlich werden national zwei Methoden zur bilanziellen Behandlung von Sicherungsbeziehungen diskutiert, was als ein Anlehnen an IAS 39 verstanden werden könnte. Ein wesentlicher Unterschied ist aber, dass die beiden im nationalen Bereich diskutierten Methoden nach der Gesetzesbegründung und nach Auffassung des Schrifttums optional verwendet werden können und nicht nur in Abhängigkeit von einer Risikostrategie oder einem Risikoverständnis anwendbar sind. Nach IAS 39 ist die Anwendung der Abbildungsmethode hingegen von dem zugrunde liegenden Risikoverständnis abhängig. So können bspw. antizipative Hedges stets nur nach der Cash Flow Hedge-Methode abgebildet werden.[1551]

Davon ausgehend, dass beide genannten Methoden rechtlich zulässig sind, wird keine Differenzierung dahingehend vorgenommen, dass gewisse Absicherungen nur durch eine bestimmte Methode bilanziert werden dürfen. Aus Neutralitätsgesichtspunkten kann dies als

---

1547 Vgl. *Fischer*, in: Kirchhof EStG KompaktKommentar, 7. Auflage 2007, § 6 EStG Rn. 18.

1548 Es ist daher zu untersuchen, welche verschiedenen Bewertungsmethoden für die bilanzielle Behandlung der Bewertungseinheit zulässig sind und welche bilanziellen Auswirkungen diese Methoden haben.

1549 Vgl. *Göttgens*, Accounting, BFuP 1995, S. 151.

1550 Vgl. *Regierungsentwurf* BilMoG vom 23.05.2008, Drs. 344/08, Gesetzesbegründung, S. 128, S. 221.

1551 Vgl. *Kehm/Lüdenbach,* in: Lüdenbach/Hoffmann IFRS-Kommentar, 6. Auflage 2008, § 28 Rn. 234ff.

richtiger Ansatz gewertet werden. Die Möglichkeit einer tatsächlichen und objektiven Umsetzbarkeit und deren Rechtsfolgen werden im Folgenden untersucht.
Zweck der Bewertungsmethoden muss es sein, eine Symmetrie zwischen den sich kompensierenden Gewinnen und Verlusten herzustellen. Es ist hingegen nicht die Aufgabe der Bewertungseinheit, Auswirkungen auf den Ansatz der Bestandteile zu erlangen. Die einzelnen „Positionen“ sind auch weiterhin einzeln zu bilanzieren.[1552]
Bewertungstechnisch wurden im Schrifttum bisher zwei Alternativen zur Berücksichtigung der gegenläufigen Wertschwankungen diskutiert bzw. als mögliche Methoden aufgezeigt. Es handelt sich dabei um die „Festbewertung“[1553] und die „Marktbewertung“ [1554]. Auf der Bewertungsebene lässt sich eine Kompensation erreichen, in dem die gegenläufigen Positionen entweder mit den historischen Werten oder mit den aktuellen Marktwerten angesetzt werden.[1555] Der Festbewertung zu historischen Werten stehen das Vorsichtsprinzip und der Einzelbewertungsgrundsatz entgegen. Die Bewertung zu aktuellen Marktwerten ist aufgrund des Anschaffungskostenprinzips und des Realisationsprinzips nicht mit den traditionellen GoB in Einklang zu bringen. Auch der BFH hat in dem Gerichtsbescheid vom 19.03.2002 angeführt, dass bei der kompensatorischen Bewertung entweder nicht realisierte Verluste und nicht realisierte Gewinne ausgewiesen werden können, was einen Verstoß gegen das Anschaffungskostenprinzip darstellt, oder dass es unter Wahrung des Anschaffungskostenprinzips zu einem Nicht-Ausweis nicht realisierter Verluste durch die Verrechnung mit nicht realisierten Gewinnen kommt, was zu einem Verstoß gegen § 252 Abs. 1 Nr. 4 HGB führen würde.[1556]

4.2.2.1 Einfriermethode / Festbewertungsmethode

Im Referentenentwurf zum BilMoG wurde die Einfriermethode als die bisher maßgebliche Methode der Praxis identifiziert.[1557] Demnach sollen die gegenläufigen Wert- oder Zahlungsströme, soweit sie sich aufheben, eingefroren werden.[1558] Es ist davon auszugehen, dass mit

---

1552 Vgl. *Wagner*, Konkurrenz, INF 2003, S. 786; *Häuselmann*, Aspekte, 1997, S. 78; *Schneider*, Bilanzierung, BB 1995, S. 1231.

1553 Bei Macro Hedges spricht man von einer globalen Fest- bzw. globalen Marktbewertung.

1554 Vgl. *Hachmeister*, Bilanzierung, BFuP 2003, S. 637; *Wotschofsky/Thomas*, Termingeschäfte, BBK 2002, Fach 12, S. 6617; *Tönnies/Schiersmann*, Zulässigkeit Teil I, DStR 1997, S. 716; *Prahl/Naumann*, Bilanzstichtag, ZBB 1994, S. 4.

1555 Vgl. *Breker*, Optionsrechte, 1993, S. 183.

1556 Vgl. *Wagner*, Konkurrenz, INF 2003, S. 786; BFH, Gerichtsbescheid vom 19.3.2002, I R 87/00 n. v. veröffentlicht durch *Christiansen*, Einzelbewertung, DStR 2003, S. 266.

1557 Vgl. *Referentenentwurf* BilMoG vom 08.11.2007, Begründung, S. 118; so auch *Bieg*, Forward Rate Agreements, StB 2003, S. 179; *Patek*, Bewertungseinheiten, KoR 2008, S. 530; *Scharpf/Schaber*, BilMoG, KoR 2008, S. 532, 538.

1558 Vgl. *Referentenentwurf* BilMoG vom 08.11.2007, Begründung, S. 118. Dort hieße es noch in der Gesetzesfassung, § 249 HGB und § 253 HGB seien nicht anzuwenden.

der Einfriermethode die bisherige Festbewertungsmethode gemeint ist,[1559] weshalb nachfolgend zunächst die Festbewertungsmethode dargestellt und ihre Vereinbarkeit mit dem Gesetz überprüft wird. Dieselbe Vorgehensweise wird für die Darstellung der Durchbuchungsmethode gewählt.

4.2.2.1.1 Vollständige Festbewertung

Bei der vollumfänglichen Festbewertung werden das Grund- und das Sicherungsgeschäft nach erfolgter Absicherung keiner „erfolgswirksamen" Folgebewertung mehr unterzogen.[1560] Die Geschäfte der Sicherungsbeziehung werden, soweit sie bilanzwirksam sind, mit dem Bilanzwert fortgeführt, den sie bei Bildung der Sicherungsbeziehung aufgewiesen haben (Buchwert).[1561] Somit kommt es zu einer Beibehaltung der Wertansätze.[1562] Es existiert daneben aber auch die Mindermeinung, dass die Absicherung z. B. nur auf aktueller Kursbasis erfolgen könnte und daher die Ergebnisse aus der bis dahin offenen Position zunächst ergebniswirksam zu erfassen sind.[1563] Eine derartige Vorgehensweise ist unter Anwendung der GoB nicht möglich. Auch im Rahmen der Reform des Bilanzrechts durch das BilMoG ist für diese Vorgehensweise keine rechtliche Grundlage geschaffen worden.
Bei der Festbewertung steht die Bewertung und nicht der Ansatz im Vordergrund. Es kommt zu keiner Änderung des Ansatzes. Daher dürfen die bilanzunwirksamen Positionen weiterhin nicht zum Ansatz kommen.[1564] Auf eine Abschreibung bzw. Rückstellungsbildung, die aufgrund des Imparitätsprinzips grundsätzlich durchgeführt werden muss, wird gleichermaßen verzichtet wie auf einen Ausweis der unrealisierten Gewinne. Die Wertschwankungen bleiben bis zur Realisierung vielmehr innerhalb der Bilanz unberücksichtigt.[1565] Somit kommt es nach dem Schließen der Position nicht mehr zu einer Bewertung.[1566] Die positiven und negativen Änderungen werden weder in der Bilanz noch in der GuV erfasst.[1567] Da von einer vollständigen Kompensation ausgegangen wird, kommt es während der „Laufzeit" der Bewertungsein-

---

1559 Vgl. *Göllert*, Bilanzpolitik, DB 2008, S. 1165; *Scharpf/Schaber*, KoR 2008, S. 538f. *DSR*, Stellungnahme vom 08.08.2008, S. 5. Die Durchbuchungsmethode steht mit der Einfriermethode auf gleicher Ebene.

1560 Vgl. *Löw/Scharpf/Weigel*, Bilanzierung, WPg 2008, S. 1018; *Bieg*, Grundlagen Teil II, StB 2002, S. 474.

1561 S. *Reiner*, Finanzinstrumente, 2002, S. 264. Vgl. *Wotschofsky/Thomas*, Termingeschäfte, BBK 2002, Fach 12, S. 6620; *Bieg*, Grundlagen Teil II, StB 2002, S. 474; A. A. zur Ergebniswirkung *Reiner*, Finanzinstrumente, 2002, S. 264.

1562 Vgl. *Kraft/Bischof*, Bewertungseinheiten, in: Schmiel/Breithecker, Gewinnermittlung, 2008, S. 187.

1563 Vgl. *Meinhardt*, Auslandstöchter, DB 2004, S. 2650f; *Reiner*, Finanzinstrumente, 2002, S. 264.

1564 Vgl. *Arbeitskreis „Externe Unternehmensrechnung"*, Bilanzierung, DB 1997, S. 639. Die bilanzunwirksame Position, die grundsätzlich nur durch eine Drohverlustrückstellung zum Ansatz käme, bleibt unwirksam.

1565 Vgl. *Reiner*, Finanzinstrumente, 2002, S. 265; *Steiner/Tebroke/Wallmeier*, Finanzderivate, WPg 1995, S. 540.

1566 Vgl. *Kuhn/Scharpf*, Rechnungslegung, 2. Auflage 2005, S. 254.

1567 Vgl. *Scharpf/Schaber*, BilMoG, KoR 2008, S. 539.

heit aufgrund der Kompensationswirkung zu keiner aufwandswirksamen Erfassung.[1568] Erst die Auflösung der Sicherungsbeziehung bewirkt die erfolgswirksame Erfassung der Gewinne und Verluste.[1569] Daher ist Voraussetzung für die Festbewertung das Vorliegen eines perfekten Hedges.[1570] Wie aber bereits herausgestellt wurde, liegt in der Praxis so gut wie nie ein perfekter Hedge vor.

Eine echte Festbilanzierung scheidet nach § 254 HGB für die Gesamtheit der Bewertungseinheit aus, da die Überhänge bzw. die ineffektiven und/oder nicht gesicherten Teile nach den allgemeinen GoB imparitätisch zu behandeln sind.[1571] Der gesamte Hedge bzw. die gesamten Werte können höchstens in dem Fall eingefroren werden, dass für das Micro Hedge die Short-Cut-Methode[1572] angewendet wird und damit per se von einer 100%igen Absicherung[1573] ausgegangen wird.[1574] Von Teilen der Literatur wird die Festbewertung auch bei einem Nachweis über dass Risikomanagement als möglich angesehen.[1575] Weder die Short-Cut-Methode noch die Zuhilfenahme des Risikomanagements ergibt sich aber aus dem Gesetzestext oder aus der Gesetzesbegründung. Auch besteht bei den meisten Micro Hedges a priori keine Gewissheit über die vollständige Kompensation.[1576] Daher sollte bei Micro Hedges stets eine Darstellung der Kompensation in einer Nebenrechnung vorgenommen und keine Short-Cut-Methode angewandt werden.

Auch bei Macro Hedges kann unter der Prämisse einer nahezu vollständigen Kompensation eine Festbewertung (globale Festbewertung) vorgenommen werden.[1577] Sämtliche in der Bewertungseinheit zusammengefassten (bilanzwirksamen) Geschäfte[1578] werden (bilanziell) nicht mehr bewertet, sondern eingefroren. Da in den meisten Fällen die Absicherung mit einem unbedingten Derivat erfolgt, wird davon ausgegangen, dass das Absicherungsgeschäft

---

1568 Vgl. *Krumnow/Sprißler u. a.*, Kreditinstitute, 2. Auflage 2004, § 340e HGB Rn. 140f; *Patek*, Finanzprodukte, 2001, S. 249; *Scharpf*, Derivate Finanzinstrumente, BFuP 1995, S. 200.

1569 Vgl. *Elkart/Schaber*, Spannungsfeld, in: FS Eisele, 2003, S. 404.

1570 Vgl. *Bieg*, Bilanzierung, in: FS Wöhe, 2004, S. 339; *Scharpf/Luz*, Risikomanagement, 2000, S. 308; *Arbeitskreis „Externe Unternehmensrechnung“*, Bilanzierung, DB 1997, S. 640; *Scharpf*, Derivate Finanzinstrumente, BFuP 1995, S. 200. Diese Art ist nur bei einem nahezu perfekten Hedge möglich, weil die Verrechnung außerbilanziell stattfindet und die Positionen mit ihren Ausgangsbuchwerten stehen bleiben; die Bilanzwerte haben keine Aussagekraft mehr. *Brackert/Prahl/Naumann*, Risikosteuerung, WPg 1995, S. 547, Brackert/Prahl/Naumann zeigen auf, dass auch fast alle unstrittigen Hedges imperfekt sein können.

1571 Vgl. *Scharpf/Schaber*, BilMoG, KoR 2008, S. 539.

1572 Vgl. *Wiechens/Helke*, Finanzinstrumente, DB 2008, S. 1336.

1573 Auch diese Art der Absicherung ist in den eisten Fällen nicht tatsächlich zu 100% effektiv. *Brackert/Prahl/Naumann*, Risikosteuerung, WPg 1995, S. 547, zeigen auf, dass auch fast alle unstrittigen Hedges imperfekt sein können.

1574 Dann ist die Durchbuchung in der Nebenbuchhaltung nicht zwingend notwendig, so *Scharpf/Schaber*, BilMoG, KoR 2008, S. 539; *Löw/Scharpf/Weigel*, Finanzinstrumente, WPg 2008, S. 1018.

1575 Vgl. *Löw*, Finanzinstrumente, Accounting 1/2008, S. 14; *Scharpf/Schaber*, BilMoG, KoR 2008, S. 540.

1576 Vgl. *Brackert/Prahl/Naumann*, Risikosteuerung, WPg 1995, S. 547; „So folgt wegen des Einflusses des bilateralen Zinsgefälles der Devisenterminkurs dem Devisenkassakurs nicht immer im vollen Umfang.“

1577 Vgl. *Bieg*, Grundlagen Teil II, StB 2002, S. 475.

1578 Die somit Bestandteile der Nettoposition darstellen.

nicht bilanziert wird und somit nicht in der Bilanz erscheint.[1579] Bei einer Absicherung mit einem bilanzwirksamen Posten müsste dieser ebenso eingefroren werden.
Dem Wortlaut der Gesetzesbegründung zum Regierungsentwurf nach sollte bei einem Macro Hedge von einer Wirksamkeit innerhalb einer Effektivitätsspanne ausgegangen werden.[1580] Unter dieser Annahme kann das gesamte Macro Hedges bilanziell nach der Festbewertungsmethode behandelt werden. Hätte diese Vorgehensweise sich durchgesetzt, wäre in Anlehnung an die internationalen Gepflogenheiten die gesamte Sicherungsbeziehung als effektiv anzusehen und somit insgesamt den Rechtsfolgen, die für den effektiven Teil gelten, zu unterwerfen. Eine Bewertung des innerhalb der Bandbreiten ineffektiven und/oder ungesicherten Teils wäre damit nicht nach den GoB zu behandeln. In diesem Fall würde vielmehr eine vollständige Festbewertung vorliegen. Anderenfalls wäre sowohl eine Festlegung auf Bandbreiten als auch die Anlehnung an die internationalen Gepflogenheiten nicht sachgerecht.[1581] Wird hingegen das gesamte Macro Hedge eingefroren, dann kann das Festlegen der Mindesteffektivität der Bewertungseinheit als sachgerecht gewertet werden.[1582] Das Einhalten der Bandbreite kann bei einem Macro Hedge nach Auffassung der Literatur im Rahmen des Risikomanagements durch die Einhaltung von Limiten aufgezeigt werden.[1583] Die Behandlung nach der Festbewertung hat zur Folge, dass wie beim Micro Hedge sämtliche Bilanzpositionen „eingefroren" werden und die bilanzunwirksamen Positionen nicht zum Ansatz kommen dürfen. Im Rahmen des Gesetzgebungsverfahrens ist klargestellt worden, dass Effektivitätsspannen handelsrechtlich keine Bedeutung haben.[1584] Daher kann nach der derzeitigen Rechtslage bei einem Macro Hedge keine vollständige Festbewertung vorgenommen werden.

4.2.2.1.2 Eingeschränkte Festbewertung

Da eine vollständige Kompensation und damit die vollständige Einfriermethode fast nie gegeben sind, wurde in Deutschland nur eine eingeschränkte Festbewertung diskutiert. Bei Anwendung des § 254 HGB muss jedoch beachtet werden, dass sich die direkten Rechtsfolgen, namentlich die Aufhebung der Paragrafenkette, nur auf den effektiven Teil beziehen. Für diesen Teil ist eine vollständige Festbewertung möglich. Zur eingeschränkten Festbewertung kommt es, wenn nicht nur der abgesicherte effektive Teil, sondern die gesamte Bewertungseinheit betrachtet wird. Der effektive Teil ist dann den direkten Rechtsfolgen des § 254 HGB

1579 Vgl. *Arbeitskreis „Externe Unternehmensrechnung"*, Bilanzierung, DB 1997, S. 639.

1580 Die Spanne sollte in Anlehnung an die internationalen Geflogenheiten zwischen 80 % und 125 % liegen. *Regierungsentwurf* BilMoG vom 23.05.2008, Drs. 344/08, Gesetzesbegründung, S. 128f.

1581 Vgl. *Regierungsentwurf* BilMoG vom 23.05.2008, Drs. 344/08, Gesetzesbegründung, S. 128, S. 221

1582 In einem ähnlichen Zusammenhang so auch *Löw/Scharpf/Weigel*, Bilanzierung, WPg 2008, S. 1018.

1583 Vgl. *Scharpf*, Finanzinstrumente, in: Küting/Pfitzer/Weber, Bilanzrecht, 2008, S. 202.

1584 Vgl. *Beschlussempfehlung* vom 24.03.2009, Drucksache 16/12407, Begründung, S. 170.

zu unterwerfen, die Wertüberhänge müssen hingegen imparitätisch behandelt werden.[1585] Um die Überhänge richtig behandeln zu können, muss die Bewertung und Saldierung während der Laufzeit der Sicherungsbeziehung in einem Nebenbuch geführt werden.[1586] Da keine expliziten Angaben gemacht werden, ist der Gesetzestextes dahingehend auszulegen, dass die Überhänge nach den GoB zu behandeln sind. Da es sich hierbei aber um einen bereits in der Nebenrechnung saldierten Wert handelt, wird grundsätzlich davon ausgegangen, dass über die Wertdifferenz eine Drohverlustrückstellung zu bilden ist.[1587]

Die eingeschränkte Festbewertung ist auch bei Macro Hedges möglich.[1588] Wenn die Einhaltung einer Effektivitätsspanne als Voraussetzung gegeben wäre,[1589] könnten unter Beachtung der eingeschränkten Festbewertung zulässige Ineffektivitäten imparitätisch behandelt werden. Zur Ermittlung der Überhänge muss eine Nebenrechnung geführt werden, in der die Marktwertänderungen aller Positionen, die eine Auswirkung auf die Bewertungseinheit haben, ermittelt und saldiert werden. Diese Feststellung kann laut Gesetzesbegründung auch über ein angemessenes Risikomanagement vorgenommen werden.[1590] Bei Vorliegen einer Macro-Bewertung wird auch von Teilen des Schrifttums die Verwendung der Festbewertung für die Ermittlung des ineffektiven Teils empfohlen.[1591]

4.2.2.1.3 Einklang der Methode mit Intention und § 254 HGB

Laut Gesetzesbegründung ist es die Intention des Gesetzgebers, dass nicht realisierte Verluste nicht ausgewiesen werden, soweit diesen in gleicher Höhe unrealisierte Gewinne gegenüber stehen.[1592] Dies war bisher auch der gedankliche Ausgangspunkt für die kompensatorische Bewertung. Bei der Einfriermethode handelt es sich gemäß der bilanziellen Vorgehensweise daher um die „kompensatorische Bewertung“ im eigentlichen Sinne, wie sie auch in Kapitel C II 1 abgegrenzt wurde.

1585 Vgl. *Scharpf/Schaber*, BilMoG, KoR 2008, S. 539; *Bieg*, Bilanzierung, in: FS Wöhe, 2004, S. 339; *Patek*, Finanzprodukte, 2001, S. 249. Damit dies überprüft werden kann, muss am Abschlussstichtag in einer Nebenrechung die Marktwertveränderung der beiden Geschäfte ermittelt und saldiert werden. *Arbeitskreis Externe Unternehmensrechnung*, Bilanzierung, DB 1997, S. 640.

1586 S. *Ernst/Seidler*, Referentenentwurf, BB 2007, S. 2559; *Prahl/Naumann*, Financial Instruments, in: HdJ, Abt. II/10, Rn. 228. Wenn ein vernünftiges und angemessenes Risikomanagement besteht, reicht auch dieses aus, eine „Berechnung“ ist nicht nötig. Vgl. *Scharpf/Schaber*, BilMoG, KoR 2008, S. 53.

1587 Vgl. *Löw/Scharpf/Weigel*, Bilanzierung, WPg 2008, S. 1019.

1588 Vgl. *Reiner*, Finanzinstrumente, 2002, S. 267. Reiner schreibt, das „Portfolio Hedge“ dies ist aber auf das in dieser Arbeit verstandene „Macro Hedge“ zu übertragen. Vgl. *Brackert/Prahl/Naumann*, Risikosteuerung, WPg 1995, S. 544, 533; *Krumnow/Sprißler u. a.*, Kreditinstitute, 2. Auflage 2004, § 340e HGB Rn. 318.

1589 Diese ist laut Begründung zur Beschlussempfehlung nicht sachgerecht.

1590 Vgl. *Regierungsentwurf* BilMoG vom 23.05.2008, Drs. 344/08, Gesetzesbegründung, S. 128

1591 Vgl. *Löw/Torabian*, Finanzinstrumente, ZfgK 2008, S. 613; *Löw*, Finanzinstrumente, Accounting, 1/2008, S. 14; *Arbeitskreis „Externe Unternehmensrechnung“*, Bilanzierung, DB 1997, S. 639, *Prahl/Naumann*, Kreditinstitute, WPg 1991, S. 736.

1592 Vgl. *Scharpf/Schaber*, BilMoG, KoR 2008, S. 532.

Die Festbewertung darf nur dann angewandt werden, wenn die Behandlung des effektiven Teils mit der Paragrafenkette des § 254 HGB in Einklang zu bringen ist.
Bei der vorangegangenen Analyse der in § 254 HGB aufgeführten Paragrafen wurde bereits dargestellt, dass eine kumulative Anwendung aller Paragrafen als nicht möglich erachtet wird. Die Einfriermethode kann dann angewendet werden, wenn Verluste nicht ausgewiesen werden müssen und eine Einzelbewertung in der Bilanz nicht mehr vorgenommen werden muss. Durch die Streichung der § 249 HGB und § 252 Abs. 1 Nr. 3 und 4 HGB ist die Anwendung der Einfriermethode möglich geworden.
Eine gegebenenfalls notwendige Währungsumrechnung kann unterbleiben, da es sich hierbei um eine „Folgebewertung" handelt. Die Kurse können daher eingefroren werden. Die Streichung des Realisations- und des Anschaffungskostenprinzips und der Ausweis von nicht realisierten Gewinnen ist im Zusammenhang mit der Einfriermethode nicht sachgerecht. Eine gleichzeitige Realisation der Gewinne bei Nicht-Ausweis der Verluste kann auch nicht die Intention des Gesetzgebers gewesen sein. Vor diesem Hintergrund ist die Bilanzierung nach der Einfriermethode nur bei einer nicht-kumulativen Anwendung der Paragrafen möglich.

4.2.2.1.4 Wirkungen der Einfriermethode insgesamt und auf ausgewählte Problembereiche

Eine große Schwäche der Einfriermethode besteht darin, dass die Bilanzwerte durch die „stille" Bewertung kaum interpretierbar sind.[1593] Erstens werden die Bilanzpositionen nur mit ihren Buchwerten oder, wenn Wertüberhänge vorliegen, die zugeordnet werden, mit den „fortgeführten Buchwerten" in der Bilanz ausgewiesen. Zweitens erscheinen die bilanzunwirksamen Positionen – richtigerweise, da es sich nicht um eine Ansatzvorschrift handelt – nicht in der Bilanz. Findet zudem eine Wert- anstatt einer Risikokompensation statt, bestehen die Wertüberhänge sowohl aus gesicherten als auch aus ungesicherten Komponenten. Werden diese in Form einer Drohverlustrückstellung dargestellt, haben die einzelnen Positionen nur noch geringe bzw. keine Aussagekraft.
Werden sämtliche Positionen eines Macro Hedges eingefroren, kommt der Bilanz nur noch eine geringe Aussagekraft zu. Der Informationsgehalt der Bilanz wird durch die Einfriermethode eher verschlechtert als verbessert.[1594] Die Risikoabsicherung bzw. das wirtschaftliche Bild des Unternehmens ist nicht mehr aus der Bilanz abzulesen, vielmehr muss der Anhang und der Lagebericht herangezogen werden. Die Möglichkeit der Angabe im Lagebericht bestand jedoch auch schon vor der Reform des Bilanzrechtes im Jahre 2009.

[1593] Vgl. *Arbeitskreis „Externe Unternehmensrechnung"*, Bilanzierung, DB 1997, S. 640.
[1594] Vgl. *Wiechens/Helke*, Finanzinstrumente, DB 2008, S. 1337.

4.2.2.1.4.1 Micro Hedges

Da die Einfriermethode nach § 254 HGB grundsätzlich anwendbar ist, wird ihre Tauglichkeit unter Zuhilfenahme einzelner in Kapitel CI untersuchter Sicherungsbeziehungen und der bereits in diesem Zusammenhang identifizierten Probleme analysiert. Zudem werden weitere Probleme aufgezeigt, die unter Beachtung dieser Methode entstehen können.

Zunächst wird die bilanzielle Wirkung einer Sicherungsbeziehung untersucht, die aus einer Bilanzposition besteht, welche mit einem unbedingten Finanzinstrument abgesichert wird. Bei Anwendung der Einfriermethode wird die Bilanzposition eingefroren, das unbedingte Finanzinstrument kommt nicht zum Ansatz. Über bestehende Wertüberhänge wird entweder eine Drohverlustrückstellung gebildet oder es wird eine Abschreibung bei der verlustträchtigen Position vorgenommen. Wird bei der Bilanzposition ein Zinsrisiko abgesichert, kann die mittels der Bewertungseinheit bestehende synthetische Zinsstruktur durch die Einfriermethode nicht mehr abgebildet werden. Ohne Anwendung der Einfriermethode müsste die synthetische Position nach dem strengen Niederstwertprinzip (bzw. dem gemilderten Niederstwertprinzip) betrachtet werden.[1595] Dies ist im Rahmen der Einfriermethode nicht mehr möglich.[1596] Bestehende Wertüberhänge werden durch die Saldierung der Wertänderungen der beiden Geschäfte ermittelt und sind erfolgswirksam abzubilden. Es kommt zu einem verwendungszweckunabhängigen Ergebnis.[1597]

Des Weiteren muss die bilanzielle Auswirkung von Sicherungsbeziehungen, bei denen ein Bestandteil eine Option (bedingtes Finanzinstrument) darstellt, untersucht werden. Trotz der bereits in Kapitel C.I aufgezeigten Probleme, die im Rahmen solcher Sicherungsbeziehungen auftreten wie beispielsweise der eingeschränkten Kompensation, hat der Gesetzgeber keinerlei Einschränkungen bezüglich der Anwendbarkeit von bedingten Finanzinstrumenten vorgenommen. Auch die Argumentation, dass bei der Einbeziehung von Optionen keine tatsächliche Absicherung existiert, da die sich aus der Option ergebenden Chancen weiterhin bestehen bleiben und deshalb nicht die Absicherungsintention den Primärzweck darstellt,[1598] kann nicht herangezogen werden. Vielmehr steht nach dem Gesetzeswortlaut nicht der Absicherungszweck, sondern der Ausgleich im Vordergrund.[1599] Dieser Ausgleich kann in einem gewissen Umfang und für eine gewisse Zeit, wie es vom Gesetzgeber gefordert wird, auch bei Optionen vorliegen. Da nach h. A. bei Optionen nicht nur der innere Wert, sondern der gesamte Wert der Option und somit auch die Zeitwertkomponente in den Saldierungsbereich einbezogen wird, kommt es bei der Anwendung der Einfriermethode stets zu Überhän-

---

1595 Siehe hierzu Kapitel C I 1.1.

1596 Vgl. *Scharpf/Schaber*, BilMoG, KoR 2008, S. 359; *Patek*, Referentenentwurf, KoR 2008, S. 368.

1597 Vgl. *Patek*, Referentenentwurf, KoR 2008, S. 368.

1598 S. *Patek*, Absicherung Teil 1, WPg 2007, S. 425.

1599 Der Wortlaut des Regierungsentwurfes stellt hingegen primär auf den Absicherungszweck ab. Vgl. *Regierungsentwurf* BilMoG vom 23.05.2008, Drs. 344/08, Gesetzestext zu § 254 HGB.

gen. Es entstehen Probleme, da die Behandlung des ungesicherten Teils der Bewertungseinheit vom Gesetzgeber nicht explizit geklärt wurde. Auch die Absicherung einer Stillhalterposition durch den im Bestand gehaltenen Deckungsbestand[1600] wird nach dem BilMoG nicht ausgeschlossen. Bei Anwendung der Einfriermethode ist zu beachten, dass nur der Deckungsbestand die Stillhalterposition absichert, der Deckungsbestand seinerseits aber nur in Höhe der Prämie gesichert wird. Prämie und Aktienbestand werden nach der Methode eingefroren. Der ineffektive Teil des Aktienbestandes muss auch bei nur vorübergehenden Wertschwankungen, abgeschrieben bzw. nach h. M. im Rahmen einer Drohverlustrückstellung wertberichtigt werden.

Der letzte zu analysierende Fall bezieht sich auf eine Absicherung von erwarteten Transaktionen. Bei der Absicherungsabbildung dieser Sicherungsbeziehung nach der Einfriermethode wird zur Saldierung der Wertschwankungen und somit zur Bestimmung der Wertüberhänge ein Grundgeschäft benötigt. Grundsätzlich liegt bei antizipativen Hedges keine „tatsächliche kompensatorische Bewertung" vor, da nur zum Erfüllungszeitpunkt eine Kompensation gegeben ist. Bei einer strengen Auslegung des Gesetzeswortlautes dürften antizipative Hedges daher nicht unter den Anwendungsbereich des § 254 HGB fallen, da dieser für den Umfang und den Zeitraum anzuwenden ist, in dem sich die gegenläufigen Wertänderungen oder Zahlungsströme ausgleichen. Dieser Ausgleich liegt beim antizipativen Hedge aber nur zum Zeitpunkt der Fixierung vor. Es kommt daher zu einer „konstruierten" Kompensation, die tatsächlich am Bilanzstichtag nicht gegeben ist, da das Geschäft auf einen späteren Zeitpunkt fixiert wird. Um eine Kompensation herstellen zu können, muss die vorgesehene Transaktion durch eine außerbilanzielle Bewertung (Nebenrechnung) faktisch vorweggenommen und hypothetisch abgebildet werden.[1601] Erschwerend kommt hinzu, dass für erwartete Geschäfte keine verlässlichen Werte existieren, die intersubjektiv nachvollziehbar wären.[1602] Wird das antizipative Geschäft mit einem unbedingten Geschäft abgesichert, darf es grundsätzlich zu keinem bilanziellen Ausweis kommen, außer wenn aus dem Sicherungsgeschäft imparitätische Wertüberhänge resultieren. Entwickelt sich das Sicherungsgeschäft negativ und werden dementsprechend die Verluste des Sicherungsgeschäftes durch die erwartete Transaktion ausgeglichen, ist dies gemäß Beschlussempfehlung zu § 285 Nr. 23 HGB in den Anhangsangaben gesondert anzugeben.[1603] Aus dem Gesetzestext ist diese Vorgehensweise allerdings nicht ersichtlich. In der Literatur wird die Auffassung vertreten, dass auch dann eine Drohverlustrückstellung gebildet werden darf, wenn die Wertüberhänge aus dem Grundgeschäft resultieren.[1604] Diese Vorgehensweise ist aber ausgehend von der gesetzlichen

---

1600 In Kapitel C.I.1.2 wurde als Beispiel für den Deckungsbestand eine Aktie herangezogen.

1601 Vgl. *Löw*, Finanzinstrumente, Accounting 1/2008, S. 14.

1602 Vgl. *Prahl/Naumann*, Financial Instruments, in: HdJ, Abt. II/10, Rn. 17.

1603 Vgl. *Beschlussempfehlung* vom 23.03.2009, Drs.16/12407, Begründung, S. 176.

1604 Vgl. *Scharpf*, Finanzinstrumente, in: Küting/Pfitzer/Weber, Bilanzrecht, 2008, S. 209; *Löw/ Scharpf/Weigel*, Bilanzierung, WPg 2008, S. 1020; *Scharpf/Schaber*, BilMoG, KoR 2008, S. 541. Es ent-

Regelung nicht möglich, da die Wertüberhänge nach den allgemeinen GoB zu behandeln sind. Aufgrund der Tatsache, dass es sich beim antizipativen Hedge nicht um ein schwebendes Geschäft handelt, besteht bei Anwendung der Einfriermethode und dementsprechend unter Beachtung der GoB grundsätzlich keine Möglichkeit, diesen Verlust anzusetzen.

4.2.2.1.4.2 Macro Hedges

Wenn ein angemessenes und wirksames Risikomanagementsystem besteht, treten die Rechtsfolgen des § 254 HGB ein, ohne dass eine individualisierte Feststellung des Ausgleiches von einzelnen Positionen und Wertschwankungen stattfinden muss. Diese Vorgehensweise entspricht dem Wesen des Macro Hedges, bei dem es per Definition zu keiner individualisierten Zuordnung der ermittelten Nettorisikoposition mehr kommen kann. In Bezug auf den Macro Hedge ist es wichtig festzustellen, dass dieser entsprechend dem Wortlaut des Gesetzestextes aus Bilanzpositionen, aus schwebenden Geschäften und wohl auch aus antizipativen Geschäften bestehen darf. Dabei ist es auch möglich, dass es sich bei den Grundgeschäften um Nichtfinanzinstrumente handelt. Aufgrund der weiten Auslegung muss betrachtet werden, wie objektiv die saldierten Werte tatsächlich sind. Insbesondere bei schwebenden und antizipativen Geschäften ist diese Ermittlung objektiv kaum möglich.[1605] Problematisch ist bei einem Macro Hedges, dass durch die Saldierung zahlreicher Positionen nicht die Risikokompensationen isoliert betrachtet werden können, weshalb es innerhalb des Macro Hedges auch zwangsläufig zu Wertkompensationen kommt.

In der Beschlussfassung zum BilMoG wurde der Auffassung der handelsrechtlichen Literatur gefolgt, dass eine Wirksamkeitsbandbreite nicht notwenig ist. Diese Entscheidung ist vor dem Hintergrund zu sehen, dass Wertüberhänge ohnehin imparitätisch zu behandeln sind. Es muss beachtet werden, dass dann konsequenterweise auch nur eine eingeschränkte Festbewertung vorliegen kann. In diesem Fall muss in Höhe des negativen Verlustsaldos eine Drohverlustrückstellung vorgenommen werden.[1606] Die Verwendung des Verlustsaldos zur Bildung der Drohverlustrückstellung geht aus dem Gesetzestext zwar nicht explizit hervor, wird aber in der Literatur als „Bilanzierungspraxis“ verstanden.[1607] Aufgrund des weiten Anwendungsbereiches des Macro Hedges können sich in der Drohverlustrückstellung auch Verluste aus nicht

---

steht das Problem, dass wenn nicht z. B. der Nominalbetrag, der geplanter Sicherungshorizont oder die Risikofaktoren gleich sind, es stets zu Überhängen kommt. Diese Werte sind egal, ob sie aus dem Grund oder dem Sicherungsgeschäft resultieren als Drohverlustrückstellung darzustellen.

1605 Vgl. *Arbeitskreis „Externe Unternehmensrechnung“*, Bilanzierung, DB 1997, S. 641.

1606 Vgl. *Löw/Scharpf/Weigel*, Finanzinstrumente, WPg 2008, S. 1018; *Scharpf*, Finanzinstrumente, in: Küting/Pfitzer/Weber, Bilanzrecht 2008, S. 205; *Patek*, 2008, S. 370; *Bieg*, Grundlagen Teil II, StB 2002, S. 475.

1607 Lassen sich z. B. über das Value-at-Risk-Konzept bestimmen. Vgl. *Reiner*, Finanzinstrumente, 2002, S. 267; *Brackert/Prahl/Naumann*, Risikosteuerung, WPg 1995, S. 554.

bilanzwirksamen Positionen widerspiegeln.[1608] Unter Anwendung der Einfriermethode müssen die in einem Macro Hedge zusammengefassten Positionen keiner Folgebewertung unterworfen werden.

Nach Meinung der Literatur kann, wegen der beschriebenen weiten Auslegung in Bezug auf den Macro Hedge, eine weitere Vorgehensweise unter den Macro Hedge subsumiert werden, die bislang explizit nicht als Macro Hedge verstanden wurde. Bei diesem Sachverhalt handelt es sich um die angewendete Bilanzierungspraxis der Aktiv-Passivsteuerung bei Banken.[1609] Da der Gesetzgeber deutlich macht, dass die bisherige Bilanzierungspraxis nicht verändert werden soll, gehen die Banken, unabhängig von der Klassifizierung der Aktiv-Passivsteuerung als Macro Hedge, davon aus, dass sie auch nach Einführung des BilMoG ihre bisherige Praxis bezüglich der Zinsrisikosteuerung beibehalten können.[1610] Hiernach wird das Zinsrisiko für alle verzinslichen Positionen gemeinsam ermittelt und insgesamt eine Rückstellung gebildet.[1611] Die Grundgeschäfte sind hierbei nicht genau zu bestimmen, sondern ergeben sich gedanklich aus der Zusammenfassung einer größeren Anzahl von Bilanzpositionen.[1612] Durch diese Vorgehensweise existiert nach der derzeit geltenden Bilanzierungspraxis bei Kreditinstituten keine Einzelbewertung für die Zinsrisiken im Kreditgeschäft. Daher wird gefordert, dass dies auch für die Derivate[1613] gelten muss, die der Steuerung des allgemeinen Zinsrisikos dienen.[1614] Die angewandte Logik erfordert, dass das Sicherungsgeschäft der

---

1608 Vgl. *Arbeitskreis „Externe Unternehmensrechnung“*, Bilanzierung, DB 1997, S. 641. Die Risiken wie z. B. auch Auftragsbestände oder künftige Umsätze werden mit abgebildet.

1609 Vgl. *Arbeitskreis „Externe Unternehmensrechnung“*, Bilanzierung, DB 1997, S. 639. So auch nach IAS, dort aber auf Nettobasis, *Krumnow/Sprißler u. a.*, Kreditinstitute, 2. Auflage 2004, Kommentierung zu IAS 39, S. 1567, Rn. 291. Es wird jedoch auch die Auffassung vertreten, dass die Steuerung des allgemeinen Zinsrisikos von Banken fälschlicherweise mit dem Macro Hedge in Verbindung gebracht wird, da es sich tatsächlich nicht um eine Bilanzierung handelt, die unter das Konzept der Bewertungseinheit zu fassen ist. Vgl. *Pfitzer/Scharpf/Schaber*, antizipative Hedges Teil 2, WPg 2007, S. 725. Vgl. *Scharpf/Luz*, Risikomanagement, 2000, S. 312; *Scharpf*, Derivate Finanzinstrumente, BFuP 1995, S. 202, *Schwarze*, Bankenbilanz, 1989, S. 110. Aktuell schreiben Scharpf/Schaber allerdings:„Für den Fall, dass bei der Steuerung des allgemeinen Zinsrisikos von Banken von einem Macro Hedge ausgegangen wird.“ Vgl. *Scharpf/Schaber*, BilMoG, KoR 2008, S. 538.

1610 Vgl. *Zentraler Kreditausschuss*, Stellungnahme, 2008, S. 4.

1611 Vgl. *Schmidt*, Rechnungslegung, 2005, S. 260; *Scheffler*, Hedge Accounting, 1994, S. 195. Bei Kreditinstituten gibt es hinsichtlich der Risikoart homogene Bücher. Vgl. *Krumnow/Sprißler u. a.*, Kreditinstitute, 2. Auflage 2004, § 340e HGB Rn. 323.

1612 Vgl. *Krumnow/Sprißler u. a.*, Kreditinstitute, 2. Auflage 2004, § 340e HGB Rn. 340; *Steiner/Tebroke/Wallmeier*, Finanzderivate, WPg 1995, S. 538.

1613 Es wird angemerkt, dass das Eingehen eines Zinsswaps die gleichen Zinsrisiken aufweist wie eine fristen(in)kongruente Refinanzierung bestimmter Aktivposten.

1614 Vgl. S. *Scharpf/Schaber*, BilMoG, KoR 2008, S. 533 lässt sich nicht ohne weiteres auf andere Branchen übertragen; siehe hierzu auch *Pfitzer/Scharpf/Schaber*, antizipative Hedges Teil 2, WPg 2007, S. 725.*Scharpf/Luz*, Risikomanagement, 2000. Dagegen *Herzig/Mauritz*, Ökonomisch, ZfbF 1998, S. 102; *Mauritz*, Konzepte, 1996, S. 204; *Steiner/Tebroke/Wallmeier*, Finanzderivate, WPg 1995, S. 538. S. 312. Vgl. *Krumnow/Sprißler* u. a., Kreditinstitute, 2. Auflage 2004, § 340e HGB Rn. 143. Der Nichtansatz des Sicherungsgeschäftes wird eher als pragmatischer Ansatz bewertet.

Bewertung des Grundgeschäfts folgen soll,[1615] da die Risiken aus Finanzinnovationen nicht anders einzustufen sind als die Risiken aus inkongruenten Refinanzierungen der bilanzwirksamen Geschäfte.[1616] Die derivativen Finanzinstrumente, die zur Absicherung der Risiken aus der fristeninkongruenten Refinanzierung eingesetzt werden, bleiben demnach „wie bei der Festbewertung von Macro Hedges" unbewertet.[1617] Als Gegenmeinung wurde in der Literatur bisher die Auffassung vertreten, dass die „falsche Behandlung" bzw. die fehlende Bewertungspflicht von Risiken aus fristeninkongruenter Mittelaufnahme und -anlage nicht auf weitere Rechtsgeschäfte ausgeweitet werden darf.[1618] Bislang wurde vom Schrifttum diese Art der Absicherung weniger als Sicherung, sondern vielmehr als versteckte Spekulation angesehen.[1619]

Die Aktiv-Passivsteuerung, welche von Teilen der Literatur nach Einführung des BilMoG als eine legitime Art des Macro Hedges angesehen wird, ist aber bankenspezifisch und lässt sich nicht ohne weiteres auf Unternehmen anderer Branchen übertragen, da es einer zwingenden Verknüpfung der Nichtbewertung der Derivate mit dem bankeninternen Risikomanagement bedarf.[1620] Ein Unterschied besteht auch darin, dass die Grundgeschäfte nach der bisherigen Bilanzierungspraxis der Banken innerhalb der Aktiv-Passivsteuerung keiner bilanziellen Bewertung unterworfen wurden.[1621] Insgesamt ist festzustellen, dass der Gesetzgeber durch das BilMoG ein sehr weites Bilanzierungsverständnis bezüglich der Bewertungseinheiten in Form des Macro Hedges einführt. Dies wird am Beispiel der Aktiv-Passivsteuerung von Banken deutlich, welche vor Einführung des BilMoG als eine branchenspezifische Sonderregelung nur in engen Grenzen akzeptiert wurde. Durch das BilMoG ist es aufgrund der fehlenden Eingrenzung des Macro Hedges nach bisheriger Einschätzung nun auch möglich, dass nicht nur Zinsrisiken, sondern auch andere Risiken innerhalb einer Macro-Hedge-Konstruktion abgebildet werden können. Damit geht der Gesetzgeber, bewusst oder unbewusst, viel weiter als die bisherige Bilanzierungspraxis, an der er sich laut seiner Aussage orientieren wollte, oder aber als dies beispielsweise innerhalb des IAS 39 zugelassen ist.[1622] Insgesamt ist aus der Neuregelung zu folgern, dass, wenn ein Unternehmen eine der Aktiv-

---

1615 Vgl. *Barckow*, Bilanzierung, 2004, S. 101; *Krumnow/Sprißler u. a.*, Kreditinstitute, 2. Auflage 2004, § 340e HGB Rn. 313; *Herzig/Mauritz*, Ökonomisch, ZfbF 1998, S. 118.

1616 Vgl. *Krumnow/Sprißler* u. a., Kreditinstitute, 2. Auflage 2004, § 340e HGB Rn. 341.

1617 Vgl. *Scharpf/Luz*, Risikomanagement, 2000, S. 312.

1618 Vgl. *Mauritz*, Konzepte, 1996, S. 204.

1619 Vgl. *Anstett/Husmann*, Bildung, BB 1998, S. 1530; *Steiner/Tebroke/Wallmeier*, Finanzderivate, WPg 1995, S. 538; *Menninger*, Teil I, IStR 1994, S. 196.

1620 Vgl. *Scharpf/Schaber*, BilMoG, KoR 2008, S. 533; *Krumnow/Sprißler u. a.*, Kreditinstitute, 2. Auflage 2004, § 340e HGB Rn. 342; *Scharpf*, Derivate Finanzinstrumente, BFuP 1995, S. 203.

1621 Diese stellt sich bei den Grundgeschäften von Nichtbanken anders dar, da sie einer Bilanzierung unterzogen werden.

1622 IAS 39 ermöglicht ein Macro Hedge nur in engen Grenzen für Zinsrisiken.

Passivsteuerung ähnliche Vorgehensweise pflegt, diese Handhabung auch entsprechend als Macro Hedge zu behandeln ist.[1623]

4.2.2.1.5 Zusätzliche steuerbilanzielle Probleme

Bei Anwendung der Einfriermethode entstehen weitere Fragen bezüglich der steuerbilanziellen Behandlung. § 254 HGB schreibt nicht vor, dass es sich bei den zur Bewertungseinheit zusammengefassten Geschäften um neu erworbene Positionen handeln muss.[1624] Daher können bereits vor Abschluss der Sicherungsbeziehung Wertschwankungen eingetreten sein, die Niederschlag in der Bilanz gefunden haben.[1625] Es ist daher der Fall vorstellbar, dass die zugrunde liegenden Buchwerte in der Handels- und Steuerbilanz aufgrund von unterschiedlichen Abschreibungsvorschriften voneinander abweichen. Würden diese Buchwerte im Rahmen einer Bewertungseinheit eingefroren, käme es konsequenterweise auch hier zu einer Differenz. Durch die Bildung der Bewertungseinheit kann es aber nicht zu einer Ergebniswirkung in der Form kommen, dass eine zusätzliche Abschreibung erfolgen muss, um identische Anfangsbuchwerte in den verschiedenen Bilanzen herzustellen. Dies ist weder gesetzlich geregelt noch systemkonform.

Klärungsbedarf entsteht auch dadurch, dass sich durch die Saldierung von Wertänderungen auch Verluste aus vorübergehenden Schwankungen und tatsächlichen Drohverlustrückstellungen in der Steuerbilanz niederschlagen können. Hierdurch werden Verluste in der Steuerbilanz erfasst, die ohne eine Bewertungseinheit nicht möglich gewesen wären.

Handelsrechtlich wird das Erfordernis von Mindesteffektivitäten bzw. von Effektivitätsbandbreiten nur gesehen, wenn die Bewertungseinheit tatsächlich vollständig eingefroren würde. Ansonsten geht die Literatur davon aus, dass bestehende Ineffektivitäten bzw. nicht gesicherte Teile einer Bewertungseinheit mit oder ohne Vorliegen solcher Effektivitätsanforderungen imparitätisch zu behandeln sind. Diese Einschätzung ist aus einer handelsbilanziellen Sichtweise zwar korrekt, führt aber aus steuerlicher Perspektive zu Problemen. Steuerlich ist eine Abgrenzung immer erforderlich, es sei denn, die Bewertungseinheit ist in ihrer Gesamtheit als zu 100% effektiv anzusehen. Ansonsten würden durch die Wertüberhänge erhebliche Verluste Einzug in die Steuerbilanz halten, die ohne Bewertungseinheit steuerlich nicht angesetzt werden dürften.

Auch bei der Absicherung von Zahlungsstromrisiken bzw. antizipativen Hedges ergeben sich Probleme. Während bei IAS z. B. die Wertdifferenzen des Sicherungsgeschäftes im Rahmen eines antizipativen Hedges „nur" ergebnisneutral in die Eigenkapitalrücklage eingestellt

[1623] Vgl. *Scharpf/Luz*, Risikomanagement, 2000, S. 267.
[1624] Geschäfte müssen nicht eigens erworben werden; das war bei Handelszwecken explizit vorgegeben.
[1625] Ausgangspunkt der Einfriermethode ist es, dass Bilanzpositionen mit ihren Buchwerten eingefroren werden.

werden und somit keine sofortige Ergebniswirkung erlangen, kann es im nationalen Anwendungsbereich über die Handelsbilanz auf der steuerbilanziellen Seite zu einer sofortigen Ergebniswirkung kommen. Dies ergibt sich auch dann, wenn ohne das Instrument der Bewertungseinheit teilweise keine Verluste ausgewiesen werden durften. Bei einem antizipativen Hedge ergibt sich diese Auswirkung dadurch, dass die noch nicht existierende und nur geplante Transaktion im Rahmen der handelsrechtlichen Behandlung dem schwebenden Sicherungsgeschäft mit dem ermittelten Schätzwert außerbilanziell gegenübergestellt wird. Die Differenzen bzw. Wertüberhänge werden imparitätisch behandelt und erhalten über § 5 Abs. 1a EStG i. V. m. § 5 Abs. 4a 2 HS EStG Einzug in die Steuerbilanz. Bei antizipativen Hedges schlägt das in der handelsbilanziellen Untersuchung festgestellte Problem der nicht vorhandenen intersubjektiv nachvollziehbaren Werte auch auf die Steuerbilanz durch. Da die Werte sich nicht objektiv ermitteln lassen, entstehen Konflikte mit dem Steuergerechtigkeitsgrundsatz, da die Werte zur Ermittlung der steuerlichen Bemessungsgrundlage herangezogen werden.

4.2.2.2 Durchbuchungsmethode / Marktbewertung

Neben dem „Einfrieren" kommt laut Gesetzesbegründung auch ein „Durchbuchen" in Betracht. Diese Durchbuchungsmethode war im Referentenentwurf nicht vorgesehen, sondern wurde auf Anraten des DSR eingeführt. In diesem Vorgehen wird eine Annäherung bzw. analoge Verbuchung zu den IFRS und damit eine Erleichterung für den Bilanzersteller gesehen. Zudem wird die Verwendung der Durchbuchungsmethode als sachgerecht angesehen, da der Informationsgehalt der Durchbuchmethode dem der Festbewertungsmethode in nichts nachstehen würde.[1626]

Die Durchbuchungsmethode spaltet die Schrifttumsmeinung. Teilweise wird die Durchbuchungsmethode vom Schrifttum der Marktbewertungsmethode gleichgesetzt, wie sie bereits seit Jahren diskutiert wird und wie sie auch vom DSR gefordert wurde.[1627] Andere sehen in dem Durchbuchen nur das Saldieren in der Nebenbuchhaltung, welches bei einer imparitätischen Einfriermethode notwendig ist.[1628] Unter dieser Annahme würde es sich dann eher um ein Nebeneinander der Methoden als um ein „Wahlrecht" zwischen den Methoden handeln.

Die Durchbuchungsmethode in Form der Marktbewertungsmethode wird bereits seit Jahren im Zusammenhang mit Sicherungsbeziehungen diskutiert. Sie kann ebenso wie die Festbe-

---

1626 Vgl. *DSR*, Stellungnahme vom 10.11.2008, S. 6.

1627 Vgl. *Wiechens/Helke*, Finanzinstrumente, DB 2008, S. 1337; *Küting/Cassel*, Bewertungseinheiten, KoR 2008, S. 772; *DSR*, Stellungnahme vom 10.11.2008, S. 6.

1628 Vgl. *Löw*, Finanzinstrumente, Accounting 1/2008, S. 14.

wertungsmethode in zwei Ausprägungen auftreten, und zwar als vollständige und als eingeschränkte Durchbuchungsmethode.

4.2.2.2.1 Vollständige Durchbuchung

Die Durchbuchungsmethode in der Ausprägung der vollständigen Durchbuchung entspricht einem vollständigen Fair Value-Ansatz,[1629] bei dem die Werte der Bestandteile ungeachtet etwaiger Ineffektivitäten vollständig erfolgswirksam in der Bilanz verbucht werden. Bei einem uneingeschränkten Durchbuchen ist kein Effektivitätstest nötig.[1630] Würden aber alle Bestandteile der Sicherungsbeziehung mit ihren Zeitwerten angesetzt, so käme es nicht nur zum ergebniswirksamen Ausweis der sich gegenseitig kompensierenden Wertänderungen, sondern auch zum vollständigen Ausweis der außerhalb der Kompensationswirkung liegenden Wertänderungen. Diese Vorgehensweise würde zu einer Erfassung von noch nicht realisierten Gewinnen führen und einen Ansatz aller Geschäfte voraussetzen. Da eine Erfassung der Wertüberhänge aber nur nach den GoB vorgenommen werden darf, kann die vollständige Durchbuchungsmethode nur dann angewandt werden, wenn keine Ineffektivitäten gegeben sind. Zudem entspricht die vollständige Marktbewertung über die gesamte Bewertungseinheit auch nicht der Intention des Gesetzgebers.

Die Unzulässigkeit der vollständigen Marktbewertung bei bestehenden Ineffektivitäten stellt eine Abweichung gegenüber § 340 h HGB a. F. dar, bei dem auch noch nicht realisierte Gewinne ergebniswirksam ausgewiesen werden durften.[1631] Bedingt durch die Tatsache, dass im Gesetzgebungsverfahren entschieden wurde, § 340h HGB nicht vollständig, sondern nur gewisse Passagen zu streichen, besteht für Kreditinstitute in bestimmten Fällen die Möglichkeit, § 340h HGB anzuwenden.[1632]

Vor der Einführung des BilMoG wurde in der Literatur vorgeschlagen, eine vollständige Durchbuchung durchzuführen und bei einem über dem effektiven Teil liegenden „positiven Ergebnis" eine Rückstellung zu bilden.[1633] Da diese Rückstellungsbildung gesetzlich nicht

---

1629 Vgl. *Anstett/Husmann*, Bildung, BB 1998, S. 1524; *Steiner/Tebroke/Wallmeier*, Finanzderivate, WPg 1995, S. 540. Der (deutsche) Gesetzgeber hat sich [früher wohl eindeutig] gegen die Marktbewertungsmethode (in der Form, wie diese bei IFRS verstanden wird) entschieden.

1630 So *Löw*, Finanzinstrumente, Accounting 1/2008, S. 14.

1631 Vgl. *Regierungsentwurf* BilMoG vom 23.05.2008, Drs. 344/08, Gesetzesbegründung, S. 221.

1632 Vgl. *Gesetzesbeschluss* vom 27.03.2009, Drs. 270/09, S. 23.

1633 Früher gab es auch noch folgende Methode, die aber keinesfalls aus dem Gesetz herauszulesen ist (de lege lata möglich ist) und daher im Folgenden auch keiner näheren Behandlung unterstellt wird. Zum einen können die Grund- und Sicherungsgeschäfte in der Bilanz mit ihren Marktwerten angesetzt werden. Aufgrund des Vorsichtsprinzips müssen unrealisierte Gewinne in diesem Fall durch einen passiven Ausgleichsposten neutralisiert werden. Diese Vorgehensweise führt jedoch zu einem Konflikt mit dem Anschaffungskostenprinzip. Vgl. *Wotschofsky/Thomas*, Termingeschäfte, BBK 2002, Fach 12, S. 6623. Andernfalls würde eine reine Marktbewertung vorliegen; in diesem Fall wäre keine kompensatorische Bewertung nötig. Vgl. *Hesse/Melcher*, Finanzinstrumente, in: FS Eisele, 2003, S. 383; *Reiner*, Finanzinstrumente, 2002, S. 265; *Scharpf/Luz*, Risikomanagement, 2000, S. 309; *Arbeitskreis Externe Un-*

vorgesehen ist, wird sie auch nicht weiter analysiert. Da aber bei der Betrachtung einer Bewertungseinheit neben dem effektiven Teil auch die Überhänge beachtet werden müssen, kann als Schlussfolgerung festgestellt werden, dass für die gesamte Bewertungseinheit, welche auch einen ineffektiven und/oder ungesicherten Teil aufweist, nur eine eingeschränkte Marktbewertungsmethode[1634] zulässig sein kann.

4.2.2.2.2 Eingeschränkte Durchbuchung

Bei der eingeschränkten Marktbewertung werden Grund- und Sicherungsgeschäfte einzeln mit ihren Werten in einer „Nebenrechnung" bewertet.[1635] Die Wertänderungen werden nur in dem Maße erfolgswirksam ausgewiesen, wie die Sicherungsbeziehung effektiv ist. Die sich kompensierenden Gewinne und Verluste werden im Gegensatz zur Einfriermethode sofort erfolgswirksam ausgewiesen.[1636] Insgesamt führt die Durchbuchungsmethode in Bezug auf den zulässig durchgebuchten effektiven Teil der Bewertungseinheit zu einer Bilanzverlängerung. Durch die Kompensationen entstehen keine Auswirkungen auf den Jahresüberschuss.[1637] Die nach der Saldierung verbleibenden Wertüberhänge sind unter Anwendung der GoB zu behandeln.[1638]

Abschließen ist festzuhalten, dass als Voraussetzung für die bilanzielle Darstellung der Durchbuchungsmethode neben der Zulässigkeit des Ausweises von noch nicht realisierten Gewinnen vor allem die Ansatzfähigkeit aller Komponenten der Bewertungseinheit möglich sein muss, da anderenfalls eine Kompensation in der Bilanz nicht dargestellt werden kann. Inwieweit normalerweise nicht ansatzfähige Positionen wie antizipative oder schwebende Geschäfte durch § 254 HGB im Rahmen einer Bewertungseinheit angesetzt werden dürfen, wird nachfolgend untersucht.

4.2.2.2.3 Einklang der Methode mit der Intention des Gesetzgebers und § 254 HGB

Wie schon die Einfrier- ist auch die Durchbuchungsmethode einer Prüfung zu unterziehen, ob sie im Einklang mit § 254 HGB steht und der Intention des Gesetzgebers entspricht. Hierzu ist

ternehmensrechnung, Bilanzierung, DB 1997, S. 640; *Herzig/Mauritz*, Grundkonzeptionen, BB 1997, S. 2f; *Tönnies/Schiersmann*, Zulässigkeit Teil I, DStR 1997, S. 716; *Scharpf*, Derivate Finanzinstrumente, BFuP 1995, S. 200.

1634 Hierzu auch *Franke/Menichetti*, Terminkontrakte, DBW 1994, S. 193f. Auch imparitätische Marktbewertung genannt.

1635 Vgl. *Bieg*, Grundlagen Teil II, StB 2002, S. 474; *Scheffler*, Hedge Accounting, 1994, S. 128.

1636 Vgl. *Steiner/Tebroke/Wallmeier*, Finanzderivate, WPg 1995, S. 533, 539.

1637 Vgl. *DRS* Stellungnahme vom 10.11.2008, S. 6.

1638 Vgl. *Kraft/Bischof*, Bewertungseinheiten, in: Schmiel/Breithecker, Gewinnermittlung, 2008, S. 188; *Küting/Cassel*, Bewertungseinheiten, KoR 2008, S. 772; *Elkart/Schaber*, Spannungsfeld, in: FS Eisele, 2003, S. 404; *Bieg*, Bilanzierung, in: FS Wöhe, 2004, S. 339; *Hesse/Melcher*, Finanzinstrumente, in: FS Eisele, 2003, S. 383; *Glaum/Frötschle*, Rechnungslegung, DB 2000, S. 1527; *Scholz*, Bilanzierung, WPg 1975, S. 27.

zu konstatieren, dass die vollständige Durchbuchung, wie aufgezeigt, nicht der Intention des Gesetzgebers nachkommt. Eine eingeschränkte Marktbewertung hat zur Folge, dass die sich kompensierenden Gewinne und Verluste ausgewiesen werden. In der Gesetzesbegründung heißt es aber, dass Verluste nicht ausgewiesen werden sollen. Diese Vorgehensweise entspricht vielmehr der Einfriermethode, weshalb davon auszugehen ist, dass der Gesetzgeber weniger die Anwendung der Durchbuchungs- als die der Einfriermethode intendiert hat.
Nach Würdigung der Vereinbarkeit der Durchbuchungsmethode mit der Intention des Gesetzgebers wird analysiert, ob sie im Einklang mit § 254 HGB steht. Diesbezüglich sind drei Sachverhalte zu unterscheiden. Erstens ist festzustellen, dass die Durchbuchungsmethode grundsätzlich gegen das Anschaffungskosten- und das Realisationsprinzips verstößt, weshalb sie unter Beachtung der GoB bisher nicht angewandt werden konnte.[1639] Aus § 254 HGB ist ersichtlich, dass sowohl eine Nichtanwendung des Realisationsprinzips als auch eine Aufhebung des Anschaffungskostenprinzips kodifiziert sind.[1640] Daher könnte die Durchbuchungsmethode grundsätzlich als zulässig angesehen werden. Letztlich scheitert die Anwendbarkeit der Methode aber aufgrund der Nichterfüllung weiterer Voraussetzungen, die durch die Paragrafenkette kumulativ erforderlich sind. Besondere Bedeutung kommt dabei dem Einzelbewertungsgrundsatz zu, welcher bei der Durchbuchungsmethode Anwendung findet. Diese Anwendung widerspricht dem Wortlaut des § 254 HGB, der die Einzelbewertung für den effektiven Teil ausklammert.[1641]
Ein zweites gewichtiges Argument gegen die Durchbuchungsmethode besteht darin, dass die Kompensationswirkungen nicht dargestellt werden können, wenn nicht auch die schwebenden Geschäfte zum Ansatz kommen dürfen. Der Ansatz dieser Geschäfte wird in der Literatur als legitim angesehen.[1642] Es wird die Auffassung vertreten, dass der Ansatz von schwebenden Geschäften durch die Aufhebung des § 249 HGB als zulässig angesehen werden kann, da in § 249 HGB neben der Bildung von Drohverlustrückstellungen implizit auch die Nichtbilanzierung von schwebenden Geschäften verankert sei.[1643] Gegen diese Einschätzung spricht, dass der Nicht-Ansatz von schwebenden Geschäften vielmehr als Ausfluss des Vorsichts- und Realisationsprinzips zu sehen ist.[1644] Zudem handelt es sich bei § 254 HGB nicht um eine Ansatz-, sondern um eine Bewertungsvorschrift, durch die der Ansatz einzelner Positionen grundsätzlich nicht verändert wird. Eine Zielsetzung der Bewertungseinheitsvorschriften ist

---

1639 Vgl. *Baetge/Kirsch/Thiele*, Bilanzen, 9. Auflage 2007, S. 44; 8*Tönnies/Schiersmann*, Zulässigkeit Teil I, DStR 1997, S. 716; *Göttgens*, Accounting, BFuP 1995, S. 151; *Scheffler*, Hedge Accounting, 1994, S. 128. Eine Abbildung über die Anschaffungskosten ist nur im Rahmen der Fremdwährungsumrechung nach § 340h HGB möglich gewesen. Diese wird im Rahmen des BilMoG aufgehoben.

1640 Vgl. *Küting/Cassel*, Bewertungseinheiten, KoR 2008, S. 772. Das Aufheben dieser Paragraphen würde ein Durchbuchen nahezu erzwingen.

1641 Vgl. *Patek*, Bewertungseinheiten, KoR 2008, S. 529.

1642 Vgl. *Wiechens/Helke*, Finanzinstrumente, DB 2008, S. 1337.

1643 Vgl. *Küting/Cassel*, Bewertungseinheiten, KoR 2008, S. 772ff; A. A. *Patek*, Bewertungseinheit, KoR 2008, S. 524.

1644 Vgl. *Weber-Grellet*, in: Schmidt EStG, § 5EStG Rn. 76; *A/D/S*, 6. Auflage 1995, § 246 HGB Rn. 183.

vielmehr, dass rechtlich ansatzfähige Positionen einer geänderten Bewertung unterzogen werden. Da es aber an einer konkreten Ansatzvorschrift für die Behandlung der schwebenden Geschäfte fehlt, ist die Durchbuchungsmethode als nur sehr eingeschränkt anwendbar anzusehen.[1645]

In diesem Zusammenhang ist auch die Ansatzfähigkeit von erwarteten Transaktionen zu sehen. Damit sich die Wertänderungen aus vorgesehenen Transaktionen mit den Wertänderungen des Sicherungsgeschäftes ausgleichen können, müssten sie in der Bilanz abgebildet werden. In diesem Fall müsste das antizipative Geschäft nicht nur zur Saldierung errechnet werden, sondern würde auch mit dem effektiven Wertanteil Einzug in die Bilanz halten. Ein Ansatz eines antizipativen Geschäftes in der Bilanz ist aber rechtlich nicht möglich. Zudem können die Marktwerte von zukünftigen Transaktionen nicht verlässlich ermittelt werden.[1646] Vor diesem Hintergrund kann die Marktwertmethode für die Abbildung von antizipativen Hedges nicht als geeignet angesehen werden. In Abgrenzung zu dieser Beurteilung wird in der Literatur teilweise die Auffassung vertreten, dass die vorgesehene Transaktion im Rahmen einer Bewertungseinheit zu einem Vermögensgegenstand werden würde.[1647] Dies ist weder mit dem Gesetz vereinbar noch entspricht es dem Sinn und Zweck der kompensatorischen Bewertung. Dies wird schon dadurch deutlich, dass erhebliche Folgeprobleme auftreten würden, wenn das antizipierte Geschäft letztlich nicht zustandekommt.

Allgemein ist festzuhalten, dass sowohl die eingeschränkte Durchbuchungsmethode als auch die Einfriermethode dazu führen, dass extern nur schwer nachvollziehbare Werte entstehen und angewendet werden.[1648] Grundsätzlich wird aber der Informationsgehalt der Durchbuchungsmethode als höher angesehen als der der Festbewertung, womit sie prinzipiell aussagekräftiger ist.[1649]

4.2.2.3 Zusätzliche steuerbilanzielle Probleme

Auch steuerbilanziell entstehen durch eine Anwendung der Durchbuchungsmethode verschiedene Probleme. Zunächst muss der Ausweis von unrealisierten Gewinnen genannt werden. Im Falle einer Kompensation dieser Gewinne mit Verlusten führt dies zwar zunächst zu keiner Ergebniswirkung, Folgeprobleme können aber bei der Beendigung der Absicherungsbeziehung entstehen.[1650]

1645 Auch im Rahmen der Einführung des § 253 HGB zur Zeitbewertung von Finanzinstrumenten sollte der Ansatz von schwebenden Geschäften in einer Bewertungsvorschrift geregelt werden darauf wurde aber in der Begründung auch ausdrücklich hingewiesen.

1646 Vgl. *Prahl/Naumann*, Financial Instruments, in: HdJ Abt. II/10, Rn. 16.

1647 Vgl. *Fülbier/Gassen*, Bilanzrechtsmodernisierungsgesetz, DB 2007, S. 2611.

1648 Vgl. *Coenenberg*, Jahresabschluss, 2005, S. 271.

1649 Vgl. *Wiechens/Helke*, Finanzinstrumente, DB 2008, S. 1337.

1650 Diese Folgen werden in Teil 4.4 dieses Kapitels näher untersucht.

Zweitens ist bei Anwendung der Durchbuchungsmethode sowohl der Ansatz von schwebenden Geschäften als auch von antizipativen Geschäften über § 5 Abs. 1a EStG für die Steuerbilanz maßgeblich. Im Rahmen der geplanten Einführung der bilanziellen Behandlung von zu Handelszwecken erworbenen Finanzinstrumenten (§ 253 Abs. 1 S. 3 HGB-E) hat der Bundesrat den Vorschlag unterbreitet, einen § 5 Nr. 1b EStG-E zu normieren, der gesetzlich regeln sollte, dass schwebende Geschäfte in die Steuerbilanz nicht zum Ansatz kommen dürfen. Bei Einführung eines § 5 Abs. 1b EStG wäre das Verhältnis zwischen den Paragrafen § 5 Abs. 1a EStG und § 5 Abs. 1b EStG ausschlaggebend gewesen. Würde der Ansatz von schwebenden Geschäften versagt, käme es zu einem Problem bei der Übernahme der Ergebnisse der Bewertungseinheit in die Steuerbilanz, so dass latente Steuern entstehen würden. Da es aufgrund der derzeitigen Rechtslage bei Anwendung der Durchbuchungsmethode zu einem Ansatz der „bilanzunwirksamen Geschäfte“ in der Steuerbilanz kommt, ist die Folgebehandlung bei Auflösung der Bewertungseinheit zu untersuchen.
Drittens ist aber nicht nur der Ansatz, sondern auch die Wertermittlung der Positionen einer Bewertungseinheit vor dem Hintergrund der gerechten Steuerermittlung als fraglich einzustufen, da bestimmte Werte auf reinen Schätzungen basieren, für deren Berechnung keine expliziten Modelle vorgegeben werden. Ein derart errechnetes Ergebnis darf nicht Grundlage für die steuerliche Gewinnermittlung sein. Aufgrund der intersubjektiven Nachprüfbarkeit und der Willkürfreiheit müssen von Seiten des Gesetzes deshalb engere Anforderungen an die Anwendung der Methoden vorgegeben werden.
Zuletzt ist an die Übernahme von Wertüberhängen in die Steuerbilanz zu denken. Bei Anwendung der Durchbuchungsmethode könnten reine Wertschwankungen und Drohverlustrückstellungen in die Steuerbilanz gelangen, die ohne eine Bewertungseinheit dort nicht zum Ansatz gekommen wären.

4.3 Beendigung eines Sicherungszusammenhangs

Nachdem im bisherigen Verlauf der Arbeit die Behandlung der Sicherungsbeziehung während ihrer „Laufzeit“[1651] betrachtet wurde, werden im Folgenden die bilanziellen Auswirkungen bei Beendigung der Bewertungseinheit analysiert.[1652] Grundsätzlich muss jede Bewertungseinheit, da sie aus unterschiedlichen zivilrechtlichen Bestandteilen besteht, auch irgendwann

---

[1651] Mit Laufzeit ist keine tatsächliche Laufzeit gemeint, sondern der Zeitraum, in dem die Grund- und Sicherungsgeschäfte auf die Art zusammengehalten werden, dass sie als Bewertungseinheit angesehen/behandelt werden dürfen.

[1652] In der anschließenden Behandlung geht es nicht mehr um die Frage einer hohen Wirksamkeit, sondern es wird davon ausgegangen, dass eine den Voraussetzungen entsprechende Bewertungseinheit vorgelegen hat, die in einem weiteren Schritt nun aufgelöst wird.

wieder aufgelöst werden, wobei die Auflösung aus den unterschiedlichsten Gründen erfolgen kann.[1653]

Zunächst ist zu beachten, dass bei Vorliegen von derivativen Finanzinstrumenten innerhalb einer Bewertungseinheit diese Derivate auf verschiedene Art und Weise beendet werden können. In der Konsequenz wird dadurch auch die Bewertungseinheit beendet. Die eigentliche Art und Weise der Beendigung ist aber mit den charakteristischen Merkmalen des Derivates verknüpft. Im Falle von Derivaten kann eine frühzeitige Beendigung (fast) immer durch eine Glattstellung erreicht werden. Eine weitere Möglichkeit der Beendigung besteht in der Ausübung des Derivats, was in den meisten Fällen über einen Barausgleich und nicht über die physische Lieferung des Basiswertes erfolgt.[1654] Darüber hinaus besteht bei Optionen auch die Möglichkeit, das Recht auf Optionsausübung verfallen zu lassen.[1655]

Zudem kann danach unterschieden werden, ob nur ein Bestandteil oder aber mehrere bzw. alle Bestandteile der Bewertungseinheit einer Auflösung bzw. Beendigung zugeführt werden. In der Mehrzahl der Fälle ist es nur ein Bestandteil, der ausläuft, ausgeübt, glattgestellt oder veräußert wird.[1656] Grundsätzlich kann es aber zu der Konstellation kommen, dass alle Bestandteile der Sicherungsbeziehung gleichzeitig beendet werden, z. B. durch die Ausübung eines Geschäftes in Form einer physischen Lieferung. Inwiefern damit die Beendigung der Bewertungseinheit an sich einhergeht, wird später diskutiert.

Bezüglich der Beendigung einer Bewertungseinheit bilden die nachfolgend genannten Gründe den Schwerpunkt der Betrachtung. Zunächst ist es denkbar, dass die Sicherungsbeziehung die erforderlichen Voraussetzungen nicht mehr erfüllt und daher nicht mehr als Bewertungseinheit anerkannt werden kann. Bei antizipativen Hedges besteht darüber hinaus die Möglichkeit, dass eine mit höchster Wahrscheinlichkeit erwartete Transaktion, anders als geplant, doch nicht zustandekommt. Die Auflösung einer existierenden Sicherungsbeziehung kann darüber hinaus auch erfolgen, um eine Anpassung vorzunehmen und darüber die Absicherung, z.B. durch eine neue Zusammenstellung, effektiver zu gestalten.[1657] Außerdem kann der Grund für eine Auflösung auch in einer bewussten, von rein ökonomischen Motiven geleiteten Managemententscheidung liegen.[1658] Die Beendigung eines Hedges kann im vorgenannten Fall oder aber auch in allen anderen Fällen somit freiwilliger Natur sein.

[1653] Vgl. *Scharpf/Luz*, Risikomanagement, 2000, S. 326. Eine Bewertungseinheit kann sowohl planmäßig oder auch aus außerplanmäßigen Gründen beendet werden.

[1654] Auf die näheren Auswirkungen wird in Teil D der Arbeit eingegangen. Vgl. *Reiner*, Finanzinstrumente, 2002, S. 62.

[1655] Vgl. *Häuselmann/Wiesenbart*, Terminbörse, DB 1990, S. 643.

[1656] Vgl. *Löw/Scharpf/Weigel*, Bilanzierung, WPg 2008, S. 1017.

[1657] Vgl. *Große*, IAS 39, 2007, S. 107.

[1658] Vgl. IAS 39.91; IAS 39.101.

4.3.1 Beendigung der Bewertungseinheit

Als Voraussetzung für die Bildung einer Bewertungseinheit war in § 254 HGB gemäß dem Regierungsentwurf vorgesehen, dass im Zeitpunkt des Eingehens der Absicherung eine Durchhalteabsicht gegeben sein muss.[1659] Diese Durchhalteabsicht wurde so definiert, dass die Bewertungseinheit bis zur Erreichung des Zweckes der Risikoabsicherung beizubehalten sei. Laut Gesetzesbegründung sind aber auch Fälle denkbar, in denen es zu einer vorzeitigen Beendigung kommt.[1660] Nach der Beendigung sind die allgemeinen gesetzlichen Vorschriften und folglich die Grundsätze ordnungsmäßiger Buchführung anzuwenden. Für den Fall der vorzeitigen Beendigung fordert der Gesetzgeber allerdings, dass plausible wirtschaftliche Gründe bestehen müssen, da die Bildung der Bewertungseinheiten zum Zweck der Absicherung und nicht zur Steuerung des Jahresergebnisses gebildet werden soll.[1661] Da der Begriff der plausiblen wirtschaftlichen Gründe sehr weit auszulegen ist und eine Nachprüfbarkeit adäquat kaum durchführbar erscheint, verwundert es, dass weder der Gesetzestext noch die Gesetzesbegründung eine „weitere" Vorgehensweise für eine vorzeitige Beendigung enthalten. Dies verwundert insbesondere vor dem Hintergrund, dass die Wiederaufnahme der Bilanzierung nach den Regelungen der GoB zu Problemen und bilanzpolitischen Spielräumen führt.

§ 254 HGB in seiner geltenden Fassung fordert nicht explizit die Durchhalteabsicht, sondern im Gesetzestext heißt es: in dem Umfang und für den Zeitraum, in dem sich die gegenläufigen Wertänderungen ausgleichen.[1662] Nur in diesem Zeitraum sind die Rechtsfolgen des § 254 HGB anzuwenden, vor und nach dieser Zeit gelten hingegen die allgemeinen GoB. Zudem sind, da der Gesetzgeber keine restriktiven Voraussetzungen für die Bewertungseinheit formuliert und ihren Anwendungsbereich sehr weit fast, auch dynamische Absicherungsformen zulässig. Weder im Gesetzestext noch in der Gesetzesbegründung wird zum Ausdruck gebracht, wie mit Anschlusssicherungsgeschäften bzw. dynamischen Absicherungen bilanziell zu verfahren ist.

Mit der Normierung des § 254 HGB in seiner jetzigen Fassung hat der Gesetzgeber nur den ersten Schritt gemacht, indem er sich mit der Frage auseinandersetzte, wie mit einer Bewertungseinheit während der „Laufzeit" verfahren werden soll. Zur Frage der bilanziellen Behandlung bei der Beendigung bzw. der einseitigen Abwicklung bezieht der Gesetzgeber keine Stellung.

1659 Vgl. *Regierungsentwurf* BilMoG vom 23.05.2008, Drs. 344/08, Begründung, S. 128.

1660 Vgl. *Regierungsentwurf* BilMoG vom 23.05.2008, Drs. 344/08, Begründung, S. 128.

1661 Vgl. *Regierungsentwurf* BilMoG vom 23.05.2008, Drs. 344/08, Begründung, S. 128 und S. 221. Bei der frühzeitigen Auflösung von Swaps liegen meist keine wirtschaftlichen Gründe vor, sondern das Unternehmen will seine Ertragslage verbessern; die Auflösung erfolgt, um die Ausgleichszahlung in voller Höhe erfolgswirksam vereinnahmen zu können. So *Scharpf/Luz*, Risikomanagement, 2000, S. 501.

1662 Vgl. *Gesetzesbeschluss* vom 27.03.2009, Drs. 270/09, S. 4.

Da die Voraussetzungen, die an eine Bewertungseinheit gestellt werden, als sehr subjektiv zu bewerten sind, können die Sicherungsbeziehungen „theoretisch" willkürlich geöffnet und geschlossen und dadurch der Erfolgsausweis beeinflusst werden. Das grundlegende Problem ist darin zu sehen, dass die Bestandteile der Sicherungsbeziehung nur während der „Laufzeit" und damit nur in der Zeit ihrer wirtschaftlichen Zusammengehörigkeit eine Bewertungseinheit darstellen. Da die Bestandteile der Sicherungsbeziehung aber weiterhin eigenständige Bilanzierungsobjekte bleiben, kann es zu einer inkonsequenten Behandlung in der Weise kommen, dass die Werte der Geschäfte nur während der Absicherungsphase kompensiert werden, vor und nach der Sicherungsbeziehung aber die zwischenzeitlich hergestellte Beziehung unbeachtet bleibt und es zu einer isolierten Betrachtung kommt.[1663] Für den Zeitraum der Bildung von Bewertungseinheiten werden die GoB aufgeweicht und zivilrechtlich eigenständige Positionen miteinander wertmäßig kombiniert. Gleichzeitig werden aber die Probleme verkannt, die bei Auflösung oder bei Veränderungen eintreten. Die Behandlung der Bewertungseinheit in § 254 HGB müsste in vielen Fällen wesentlich weiter reichen. Hierfür existiert aber keine rechtliche Grundlage.

Da durch Absicherungsgeschäfte stets ein zukünftiges Risiko und damit einhergehend eine Ergebniswirkung abgesichert wird, wirkt die Absicherungsbeziehung auch nur so lange, wie die Sicherungsgeschäfte sich kompensierend gegenüberstehen.[1664] Bei einer Auflösung oder auch Teilauflösung des Sicherungszusammenhangs kommt es unabhängig von der Art der Auflösung zwangsläufig zu Ergebniswirkungen. Durch die Bildung von Bewertungseinheiten entstehen in den überwiegenden Fällen Periodisierungsprobleme und damit Spielräume zur aktiven Beeinflussung des Zeitpunktes der Ergebniswirkung.

Steuerlich stellt sich zusätzlich die Frage, ob es sich bei dem Ergebnis aus der Beendigung der Bewertungseinheit noch um ein Ergebnis der Bewertungseinheit handelt, da die Bewertungseinheit mit Beendigung nicht mehr existiert. Sollte der letztere Fall vorliegen, sind laut Gesetzesbegründung wieder die GoB anzuwenden, da für § 5 Abs. 1a EStG keine Grundlage mehr besteht. Vielmehr greift dann § 5 Abs. 1 EStG und damit kommen die steuerlichen Sondervorschriften zur Anwendung.

Um die bereits angestellten Überlegungen zu vertiefen, werden in den folgenden Unterkapiteln verschiedene Beendigungsvarianten im Detail auf ihre Ergebniswirkung hin untersucht.

1663 Vgl. *Riddermann/Straßberger*, Bewertung, Dresdner Beiträge 11/98, S. 26; *Scheffler*, Hedge Accounting, 1994, S. 202.

1664 Vgl. *Hahne*, Bilanzierung, BB 2006, S. 2293.

4.3.1.1 Gleichzeitige Abwicklung aller Geschäfte

Der einzige Fall, bei dem sich keine Folgeprobleme aus der Absicherung ergeben, liegt vor, wenn Grund- und Sicherungsgeschäft gleichzeitig ergebniswirksam ausgebucht werden.[1665] Aber nur in sehr seltenen Fällen oder bei entsprechender unternehmerischer Disposition werden die Geschäfte tatsächlich gleichzeitig beendet.[1666] Bei Abgang zum gleichen Zeitpunkt werden die Ergebnisse der Geschäfte simultan erfolgswirksam und die Erträge gleichen sich idealiter sogar aus. Es kommt somit zu der Realisierung des Erfolgs in voller Höhe.[1667] Es muss aber beachtet werden, dass bei gleichzeitiger Abwicklung auch Sicherungskosten und Ergebniswirkungen (Hedge Mismatches) aufgrund von nicht perfekten Absicherungen auftreten können.[1668]

Bei Beendigung durch gleichzeitige Abwicklung können bei einem Micro Hedge theoretisch beide Geschäfte einzeln ergebniswirksam aufgelöst werden (Bruttomethode), oder sie werden miteinander verrechnet (Nettomethode), d. h. nur der positive oder negative Saldo wird erfolgswirksam ausgewiesen. Da in der Gesetzesbegründung keine Vorgehensweise für die Beendigung vorgegeben ist, muss die Bruttomethode angewendet werden. Aus steuerrechtlicher Sicht ist zu beachten, dass sich aufgrund von unterschiedlichen außerbilanziellen Rechtsfolgen weitere Probleme ergeben können. Diese werden im Rahmen der außerbilanziellen Behandlung in Kapitel D näher betrachtet.

4.3.1.2 Verbleib eines Geschäftes im Betriebsvermögen

Bei einseitiger Abwicklung oder bei Veränderungen innerhalb einer bestehenden Bewertungseinheit ergeben sich fast immer unterschiedliche Ergebnisauswirkungen.[1669] Des Weiteren muss auch danach differenziert werden, welche Methode, namentlich die Einfrier- oder die Durchbuchungsmethode, während der „Laufzeit" der Bewertungseinheit angewandt wurde. Zur verständlicheren Darstellung wird im Folgenden davon ausgegangen, dass die Wertentwicklung der Geschäfte zwischen den letzten Bilanzstichtagen gleichgerichtet war.[1670]

1665 Vgl. *Scharpf/Luz*, Risikomanagement, 2000, S. 326; *Naumann*, Banken, 1995, S. 178; *Prahl/Naumann*, Bilanzstichtag, ZBB 1994, S. 2; *Menninger*, Futures, 1993, S. 160f.

1666 Vgl. *Prahl/Naumann*, Bilanzstichtag, ZBB 1994, S. 4.

1667 Vgl. *Kraft/Bischof*, Bewertungseinheiten, in: Schmiel/Breithecker, Gewinnermittlung, 2008, S. 188; *Hahne*, Bilanzierung BB 2006, S. 2293.

1668 Vgl. *Naumann*, Banken, 1995, S. 178; *Prahl/Naumann*, Bilanzstichtag, ZBB 1994, S. 4. Die bis dahin erfolgsneutralen Zahlungen der Derivate wie auch die Abschlusszahlungen werden dann erfolgswirksam. Vgl. *Mauritz*, Konzepte, 1996, S. 43. Damit sind die variation margins bei Futures oder die Ausgleichzahlungen bei FRA gemeint, so auch *IDW*, Futures, BFA 2/1993, WPg 1993, S. 517.

1669 Es kommt zu unterschiedlichen Ergebniswirkungen, je nachdem, ob aus dem abgehenden Geschäft ein Gewinn oder ein Verlust generiert wird.

1670 Soll heißen, wenn aus dem Grundgeschäft im ersten Jahr Verluste entstanden sind, dann resultieren die Verluste auch im zweiten Jahr aus dem Grundgeschäft.

Wird im Zeitpunkt der Auflösung durch das abgehende Geschäft ein Gewinn erzielt, ist dieser ergebniswirksam zu vereinnahmen. Aufgrund der Reziprozität des verbleibenden Geschäftes, was die Grundvoraussetzung für eine Kompensation ist, muss aus diesem ein Verlust entstehen. Da am Bilanzstichtag keine Bewertungseinheit mehr existiert, ist das verbleibende Geschäft nach den allgemeinen GoB zu behandeln und gegebenenfalls abzuschreiben.[1671]

Ausgehend von der Einfriermethode muss am Bilanzstichtag geprüft werden, ob es zu einer Fortführung des eingefrorenen Buchwertes oder zu einer Ergebniswirkung kommt. Steuerbilanziell sind bei Beendigung wieder § 5 Abs. 1 EStG und damit einhergehend die steuerlichen Sondervorschriften maßgeblich, weshalb es nur im Fall einer voraussichtlich dauernden Wertminderung zu einem Verlustausweis kommen kann. Ist das verbleibende Geschäft ein schwebendes Geschäft, welches aufgrund der Einfriermethode bilanzunwirksam geblieben ist oder allenfalls infolge von Wertüberhängen zu einer Drohverlustrückstellung geführt hat, darf dieses steuerbilanziell nach § 5 Abs. 4a EStG nicht zum Ansatz kommen. Eine am vorhergehenden Bilanzstichtag auf Basis der Wertüberhänge gebildete Drohverlustrückstellung muss steuerlich, da keine Bewertungseinheit mehr besteht und damit die Grundlage für die Drohverlustrückstellungen entfallen ist, ergebniswirksam aufgelöst werden. Auch im Fall eines antizipativen Geschäftes entfaltet dieses nach der Einfriermethode durch die Bildung der Drohverlustrückstellung indirekt Bilanzwirkung. Ebenso wie in den anderen Fällen ist die Drohverlustrückstellung ergebniswirksam aufzulösen.

Ist hingegen die Durchbuchungsmethode angewandt worden, hat sich die Ergebniswirkung des effektiven Teils bereits erfolgswirksam ausgewirkt. Zusätzlich entstandene Verluste müssen unter Anwendung der GoB gegebenenfalls abgeschrieben werden.[1672] Wurde am letzen Bilanzstichtag ein negatives „schwebendes Geschäft" angesetzt, muss dieses steuerbilanziell ergebniswirksam aufgelöst werden, so dass wieder ein bilanzunwirksames schwebendes Geschäft gegeben ist. Auch ein antizipatives Hedge muss wieder ausgebucht werden.

Es kann aber auch der Fall eintreten, dass aus dem abgehenden Geschäft ein Verlust realisiert wird und das verbleibende Geschäft (Bilanzposten oder schwebendes Geschäft) einen unrealisierten Gewinn beinhaltet.

Um eine paritätische Erfassung zu gewährleisten, müsste bei Anwendung der Einfriermethode eine ertragswirksame Vereinnahmung des nicht realisierten Bewertungsgewinnes vorgenommen werden.[1673] Voraussetzung für diese Vorgehensweise ist aber die Aufhebung des Realisationsprinzips. Da diesbezüglich aber keine rechtliche Grundlage existiert, kann ein derartiges Prozedere derzeit nicht durchgeführt werden. Auf Grundlage des geltenden Rechtes

---

1671 Eine Abschreibung ist unentbehrlich, um ein ausgeglichenes Ergebnis zu erhalten, wie es wirtschaftlich gesehen der Sinn der Sicherungsbeziehung ist.

1672 Sollte das Ergebnis sich in die entgegengesetzte Richtung entwickelt haben, muss steuerlich eine Wertaufholung vorgenommen werden.

1673 Vgl. *Hahne*, Bilanzierung, BB 2006, S. 2294; *Kütter/Prahl*, Bilanzierung, WPg 2006, S. 16.

ist daher, wie bei der allgemeinen Vorgehensweise ohne Bewertungseinheit, eine differenzierte Behandlung von Verlusten und Gewinnen vorzunehmen. Der Gewinn darf aufgrund des Vorsichtsprinzips (Realisationsprinzip) bilanziell keine Berücksichtigung finden. Eine gegebenenfalls am vorhergehenden Bilanzstichtag wegen der Wertüberhänge gebildete Drohverlustrückstellung muss steuerlich, da keine Bewertungseinheit und auch keine rechtliche Grundlage bestehen, auch in diesem Fall ergebniswirksam aufgelöst werden.

Wurde die Durchbuchungsmethode angewandt und verbleibt eine Bilanzposition, ist es denkbar, dass die Bilanzposition mit einem Wert, der über den Anschaffungskosten liegt, zum Ansatz gekommen ist. Fraglich ist, ob dieser Wertansatz, der gegen das Anschaffungskostenprinzip verstößt, auch nach der Auflösung der Bewertungseinheit in der Bilanz weiterhin angesetzt werden darf. Dieser Wert würde infolgedessen als „die neuen Anschaffungskosten" gelten. Ein durch die Bewertungseinheit angesetztes „schwebendes Geschäft", was nach Meinung des Autors in Ermangelung der rechtlichen Grundlage gar nicht erst hätte angesetzt werden dürfen, muss ergebniswirksam ausgebucht werden, da für diesen Ansatz spätestens nach Beendigung der Bewertungseinheit keine rechtliche Grundlage mehr gegeben ist. Dieses Vorgehen würde zu einer Ergebnisminderung führen.

Die Vorgehensweise, verlustträchtige Geschäfte abzuwickeln, ist steuerlich sowohl bei der Einfrier- als auch bei der Durchbuchungsmethode nicht unattraktiv und zeigt zudem die Problematik der gesetzlichen Regelung der Bewertungseinheit auf, die sich nur auf die „Laufzeit" der Bewertungseinheit bezieht.

In Ergänzung zu den betrachteten Fällen, in denen ein Grund- oder Sicherungsgeschäft in Form einer Bilanzposition oder eines schwebenden Geschäftes im Betriebsvermögen verblieben ist, kann auch ein Sicherungsgeschäft aus einem antizipativen Hedge in der Bilanz verbleiben. Bei einem antizipativen Hedge ist laufend zu überprüfen, ob das erwartete und abgesicherte Geschäft mit hoher Wahrscheinlichkeit zu dem prognostizierten Zeitpunkt und in der vermuteten Höhe eintreten wird. Sollten sich Veränderungen ergeben, muss überprüft werden, ob das Sicherungsgeschäft noch die prognostizierten Sicherungswirkungen erzielen kann. Ist dieses nicht mehr der Fall, muss die Bewertungseinheit aufgelöst und das Sicherungsgeschäft imparitätisch einzeln bewertet werden. Dieses kann handelsrechtlich gegebenenfalls zu der Nachholung einer Drohverlustrückstellung bzw. Abschreibung führen.[1674] Steuerlich hingegen müsste die bis dahin gebildete Drohverlustrückstellung wieder aufgelöst werden. Ist die Durchbuchungsmethode „unrechtmäßig" angewandt worden, da keine

[1674] Vgl. *Scharpf/Schaber*, BilMoG, KoR 2008, S. 540; *Pfitzer/Scharpf/Schaber*, antizipative Hedges Teil 2, WPg 2007, S. 723; Wenn das gesicherte Grundgeschäft eintritt, dann sind die in der Nebenbuchhaltung „geparkten" positiven und negativen Marktwertveränderungen sowie die durch die Derivate induzierten Zahlungen als Anschaffungskosten des Grundgeschäfts in der Gewinn- und Verlustrechnung zu vereinnahmen. Wenn das antizipative Geschäft eintritt, sind die in der Nebenbuchhaltung geführten Werte des SG mit der bilanziellen Abbildung des Grundgeschäftes in der GuV zu erfassen. Vgl. *Löw/Scharpf/Weigel*, Bilanzierung, WPg 2008, S. 1020.

gesetzliche Regelung für den Ansatz eines antizipativen Geschäftes besteht, sind die Positionen steuerrechtlich wieder auszubuchen.

4.3.1.3 Verbleib aller Geschäfte im Betriebsvermögen

Es ist auch möglich, dass zwar alle Geschäfte im Betriebsvermögen verbleiben, diese aber keine Bewertungseinheit mehr darstellen. Denkbare Möglichkeiten sind hier z. B., dass die Voraussetzungen, die an die Bildung der Bewertungseinheit gestellt werden, nicht mehr eingehalten wurden oder dass ein sog. Part Time Hedge vorliegt. Hierbei handelt es sich um ein Sicherungsgeschäft, bei dem keine Durchhalteabsicht des Sicherungsinstrumentes bis zur tatsächlichen Fälligkeit gegeben ist. Vielmehr wird das Sicherungsgeschäft nur für einen Teil seiner Laufzeit als Sicherungsgeschäft eingesetzt.[1675] Nach Auffassung des Schrifttums kann ein solches Geschäft im nationalen Bereich in Abhängigkeit vom abzusichernden Risiko verwendet werden.[1676] Auch der Gesetzeswortlaut des § 254 HGB spricht nicht gegen einen Part-Time-Hedge. Nach IAS 39 darf hingegen ein Sicherungsgeschäft nur für seine Gesamtlaufzeit designiert werden.[1677]

Unabhängig von der Ursache der Beendigung der Bewertungseinheit hat in allen Fällen wieder eine Bewertung zu den GoB zu erfolgen. Schwebende Geschäfte und die für den ineffektiven Teil gebildeten Sammelposten müssen ergebniswirksam aufgelöst werden.

4.3.2 Vorschläge des Schrifttums

Um bei Auflösung der Bewertungseinheit ein erfolgsneutrales Ergebnis zu erhalten, werden grundsätzlich zwei unterschiedliche konzeptionelle Vorgehensweisen vorgeschlagen:

Ereignet sich der Abgang der Geschäfte zu unterschiedlichen Bilanzstichtagen, stellt sich die Frage, ob die Geschäfte trotzdem weiterhin gemeinsam bewertet werden sollten, mithin die Ergebniswirkung des abgehenden Geschäftes auf den Zeitpunkt des ergebniswirksamen Abgangs des anderen Geschäftes verschoben wird, damit sich eine willkürfreie Rechnungslegung gewährleisten lässt.[1678] Dieses Vorgehen wird befürwortet, damit durch frühzeitiges Veräußern eines Bestandteiles nicht das Periodenergebnis beeinflusst wird und ein ökonomisch gewolltes Abbild der Bewertungseinheit dargestellt werden kann.[1679] Im Schrifttum

---

1675 Vgl. *Scharpf/Schaber*, BilMoG, KoR 2008, S. 538.

1676 S. *Pfitzer/Scharpf/Schaber*, antizipative Hedges Teil 1, WPg 2007, S. 681.

1677 Siehe hierzu Kapitel C II 3.2.

1678 Vgl. *Häuselmann*, anteilsbezogene Derivate, Ubg 2008, S. 400; *Naumann*, Banken, 1995, S. 180; *Scheffler*, Hedge Accounting, 1994, S. 201. Lediglich die zusätzlich anfallenden Kosten wie Kurssicherungskosten, Margin, Ineffektivitäten wären ergebniswirksam zu erfassen.

1679 Vgl. *Naumann*, Banken, 1995, S. 180.

wird die Bildung von Ausgleichsposten empfohlen.[1680] Eine erfolgsneutrale Vermögensumschichtung wird in der finanzwirtschaftlichen und in der handelsrechtlichen Literatur vorgeschlagen und ist aus der finanzwirtschaftlichen Intention die überzeugendere Vorgehensweise; letztlich ist sie aber GoB-widrig.[1681] Eine derartige Vorgehensweise verstößt gegen das Realisations- und Periodisierungsprinzip. Eine dynamische Periodisierung spricht generell gegen die statische Bilanzauffassung und würde gegen die GoB verstoßen. Daher ist derzeit nur eine erfolgswirksame Vereinnahmung der Ergebnisse möglich.[1682]

Der zweite konzeptionelle Vorschlag, der bezüglich der gesetzlichen Umsetzung ebenso kritisch betrachtet werden muss, ist die Überlegung, dass die Abwicklung der Bewertungseinheit durch eine Marktbewertung des weiterhin gehaltenen Bewertungsgegenstandes neutral gehalten wird.[1683]

Im Rahmen der Einführung des BilMoG wurde in der Literatur eine Alternative entwickelt, die vorsieht, dass bei Beendigung der Bewertungseinheit ein letztes Mal die Vorschrift für Bewertungseinheiten anwendbar ist, um erst danach wieder auf die allgemeine Bewertung überzugehen.[1684] Bei Beendigung würden die kompensatorischen Ergebnisse bilanziell erfasst,[1685] wodurch ein vorzeitiges Auflösen eingeschränkt wird.[1686]

4.3.3 Anschlusssicherungsgeschäft

Wie mit dynamischen Absicherungsformen verfahren werden soll, wird vom Gesetzgeber ebenfalls nicht geklärt. Bei dynamischen Absicherungen handelt es sich um Fälle, in denen es während der „Laufzeit" der Sicherungsbeziehung zu Ab- und Zugängen von Positionen kommen kann. Im Rahmen von dynamischen Absicherungen wird eine sich ständig ändernde Anzahl (Gruppe) an Grundgeschäften durch eine regelmäßige Anpassung der Sicherungsgeschäfte (eins oder mehrere) abgesichert.[1687] Nach dem BilMoG sind Betrags- und Fristengleichheit des Grund- und Sicherungsgeschäftes nicht erforderlich. Daher sind dynamische Sicherungsbeziehungen auf jeden Fall zulässig. Zusätzlich lässt der Gesetzgeber alle Reichweiten (Micro, Macro oder Portfolio Hedge) an Bewertungseinheiten zu und macht keine

---

1680 Im Schrifttum wird dazu die Frage diskutiert, ob es sich um einen Rechnungsabgrenzungsposten handeln kann. Siehe *Scheffler*, Hedge Accounting, 1994, S. 201f. Ausführlich Oestreicher, der aber die Auslegung des Rechnungsabgrenzungsposten aufgrund der GoB nicht dahingehend verfolgt, eine dynamische (Bilanzauffassung) zu sehen und die Aufwendungen und Erträge auf die unterschiedlichen Perioden zu verteilen. *Oestreicher*, Zinsterminkontrakte, 1992, S. 295.

1681 Vgl. *Häuselmann*, anteilsbezogene Derivate, Ubg 2008, S. 399; *Prahl/Naumann*, Bilanzstichtag, ZBB 1994, S. 4.

1682 Vgl. *Oestreicher*, Zinsterminkontrakte, 1992, S. 292ff.

1683 Vgl. *Naumann*, Banken, 1995, S. 182.

1684 Vgl. *Scharpf*, Finanzinstrumente, in: Küting/Pfitzer/Weber, Bilanzrecht, 2008, S. 207; *Scharpf/Schaber*, BilMoG, KoR 2008, S. 540; *Löw/Scharpf/Weigel*, Bilanzierung, WPg 2008, S. 1017.

1685 Vgl. *Löw/Scharpf/Weigel*, Bilanzierung, WPg 2008, S. 1017.

1686 Vgl. *Löw/Scharpf/Weigel*, Bilanzierung, WPg 2008, S. 1017.

1687 Vgl. *Barckow*, Bilanzierung, 2004, S. 218.

konkrete Aussage über die Behandlung und die Zusammenstellung. Die Zulässigkeit von dynamischen Hedges ist bei der breiten Ausrichtung der Regelung nicht verwunderlich, wirft aber Fragen der bilanziellen Berücksichtigung auf.

Bei den dynamischen Geschäften ist strittig, inwieweit es bei jedem Abgang einer Position zur Beendigung der Bewertungseinheit kommt oder ob in Abgrenzung hierzu eine Betrachtung der „gesamten Laufzeit" vorgenommen wird, und wenn ja, wie die abgehenden Geschäfte bilanziell zu behandeln sind.

Von der Literatur und dem IDW wird in Anlehnung an die IAS eine Abgrenzung der realisierten Ergebnisse dann für angemessen gehalten, wenn das wegfallende Sicherungsgeschäft durch ein Anschlusssicherungsgeschäft ersetzt wird.[1688] Die Sicherungsbeziehung muss dann über die „gesamte Laufzeit" betrachtet werden.[1689] Um periodenverschiebende Wirkungen[1690] zu vermeiden, führen abgehende Geschäfte nicht zu einer Beendigung der Bewertungseinheit und auch zu keiner Ergebniswirkung. Um dieses zu verwirklichen, wird bei „dynamischen Hedges" eine Übertragung der Ergebniswirkung auf Anschlusssicherungsgeschäfte vorgeschlagen, wie es auch nach IAS 39.91 üblich ist. Bei einer Ablösung eines Sicherungsgeschäftes durch ein neues Sicherungsgeschäft wird keine Beendigung der Absicherung vorgenommen.[1691] Voraussetzung für die Annerkennung und auch Bildung einer rollierenden (roll over) Absicherungsstrategie ist die Existenz liquider Märkte.[1692]

Das IDW hat sich in einer Stellungnahme zur „Bilanzierung von Futures und Forward Rate Agreements" dafür ausgesprochen, im Rahmen einer Ausnahmeregelung die Erfolgswirkung[1693] aus einem abgehenden Geschäft als Teil der Anschaffungskosten des Anschlusssicherungsgeschäftes zu übernehmen.[1694] Verluste aus der Abwicklung der Geschäfte könnten als Anschaffungskosten des Anschlusssicherungsgeschäftes aktiviert werden. Gewinne würden entsprechend als Minderung der Anschaffungskosten behandelt.[1695] Bei Forward Rate Agreements können die Ausgleichzahlungen als Teil der Anschaffungskosten von Anschlusssicherungsgeschäften angesehen werden, wenn diese Geschäfte zum Zeitpunkt der Abwicklung des Forward Rate Agreements abgeschlossen werden und sie die Sicherungsabsicht in

---

1688 Vgl. *Meinhardt*, Auslandstöchter, DB 2004, S. 2652; *Hahne*, Bewertung, BB 2003, S. 1946; *Scharpf/Luz*, Risikomanagement, 2000, S. 327 und S. 436 und S. 652; *Arbeitskreis „Externe Unternehmensrechnung"*, Bilanzierung, DB 1997, S. 639; *IDW*, Währungsumrechnung, BFA 3/1995, WPg 1995, S. 736; *IDW*, Futures, BFA 2/1993, WPg 1993, S. 517; *IDW*, Jahres- und Konzernabschluss, WPg 1986, S. 665; *IDW*, Devisengeschäfte, BFA 1/75, WPg 1975, S. 664.

1689 Vgl. *Meinhardt*, Auslandstöchter, DB 2004, S. 2652.

1690 Grundsätzlich könnte eine Nicht-Übertragung steuerlich zur Realisierung von Zwischenverlusten genutzt werden; es muss aber betrachtet werden, ob hierdurch Kosten usw. und neue Dokumentationen auf der anderen Seite entstehen würden.

1691 Vgl. *Hahne*, Bilanzierung, BB 2006, S. 2294f; *Göttgens/Prahl*, Financial Futures, WPg 1993, S. 511f; *Frank/Menchinetti*, Terminkontrakte, DBW 1994, S. 205f.

1692 Vgl. *Löw*, Bewertung, WPg 2004, S. 112; *Prahl/Naumann*, Bilanzstichtag, ZBB 1994, S. 3.

1693 Im vorliegenden Fall erhaltene und geleistete Ausgleichzahlungen.

1694 Vgl. *IDW*, Futures, BFA 2/1993, WPg 1993, S. 517

1695 Vgl. *Kütter/Prahl*, Bilanzierung, WPg 2006, S. 17.

vollem Umfang (Laufzeit und Betrag) erfüllen, so das IDW.[1696] Voraussetzung ist, dass schon bei Abschluss des ursprünglichen Sicherungsgeschäftes die Absicht der revolvierenden Sicherung dokumentiert wurde.[1697]

Auch von steuerlicher Seite wurde bereits zu der Frage Stellung genommen, wie Anschlusssicherungsgeschäfte zu behandeln sind. Hier stand aber weniger die Übertragung der Ergebniswirkung im Vordergrund, sondern vielmehr die Überlegung, ob eine Bewertungseinheit mit Anschlusssicherungsgeschäften als solche anerkannt werden darf, da Grund- und Sicherungsgeschäfte unterschiedliche Laufzeiten und Fristigkeiten haben. Das FG Schleswig Holstein hatte im Urteil vom 15.03.2000 Fristenunterschiede als zulässig angesehen, wenn Anschlusssicherungsgeschäfte bestehen.[1698] Bei dem zu beurteilenden Fall lag ein Macro Hedge mit Fristigkeiten innerhalb eines Jahres vor.[1699] Unabhängig von dem entschiedenen Fall ist es erheblich, dass die Geschäfte am Bilanzstichtag geschlossen sind und die Kompensation tatsächlich bestehen bleibt, was jedoch nur bei einer Betrachtung über den Stichtag hinaus hinreichend sicher festgestellt werden kann. Eine Bewertungseinheit darf nicht als solche am Bewertungsstichtag behandelt werden, wenn die Anschlusssicherungsgeschäfte noch nicht abgeschlossen sind.[1700] Am Bewertungsstichtag muss zudem Gewissheit bestehen, dass die Absicherungswirkung auch in der Zukunft erhalten bleibt und zeitliche Inkongruenzen mit Anschlusssicherungsgeschäften überbrückt werden.[1701] Dies ist nur dann als objektiv nachprüfbar anzusehen, wenn am Bilanzstichtag bereits rechtlich verbindliche Anschlusssicherungsgeschäfte abgeschlossen worden sind. Reine Dispositionserwägungen des Bilanzierenden sind auszuschließen. Dadurch würden Bewertungsspielräume, die sich für den Bilanzierenden ergeben, eingegrenzt. Für den Fall, dass die Geschäfte bereits rechtlich abgeschlossen sind, wurden sie auch vom BFH in einem nicht rechtskräftigen Urteil akzeptiert. Der künftige Abschluss stellt ein wertbegründendes Ergebnis dar, dass keine bilanzielle Berücksichtigung findet.[1702] Somit wurde auch vom BFH die Aussage getroffen, dass grundsätzlich nur dann eine Bewertungseinheit bei unterschiedlichen Fristigkeiten vorliegen kann, wenn die Anschlusssicherungsgeschäfte bereits am Bilanzstichtag abgeschlossen sind. Daher kann es auch nicht als sachgerecht angesehen werden, wenn der Abgang eines Geschäftes zu einer Beendigung der Bewertungseinheit führen würde, da diese nur aufgrund der Anschlussgeschäfte gebildet werden darf. In der Gesetzesbegründung zum BilMoG findet man hierzu keine

---

1696 Vgl. *IDW*, Futures, BFA 2/1993, WPg 1993, S. 518. Hierzu auch *Göttgens/Prahl*, Financial Futures, WPg 1993, S. 510.

1697 Vgl. *Göttgens/Prahl*, Financial Futures, WPg 1993, S. 512. Eine zeitanteilige Verrechnung ist vom IDW nicht angesprochen worden.

1698 S. FG Schleswig Holstein, Urteil vom 15.03.2000, I 714/91, EFG 2000, S. 1058.

1699 Vgl. BFH nicht rechtskräftigen Gerichtsbescheid vom 19.03.2002, I R 87/00 n. v.; Wiedergabe durch *Christiansen*, Einzelbewertung, DStR 2003, S. 265.

1700 Vgl. *Hahne*, Entwicklungen, DStR 2005, S. 844.

1701 Vgl. *Hahne*, Bewertung, BB 2003, S. 1946; *Benne*, Bewertungseinheit, DB 1991, S. 2608.

1702 Vgl. BFH vom 15.03.2000, VIII R 34/96, BFH/NV 2001, S. 297; BFH vom 15.12.1999, I R 91/98, BStBl II 2000, S. 381.

Aussage. Da es aber in der Gesetzesbegründung heißt, dass die „Durchhalteabsicht“ bestehen muss, bis der Sicherungszweck erfüllt ist, kann sie so ausgelegt werden, dass die „gesamte Laufzeit“ betrachtet werden muss. Es kann nicht die Intention des Gesetzgebers gewesen sein, dass es stets zu einer Beendigung der Bewertungseinheit kommen muss. Wie mit den Ergebniswirkungen zu verfahren ist, wird nicht geregelt. In der Literatur wird bei rollierenden Geschäften die Abgrenzung der realisierten Ergebnisse aus dem Sicherungsgeschäft für gerechtfertigt gehalten.[1703] Es wird somit eine ergebnisneutrale Behandlung durch Zuschreibung oder Abschreibung des Geschäftes für möglich gehalten.[1704] Das Abgehen von Geschäften kann aber nicht nur in der Form des Abgangs von Sicherungsgeschäften, sondern auch durch das Ausscheiden von Grundgeschäften entstehen. Auch hierbei ist eine Beendigung des Sicherungszusammenhangs nicht sachgerecht.

1703 Vgl. *Scharpf/Luz*, Risikomanagement, 2000, S. 327, S. 436, S. 652.

1704 Vgl. *Häuselmann*, anteilsbezogene Derivate, Ubg 2008, S. 400; *Birck/Meyer*, Bankenbilanz, 1988/89, S. V. 99; *Meinhardt*, Auslandstöchter, DB 2004, S. 2652.

D. Außerbilanzielle Einkommensermittlung

Die steuerliche Gewinnermittlung dient einer gleichmäßigen Besteuerung auf Basis der Bemessungsgrundlage, welche nach der wirtschaftlichen Leistungsfähigkeit berechnet wird. Um Aussagen über die steuerliche Gewinnermittlung treffen zu können, darf die steuerbilanzielle Gewinnermittlung keinesfalls isoliert gesehen werden. Vielmehr müssen weitere steuerliche Spezifika wie außerbilanzielle Korrekturen und der Verlustausgleich für eine entsprechende Analyse und Würdigung der steuerlichen Situation mitbetrachtet werden.

Daher wird, nachdem bisher ausschließlich die bilanzielle Ebene untersucht wurde, in einem nächsten Schritt auf die außerbilanzielle Behandlung von Sicherungsbeziehungen eingegangen. Das in der Handelsbilanz ermittelte Bewertungsergebnis der Bewertungseinheit, und damit implizit das der einzelnen Bilanzierungsobjekte, ist in die Steuerbilanz zu übernehmen und für die weitere steuerliche Gewinnermittlung maßgebend.[1705] Eine Auflösung der Bewertungseinheit für steuerliche Zwecke – auf außerbilanzieller Ebene – ist demzufolge nicht vorzunehmen.[1706] Es kommt zu keiner Rückrechnung.[1707] Dies ist daraus zu entnehmen, dass der Wortlaut des § 5 Abs. 1a EStG ausdrücklich eine Maßgeblichkeit für die „steuerliche Gewinnermittlung" und nicht nur für die steuerbilanzielle Behandlung vorschreibt. Für eine weitere gemeinsame Behandlung der verschiedenen Bilanzierungsobjekte fehlt es außerbilanziell hingegen an einer Rechtsgrundlage.

Daher ist grundsätzlich das in der Steuerbilanz erfasste (Netto-)Bewertungsergebnis der Bewertungseinheit in die Ermittlung des steuerpflichtigen Gewinns zu übernehmen. Bei dieser Art der Ergebnisübernahme können Probleme entstehen, wenn die außerbilanzielle Gewinnermittlung unterschiedliche steuerliche Regelungen für die der Bewertungseinheit zugrunde liegenden Positionen vorsieht.[1708] Zu untersuchen ist in diesen Fällen, wie mit einer über den negativen Gesamtsaldo gebildeten Drohverlustrückstellung zu verfahren ist. Außerdem muss betrachtet werden, dass eine steuerrechtlich differenzierte Behandlung der Bestandteile der Bewertungseinheit bei deren Auflösung Auswirkungen auf die steuerliche Gewinnermittlung haben kann.

Neben den reinen Periodisierungseffekten können im Rahmen der steuerlichen Gewinnermittlung noch weitere Effekte entstehen. Für die zu behandelnde Thematik sind daher die Rechtsfolgen des § 8b Abs. 2 und 3 KStG und des § 15 Abs. 4 EStG kritisch zu betrachten und zu würdigen.

1705 Vgl. *Gosch,* in: Gosch, Körperschaftsteuergesetz, 2005, § 8b KStG Rn. 140; *Häuselmann/Wagner*, Aktienderivate, BB 2002, S. 2171.

1706 Vgl. *Häuselmann*, anteilsbezogene Derivate, Ubg 2008, S. 399; *Gosch*, in: Gosch, Körperschaftsteuergesetz, 2005, § 8b KStG Rn. 140.

1707 So auch *Häuselmann*, anteilsbezogene Derivate, Ubg 2008, S. 399.

1708 Vgl. *Hahne*, Risikoabsicherungsgeschäfte, StuB 2008, S. 182.

I. Auswirkungen von Bewertungseinheiten bei der Bemessung der Körperschaftsteuer

Durch die differenzierte steuerliche Behandlung von Anteilen, die unter § 8b KStG fallen und solchen Instrumenten, die nicht unter diese Vorschrift zu subsumieren sind, können im Rahmen von Sicherungsbeziehungen Abgrenzungsprobleme entstehen.[1709] Erstens können sich bereits während „der Laufzeit" der Bewertungseinheit Zuordnungsprobleme bzgl. der Wertschwankungen ergeben. Zweitens können durch verschiedene Formen der Beendigung der Bewertungseinheit, sei es durch Abwicklung, Glattstellung oder Verfall, Abgrenzungsprobleme auftreten bzw. bilanzpolitische Spielräume eröffnet werden. Während die unter § 8b Abs. 1 bis 3 KStG zu subsumierenden Positionen keine steuerrelevanten Wirkungen entfalten und daher auf der außerbilanziellen Ebene eine Korrektur erfahren, sind die nicht unter diesen Paragrafen zu erfassenden Instrumente uneingeschränkt steuerpflichtig.[1710] Es kommt zu steuerlichen Ungleichbehandlungen, die problematisch werden bzw. zu Gestaltungsanreizen führen, wenn es durch die Kompensation von Werten zu einer „Vermischung" von steuerwirksamen und -unwirksamen Positionen kommt.

Auf der außerbilanziellen Ebene muss bei der Untersuchung eine zeitliche Differenzierung vorgenommen werden, aus der sich folgende Fragestellungen ergeben. Welche Auswirkungen ergeben sich während der „Laufzeit" und damit bei Bestehen der Bewertungseinheit? Wie wird die gleichzeitige Beendigung der Bewertungseinheit mit Abgang aus dem Betriebsvermögen behandelt? Was geschieht nach Beendigung der Bewertungseinheit durch nur teilweise vollzogenen Abgang aus dem Betriebsvermögen?

1. Anwendungsbereich des § 8b KStG

Nach § 8b Abs. 1 KStG sind Dividenden und diesen gleichgestellte Bezüge aus Anteilen an Kapitalgesellschaften beim Anteilseigner steuerfrei.[1711] Der Veräußerungsgewinn ist der Betrag, um den der Veräußerungspreis[1712] nach Abzug der Veräußerungskosten den Wert übersteigt, der sich nach den Vorschriften der steuerlichen Gewinnermittlung zum Zeitpunkt der Veräußerung ergibt. § 8b Abs. 1 S. 1 KStG gilt entsprechend für Gewinne aus Wertaufholungen (§ 6 Abs. 1 S. 1 Nr. 2 S. 3 EStG) aus Kapitalbeteiligungen. Dadurch soll ein Besteuerungsnachteil für den Steuerpflichtigen in der Art vermieden werden, dass vorangegangene Teilwertabschreibungen, die nach § 8 b Abs. 3 S. 3 KStG außerbilanziell wieder hinzugerech-

---

1709 Bei Kreditinstituten liegen die Probleme dieser Art aufgrund des § 8b Abs. 7 KStG nicht vor.

1710 Vgl. *Häuselmann/Wagner*, Aktienderivate, BB 2002, S. 2170.

1711 Vgl. *Gosch,* in: Gosch, Körperschaftsteuergesetz, 2005, § 8b KStG. Nach § 8b Abs. 2 KStG bleiben bei der Ermittlung des Einkommens Gewinne aus der Veräußerung eines Anteils an einer Körperschaft oder Personenvereinigung […] außer Ansatz. (5 % gelten dabei als Ausgaben, die gem. § 8b Abs. 3 KStG nicht als Betriebsausgaben abgezogen werden dürfen).

1712 Oder an dessen Stelle tretender Wert.

net werden müssen und damit insgesamt nicht steuerwirksam sind, infolge einer späteren Wertaufholung „als Gewinn“ angesetzt werden müssten. Daher bleiben auch „nachgeholte Gewinne“ systemgerecht steuerfrei.[1713] § 8b Abs. 2 KStG sieht eine weit reichende Befreiung für Gewinne aus Anteilen an Kapitalgesellschaften vor.[1714] Dadurch, dass bei einer „Veräußerung“ dieser Anteile der steuerliche Gewinn nicht erhöht wird, dürfen grundsätzlich die aus demselben Geschäft anfallenden Verluste (Teilwertabschreibungen) nicht steuerwirksam genutzt werden.
Es stellt sich die Frage, ob über Bewertungseinheiten eine „Verlagerung“ von Gewinnen auf Komponenten, die unter § 8b KStG fallen und eine Nutzung von Verlusten bei Instrumenten, die nicht unter § 8b KStG zu subsumieren sind, möglich ist. Dieses könnte zu Steuervorteilen führen, da auf der außerbilanziellen Ebene die Bestandteile der Sicherungsbeziehung mit ihren saldierten Ergebnissen als einzelne Bilanzierungsobjekte zu behandeln sind.

2. Auswirkungen der Bewertungseinheiten auf die steuerliche Gewinnermittlung

2.1 Behandlung während der Laufzeit der Bewertungseinheit

Der Fall, dass innerhalb einer Bewertungseinheit sowohl Geschäfte, die unter § 8b KStG zu subsumieren sind, als auch solche, bei denen § 8b KStG keine Anwendung findet, zusammenfassend betrachtet werden, wird als Ausgangspunkt herangezogen.
Da es während der Behandlung der Bewertungseinheit zu einer Saldierung der sich kompensierenden Werte kommt, wird im Rahmen des effektiven Teils keine Wertminderung vorgenommen. Dieses Ergebnis ist auch für die außerbilanzielle Gewinnermittlung zu übernehmen. Sind die Wertüberhänge während der Laufzeit der Bewertungseinheit als Drohverlustrückstellung nach § 5 Abs. 4a S. 2 EStG behandelt worden, so wie es der h. M. des handelsrechtlichen Schrifttums entspricht, ergibt sich folgendes Problem: Wenn eine Teilwertabschreibung auf Anteile, die unter § 8b Abs. 2 KStG fallen, vorgenommen wird, sind diese auf der außerbilanziellen Ebene wieder hinzuzurechnen, da es in § 8b Abs. 3 S. 3 KStG heißt, dass Gewinnminderungen, die im Zusammenhang mit den in § 8b Abs. 2 KStG genannten Anteilen entstehen, nicht bei der Ermittlung des Einkommens zu berücksichtigen sind. In dieser Regelung kommt der Rechtsgedanke zum Ausdruck, dass sich Aufwendungen bzw. Gewinnminderungen nicht

---

1713 Vgl. *Gosch*, in: Gosch, Körperschaftsteuergesetzt, 2005, § 8b KStG Rn. 216. Siehe § 8b Abs. 2 S. 4 KStG; BMF vom 28.04.2003, IV A 2 -S 2750a – 7/03, BStBl I 2003, S. 292 Tz. 18 (Bezieht sich auf § 8b Abs.3 KStG); S. *Reiner*, Finanzinstrumente, 2002, S. 399. Hierdurch kommt es zu Ungleichbehandlungen bei synthetischen und natürlichen Positionen, insbesondere bei aktienbezogenen Basiswerten, da es diese Steuerbegünstigungen bei Gewinnen (z.B. aus Termingeschäften) nicht gibt.

1714 Diskussion bzgl. der Erfassung von Bezugsrechten an Anteilen, BFH vom 23.01.2008, I R 101/06, BStBl II 2008, S. 719 (§ 8b Abs.2 KStG), dort abgelehnt, in Zusammenhang mit § 3 Nr. 40 EStG zugelassen. BFH vom 27.10.2005, IX R 15/05, BStBl II 2006, S. 171; *Heuermann*, Gewinne, StBp 2008, S. 176. Ob aktienbezogenen Derivate unter den § 8b Abs. 2 KStG fallen, ist nicht geklärt.

steuerlich auswirken dürfen, wenn der entsprechende Gewinn steuerfrei bleibt.[1715] Aus diesem Grund ist es erforderlich, dass sich die Gewinnminderungen auf die steuerfreien Anteile im Sinne des § 8b Abs. 2 KStG zurückführen lassen.

Laut Kommentarliteratur sind Gewinnminderungen grundsätzlich alle bilanziellen Vorgänge, die den Bilanzgewinn vermindern oder den Bilanzverlust erhöhen.[1716] Als Gewinnminderungen werden insbesondere Teilwertabschreibungen dargestellt.[1717] Da aber nicht auf einzelne Realisationstatbestände abgestellt wird, ist das Abzugsverbot laut Schreiben des BMF vom 28.04.2003 umfassend auszulegen.[1718] In dem Schreiben werden gewisse Tatbestände aufgezählt, bei denen es sich „insbesondere" um Gewinnminderungen handelt.[1719] Hier stellt sich die Frage, ob auch die Drohverlustrückstellungen unter den Begriff der Gewinnminderung zu fassen sind. Betrachtet man die Kommentarliteratur in diesem Zusammenhang, ist systemgerechterweise stets nur von Teilwertabschreibungen die Rede, da Drohverlustrückstellungen steuerlich nach § 5 Abs. 4a S. 2 EStG keine Berücksichtigung finden. Selbst wenn der Standpunkt vertreten wird, dass die Drohverlustrückstellung als Gewinnminderung anzuerkennen ist, muss sich eine Gewinnminderung, damit sie unter § 8b Abs. 3 KStG zu subsumieren ist, auf steuerfreie Anteile nach § 8b Abs. 2 KStG zurückführen lassen. In diesem Kontext ergibt sich ein Folgeproblem aus der Zuordnung der Wertüberhänge zu den einzelnen Positionen. In vielen Fällen, so auch die Gesetzesbegründung zur Einführung des § 5 Abs. 4a S. 2 EStG, wird die Drohverlustrückstellung gerade deshalb als zulässig angesehen, weil eine Zuordnung der Wertüberhänge zu den einzelnen Positionen nicht mehr möglich ist.[1720] Eine eindeutige Zuordnung der Gewinnminderungen gemäß § 8b Abs. 3 KStG wäre aber nur möglich, wenn eine Zerlegung und Zuordnung der Werte stattfinden würde. Hierfür fehlt es an der Rechtsgrundlage, da auch für die steuerliche Gewinnermittlung die handelsrechtlichen Ergebnisse maßgeblich sind. Darüber hinaus ist in vielen Fällen eine Zuordnung tatsächlich nicht möglich.

Da im Steuerrecht keine Regelung zur „Zurückrechnung" existiert, sind die bilanziellen Ergebnisse vielmehr zu übernehmen. In den Fällen, in denen eine Zuordnung möglich ist, muss diese bereits in der Handelsbilanz stattfinden. Im Steuerrecht darf keine gesonderte Zuordnung mehr erfolgen. Im Handelsrecht wird aber der Standpunkt vertreten, dass sich keine erheblichen Unterschiede daraus ergeben, ob die Wertüberhänge in Form eines Gesamtsaldos vorgenommen werden oder nicht. Die Auswirkungen auf die steuerliche Gewinner-

---

1715 Vgl. *Frotscher,* in: Frotscher/Maas KStG Kommentar, § 8b KStG Rn. 58; *Watermeyer,* in: H/H/R, § 8b KStG Rn. 86.

1716 Vgl. *Frotscher,* in: Frotscher/Maas KStG Kommentar, § 8b KStG Rn. 57a.

1717 Vgl. *Frotscher,* in: Frotscher/Maas KStG Kommentar, § 8b KStG Rn. 58a; *Watermeyer,* in: H/H/R, § 8b KStG Rn. 80.

1718 BMF vom 28.04.2003, IV A 2 –S 2750a – 7/03, BStBl I 2003, 292, Rz. 26.

1719 Vgl. *Kröner,* in: Ernst & Young KStG Kommentar, § 8bKStG Rn. 153.

1720 Vgl. Gesetz zur Eindämmung missbräuchlicher Steuergestaltungen, vom 28.04.2006, Bundesgesetzblatt I 2006, S. 1095.

mittlung werden dabei nicht bedacht. Durch die Zuordnung der Wertüberhänge auf der handelsbilanziellen Ebene kann es daher zu unterschiedlichen steuerlichen Auswirkungen kommen.

2.2 Behandlung bei Beendigung der Sicherungsbeziehung

Wie bereits in Teil C 4.4 der Arbeit aufgezeigt wurde, ergeben sich bei der Beendigung der Bewertungseinheiten auf bilanzieller Ebene bereits Probleme bzw. Gestaltungsspielräume. Noch weiterreichende Folgen können dann eintreten, wenn es sich bei der Bewertungseinheit um eine Kombination aus Geschäften handelt, die nur zum Teil unter die Rechtsfolgen des § 8b KStG fallen. Grundsätzlich können die Anteile, die unter § 8b KStG zu fassen sind, mit jeglichen derivativen Finanzinstrumenten abgesichert bzw. ihrerseits zur Absicherung von Derivaten verwendet werden.[1721] Im Folgenden werden die Probleme, die bei der Beendigung einer Bewertungseinheit zusätzlich auf der außerbilanziellen Ebene auftreten können, beispielhaft an der Absicherung von oder durch Optionen aufgezeigt. Zur Darstellung wurden stellvertretend für Derivate Optionen gewählt, da wegen ihres charakteristischen Merkmals der Bedingtheit weit reichende Probleme entstehen.

2.2.1 Gleichzeitige Beendigung

Die Beendigung von Optionen kann durch Ausübung in Form von physischer Lieferung oder Barausgleich, durch Glattstellung oder Verfall stattfinden.[1722] Bei der Beendigung eines Sicherungszusammenhangs, der zwischen einem Anteil nach § 8b KStG und einem Finanzinstrument besteht, das nicht unter § 8b KStG zu subsumieren ist, können unterschiedliche Fallkonstellationen auftreten. Grundsätzlich kann im Rahmen einer Bewertungseinheit der Optionskäufer den Verkauf einer Aktie und der Stillhalter seine Stillhalterposition durch das Halten des Deckungsbestandes absichern.[1723] Als Ausgangspunkt wird hier die Einfriermethode gewählt.[1724]

Es besteht die Möglichkeit, dass die Bewertungseinheit durch Ausübung der Option beendet wird. Wie bereits bei der Analyse der Auswirkungen der Beendigung auf der bilanziellen

---

1721 Vgl. *Haisch*, Swapgeschäfte, DStZ 2004, S. 513 f.; *Häuselmann/Wagner*, Aktienderivate, BB 2002, S. 2174; *Bundesverband deutscher Banken*, Kreditderivate, WPg 2000, S. 677. Equity Swaps gehören nicht zu den unter § 8b KStG zu subsumierenden Anteilen.

1722 Vgl. *Häuselmann/Wagner*, Aktienderivate, BB 2002, S. 2174; *IDW*, Futures, BFA 2/1993, S. 517; *Förschle*, in: Beck'scher BilKomm, 6. Auflage 2006, § 246 HGB Rn. 131.

1723 Siehe hierzu Kapitel C I. Die Absicherung des Kaufs einer Aktie kann aus bilanzieller Sicht allenfalls als antizipatives Hedge angesehen werden, da das Grundgeschäft nicht vorhanden ist. Da die Erfüllung des vorgesehenen Geschäftes aber mit hoher Wahrscheinlichkeit zustandekommen muss, ist die Anerkennung sehr fraglich, da die Option und damit der Kauf nur bei Vorteilhaftigkeit ausgeübt werden.

1724 Die Auswirkungen werden an der Einfriermethode dargestellt, da diese der Intention des Gesetzgebers entspricht.

Ebene gezeigt werden konnte, kommt es zu einer gleichzeitigen Ergebniswirkung. In diesem Zusammenhang muss bei der Beendigung der eindeutige Zusammenhang zwischen den Geschäften beachtet werden. Grundsätzlich hat der Optionskäufer zwei Möglichkeiten, die Option auszuüben: entweder durch physische Lieferung oder durch Barausgleich. Nur bei der tatsächlichen physischen Lieferung kommt es zu einer Abwicklung beider Geschäfte. Daher wird in diesem Zusammenhang von der unmittelbaren Absicherung gesprochen.[1725]

Bei Ausübung der Verkaufsoption mit physischer Lieferung erhält der Unternehmer von dem Stillhalter gegen Lieferung des Aktienbestands den Basispreis. Kommt es bei der Absicherung eines Aktienbestandes im Fall von gesunkenen Kursen zu der Ausübung und damit zum Verkauf der Aktien zum Basispreis, ist der positive Unterschiedsbetrag zwischen dem Erlös und dem Buchwert zum Zeitpunkt der Veräußerung der Veräußerungsgewinn.[1726] Zur Berechnung des Gesamtgewinns ist das untergehende Optionsrecht mit dem Verkaufserlös (Basispreis) zu verrechnen.[1727] Der Basispreis ist nur aufgrund der Ausübung der Option vom Stillhalter gezahlt worden. Der Basispreis abzüglich des Buchwertes des Aktienbestandes und des Buchwertes der Optionsprämie ist der Gewinn, der unter § 8b Abs. 2 KStG fällt und damit steuerfrei ist.[1728]

Der Veräußerungsgewinn ist ein Gewinn im Sinne des § 8b Abs. 2 KStG, der Buchwert des Optionsrechts wird als Veräußerungskosten gem. § 8b Abs. 2 S. 2 KStG behandelt und darf nicht steuerwirksam aufgelöst werden.[1729]

Bei dieser Betrachtung wird die Beziehung von Grund- und Sicherungsgeschäft auch bei der Auflösung aufrechterhalten, da die „Veräußerungsgewinne" nur aufgrund der Sicherungsbeziehung erzielt werden konnten. In der Literatur wird auch die Auffassung vertreten, dass das Optionsrecht in Ermangelung einer sachlichen Beziehung zur Veräußerung des Aktienbestandes erfolgswirksam auszubuchen sei.[1730] Von dieser mangelnden sachlichen Beziehung darf dann nicht ausgegangen werden, wenn während der „Laufzeit" bilanziell eine Bewertungseinheit abgebildet wurde.

Wird eine Stillhalterposition durch das Halten des Deckungsbestandes abgesichert und kommt es zu einer physischen Lieferung, ergibt sich der Veräußerungspreis aus dem Basispreis

---

1725 Vgl. *Patek*, Absicherung Teil 1, WPg 2007, S. 424.

1726 Vgl. *Bertsch/Kärcher*, Instrumente, in: Eller u. a., Instrumente, 2. Auflage 1999, S. 755; *A/D/S*, 6. Auflage 1995, § 246 HGB Rn. 476, § 252 HGB Rn. 80, § 275HGB Rn. 73; *Schwitters/Bogajewskaja*, in: Beck HdR, B 730 Rn. 45; *IDW*, Optionsgeschäfte, BFA 2/1995, WPg 1995, S. 421.

1727 Vgl. *Bertsch/Kärcher*, Behandlung, in: Eller u. a., Derivative Instrumente, 3. Auflage 2005, S. 572; *Krumnow/Sprißler u. a.,* Kreditinstitute, 2. Auflage 2004, § 340e HGB Rn. 459; *Bieg*, Optionen Teil II, StB 2003, S. 328; *Eisele/Knobloch*, Probleme Teil I, DStR 2003, S. 583; *Häuselmann/Wagner*, Aktienderivate, BB 2002, S. 2171; *Schick*, Besteuerung, 1998, S. 108, *IDW*, Optionsgeschäfte, BFA 2/1995, WPg 1995, S. 421;

1728 5 % gelten dabei als Ausgaben, die gem. § 8b Abs. 3 KStG nicht als Betriebsausgaben abgezogen werden dürfen.

1729 Vgl. *Briesemeister*, hybride Finanzinstrumente, 2006, S. 285

1730 Vgl. *Schmidt/Renner*, Verkaufsoption, DStR 2005, S. 2060.

zuzüglich der passivierten Optionsprämie. Der Veräußerungsgewinn bzw. -verlust ist die Differenz zwischen Buchwert und der Summe aus Basispreis und Optionsprämie.[1731] Auch in diesem Fall ist § 8b KStG anzuwenden.[1732] Auch hier ist eine Gesamtbetrachtung sachgerecht, da ohne den Deckungsbestand die Stillhalterposition nicht gesichert gewesen wäre.

Eine tatsächliche Kompensation setzt voraus, dass es zu einer Ausübung durch physische Lieferung kommt, von der aber in den meisten Fällen der Absicherung nicht ausgegangen werden kann.[1733]

2.2.2 Nicht gleichzeitige Beendigung

Ein anderes Ergebnis ergibt sich, wenn die Sicherungsbeziehung nicht durch Ausübung in Form einer physischen Lieferung beendet wird, sondern wenn es nur zu einer einseitigen Auflösung bzw. zu einer Nichtinanspruchnahme der Option kommt.[1734]

Bei Ausübung durch Barausgleich wird die Bewertungseinheit beendet. Da der Basisbestand nicht geliefert wird und daher die Ausübung der Option und der Basisbestand nicht in einem direkten Zusammenhang zueinander stehen, wird diese Art der Absicherung als eine mittelbare Absicherung verstanden.[1735] Verbleiben die Anteile im Betriebsvermögen, liegt kein Fall von § 8b KStG vor.[1736] Wenn die Aktien dagegen anderweitig veräußert werden, fällt nur dieser Tatbestand unter § 8b KStG. Die Ausübung der Option wird hingegen nicht von § 8b KStG erfasst.

Liegt eine zivilrechtliche Glattstellung vor, ist der Differenzbetrag erfolgswirksam zu vereinnahmen.[1737] In Ermangelung eines unter § 8b KStG zu subsumierenden Anteils wird diese Erfolgswirkung nicht von § 8b KStG erfasst. Eine gegebenenfalls vorzunehmende Abschreibung des Basiswertes[1738] oder die Erfolgswirkungen aus einer Veräußerung des Basiswertes fallen jedoch insgesamt unter § 8b KStG und führen zu einem steuerfreien Ergebnis.[1739] Eine möglicherweise während der Bewertungseinheit gebildete Drohverlustrückstellung ist ergebniswirksam aufzulösen.

Bei der wirtschaftlichen Glattstellung wird ein Gegengeschäft mit inhaltsgleichen Konditionen abgeschlossen, wodurch die Risiken des Grundgeschäftes neutralisiert bzw. begrenzt

---

1731 Vgl. *Eisele*, Rechnungswesen, 7. Auflage 2002, S. 205.

1732 Vgl. A.A. *Roser*, Steuerbefreiung, GmbHR 2003, S. 1251; *Häuselmann/Wagner*, Aktienderivate, BB 2002, S. 2172.

1733 Vgl. *Bieg*, Optionen Teil III, StB 2003, S. 380; *Windmöller/Breker*, Optionsgeschäfte, WPg 1995, S. 399; *Kommission für Bilanzierungsfragen des Bundesverbandes deutscher Banken*, DTB-Aktienoptionen, Die Bank 1990, S. 214.

1734 Es werden nachfolgend die verschiedenen Möglichkeiten analysiert.

1735 Vgl. *Patek* in Absicherung I, WPg 2007, S. 424; *Häuselmann/Wagner*, Aktienderivate, BB 2002, S. 2170.

1736 A. A. *Hahne*, Risikoabsicherungsgeschäfte, StuB 2008, S. 181.

1737 Vgl. *Häuselmann*, anteilsbezogene Derivate, Ubg 2008, S. 393.

1738 Da dieser innerhalb der Bewertungseinheit eingefroren wurde.

1739 Vgl. *Häuselmann/Wagner*, Aktienderivate, BB 2002, S. 2171

werden.[1740] Gemäß dem Saldierungsverbot (§ 246 Abs. 2 HGB) sind in der Bilanz zwei Geschäfte auszuweisen. Durch den Erwerb des gegenläufigen Optionsrechts entsteht eine neue Sicherungsbeziehung. Diese Sicherungsbeziehung ist im Zusammenhang mit Optionen, vorausgesetzt, es sind identische Ausstattungsmerkmale gegeben, die einzige Sicherungsbeziehung, bei der eine vollständige Korrelation vorliegen kann.[1741]

Lässt man bei steigenden Kursen das Optionsrecht verfallen, ist die Optionsprämie aufwandswirksam aufzulösen,[1742] ohne dass eine außerbilanzielle Hinzurechnung ausgelöst wird.[1743] Da von steigenden Kursen ausgegangen wurde, muss der Aktienbestand neu bewertet werden. Wegen fehlender gesetzlicher Regelung kommt es zu einer ergebniswirksamen Veränderung.[1744] Käme es zu einer Ergebniswirkung, müsste diese unter § 8b Abs. 2 KStG subsumiert werden und wäre damit aufgrund der außerbilanziellen Korrektur nicht steuerwirksam.

Würde der Stillhalter das Geschäft glattstellen bzw. durch Barausgleich beenden, ist der Verlust insgesamt steuerwirksam zu berücksichtigen, da § 8b KStG nicht berührt wird. Verfällt die Option, ist die Prämie erfolgswirksam auszubuchen.[1745]

Es konnte aufgezeigt werden, dass es nur bei Ausübung durch physische Lieferung tatsächlich zu einer vollständigen Kompensation kommt und nur in diesem Fall die Bestandteile der Bewertungseinheit unter § 8b KStG subsumiert werden. Es entstehen daher weitere Gestaltungsmöglichkeiten bei der Absicherung mit Optionen.

II. Steuerliche Verlustverrechnung

Neben der außerbilanziellen Korrektur muss im Zusammenhang mit Sicherungsbeziehungen auch zwingend die Verlustverrechnung untersucht werden.[1746] Nur bei einer vollumfänglichen Betrachtung kann eine sinnvolle steuerliche Beurteilung der Vorteilhaftigkeit eines Sachverhaltes vorgenommen werden.

1740 Vgl. *Hull*, Optionen, 6. Auflage 2006, S. 240. Dies sind Geschäfte ohne Verrechnungsabrede.

1741 Vgl. *Breker*, Optionsrechte, 1993, S. 189; *Birck/Meyer*, Bankenbilanz, 1988/89, S. V. 492.

1742 Vgl. *Schwitters/Bogajewskaja,* in: Beck HdR, B 730 Rn. 45; *Mauritz*, Konzepte, 1996, S. 289; *IDW*, Optionsgeschäfte, BFA 2/1995, WPg 1995, S. 421. Eine zeitanteilige Verteilung auf die Laufzeit wird zutreffenderweise abgelehnt.

1743 Vgl. *Häuselmann/Wagner*, Aktienderivate, BB 2002, S. 2171; *IDW*, Optionsgeschäfte, BFA 2/1995, WPg 1995, S. 421. Grundsätzlich würde es sich um abziehbare Betriebsausgaben handeln, wenn nicht § 15 Abs.4 EStG zum Tragen kommt.

1744 Kommt es zu einer Abschreibung gem. § 6 EStG, ist diese außerbilanziell aufgrund des § 8b Abs. 3 KStG nicht anzuerkennen. Vgl. *Häuselmann/Wagner*, Aktienderivate, BB 2002, S. 2171.

1745 Vgl. *Häuselmann*, anteilsbezogene Derivate, Ubg 2008, S. 394; *Häuselmann/Wagner*, Aktienanleihe, BB 2002, S. 2172.

1746 Vgl. *Kadel*, Zeitwert, 2004, S. 31.

Grundsätzlich wird die Verlustverrechnung über den Verlustausgleich oder den periodenübergreifenden Verlustabzug (§ 10d EStG) vorgenommen.[1747] Die Verlustverrechnung innerhalb eines Veranlagungszeitraums bei der Ermittlung der Summe der Einkünfte wird als Verlustausgleich bezeichnet.

Wird der grundsätzliche Mechanismus der Verlustverrechnung angewendet, so werden zunächst die Verluste (bzw. negativen Einkünfte) aus einer Einkunftsquelle bei der Ermittlung der Summe der Einkünfte nach § 2 Abs. 3 EStG mit positiven Einkünften anderer Einkunftsquellen verrechnet. Wenn die Verluste nicht innerhalb eines Veranlagungszeitraums verrechnet werden können, kommt es zu einem periodenübergreifenden Verlustabzug.[1748] Der Verlustabzug ist im Rahmen eines Verlustrück- oder -vortrags möglich. Die Regelung des § 10d EStG stellt dabei keine generelle Transformation von schwankenden Einkommen in andere Perioden dar, sondern der Sinn und Zweck der Vorschrift liegt vielmehr darin, dass individuelle Härten vermieden werden.[1749]

Da es bei Verlusten aus Termingeschäften in Abhängigkeit von der Zwecksetzung des Termingeschäftes zu einer Einschränkung der gesetzlichen Systematik kommt, wird dies im Folgenden näher betrachtet.

1. Verlustnutzungsbeschränkung nach § 15 Abs. 4 EStG

Durch das Steuerentlastungsgesetz 1999/2000/2002[1750] wurde die steuerliche Behandlung von Termingeschäften zum ersten Mal gesetzlich im EStG kodifiziert. Die Vorschrift des § 15 Abs. 4 EStG ist laut Gesetzesbegründung und der Kommentierung der Fachliteratur als „Folgeänderung" zu § 23 EStG a. F. zu sehen.[1751] Gemäß § 23 EStG sind seit dem Jahr 1999 die privaten Termingeschäfte zu den Veräußerungsgeschäften zu zählen.[1752] Der Verlustausgleich und der -abzug sind bei diesen Geschäften nur eingeschränkt möglich. Um die missbräuchliche Gestaltung zu verhindern, nämlich dass Verluste aus Termingeschäften in den betrieblichen Bereich verlagert werden, wurde auch ein Verlustausgleich und Abzugsverbot für Verluste aus Termingeschäften des betrieblichen Bereichs gesetzlich geregelt. Vom

---

[1747] Vgl. *Intemann,* in: H/H/R, § 15 EStG Rn. 1531; BVerfG vom 30.09.1998, 2 BvR 1818/91, BverfGE 99, S. 88. Zu einem endgültigen Untergang der Verluste kommt es, wenn eine Körperschaft liquidiert wird.

[1748] Verlustrück- (§ 10d Abs.1 EStG ein Veranlagungszeitraum und 511.500 €); Verlustvortrag (§ 10d Abs.2 EStG, zeitlich unbegrenzt, die Verrechnung des Verlustvortrags ist eingeschränkt).

[1749] Vgl. *Küting/Kessler*, Leistungsfähigkeit, StuB 2000, S. 24.

[1750] Steuerentlastungsgesetz (1999/2000/2002) vom 24.03.1999, BGBl I 1999, S. 402. Die Norm wurde auch noch durch das das Steuersenkungsgesetz geändert. Steuersenkungsgesetz vom 23.10.2000, BGBl 2000, S. 1433.

[1751] Vgl. *Wacker,* in: Schmidt EStG, 27. Auflage 2008, § 15 EStG Rn. 895; *Stuhrmann,* in: Blümich, § 15 EStG Rn. 655; *Kupka/Süß*, Optionsprämien, FR 2002, S. 443; *Tibo*, Termingeschäft, DB 2001, S. 2369; *Sorgenfrei,* Termingeschäfte, DStR 1999, S. 1933.

[1752] Durch das Steuerentlastungsgesetz 1999/2000/2002 wurden private Termingeschäfte der Besteuerung des § 23 EStG unterworfen; BT-Drucks. 14/443, S. 17.

Fachschrifttum wird angeprangert, dass es keinen Sinn ergibt, dass auch Kapitalgesellschaften unter den Anwendungsbereich des § 15 Abs. 4 EStG fallen, wenn die Vorschrift einer Vermeidung der Verlustverlagerung in den betrieblichen Bereich dienen soll.[1753]

Gemäß § 15 Abs. 4 S. 3 EStG unterliegen Verluste aus Termingeschäften, durch die der Steuerpflichtige einen Differenzausgleich oder einen durch den Wert einer veränderlichen Bezugsgröße bestimmten Geldbetrag oder Vorteil erlangt, dem eingeschränkten Verlustausgleichs- und -abzugsverbot.[1754] § 15 Abs. 4 S. 3 EStG soll bezwecken, dass die Verrechnung von Verlusten aus bestimmten spekulativen Geschäften mit positiven Ergebnissen des übrigen Geschäftsbetriebs verhindert wird.

Es soll sichergestellt werden, dass Verluste aus betrieblichen Termingeschäften auch nur mit Gewinnen aus diesen verrechnet werden.[1755] Aus diesem Grund müssen die Termingeschäfte – Saldo der im Geschäftsjahr angefallenen Termingeschäfte – aus der GuV des Unternehmens ausgesondert werden, um sie separat behandeln zu können.[1756] Die Verluste aus Termingeschäften bilden einen gesonderten Verlustverrechnungskreis.[1757] Es handelt sich um ein eingeschränktes Verlustausgleich- und Verlustabzugsverbot.

Neben der Missbrauchsbekämpfung besteht der inhaltliche Zweck der Vorschrift darin, dem Charakter und damit einhergehend der unterschiedlichen Zwecksetzung von Termingeschäften Rechnung zu tragen. Daher wird die Vorschrift auch als Lenkungsnorm des Gesetzgebers gesehen, der den Einsatz von spekulativen Termingeschäften als gesamtwirtschaftlich gefährdend ansieht.[1758] Dienen Termingeschäfte der Spekulation, dann sollen Verluste innerhalb der Gewinnermittlung nur eingeschränkt Berücksichtigung finden. Dienen sie hingegen dem gewöhnlichen Geschäftsbetrieb von Finanzunternehmen oder bei Unternehmen aller Branchen der Absicherung von Risiken, fallen sie nicht unter die Verlustbeschränkung. Der Finanzausschuss grenzt die Geschäfte, die nicht zum gewöhnlichen Geschäftsbetrieb von Finanzunternehmen[1759] gehören, derart ab, dass er zwischen Termingeschäften unterscheidet, die spekulativ gehalten werden und solchen, die der Absicherung dienen.[1760] In der Literatur

---

1753 Die Regelung ist sowohl auf natürliche Personen als auch auf körperschaftsteuerpflichtige Steuersubjekte nach § 8 Abs.1 KStG und auf Personengesellschaften anzuwenden. BFH vom 18.12.2003; IV B201/03, BStBl II 2004, S. 231; BFH vom 01.07.2004, IV R 67/00, DB 2004, S. 2401.

1754 Vgl. *Pietsch*, Gewinnermittlung, 2006, S. 163; *Haisch*, Swapgeschäfte, DStZ 2004, S. 513; *Widmayer*, Risikomanagement, 2002, S. 108.

1755 Vgl. *Reiß*, in: Kirchhof EStG, 8. Auflage 2008, § 15 EStG Rn. 601. *Intemann*, in: H/H/R, § 15 EStG Rn. 1530; *Herrmann*, in: Frotscher EStG, § 15 EStG Rz. 336; *Wagner*, Termingeschäfte, DStZ 2003, S. 798; *Sorgenfrei*, Termingeschäfte, DStR 1999, S. 1933.

1756 Vgl. *Hermann*, in: Frotscher EStG, § 15 EStG Rz. 361; *Bitz*, in: Littmann/Bitz/Pust, Einkommensteuerrecht, § 15 EStG Rn. 183.

1757 S. BMF vom 29.11.2004, IV C 8 – S 2225 – 5/04, BStBl I 2004, S. 1097.

1758 Vgl. *Reiner*, Finanzinstrumente, 2002, S. 404; *Tibo*, Termingeschäft, DB 2001, S. 2370.

1759 Vgl. *Haisch*, Swapgeschäfte, DStZ 2004, S. 513. Bei Banken gilt dies unabhängig davon, ob die Termingeschäfte zur Absicherung oder zur Spekulation verwendet werden.

1760 Entwurf eines Steuerentlastungsgesetzes vom 03.03.1999, BT-Drucks. 14/443, S. 28.

wird eine solche Differenzierung zwischen „guten“ und „bösen“ Termingeschäften und die sich daraus ergebende unterschiedliche Behandlung als nicht gerechtfertigt angesehen.[1761]

2. Abgrenzung zwischen Termingeschäften und anderen Finanzinstrumenten

Bereits die inhaltliche Abgrenzung der Termingeschäfte führt zu erheblichen Auslegungsproblemen, da § 15 Abs. 4 EStG für Termingeschäfte keine Legaldefinition enthält.[1762] Unter die Termingeschäfte sind sowohl Swaps, Forwards, Futures als auch die Long Position bei Optionen zu fassen und somit den Rechtsfolgen des § 15 Abs. 4 S. 3 EStG zu unterwerfen.[1763] Der BFH hat bezüglich der Behandlung von Termingeschäften des Privatvermögens entschieden, dass es sich bei einer Stillhalterposition nicht um ein Termingeschäft handelt.[1764] Dieses Urteil ist auch auf § 15 Abs. 4 EStG anzuwenden.[1765] Auch strukturierte Produkte sind nicht unter § 15 Abs. 4 EStG zu fassen, da es sich bei ihnen insgesamt um Kassageschäfte handelt.[1766]

Uneinigkeit besteht darüber, ob die Vorschrift nur Termingeschäfte mit Barausgleich oder auch solche mit physischer Lieferung erfasst.[1767] Die h. M. des Schrifttums vertritt die

---

1761 Vgl. *Wotschofsky/Thomas*, Besteuerung, FB 2003, S. 34; *Sorgenfrei*, Termingeschäfte, DStR 1999, S. 1932.

1762 Der Gesetzgeber hat im Gesetzgebungsverfahren vielmehr einen Verweis auf das WpHG (§ 2 Abs. 2 WpHG) und das KWG (§ 1 Abs. 11 KWG) vorgenommen; dort wird der Begriff des Termingeschäftes aber nicht definiert, sondern lediglich im Rahmen der Definition des Derivats verwendet und die inhaltliche Konkretisierung vielmehr vorausgesetzt. Vgl. *Häuselmann*, anteilsbezogene Derivate, Ubg 2008, S. 393; *Haisch/Danz*, Besteuerung, DStR 2005, S. 2112; *Wagner*, Termingeschäfte, DStZ 2003, S. 799; *Schmittmann/Welper*, Verlustausgleichsbeschränkungen, DStR 2001, S. 1784; *Tibo*, Termingeschäft, DB 2001, S. 2370; *Hermann*, in: Frotscher EStG, § 15 EStG Rz. 349; *Sorgenfrei*, Termingeschäfte, DStR 1999, S. 1930; Entwurf eines Steuerentlastungsgesetzes vom 03.03.1999, BT-Drucks. 14/443, S. 28. Im Rahmen der Einführung der Abgeltungssteuer wurde der Katalog der Einkünfte aus Kapitalvermögen erweitert; im Rahmen dieser Umstellung wurden die Termingeschäfte im § 20 Abs. 2 Nr. 3 EStG erfasst. Nach Verwaltungsauffassung umfasst der Begriff des Termingeschäftes sämtliche als Options- und Festgeschäfte ausgestalteten Finanzinstrumente, deren Preis unmittelbar oder mittelbar von einem (Basiswert) abhängt. Zudem werden Termingeschäfte für Kreditinstitute in § 36 RechKRedV definiert. Zudem BFH vom 17.04.2007, IX R 40/06, BStBl II 2007, S. 608.

1763 Vgl. *Haisch*, Swapgeschäfte, DStZ 2004, S. 513; *Feyerabend*, in: Erle/Sauter KStG, § 15 EStG Rn. 29ff; *Wendt*, in: H/H/R, § 15 EStG Rn. 16. Swaps sind unter die Termingeschäfte zu subsumieren. Vgl. *Intemann*, in: H/H/R, § 15 EStG Rn. 1550; *Tibo*, Termingeschäft, DB 2001, S. 2371. Bei Futures und Forwards handelt es sich unstrittig um unbedingte Termingeschäfte, und auch die Käuferposition bei Optionen wird vom § 15 Abs. 4 EStG erfasst.

1764 Vgl. BFH vom 17.04.2007, IX R 40/06, BStBl II 2007, S. 608; Vorinstanz: FG Niedersachsen vom 08.08.2006, 13 K 463/02, EFG 2007, S. 126.

1765 Vgl. *Häuselmann*, anteilsbezogene Derivate, Ubg 2008, S. 394. S. *Intemann*, in: H/H/R, § 15 EStG Rn. 1550; *Tibo*, Termingeschäft, DB 2001, S. 2369 und 2371. Die Stillhalterposition/-prämie fällt auch nicht unter den § 23 Abs. 1 Nr. 4 EStG a.F. (§ 20 Abs. 2 Nr. 3 EStG n.F.), sondern unter den § 22 Nr. 3 EStG a. F. (§ 20 Abs. 1 Nr. 11 EStG n.F.).

1766 Vgl. *Wagner*, Termingeschäfte, DStZ 2003, S. 800. Auch wenn sie in Anlehnung an die Auffassung/Stellungnahme des IDWs zerlegt worden sind, handelt es sich bei der Beendigung um ein Geschäft.

1767 § 15 Abs.4 S. 3 EStG: „Nur die Termingeschäfte, durch die der Steuerpflichtige einen Differenzausgleich oder einen durch den Wert einer veränderlichen Bezugsgröße bestimmten Geldbetrag oder Vorteil erlangt/bzw. die Absicht des Steuerpflichtigen besteht.“

Auffassung, dass Termingeschäfte mit physischer Lieferung nicht von § 15 Abs. 4 EStG erfasst werden, da es im Gesetzestext nur heißt: „durch die der Steuerpflichtige einen Differenzausgleich oder einen durch den Wert einer veränderlichen Bezugsgröße bestimmten Geldbetrag oder Vorteil erlangt".[1768] Nach Auffassung der Finanzverwaltung sind auch solche Geschäfte, die auf physische Lieferung gerichtet sind, unter den Begriff der Termingeschäfte und damit unter § 15 Abs. 4 EStG zu fassen.[1769]

3. Ausnahme der Verlustnutzungsbeschränkung

Um den Einsatz von geschäftstypischen und nicht zu „Spekulationszwecken" verwendeten Termingeschäften nicht zu behindern, sieht § 15 Abs. 4 S. 4 EStG zwei Ausnahmen von der Einschränkung der Verlustverrechnung vor. Die erste Ausnahme besteht für Finanzunternehmen und deren Geschäfte des gewöhnlichen Geschäftsbetriebs.[1770] Die zweite Ausnahme gilt branchenunabhängig für alle Termingeschäfte, die der Absicherung von Geschäften des gewöhnlichen Geschäftsbetriebs dienen.[1771] Der Begriff des gewöhnlichen Geschäftsbetriebs ist nicht näher definiert, aber nach h. M. im Sinne der handelsrechtlichen Auslegung zu verstehen.[1772] Termingeschäfte gehören zum Betriebsvermögen, wenn ein Zusammenhang mit dem Betrieb nach Art, Inhalt und Zweck des zu beurteilenden Geschäftes besteht. Es muss sich dabei nicht um branchentypische Geschäfte handeln.[1773]

Absicherungsgeschäfte sollen nicht durch die Beschränkung der Verlustverrechnungsmöglichkeit behindert werden, weil es sich nach der Zwecksetzung nicht um Spekulationsgeschäfte handelt. Vielmehr soll eine unbeschränkte Verlustverrechnung gerechtfertigt sein, wenn ein

---

[1768] Vgl. *Häuselmann*, anteilsbezogene Derivate, Ubg 2008, S. 393; *Schmidt/Renner*, Verkaufsoptionen, DStR 2005, S. 2061; *Johannemann*, Aktienswaps, BB 2004, S. 2440; *Häuselmann/Wagner*, Aktienanleihen, BB 2002, S. 2432; *Tibo*, Termingeschäft, DB 2001, S. 2370; *Schlüter*, Besteuerung, DStR 2000, S. 226. Dort heißt es nämlich, „ein Differenzausgleich oder einen durch den Wert einer veränderlichen Bezugsgröße bestimmten Geldbetrag oder Vorteil" erlangen muss, und damit nicht den physischen Wert.

[1769] Vgl. Bayrisches Landesamt für Steuern vom 9.03.2007, DStR 2007, S. 719; BMF vom 23.09.2005, IV B 2 -S 2119- 7/05, DB 2005, S. 2269. *Herrmann,* in: Frotscher EStG, § 15 EStG Rz. 349. Es wird aber auch die Meinung vertreten, dass unter „Vorteil" auch die Lieferung von Gegenständen gefasst werden könnte.

[1770] Der Satz 4 ist nur im Kontext mit § 8b Abs.7 KStG zu verstehen. Vgl. *Intemann,* in: H/H/R, § 15 EStG Rn. 1531. Die Sonderbehandlung von Finanzunternehmen im Sinne des KWG ist verfassungsrechtlich für sich gesehen unbedenklich. Dies wurde durchgeführt, um den Finanzplatz Deutschland nicht zu gefährden.

[1771] Vgl. *Pietsch*, Gewinnermittlung, 2006, S. 163; *Haisch,* Swapgeschäfte, DStZ 2004, S. 514; *Sorgenfrei*, Termingeschäfte, DStR 1999, S. 1931.

[1772] Vgl. *Haisch*, Swapgeschäfte, DStZ 2004, S. 511; *Sorgenfrei*, Termingeschäft, DStR 1999, S. 1931. des § 116 HGB (oder gem. §§ 275, 277 Abs. 1 HGB) Hierbei handelt es sich um einen auslegungsbedürftigen Begriff, der in Anlehnung an § 116 Abs. 1 HGB zu interpretieren ist; demnach sind alle die Geschäfte zum gewöhnlichen Geschäftsbetrieb zu rechnen, die nach Art, Umfang und Risiko beim vorliegenden Unternehmen grundsätzlich vorkommen können.

[1773] Vgl. BFH vom 20.04.1999, VIII R 63/96, BStBl II 1999, S. 466.

Absicherungszweck im Vordergrund steht. Innerhalb des § 15 Abs.4 EStG wird daher eine weitere Differenzierung nach der Zwecksetzung der Finanzinstrumente vorgenommen.[1774]
Die Ausnahmeregeln des § 15 Abs. 4 S. 4 EStG werden durch § 15 Abs. 4 S. 5 EStG[1775] aufgehoben, wenn die Verluste aus Termingeschäften realisiert werden, die der Absicherung von Aktiengeschäften dienen. Da die Gewinne gemäß § 8b Abs. 2 KStG bei der Ermittlung des Einkommens außer Ansatz bleiben, unterliegen die Verluste der Verlustverrechnungsbeschränkung.[1776] Hiervon wird aber nicht der gesamte Anwendungsbereich des § 8b KStG erfasst, sondern nur Aktiengeschäfte, die unter den § 8b KStG zu subsumieren sind; daher ist der Anwendungsbereich zu eng gefasst.[1777] Das grundsätzliche Ziel dieser Regelung ist, Steuergestaltungen im Zusammenhang mit Termin- und Sicherungsgeschäften einzudämmen.[1778]
In der Kommentarliteratur wird die Auffassung vertreten, dass ein Termingeschäft auf jeden Fall der Absicherung i. S. von § 15 Abs. 4 S. 4 EStG dient, wenn es zu einer Bewertungseinheit i. S. von § 5 Abs. 1a EStG gehört. Daraus kann aber nicht der Umkehrschluss gezogen werden, dass ein Absicherungsgeschäft i. S. von § 15 Abs. 4 S. 4 EStG zwingend Teil einer Bewertungseinheit sein muss. Vielmehr sind auch die Absicherungsgeschäfte unter den § 15 Abs. 4 S. 4 EStG zu fassen, die nicht die Voraussetzungen erfüllen, die an eine Bewertungseinheit gestellt werden.[1779] Ein perfekter Hedge wäre zudem keine Voraussetzung für die Anwendung des § 15 Abs. 4 S. 4 EStG.[1780] Fraglich ist, ob der Gesetzgeber nur die Termingeschäfte meinte, die der Absicherung dienen, oder auch die, die abgesichert werden. Insbesondere, wenn durch Termingeschäfte nicht nur Risiken abgesichert, sondern neue Risiken begründet werden, könnten sich Anwendungsprobleme ergeben.[1781] Die Auswirkungen des § 15 Abs. 4 S. 4 EStG auf die Ergebnisse der Bewertungseinheit werden im Folgenden kurz untersucht.

1774 Sorgenfrei prangert die Differenzierung zwischen „guten" und „bösen" Geschäften an, da beide Seiten für funktionierende Märkte bestehen müssen. Es bestehen verfassungsrechtliche Bedenken gegenüber der Vorschrift. Vgl. *Sorgenfrei*, Termingeschäft, DStR 1999, S. 1933. Zudem wird in § 15 Abs.4 EStG eine Ungleichbehandlung von unterschiedlichen Wirtschaftszweigen gesehen.

1775 Der im Rahmen des Gesetzes zur Änderung des Investitionszulagengesetzes 1999 eingeführt worden ist. Gesetz zur Änderung des Investitionszulagengesetzes 1999, vom 20.12.2000, BGBl I 2000, S. 1850. Siehe hierzu *Herrmann,* in: Frotscher EStG, § 15 EStG Rz. 338.

1776 Nähere Erläuterungen in Kapitel D I dieser Arbeit.

1777 Geht man davon aus, dass der Gesetzgeber mit dem § 15 Abs. 4 S. 5 EStG eine Gleichstellung von Steuerpflicht bzw. Steuerfreiheit von Grundgeschäften und Absicherungsgeschäften angestrebt haben sollte, dann ist der Wortlaut des § 15 Abs.4 S.5 EStG zu eng geraten, da es hier rein um die Ansicherung von Aktiengeschäften geht.

1778 Vgl. *Wagner*, Termingeschäfte, DStZ 2003, S. 800.

1779 Vgl. *Haisch*, Swapgeschäfte, DStZ 2004, S. 511; *Wagner*, Termingeschäfte, DStZ 2003, S. 800.

1780 Vgl. *Intemann,* in: H/H/R, § 15 EStG Rn. 1531; *Haisch*, Swapgeschäfte, DStZ 2004, S. 514; *Wagner*, Termingeschäfte, DStZ 2003, S. 800; *Wotschofsky/Thomas*, Besteuerung, FB 2003, S. 35; Tibo, DB 2001, S. 2372.

1781 Vgl. *Wagner*, Termingeschäfte, DStZ 2003, S. 798.

4. Behandlung von Verlusten aus Sicherungsbeziehungen

Im Schrifttum wird die Ansicht vertreten, dass es sich bei § 15 Abs. 4 EStG im Ergebnis nur um endgültige Verluste handeln kann, da die Vorschrift in Anlehnung an § 23 EStG a. F. kodifiziert wurde. Somit ist eine steuerliche Erfassung auch nur dann sinnvoll, wenn sie mit der Beendigung des Termingeschäfts erfolgt.[1782]

Es wird aber auch die Meinung vertreten, dass § 15 Abs. 4 EStG in Anlehnung an § 15 Abs. 4 S. 1 EStG zu sehen sei und daher auch Verluste aus Teilwertabschreibungen berücksichtigt werden müssen.[1783] Grundsätzlich ist zu beachten, dass bei den meisten Termingeschäften während deren Laufzeit nur Verluste in Form von steuerunwirksamen Drohverlusten generiert werden.

Zudem sind nur die Verluste unter diese Vorschrift zu subsumieren, die sich aus der Abwicklung des Termingeschäftes selber ergeben.[1784] Der Verkauf eines entgeltlich erworbenen Optionsrechts stellt hingegen keinen Verlust aus Termingeschäften dar, weil das Geschäft zum Zeitpunkt der Veräußerung vollständig abgewickelt ist.[1785] Es besteht aber auch die Mindermeinung, dass unabhängig von dem Grund der Beendigung, ob durch Ausübung, Verfall oder Glattstellung, ein Verlust aus einem Termingeschäft entsteht, der unter § 15 Abs.4 EStG zu subsumieren ist.[1786] Maßgeblich sei nur, dass der Optionsnehmer einen Differenzausgleich oder einen Vorteil erlangen möchte, der von einer Bezugsgröße abhängt.[1787] Der BFH hat in dem Urteil vom 19.12.2007 zu einem im Privatvermögen gehaltenen Optionsgeschäft entschieden, dass das Verfallenlassen eines Optionsgeschäftes nicht unter § 23 Abs. 1 Nr. 4 EStG zu subsumieren ist. Die Rechtsfolgen würden nur eintreten, wenn der Optionsinhaber durch die Beendigung des erworbenen Rechtes auf Differenzausgleich tatsächlich einen Differenzausgleich durch Ausüben des Geschäftes erlangt.[1788] Hieran fehlt es, wenn der Optionsinhaber die Option verfallen lässt.[1789] Verfällt eine Kaufoption durch Nichtausübung, ergibt sich ein Aufwand, aber kein nach § 15 Abs. 4 EStG zu berück-

---

1782 Vgl. *Kupka/Süß*, Optionsprämien, FR 2002, S. 443f.

1783 Vgl. *Reiner*, Finanzinstrumente, 2002, S. 404; BFH vom 05.02.1981 IV R 163/77, BStBl II 1981, S. 359, zu § 15 IV Nr.1 EStG.

1784 Vgl. *Tibo*, Termingeschäft, DB 2001, S. 2370; *Schlüter*, Besteuerung, DStR 2000, S. 230. Die Veräußerung ist hingegen nicht erfasst.

1785 Vgl. *Intemann*, in: H/H/R, § 15 EStG Rn. 1550; *Häuselmann/Wagner*, Aktienderivate, BB 2002, S. 2170; *Tibo*, Termingeschäft, DB 2001, S. 2370; *Schlüter*, Besteuerung, DStR 2000, S. 230. Kommt es bei einer Kaufoption zur Lieferung des Basiswertes und bei einem späteren Verkauf zu einem Verlust, ist auch dieser nicht mehr unter § 15 Abs.4 EStG zu subsumieren.

1786 Vgl. *Intemann*, in: H/H/R, § 15 EStG Rn. 1550.

1787 Vgl. *Intemann*, in: H/H/R, § 15 EStG Rn. 1550; FG Münster vom 07.12.2005, EFG 2006, S. 669, FG Baden Württemberg vom 05.06.2003, EFG 2004, S. 907, *Delp*, Termingeschäfte, INF 1999, S. 586.

1788 Vgl. *BFH* vom 19.12.2007, IX R 11/06, DStR 2008, S. 968; *Häuselmann*, anteilsbezogene Derivate, Ubg 2008, S. 393. Die Übertragung des begrifflich identisch konzipierten § 23 Abs.1 S. 1 Nr.4 EStG a. F. auf den § 15 Abs.4 EStG ist möglich.

1789 Vgl. BMF vom 27.11.2001, IV C 3 – S 2256 – 256/01, BStBl I 2001, S. 986.

sichtigender Verlust, da es an der Beendigung des Rechts mit Folge eines Differenzausgleichs fehlt.[1790]

Im Folgenden wird die Behandlung von Bewertungseinheiten erneut anhand von Optionen betrachtet. Da es sich bei der Stillhalterposition – wie bereits dargestellt – um kein Termingeschäft im Sinne des § 15 Abs. 4 EStG handelt, wird nun das Ergebnis der Verkaufsoption beim Optionskäufer betrachtet. Sollten in Anlehnung an § 15 Abs. 1 EStG zwischenzeitliche Verluste von § 15 Abs. 4 EStG erfasst werden, fallen die Wertüberhänge aus Bewertungseinheiten nicht unter diese Vorschrift, da es sich eindeutig um Verluste aus einer Absicherung handelt, auch wenn diese gerade nicht tatsächlich gesichert sind. Vielmehr stellt sich aber die Frage, wie bei Beendigung der Bewertungseinheit vorzugehen ist. Kommt es im Rahmen der Abwicklung einer Bewertungseinheit zur Ausübung durch physische Lieferung, ist entgegen der h. M. nach Auffassung des BMF unter Einzelbetrachtungsgesichtspunkten ein Fall gegeben, der unter § 15 Abs. 4 EStG zu subsumieren ist. Da es sich in diesem Fall um eine tatsächliche Abwicklung der Bewertungseinheit handelt, entstehen keine Probleme. Die Verluste aus der Abwicklung des Geschäftes dürfen uneingeschränkt verrechnet werden. Grundsätzlich könnten sich Probleme ergeben, wenn § 15 Abs. 4 S. 5 EStG Anwendung findet und damit eine Verlustverrechnung nicht möglich ist. Da die bei Ausübung durch physische Lieferung entstehenden Ergebniswirkungen unter § 8b KStG fallen, entstehen keine steuerwirksamen Verluste und § 15 Abs. 4 EStG läuft ins Leere. Folgt man der h. M., gilt § 15 Abs. 4 EStG nur für die Fälle, in denen es tatsächlich zu einem Differenzausgleich kommt.[1791] Bei Ausübung durch Barausgleich stellt sich die Frage, ob es sich um einen Verlust aus einem Absicherungsgeschäft handelt, bei dem der Verlust verrechnet werden darf, oder ob dieser Verlust im Zusammenhang mit der Ergebniswirkung des Grundgeschäftes zu sehen ist und damit § 8b KStG anzuwenden wäre. Dadurch würde es gem. § 15 Abs. 4 S. 5 EStG zu einer Beschränkung der Verlustverrechnung kommen. Wird eine Bewertungseinheit durch Glattstellung oder Verfall der Option beendet, handelt es sich, auch wenn ein „eigenständiges" Termingeschäft vorliegt, laut Auffassung des BFH nicht um einen Fall des § 15 Abs. 4 EStG.

[1790] Vgl. *Häuselmann*, anteilsbezogene Derivate, Ubg 2008, S. 393; BFH vom 19.12.2007, IX R 11/06, DStR 2008, S. 968; *Schmidt/Renner*, Verkaufsoption, DStR 2005, S. 2061; A. A. *Intemann,* in: H/H/R, § 15 EStG Rn. 1550.

[1791] Nach h. M. ist hierunter nur der Barausgleich zu fassen, nach Auffassung des BMF vom 23.09.2005, IV B 2 -S 2119- 7/05, DB 2005, S. 2269 aber auch die physische Lieferung.

E. Zusammenfassende Betrachtung und Ausblick

I. Ausgangssituation bei der Einführung des BilMoG

Die vorliegende Arbeit beschäftigt sich mit der bilanziellen Behandlung von Sicherungsbeziehungen. Der Fokus liegt hierbei auf der Herausarbeitung der Auswirkungen der handelsrechtlichen Behandlung von Sicherungsbeziehungen auf die Steuerbilanz sowie auf die außerbilanzielle Ebene.

Sicherungsbeziehungen sind in der finanzwirtschaftlichen Praxis vorgenommene Absicherungen der einem Grundgeschäft inhärenten Risiken durch den Abschluss eines Sicherungsgeschäftes mit entgegengesetztem Risikoprofil.[1792] Die reziproke Risikoentwicklung der beiden Geschäfte führt zu einer kompensatorischen Wirkung, womit das Risiko teilweise minimiert bzw. vollständig neutralisiert werden kann. Zur Absicherung insbesondere der finanzwirtschaftlichen Preisrisiken, die aus Zins-, Währungs- und sonstigen Preisrisiken bestehen, werden in der Praxis vielfach und im zunehmenden Maße derivative Finanzinstrumente eingesetzt. Das Angebot von und damit die Nachfrage nach solchen Derivaten hat sich dementsprechend in den letzten zwei Jahrzehenten sehr dynamisch entwickelt und gegenseitig verstärkt.

Während die genannte Entwicklung bei den Finanzinstrumenten und der Aufbau von teilweise komplexen unternehmerischen Risikomanagementsystemen dazu geführt haben, dass Risiken gezielt identifiziert, bewertet sowie abgesichert werden konnten, hat die bilanzielle Darstellung diese Entwicklung nicht nachvollzogen. Aufgrund der Anwendung der traditionellen GoB ist es zu der Situation gekommen, dass in der Handelsbilanz und durch die Maßgeblichkeit auch in der Steuerbilanz ein falsches Bild der tatsächlichen Risikosituation von Unternehmen dargestellt wurde. Es ist von Seiten der Praxis, des Schrifttums und des Gesetzgebers kritisiert worden, dass aufgrund der handelsrechtlichen Normen stets ein Verlust in der Bilanz ausgewiesen werden musste, obwohl den potentiellen Verlusten durch die wirtschaftliche Absicherung im gleichen Maße potentielle Gewinne gegenüberstanden. In Reaktion auf diese Situation und in Ermangelung von spezifischen gesetzlichen Regelungen für die bilanzielle Abbildung von Sicherungsbeziehungen im nationalen Bereich ist die Praxis teilweise dazu übergegangen, die existierenden wirtschaftlichen Sicherungsbeziehungen auf Basis von Verlautbarungen des IDW und von branchenspezifischen Regelungen trotzdem bilanziell abzubilden. Dies hat dazu geführt, dass die abgesicherten Verluste in der Handelsbilanz und folglich auch in der Steuerbilanz nicht mehr ausgewiesen wurden.

Diese Vorgehensweise, handelsrechtlich gebildete Bewertungseinheiten ebenfalls in der Steuerbilanz abzubilden, wurde vom BFH in einem Gerichtsbescheid vom 19.03.2002

1792 Anstatt des Abschlusses eines Geschäftes mit gegenläufigem Risikoprofil wird bei antizipativen Sicherungsbeziehungen vielmehr ein bestimmter Wert auf einen späteren Zeitpunkt fixiert.

allerdings nur in sehr engen Grenzen akzeptiert. Vielmehr hat der BFH strikte Voraussetzungen genannt, unter denen handelsrechtlich gebildete Bewertungseinheiten und deren Ergebnisse steuerbilanziell abgebildet werden dürfen. Wäre dieser Gerichtsbescheid rechtskräftig geworden, hätten die Bewertungseinheiten nur noch in sehr engen Grenzen gebildet werden dürfen. Da der Gesetzgeber befürchtete, dass der BFH seine Auffassung in einem rechtskräftigen Urteil bestätigen würde, hat er den § 5 Abs. 1a EStG (erweiterte Maßgeblichkeit) eingeführt. Dieser gibt vor, dass die Ergebnisse handelsrechtlich gebildeter Bewertungseinheiten auch für die steuerliche Gewinnermittlung maßgeblich sind, was dazu führt, dass handelsrechtlich nicht ausgewiesene Verluste auch in der Steuerbilanz nicht abbildbar sind. Die im Einkommensteuergesetz eingeführte Norm ist aber wegen der fehlenden handelsrechtlichen Regelung ins Leere gelaufen. Aufgrund dieser Tatsache und angesichts der grundsätzlichen Problematik der falschen bilanziellen Abbildung von in der finanzwirtschaftlichen Praxis gebildeten Sicherungsbeziehungen ist im Rahmen des BilMoG der § 254 HGB eingeführt worden, der eben diese Abbildung durch eine gesetzlich kodifizierte Bewertungseinheit ermöglichen soll. Ziel des § 254 HGB ist es folglich, die Informationsfunktion der handelsrechtlichen Bilanz zu stärken und der Praxis den Einsatz und die Anwendung von Sicherungsbeziehungen zu erleichtern; außerdem geht es darum, Benachteiligungen zu unterbinden, die daraus resultieren, dass Unternehmen, die Risikoabsicherung betreiben, bilanziell ein schlechteres Bild ihrer wirtschaftlichen Lage darstellen müssen als Unternehmen, die keine Risiken absichern.

Bei der Umsetzung des § 254 HGB und vor allem in der Gesetzesbegründung hat sich der Gesetzgeber teilweise ausdrücklich an die internationalen Gepflogenheiten bei der Behandlung von Sicherungsbeziehungen bzw. beim Hedge Accounting angelehnt und in vielen Fällen wohl auch daran orientiert, ohne dies explizit herauszustellen. Bei dem dadurch legitimen Vergleich der beiden Rechnungslegungswerke fällt auf, dass der deutsche Gesetzgeber eine sehr kurze Regelung, welche nur aus zwei Sätzen besteht, eingeführt hat, wohingegen sich das IFRS in mehreren Standards mit Finanzinstrumenten und innerhalb des IAS 39 in detaillierten Regelungen mit dem Hedge Accounting beschäftigt. Der nationale Gesetzgeber hat somit eine sehr offene und weite Regelung in Bezug auf Bewertungseinheiten implementiert.

II. Untersuchungshergang und Problemanalyse

Inwiefern der Gesetzgeber seine Intention und seine Ziele durch die Einführung des § 254 HGB erreicht hat, wurde in dieser Arbeit untersucht. Hauptsächlich stand jedoch die Fragestellung der steuerlichen Auswirkungen dieser Regelung, die über die erweiterte Maßgeblichkeit zum Tragen kommt, im Vordergrund der Analyse.

Hierzu wurde zunächst das notwendige Fundament gelegt durch die Analyse der finanzwirtschaftlichen Grundlagen und der Einsatzmotivation von Finanzinstrumenten innerhalb von Sicherungsbeziehungen. Insbesondere wurden die charakteristischen Merkmale der Finanzinstrumente herausgearbeitet, für die in der späteren Betrachtung mitunter erhebliche Auswirkungen auf die bilanzielle Abbildung von Sicherungsbeziehungen aufgezeigt werden konnten. Zunächst wurde im Detail die bilanzielle Abbildung alleinstehender Finanzinstrumente unter Anwendung des Einzelbewertungsprinzips aus handels- und steuerrechtlicher Perspektive analysiert. Bei der Untersuchung der Einsatzzwecke konnten mit dem Wertänderungs- und Zahlungsstromrisiko vor allem zwei unterschiedliche finanzwirtschaftliche Risikoverständnisse identifiziert werden. Während das Wertänderungsrisiko der bisherigen bilanziellen Risikologik entspricht, wurde über die Einführung der Bewertungseinheit auch das zweite, nämlich das Zahlungsstromrisiko neu in diese Logik aufgenommen. Dies kann in manchen Konstellationen dazu führen, dass durch die Regelung des § 254 HGB bilanziell Risiken abgebildet werden, die vorher keine Berücksichtigung gefunden haben, was der eigentlichen Intention des Gesetzes zuwiderläuft.

Damit wurde die notwendige Basis geschaffen, um in einem zweiten Schritt, aber unter Beibehaltung der Einzelbewertung, die bilanzielle Abbildung von Finanzinstrumenten zu untersuchen, die in einer Sicherungsbeziehung stehen. Diese Untersuchung wurde auf einer konzeptionellen Ebene (auf Basis des Rechtstands vor Einführung des BilMoG) anhand von fünf Fallbeispielen durchgeführt. Zusätzlich zu der handels- und steuerrechtlichen Analyse wurden Schrifttumsmeinungen und Veröffentlichungen von Fachgremien in den Untersuchungsbereich einbezogen. Mit der vorgenannten Vorgehensweise wurde zweierlei erreicht. Zum einen konnten die bestehenden und zur Lösung angedienten Probleme der bilanziellen Abbildung von Sicherungsbeziehungen aufgezeigt sowie weitere Problembereiche identifiziert werden. Zum anderen wurde auf diese Art und Weise eine Vergleichsbasis geschaffen, auf der die Wirkungen des § 254 HGB geprüft werden können.

Konsequenterweise wurde der wesentliche Analyseteil dieser Arbeit an die genannten Vorbetrachtungen angeschlossen, in dem die Untersuchung der bilanziellen Behandlung von Sicherungsbeziehungen unter Anwendung des BilMoG mit Referenz zum Schrifttum und unter Einbezug der IFRS-Regelungen erfolgte. Es wurde evaluiert, inwiefern der Gesetzgeber seiner Intention bei Einführung der Regelung gerecht geworden ist und eine Lösung für die bestehenden (von ihm erkannten und in dieser Arbeit zusätzlich identifizierten) Probleme herbeiführen konnte. Vor allem aber konnten die Auswirkungen auf die Steuerbilanz und die außerbilanzielle steuerliche Gewinnermittlung aufgezeigt werden.

III. Fazit und Ausblick

Neben den bereits durchgängig in dieser Arbeit herausgestellten Problemen konnten speziell fünf wesentliche Problembereiche identifiziert und diskutiert werden.

1. Designierung von Bewertungseinheiten

Eine Abgrenzung der Bewertungseinheit in Bezug auf die Bestandteile sowie auf den zu erreichenden Wirksamkeitsgrad ist durch den Gesetzgeber nicht erfolgt. Beides ist, wie die handelsrechtliche Literatur zu Recht erkennt, für den handelsbilanziellen Bereich grundsätzlich unproblematisch. Eine Problematik ergibt sich jedoch durch die erweiterte Maßgeblichkeit (§ 5 Abs. 1a EStG) für die Steuerbilanz und die steuerliche Gewinnermittlung. Weder aus dem Wortlaut des § 254 HGB noch aus der Gesetzesbegründung ist einwandfrei zu entnehmen, welche der drei Teile einer Sicherungsbeziehung, namentlich der effektive, der ineffektive und der nicht gesicherte Teil, Bestandteile der Bewertungseinheit gemäß § 254 HGB sind. Aufgrund verschiedener Aussagen in der Gesetzesbegründung sowie der Tatsache, dass der Gesetzgeber keinen der Teile explizit ausschließt, muss davon ausgegangen werden, dass grundsätzlich alle Teile die Gesamtheit der Bewertungseinheit ausmachen. Diese Annahme wird dadurch belegt, dass der Gesetzgeber in seiner Definition der Bewertungseinheit ganze Positionen wie bspw. Vermögensgegenstände, Schulden, schwebende Geschäfte oder Finanzinstrumente und nicht nur Teile dieser Positionen zu einer Bewertungseinheit zusammenfasst. Stellen aber die gesamten Positionen die Bestandteile, namentlich das Grund- und das Sicherungsgeschäft, der Bewertungseinheit dar, so existieren verschiedene Fälle, bei denen automatisch neben den effektiven Teilen auch ineffektive und/oder auch ungesicherte Teile mit in die Bewertungseinheit einbezogen werden. Erstens können Positionen mehrere Risiken aufweisen, welche nicht voneinander unabhängig sind und innerhalb einer Bewertungseinheit nicht getrennt werden können. In diesem Zusammenhang konnten insbesondere die Probleme im Zusammenhang mit strukturierten Produkten aufgezeigt werden. Zweitens kann es gemäß der Risikoneigung des Unternehmens dessen Intention sein, keine vollständige, sondern nur eine anteilige Risikoabsicherung vorzunehmen. Drittens können gewisse Teile einer Position aus ihrer Natur heraus nicht abgesichert werden (wie bspw. der Zeitwert einer Option). In allen drei Fällen ergeben sich daher Ineffektivitäten bzw. ungesicherte Teile, die aufgrund des Einbezugs der gesamten Position in die Bewertungseinheit nicht ausgeschlossen werden können.

Während der effektive Teil den direkten Rechtsfolgen des § 254 HGB zu unterwerfen ist, müssen die Wertüberhänge nach den traditionellen GoB bilanziert werden. Dies wird im Rahmen der handelsbilanziellen Betrachtung als unproblematisch angesehen, da das Vorsichtsprinzip zur Anwendung kommt. Über § 5 Abs. 1a EStG erhalten die Wertüberhänge als

Ergebnis der Bewertungseinheit Einzug in die Steuerbilanz. Dieses kann zu Effekten oder Gestaltungsspielräumen führen, da die ineffizienten und ungesicherten Teile Verluste darstellen können, die im Rahmen einer Einzelbewertung nicht in der Steuerbilanz hätten abgebildet werden dürfen (Drohverlustrückstellung oder nur vorübergehende Wertschwankungen). Neben der Tatsache, dass diese Wirkungen grundsätzlich nicht systemkonform und höchstwahrscheinlich vom Gesetzgeber nicht intendiert sind, können diese erheblich sein. Dies ist darin begründet, dass der Gesetzgeber keinen Wirksamkeitsgrad für die Bewertungseinheiten als Ganzes festlegt. Theoretisch könnte der ineffektive und/oder ungesicherte Teil einer Bewertungseinheit einen substantiellen Anteil ausmachen, der sich in die Steuerbilanz übersetzt. Obwohl der Gesetzgeber nicht den erforderlichen Wirksamkeitsgrad beziffert, fordert er die Überwachung der Wirksamkeit, wobei er es dem Unternehmen anheimstellt, welche Methode es zur Messung der Effektivität nutzen will. Im internationalen Kontext wurde bereits festgestellt, dass unterschiedliche Methoden auch zu unterschiedlichen Ergebnissen der Wirksamkeit bzw. Effektivität der Bewertungseinheit gelangen. Dies ist sowohl im handels- als auch im steuerrechtlichen Bereich als problematisch zu bewerten und widerspricht im letzteren Fall der gerechten Ermittlung der steuerlichen Bemessungsgrundlage und damit dem Leistungsfähigkeitsprinzip.

2. Reichweite von Bewertungseinheiten

Im Gegensatz zu den IFRS hat der deutsche Gesetzgeber eine faktisch sehr weite Auslegung des Bewertungseinheitskonzepts eingeführt. Im internationalen Bereich regelt der Standard IAS 39 und dessen korrespondierender Anhang das Hedge Accounting bzw. die Anwendung von Sicherungsbeziehungen. Hiernach werden zahlreiche Voraussetzungen und zu erfüllende Kriterien vorgegeben, und auch die Designierung der Bestandteile von Bewertungseinheiten ist explizit geregelt. Insgesamt wird die Anwendung von Bewertungseinheiten enger und sehr restriktiv ausgelegt, was insbesondere Auswirkungen auf die Reichweite hat, also die Frage, in welchem Ausmaß Micro, Portfolio oder aber Macro Hedges gebildet werden dürfen.

Während im Rahmen der IFRS hauptsächlich Micro Hedges zur Anwendung kommen, konnte diese Arbeit aufzeigen, dass nach § 254 HGB auch Macro Hedges weitgehend problemlos und im großen Umfang gebildet werden dürfen. Es erscheint fraglich, dass der Gesetzgeber eine derart weit reichende Regelung für Bewertungseinheiten einführen wollte. Besonders im Hinblick auf die Übertragung von Nettorisikopositionen aus Macro Hedges-Konstruktionen in die Steuerbilanz ist diese weite Regelung aus steuerrechtlicher Perspektive als äußerst problematisch anzusehen.

3. Methodenwahl bei Bewertungseinheiten

Im Rahmen von Bewertungseinheiten werden im nationalen Bereich seit jeher zwei Bilanzierungsmethoden diskutiert, die Einfrier- und die Durchbuchungsmethode. Der Gesetzgeber stellt laut Gesetzesbegründung dem Bilanzierenden frei, welche Bilanzierungsmethode zur Anwendung kommt. Anhand der Argumentation und Diskussion ist allerdings davon auszugehen, dass die eigentliche Intention des Gesetzgebers die Anwendung der Einfriermethode gewesen ist. Laut § 254 HGB ist die Bilanzierung unter Berücksichtigung der (nicht anzuwendenden) Paragrafenkette vorzunehmen, welche die Rechtsfolgen für den effektiven Teil der Bewertungseinheit aufzeigt. Dem Wortlaut des § 254 HGB nach ist eine kumulative Anwendung der Paragrafenkette vorzunehmen. Für keine der beiden Methoden ist aber die Bilanzierung unter vollständiger Anwendung der Rechtsfolgen durchführbar, weshalb davon ausgegangen werden muss, dass eine kumulative Anwendung nicht vorgesehen ist. Es konnte in der Arbeit aufgezeigt werden, dass die Anwendung der Durchbuchungsmethode zu erheblichen Problemen führt. Ist z. B. ein schwebendes Geschäft oder auch ein antizipatives Geschäft Teil einer Sicherungsbeziehung, kann eine kompensatorische Wirkung bei der Durchbuchmethode nur erzielt werden, wenn der sich kompensierende Teil dieses Geschäftes zum Ansatz gebracht wird. Da § 254 HGB jedoch eine Bewertungs- und keine Ansatzvorschrift ist, kann dies nicht systemgerecht erfolgen. Da die meisten in der Praxis durchgeführten Absicherungen ein schwebendes Geschäft beinhalten, ist die Anwendung der Durchbuchungsmethode daher praktisch kaum möglich. Beim antizipativen Geschäft müsste ein zivilrechtlich noch nicht existierendes Geschäft zum Ansatz gebracht werden, was nicht systemkonform sein kann. Wenn ein Ansatz erfolgt, muss über § 5 Abs. 1a EStG der Ansatz für die Steuerbilanz übernommen werden.

Sieht man von dem Erfordernis einer kumulativen Erfüllung der Paragrafenkette ab, kann nur die Einfriermethode problemfrei zur Bilanzierung der Bewertungseinheit angewendet werden. Letztlich entspricht diese auch der Grundidee der kompensatorischen Bewertung. Es ist jedoch zu beachten, dass der Informationsgehalt dieser Methode sehr gering ist. Wäre das einzige Ziel die Stärkung der Informationsfunktion der Bilanz, wäre daher grundsätzlich die Durchbuchungsmethode zu präferieren.

Neben einer sachlichen Klarstellung in Bezug auf das Erfordernis einer kumulativen Erfüllung der Paragrafenkette ist es angeraten, dass der Gesetzgeber eine Bilanzierungsmethode festschreibt. Hierdurch können sowohl handels- als auch steuerbilanziell existierende Gestaltungsspielräume ausgeschlossen werden.

4. Beendigung von Bewertungseinheiten

Durch die Einführung des § 254 HGB hat der Gesetzgeber ausschließlich eine Regelung für die Laufzeit einer Bewertungseinheit kodifiziert. Hingegen wird nicht gesetzlich normiert, wie im Falle der Beendigung einer Bewertungseinheit vorzugehen ist. Wie in der Arbeit herausgearbeitet werden konnte, findet eine tatsächliche kompensatorische Wirkung nur dann statt, wenn beide (oder alle) Geschäfte einer Bewertungseinheit gleichzeitig aus der Bilanz abgehen. Ist dies hingegen nicht der Fall, kommen die Ergebniseffekte in unterschiedlichen Perioden zum Tragen. Da keine Vorgaben gemacht worden sind, entsteht ein Gestaltungsspielraum, wonach die Ergebniswirksamkeit und somit die Periodisierung der Effekte sozusagen frei steuerbar sind. Dies kann weder handels- noch steuerrechtlich im Sinne des Gesetzgebers gewesen sein. Probleme treten zudem bei der Beendigung von dynamischen Absicherungsformen auf. Als Schlussfolgerung bleibt demnach festzuhalten, dass nach der Einführung der Regelungen zur Behandlung von Bewertungseinheiten während ihrer Laufzeit auch eine gesetzliche Vorgabe zu deren Beendigung erfolgen muss.

Ein zusätzliches Problem bei der Beendigung von Bewertungseinheiten tritt dann auf, wenn ein schwebendes oder antizipatives Geschäft Teil der Sicherungsbeziehung gewesen und die Durchbuchungsmethode angewendet worden ist. Wäre eine Bewertungseinheit trotz der geäußerten Bedenken im Zusammenhang mit einem schwebenden oder antizipativen Geschäft gebildet worden, obwohl ein Ansatz dieser Geschäfte nicht aus § 254 HGB abgeleitet werden kann, würde spätestens bei Beendigung der Bewertungseinheit ein Problem in der Art auftreten, dass eine ergebniswirksame Auflösung dieser Geschäfte erfolgen muss. Diese Konsequenz ist daraus abzuleiten, dass spätestens zu diesem Zeitpunkt keine rechtliche Grundlage für den Ansatz eines solchen Geschäftes besteht.

Außerbilanzielle Implikationen von Bewertungseinheiten

In einer Bewertungseinheit zusammengeführte Positionen sind auf der außerbilanziellen Ebene nicht als eine Einheit, sondern als einzelne Bilanzierungsobjekte zu behandeln. Auf der außerbilanziellen Ebene kommt es dann zu Komplikationen, wenn die Bestandteile der Sicherungsbeziehung nicht einheitlich unter § 8b KStG zu fassen sind. Das grundsätzliche Problem liegt darin begründet, dass die Verluste und Gewinne aufgrund der erfolgten Saldierung nicht notwendigerweise eindeutig einer Position zugeordnet werden können. Während dies keine Auswirkung hat, wenn beide Objekte unter § 8b KStG zu subsumieren sind, da für beide Bilanzierungsobjekte die Gewinne und Verluste nur zu 5 % steuerwirksam sind, führt dies sehr wohl zu einem Problem, wenn dies nicht der Fall ist. In diesem Fall – wenn ein Geschäft unter § 8b KStG fällt, das andere hingegen nicht – kann es dazu kommen, dass Gewinne und Verluste teilweise auf das eine oder das andere Geschäft verlagert werden können.

Insgesamt ist der Versuch des Gesetzgebers, den bestehenden Mangel einer gesetzlichen Regelung zur Abbildung von Sicherungsbeziehungen beheben zu wollen, als sehr positiv zu beurteilen. Aus steuerrechtlicher Perspektive ist es konsequent, wenn tatsächlich nicht vorhandene Verluste auch in der Steuerbilanz nicht anzusetzen sind, da dies der Besteuerung nach dem Leistungsfähigkeitsprinzip entspricht. Anhand der innerhalb der Arbeit kontinuierlich aufgezeigten Detailprobleme sowie der hier aufgeführten exemplarischen Problembereiche ist jedoch zu erkennen, dass mit der Einführung der Bewertungseinheitsregelung des § 254 HGB für die Handelsbilanz sowie in Verbindung mit der erweiterten Maßgeblichkeit nach § 5 Abs. 1a EStG insbesondere für die Steuerbilanz essentielle Probleme ungelöst bleiben und sogar neue Probleme entstehen. Insgesamt kann dieser erste Schritt des Gesetzgebers daher auch nur als ebensolcher verstanden werden, dem ein zweiter Schritt oder mehrere weitere Schritte folgen müssen, um eine gesetzlich eindeutige, systemkonforme und praktisch umsetzbare Regelung der bilanziellen Abbildung von Sicherungsbeziehungen zu schaffen.

Literaturverzeichnis

A

ACKERMANN, Ulrich: (Marktwertbilanzierung) Marktwertbilanzierung von Finanzinstrumenten nach US-GAAP/IAS, Diss. rer. pol., Bochum 2000.

ADLER/DÜRING/SCHMALTZ: (A/D/S) Rechnungslegung und Prüfung der Unternehmen, Karl-Heinz Forster, Reinhard Goerdeler, Josef Lanfermann u. a. (Hrsg.), 6. Auflage, Stuttgart 1995.

ALBRECHT, Peter/MAURER, Raimond: (Risikomanagement) Investment- und Risikomanagement, 2. Auflage Stuttgart 2005.

ALSHEIMER, Constantin H.: (Rechtsnatur) Die Rechtsnatur derivativer Finanzinstrumente und die Darstellung im Jahresabschluß, Diss. rer. pol., Frankfurt am Main 2000.

ALVAREZ, Manuel: (Finanzinstrumente) IASB-Diskussionspapier zur Vereinfachung der Berichterstattung über Finanzinstrumente, BB 2008, S. 1834 – 1838.

ANSTETT, Christof Werner/HUSMANN, Rainer: (Bildung) Die Bildung von Bewertungseinheiten bei Derivatgeschäften, BB 1998, S. 1523 – 1530.

ARBEITSKREIS Bilanzrecht der Hochschullehrer Rechtswissenschaft: (Einzelfragen) Stellungnahme zu dem Entwurf eines BilMoG: Einzelfragen zum materiellen Bilanzrecht, BB 2008, S. 209 – 216.

ARBEITSKREIS „Externe Unternehmensrechnung“ der Schmalenbach-Gesellschaft: (Bilanzierung) Bilanzierung von Finanzinstrumenten im Währungs- und Zinsbereich auf der Grundlage des HGB, DB 1997, S. 637 – 642.

ARBEITSKREIS Quantitative Steuerlehre: (Steuervereinfachung) arqus-Stellungnahme: Das BilMoG – Eine Chance zur Steuervereinfachung?, DStR 2008, S. 1844 – 1846.

ARNOLDI, Roman/LEOPOLD, Tobias: (Buchungsregeln) Portfolio Fair Value Hedge Accounting: Entwicklung IAS-konformer und praxistauglicher Buchungsregeln, KoR 2005, S. 22 – 38.

B

BÄR, Jürgen: (Risiko) Risiko beim diskreten Hedgen von Optionen im Black/Scholes-Modell, Saarbrücken 1994.

BAETGE, Jörg/BREMBT, Tobias/BRÜGGEMANN, Peter: (Subprime-Krise) Die Mark-to-Model-Bewertung des IAS 39 in der Subprime-Krise, WPg 2008, S. 1001 – 1010.

BAETGE, Jörg/BROCKMEYER, Klaus: (Wertminderung) Voraussichtlich dauernde Wertminderung, in: Ulrich Leffson, Dieter Rückle, Bernhard Großfeld (Hrsg.): (Handwörterbuch) Handwörterbuch unbestimmter Rechtsbegriffe im Bilanzrecht des HGB, Köln 1986, S. 377 – 386.

BAETGE/KIRSCH/THIELE: (Baetge/Kirsch/Thiele) Bilanzrecht Kommentar, Jörg Baetge, Hans-Jürgen Kirsch, Stefan Thiele (Hrsg.), Stand Juni 2008.

BAETGE/KIRSCH/THIELE: (Bilanzen) Bilanzen, Jörg Baetge, Hans-Jürgen Kirsch, Stefan Thiele (Hrsg.), 9. überarbeitete Auflage, Düsseldorf 2007.

BAETGE, Jörg/KNÜPPE, Wolfgang: (Risiken) Vorhersehbare Risiken und Verluste, , in: Ulrich Leffson, Dieter Rückle, Bernhard Großfeld (Hrsg.): Handwörterbuch unbestimmter Rechtsbegriffe im Bilanzrecht des HGB, Köln 1986, S. 394 – 403.

BALLWIESER, Wolfgang (Branchenunabhängigkeit) Zur Frage der Rechtsform-, Konzern- und Branchenunabhängigkeit der Grundsätze ordnungsmäßiger Buchführung, in: Gerhart Förschle, Klaus Kaiser und Adolf Moxter (Hrsg.), Festschrift für Wolfgang Dieter Budde, München 1995, S. 43 – 66.

BALLWIESER, Wolfgang/KÜTING, Karlheinz/SCHILDBACH, Thomas: (Fair Value) Fair Value – erstrebenswerter Wertansatz im Rahmen einer Reform der handelsrechtlichen Rechnungslegung?, BFuP 2004, S. 529 – 549.

BALLWIESER, Wolfgang /KUHNER, Christoph: (Rechnungslegungsvorschriften) Rechnungslegungsvorschriften und wirtschaftliche Stabilität, Bergisch Gladbach 1994.

BARCKOW, Andreas: (Diskussionspapier) IASB-Diskussionspapier zur Bilanzierung von Finanzinstrumenten – Alter Wein in neuen Schläuchen?, BB 2008, Heft 17 M1.

BARCKOW, Andreas: (Besteuerung) Bilanzierung und Besteuerung von Bewertungseinheiten, in: Detlev Pilz, Manfred Günkel, Ursula Niemann (Hrsg.), StbJb 2006/07, S. 217 – 233.

BARCKOW, Andreas: (Fair-Value-Option) ED Fair Value Option – Der Entwurf des IASB zur Einschränkung der Fair-Value-Option in IAS 39 (rev. 2003), WPg 2004, S. 793 – 798.

BARCKOW, Andreas: (Bilanzierung) Die Bilanzierung von derivativen Finanzinstrumenten und Sicherungsbeziehungen, Diss. rer. pol., Düsseldorf 2004.

BARCKOW, Andreas/GLAUM, Martin: (Finanzinstrumente) Bilanzierung von Finanzinstrumenten nach IAS 39 (rev. 2004) – ein Schritt in Richtung Full Fair Value Model?, KoR 2004, S. 185 – 203.

BARTH, Kuno: (Entwicklung) Die Entwicklung des deutschen Bilanzrechts Band II, Stuttgart 1955.

BARTH, Kuno: (Bilanzrecht) Die Entwicklung des deutschen Bilanzrechts Band I, Stuttgart 1953.

BAYER, Geschäftsbericht 2007 http://www.annualreport2007.bayer.com/de/bayer_lagebericht_2007.pdfx. (Stand Juni 2008).

BECKENHAUB, Claus: (Optionsgeschäfte) Einkommensteuerbarkeit von Optionsgeschäften, Diss. rer. pol., Hamburg 2001.

BECKMANN, Reinhard: (Jahresabschluss) Termingeschäfte und Jahresabschluss, Diss. rer. pol., Köln 1992.

BECK´SCHER BILANZ-KOMMENTAR: (Beck´scher BilKomm), Handels- und Steuerrecht – §§ 238 bis 339 HGB –, in: Helmut Ellrott u. a. (Hrsg.), 6. völlig überarbeitete Auflage, München 2006.

BECK´SCHER BILANZ-KOMMENTAR: (Beck´scher BilKomm), Handels- und Steuerrecht – §§ 238 bis 339 HGB –, in: Axel Berger, Helmut Ellrott u. a. (Hrsg.), 5. völlig überarbeitete Auflage, München 2003.

BECK´SCHES HANDBUCH DER RECHNUNGSLEGUNG HGB und IFRS: (Beck HdR), Edgar Castan, Hans-Joachim Böcking, Gerd Heymann u. a. (Hrsg.), München Loseblatt Stand Mai 2008.

BECK´SCHES IFRS-HANDBUCH: (Beck´sches IFRS), Werner Bohl, Joachim Riese, Jörg Schlüter (Hrsg.), 2. vollständig überarbeitete und erweiterte Auflage, München 2006.

BECK´SCHER VERSICHERUNGSBILANZ – KOMMENTAR: (Beck Vers-Komm.) Handels- und Steuerrecht §§ 341 bis 341o HGB, Wolfgang Budde, Christian Schnicke u. a. (Hrsg.), München 1998.

BEIKE, Rolf/BARCKOW, Andreas: (Finanzderivate) Risk-Management mit Finanzderivaten, 3. aktualisierte und erweiterte Auflage, München 2002.

BEINERT, Claudia: (Ausfallrisiko) Das Ausfallrisiko von Eigen- und Fremdkapitalpositionen, FB 2007, S. 273 – 278.

BEISSE, Heinrich (GoB) Wandlungen der Grundsätze ordnungsmäßiger Bilanzierung, Wolfgang Schön (Hrsg.), in: Gedächtnisschrift Knobbe-Keuk, Köln 1997.

BEISSE, Heinrich: (Bilanzrechtssystem) Zum neuen Bild des Bilanzrechtssystems, in: Wolfgang Ballwieser, Hans-Joachim Böcking, Jochen Drukarezyk, und Christian Schmidt (Hrsg.), in: Festschrift für Adolf Moxter, Düsseldorf 1994, S. 3 – 31.

BEISSE, Heinrich: (Gläubigerschutz) Gläubigerschutz – Grundprinzip des deutschen Bilanzrechts, Heinrich Beisse, Marcus Lutter und Heribald Näger (Hrsg.), Festschrift für Karl Beusch, Berlin 1993, S. 77 – 97.

BENNE, Jürgen: (Bewertungseinheit) Einzelbewertung und Bewertungseinheit, DB 1991, S. 2601 – 2610.

BENNE, Jürgen: (Gewinnerwartungen) Die Bedeutung von Gewinnerwartungen aus schwebenden Geschäften für Aktiva und Passiva, BB 1979, S. 1653 – 1656.

BERGER, Manfred: (Hedging) Hedging, Diss. rer. pol., Wiesbaden 1990.

BERTSCH, Andreas: (Strukturierte Produkte) Bilanzierung strukturierter Produkte, KoR 2003, S. 550 – 563.

BERTSCH, Andreas: (Aktienanleihen) Rechnungslegung und Besteuerung von Aktienanleihen, StuB 1999, S. 685 – 689.

BERTSCH, Andreas/ KÄRCHER, Ralph: (Behandlung) Handels- und steuer-bilanzielle Behandlung von Derivaten und strukturierten Produkten, in: Roland Eller u. a. (Hrsg.), in: (Derivative Instrumente) Handbuch Derivativer Instrumente, 3. Auflage, Stuttgart 2005, S. 549 – 597.

BERTSCH, Andreas/ KÄRCHER, Ralph: (Instrumente) Derivate Instrumente im Jahresabschluss und in der Steuerbilanz, in: Roland Eller u. a. (Hrsg.), in: (Instrumente) Handbuch Derivativer Instrumente, 2. Auflage, Stuttgart 1999, S. 731 – 771.

BEYER, Stephanie: (Finanzinstrumente) IFRS: Finanzinstrumente – Bilanzierung, Darstellung, Ausweis, Berlin 2008.

BIEG, Hartmut: (Bilanzierung) Anmerkungen zur Bilanzierung und Bewertung von derivativen Finanzinstrumenten, in: Ulrich Döring und Heinz Kußmaul (Hrsg.), Festschrift für Günter Wöhe, München 2004, S. 327 – 345.

BIEG, Hartmut: (Optionen Teil III) Bilanzierung und Bewertung von Optionen und Zinsabgrenzungsvereinbarungen, Teil III, StB 2003, S. 377 – 383.

BIEG, Hartmut: (Optionen Teil II) Bilanzierung und Bewertung von Optionen und Zinsabgrenzungsvereinbarungen, Teil II, StB 2003, S. 324 – 329.

BIEG, Hartmut: (Optionen Teil I) Bilanzierung und Bewertung von Optionen und Zinsabgrenzungsvereinbarungen, Teil I, StB 2003, S. 288 – 292.

BIEG, Hartmut: (Swaps Teil II) Bilanzierung und Bewertung von Financial Swaps – Teil II, StB 2003, S. 259 – 263.

BIEG, Hartmut: (Swaps Teil I) Bilanzierung und Bewertung von Financial Swaps – Teil I, StB 2003, S. 209 – 214.

BIEG, Hartmut: (Forward Rate Agreements), Bilanzierung und Bewertung von Forward Rate Agreements, StB 2003, S. 174 – 180.

BIEG, Hartmut: (Financial Futures Teil II) Bilanzierung und Bewertung von Financial Futures, Teil II, StB 2003, S. 126 – 130.

BIEG, Hartmut: (Financial Futures Teil I) Bilanzierung und Bewertung von Financial Futures, Teil I, StB 2003, S. 92 – 96.

BIEG, Hartmut: (Grundlagen Teil II) Grundlagen der Bilanzierung und Bewertung von Derivaten, Teil II, StB 2002, S. 472 – 477.

BIEG, Hartmut: (Grundlagen Teil I) Grundlagen der Bilanzierung und Bewertung von Derivaten, Teil I, StB 2002, S. 429 – 433.

BIEG, Hartmut: (Kreditinstitute) Die externe Rechnungslegung der Kreditinstitute und Finanzdienstleistungsinstitute, München 1998.

BIEG, Hartmut: (Finanzanlagen) Ermessensentscheidungen beim Handelsbilanzausweis von „Finanzanlagen" und „Wertpapieren des Umlaufvermögens" – auch nach neuem Bilanzrecht?, DB 1985, Beilage Nr. 24, S. 1 – 16.

BIEG, Hartmut/BOFINGER, Peter/KÜTING, Karlheinz/KUßMAUL, Heinz/WASCHBUSCH, Gerd/WEBER, Claus-Peter: (Fair Value) Die Saarbrücker Initiative gegen den Fair Value, DB 2008, S. 2549 – 2552.

BIEG, Hartmut/HOSSFELD, Christopher/KUßMAUL, Heinz/WASCHBUSCH, Gerd: (Finanzinstrumente Teil I) Bilanzierung und Bewertung von Finanzinstrumenten, Teil I, StB 2006, S. 178 – 182.

BIEG, Hartmut/ KRÄMER, Gregor: (Fremdwährungsrisiken) Instrumente zur Absicherung gegen Fremdwährungsrisiken, in: Joachim Zentes, Dirk Morschett, Hanna Schramm-Klein (Hrsg.): (Außenhandel) Außenhandel Marketingstrategien und Managementkonzepte, Wiesbaden 2004, S. 907 – 921.

BIEG, Hartmut/KUßMAUL, Heinz: (Rechnungswesen) Externes Rechnungswesen, 2. Auflage, München 1998.

BIEG, Hartmut/SOPP, Guido: (BilMoG Teil III) Der Gesetzesentwurf eines Bilanzrechtsmodernisierungsgesetzes (BilMoG) – Teil III, StB 2008, S. 280 – 285.

BIEKER, Marcus: (Paradigmenwechsel) HGB Reloaded: Die Bewertungskonzeption des BilMoG – fine tuning oder Paradigmenwechsel?, PiR 2008, S. 365 – 369.

BIEKER, Marcus: (Finanzmarktkrise) Der fair value im Karriere-Knick? – Auswirkungen der Finanzmarktkrise auf die fair value-Bewertung von Finanzinstrumenten nach IFRS, PiR 2008, S. 394 – 399.

BIEKER, Marcus: (Fair Value) Ende des Bilanzierungschaos in Sicht? - Stellungnahme zum Diskussionspapier „Fair Value Measurements" des IASB (Teil II), PiR 2007, S. 132 – 138.

BIEKER, Marcus/NEGARA, Liliana: (Zinsänderungsrisiken) Bilanzierung von Portfolio Hedges zur Absicherung von Zinsänderungsrisiken nach IAS 39, KoR 2008, S. 702 – 714.

BIRCK, Heinrich/MEYER, Heinrich: (Bankbilanz) Die Bankbilanz, in: Heinrich Birck und Heinrich Meyer (Hrsg.), 5. Teillieferung, Frankfurt 1988/89.

BIRK, Dieter: (Leistungsfähigkeit) Das Leistungsfähigkeitsprinzip in der Unternehmenssteuerreform, StuW 2000, S. 329 – 336.

BISCHOFF, Jan: (IFRS) Bilanzierungs- und Bewertungsfragen von Finanzinstrumenten nach IFRS, PiR 2008, S. 39 – 44.

BISCHOFF, Jan: (Handelszwecke) Steuerbilanzielle Abbildung von zu Handelszwecken erworbenen Derivaten, StuB 2007, S. 887 – 889.

BISCHOFF, Jan: (Latente Steuern) Latente Steuern nach IFRS bei festen, noch nicht bilanzierten Verpflichtungen und erwarteten Transaktionen in Sicherungsbeziehungen, PiR 2007, S. 68 – 74.

BISCHOFF, Jan: (Makrohedges) Makrohedges in Bankenbilanzen nach GoB und IFRS, Düsseldorf 2006.

BITTERLIN, Oliver: (Jahresabschluss) Derivate Finanzinstrumente im Jahres-abschluss, Diss. rer. pol., Zürich 2003.

BITZ, Michael/SCHNEELOCH, Dieter/WITTSTOCK, Wilfried: (Jahresabschluss) Der Jahresabschluss, Michael Bitz, Dieter Schneeloch und Wilfried Wittstock (Hrsg.), 4. Auflage, München 2003.

BLÜMICH, Einkommensteuerkommentar: (Blümich) in: Klaus Ebling (Hrsg.) München Loseblatt Stand Oktober 2008.

BÖCKING, Hans-Joachim/DREISBACH, Marius/GROS, Marius: (Fair Value) Der fair value als Wertmaßstab im Handelsbilanzrecht und den IFRS – eine Diskussion vor dem Hintergrund des Referentenentwurfs des BilMoG, DK 2008, S. 207 – 214.

BÖCKING, Hans-Joachim/GROS, Martin: (Zukunft) IFRS und die Zukunft der steuerlichen Gewinnermittlung, DStR 2007, S. 2339 – 2344.

BÖCKING, Hans-Joachim/SITTMANN-HAURY, Carolin: (Forderungsbewertung) Forderungsbewertung – Anschaffungskosten versus Fair Value, BB 2003, S. 195 – 200.

BÖCKING, Hans-Joachim/TORABIAN, Farhood: (Zeitwertbilanzierung) Zeitwertbilanzierung von Finanzinstrumenten des Handelsbestands nach dem Entwurf eines BilMoG, BB 2008, S. 265 – 267.

BORDEWIN, Arno: (Rückstellungen) Keine Rückstellungen für drohenden Verlust in der Steuerbilanz, FR 1998, S. 226 – 233.

BRACKERT, Gerhard/PRAHL, Reinhard/NAUMANN, Thomas: (Risikosteuerung) Neue Verfahren zur Risikosteuerung und ihre Auswirkungen auf die handelsrechtliche Gewinnermittlung, WPg 1995, S. 544 – 555.

BRANDENBERG, Hermann: (Änderungen Teil II) Aktuelle Änderungen des Einkommensteuergesetzes bei Gewinneinkünften, DK 2006, S. 661 – 667.

BRAUN, Thomas: (Sicherungsgeschäfte) Zur Bilanzierung betrieblicher Sicherungsgeschäfte: Ein Ansatz zur Objektivierung der Zweckbestimmung von Hedgingmaßnahmen, BFuP 1994, S. 152 – 175.

BREITHECKER, Volker/KLAPDOR, Ralf/ROKITTA, Miriam: (Bemessungsgrundlage) Stellen die IFRS sie richtige Grundlage für eine gemeinsame steuerliche Bemessungsgrundlage in der EU dar?, StuW 2007, S. 145 – 160.

BREKER, Norbert: (Optionsrechte) Optionsrechte und Stillhalterverpflichtungen im handelsrechtlichen Jahresabschluss, Diss. rer. pol., Düsseldorf 1993.

BREKER, Norbert: (Bilanzrechtsmodernisierungsgesetz) Änderungsmöglichkeiten der deutschen Rechnungslegung durch die geplante Bilanzrechtsmodernisierungsgesetz, in: Carl-Christian Freidank (Hrsg.): (Reform) Reform der Rechnungslegung und Corporate Governance in Deutschland und Europa, S. 3 – 27.

BREKER, Norbert/GEBHARDT, Günther/PAPE, J.: (Fair-Value-Projekt) Das Fair-Value-Projekt für Finanzinstrumente – Stand der Erörterung der Joint Working Group of Standard Setters im Juli 2000, WPg 2000, S. 729 – 744.

BRIESEMEISTER, Simone: (hybride Finanzinstrumente) Hybride Finanzinstrumente im Ertragsteuerrecht, Diss. rer. pol., Köln 2006.

BRÖTZMANN, Ingo: (Bilanzierung) Bilanzierung von güterwirtschaftlichen Sicherungsbeziehungen nach IAS 39 zum Hedge Accounting, Diss. rer. pol., Düsseldorf 2004.

BRÜGGENTISCH, Christoph: (Bilanzierung) Klarheit bei der Bilanzierung strukturierter Anlagen, VW 2002, S. 1690 – 1692.

BRÜTTING, Christian/WEBER, Nicolas/HEIDENREICH, Markus: (Kreditderivate Teil I) Einsatz von Kreditderivaten durch deutsche Banken, FB 2003, S. 754 – 763

BUBLITZ, Friedhelm: (DTB-Geschäftsmöglichkeiten) DTB-Geschäftsmöglichkeiten im Lichte der Grundsatz-Novelle, Die Bank 6/89, S. 314 – 322.

BUCHHEIM, Regine/SCHMIDT, Martin: (Finanzinstrumente) IFRS 7: Angaben zu Finanzinstrumenten - Darstellung und Würdigung, KoR 2005, S. 397 – 407.

BUCHHOLZ, Rainer: (Jahresabschluss) Grundzüge des Jahresabschlusses nach HGB und IFRS, 4. Auflage, München 2008.

BUCHHOLZ, Rainer: (Jahresabschluss) Grundzüge des Jahresabschlusses nach HGB und IFRS, 3. Auflage, München 2005.

BUCHHOLZ, Rainer: (Neubewertungsrücklagen) Neubewertungsrücklagen nach IAS im Jahresabschluss mittelständischer Unternehmen, StuB 2003, S. 577 – 582.

BUCHHOLZ, Rainer/WEIS Regina: (Maßgeblichkeit) Maßgeblichkeitsprinzip ade? – Zur inhaltlichen Vereinbarkeit der Gewinnermittlung nach IAS und EStG, Teil I, DStR 2002, S. 512 – 517.

BÜHLER, Wolfgang/SCHMIDT, Andreas: (Risikomanagement) Bank-Risikomanagement mit internen Modellen, Working Paper 97-11, Universität Mannheim.

BUNDESVERBAND deutscher Banken: (Kreditderivate) Bilanzielle Erfassung und Offenlegung von Kreditderivaten – Anmerkungen, Wertungen und Empfehlungen des Ausschusses für Bilanzierung, WPg 2000, S. 677 – 696.

BURKHARDT, Dietrich: (Grundsätze) Grundsätze ordnungsgemäßer Bilanzierung für Fremdwährungsgeschäfte, Diss. rer. pol., Düsseldorf 1988.

BUSCHMANN, Wolfgang: (Risiko) Risiko-Controlling, Anforderung an die Steuerung von derivativen Finanzinstrumenten, WPg 1992, S. 720 – 729.

BUSSE VON COLBE, Walther: (internationale Entwicklungen) Anpassung der Konzernrechnungslegungsvorschriften des HGB an internationale Entwicklungen, BB 2004, S. 2063 – 2070.

BUSSE VON COLBE, Walther/SEEBERG, Thomas: (Vereinbarkeit) Vereinbarkeit internationaler Konzernrechnungslegung mit handelsrechtlichen Grundsätzen, ZfbF 1999, Sonderheft 43.

C

CATTELAENS, Heiner: (Steuerentlastungsgesetz) Steuerentlastungsgesetz 1999/2000/2002: Teilwertabschreibung und Wertaufholung, DB 1999, S. 1185 – 1187.

CHRISTIANSEN, Alfred: (Einzelbewertung) Zum Grundsatz der Einzelbewertung – insbesondere zur Bildung so genannter Bewertungseinheiten, DStR 2003, S. 264 – 268.

CHRISTIANSEN, Alfred: (Ergebnisausweis) Der Grundsatz der Einzelbewertung – Schwerpunkt des bilanziellen Ergebnisausweises, DStZ 1995, S. 385 – 397.

CLEMM, Hermann/NONNENMACHER, Rolf: (Swapgeschäfte) Überlegungen zur Bilanzierung von Swapgeschäften, in: Brigitte Knobbe-Keuk, Franz Klein, Adolf Moxter (Hrsg.), Festschrift für Georg Döllerer, Düsseldorf 1988, S. 65 – 79.

COENENBERG, Adolf G: (Jahresabschluss) Jahresabschluss und Jahresabschlussanalyse, 20. Auflage, Stuttgart 2005.

D

DAHM, Joachim/HAMACHER Rolfjosef: (Termingeschäfte) Termingeschäfte und Abgeltungsteuer, DStR 2008, S. 1910 – 1917.

DAUBER, Desiree: (Gewinnermittlung) Das Realisationsprinzip als Grundprinzip der steuerlichen Gewinnermittlung, Diss. jur., Frankfurt am Main 2003.

DELP, Udo: (Besteuerung) Besteuerung von Wertpapierkombinationen, BB 2003, S. 1594 – 1598.

DELP, Udo: (Termingeschäfte) Erste Anwendungs- und Zweifelsfragen bei der Besteuerung von Termingeschäften privater Personen nach dem Steuerentlastungsgesetz 1999/ 2000/ 2002, INF 1999, S. 584 – 587.

DERLIEN, Ulrich/MAIROSER, Tobias: (Gesetzesvorhaben) Wichtige Gesetzesvorhaben im Bilanzsteuerrecht ab 2006 – Gestaltungshinweise zur Bildung von Bewertungseinheiten bei Sicherungsgeschäften sowie zur Erhöhung der degressiven AfA, BC 2006, S. 65 – 67.

DEUTSCHE LUFTHANSA: Lufthansa Geschäftsbericht 2007 http://berichte. lufthansa.com/2007/gb/1024381.html (Stand Juni 2008).

DIETRICH, Jörg: (Handelsbilanzrecht) Die Bewertungseinheit im allgemeinen Handelsbilanzrecht, Diss. jur., Bonn 1998.

DOHRN, Matthias: (Accounting) Entscheidungsrelevanz des Fair-Value-Accounting am Beispiel von IAS 39 und IAS 40, Diss. rer. pol., Lohmar 2004.

DOMBEK, Martina: (Bilanzierung) Die Bilanzierung von strukturierten Produkten nach deutschem Recht und nach dem Vorschriften des IASB, WPg 2002, S. 1065 – 1074.

DREISSIG, Hildegard: (Optionen) Bilanzsteuerliche Behandlung von Optionen, BB 1989, S. 1511 – 1517.

DSR (Deutscher Standardisierungsrat): (Stellungnahme vom 10.11.2008) Stellungnahme zum Regierungsentwurf eines Gesetzes zur Modernisierung des Bilanzrechts (Bilanzrechtsmodernisierungsgesetz – BilMoG) vom 21.05.2008, vom 10.11.2008 an den BMJ, http://www.standardsetter.de/drsc/docs/press_releases/081110_SN_BilMoG-RegE-FI.pdf (Stand 03. Dezember 2008).

DSR (Deutscher Standardisierungsrat): (Stellungnahme vom 08.08.2008) Stellungnahme zum Regierungsentwurf eines Gesetzes zur Modernisierung des Bilanzrechts (Bilanzrechtsmodernisierungsgesetz – BilMoG) vom 21.05.2008, vom 08.08.2008 an den BMJ, http://www.standardsetter.de/drsc/docs/press_releases/080807_SN_BilMoG-RegE.pdf (Stand 03. Dezember 2008).

DÜPMANN, Michael: (Zinsinduzierte Wertänderungen) Zinsinduzierte Wertänderungen und Zinsrisiken im Jahresabschluss der Kreditinstitute, Diss. rer. pol., Düsseldorf 2007.

E

EBERHARTINGER, Eva: (Großbritannien) Das Verhältnis zwischen (handels-) bilanziellem und steuerlichem Gewinn in der Rechtsprechung von Großbritannien, IStR 1997, S. 279 – 285.

ECKES, Burkhard/BARZ, Katja/BÄTHE-GUSKI, Martina/WEIGEL, Wolfgang: (Hegde Accounting Teil II) Die aktuellen Vorschriften zum Hedge Accounting, Teil II, Die Bank 8/2004, S. 54 – 59.

ECKES, Burkhard/BARZ, Katja/BÄTHE-GUSKI, Martina/WEIGEL, Wolfgang: (Hegde Accounting Teil I) Die aktuellen Vorschriften zum Hedge Accounting, Teil I, Die Bank 6-7/2004, S. 416 – 420.

EICHHORN, Michael: (Zinsänderungsrisiken) Steuerung von Zinsänderungsrisiken mit exotischen Zinsderivaten, FB 2006, S. 769 – 776.

EILENBERGER, Guido: (Rechnungslegung) Überblick über produktbezogene Finanzinnovationen unter Gesichtspunkten der Rechnungslegung, BFuP 1995, S. 125 – 145.

EISELE, Florian/NEUS, Werner: (Asset-Backed Securities) Asset-Backed Securities, Informationsasymmetrie und Regulierung, in: Alois Knobloch und Norbert Kratz (Hrsg.), Festschrift für Wolfgang Eisele, München 2003, S. 233 – 263.

EISELE, Wolfgang: (Rechnungswesen) Technik des betrieblichen Rechnungswesens – Buchführung und Bilanzierung, Kosten- Und Leistungsrechnung, Sonderbilanzen, 7. Auflage, München 2002.

EISELE, Wolfgang/KNOBLOCH, Alois Paul: (Strukturierte Anleihen) Strukturierte Anleihen und Bilanzauslegung, ZfbF 2003, S. 749 – 772.

EISELE, Wolfgang/KNOBLOCH, Alois: (Probleme Teil II) Offene Probleme bei der Bilanzierung von Finanzinnovationen, Teil II, DStR 1993, S. 617 – 623.

EISELE, Wolfgang/KNOBLOCH, Alois: (Probleme Teil I) Offene Probleme bei der Bilanzierung von Finanzinnovationen, Teil I, DStR 1993, S. 577 – 586.

ELKART, Wolfgang: (Finanzinstrumente) Die Finanzinstrumente in der (externen) Rechnungslegung oder A Black Hole in the Balance Sheet, in: IDW (Hrsg.), (Neuorientierung) Neuorientierung der Rechnungslegung, Bericht über die Fachtagung der des Instituts der Wirtschaftsprüfer in Deutschland e.V., Düsseldorf 1995, S. 365 – 389.

ELKART, Wolfgang/SCHABER, Mathias: (Spannungsfeld) Hedge-Accounting und interne Geschäfte im Spannungsfeld tradierter Rechnungslegungsgrundsätze und modernem Finanzmanagement, in: Alois Knobloch und Norbert Kratz (Hrsg.), Festschrift für Wolfgang Eisele, München 2003, S. 401 – 419.

ELLER, Roland: (Instrumente) Derivative Instrumente – Überblick, Strategien, Tendenzen, in: Roland Eller u. a. (Hrsg.), in: (Derivative Instrumente) Handbuch Derivativer Instrumente, 3. Auflage, Stuttgart 2005, S. 3 – 38.

EPPERLEIN, Joachim–K./SCHARPF, Paul: (Anhangsangaben) Anhangsangaben im Zusammenhang mit so genannten Finanzinnovationen DB 1994, S. 1629 – 1636.

ERCHINGER, Holger/MELCHER, Winfried: (Fair-Value-Option) Stand der Konvergenz zwischen US-GAAP und IFRS: Die Fair-Value-Option, KoR 2007, S. 541 – 550.

ERLE, Bernd/SAUTER, Thomas: (Erle/Sauter KStG) Heidelberger Kommentar zum Körperschaftsteuergesetz. Die Besteuerung der Kapitalgesellschaft und ihrer Anteilseigner, 2. Auflage, Heidelberg 2006

ERNST, Christoph: (BilMoG) Eckpunkte des Referentenentwurfs eines Bilanzrechtsmodernisierungsgesetzes (BilMoG), WPg 2008, S. 114 – 116.

ERNST, Christoph: (Bilanzrechtsmodernisierungsgesetz) Überlegungen zum künftigen Bilanzrechtsmodernisierungsgesetz, in: Detlev Pilz, Manfred Günkel, Ursula Niemann (Hrsg.), StbJb 2005/06, S. 219 – 231.

ERNST, Christoph/SEIDLER, Holger: (Regierungsentwurf) Der Regierungsentwurf eines Gesetzes zur Modernisierung des Bilanzrechts, ZGR 2008, S. 631 – 675.

ERNST, Christoph/SEIDLER, Holger: (Referentenentwurf) Kernpunkte des Referentenentwurfs eines Bilanzrechtsmodernisierungsgesetzes, BB 2007, S. 2557 – 2566.

ERNST & YOUNG AG: (Ernst & Young KStG Kommentar) Körperschaftsteuergesetz Kommentar.

EUROPÄISCHE ZENTRAL BANK (Zeitwertbilanzierung): Die Auswirkungen der Zeitwertbilanzierung auf den Europäischen Bankensektor im Hinblick auf die Finanzmarktstabilität, Monatsbericht Februar 2004, S. 77 – 91.

F

FEDERMANN, Rudolf: (Bilanzierung) Bilanzierung nach Handelsrecht und Steuerrecht, 11. Auflage, Berlin 2000.

FINNE, Thomas: (Fremdwährungstransaktionen) Bilanzierung von Fremdwährungstransaktionen im handelsrechtlichen Jahresabschluß – Anmerkung zu dem Beitrag von Gebhardt/Breker, DB 1991, S. 1529 – , DB 1992, S. 338 – 339.

FINNE, Thomas: (Kurssicherungen) Bilanzielle Berücksichtigung von Kurssicherungen, BB 1991, S. 1295 – 1301.

FINNE, Thomas: (Bilanzierung) Bilanzierung von Fremdwährungsgeschäften und internationale Doppelbesteuerung, Diss. rer. pol., Baden-Baden 1991.

FLEISCHER, Lothar: (DTB) Bewertungsrechtliche Behandlung von DTB-Optionsscheinen und DTB-Futures, DB 1995, S. 1780 – 1785.

FLEISCHMANN, Michael: (Optionsgeschäfte) Einkommensteuerliche Behandlung von Optionsgeschäften an der DTB, StuB 2001, S. 894 – 899.

FLEISCHMANN, Michael: (Teilwertabschreibung) Dauernde Wertminderung als Voraussetzung für die Vornahme einer Teilwertabschreibung, INF 2000, S. 356 – 359.

FLEISCHMANN, Michael: (Kreditoptionen) Bilanz- und steuerrechtliche Behandlung erworbener Kreditoptionen, INF 1998, S. 456 – 457.

FLICK, Hans F. W./TROMP, Robert E.: (Hedging) Hedging-Geschäfte im US-Bundessteuerrecht, IStR 1995, S. 297 – 303.

FRANKE, Günter/MENICHETTI, Marco: (Terminkontrakte) Die Bilanzierung von Terminkontrakten und Optionen bei Einsatz im Risikomanagement, DBW 1994, S. 193 – 209.

FREIBERG, Jens: (Märkte) Fair value-Bewertung von Finanzinstrumenten bei illiquiden Märkten, PiR 2007, S. 361 – 363.

FREIBERG, Jens: (Hedging) Hedging vs. Hedge accounting – Sicherungsgeschäfte aus ökonomischer und bilanzieller Perspektive, PiR 2007, S. 54 – 56.

FRÖHLICH, Christoph: (Hedge Accounting) Bilanzierung von Beschaffungsgeschäften unter der Zielsetzung des Hedge Accounting nach IAS 39, BB 2004, S. 1381 – 1385.

FROTSCHER, Gerrit: (Frotscher EStG) EStG Praxis Kommentar, Freiburg i. Br., Loseblatt Stand 7/2008.

FROTSCHER/MAAS: (Frotscher/Maas KStG Kommentar) Kommentar zum Körperschaft-, Gewerbe- und Umwandlungssteuergesetz.

FÜLBIER, Rolf Uwe: (Zwecke) Systemtauglichkeit der International Financial Reporting Standards für Zwecke der steuerlichen Gewinnermittlung, StuW 2006, S. 228 – 242.

FÜLBIER, Rolf Uwe/GASSEN, Joachim: (Bilanzrechtsmodernisierungsgesetz) Das Bilanzrechtsmodernisierungsgesetzt (BilMoG): Handelsrechtliche GoB vor der Neuinterpretation, DB 2007, S. 2605 – 2612.

FÜLBIER, Rolf Uwe/GASSEN, Joachim: (Maßgeblichkeit) Wider die Maßgeblichkeit der International Accounting Standards für die steuerliche Gewinnermittlung, DB 1999, S. 1511 – 1513.

FUNK, Thomas E.: (synthetische Instrumente) Synthetische Finanzinstrumente und deren Besteuerung in den USA, IStR 1999, S. 485 – 493.

G

GABER, Christian: (strukturierte Produkte) Annäherung der handelsrechtliche Bilanzierung strukturierter Produkte an die IFRS?, DB 2008, S. 1221 – 1226.

GABER, Christian/Gorny, Joachim (strukturierte Zinsprodukte) Bilanzierung strukturierter Zinsprodukte mit multiplen eingebetteten Derivaten nach IAS 39, KoR 2006, S. 323 – 331.

GABER, Christian/Kandel Andreas: (Bilanzierung) Bilanzierung von Financial Covenants und weiteren Nebenabreden im Kreditgeschäft nach IAS 39, KoR 2008, S. 9 – 16.

GASSNER, Wolfgang/LANG, Michael: (Leistungfähigkeitsprinzip) Das Leistungsfähigkeitsprinzip im Einkommen- und Körperschaftsteuerrecht, Wien 2000.

GEBHARDT, Günther: (Risikomanagement) Risikomanagement und Rechnungslegung – ein Kernproblem in der Diskussion zur Bilanzierung von Finanzinstrumenten, ZfbF 2000, S. 69 – 94.

GEBHARDT, Günther: (Handelsunternehmen) Entwicklungen in der Berichterstattung über das Risikomanagement unter Einsatz derivativer Instrumente bei deutschen Industrie- und Handelsunternehmen, RIW 1997, S. 390 – 401.

GEBHARDT, Günther: (Probleme) Probleme der bilanziellen Abbildung von Finanzinstrumenten, BFuP 1996, S. 557 – 584.

GEBHARDT, Günther/BREKER, Norbert: (Bilanzierung) Replik - Bilanzierung von Fremdwährungstransaktionen im handelsrechtlichen Jahresabschluss, DB 1992, S. 339.

GEBHARDT, Günther/BREKER, Norbert: (Fremdwährungstransaktionen) Bilanzierung von Fremdwährungstransaktionen im handelsrechtlichen Einzelabschluß – unter Berücksichtigung von § 340h HGB, DB 1991, S. 1529 – 1538.

GEBHARDT, Günther/GERKE, Wolfgang/STEINER, Manfred: (Finanzmanagement) Handbuch des Finanzmanagements, München 1993.

GEBHARDT, Günther/NAUMANN, Thomas K.: (Absicherungszusammenhänge) Grundzüge der Bilanzierung von Financial Instruments und von Absicherungszusammenhängen nach IAS 39, DB 1999, S. 1461 – 1469.

GEBHARDT, Günther/RUß, Oliver: (Einsatz) Einsatz von derivativen Finanzinstrumenten im Risikomanagement deutscher Industrieunternehmen, in: Günther Gebhardt und Bernhard Pellens (Hrsg.): Beiträge anlässlich eines Symposiums zum 70. Geburtstag von Walther Busse von Colbe, Düsseldorf 1999.

GEMEINHARDT, Jürgen/BODE, Marcel: (Handelszwecke) Änderung bei der Bewertung von zu Handelszwecken erworbenen Finanzinstrumenten, StuB 2008, S. 460 – 464.

GEMEINHARDT, Jürgen/BODE, Marcel: (Finanzinstrumente) Änderung bei der Bewertung von zu Handelszwecken erworbenen Finanzinstrumenten nach dem BilMoG-Entwurf, StuB 2008, S. 170 – 177.

GEORGI, Andreas: (Risikomanagement) Notwendigkeit und Instrumente eines ganzheitlichen Risikomanagements für Mittelständler, Gewerbetreibende und Freiberufler, ZfB 2007, S. 7 – 18.

GILGENBERG, Bernhard/WEISS, Jochen: (Finanzmarktkrise) Die „Zeitwertfalle“ – Bilanzierung von Finanzinstrumenten im Spannungsfeld der gegenwärtigen Finanzmarktkrise, KoR 2009, S. 182 – 186.

GLAUM, Martin: (Bilanzierung) Die Bilanzierung von Finanzinstrumenten nach HGB, US-GAAP und IAS: Neuere Entwicklungen, DB 1997, S. 1625 – 1632.

GLAUM, Martin: (Risikomanagement) Finanzwirtschaftliches Risikomanagement deutscher Industrie- und Handelsunternehmen, Frankfurt 2000.

GLAUM, Martin/FÖRSCHLE, Gerhart: (Rechnungslegung) Rechnungslegung für Finanzinstrumente und Risikomanagement: Ergebnis einer empirischen Untersuchung, DB 2000, S. 1525 – 1534.

GLAUM, Martin/FÖRSCHLE, Gerhart: (Handelsunternehmen) Finanzwirtschaftliches Risikomanagement deutscher Industrie- und Handelsunternehmen, Industriestudie, Frankfurt am Main 2000.

GLEIßNER, Werner: (Risikomanagement) Grundlagen des Risikomanagements im Unternehmen, München 2008.

GÖLLERT, Kurt: (Bilanzpolitik) Auswirkungen des Bilanzrechtsmodernisierungsgesetztes (BilMoG) auf die Bilanzpolitik, DB 2008, S. 1165 – 1171.

GÖTTGENS, Michael: (Kompensation) Die Abbildung der Kompensation von Zinsänderungs- und Währungsrisiken in der Bankenbilanz, Diss. rer. pol., Aachen 1997.

GÖTTGENS, Michael: (Accounting) Hedge Accounting, BFuP 1995, S. 146 – 165.

GÖTTGENS, Michael/PRAHL, Reinhard: (Financial Futures) Bilanzierung und Prüfung von Financial Futures und Forward Rate Agreements, WPg 1993, S. 503 – 513.

GOSCH, Dietmar: (Gosch, Körperschaftsteuergesetz) Körperschaftsteuergesetz, München 2005.

GRILL, Wolfgang/PERCZYNSKI, Hans: (Kreditwesen) Wirtschaftslehre des Kreditwesens, 7. Auflage, Bad Homburg von der Höhe 1996.

GROH, Manfred: (Steuerentlastungsgesetz) Steuerentlastungsgesetz 1999/2000/2002: Imparitätsprinzip und Teilwertabschreibung, DB 1999, S. 978 – 984.

GROH, Manfred: (Maßgeblichkeit) Der Kampf um das Maßgeblichkeitsprinzip, in: Heribert Meffert und Norbert Krawitz (Hrsg.), Festschrift für Dietrich Börner zum 65. Geburtstag, Wiesbaden 1998, S. 177 – 196.

GROH, Manfred: (Bilanzierung) Zur Bilanzierung von Fremdwährungsgeschäften, DB 1986, S. 869 – 877.

GROH, Manfred: (Bilanzrecht) Das werdende Bilanzrecht in steuerlicher Sicht, DB 1985, S. 1849 – 1851.

GROßE, Jan-Velte: (IAS 39) Die Problematik des Hedge Accounting nach IAS 39, Diss. rer. pol. 2007, Köln-Lohmar.

GROßE, Jan-Velten/SCHMIDT, Martin: (Handelsaktivitäten) Handelsaktivitäten bei Kreditinstituten – Anmerkungen zur Abgrenzung und Implikationen für die Bilanzierung, WPg 2007, S. 859 – 870.

GRÜNBERGER, David: (IFRS 2008) IFRS 2008 – Ein systematischer Praxis-Leitfaden, 6. überarbeitete Auflage 2008, Hamm.

GRÜTZEMACHER, Thomas: (Bewertung) Bewertung und bilanzielle Erfassung der Preisrisiken ausgewählter Finanzinnovationen, Diss. oec. publ., München 1989.

GRÜTZNER, Dieter: (Steuerbilanz) In der Steuerbilanz gebildete Bewertungseinheiten zur Absicherung finanzwirtschaftlicher Risiken – Neuregelung des § 5 Abs. 1a EStG, StuB 2006, S. 334 – 336.

GÜNKEL, Manfred: (Bilanzrechtsmodernisierungsgesetz) Steuerliche Auswirkungen des Bilanzrechtsmodernisierungsgesetzes, Ubg 2008, S. 126 – 134.

GÜNKEL, Manfred: (Bilanzsteuerrecht) Ausgewählte Probleme zum Bilanzsteuerrecht, StbJb 2002/03, S. 275 – 280.

H

HACHMEISTER, Dirk: (Bilanzierung) Die Bilanzierung derivativer Finanzinstrumente in der Theorie der Unternehmensrechnung: Fragestellungen und Methoden, BFuP 2003, S. 637 – 651.

HACKENBERGER, Jens: (Sicherungsbeziehungen) Sicherungsbeziehungen im IFRS-Abschluss, PiR 2007, S. 267 – 275.

HACKENBERGER, Jens: (Unternehmen) Bewertung von Finanzinstrumenten im IFRS-Abschluss mittelständischer Unternehmen, PiR 2006, S. 256 – 264.

HANDWÖRTERBUCH Export und Internationale Unternehmung: Klaus Macharzina und Martin K. Welge (Hrsg.), Stuttgart 1989.

HAHNE, Klaus D.: (Risikoabsicherungsgeschäfte) Anwendung der Steuerbefreiung für Aktiengewinne bei Risikoabsicherungsgeschäften, StuB 2008, S. 181 – 187.

HAHNE, Klaus D.: (Anwendungsbereich) Bewertungseinheit – Bestimmung des Anwendungsbereichs von § 5 Abs. 1a EStG n. F., StuB 2007, S. 18 – 23.

HAHNE, Klaus D.: (Bilanzierung) Bilanzierung von Bewertungseinheiten gem. § 5 Abs. 1a EStG bei Fälligkeitsunterschieden, BB 2006, S. 2291 – 2295.

HAHNE, Klaus D.: (Entwicklungen) Neue Entwicklungen bei der Bilanzierung von Bewertungseinheiten in der Steuerbilanz, DStR 2005, S. 843 – 845.

HAHNE, Klaus D.: (Bewertung) Kompensatorische Bewertung in der Steuerbilanz, BB 2003, S. 1943 – 1947.

HAHNE, Klaus D./LIEPOLT, Petra: (Optionsgeschäfte) Steuerbilanzielle Bewertung von Stillhalterverpflichtungen aus Optionsgeschäften, DB 2006, S. 1329 – 1333.

HAHNE, Klaus D./SIEVERT, Jürgen: (Rückstellungen) Abgrenzung von Drohverlustrückstellungen und Rückstellungen für ungewisse Verbindlichkeiten, DStR 2003, S. 1992 – 1996.

HAILER, Angelika/RUMP, Siegfried: (Hedge Effektivität) Hedge Effektivität: Lösung des Problems der kleinen Zahlen, ZfgK 2003, S. 599 – 603.

HAISCH, Martin: (Strukturierte Finanzinstrumente) Auswirkung der IDW RS HFA 22 auf die Besteuerung von strukturierten Finanzinstrumenten, FR 2009, S. 65 – 73.

HAISCH, Martin: (Swapgeschäfte) Steuerliche Behandlung von Swapgeschäften, DStZ 2004, S. 511 – 519.

HAISCH, Martin/DANZ, Thilo: (Besteuerung) Grundsätze der Besteuerung von Zertifikaten im Privatvermögen, DStR 2005, S. 2108 – 2114.

HANDELSBLATT vom 5/6/7. Dezember 2008, S. 12.

HANENBERG, Ludger: (Finanzdienstleistungsinstitute) Die neuen Vorschriften zur Rechnungslegung der Finanzdienstleistungsinstitute, WPg 1999, S. 85 – 97.

HAPPE, Peter: (Swapvereinbarungen) Grundsätze ordnungsmäßiger Buchführung für Swapvereinbarungen, Diss. rer. pol., Düsseldorf 1996.

HARTUNG, Werner: (Fremdwährung) Zum bilanziellen Ausweis von Fremdwährungsverpflichtungen, RIW 1994, S. 480 – 484.

HÄUSELMANN, Holger: (anteilsbezogene Derivate) Zweifelsfragen bei der bilanzsteuerlichen Erfassung von anteilsbezogenen Derivaten, Ubg 2008, S. 391 – 400.

HÄUSELMANN, Holger: (Finanzmarktkrise) Bewertungsalternativen für Wertpapiere in Folge der Finanzmarktkrise, BB 2008, S. 2617 – 2621.

HÄUSELMANN, Holger: (Aspekte) Bilanzsteuerliche Aspekte des Wertpapierhandels, Frankfurt am Main 1997.

HÄUSELMANN, Holger: (Optionen) Die Bilanzierung von Optionen aus handelsrechtlicher Sicht, DB 1987, S. 1745 – 1748.

HÄUSELMANN, Holger/WAGNER, Siegfried: (Aktienanleihen) Steuerbilanzielle Erfassung aktienbezogener Anleihen: Options-, Wandel-, Umtausch- und Aktienanleihen, BB 2002, S. 2431 – 2436.

HÄUSELMANN, Holger/WAGNER, Siegfried: (Aktienderivate) Grenzen der Einbeziehung von Aktienderivaten in das Halbeinkünfteverfahren, BB 2002, S. 2170 – 2175.

HÄUSELMANN, Holger/WIESENBART, Thomas: (Terminbörse) Fragen zur bilanzsteuerlichen Behandlung von Geschäften an der deutschen Terminbörse (DTB), DB 1990, S. 641 – 647.

HÄUSELMANN, Holger/WIESENBART, Thomas: (DTB) Deutsche Terminbörse, Die Bilanzierung und Besteuerung von Optionen und Futures, Frankfurt am Main 1989.

HEIBEL, Reinhold, (Besteuerung) Handelsrechtliche Bilanzierungssätze und Besteuerung, Diss., Köln 1981.

HELIOS, Marcus/SCHLOTTER, Carsten: (Finanzinstrumente) Steuerbilanzielle Behandlung von Finanzinstrumenten nach § 6 Abs. 1 Nr. 2b EStG i. d. F. des BilMoG, DStR 2009, S. 547 – 553.

HENNE, Tanja: (Finanzinstrumente) Derivative Finanzinstrumente und ihre Bilanzierung nach HGB, US-GAAP und IAS, Aachen 2000.

HENNRICHS, Joachim: (Maßgeblichkeitsgrundsatz) Maßgeblichkeitsgrundsatz oder eigenständige Prinzipien für die Steuerbilanz, DStJG Band 24 2001, S. 301 – 328.

HENZE, Hartwig/HOFFMANN-BECKING, Michael: (Henze/Hoffmann-Becking, Gesellschaftsrecht) Gesellschaftsrecht 2003.

HERMANN/HEUER/RAUPACH: (H/H/R) Einkommensteuer – und Körperschaftsteuergesetz Kommentar in: Arndt Raupach, Ulrich Prinz u. a. (Hrsg.), Köln Loseblatt.

HERZIG, Norbert: (Steuerliche Konsequenzen) Steuerliche Konsequenzen des Regierungsentwurfs zum BilMoG, DB 2008, S. 1339 – 1345.

HERZIG, Norbert: (Modernisierung) Modernisierung des Bilanzrechts und Besteuerung, DB 2008, S. 1 – 10.

HERZIG, Norbert: (Rechnungslegung) Steuerliche Gewinnermittlung und handelsrechtliche Rechnungslegung, IStR 2006, S. 557 – 560.

HERZIG, Norbert: (IAS) IAS/IFRS und steuerliche Gewinnermittlung, Düsseldorf 2004.

HERZIG, Norbert: (Maßgeblichkeitsgrundsatz) Maßgeblichkeitsgrundsatz (Verhältnis Handels-/Steuerbilanz), in: Küting/Weber (Hrsg.), Handbuch der Rechnungslegung Einzelabschluss, 5. Auflage.

HERZIG, Norbert: (Hybride Finanzinstrumente) Hybride Finanzinstrumente im nationalen und internationalen Steuerrecht, IStR 2000, S. 482 – 485.

HERZIG, Norbert: (Maßgeblichkeit) Hat die Maßgeblichkeit eine Zukunft? in: Horst Albach, Egbert Eymann u. a. (Hrsg.), in: Theorie der Unternehmung in Forschung und Praxis, Berlin 1999, S. 779 – 800.

HERZIG, Norbert: (GoB) Derivatebilanzierung und GoB-System in Jahresabschluss und Jahresprüfung: Probleme, Perspektiven, internationale Einflüsse, in: Thomas Fischer und Reinhold Hömberg, (Hrsg.), Festschrift für Jörg Baetge, Düsseldorf 1997, S. 37 – 63.

HERZIG, Norbert: (Rückstellung) Bilanzrechtliche Ganzheitsbetrachtung und Rückstellung bei Dauerschuldverhältnissen, ZfB 1988, S. 212 – 223.

HERZIG, Norbert/BÄR, Michaela: (Gewinnermittlung) Die Zukunft der Steuerlichen Gewinnermittlung im Licht des europäischen Bilanzrechts, DB 2003, S. 1 – 8.

HERZIG, Norbert/BRECKHEIMER, Inga: (Neuerungen) Bewertungseinheiten in der Steuerbilanz – Neuerungen in § 5 Abs. 1a EStG, DB 2006, S. 1451 – 1454.

HERZIG, Norbert/BRIESEMEISTER, Simone: (Problembereiche) Steuerliche Problembereiche des BilMoG-RegE, Ubg 2009, S. 157 – 168.

HERZIG, Norbert/BRIESEMEISTER, Simone: (Optionsgeschäfte) Steuerbilanzielle Abbildung von Optionsgeschäften beim Stillhalter, DB 2002, S. 1570 – 1579.

HERZIG, Norbert/KÖSTER, Thomas: (Verbindlichkeiten) Rückstellungen für ungewisse Verbindlichkeiten, für drohende Verluste aus schwebenden Geschäften, für unterlassene Aufwendungen für Instandhaltung und Abraumbeseitigung sowie für Kulanzleistungen, in: Klaus Wysocki, Joachim Schulze-Osterloh, Joachim Henrichs und Christopher Kuhner (Hrsg.), in: (HdJ) Handbuch des Jahresabschluss in Einzeldarstellung, Köln Loseblatt.

HERZIG, Norbert/LOCHMANN, Uwe: (steuerliche Gewinnermittlung) Rückwirkung der Internationalisierung der handelsrechtlichen Rechnungslegung auf die steuerliche Gewinnermittlung, ZfB-Special Issue 6/2006, S. 139 – 166.

HERZIG, Norbert/MAURITZ, Peter: (Ökonomisch) Ökonomische Analyse von Konzepten zur Bildung von Bewertungseinheiten: Micro-Hedges, Macro-Hedges und Portfolio-Hedges wünschenswert im deutschen Bilanzrecht?, ZfbF 1998, S. 99 – 128.

HERZIG, Norbert/MAURITZ, Peter: (originäre) Ökonomische Analyse einer bilanziellen Marktbewertungspflicht für originäre und derivative Finanzinstrumente, ZfB 1998, S. 335 – 361.

HERZIG, Norbert/MAURITZ, Peter: (Micro-Hedges) Micro-Hedges, Macro-Hedges und Portfolio-Hedges für derivative Finanzinstrumente: Kompatibel mit dem deutschen Bilanzrecht?, WPg 1997, S. 141 – 155.

HERZIG, Norbert/MAURITZ, Peter: (Grundkonzeption) Grundkonzeption einer bilanziellen Marktbewertungspflicht für originäre und derivative Finanzinstrumente, BB 1997, Beilage Heft 15, S. 1 – 16.

HERZIG, Norbert/RIECK, Ulrich: (Rückstellung) Die Rückstellung für drohende Verluste aus schwebenden Geschäften im Steuerrecht – Übergangsfragen und Grundsätzliches, BB 1998, S. 311 – 315.

HERZIG, Norbert/RIECK, Ulrich: (Drohverlustrückstellungen) Saldierungsbereich bei Drohverlustrückstellungen im Gefolge der Apothekerentscheidung, DB 1997, S. 1881 – 1885.

HESSE, Johannes/MELCHER, Winfried: (Finanzinstrumente) Off-Balance-Sheet-Geschäfte: Lassen sich derivative Finanzinstrumente im Jahres- bzw. Zwischenabschluss industrieller Unternehmen adäquat abbilden? in: Alois Knobloch und Norbert Kratz (Hrsg.): Festschrift für Wolfgang Eisele, München 2003, S. 369 – 400.

HEUERMANN, Bernd: (Gewinne) Gewinne aus der Veräußerung von Bezugsrechten körperschaftsteuerpflichtig – Beurteilung von Bezugsrechten bei § 3 Nr. 40 Buchstabe j EStG einerseits und § 8b KStG andererseits – keine Anrufung des Großen Senats, StBp 2008, S. 176 – 178.

HEUERMANN, Bernd: (EUREX II) EUREX II: Besteuerung von Optionsgeschäften an Terminbörsen, DB 2004, S. 1848 – 1852.

HEUSER-GREIPL, Ulrike: (Risikomanagement) Risikomanagement - Beratung für Derivate, Diss. rer. pol., Wiesbaden 1999.

HEUSER/THEILE: (IFRS-Handbuch) IFRS-Handbuch, 3. Auflage, Köln 2007.

HOCK, Bernhard: (Fremdwährungsgeschäfte) Fremdwährungsgeschäfte und ihre Absicherung in der Handels- und Steuerbilanz, BC 2002, S. 145 – 149.

HÖNIG, Roger: (Drohverlustrückstellungen) Handhabung und Auswirkungen der steuerlichen Neuregelung von Drohverlustrückstellungen, DB 1997, S. 2554 – 2556.

HOFFMANN, Wolf-Dieter: (Wertminderung) Voraussichtlich dauernde Wertminderung bei börsennotierten Aktien, DB 2008, S. 260 – 263.

HOFFMANN, Wolf-Dieter: (Optionsprämien) Passivierung von Optionsprämien beim Stillhalter als Verbindlichkeit, StuB 2003, S. 543 – 545.

HOFFMANN, Wolf-Dieter: (Abzinsung) Abzinsung von Verbindlichkeiten und Rückstellungen im Konzernverbund, GmbHR 2005, S. 972 – 975.

HOFFMANN, Wolf-Dieter: (Teilwertabschreibung) Die vermeintliche Verlustantizipation als Mutter des Verbots von Teilwertabschreibungen, DStR 1999, S. 1545 – 1549.

HOFFMANN, Wolf-Dieter/LÜDENBACH, Norbert: (BilMoG) Inhaltliche Schwerpunkte des BilMoG-Regierungsentwurfs, Beihefter zu Heft 30, DStR 2008, S. 49 – 68.

HOMMEL, Michael/BERNDT, Thomas: (dauernde Wertminderung) Voraussichtlich dauernde Wertminderung bei der Teilwertabschreibung und Abschlussstichtagsprinzip FR 2000, S. 1305 – 1314.

HOMMEL, Michael/HERMANN, Olga: (Rechnungslegung) Hedge-Accounting und Full-Fair-Falue-Approach Hedge in der internationalen Rechnungslegung, DB 2003, S. 2501 – 2506.

HOMMEL, Michael/LAAS, Stefan: (Währungsumrechnung) Währungsumrechnung im Einzelabschluss – die Vorschläge des BilMoG-RegE, BB 2008, S. 1666 – 1670.

HULL, John C.: (Optionen) Optionen, Futures und andere Derivate, 6. Auflage, München 2006.

HÜTTEMANN, Rainer: (Gewinnermittlung) Gewinnermittlung und Verlustverrechnung, StbJb 2002/2003, S. 37 – 48.

I

IDW Standard: (Unternehmensbewertung, IDW S 1) Grundsätze zur Durchführung von Unternehmensbewertungen, (IDW S 1 i. d. F. 2008), IDW Prüfungsstandards, IDW Stellungnahmen zur Rechnungslegung, Band II, Loseblatt Düsseldorf Februar 2009.

IDW Stellungnahme: (Wertpapiere, RH HFA 1.014) Umwidmung und Bewertung von Forderungen und Wertpapieren nach HGB, RH HFA 1.014, WPg Supplement 1/2009, S. 56ff.

IDW Stellungnahme: (BilMoG) Regierungsentwurf eines Gesetzes zur Modernisierung des Bilanzrechts (Bilanzrechtsmodernisierungsgesetz – BilMoG), IDW Fachnachrichten 2008, S. 465ff.

IDW Stellungnahme zur Rechnungslegung: (strukturierte Finanzinstrumente, RS HFA 22) Zur einheitlichen oder getrennten handelsrechtlichen Bilanzierung strukturierter Finanzinstrumente, IDW Fachnachrichten 2008, S. 455 – 459.

IDW Stellungnahme zur Rechnungslegung: (Finanzinstrumente, RS HFA 9) Einzelfragen zur Bilanzierung von Finanzinstrumenten nach IFRS (RS HFA 9), WPg 2007, Beilage 2/2007, S. 83 – 157.

IDW Stellungnahme zur Rechnungslegung: (Einzelfragen, RS HFA 9) Einzelfragen zur Bilanzierung von Finanzinstrumenten nach IFRS (RS HFA 9), WPg 2006, S. 537 – 574.

IDW Stellungnahme: (Handelsaktivitäten) Bilanzierung von Handelsaktivitäten im Jahresabschluss der Kreditinstitute, WPg 2006, S 44 – 45.

IDW Rechnungslegungshinweis: (Anhangsangaben, RH HFA 1.005) Anhangsangaben nach § 285 Satz 1 Nr. 18 und 19 HGB sowie Lageberichterstattung nach § 289 Abs. 2 Nr. 2 HGB in der Fassung des (IDW RH HFA 1.005), WPg 2005, S. 531 – 534.

IDW Entwurf einer Stellungnahme: (Währungsumrechnung, E DRS 18) Währungsumrechnung (IDW E DRS 18), WPg 2003, S. 113 – 114.

IDW Stellungnahme zur Rechnungslegung: (Auslegung, RS VFA 2) Auslegung des § 341b HGB (neu) (IDW RS VFA 2), WPg 2002, S. 475 – 477.

IDW Bankenfachausschuss Rechnungslegungshinweis: (strukturierte Produkte, RH BFA 1.003) Zur Bilanzierung strukturierter Produkte (RH BFA 1.003), WPg 2001, S. 916 – 917.

IDW Stellungnahme zur Rechnungslegung: (Drohverlustrückstellungen, RS HFA 4) Zweifelsfragen zum Ansatz und zur Bewertung von Drohverlustrückstellungen (RS HFA 4), WPg 2000, S. 716 – 721.

IDW Prüfungsstandard: (Risikofrüherkennungssystem, PS 340) Die Prüfung des Risikofrüherkennungssystems nach § 317 Abs. 4 HGB, (IDW PS 340), WPg 1999, S. 658 – 662.

IDW Bankenfachausschuss Verlautbarung: (Optionsgeschäfte, BFA 2/1995) Bilanzierung von Optionsgeschäften, (IDW BFA 2/1995), WPg 1995, S. 421 – 422.

IDW Bankenfachausschuss Verlautbarung: (Währungsumrechnung, BFA 3/1995) Währungsumrechnung bei Kreditinstituten, (IDW BFA 3/1995), WPg 1995, S. 735 – 737.

IDW Bankenfachausschuss Entwurf einer Verlautbarung: (Entwurf Futures, E BFA 2/1993) Entwurf zur Stellungnahme Bilanzierung und Prüfung von Financial Futures und Forward Rate Agreements (IDW E BFA 2/1993), WPg 1993, S. 182 – 183.

IDW Bankenfachausschuss Stellungnahme: (Futures, BFA 2/1993) Bilanzierung und Prüfung von Financial Futures und Forward Rate Agreements (IDW BFA 2/1993), WPg 1993, S. 517 – 519.

IDW Bankenfachausschuss Stellungnahme: (Option, BFA 2/1987) Zur bilanziellen Behandlung von Optionsgeschäften (IDW BFA 2/1987), WPg 1987, S. 682 – 683.

IDW Hauptfachausschuss: (Jahres- und Konzernabschluss) Geänderter Entwurf einer Verlautbarung zur Währungsumrechnung im Jahres- und Konzernabschluß, WPg 1986, S. 664 – 667.

IDW Stellungnahme: (Kreditinstitute, BFA 1/1978) Zur Abschlussprüfung bei Kreditinstituten – Einzelfragen zur Prüfung des Kreditgeschäftes und Darstellung der Prüfungsergebnisse im Prüfungsbericht (BFA 1/1978), WPg 1978, S. 486 – 491.

IDW Bankenfachausschuss Stellungnahme: (Devisengeschäfte, BFA 1/1975) Bilanzierung und Prüfung der Devisengeschäfte der Kreditinstitute (IDW BFA 1/1975), WPg 1975, S. 664 – 668.

INTEMANN, Jens: (Sicherungsgeschäfte) Steuerbilanzielle Behandlung von Sicherungsgeschäften, Neuregelung des § 5 Abs.1a EStG, NWB Heft 19 2007, Fach 17, S. 2151 – 2156.

J

JAMIN, Wolfgang/KRANKOWSKY, Matthias: (IAS 39) Die Hedge-Accounting-Regeln des IAS 39, KoR 2003, S. 502 – 515.

JENSEN-NISSEN, Lars: (Gewinnermittlung) IAS 32/IAS 39 und steuerliche Gewinnermittlung, Diss. rer. pol., Köln 2007.

JENSEN-NISSEN, Lars/LOCHMANN, Uwe: (Maßgeblichkeit) Maßgeblichkeit und Kapitalerhaltung – Maßgeblichkeitsgrundsatz auf dem Prüfstand europäischer Entwicklungen – , StuB 2006, S. 307 – 313.

JERZEMBEK, Lothar/GROßE, Jan-Velten: (IAS 39) Die Fair Value-Option nach IAS 39, KoR 2005, S. 221 – 228.

JESSEN, Ulf/HAAKER, Andreas: (Gläubigerschutz) Zur Fair Value-Bewertung im „modernisierten" Handelsbilanzrecht – Ein Plädoyer für einen hinreichenden Gläubigerschutz, DStR 2009, S. 499 – 505.

JESSEN, Ulf/WELLER, Heino: (Bilanzrecht Teil II) Fortentwicklung des deutschen Bilanzrechts – Die Möglichkeiten eines Bilanzrechtsmodernisierungsgesetzes für den Einzelabschluss, Teil II, DStR 2005, S. 532 – 536.

JESSEN, Ulf/WELLER, Heino: (Bilanzrecht Teil I) Fortentwicklung des deutschen Bilanzrechts – Die Möglichkeiten eines Bilanzrechtsmodernisierungsgesetzes für den Einzelabschluss, Teil I, DStR 2005, S. 489 – 493.

JOHANNEMANN, Ulf: (Aktienswaps) Die Besteuerung von Aktienswaps, BB 2004, S. 2438 – 2441.

JÜTTNER, UWE: (GoB-System) GoB-System, Einzelbewertungsgrundsatz und Imparitätsprinzip, Diss. rer. pol., Frankfurt am Main 1993.

JUTZ, Manfred: (Swaps) Swaps und Financial Futures und ihre Abbildung im Jahresabschluß, Stuttgart 1989.

K

KADEL, Jürgen: (Zeitwert) Außerplanmäßige Abschreibung und Zeitwert in der deutschen und US-amerikanischen Handels- und Steuerbilanz, Diss. jur., Heidelberg 2004.

KAJÜTER, Peter: (Lagebericht) Berichterstattung über Chancen und Risiken im Lagebericht, BB 2004, S. 427 – 433.

KARRENBAUER, Michael/DÖRING, Ulrich/BUCHHOLZ, Rainer, in: (HdR) Handbuch der Rechnungslegung Einzelabschluss, Karlheinz Küting und Claus-Peter Weber (Hrsg.), Stuttgart Loseblatt Stand August 2008.

KEITSCH, Detlef: (Risikomanagement) Risikomanagement, 2. Auflage, Stuttgart 2004.

KEMMER, Michael: (Rechnungslegungsvorschriften) Eigentlich müssten Rechnungslegungsvorschriften dienende Funktion haben, Kreditwesen 2008, S. 55 – 58.

KEMMER, Michael/NAUMANN, Thomas K.: (deutsche Banken Teil 1) IAS 39: Warum ist die Anwendung für deutsche Banken so schwierig?, ZfgK 2003, S. 568 – 573.

KEMMER, Michael/NAUMANN, Thomas K.: (deutsche Banken Teil 2) IAS 39: Warum ist die Anwendung für deutsche Banken so schwierig?, ZfgK 2003, S. 794 – 798.

KESSLER, Harald: (Rückstellungen) Rückstellungen und Dauerschuldverhältnisse, Diss. rer. pol., Stuttgart 1992.

KIPPENBERGER, Johannes: (IFA-Kongress) IFA-Kongress 2000 in München, IStR 2000, S. 737 – 738

KIRCHHOF, Paul: (Kirchhof EStG) EStG KompaktKommentar, Paul Kirchhof (Hrsg.), 8. neu bearbeitete Auflage 2008, Heidelberg.

KIRCHHOF, Paul: (Kirchhof EStG KompaktKommentar) EStG KompaktKommentar, Paul Kirchhof (Hrsg.), 7. neu bearbeitete Auflage 2007, Heidelberg.

KIRCHHOF, Paul: (Steuerverfassungsrecht) Grundlinien des Steuerverfassungsrechts in der Rechtsprechung des Bundesverfassungsgerichts, in: Norbert Herzig, Manfred Günkel und Ursula Niemann (Hrsg.), StbJb 1994/1995, S. 5 – 22.

KIRCHHOF, Paul: (Leistungsfähigkeit) Der verfassungsrechtliche Auftrag zur Besteuerung nach der finanziellen Leistungsfähigkeit, StuW 1985, S. 319 – 329.

KIRCHHOF/SÖHN/MELLINGHOFF: (Kirchhof/Söhn/Mellinghoff) Einkommensteuergesetz, Hrsg. Paul Kirchhof, Hartmut Söhn und Rudolf Mellinghoff, Heidelberg Loseblatt Stand Februar 2009.

KIRSCH, Hanno: (Umkehrmaßgeblichkeit) Auswirkungen der Aufgabe der Umkehrmaßgeblichkeit durch das geplante Bilanzrechtsmodernisierungsgesetz, Stbg 2008, S. 185 – 192.

KIRSCH, Hanno: (GuV-Rechnung) Integration und Perspektiven der GuV-Rechnung nach HGB und IFRS, StuB 2008, S. 251 – 257.

KIRSCH, Hanno: (Steuerliche Auswirkungen): Steuerliche Auswirkungen des geplanten Bilanzrechtsmodernisierungsgesetzes, DStZ 2008, S. 28 – 33.

KLEINMANNS, Hermann: (Finanzinstrumente) Die Bilanzierung von Finanzinstrumenten nach IAS, StuB 2003, S. 101 – 107.

KLOTZ, Antonie/PHILIPP, Jürgen: (Optionsscheine) Die Welt der Optionsscheine, München 2000.

KNIPPSCHILD, Martin: (Controlling) Controlling von Zins- und Währungsswaps in Kreditinstituten, Diss. rer. pol., Frankfurt 1991

KNOBBE-KEUK, Brigitte: (Bilanzsteuerrecht) Bilanz- und Unternehmensteuerrecht, 9. Auflage, Köln 1993.

KNOLL, Leonhard/STEEG, Caterina: (Stillhalterverpflichtung) Die steuerbilanzielle Behandlung von Stillhalterverpflichtungen, StuB 2002, S. 989 – 994.

KÖHLER, Roland: (Einzelbewertung) Bilanzpolitische Gestaltungsmöglichkeiten im Hinblick auf den Grundsatz der Einzelbewertung, StBp 2009, S. 9 – 16.

KÖLPIN, Gerhard: (Beispielsfälle) Bewertung von Fremdwährungsposten anhand von Beispielsfällen, StuB 2006, S. 546 – 550.

KÖLPIN, Gerhard: (Fremdwährungsposten) Bewertung von Fremdwährungsposten in der Bilanz, StuB 2001, S. 1107 – 1110.

KOPATSCHEK, Martin: (Entwurf) Der Entwurf IFRIC D22 – Net Investment Hedges, WPg 2007, S. 1021 – 1023.

KOMMISSION FÜR BILANZIERUNGSFRAGEN DES BUNDESVERBANDES DEUTSCHER BANKEN: (DTB-Aktienoptionen) Behandlung von DTB-Aktienoptionen im Jahresabschluß von Banken, Die Bank 1990, S. 211 – 216.

KORN EINKOMMENSTEUERGESETZ: (Korn) in: Klaus Korn, Dieter Carlé u. a. (Hrsg.), Bonn Loseblatt.

KORN, Klaus/STRAHL, Martin: (Entwurf) Entwurf eines Gesetzes zur Eindämmung missbräuchlicher Steuergestaltungen, KÖSDI 2006, S. 15010 – 15018.

KRAFT, Cornelia: (Gewinnermittlung) Steuergerechtigkeit und Gewinnermittlung, Diss. rer. pol., Wiesbaden 1991.

KRAFT, Gerhard/BISCHOFF, Jan: (Bewertungseinheiten) Zur Problematik von Bewertungseinheiten in der Steuerbilanz, in: Ute Schmiel und Volker Breithecker (Hrsg.), (Gewinnermittlung) Steuerliche Gewinnermittlung nach dem Bilanzrechtsmodernisierungsgesetz, S. 173 – 200.

KRAG, Hans: (Grundsätze) Grundsätze ordnungsmäßiger Bankbilanzierung und Bankbilanzpolitik, Wiesbaden 1971.

KROPP, Matthias: (Risikopositionen) Management und Controlling finanzwirtschaftlicher Risikopositionen, Diss. rer. pol., Frankfurt am Main 1998.

KROPP, Matthias/KLOTZBACH, Daniela: (Hedge Accounting) Der Vorschlag des IASB zum Makro Hedge Accounting, WPg 2003, S. 1180 – 1192.

KRÜGER, Karl Michael: (Implikationen) Bilanzsteuerrechtliche Implikationen der Reform des Handelsrechts, StB 2008, S. 117 – 123.

KRUMNOW, Jürgen: (Bankcontrolling) Das derivative Geschäft als Motor des Wandels für das Bankencontrolling, DBW 1995, S. 11 – 20.

KRUMNOW, Jürgen: (Derivative Instrumente) Derivative Instrumente als Herausforderung für Bankcontrolling und Bankorganisation, ZBB 1993, S. 133 – 138.

KRUMNOW/SPRIßLER u. a.: (Kreditinstitute) Rechnungslegung der Kreditinstitute, Kommentar zum Bankenrichtlinien-Gesetz und zur RechKredV, Jürgen Krumnow, Wolfgang Sprißler u. a. (Hrsg.), Stuttgart 2004.

KÜBLER, Friedrich: (Vorsichtsprinzip) Vorsichtsprinzip versus Kapitalmarktinformation in: Rechenschaftslegung im Wandel, in: G. Förschle, K. Kaiser, A. Moxter (Hrsg.) Festschrift für Wolfgang Dieter Budde, München 1995, S. 361 – 375.

KÜHN, Hans-Ulrich: (Betriebsvermögen) Devisentermin- und Optionsgeschäfte im Betriebsvermögen, StBp 1998, S. 295 – 300.

KÜNKELE, Peter/Zwirner, Christian: (Finanzmarktkrise) Auswirkungen der Finanzmarktkrise auf den handelsrechtlichen Jahresabschluss: Bilanzpolitik versus Vorsichtsprinzip, StuB 2009, S. 188 – 194.

KÜRSTEN, Wolfgang: (Hedgingmodelle), Hedgingmodelle, Unternehmensproduktion und antizipatorisch-simultanes Risikomanagement, in: (Bewertung) Bewertung und Einsatz von Finanzderivaten, 1997, S. 127 – 153.

KÜTING, Karlheinz: (Abgrenzung) Die Abgrenzung von vorübergehenden und dauernden Wertminderungen im nicht-abnutzbaren Anlagevermögen (§ 235 Abs.2 Satz 3 HGB), DB 2005, S. 1121 – 1128.

KÜTING, Karlheinz/CASSEL, Jochen/METZ, Christian: (Rückstellungen) Die Bewertung von Rückstellungen nach neuem Recht, DB 2008, S. 2317 – 2324.

KÜTING, Karlheinz/CASSEL, Jochen: (Bewertungseinheiten) Bilanzierung von Bewertungseinheiten nach dem Entwurf des BilMoG, KoR 2008, S. 769 – 781.

KÜTING, Karlheinz/KESSLER, Harald: (Leistungsfähigkeit) Einige Bemerkungen zum Verhältnis von Imparitäsprinzip und Besteuerung nach der Leistungsfähigkeit, StuB 2000, S. 21 – 29.

KÜTING, Karlheinz/KESSLER, Harald: (Reform) Zur geplanten Reform des bilanzsteuerlichen Rückstellungsrechts nach dem Entwurf eines Steuerentlastungsgesetzes 1999/2000/2002, DStR 1998, S. 1937 – 1946.

KÜTING, Karlheinz/MOJADADR, Mana: (Währungsumrechung) Währungsumrechung in: Küting/Pfitzer/Weber, Bilanzrecht, Stuttgart 2008, S. 461 – 483.

KÜTING/PFITZER/WEBER: (Küting/Pfitzer/Weber, Bilanzrecht) Das neue deutsche Bilanzrecht, Stuttgart 2008.

KÜTING/WEBER: (Küting/Weber) Handbuch der Rechnungslegung Einzelabschluss, Stuttgart, Loseblatt Stand August 2008.

KÜTTER, Georg/PRAHL, Reinhard: (Bilanzierung) Die handelsrechtliche Bilanzierung der Eigenhandelsaktivitäten von Kreditinstituten – Reformstau des deutschen Handelsrechts, WPg 2006, S. 9 – 20.

KUHL, Karin/NICKEL, Johann-Peter: (Risikomanagement) Risikomanagement im Unternehmen – Stellt das KonTraG neue Anforderungen an die Unternehmen?, DB 1999, S. 133 – 135.

KUHN, Steffen: (IAS) Finanzinstrumente: Fair Value-Option in IAS 39 überarbeitet, DB 2005, S. 1341 – 1348.

KUHN, Steffen/SCHARPF, Paul: (Rechnungslegung) Rechnungslegung von Financial Instruments nach IFRS, 3. Auflage, Stuttgart 2006.

KUHN, Steffen/SCHARPF, Paul: (Rechnungslegung) Rechnungslegung von Financial Instruments nach IFRS, 2. Auflage, Stuttgart 2005.

KUHN, Steffen/SCHARPF, Paul: (Portfolio Hedging) Finanzinstrumente: Neue Vorschläge zum Portfolio Hedging zinstragender Positionen nach IAS 39, DB 2003, S. 2293 – 2299.

KUHNER, Christoph: (Fremdwährungsgeschäfte) Erfolgsperiodisierung bei Fremdwährungsgeschäften mit „besonderer Deckung“ nach § 340h HGB, DB 1992, S. 1435 – 1443.

KUPKA, Wilfried/SÜß, Stefan: (Optionsprämien) Steuerliche Behandlung von Optionsprämien im Betriebsvermögen, FR 2002, S. 438 – 446.

KUPSCH, Peter: (Abgrenzung) Abgrenzung der Bewertungseinheit in Handels- und Steuerbilanz, in: Norbert Herzig u. a. (Hrsg.): Steuerberater-Jahrbuch 1994/95 zugleich Bericht über den 46. Fachkongress der Steuerberater, Köln 1995, S. 131 – 155.

KUPSCH, Peter: (Einzelbewertungsprinzip) in: Festschrift zum 65. Geburtstag von Prof. Karl-Heinz Forster, Adolf Moxter, Rolf Windmöller, Hans-Peter Müller und Klaus v. Wysocki (Hrsg.), Rechnungslegung, Düsseldorf 1992, S. 340 – 357.

KUPSCH, Peter/ACHTERT, Frank: (Grundsatz) Der Grundsatz der Bewertungseinheitlichkeit in Handels- und Steuerbilanz, BB 1997, S. 1403 – 1411.

KUßMAUL, Heinz/WEILER, Dennis: (Entwicklungen) Fair Value-Bewertung im Licht aktueller Entwicklungen, Teil I, KoR 2009, S. 163 – 171.

L

LANG, Joachim: (Steuergesetzbuch) Entwurf eines Steuergesetzbuches, BMF- Schriftenreihe Heft 49, Köln 1993.

LEFFSON, Ulrich: (Buchführung) Die Grundsätze ordnungsgemäßer Buchführung, 7. revidierte und erweiterte Auflage, Düsseldorf 1987.

LEFFSON, Ulrich/RÜCKLE, Dieter/GROßFELD, Bernhard: (Rechtsbegriffe) Handwörterbuch unbestimmter Rechtsbegriffe im Bilanzrecht des HGB, Köln 1986.

LINDNER, Ariane: (Besteuerung) Besteuerung von Optionen, Diss. rer. pol., Wiesbaden 2004.

LITTMANN, Eberhard/BITZ, Horst/PUST, Hartmut: (Littmann/Bitz/Pust, Einkommensteuerrecht) Das Einkommensteuerrecht, Loseblatt Stand Februar 2009.

LOCHMANN, Uwe: (Vergütungsinstrumente) Besteuerung aktienkursorientierter Vergütungsinstrumente, Diss. rer. pol., Köln 2004.

LÖW, Edgar: (Finanzinstrumente) Geplante Veränderungen bei der Bilanzierung von Finanzinstrumenten, Accounting 1/2008, S. 12 – 15.

LÖW, Edgar: (Fair-Value-Option) Partielles Endorsement von IAS 39: Fair-Value-Option, BB 2005, Nr.4, erste Seite.

LÖW, Edgar: (Antizipative Sicherungsgeschäfte) Antizipative Sicherungsgeschäfte und Fortentwicklung des deutschen Bilanzrechts, in: Thomas A. Lange und Edgar Löw (Hrsg.) Festschrift zum 60. Geburtstag von Krumnow, Wiesbaden 2004, S. 241 – 275.

LÖW, Edgar: (Bewertung) Verlustfreie Bewertung antizipativer Sicherungsgeschäfte nach HGB – Anlehnung an internationale Rechnungslegungsvorschriften –, WPg 2004, S. 1109 – 1123.

LÖW, Edgar: (Rechnungslegung) Rechnungslegung von Banken nach IAS. Praxisorientierte Einzeldarstellung, Wiesbaden 2003.

LÖW, Edgar/BLASCHKE, Silke: (IAS 39) Verabschiedung des Amendment zu IAS 39 Financial Instruments: Recognition and Measurement – The Fair Value Option, BB 2005, S. 1727 – 1736.

LÖW, Edgar/SCHARPF, Paul/WEIGEL, Wolfgang: (Bilanzierung) Auswirkung des Regierungsentwurfes zur Modernisierung des Bilanzrechts auf die Bilanzierung von Finanzinstrumenten; WPg 2008, S. 1011 – 1020.

LÖW, Edgar/SCHILDBACH, Stephan: (IAS) Financial Instruments – Änderungen von IAS 39 aufgrund des Amendments Project des IASB, BB 2004, S. 875 – 882.

LÖW, Edgar/TORABIAN, Farhood: (Finanzinstrumente) Auswirkungen des Entwurfs des BilMoG auf die Bilanzierung von Finanzinstrumenten, ZfgK 2008, S. 608 – 614.

LOITZ, Rüdiger/WINNACKER, Eckard: (Wertminderung) Die dauernde Wertminderung im Umlaufvermögen vor dem Hintergrund der handelsrechtlichen und steuerrechtlichen Bilanzierung, DB 2000, S. 2229 – 2234.

LORENZ, Karsten: (Bewertung) Ansatz und Bewertung von Finanzinstrumenten im IFRS-Standardentwurf für den Mittelstand, BB 2007, Beilage 6, S. 12 – 18.

LORENZ, Volkmar: (Bilanzierung) Die Bilanzierung von Finanzinstrumenten in den USA, Diss. rer. pol., Wiesbaden 1997.

LÜDENBACH, Norbert/FREIBERG, Jens: (Finanzkrise) Wie die Finanzkrise den fair value vom Helden zum Schurken macht, PiR 2008, S. 370 – 375.

LÜDENBACH, Norbert/HOFFMANN, Wolf-Dieter: (Lüdenbach/Hoffmann IFRS-Kommentar) IFRS-Kommentar, 6. Auflage, Freiburg i. Br. 2008.

LÜHN, Michael: (Finanzinstrumente) Bilanzierung derivativer Finanzinstrumente nach IFRS und HGB, PiR 2009, S. 103 – 108.

LÜHRMANN, Volker: (Umrechnung) Umrechnung geschlossener Fremdwährungspositionen bei Banken und Nicht-Banken, DStR 1998, S. 387 – 392.

LUZ, Günther/SCHARPF, Paul: (Marktrisiken) Marktrisiken in der Bankenaufsicht, Stuttgart 1998.

M

MAASSEN, Kurt: (Teilwert) Der Teilwert im Steuerrecht, Köln 1968.

MARXFELD, Jan/SCHÄFER, Michael/SCHABER, Mathias: (Handelsbestände) Die marktnahe Bewertung (modifizierte Marktbilanzierung) von Handelsbeständen der Kreditinstitute und deutsche Rechnungslegungsgrundsätze, FB 2005, S. 728 – 734.

MAULSHAGEN, Almut/MAULSHAGEN, Olaf: (Swapgeschäfte) Rechtliche und bilanzielle Behandlung von Swapgeschäften, BB 2000, S. 243 – 249.

MAURITZ, Peter: (Konzepte) Konzepte der Bilanzierung und Besteuerung derivativer Finanzinstrumente, Diss. rer. pol., Wiesbaden 1996.

MEINHARDT, Klaus: (Auslandstöchter) Auslandstöchter, Devisentermingeschäfte und Bewertungseinheiten? – Ein Beitrag zum „Mikro-Hedge“ nach HGB, DB 2004, S. 2649 – 2652.

MELCHIOR, Jürgen: (Gesetz) Gesetz zur steuerlichen Förderung von Wachstum und Beschäftigung sowie Gesetz zur Eindämmung missbräuchlicher Steuergestaltungen im Überblick, DStR 2006, S. 681 – 684.

MELLINGHOFF, Rudolf: (Steuerrecht) Anforderungen an ein zukunftsfähiges Steuerrecht, Stbg 2007, S. 549 – 604.

MELLWIG, Winfried/SABEL, Elmar: (Grundsatz) Der Grundsatz der Nichtbilanzierung schwebender Geschäfte unter den IAS/IFRS, DK 2005, S. 357 – 370.

MENICHETTI, Marco: (Hedge) Währungsrisiken bilanzieren und hedgen - Auswirkungen der deutschen Rechnungslegung auf die Hedge-Entscheidung, Diss. rer. pol., 1993 Konstanz.

MENNINGER, Jutta: (Teil II) Die Bewertung der Devisen Futures bei Hedgegeschäften im Jahresabschluss großer Kapitalgesellschaften, Teil II, IStR 1994, S. 253 – 263.

MENNINGER, Jutta: (Teil I) Die Bewertung der Devisen Futures bei Hedgegeschäften im Jahresabschluss großer Kapitalgesellschaften, Teil I, IStR 1994, S. 196 – 206.

MENNINGER, Jutta: (Futures) Financial Futures und deren bilanzielle Behandlung, Diss. rer. pol., Frankfurt am Main 1993.

MERKER; Christian: (Förderung) Gesetz zur steuerlichen Förderung von Wachstum und Beschäftigung sowie Gesetz zur Eindämmung missbräuchlicher Steuergestaltungen verabschiedet, Steuer und Studium 2006, S. 264 – 266.

MERKER; Christian: (Wachstum) Gesetz zur Eindämmung missbräuchlicher Steuergestaltungen und Gesetz zur steuerlichen Förderung von Wachstum und Beschäftigung verabschiedet, Steuer und Studium 2006, S. 223 – 225.

MEURER, Ingetraut: (Maßgeblichkeitsgrundsatz) Der Maßgeblichkeitsgrundsatz im BilMoG, FR 2009, S. 117 – 120.

MEYER, Dominik: (Revision) Rechnungslegung und Revision von Termingeschäften, Diss. rer. pol., Winterthur 1993.

MÜHLBERGER, Melanie: (Abbildung) Abbildung konzernspezifischer Sicherungszusammenhänge am Beispiel des Währungsexposures nach HGB und US GAAP, in: Alois Knobloch und Norbert Kratz (Hrsg.), Festschrift für Wolfgang Eisele, München 2003, S. 421 – 445.

MÜLLER, Christoph: (Bewertungseinheiten) Die Bildung von Bewertungseinheiten bei zentralem Zins- und Währungsmanagement im Konzern DB 1995, S. 1973 – 1979.

MÜLLER, Katja: (Entscheidungsneutralität) Verwirklichung von Gerechtigkeit und Entscheidungsneutralität in den Einkommen- und Körperschaftsteuersystemen der EU-Mitgliedsstaaten - Eine Analyse unter Berücksichtigung des Einkommens und des Konsums als alternative Anknüpfungspunkte der Besteuerung -, Diss. rer. pol. Lohmar 2001.

MÖHLER, Thomas: (Absicherung) Absicherung des Wechselkurs-, Warenpreis- und Erfüllungsrisiko im Jahresabschluss, Diss. rer. pol., Düsseldorf 1992.

MOXTER, Adolf: (Bilanzrechtsprechung) Bilanzrechtsprechung, 6. Auflage, Tübingen 2007.

MOXTER, Adolf: (Grundsätze) Grundsätze ordnungsgemäßer Rechnungslegung, Düsseldorf 2003.

MOXTER, Adolf: (Bilanzrechtsordnungen) Grundwertungen in Bilanzrechtsordnungen – ein Vergleich von überkommenem deutschen Bilanzrecht und Jahresabschlußrichtlinie, in: Budde, Moxter, Offerhaus (Hrsg.): Festschrift für Heinrich Beisse zum 70. Geburtstag, Düsseldorf 1997, S. 347 – 361.

MOXTER, Adolf: (Rückstellungen) Rückstellungen für ungewisse Verbindlichkeiten und Höchstwertprinzip, BB 1989, S. 945 – 953.

MOXTER, Adolf: (Gewinnermittlung), Betriebswirtschaftliche Gewinnermittlung, Tübingen 1982.

N

NAUMANN, Thomas: (Drohverlustrückstellungen) Zur Abgrenzung von künftig ertragsteuerlich nicht mehr zu bildenden Drohverlustrückstellungen, insbesondere bei Kreditinstituten, BB 1998, S. 527 – 531.

NAUMANN, Thomas: (Banken) Bewertungseinheit im Gewinnermittlungsrecht der Banken, Diss. rer. pol., Düsseldorf 1995.

NAUMANN, Thomas: (Risikomanagement) Risikomanagement und Bilanzierung von Financial Instruments: Anmerkung zu einem gespannten Verhältnis in: Lutz Johanning und Bernd Rudolph (Hrsg.), in: (Risiko) Handbuch Risikomanagement, 2000, S. 321 – 348.

NAUMANN, Thomas/BREKER, Norbert: (HdJ), in: Klaus von Wysocki, Joachim Schulze-Osterloh, Joachim Heinrichs und Christoph Kuhner (Hrsg.), in: (HdJ) Handbuch des Jahresabschlusses, Köln, Abt. I/7.

NIEMEYER, Markus: (Optionsgeschäfte) Bilanzierung und Ausweis von Optionsgeschäften nach Handelsrecht und Steuerrecht, Frankfurt am Main 1990.

NIEMEYER, Markus: (Ausweisfragen) Ausweisfragen beim Optionsgeschäft, BB 1990, S. 1022 – 1028.

O

OEHLER, Andreas/UNSER; Matthias: (Risikomanagement) Finanzwirtschaftliches Risikomanagement, Heidelberg 2001.

OESTREICHER, Andreas: (Zukunft) Zukunft des Steuerbilanzrechts aus deutscher Sicht, WPg 2007, S. 572 – 582.

OESTREICHER, Andreas: (Steuerbilanzen) Handels- und Steuerbilanzen – HGB, IAS/IFRS, US-GAAP, ESTG und BewG, 6. Auflage, Heidelberg 2003.

OESTREICHER, Andreas: (Marktzinsänderungen) Die Berücksichtigung von Marktzinsänderungen bei Finanzierungsverträgen in der Handels- und Steuerbilanz, BB 1993, Beilage 12, S. 1 – 15.

OESTREICHER, Andreas: (Zinsterminkontrakte) Grundsätze ordnungsmäßiger Bilanzierung von Zinsterminkontrakten, Diss. rer. pol., Düsseldorf 1992.

ORDELHEIDE, Dieter: (Marktbewertung) Zur Marktbewertung von Finanzinstrumenten in Deutschland, nach US-GAAP und nach IAS, BFuP 1998, S. 604 – 612.

OSER, Peter/ROß, Norbert/WADER, Dominic/DRÖGEMÜLLER, Steffen: (Neuregelungen) Ausgewählte Neuregelungen des Bilanzrechtsmodernisierungsgesetzes (BilMoG) – Teil 1, WPg 2008, S.49 – 62.

OSER, Peter/ROß, Norbert/WADER, Dominic/DRÖGEMÜLLER, Steffen: (BilMoG) Eckpunkte des Regierungsentwurfs zum Bilanzrechtsmodernisierungsgesetz (BilMoG), WPg 2008, S. 675 – 694.

P

PATEK, Guido Andreas: (Bewertungseinheiten) Bewertungseinheiten nach dem Regierungsentwurf des Bilanzrechtsmodernisierungsgesetzes, KoR 2008, S. 524 – 531.

PATEK, Guido Andreas: (Referentenentwurf) Bewertungseinheiten nach dem Referentenentwurf des Bilanzrechtsmodernisierungsgesetzes, KoR 2008, S. 364 – 372.

PATEK, Guido Andreas: (Wertminderungen) Die Beurteilung der voraussichtlichen Dauerhaftigkeit von Wertminderungen börsennotierter Aktien des Finanzanlagevermögens, FR 2008, S. 689 – 736.

PATEK, Guido Andreas: (Absicherung Teil 1) Rechnungslegung bei Absicherung von Zahlungsstromänderungsrisiken aus geplanten Transaktionen nach HGB und IAS/IFRS – Teil 1: Darstellung, WPg 2007, S. 423 – 428.

PATEK, Guido Andreas: (Absicherung Teil 2) Rechnungslegung bei Absicherung von Zahlungsstromänderungsrisiken aus geplanten Transaktionen nach HGB und IAS/IFRS – Teil 2: kritische Analyse, WPg 2007, S. 459 – 467.

PATEK, Guido Andreas: (Steuerbilanzielle) Steuerbilanzielle Behandlung von Sicherungszusammenhängen, FR 2006, S. 714 – 721.

PATEK, Guido Andreas: (Finanzprodukte) Abbildung derivativer Finanzprodukte im handelsrechtlichen Jahresabschluss, Diss. rer. pol., Lohmar, Köln 2001.

PELLENS, Bernhard/FÜLBIER, Rolf Uwe/GASSEN, Joachim: (Internationale) Internationale Rechnungslegung, 6. Auflage, Stuttgart 2006.

PELLENS, Bernhard/FÜLBIER, Rolf Uwe/GASSEN, Joachim: (Internationale) Internationale Rechnungslegung, 5. Auflage, Stuttgart 2004.

PERRIDON, Louis/STEINER, Manfred: (Finanzwirtschaft) Finanzwirtschaft der Unternehmung, München 2007.

PERLET, Helmut/BAUMGÄRTEL, Martina: (Finanzinstrumente) Zur Bilanzierung von Finanzinstrumenten in der Versicherungswirtschaft, in: Wolfgang Ballwieser, Adolf Moxter, Rolf Nonnenmacher (Hrsg.) FS Clemm, Rechnungslegung – warum und wie, 1996, S. 287 - 311.

PETERSEN, Karl/ZWIRNER, Christian/KÜNKELE, Kai Peter: (Rückstellungen) Rückstellungen nach BilMoG, StuB 2008, S. 693 – 699.

PFIRMANN, Armin/SCHÄFER, René: (Steuerliche Implikationen) Steuerliche Implikationen, in: Küting/Pfitzer/Werber (Hrsg.): (Bilanzrecht) Das neue deutsche Bilanzrecht, Stuttgart 2008, S. 101 – 127.

PFITZER, Norbert/SCHARPF, Paul/SCHABER, Mathias: (antizipative Hedges Teil 1) Voraussetzungen für die Bildung von Bewertungseinheiten und Plädoyer für die Anerkennung antizipativer Hedges (Teil 1), WPg 2007, S. 675 – 685.

PFITZER, Norbert/SCHARPF, Paul/SCHABER, Mathias: (antizipative Hedges Teil 2) Voraussetzungen für die Bildung von Bewertungseinheiten und Plädoyer für die Anerkennung antizipativer Hedges (Teil 2), WPg 2007, S. 721 – 729.

PFLEGER, Günter: (Bilanz-Lifting) Bilanz-Lifting, Freiburg i. Br. 1999.

PFLÜGER, Hansjörg: (Steuergesetze) Neue Steuergesetze verabschiedet: So müssen Sie als Steuerberater reagieren, Gestaltende Steuerberatung 2006, S. 193 – 199.

PIETSCH, Holger: (Gewinnermittlung) Fair Value und steuerliche Gewinnermittlung, Diss. rer. pol., Nürnberg 2006.

PILTZ, Detlev. (Drohverlust) Verbindlichkeiten versus Drohverlust – welche Rückstellung sind noch erlaubt, in: StbJb 1999/2000, S. 221 – 248.

POPP, Michael: (Optionsgeschäfte) Die Bilanzierung von Optionsgeschäften, DStR 1976, S.87 ff.

PRÄTZLER, Robert: (Optionsprämien) Überlegung zur steuerlichen Behandlung vereinnahmter Optionsprämien im Betriebsvermögen, DStR 2001, S. 927 – 931.

PRAHL, Reinhard: (Bilanzierung) Bilanzierung und Prüfung von Financial Instruments in Industrie- und Handelsunternehmen, WPg 1996, S. 830 – 839.

PRAHL, Reinhard/NAUMANN, Thomas: (Financial Instruments) Financial Instruments, in: Klaus Wysocki, Joachim Schulze-Osterloh, Joachim Henrichs und Christopher Kuhner (Hrsg.) in: (HdJ) Handbuch des Jahresabschluss in Einzeldarstellung, Köln, Abt. II/10.

PRAHL, Reinhard/NAUMANN, Thomas: (Bilanzstichtag) Die Bewertungseinheit am Bilanzstichtag – und was dann?, ZBB 1994, S. 1 – 8.

PRAHL, Reinhard/NAUMANN, Thomas: (Derivaten) Bilanzierung von Derivaten – Plädoyer für mehr Internationalität. Geheimniskrämerei um Bewertung ist nicht mehr zeitgemäß, Handelsblatt 22.09.1994, S. b09.

PRAHL, Reinhard/NAUMANN, Thomas: (Portfolio) Moderne Finanzinstrumente im Spannungsfeld zu traditionellen Rechnungslegungsvorschriften: Barwertansatz, Hedge-Accounting und Portfolio-Approach, WPg 1992, S. 709 – 719.

PRAHL, Reinhard/NAUMANN, Thomas: (Kreditinstitute) Zur Bilanzierung von Portfolio-orientierten Handelsaktivitäten der Kreditinstitute, WPg 1991, S. 729 – 739.

PRINZ, Markus: (steuerliche Auswirkungen Teil B) Der BilMoG-Regierungsentwurf und seine steuerlichen Auswirkungen, Teil B, BBK 2008, Fach 13, S. 5269 – 5278.

PRINZ, Ulrich/HICK, Christian: (Verankerung) Der neue § 5 Abs.1a EStG – Gelungene gesetzliche Verankerung der steuerbilanziellen Bildung von Bewertungseinheiten?, DStR 2006, S. 771 – 775.

PRITZER, Michael/ZEIMS, Markus: (Fremdwährungsgeschäfte) Schwebende Fremdwährungsgeschäfte und deren Absicherung durch ein Devisentermingeschäft, PiR 2007, S. 179 – 183.

PROKOP, Jörg: (Finanzinstrumente) Die Einstufung von Warentermingeschäften als Finanzinstrumente nach IFRS, WPg 2007, S. 336 – 341.

PROSS, Achim: (Swap) Swap, Zins und Derivat, Diss. jur., München 1998.

PWC: (Banken) IFRS für Banken, 3. Auflage, Frankfurt 2005.

R

RAU, Stephan: (Stillhalterprämie) Zur steuerlichen Behandlung von Zinsbegrenzungen und Optionen nach dem BFH-Urteil zur bilanziellen Behandlung erhaltener Stillhalterprämien, DStR 2003, S. 1769 – 1775.

RAU, Stephan: (Bilanzierung) Bilanzierung und Bewertung von Optionsgeschäften in der Steuerbilanz, BB 2002, S. 928 – 933.

RAUPACH, Arndt: (Maßgeblichkeit) Maßgeblichkeit der Handelsbilanz, BFuP 1990, S. 515 – 526.

REINER, Günter: (Finanzinstrumente) Derivative Finanzinstrumente im Recht, Habil-Schrift, Baden-Baden 2002.

RIDDERMANN, Friedrich/STRAßBERGER, Mario: (Bewertung) Bewertung von Absicherungsgeschäften mit Derivaten in Deutschland, Dresdner Beiträge zur Betriebswirtschaftslehre, Nr. 11/98, S. 1 – 34.

ROLFES, Bernd: (Gesamtbanksteuerung) Gesamtbanksteuerung – Finanzrisiken ergebnisorientiert managen, Stuttgart 1999.

ROSE, Gerd: (Wahl) Besteuerung nach Wahl – Probleme aus der Existenz steuerlicher Rechtswahlmöglichkeiten, Grundsätze für die Ausnutzung, StbJB 1979/80, S. 49 – 96.

ROSER, Frank: (Steuerbefreiung) Steuerbefreiung von Devidenden und Veräußerungsgewinnen – offene Anwendungsfragen zu § 8b KStG in der Fassung des Regierungsentwurfs vom 13.8.2003, GmbHR 2003, S. 1250 – 1254.

RUDOLPH, Bernd: (Finanzkrise) Lehren aus den Ursachen und dem Verlauf der internationalen Finanzkrise, Zfbf 2008, S. 713 – 741.

RUDOLPH, Bernd/SCHÄFER, Klaus: (Finanzinstrumente) Derivative Finanzinstrumente – Eine anwendungsbezogene Einführung in Märkte, Strategien und Bewertung, Berlin, Heidelberg 2005.

S

SCHABER, Mathias/REHM, Kati/MÄRKL, Helmut: (strukturierte Finanzinstrumente) Handbuch strukturierte Finanzinstrumente HGB – IFRS, Düsseldorf 2008.

SCHARPF, Paul: (Finanzinstrumente) Finanzinstrumente in: Karlheinz Küting, Norbert Pfitzer, Claus Peter-Weber (Hrsg.) (Bilanzrecht) Das neue deutsche Bilanzrecht, Stuttgart 2008, S. 185 – 241.

SCHARPF, Paul: (IAS 39) Hedge Accounting nach IAS 39: Ermittlung und bilanzielle Behandlung der Hedge (In)-Effektivität, KoR 2004, Beilage 1 zu Heft 11, S. 3 – 22.

SCHARPF, Paul: (Bankbilanz) in: Handbuch Bankbilanz, Paul Scharpf (Hrsg.), 2. Auflage, Düsseldorf 2004.

SCHARPF, Paul: (Instruments Teil IV) Bilanzierung von Financial Instruments nach IAS 39, Teil IV, FB 2000, S. 372 – 381.

SCHARPF, Paul: (Instruments III) Bilanzierung von Financial Instruments nach IAS 39 Teil III, FB 2000, S. 284 – 292.

SCHARPF, Paul: (Instruments II) Bilanzierung von Financial Instruments nach IAS 39, Teil II, FB 2000, S. 208 – 217.

SCHARPF, Paul: (Instruments I) Bilanzierung von Financial Instruments nach IAS 39, Teil I, FB 2000, S. 125 – 137.

SCHARPF, Paul: (Bilanzierung) Bilanzierung von Finanzinstrumenten nach dem Vorschlag der EG-Kommission, DB 2000, S. 629 – 634.

SCHARPF, Paul: (Finanzrisiken) Finanzrisiken, Dietrich Dörner/Péter Hováth/Henning Kagermann (Hrsg.), Praxis des Risikomanagements (Risikomanagement), 2000, S. 254 – 282.

SCHARPF, Paul: (Strukturierte Produkte) Überlegungen zur Bilanzierung strukturierter Produkte (Compound Instruments), FB 1999, S. 21 – 30.

SCHARPF, Paul: (Derivate Finanzinstrumente) Derivate Finanzinstrumente im Jahresabschluss unter Prüfungsgesichtspunkten – Erfassung, Abwicklung und Bildung von Bewertungseinheiten, BFuP 1995, S. 166 – 208.

SCHARPF, Paul/ EPPERLEIN, Joachim-K.: (Risiko) Risikomanagement derivativer Finanzinstrumente BFuP 1995, S. 209 – 229.

SCHARPF, Paul/ EPPERLEIN, Joachim-K.: (Rechnungslegung) Rechnungslegung und interne Kontrolle von derivativen Finanzinstrumenten, in: Bernd Rudolph (Hrsg.): (Derivative) Derivative Finanzinstrumente, Stuttgart 1995.

SCHARPF, Paul/LUZ Günther: (Risikomanagement) Risikomanagement, Bilanzierung und Aufsicht von Finanzderivaten, Stuttgart 2000.

SCHARPF, Paul/SCHABER, Mathias: (BilMoG) Bilanzierung von Bewertungseinheiten nach § 254 HGB-E, KoR 2008, S. 532 – 541.

SCHAUMBURG, Harald: (Wandel) Gewinnermittlung im Wandel, Stbg 2004, S. 545 – 550.

SCHEFFLER, Jan: (Finanzanlagen) Finanzanlagen in: Castan, Edgar, Böcking, Hans-Joachim, Heymann, Gerd u. a. (Hrsg.) in: Beck`sches Handbuch der Rechnungslegung, München, Loseblatt, Stand Juli 2007.

SCHEFFLER, Jan: (Hedge Accounting) Hedge-Accounting: Jahresabschlussrisiken in Banken, Diss. rer. pol., Wiesbaden 1994.

SCHICK, Rainer: (Besteuerung) Die Besteuerung von Optionsgeschäften, Diss. jur., Köln 1998.

SCHICK, Rainer/INDENKÄMPEN, Andreas: (Entwurf) Entwurf des § 5 Abs. 1a EStG zur Bilanzierung von Bewertungseinheiten in der Steuerbilanz: Renaissance des Maßgeblichkeitsgrundsatzes?, BB 2006, S. 650 – 656.

SCHIELE, Norbert: (Handelsbilanz) Unternehmensbesteuerung und Handelsbilanz, Diss. rer. pol., Berlin 2000.

SCHIFFERS, Joachim: (Risiken) Steuerbilanzielle Bildung von Bewertungseinheiten bei Absicherung finanzwirtschaftlicher Risiken – der neue § 5 Abs. 1a EStG, DStZ 2006, S. 400 – 405.

SCHILDBACH, Thomas: (Rechnungslegungsideale) Rechnungslegungsideale, Bilanzkulturen, Harmonisierung und internationaler Wettbewerb, BB 1995, S. 2635 – 2644.

SCHLOTTER, Carsten: (dauernde Wertminderung) Voraussichtlich dauernde Wertminderung nach dem Urteil des BFH zur Teilwertabschreibung auf Aktien vom 26.9.2007, BB 2008, S. 546 – 550.

SCHLOTTER, Carsten: (Verfassungsrechtliche Grenzen) Verfassungsrechtliche Grenzen bei der Ausgestaltung des Steuerbilanzrechts, FR 2007, S. 951 – 959.

SCHLOTTER, Carsten: (Wirtschaftsgüter) Erfordernis der voraussichtlich dauernden Wertminderung bei der Teilwertabschreibung abnutzbarer Wirtschaftsgüter des Anlagevermögens, BB 2006, S. 1738 – 1739.

SCHLOTTER, Carsten: (Teilwertabschreibung) Teilwertabschreibung und Wertaufholung zwischen Steuerbilanz und Verfassungsrecht, Diss. jur., Köln 2005.

SCHLÜTER, Wulf: (Besteuerung) Der Anwendungsbereich des § 23 Abs.1 S.1 Nr.4 EStG bei der Besteuerung von Optionsgeschäften, DStR 2000, S. 226 – 230.

SCHMALENBACH, Eugen: (Dynamische) Dynamische Bilanz, 4. Auflage, Leipzig 1926.

SCHMEKEL, Helmut: (Zinstermingeschäfte) Rechnungslegung von Zinstermingeschäften für Banken und Industrieunternehmen, DB 1983, S. 893 – 898.

SCHMIDT, Harald: (Risiken) Bewertungseinheiten zur Absicherung finanzwirtschaftlicher Risiken, BBK 2006, Fach 13, S. 4895 – 4900.

SCHMIDT, Hubert: (Kaufoption) Bilanzielle und steuerliche Behandlung einer Kaufoption (long call), DStR 2005, S. 815 – 818.

SCHMIDT, Ludwig: (Schmidt EStG) Einkommensteuergesetz Kommentar, Ludwig Schmidt, Walter Drenseck u. a. (Hrsg.), 27. völlig neu bearbeitete Auflage, München 2008.

SCHMIDT, Martin: (Bewertungseinheiten) Bewertungseinheiten nach dem BilMoG, BB 2009, S. 882 – 886.

SCHMIDT, Martin: (Financial Instruments) Das IASB-Diskussionspapier „Reducing Complexity in Reporting Financial Instruments“, WPg 2008, S. 643 – 650.

SCHMIDT, Martin: (Entwurf) Entwurf des IASB zu Änderungen an IAS 39 „Finanzinstrumente: Ansatz und Bewertung“ – Identification of Exposures Qualifying for Hedge Accounting, WPg 2008, S. 63 – 66.

SCHMIDT, Martin: (Finanzinstrumente) Die BilMoG-Vorschläge zur Bilanzierung von Finanzinstrumenten, KoR 2008, S. 1 – 8.

SCHMIDT, Martin: (Derivative) Derivative Finanzinstrumente, 3. Auflage, Stuttgart 2006.

SCHMIDT, Martin: (IAS) Neue Amendments zu IAS 39 im Juni 2005: Die revidierte Fair Value-Option, KoR 2005 S. 269 – 275.

SCHMIDT, Martin: (Rechnungslegung) Rechnungslegung von Finanzinstrumenten, Diss. rer. pol, Wiesbaden 2005.

SCHMIDT, Hubert/RENNER, Gregor: (Verkaufsoption) Bilanzielle und steuerliche Behandlung einer Verkaufsoption (long put), DStR 2005, S. 2059 – 2061.

SCHMIDT, Hubert/RENNER, Gregor: (Kaufoptionen) Bilanzielle und steuerliche Behandlung einer Kaufoption (long call), DStR 2005, S. 815 – 818.

SCHMIDBAUER, Rainer: (Fremdwährungsumrechnung) Die Fremdwährungsumrechnung nach deutschem Recht und nach den Regelungen des IASB, DStR 2004, S. 699 – 704.

SCHMITTMANN, Peter/WELPER, Axel: (Verlustausgleichsbeschränkung) Voraussetzungen der Verlustausgleichsbeschränkung bei Termingeschäften im Betriebsvermögen, DSTR 2001, S. 1783 – 1787.

SCHNEIDER, Dieter: (Maßgeblichkeit) Abbau von Steuervergünstigungen durch Skalpierung der Maßgeblichkeit und Verlustverrechnung als „Stärkung der Investitionskraft“?, DB 1999, S. 105 – 110.

SCHNEIDER, Helmut: (Teilwertabschreibung) Teilwertabschreibung und Wertzuschreibung bei Kreditinstituten nach dem Steuerentlastungsgesetz 1999/2000/2002, ZBB 2000, S. 121 – 131.

SCHNEIDER, Jürgen: (Sicherungsgeschäfte) Zur Dokumentation von Sicherungsgeschäften bei mittelständischen Unternehmen, PiR 2006, S. 168 – 174.

SCHNEIDER, Wilhelm: (Bilanzierung) Bilanzierung von festverzinslichen Wert-papieren und Zinsfutures durch Kreditinstitute bei gemeinsamer Bewertung, BB 1995, S. 1231 – 1235.

SCHÖN, Wolfgang: (Teilwertabschreibung) Teilwertabschreibung auf börsennotierte Wertpapiere, in: Festschrift Raupach, 2006, S. 299 – 323.

SCHÖN, Wolfgang: (Maßgeblichkeit) Steuerliche Maßgeblichkeit in Deutschland und Europa, Köln 2005.

SCHÖN, Wolfgang: (Steuergesetzgebung) Steuergesetzgebung zwischen Markt und Grundgesetz, StuW 2004, S. 62 – 75.

SCHÖN, Wolfgang: (Handelsbilanz) Entwicklung und Perspektiven des Handelsbilanzrechts – vom ADHGB zum IASC, ZHR 1997, S. 133 – 159.

SCHÖN, Wolfgang: (Rückstellungen) Bundesfinanzhof und Rückstellungen, BB 1994, Beilage Nr. 9, S. 1 – 16.

SCHOLZ, Walter: (Bilanzierung) Die Bilanzierung und Prüfung der Devisengeschäft der Kreditinstitute; WPg 1975, S. 25 – 29.

SCHREIBER, Stefan: (IFRS) IFRIC-Interpretationen- Beteiligung von IFRS-Anwendern am Entwicklungsprozess und aktuelle Entwürfe, BB 2006, S. 1379 – 1385.

SCHULZE-OSTERLOH, Joachim: (Änderungen) Ausgewählte Änderungen des Jahresabschlusses nach dem Referentenentwurf eines Bilanzrechtsmodernisierungsgesetzes, DStR 2008, S. 63 – 73.

SCHULZE-OSTERLOH, Joachim: (Bilanzrechtsmodernisierungsgesetz) Vorschläge für ein Bilanzrechtsmodernisierungsgesetz, ZIP 2004, S. 1128 – 1137.

SCHULZE-OSTERLOH, Joachim: (Handelsbilanz) Handelsbilanz und steuerliche Gewinnermittlung, StuW 1991, S. 284 – 295.

SCHUMACHER, Andreas: (Kompensatorisch) Kompensatorische Bewertung bei der Sicherung von Bilanzpositionen durch Finanztermingeschäfte in der Handels- und Steuerbilanz, DB 1995, S. 1473 – 1478.

SCHWARZE, Armin: (Bankenbilanz) Ausweis und Bewertung neuer Finanzinstrumente in der Bankenbilanz, Berlin 1989.

SCHWARZ, Christian: (Derivative) Derivative Finanzinstrumente und hedge accounting, Bilanzierung nach HGB und IAS 39, Diss. rer. pol., Berlin 2006.

SCHWITTERS, Jürgen/BOGAJEWSKAJA, Janina: (Finanzinstrumente) Bilanzierung von derivativen Finanzinstrumenten, in: Castan, Heymann, Müller, Ordelheide, Scheffler (Hrsg.), in: (HdR) Beck´sches Handbuch der Rechnungslegung, Band II, München 2000; B 730.

SEEDORF, Uwe: (Finanzinnovationen) Erfassung bilanzunwirksamer Finanzinnovationen im Jahresabschluß und Lagebericht der Kapitalgesellschaft, Diss. rer. pol., Berlin 1988.

SEIDL, Albert: (Risikomanagement) Hedge-Accounting und Risikomanagement, Operationalisierung von Anforderungs- und Bewertungskriterien, Diss. rer. pol, Wiesbaden 2000.

SELCHER, Friedrich: (Uneinheitlichkeit) Uneinheitlichkeit bei der Bewertungseinheitlichkeit?, DB 1995, S. 1573 – 1581.

SERRANO, Kirsten: (Einführung) Derivate Finanzinstrumente: Einführung in die Bilanzierung nach HGB, PdR 2005, Gruppe 6, S. 299 – 320.

SIEGEL, Theodor: (Maßgeblichkeitsprinzip) Rückstellungen, Teilwertabschreibungen und Maßgeblichkeit, StuB 1999, S. 195 – 201.

SIEPERMANN, Markus: (Risikokostenrechnung) Risikokostenrechnung, Diss. Wirtschaftsinformatiker, Berlin 2008.

SORGENFREI, Ulrich: (Termingeschäfte) Zur Neuregelung der Besteuerung von Verlusten aus betrieblichen Termingeschäften, DStR 1999, S. 1928 – 1936.

SPENGEL, Christoph: (Steuerbilanz) Bilanzrechtsmodernisierung – Zukunft der Steuerbilanz, FR 2009, S. 101 – 148.

SPRIßLER, Wolfgang: (Derivategeschäft) Das Derivategeschäft und seine Bilanzierung bei deutschen Kreditinstituten, in: Wolfgang Ballwieser u. a. (Hrsg.), Festschrift für Hermann Clemm zum 75. Geburtstag, München 1996, S. 365 – 388.

STAUDT, Anton/WEINBERGER, German: (Bewertung) Cross-Hedging von Währungspositionen und deren bilanzielle Bewertung am Beispiel von Devisen-termingeschäften, WPg 1997, S. 44 – 62.

STECK, Dieter: (Maßgeblichkeitsprinzip) Die Beibehaltung des Maßgeblichkeitsprinzips – Pro und Contra, StuB 2002, S. 487 – 493.

STEINER, Manfred/BRUNS, Christoph: (Wertpapiermanagement) Wertpapiermanagement, 8. Auflage, Stuttgart 2002.

STEINER, Manfred/TEBROKE, Hermann-Josef/WALLMEIER, Martin: (Finanz-derivate) Konzepte der Rechnungslegung für Finanzderivate, WPg 1995, S. 533 – 544.

STEINER, Manfred/WALLMEIER, Martin: (Bilanzierung) Die Bilanzierung von Finanzinstrumenten in Deutschland und den USA unter der Berücksichtigung von Absicherungszusammenhängen – Vom Hedge Accountig zur Marktwertbilanzierung? in: Hans Peter Möller und Franz Schmidt (Hrsg.), Festschrift für Adolf Coenenberg, Stuttgart 1998, S. 305 – 335.

STIBI, Bernd/FUCHS, Markus: (Würdigung) Zum Referentenentwurf des Bilanzrechtsmodernisierungsgesetzes (BilMoG): Erste Würdigung ausgewählter konzeptioneller Fragen, DB Beilage 1/2008, S. 6 – 13.

STIFTUNG MARKTWIRTSCHAFT: (Gewinnermittlung), Gesetz zur steuerlichen Gewinnermittlung (StGEG) Stand Mai 2006.

STRAHL, Martin: (Bilanzrecht) Beratungsbrennpunkt Bilanzrecht, KÖSDI 2008, S. 96 – 111.

STRAHL, Martin: (Rückstellungen) Rückstellungen in der Steuerbilanz: Einschränkungen durch § 5 Abs. 4a EStG, KÖSDI 1998, S. 11461 – 11469.

T

THEILE, Carsten: (Referentenentwurf) Die Auswirkungen des Referentenentwurfs zum Bilanzrechtsmodernisierungsgesetz auf die Rechnungslegung der GmbH, GmbHR 2007, S. 1296 – 1300.

THEILE, Carsten: (Systematik) Systematik der fair value-Ermittlung, IFRS, SFAS 157 und das Discussion Paper des IASB, PiR 2007, S. 1 – 8.

THEILE, Carsten/HARTMANN, Angelika: (BilMoG) BilMoG: Zur Unmaßgeblichkeit der Handels- für die Steuerbilanz, DStR 2008, S. 2031 – 2035.

THIEL, Jochen: (Bilanzrecht) Bilanzrecht, 3. Auflage, Köln 1986.

TIBO, Frank: (Termingeschäft) Die Besteuerung von Termingeschäften im Betriebsvermögen gem. § 15 Abs.4 EStG, DB 2001, S. 2369 – 2372.

TIPKE, Klaus: (Die Steuerrechtsordnung) Die Steuerrechtsordnung, 2. völlig überarbeitete Auflage, Köln 2000.

TIPKE, Klaus/KRUSE, Klaus: (Abgabenordnung) Abgabenordnung Kommentar zur AO und FGO, Loseblatt Stand Dezember 2008.

TIPKE, Klaus/LANG, Joachim: (Steuerrecht) Steuerrecht, 19. völlig überarbeitete Auflage, Köln 2008.

TIPKE, Klaus/LANG, Joachim: (Steuerrecht) Steuerrecht, 18. völlig überarbeitete Auflage, Köln 2005.

TÖNNIES, Michael/ SCHIERSMANN, Bert: (Zulässigkeit Teil I) Die Zulässigkeit von Bewertungseinheiten in der Handelsbilanz, Teil I, DStR 1997, S. 714 – 720.

TÖNNIES, Michael/ SCHIERSMANN, Bert: (Zulässigkeit Teil II) Die Zulässigkeit von Bewertungseinheiten in der Handelsbilanz, Teil II, DStR 1997, S. 756 – 760.

TREUBERG, Hubert Graf von/SCHARPF, Paul: (Jahresabschluss) DTB-Aktienoptionen und deren Abbildung im Jahresabschluß von Industrieunternehmen, DB 1991, S. 661 – 668.

TUBBESING, Günter: (Fremdwährungsposten) Bilanzierungsprobleme bei Fremdwährungsposten im Einzelabschluß, ZfbF 1981, S. 804 – 842.

V

VELTE, Patrick/LEIMKÜHLER, Claudia: (Referentenentwurf) Der Referentenentwurf für ein Bilanzrechtsmodernisierungsgesetz, StuB 2007, S. 837 – 844.

W

WAGNER, Franz: (Kriterien) Welche Kriterien bestimmen die internationale Wettbewerbsfähigkeit der Methoden steuerlicher Gewinnermittlung? BFuP 2000, 183 – 203.

WAGNER, Siegfried: (Steuerbilanz) Die Bildung von Bewertungseinheiten in der Steuerbilanz, INF 2006, S. 538 – 544.

WAGNER, Siegfried: (Stillhalter) Steuerbilanzielle Behandlung von Optionsprämien beim Stillhalter, DK 2005, S. 147 – 151.

WAGNER, Siegfried: (Bilanzierung) Bilanzierung und steuerliche Behandlung ausgewählter Derivate der jüngeren Generation, StuB 2004, S. 1085 – 1094.

WAGNER, Siegfried: (Termingeschäfte) Das Verlustausgleichs- und –abzugsverbot nach § 15 Abs.4 EStG, insbesondere bei Termingeschäften und bei stillen Gesellschaften, DStZ 2003, S. 798 – 803.

WAGNER, Siegfried: (Bildung) Die Konkurrenz zwischen dem Grundsatz der Einzelbewertung und der Bildung von Bewertungseinheiten, Teil II, INF 2003, S. 820 – 825.

WAGNER, Siegfried: (Konkurrenz) Die Konkurrenz zwischen dem Grundsatz der Einzelbewertung und der Bildung von Bewertungseinheiten, Teil I, INF 2003, S. 783 – 787.

WAGNER, Siegfried: (konsumierte Steuer) Eine Einkommensteuer muss eine konsumierte Steuer sein in: Smekal/Sendlhofer/Winner, 1999, S. 15 – 35.

WALDERSEE, Georg: (Bilanzierung) Bilanzierung von Finanzderivaten nach HGB, IAS und US-GAAP, in: Karlheinz Küting und Günther Langenbucher (Hrsg.), Festschrift für Claus-Peter Weber, Stuttgart 1999, S. 239 – 264.

WATRIN, Christoph/SCHOLZ, Alexandra: (originäre Finanzinstrumente) originäre Finanzinstrumente, in: Klaus Wysocki, Joachim Schulze-Osterloh, Joachim Henrichs und Christopher Kuhner (Hrsg.) in: (HdJ) Handbuch des Jahresabschluss Abt. II/8.

WEBER-GRELLET, Heinrich: (Maßgeblichkeitsgrundsatz) Der Maßgeblichkeitsgrundsatz im Lichte aktueller Entwicklungen, BB 1999, S. 2659 – 2666.

WEBER-GRELLET, Heinrich: (Bestand) Bestand und Reform des Bilanzsteuerrechts, DStR 1998, S. 1343 – 1349.

WEBER-GRELLET, Heinrich: (Anmerkung) Der Apotheker-Fall – Anmerkungen und Konsequenzen zum Beschluß des Großen Senats vom 23.6.1997 GrS 2/93, DB 1997, S. 2233 – 2238.

WEBER-GRELLET, Heinrich: (Wahlrechten) Die Qual der Wahl – Zur steuerrechtlichen Behandlung von Wahlrechten, DStR 1992, S. 1417 – 1456.

WEIGEL, Wolfgang/KOPATSCHEK, Martin/LÖW, Edgar/SCHARPF, Paul/VIETZE, Michael: (Zinsswaps) Ausweis- und Angabepflichten sowie Bewertungsfragen für Zinsswaps in IFRS-Konzernabschlüssen von Kreditinstituten, WPg 2007, S. 1049 – 1058.

WELCKER, Johannes/BRUTSCHER, Joachim: (Börsentermingeschäfte) Kombination und Zerlegung von Börsentermingeschäften, Teil I, WISU 1985, S. 132 – 136.

WENGER, Ekkehard/KASERER, Christoph/BAYER, Ralf: (Steuerbilanz) Die erfolgskonforme Abbildung von Zins- und Währungsswaps in der Handels- und Steuerbilanz, DStR 1995, S. 948 – 958.

WIECHENS, Gero/HELKE, Iris: (Finanzinstrumente) Die Bilanzierung von Finanzinstrumenten nach dem Regierungsentwurf des BilMoG, DB 2008, S. 1333 – 1338.

WIECHENS, Gero/HELKE, Iris: (Bewertungseinheit) Zum Referentenentwurf des Bilanzrechtsmodernisierungsgesetzes (BilMoG): Bilanzielle Abbildung von Bewertungseinheiten, DB Beilage 1/2008, S. 26 – 29.

WIDMAYER, Gerhard: (Risikomanagement) Risikomanagement mit Derivaten im Internationalen Steuerrecht, Diss. rer. pol., Köln, Lohmar 2002.

WIEDMANN, Harald: (Wiedmann, Bilanzrecht) Bilanzrecht Kommentar zu den §§ 238 bis 342a HGB, Harald Wiedmann (Hrsg.), 2. Auflage, München 2003.

WIEDMANN, Harald: (Bewertungseinheit) Die Bewertungseinheit im Handelsrecht, in: Wolfgang Ballwieser Hans-Joachim Böcking, Jochen Drukarezyk, und Christian Schmidt u. a. (Hrsg.), in: Festschrift für Adolf Moxter, Düsseldorf 1994, S. 455 – 482.

WIEDMANN, Harald: (Realisationsprinzip) Bewertungseinheit und Realisationsprinzip, in: IDW (Hrsg.): Neuorientierung der Rechenschaftslegung (Bericht über die IDW-Fachtagung vom 27. – 28.10.1994 in Stuttgart, Düsseldorf 1995, S. 101 – 122.

WIESBROCK, Michael: (Verlustrückstellung) Verlustrückstellung im Steuer- und Verfassungsrecht, Frankfurt 1999.

WIESCH, Norbert: (Bewertungsregeln) Übersicht über die wichtigsten Ansatz- und Bewertungsregeln nach Handelsrecht und Steuerrecht bei Gewerbetreibenden, Steuer und Studium 2008, S. 132 – 137.

WIESENBART, Thomas/HÄUSELMANN, Holger: (Besteuerung) DTB – Deutsche Terminbörse, Die Bilanzierung und Besteuerung von Optionen und Futures, Frankfurt 1989.

WIESE, Götz Tobias/DAMMER, Thomas: (Finanzinstrumente) Zusammengefaßte Finanzinstrumente der AG, DStR 1999, S. 867 - 876.

WILEY IFRS Änderungskommentar: (Wiley Änderungskommentar) , Hendrik Vater, Edgar Ernst, Sven Hayn, Liesel Knorr und Peter Mißler (Hrsg.), Weinheim 2009.

WILEY-Kommentar zur internationalen Rechnungslegung nach IFRS 2008, Sven Hayn, Claus-Peter Weber, Volker H. Peemöller, Frank Beine, (Hrsg.), Freiburg 4. Auflage 2008.

WILKENS, Marco/SCHOLZ, Hendrik/VÖLKER, Jörg: (Bewertung) Duplikation und Bewertung strukturierter Finanzprodukte, Callable Step-Up Bonds, Die Bank 1999, S. 262 – 268.

WINDMÖLLER, Rolf: (Meinungsspiegel) Meinungen zum Thema Finanzinnovationen im Jahresabschluß, BFuP 1995, S. 240 – 241.

WINDMÖLLER, Rolf (Zinsen) Fragen zur Berücksichtigung der Zinsen in der Bankbilanzierung, in: Wolfgang Ballwieser, Hans-Joachim Böcking, Jochen Drukarezyk, und Christian Schmidt (Hrsg.), in: Festschrift für Adolf Moxter, Düsseldorf 1994, S. 883 – 896.

WINDMÖLLER, Rolf: (Disagio), Nominalwert und Buchwert – Überlegungen zur bilanziellen Behandlung des Disagios, in.: Moxter, Adolf/Müller, Hans-Peter/Windmöller, Rolf/ Wysocki, Klaus von (Hrsg.): Rechnungslegung - Entwicklungen bei der Bilanzierung und Prüfung von Kapitalgesellschaften – Festschrift für Karl-Heinz Foster, Düsseldorf 1992, S. 689 – 701.

WINDMÖLLER, Rolf/BREKER, Norbert: (Optionsgeschäften) Bilanzierung von Optionsgeschäften, WPg 1995, S. 389 – 400.

WINNEFELD, Robert: (Bilanzhandbuch) Bilanzhandbuch, 4. Auflage 2006.

WLECKE, Ulrich: (Währungsumrechnung) Währungsumrechnung und Gewinnbesteuerung, Diss. rer. pol., Düsseldorf 1989.

WÖHE, Günter : (Bilanzpolitik) Bilanzierung und Bilanzpolitik, 9. Auflage, München 1997.

WOLF, Hans-Dieter/BECKENHAUB, Claus: (Stillhalter) Überlegungen zur steuerbilanziellen Erfassung von Optionsgeschäften beim Stillhalter, DB 2002, S. 1617 – 1623.

WOLTERING, Ines/POTT, Christiane: (Maßgeblichkeitsprinzip) Maßgeblichkeitsprinzip innerhalb der Europäischen Union, IWB 2007, Gruppe 2, Fach 11, S. 1267 – 1276.

WOTSCHOFSKY, Stefan/THOMAS, Michael (Besteuerung) Besteuerung von Termingeschäften, FB 2003, S. 31 – 37.

WOTSCHOFSKY, Stefan/THOMAS, Michael: (Bilanzierung) Bilanzierung von Termingeschäften, Teil A, BBK 2002, Fach 12, S. 6597 – 6609.

WOTSCHOFSKY, Stefan/THOMAS, Michael: (Termingeschäfte) Bilanzierung von Termingeschäften, Teil B, BBK 2002, Fach 12, S. 6610 – 6626.

WOYWODE, Uwe: (Finanzinstrumente) Derivative Finanzinstrumente im Recht der Doppelbesteuerungsabkommen, Diss. rer. pol., Willinghausen 2004.

WÜSTEMANN, Jens/BISCHOF, Jannis: (Bankenbilanz) Ausweis von Finanzinstrumenten in europäischen Bankenbilanzen nach IFRS: Normative Erkenntnisse empirischer Befunde, WPg 2008, S. 865 – 873.

WÜSTEMANN, Jens/DUHR, Andreas: (Fremdwährungsrisiken) Steuerung der Fremdwährungsrisiken von Tochterunternehmen im Konzern – Finanzcontrolling vs. Bilanzierung nach HGB und IAS/IFRS, BB 2003, S. 2501 – 2508.

WURM, Gregor/WOLFF, Karl/KÜPPER, Franz: (Bankbetriebslehre) Kompaktwissen Bankbetriebslehre, 4. Auflage, Köln 1996.

Z

ZENTRALER KREDITAUSSCHUSS: (Stellungnahme) Stellungnahme des Zentralen Kreditausschusses zum Regierungsentwurf eines Gesetzes zur Modernisierung des Bilanzrechts (Bilanzrechtsmodernisierungsgesetz – BilMoG), Juni 2008.

ZEITLER, Franz-Christoph: (Rechtsstaat) Rechnungslegung und Rechtsstaat, DB 2003, S. 1529 – 1534.

ZÜLCH, Henning/NELLESSEN, Thomas: (Komplexität) Geplante Änderungen zur Reduzierung der Komplexität bei der Bilanzierung von Finanzinstrumenten nach IFRS, PiR 2008, S. 204 – 206.

Rechtsquellenverzeichnis

I. Gesetze

Abgabenordnung (AO) in der Fassung der Bekanntmachung vom 1. Oktober 2002 (BGBl. I 2002 S. 3866; ber. BGBl. I 2003 I S. 61), zuletzt geändert durch das Geldwäschebekämpfungsergänzungsgesetz vom 13. August 2008, BGBl. I 2008, S. 1690.

Bewertungsgesetz (BewG) in der Fassung der Bekanntmachung vom 01. Februar 1991 (BGBl. I 1991, S. 230), zuletzt geändert durch das Jahressteuergesetz 2008 vom 20.12.2007, BGBl. I 2007, S. 3150.

Einkommensteuergesetz (EStG) in der Fassung der Bekanntmachung vom 19. Oktober 2002 (BGBl. I 2002 S. 4210, ber. BGBl. I 2003, S. 179), zuletzt geändert durch das Gesetz zur Regelung des Wohngeldrechts und zur Änderung des Sozialgesetzbuchs vom 24. September 2008, BGBl. I 2008, S. 1856.

Gesetz zur Änderung des Einkommensteuergesetz vom 16.05.1969 BStBl I 1969, S. 320.

Gesetzes zur Änderung des Investitionszulagengesetzes 1999, vom 20.12.2000, BGBl. I 2000, S. 1850.

Gesetz zur Durchführung der Richtlinie des Rates der Europäischen Gemeinschaften über den Jahresabschluss und den konsolidierten Abschluss von Banken und anderen Finanzinstituten (Bankbilanzrichtlinien-Gesetz) vom 30. November 1990, BGBl. I 1990, S. 2570.

Gesetzes zur Eindämmung missbräuchlicher Steuergestaltungen, vom 28. April 2006, BGBl. I 2006, S. 1095.

Gesetz zur Einführung internationaler Rechnungslegungsstandards und zur Sicherung der Qualität der Abschlussprüfung (Bilanzrechtsformgesetz –BilReG) vom 4. Dezember 2004, BGBl. I 2004 S. 3166.

Gesetz zur Fortsetzung der Unternehmenssteuerreform vom 29. Oktober 1997, BGBl. I 1997, S. 2590.

Gesetz zur Kontrolle und Transparenz im Unternehmensbereich (KonTraG) vom 1. Mai 1998, BGBl. I 1998, S. 768ff.

Gesetz zur Senkung der Steuersätze und zur Reform der Unternehmensbeteuerung (Steuersenkungsgesetz - StSenkG) vom 23. Oktober 2000, BGBl. I 2000, S. 1433.

Gesetz betreffend die Gesellschaft mit beschränkter Haftung (GmbHG) vom 20. April 1982 (RGBl. S. 477) in der Fassung der Bekanntmachung vom 20. Mai 1898 (RGBl. S. 846) zuletzt geändert durch das Gesetz zur Modernisierung des GmbH-Rechts und zur Bekämpfung von Missbräuchen (MoMiG) vom 23. Oktober 2008, BGBl. I S. 2026.

Grundgesetz für die Bundesrepublik Deutschland (GG) in der im Bundesgesetzblatt Teil III, Gliederungsnummer 100-1, veröffentlichten bereinigten Fassung, zuletzt geändert durch das Gesetz vom 8. Oktober 2008 (BGBl. I S. 1926 (mit zukünftiger Wirkung))

Handelsgesetzbuch (HGB) in der im Bundesgesetzblatt Teil III, Gliederungsnummer 4100-1, veröffentlichten bereinigten Fassung, zuletzt geändert durch Artikel 3 des Gesetzes vom 23. Oktober 2008 (BGBl. I S. 2026).

Körperschaftsteuergesetz (KStG) in der Fassung der Bekanntmachung vom 15. Oktober 2002 (BGBl. I 2002, S. 4144) zuletzt geändert durch das Gesetz zur Modernisierung der Rahmenbedingung für Kapitalbeteiligung vom 12. August 2008, BGBl. I 2008, S. 1672.

Kreditwesengesetz (KWG) in der Fassung der Bekanntmachung vom 9. September 1998 (BGBl. I S. 2776), zuletzt geändert durch Artikel 27 des Gesetzes vom 19. Dezember 2008 (BGBl. I S. 2794).

Steuerentlastungsgesetz 1999/2000/2002 vom 24. März 1999, BGBl. I 1999, S. 402.

Verordnung über die Rechnungslegung der Kreditinstitute und Finanzdienstleistungsinstitute (RechKred) in der Fassung der Bekanntmachung vom 11. Dezember 1998, BGBl. I 1998, S. 3658 zuletzt geändert durch Artikel 12 des Gesetzes vom 22. Mai 2005, BGBl. I 2005, S. 1373.

Wertpapierhandelsgesetz (WpHG) in der Fassung der Bekanntmachung vom 9. September 1998 (BGBl. I S. 2708), zuletzt geändert durch Artikel 35 des Gesetzes vom 19. Dezember 2008, BGBl. I 2008, S. 2794.

II. Gesetzesmaterialien

Beschlussempfehlung und Bericht zu dem Gesetzesentwurf der Bundesregierung – Drucksache 16/10067 – Entwurf eines Gesetz zur Modernisierung des Bilanzrechts (Bilanzrechtsmodernisierungsgesetz – BilMoG) vom 24. März 2009, Drucksache 16/12407.

Entwurf eines Gesetzes zur Eindämmung missbräuchlicher Steuergestaltungen, Gegenäußerung der Bundesregierung zur Stellungnahme des Bundesrates – Drucksache 16/634 – vom 23. Februar 2006, BT-Drucksache 16/749.

Entwurf eines Gesetzes zur Eindämmung missbräuchlicher Steuergestaltungen, Stellungnahme des Bundesrates vom 13. Februar 2006, Drucksache 16/634.

Entwurf eines Gesetzes zur Modernisierung des Bilanzrechts (Bilanzrechtsmodernisierungsgesetz – BilMoG) vom 30. Juli 2008, BT-Drucksache 16/10067.

Entwurf eines Gesetzes zur Verringerung steuerlicher Missbräuche und Umgehungen vom 27. Mai 2005, BR-Drucksache 45/00 (Beschluss).

Gesetzesantrag des Landes Hessen „Entwurf eines Gesetzes zur Verringerung steuerlicher Missbräuche und Umgehungen“ vom 28. Januar 2005, Drucksache 45/05.

Gesetzesbeschluss des Deutschen Bundestages eines Gesetzes zur Modernisierung des Bilanzrechts (Bilanzrechtsmodernisierungsgesetz – BilMoG) vom 27. März 2009, Drucksache 270/09.

Regierungsbegründung zum Bankenrichtlinien-Gesetz, vom 19. Januar 1990, BT-Drucksache 11/6275, S. 24.

Regierungsentwurf eines Gesetzes zur Modernisierung des Bilanzrechts (Bilanzrechtsmodernisierungsgesetz – BilMoG) vom 23. Mai 2008, Drucksache 16/10067.

Referentenentwurf eines Gesetzes zur Modernisierung des Bilanzrechts (Bilanzrechtsmodernisierungsgesetz – BilMoG) vom 08. November 2007, Drucksache 344/08.

Stellungnahme des Bundesrates zum Entwurf eines Gesetzes zur Modernisierung des Bilanzrechts (Bilanzrechtsmodernisierungsgesetz – BilMoG), vom 04. Juli 2008, Drucksache 344/08 (Beschluss).

III. Standardsetter- Rechnungslegung

IAS 1
International Accounting Standard 1: Darstellung des Abschlusses, erstmals anzuwenden in der Berichtperiode eines am 1.1.2005 oder danach beginnenden Geschäftsjahres.

IAS 32
International Accounting Standard 32: Finanzinstrumente: Angaben und Darstellung, in der Fassung, die Änderungen bis zum 21. November 2007 berücksichtigt.

IAS 39
International Accounting Standard 39: Finanzinstrumente: Ansatz und Darstellung, in der Fassung, die Änderungen bis zum 15. Oktober 2008 berücksichtigt.

IFRS 7
International Financial Reporting Standard 7: Finanzinstrumente: Ausweispflichten, in der Fassung, die Änderungen bis zum 15. Oktober 2008 berücksichtigt.

Rechtsprechungsverzeichnis

I. Europäischer Gerichtshof (EuGH)

Datum	Aktenzeichen	Fundstelle
07.01.2003	Rs. C-306/99	BStBl. II 2004, S. 144 – 156.

II. Bundesverfassungsgericht

Datum	Aktenzeichen	Fundstelle
21.02.1957	1 BvR 241/56	BVerfGE 6, S. 273
19.06.1973	1 BvL 39/69, 1 BvL 14/72	BVerfGE 35, S. 263
09.08.1978	2 BvR 831/76	BVerfGE 49, S. 148
13.06.1979	1 BvL 97/78	BVerfGE 51, S. 295
29.04.1981	1 BvL 11/78	BVerfGE 57, S. 107
06.10.1983	2 BvL 22/80	BVerfGE 65, S. 141
29.05.1990	1 Bvl 20/84, 1 BvL 26/84, 1 BvL 4/86	BStBl II 90, S. 653
12.05.1992	1 BvR 1467, 1501/94	BVerfGE 86, S. 81
30.09.1998	2 BvR 1818/91	BVerfGE 99, S. 88

III. Bundesgerichtshof (BGH)

Datum	Aktenzeichen	Fundstelle
12.02.1987	X ZB 4/86	BGHZ 100, 67 oder DB 1987, S. 886

IV. Bundesfinanzhof (BFH)

Datum	Aktenzeichen	Fundstelle
30.05.1933	VI A 1657/32	RStBl II 1933, S. 1013
16.04.1953	IV 119/52	BFHE 57 S. 496
07.09.1954	I 50/54 U	BStBl III 1954, S. 330
26.01.1956	I V 566/54	BFHE 62, S. 305

04.12.1956	I 99/56	BStBl III 1957, S. 16
12.03.1964	IV 456/61 U	BStBl III 1964, S. 525
29.07.1965	IV 164/63 U	BStBl III 1965, S. 648
03.02.1969	GrS 2/68	BStBl II 1969, S. 291
13.12.1972	I R 7-8/70	BStBl II 1973, S. 217
26.11.1973	GrS 5/71	BStBl II 1974, S. 132
26.11.1974	VIII R61-62/73	BStBl II 1975, S. 352
26.02.1975	I R 72/73	BStBl II 1976; S. 13
18.06.1975	I R 24/73	BStBl II 1975, S. 811
31.03.1976	I R 85/74	BStBl II 1976, S. 475
28.10.1976	IV R 76/72	BStBl II 1977, S. 73
31.03.1977	V R 44/73	BStBl. II 1977, S. 684
15.12.1977	VIII R 121/73	BStBl II 1978, S. 210
16.12.1977	III R 92/75	BStBl II 1978, S. 233
12.06.1978	GrS 1/77	BStBl II 1978, S. 620
30.01.1980	I R 89/79	BStBl II 1980, S. 327
20.03.1980	IV R 89/79	BStBl II 1980, S. 297
05.02.1981	IV R 163/77	BStBl II 1981, S. 359
05.03.1981	IV R 94/78	BStBl II 1981, S. 658
28.09.1982	III R 29/77	BStBl II 1983, S. 166
16.11.1982	VIII R 95/81	BStBl II 1983, S. 361
19.07.1983	VIII R 160/79	BStBl II 1984, S. 56
25.08.1983	IV R 218/20	BStBl II 1984, S. 33
09.09.1986	VIII R 20/85	BFH NV 1987, S. 442
14.12.1988	I R 44/83	BStBl II 1989, S. 323
10.08.1989	X R 176 - 177/87	BStBl II 1990, S. 15
23.08.1989	I R 177/87	BStBl II 1990, S. 57
28.09.1990	III R 178/86	BStBl II 1991, S. 187
28.10.1990	X R 197/87	BStBl II 1991, S. 300
07.11.1990	I R 116/86	BStBl II 1991, S. 342
28.11.1990	X R 197/87	BStBl II 1991, S. 302
03.12.1991	VIII R 88/87	BStBl II 1993, S. 89
04.07.1991	I V R 29/88	BStBl II 1992, S. 76
12.05.1993	XI R 1/93	BStBl II 1993, S. 786
02.05.1993	II R 2/90	BStBl II 1993, S. 587
29.04.1994	IV R 14/98	BStBl II 1999, S. 681
08.09.1994	IV R 16/94	BStBl II 1995, S. 309

12.10.1995	I R 179/94	BStBl II 1996, S. 402
06.12.1995	I R 51/95	BStBl II 1998, S. 781
08.02.1996	III R 76/90	BFH/NV 1996, S. 644
27.03.1996	I R 3/95	BStBl II 1996, S. 470
19.02.1997	XI R 1/96	BStBl II 1997, S. 399
23.06.1997	GrS 2/93	BStBl II 1997, S. 735
15.10.1997	I R 16/97	BStBl II 1998, S. 249
17.02.1998	VIII R 28/95	BStBl II 1998, S. 505
20.04.1999	VIII R 63/96	BStBl II 1999, S. 466
15.12.1999	I R 91/98	BStBl II 2000, S. 381
15.03.2000	VIII R 34/96	BFH/NV 2001, S. 297
07.08.2000	GrS 2/99	BStBl II 2000, S. 632
24.01.2001	I R 119/98	BStBl II 2001, S. 515
03.09.2002	I B 144/01	BFH/NV 2003, S. 154
18.12.2002	I R 17/ 02	BStBl II 2004, S. 126
20.03.2003	IV R 27/01	BStBl II 2003, S. 878
24.06.2003	IX R 2/02	BStBl II 2003, S. 752
20.08.2003	I R 49/02	BStBl II 2003, S. 941
17.09.2003	I R 91, 92/02	BFH/NV 2004, S. 182
18.12.2003	IV B201/03	BStBl II 2004, S. 231
25.02.2004	I R 54/02	BStBl II 2004, S. 654
01.07.2004	IV R 67/00	BFH/NV 2004, S. 1707
15.09.2004	I R 5/04	BFH/NV 2005, S. 421
27.10.2005	IX R 15/05	BStBl II 2006, S. 171
14.03.2006	I R 22/05	BStBl II 2006, S. 680
17.04.2007	IX R 40/06	BStBl II 2007, S. 608
26.09.2007	I R 58/06	WPg 2008, S. 217
11.10.2007	IV R 52/04	BFH/NV 2008 S. 437
19.12.2007	IX R 11/06	DStR 2008, S. 968
23.01.2008	I R 101/06	BStBl II 2008, S. 719
13.02.2008	IX R 68/07	BStBl II 2008, S. 522

V. Nicht rechtskräftige BFH Gerichtsbescheide

Datum	Aktenzeichen	Fundstelle
19.03.2002	I R 87/00	n. v. Jedoch wortgetreu DStR 2003, S. 264 – 268.

VI. Finanzgerichte (FG)

Gericht	Datum	Aktenzeichen	Fundstelle
FG Schleswig-Holstein	15.03.2000	I 714/91	EFG 2000, S. 1057
FG München	28.11.2000	7 K 2035/98	EFG 2001, S. 274
FG Baden Württemberg	05.06.2003	14 K 190/02	EFG 2004, S. 907
FG Sachsen-Anhalt	26.10.2005	1 V 1146/05	EFG 2006; S. 98
FG Münster	07.12.2005	10 K 5715/04	EFG 2006, S. 669
FG Rheinland-Pfalz	12.12.2005	5 K 1460/03	EFG 2007; S. 575
FG Hamburg	27.06.2006	7 K 296/04	EFG 2007, S. 111
FG Bremen	12.10.2006	1 K 181/05 (6)	EFG 2007, S. 575
FG Niedersachsen	08.08.2006	13 K 463/02	EFG 2007, S. 126

Verzeichnis der Verwaltungsanweisungen

I. Bundesfinanzministerium

a. Richtlinien

Einkommensteuer-Richtlinien 2005 (EStR 2005)
Allgemeine Verwaltungsvorschrift zur Anwendung des Einkommensteuerrechts in der Fassung vom 16.12.2005 (BStBl. I Sondernummer 2).

b. Verwaltungsanweisungen

Behörde	Datum	Aktenzeichen	Fundstelle
Bundesministerium der Finanzen	13.07.1992	IV B 2 – S2139 – 51/92	DStR 1992, S. 1060
Bundesministerium der Finanzen	25.02.2000	IV C 2 – S 2171b – 14/00	BStBl. I 2000, S. 372
Bundesministerium der Finanzen	27.11.2001	IV C 3 – S 2256 – 265/01	BStBl I 2001, S. 986
Bundesministerium der Finanzen	12.08.2002	IV A 6 – S 2175 – 7/02	BStBl I 2002, S. 793
Bundesministerium der Finanzen	28.04.2003	IV A 2 – S 2750a – 7/03	BStBl I 2003, S. 292
Bundesministerium der Finanzen	12.01.2004	IV A 6 – S 2133 – 17/03	BStBl. I 2004, S. 192
Bundesministerium der Finanzen	29.11.2004	IV C 8 – S 2225 – 5/04	BStBl I 2004, S. 1097
Bundesministerium der Finanzen	26.05.2005	IV B 2 - S 2175 – 7/05	BStBl. I 2005, S. 699
Bundesministerium der Finanzen	23.09.2005	IV B 2 – S 2119 – 7/05	DB 2005, S. 2269
Bundesministerium der Finanzen	26.03.2009	IV C 6 – S 2171 – b/0	BStBl. I 2009, S. 514

II. Sonstige Verwaltungsanweisungen

Bayrisches Landesamt für Steuern vom 9.03.2007, DStR 2007, S. 719.

SPRINGER NATURE

GPSR Compliance

The European Union's (EU) General Product Safety Regulation (GPSR) is a set of rules that requires consumer products to be safe and our obligations to ensure this.

If you have any concerns about our products, you can contact us on ProductSafety@springernature.com

In case Publisher is established outside the EU, the EU authorized representative is:

Springer Nature Customer Service Center GmbH
Europaplatz 3
69115 Heidelberg, Germany

FSC
www.fsc.org
MIX
Papier | Fördert
gute Waldnutzung
FSC® C083411

Kolibri 360 GmbH
Ferdinand-Jühlke-Straße 7
99095 Erfurt, Deutschland
produktsicherheit@kolibri360.de